디아스포라 선교학

디아스포라 선교학

A Global Compendium of Diaspora Missiology

Sadiri Joy Tira / Tetsunao Yamamori 편저
Harry Kim / 문창선 역

더메이커

《디아스포라 선교학》 한국어판 출간을 축하하며

T.V. 토마스(T.V. Thomas)

Global Diaspora Network(GDN) 자문위원 및 대표

지난 수십 년간 엄청난 규모의 세계적인 인구 이동이 진행되어 왔습니다. 이러한 이주는 세계 곳곳에서 벌어지고 있으며 가속된 속도로, 전례 없는 크기로 그리고 예상할 수 없는 방향으로 이루어지고 있습니다. 모든 '이동하는 사람들'이 자신들만의 단일한 정치적 주권 아래 있다면, 그들은 세계에서 가장 인구가 많은 국가 중 하나가 될 것입니다. 이 거대한 인구의 흐름은 도시와 국가와 대륙의 사회적, 문화적 그리고 종교적 현상을 급작스럽게 변화시키고 있습니다. 이는 그 누구도 무시할 수 없고 그 어떤 지역사회도 피할 수 없는 인구학적 현상입니다.

이 같은 상황에서 디아스포라 선교학 개론서인 《Scattered and Gathered》가 《디아스포라 선교학》이란 제목으로 한국어로 출판된 것을 축하합니다. 이 책이 전 세계의 한국 교회가 디아스포라 선교를 통한 하나님의 구속 사역에 큰 도움이 될 것을 의심치 않습니다.

《디아스포라 선교학》은 2016년 《Scattered and Gathered》가 출판되고 2년 만에 다른 언어로 번역된 최초의 책이라는 점과 이 영역의 탁월한 전문가들에 의해 번역되었다는 점에서 유의미한 가치가 있습니다.

번역자인 문창선 선교사는 26년 전부터 이주민 사역을 감당하며 이 사역의 성경적 토대와 이론적 틀에 따른 사역 매뉴얼을 개발해 왔으며, 현재 GDN의 부대표이자 카타리스트로 세계 디아스포라 선교계를 섬기고 있습니다. 또 다른 번역자인 Harry Kim 역시 20여 년간 은연히 최전방 선교와 BAM 선교

현장을 섬겨온 이론가이자 BAM 사업가입니다.

이주는 선교의 기회이고 이주민인 디아스포라들은 선교의 대상입니다. 《디아스포라 선교학》이 전 세계 한국 교회와 성도들이 이주민 선교에 눈을 뜨고 또 이 사역에 동참케 하는 데 큰 도움이 될 것을 확신하며, GDN을 대표하여 다시금 이 책의 출간을 축하합니다.

《디아스포라 선교학》 출간을 축하하며

황덕영 목사
국제디아스포라선교센터(ICDM) 설립 이사장

세계의 디아스포라들이 우리나라에 모여들고 있습니다. 이는 모든 민족을 제자 삼고자 하시는 하나님이 우리에게 주시는 특별한 기회입니다. 우리는 이 땅에 찾아 온 230만 명의 디아스포라 이주민들을 언어와 모습, 문화가 다르다고 배척하고 경계해야 할 '이방인'이 아니라 총제적인 사랑으로 섬겨야 할 '이웃'이자 선교의 대상으로 받아들여야 합니다.

또한 전 세계로 흩어진 한인 디아스포라들과 함께 거주하는 현지인과 다른 디아스포라들도 총체적으로 섬겨야 할 선교적 대상입니다. 현재 170여 나라에 5,500여 개의 한인 교회가 있습니다. 이 교회들은 이미 문화적, 언어적, 지역적 차이를 극복한 선교의 거점이며, 이 교회들을 통해서 세계 선교를 더욱 효과적으로 펼쳐 나갈 수 있을 것입니다.

이 사명을 감당하기 위해서는 타 문화를 수용할 수 있는 전문적이고 객관적인 자료와 체계적인 선교학 커리큘럼이 필요합니다. 본서가 이 귀한 사명의 길을 인도하는 훌륭한 길라잡이가 될 것입니다. 교회가 이주민에게 검증된 신학적-성경적 방법으로 총체적 복음을 전하고, 계속 변화하는 이주민 현상에 대해서 바르게 대처하여 사도행전 11장의 안디옥 교회와 같은 교회가 되기를 바랍니다.

전 세계의 한인 디아스포라들에게 이 책은 하나님의 귀중한 선물이 될 것입니다. 이 책은 이주하게 하신 하나님의 섭리와 디아스포라의 정체성을 인식하게 하고, 배경, 상황, 신분, 현실, 적용에 선교적 시각을 갖추게 하여, 거주하는 그곳에서 선교적 삶을 살도록 하기 때문입니다.

2010년 3차 로잔대회 이후 디아스포라를 위한 세계네트워크 GDN을 설립하였고, 5년 동안 50명의 전문가들이 연합하여 2016년에 《디아스포라 선교학 개론》을 출판하였습니다. 이후 2년간의 번역과 감수의 과정을 거쳐 마침내 한국어판을 출판하게 되었습니다. 이 모든 영광을 하나님께 올려드리며 공동 편집자인 테드 야마모리 박사와 사드리 조이 티라 박사 그리고 이 책의 공동 번역자인 Harry Kim 목사와 문창선 선교사에게 감사드립니다.

본서가 하나님의 선교와 흩어지고 모여지는 디아스포라 이주민, 그리고 지역 교회와 성도들을 위해 사용되기를 소망합니다.

역자 서문

Hary Kim / 문창선

지난 수십 년간 미전도 종족들에게 다가가는 선교를 강조했습니다. 그러나 글로벌 이주 현상은 선교의 개념과 방법을 바꾸었습니다. 근자에 수많은 외국인들이 우리나라로 찾아와 미전도 종족까지도 우리의 이웃이 되고 있어 한국 교회는 이들에게 다가가는 주변선교(Missions around)에 적극적이어야 합니다.

이제 한국 교회에도 존재하는 외국인 혐오, 초국가주의, 이민 옴, 글로벌 난민, 지정학적 현상 등이 선교적으로 인식되어야 합니다. 디아스포라 이주민 선교는 이주자를 향한(To), 그들을 통한(Through), 그리고 그들을 넘어서는(Beyond) 선교로 진행되어야 합니다.

먼저《디아스포라 선교학》의 영문 원본인《Scattered and Gathered》의 50명의 집필자들과 공동 편집인인 사드리 조이 티라 박사와 테드 야마모리 박사께 감사드립니다. GDN의 수고해주신 모든 분들과 대표인 토마스 박사와 이 기쁨을 함께하고자 합니다.《디아스포라 선교학》의 출판과 관련하여 메머드급의 자문위원들의 도움을 받은 것은 하나님의 은혜입니다.《Scattered and Gathered》의 한국어판 판권을 위디국제선교회가 법적으로 소유하도록 자문해 준 GDN의 리더들께 감사드립니다. 지난 2년 동안 번역 작업에 자문해 준 김미선 교수, 박형진 교수, 유윤종 교수, 장성배 교수, 조귀삼 교수, 차재철 박사, 채희석 박사, 함태경 본부장, 챈들러 임 박사와 위디선교회 식구들과 번역팀에게 감사드립니다. 이 책의 5~6부를 정교하게 교정해 주신 김성훈 선교사의 도움을 잊을 수 없습니다.

특히 본서의 영문판 출판에 실질적 지원을 아끼지 않았던 한국디아스포라네트워크(KDN)의 이시영 장로, 전 대표인 이순근 목사와 현 대표인 김광성 교수, 그리고 물심양면으로 지원해 주신 ICDM 황덕영 설립이사장을 비롯한 이사진과 구성원들, 새중앙교회 그리고 KBM Global 동지들에게도 감사드립니다. 마지막으로 기도로 응원해 주신 김영국 목사, 송민호 목사, 신화석 목사, 이영훈 목사, 이정숙 총장, 이재훈 목사, 마이클 오 박사, Dr. Efraim Tendero(CEO, WEA), Dr. Daniel Bourdane(CEO, IFES)께도 감사드립니다.

이 책은 집필자들의 매우 개성적인 작품이어서 이들이 사용한 단어와 용어의 의미를 통일시키기는 매우 어렵거나 불가능했습니다. 또 한국 성도들에게 디아스포라 이주민과 이주민 선교(사역)를 소개해야 한다는 사명감으로 원문에서 크게 벗어나지 않는 범위에서 쉽게 번역하려고 무던 애를 썼지만 역시 쉽지 않았습니다. 이 어려움을 극복하기 위해 고딕체를 사용하여 역자 첨가를 했으며, 300개에 이르는 역자주를 6부 끝에 후주로 넣었습니다.

이주민(이주자)을 뜻하는 migrant가 관습적으로 이민자로 사용되고 있어 예를 들어, irregular migrant의 경우 '불법 이민자' 또는 '비정규 이민자'로도 번역했음을 밝힙니다.

또 하나의 예는 이산(離散) 또는 분산(分散)을 뜻하는 dispersion의 번역입니다. 이산가족이 있고 분산가족이 있습니다. 천재지변·전쟁·내란 등과 사회적·정치적 불안정으로 살던 곳을 떠나 있으면 이산가족이고, 직업·학업 등의 이유로 헤어져 살면 분산가족입니다. 이와 같이 난민으로 가족과 떨어져 있으면 이산자, 기러기 아빠처럼 가족과 떨어져 지내면 분산자입니다.

우리나라는 남과 북으로 나뉘어지면서 이산가족과 이산자가 많았고, 이후 분산가족과 분산자가 증가하여 왔습니다(이미 12년 전에 21%로 다섯 중 한 가족이 분산가족이었다). 현재 우리나라에 거주하는 230만 이주민과 외국에 거주하는 한인 이민자와 이주민들 대다수가 분산가족과 분산자입니다. 대부분의 나라에서도 이와 같을 것이며 역시 이 책에 등장하는 인물과 사례연구의 대부분도 그렇습니다. 이런 이유로 역자는 분산으로 번역하였습니다.

끝으로 이 책을 출판한 더메이커의 이병일 대표께 고마움을 전합니다.

2018년 9월 1일

추천의 글

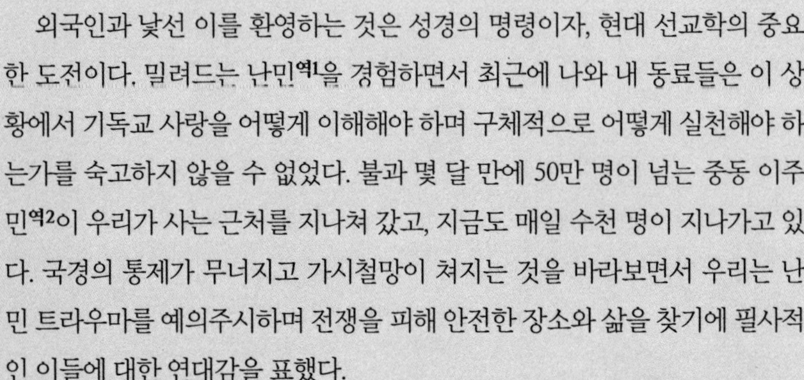

외국인과 낯선 이를 환영하는 것은 성경의 명령이자, 현대 선교학의 중요한 도전이다. 밀려드는 난민[역1]을 경험하면서 최근에 나와 내 동료들은 이 상황에서 기독교 사랑을 어떻게 이해해야 하며 구체적으로 어떻게 실천해야 하는가를 숙고하지 않을 수 없었다. 불과 몇 달 만에 50만 명이 넘는 중동 이주민[역2]이 우리가 사는 근처를 지나쳐 갔고, 지금도 매일 수천 명이 지나가고 있다. 국경의 통제가 무너지고 가시철망이 쳐지는 것을 바라보면서 우리는 난민 트라우마를 예의주시하며 전쟁을 피해 안전한 장소와 삶을 찾기에 필사적인 이들에 대한 연대감을 표했다.

총체적 선교학자이자, 로잔이 시작되던 1974년부터 참가해 온 로자너(Lausanner)로서, 이 포괄적인 연구가 세계적으로 중요한 이슈에 대한 토대이자 방향을 제시할 것이라고 생각하기에 이 책을 강력히 추천한다. 매우 적절한 시기에 나온 이 책은, 전 세계적으로 다양한 방식으로 진행되고 있는 이주 현상과 디아스포라[역3]에 중점을 두고 온전한 성경적 관점을 제시하는, 하나님의 이주민 선교(missio Dei viatorum)의 최고 작품이다.

피터 쿠즈믹(Peter Kuzmic Ph.D. Dr. Theol).

미국 고든-코넬 신학대학 세계선교와 유럽연구학 교수

크로아티아 오시에크에 소재한 복음주의 신학교 설립 디렉터

디아스포라 개요서인 《디아스포라 선교학》을 매우 시의적절한 때에 탄생시키는 데 일조한 하나님 나라의 사역자를 도우며 함께할 수 있었던 것은 내게 대단한 특권이었다. 하나님의 영광스러운 사랑을 드러내시는 사역을 위임 받은 사람의 대이동을 하나님께서 독특하게 형성하고 계시는, 그 유례가 없는 카이로스(Kairos)의 시대를 우리는 살고 있다. 이 책은 사람들이 이러한 시대를 분별하고, 새로운 열심을 가지고 참여하고, 지상명령을 완수하는데 필요한 전략을 세워야만 한다는 외침을 담고 있다. 응용 선교학과 교회성장 연구는 하나님의 기름 부으심으로 앞을 향해 나아가는 우리의 노력을 기적적으로 구체화할 거대한 보물을 받아들이고 있다.

브램웰 프란츠(Bremwell Frentz)

캐나다 크리스천 글로벌 사역과 선교연맹 부회장

'아메리칸 드림'을 꿈꾸며 아시아를 떠나 이민 온 부모에게서 태어난 아들로서, 나는 예수님 그리스도의 복음을 전하기 위해 내 아버지의 옛 원수의 땅인 일본으로 돌아왔다. 내 가족 안에서도 찾을 수 있는 '동에서 서로' 갔다가 '서에서 동으로' 돌아온 역동성을 너무나도 강력히 설명해 주는 이 책을 진심으로 기쁘게 추천한다. 이 책은 전 세계 교회에서 매우 긴급한 선교적 필요성과 전략을 큰 소리로 요구한다. 단도직입으로 말해서 디아스포라 선교학[역4]을 이해하지 않고서는 글로벌 선교에 대한 전체 그림을 이해할 수 없을 것이다.

마이클 Y. 오, Ph.D.

로잔 운동 총재 / CEO

지난 45년간 우리 부부는 고향을 떠나 지구촌 3개 대륙에 걸친 여러 나라에 살면서 사역해왔다. 스스로 디아스포라로 살면서 고향을 벗어나 살아가는 이들을 섬긴 것이 우리 부부가 살아온 삶이었다. 사실 이것은 아브라함 때부터 최근 시리아 전쟁까지 사람들에게 역사하시는 하나님의 이야기다. 하나님은 사람들을 불러 그들의 고향 땅과 고향 사람을 떠나 알 수 없는 곳과 나라와 문화로 여행하게 하신다. 이러한 여정과 난관을 통해, 또 상황에 도전케 하면서 하나님은 사람의 마음을 다듬으시고, 하나님께 집중케 하신다. 유대인들이 모였을 때 성령을 받은 사도들이 진리의 복음을 선포했던 오순절이 바로 세계선교의 튼튼한 토대가 되었다.

글로벌 디아스포라 네트워크(GDN)[역5]를 통해 선교사역을 강화하자는 사디리 조이 티라(Sadiri Joy Tira) 박사와 테츠나오 야마모리(Tetsunao Yamamori) 박사의 초대는 우리 시대의 거룩하고, 성경적이며, 시의 적절한 소명이자 지상명령이다. 2015년 3월 마닐라에서 열린 GDN(Global Diaspora Forum) 포럼에 오늘날 선교에 매우 필요한 사역에 대해서 열심히 수고하여 관련 주제의 지식과 정보를 연구하고 발행한 지도자가 함께했다. 이 글을 읽는 독자는 새롭게 눈을 뜨게 될 것이며, 고향을 떠나 사는 수백만 명, 특히나 그중에서 굉장히 어려운 처지에 놓여있는 이들의 구원을 위해 불타오르게 될 것이다.

헨리 아웅(Henri Aoun)

북아프리카, 중동, 걸프 지역의 팀 리더

LifeAgape International

유례없이 많은 이들이 세상에 흩어져 있는 참으로 시의적절한 때에 이 책이 발행되었다. 교회는 갈수록 가속화되는 글로벌 디아스포라를 어떻게 이해하고 또 어떻게 대응해야만 하는가? 여러 권위 있는 자료를 집대성한 것이기도 하고, 학문적으로 엄격한 작업이었을 뿐만 아니라, 실제 현장의 사례연구를 모은, 매우 필요하며 선견지명이 드러난 작업이다. 가장 중요한 것은 21세기 하나님의 사역에 있어서 디아스포라 선교학의 중요성을 역설한다는 점이다.

신디 페리(Cindy Perry)

Development Associates International, 남아시아 지역총괄

저서 :《세계의 네팔인들》

이 책은 우리 시대의 Missio Dei(하나님의 선교)의 탁월한 시나리오로서 디아스포라라는 실체를 제공한다. 오늘날의 글로벌 디아스포라가 교회에 주는 선교학적 도전과 기회를 탐구하는 것은 실로 유익하고 고무적인 일이다.

엘리자벳 센덱(Elizabeth Sendek)

콜롬비아 펀다시온 대학, 성경 신학교 총장

이 책의 발행은 중요한 이정표이다. 이 책에 담긴 양질의 국제적인 대화는 그 자체로도 역작이다. 기독교 선교와 세계 기독교를 연구하는 학생들과 연구자들에게 대단한 자료이다.

티테 티예노(Tite Tienou)

세계신학과 세계기독교학 학과장 및 명예주임,

트리니티 복음주의 신학교, 일리노이 디어필드

글로벌 디아스포라가 세계 기독교, 지역 교회들, 교파, 선교, 신학적 방향, 교회 개척 운동, 그리고 그 이상을 바꾸어 가고 있다. 이 책은 글로벌 디아스포라의 현황과 동향에 매우 중요한 책이다. 디아스포라 선교학의 성경적, 신학적 토대를 제공하기 때문이다. 또한 교회와 선교에 필요한 전략을 제시하기도 한다. 사례연구와 각종 자료가 신학적 분석을 지원한다. 단연코 디아스포라와 선교 그리고 세계 기독교에 대한 연구도서목록에 꼭 들어가야 하는 책이다.

그레이엄 힐(Graham Hill)

부교장, 호주시드니, 몰링신학교

저서 :《글로벌 교회: 새로운 대화, 새로운 선교, 새로운 교회》

이 책은 세계의 디아스포라 운동과 선교에 대해 매우 포괄적이고 참신한 방식으로 독자에게 접근하고 있다. 필자와 편집자는 모두 자신의 선교영역에서 인정받는 전문가이다. 책의 주제는 적절할 뿐만 아니라 아시아를 포함한 세계의 현장에서 디아스포라에 참여하고자 하는 교회와 선교기관이 전략적인 계획을 세우도록 장려한다. 이 책은 이 시대의 독자에게 선교와 열정에 대한 비전을 제공한다.

조셉 샤오(Joseph Shao)

아시아신학협회 사무국장 필리핀성경신학교 학장

현재 전 세계에서 일어나고 있는 사람의 이동은 교회가 이 새로운 현실을 다양한 관점에서 성찰하도록 해 왔다. 또 이 이동은 예수님 그리스도의 복음으로 현실적인 필요를 해결하는데 필요한 총체적 행동을 고려하도록 한다. 이 책은 선교학적 관점에서 글로벌 디아스포라의 이슈에 대한 여러 기독교적 접근법을 파노라마처럼 제공한다. 디아스포라에 대해 하나님께서 구속사적으로 활동하시는 카이로스에 대해 우리의 눈을 뜨게 하며 세계화의 시대에 교회가 하나님의 사랑을 가지고 절박한 그들 옆에 서도록 한다.

마사노리 쿠라사와(Masanori Kurasawa)

도쿄 기독교대학 전 학장, 믿음과 문화센터 이사

이 책은 디아스포라와 이주 현상에 대한 성경적, 선교학적, 역사적, 사회적, 정치적, 경제적 관점의 풍부한 분석을 제공한다. 그리고 현대의 디아스포라 세계에서 그리스도 안에서의 정체성과 소속감에 대해 다시 생각하도록 요구한다. 또한 안전에 대한 절박함을 포기하며 움직이고 있는 사람들에게 그리스도의 사랑을 가지고 다가가도록 요구한다. 이 책은 오늘날 세계선교의 이해와 실천에 가장 필요한, 꼭 읽어볼 가치가 있는 책이다.

패트릭 펑(Patrick Fung)

OMF International 총재

이 책은 풍부한 성경적·신학적 통찰을 만화경과 같이 보여주며 사업, 기술, 인구통계, 국제법의 관점과 지역 교회의 다양한 일화뿐만 아니라 학계, 선원, 난민, 여행객, 위험에 처한 아이들, 성매매 피해자를 위한 모든 사역의 관점을 보여 주고 있다. 필자들은 사색적 실천가로서 전 세계의 사례를 제공한다. 단 한 권의 책에 디아스포라를 향한, 디아스포라를 통한, 또 디아스포라를 넘어서는 사역에 대한[역6] 도전과 기회에 관한 전 세계적인 견해를 담아냈다.

데이비드 베넷(David Bennett)

로잔 운동, 협력과 컨텐츠 글로벌 어소시에이트 디렉터

2004년 파타야에서 열린 로잔 포럼 이후, 디아스포라를 주제로 로잔에서 첫 출판물이 나왔다. 이후 2015년 3월 필리핀 마닐라에서 디아스포라에 관한 대회가 열렸고, 사디리 조이 티라 박사(Dr. Sadiri Joy Tira)와 테츠나오 야마모리 박사(Dr. Tetsunao Yamamori)의 리더십으로 또 하나의 소중한 저서가 탄생하였다. 이 책을 보면 나는 작아지고, 복 받고, 신나지 않을 수 없다.

중동에서의 폭력 사태, 전 세계에서 일어나고 있는 난민 위기, 이에따라 이주가 가속화되고 있는 상황에서, 이 책의 발행은 참으로 시의적절하다. 이 책은 '디아스포라 현상'에 대해 전 세계 신학자와 실천가를 포함한 권위 있는 전문가들이 제공하는 신학적으로 근거가 확실한 성경적인 대응이다. 모든 신학교와 선교 단체 그리고 디아스포라 학생들이 갖고 있어야 할 자료이다.

람 기두말(Ram Gidoomal)

로잔 파타야 포럼 2004 디아스포라 워킹 그룹 소집자

Tradecraft PLC 회장

시리즈 서문

레그넘 선교학 연구(Regnum Studies in Mission) 시리즈는 선교하는 그리스도인과 기독교 공동체의 산 경험에서 태어났다. 꼭 그러한 것은 아니지만, 특별히 교회가 급성장하고 있는 세계 빈곤층 지역의 이야기이다. 그렇다고 단순히 빈곤층 교회의 성장 이야기만은 아니다. 그리스도를 향한 그리스도인의 목적은 그들의 문화에 크나큰 영향을 끼치고 있다. 그리스도인은 그들의 사회에 그리스도에 대한 믿음과 소망과 사회에 대한 사랑의 현실을 대변하는 '문화 제품'을 생산하고 있다.

레그넘 선교학 연구는 국제적으로 가장 높은 기준에서 이루어진 철저한 연구이자, 사람과 사회의 변화에 대한 진실한 기독교적 참여이다. 이는 세상을 위한 것이다. 21세기 기독교 신학, 선교학, 그리고 실천의 형성은, 새롭게 성장하는 교회가 기독교 실천의 성경적 그리고 문화적 표현을 세계 기독교에 얼마만큼 알리느냐에 크게 좌우될 것이다.

시리즈 편집자

줄리 C. 마(Julie C. Ma)	옥스퍼드 선교학 센터, 옥스퍼드, 영국
원석 마(Wonsuk Ma)	옥스퍼드 선교학 센터, 옥스퍼드, 영국
더그 피터슨(Doug Peterson)	뱅가드 대학, 코스타 메사, 캘리포니아, 미국
C.B. 사무엘(C. B. Samuel)	임마누엘 병원 연합, 델리, 인도
크리스 서그덴(Chris Sugden)	앵글리칸 메인스트림, 옥스퍼드, 영국

목차

3부

디아스포라 선교를 위한 전략적 방향을 향하여

편집자 : T.V. 토마스 / 엘리아스 메데이로스

서론 : 디아스포라 선교를 위한 전략적 방향을 향하여

4부

글로벌 디아스포라 시대에 교회의 사명

편집자 : 그랜트 맥클렁 / 코디 로렌스

서론 : 글로벌 디아스포라 시대에 교회의 사명

5부

디아스포라 선교의 지역적 · 국가적 사례 연구

편집자 : 미리맘 애드니/ 투브야 자렛스키

서론 : 디아스포라 선교의 지역적 · 국가적 사례 연구

6부

글로벌 디아스포라 선교학의 이슈들

편집자 : 폴 시드너 / 라리 칼드웰

서론 : 글로벌 집단이주 선교학의 이슈들

7부

용어 해설, 부록, 사역 자료

편집자 : 테레소 카지뇨 / 찰스 쿡

펴내는 말

크리스토퍼 라이트(Christopher J. H. Wright)

글자 그대로 우리는 이동하는(on the move)역7 세상에 살고 있다. 인류 역사상 오늘날만큼 전 세계에 이주민이 많았던 시대는 없었다. 2차 대전 이후로 더 많은 사람이 고향을 떠나야 했다. 이 중 80%로 추정되는 난민이 개발도상국 중에서도 가난한 나라에 거주하고 있다. 가난한 자가 더 가난한 자를 돌보는 것이다.

이 책은 사람들이 이주하는 많은 이유를 소개한다. 사람들은 사회적, 경제적 또는 가정적 목적을 이루기 위해 이민역8을 간다. 그 목적을 쉽게 이루는 이도 있지만, 문화충격 등의 문화적 비용을 많이 치르며 스트레스를 받는 이도 있다. 빈곤에서 벗어나기 위해 이민을 가는 이도 있고 해외에서 경제활동을 해서 고향(에 있는 가족)을 지원하려는 이도 있다. 엄청난 수의 사람이 전쟁, 기근, 자연재해, 핍박, 빈곤 등 도저히 생존할 수 없는 환경에서 피난하지만, 이들 중 많은 이가 인신매매역9라는 거대한 악의 수렁에 빠진다.

성경은 이 이유에 대해 다 알고 있다. 아담과 하와가 에덴동산에서 쫓겨난 이후부터 사도행전의 성도들의 흩어짐까지 개인과 민족의 이동에 대한 실상은 성경에 스며있다. 어떤 이유에서든 사람들의 움직임이 있을 때에, 하나님은 여러 방식으로 역사하신다. 이는 성경신학에서 덜 다루어진 주제이지만, 이 책은 그 불균형을 해소해 준다.

이런 맥락에서 세계선교의 여러 현실을 보았을 때, 수면에 떠오르는 가장 중요한 의제는 성경 그 자체와 선교신학 그리고 실천이다. 물론 교회는 양방향 모두에서 도전과 기회를 찾을 수 있다. 특히 이주민역10을 위한 선교와 이들에 의한 선교적 차원에서 보았을 때 그렇다. 많은 그리스도 이주민은 전통적인 선교가 거의 불가능한 곳에서 예수님 그리스도의 복음을 전파할 독특한 기회를 자주 접한다. 또, 특정 국가의 그리스도인은, 이주해 오거나 망명해 오는 이들과 단 한 번도 그리스도인을 만나 본 적이 없었던 이들에게 예수님의 사랑을 말과 행동으로 실천하며 다가갈 기회를 접한다.

로잔 운동**역11**은 이 주제에 있어서 선두주자였다. 이 책은 로잔이 세계선교의 한 기둥으로서 얼마나 열심히, 그리고 뛰어나게 달려왔는가를 보여주는 매우 훌륭한 사례이다. 로잔은 그동안 주요 선교 도전과 기회를 발견해 왔다. 또한, 다양한 분야의 전문성과 경험을 가진 인사를 글로벌 팀으로서 회합하고, 세계선교 의제의 통합적인 이해를 위해 거시적이며 미시적인 부분을 철저하게 조사했다. 풍부한 자료와 통계적인 증거를 가지고 다양한 관점에서 세계선교의 현상을 검토하고, 탄탄한 성경적 · 신학적 이해와 타당한 복음적 대응을 위해 성경을 연구하였고, 실용적인 사례와 가능성 있는 전략, 그리고 영감을 주는 사례연구를 통해 도전과 희망을 주고자 했다.

아들을 세상으로 망명 보내신 하나님께서 이 탁월한 책과 그 비전을 공유하는 모든 사역에 축복하시고 번성케 하시기를 기원한다.

인터네셔널 미니스트리스 디렉터

Langham Partnership

서문

사디리 조이 티라(Sadiri Joy Tira)

내가 내 파수하는 곳에 서며
성루에 서리라
그가 내게 무엇이라 말씀하실는지
기다리고 바라보며
나의 질문에 대하여 어떻게 대답하실는지 보리라 하였더니
여호와께서 내게 대답하여 이르시되
너는 이 묵시를 기록하여
판에 명백히 새기되
달려가면서도 읽을 수 있게 하라(합 2:1~2).

디아스포라는 새로운 현상이 아니다. 선교학[역12]도 특별한 학문이 아니다. 인간의 이주,[역13] 선교, 그리고 복음주의라는 주제는 예로부터 있었다. 그 때문에 디아스포라 선교학이 어떤 학계의 두뇌 집단이나 커피숍에서 만난 선교사 간의 대화를 토대로 최근에 착상되었다고 할 수는 없다. 정확히 말해서, 디아스포라 선교학은 이주와 선교라는 두 우산 아래의 여러 갈래를 통합함으로써 하나님 나라의 사역자가 하나님께서 주신 비전 그대로 나아갈 수 있도록 간략하게 훈련하는데 필요한 학제 간의 분야를 지칭한다.

이 방대한 선교학적 작업의 틀을 잡아야 하는 서문을 어떻게 써야 할까 고민하다가, 장장 20여 년간 이루어지고 있는 이야기를 쓰기로 했다. 이 책이 통계적 자료, 틀, 사례 연구 등을 제시하는 가운데, 독자들은 역사 가운데 아주 유례없는 시기에 수많은 사람의 마음속에 피어난 공통된 비전과 그 현상을 인식하고 모이게 된 로잔 운동[1]에 대해 알아야 한다.

이 책은 실제로는 10년 이상을 거쳐 만들어졌다. 매 페이지에 로잔 운동의 비전이 석판에 새겨지듯 기록되었다. 이 이야기는 2004년도 태국 파타야에서, 2010년도 남아공 케이프타운에서, 2015년 필리핀 마닐라에서 이루어진 하나님의 역사에 대한 기록이다. 학문적인 부분에 들어가기에 앞서, 흩어진 사람을 모으고자 하시는 하나님을 보는 이야기를 하고자 한다.

"새로운 비전, 새로운 마음, 새로운 소명"은 2004년 9월 29일에서 10월 5일 사이에 파타야에서 개최된 세계 전도를 위한 2004 로잔 포럼의 주제였다. 1,500명 이상이 모여 세계 복음주의의 과제에 대한 심도 있는 대화를 나누며 종합적인 연구를 통해서 31개의 구체적인 의제를 '복음전도의 난관'[2]으로 선정했다. 이주학과 선교학[3]의 든든한 기반 위에, LCWE의 전 국제 디렉터인 톰 휴스턴(Tom Houston)과 런던의 사업가이자 케냐에서 이주한 동인도인인 람 기두말[4]이 선정한 의제 중 하나는 "우리가 거주하는 국가에 존재하는 디아스포라에게 접근하고 또 디아스포라를 동원하는 것"이었다.

람 기두말은 디아스포라 이슈 그룹의 의장이었고, 세계 해외 중국인 복음중심(CCCOWE)[역14]의 의장인 패트릭 쯔앙(Patrick Tsang)이 공동의장으로 임명되었다. 그리고 톰 휴스턴이 진행자로 섬겼다.[5] 유학생 사역의 레이턴 친(Leiton Chinn), 복음과 세계 선교센터의 T. V. 토마스(T.V. Thomas), 그리고 필리

---

1) 이제는 로잔 운동으로 알려진 The Lausanne Committee for World Evangelization(LCWE)는 "그리스도를 모든 사람들에게 알리기 위해 전 세계의 협력을 촉진하고자 한다." https://www.lausannce.org/about-the-movement의 "About the Movement" 참조. 2015. 12. 24.
2) "2004 Forum Issue Groups" https://www.lausanne.org/gatherings/related/2004-forum-issue-groups. 2015.12.25.
3) 이에 관해서는 Sadiri Joy Tira와 Darrell Jackson이 쓴 이 책의 5장 "Responding to the phenomenon of migration: Early proponents of Diaspora Missiology and the Lausanne Movement"을 참조하라.
4) Ram Gidoomal은 2011년에 Traidcraft의 회장과 로잔 운동 이사위원회의 디렉터로 임명되었다.
5) 예상치 못한 일로 인해서, Tom Houston은 태국의 포럼에 참가하지 못했다. 그를 대신해 T.V. Thomas가 이슈그룹을 진행했다. 포럼기간 동안에 50명이 넘는 선교전략가와 실천가가 합류했다.

핀인 국제 네트워크(FIN)[6]를 대표하는 내가 이들 세 리더를 보필했다. 이렇게 모인 팀이 디아스포라와 유학생 이슈 그룹의 중심 멤버가 되었다. 2005년 《로잔정기발행 55번》과 《새로운 이웃(The New People Next Door)》은 이들의 신중한 작품이다.

로잔 포럼 2004는 복음사역의 정점을 찍는 사건으로, '교회 앞에 있는 과제들에 대한 구체적인 행동 방안들을 개발'하기 위해[7] 복음주의 교회를 불러 모았다. 또한 디아스포라 종족[역15]을 위해서는, 하나님의 섭리 가운데 테츠나오(테드Ted) 야마모리와 더그 버드살(Doug Birdsall)이 각각 로잔세계복음전도위원회의 글로벌 디렉터와 회장을 맡게 되었다. 이들의 리더십 아래, '디아스포라 선교학'이라 지칭될 이주민 사역에 대한 복음적 비전이 오늘날 형태를 갖고 또 번창하기에 이른 것이다. 또한, 나 자신을 포함하여 선교학 학생이었던 에녹 완(Enoch Wan)[8]은 디아스포라와 이주를 연구하며 2004년 로잔 포럼에 참가하였으나, 2006년 이전까지는 야마모리 디렉터와 버드살 회장을 만나지 못했음을 여기서 분명히 밝힌다.

나는 2006년 여름, 포틀랜드 오리건의 웨스턴 신학교에서 선교학 박사학위를 수료하는 도중에 교회성장운동 과목을 통해서 야마모리 교수를 만나게 되었다. 야마모리 박사와 나의 학문적 멘토인 완 박사, 그리고 나는 디아스포라 선교에 관한 공통의 관심이 있었다. 우리는 아침에 베이컨과 계란을 먹으면서 하나님이 동일한 비전을 주셨다는 결론을 내리게 되었다. 우리는 디아스포라 선교[역16]가 어떻게 로잔의 의제와 전략에 들어맞는지를 함께 생각했다. 한 주간을 보내면서 먼저 2006년 가을에 디아스포라인(diasporologists)을

6) 2004년 파타야 포럼 기간 중에, FIN은 Scattered: The Filipino Global Presence(Philippines, Life Change, 2004)를 포럼 참석자 모두에게 배포했다.

7) "The 2004 Forum for World Evangelization" https://www.lausanne.org/gatherings/issue-gathering/2004-forum. 2015.12.25. 방문.

8) Enoch Wan(Ph. D., 뉴욕 주립 대학)은 포틀랜드에 위치한 웨스턴 신학교의 문화 간 연구 교수이자 문화 간 연구 박사학위의 프로그램 디렉터이다. 그는 Tira의 학문적 멘토로 "디아스포라 선교학"의 초기 주창자 중 한 명이다.

모으는 계획을 세웠다. 그리고 에드먼턴에 있는 테일러 신학교의 문화 간 연구부서와 그곳의 앨런 에파(Allan Effa)[9]가 글로벌 디아스포라 선교학 협의를 2006년 11월 16일에서 18일 사이에[10] 개최하여 주관하기로 했다.

이후 몇 달 동안, 연합된 디아스포라 선교에 대한 비전이 확고해지고 로잔 운동의 테두리 안에서 운동이 이루어지는 것을 목격하면서 이 운동이 소수에 의해서가 아니라 지속해서 성장하는 선교 운동으로 확장되어야 한다고 주장했다.

최고의 선교 정치인 중 한 명인 로버트 모리슨(Robert Morrison)[역17]이 최초의 개신교 선교사로서 마카오에 발을 내딛게 된 지 거의 200년이 지난 후에, 당시 LCWE의 회장이었던 더그 버드살과 나는 하나님의 섭리 가운데 마카오에서 열리는 일곱 번째 CCCOWE 콘퍼런스[11]에서 만났다. 콘퍼런스의 일정 중 휴식 시간에 더그와 나는 로버트 모리슨의 무덤을 방문하기로 했다. 그곳으로 향하는 택시 안에서 로버트 모리슨에 관한 담소를 나누다가 세계선교, 특히나 복음이 디아스포라 사람에게 전파되고 그들을 지상명령에 동원하는 것이 우리의 동일한 열정이라는 것을 깨달았다. 이 방문을 통해서 우리는 세계로 흩어진 중국인을 섬긴 모리슨의 생애와 사역에 대해 하나님께 감사하는 마음을 갖게 되었다. 하나님이 섭리하신 이 만남을 통해 우리는 하나님께서 불러 모으시고 심으시고자 하시는 그분의 비전으로 하나가 되었다.

---

9) Allan Effa(Ph.D., 풀러 신학교)의 지원과 그의 직관력은 디아스포라 선교학의 초창기 성장에 지대한 영향을 끼쳤다.

10) 컨설테이션에 초대된 참가자들은 세계 이주가 세계선교에 미치는 영향에 대해 토론했다. 또한 디아스포라 그리스도인들이 채택해야 할 선교전략에 관하여도 논의했다. 참가자는 주요 디아스포라 그룹들(즉, 중국인, 일본인, 베트남인, 유대인, 동남아인, 한국인, 브라질인, 히스패닉, 네팔인, 서아프리카인, 동아프리카인, 러시아인, 아랍인, 필리핀인)을 대표하는 선교학자와 선교전략가, 디아스포라 지도자와, 신학자였다. FIN이 개최하고 로잔이 지원한 이 컨설테이션은 Enoch Wan과 Sadiri Joy Tira에 의해 개최되었고 당시 로잔 세계 복음운동의 국제이사였던 Tetsunao Yamamori 또한 참가 중이었다.

11) 제7회 '세계 해외 중국인 복음 중심'은 2006년 6월 17일에서 21일 사이에 마카오에서 개최됐다. 더 많은 정보는 http://www.cccowe.org/content_pub.php?id=catw200607-3에서 찾아 볼 수 있다.

몇 달 후 나는 디아스포라를 시니어 어소시에이트로서 섬기게 되었고, 2007년 6월 18일에 헝가리 부다페스트에서 열리는 리더십 미팅에서 공식적으로 취임했다. 그곳에서 나는 당시 옥스퍼드 선교학 센터(OCMS)의[12] 새 학장으로 임명된 마원석과 위클리프의 성경 번역가인 김성훈 선교사를 만났다.

디아스포라 선교에 대해 비슷한 열정을 가지고 있던 마원석 학장은 내가 옥스퍼드 선교학 센터[역18]에서 강의하도록 초청하기도 했고, 김성훈 선교사는 쿠알라룸푸르에 있는 한국 디아스포라 네트워크[역19]에 나를 소개해 주기도 했다. 이 또한 같은 생각과 마음을 가진 이를 만날 수 있게 한 섭리 가운데 이루어진 만남이었다. 거의 9년이라는 시간이 지나면서 관계는 더욱 견고해졌다. 이 책을 읽으면서, 여러분은 하나님께서 예비하신 한국인과 로잔의 리더 사이의 우정과 사역 파트너십을 목격하게 될 것이다.

많은 운동이 비슷한 생각을 하는 동료로부터 시작된다. 부다페스트에서의 취임 이후, 나는 갓 시작되는 로잔디아스포라위원회를 구성할 사람을 찾아야 하는 중책을 맡게 되었다. 나의 로잔 고문인 테드 야마모리의 도움을 받으며 신중히 생각한 결과 누가 디아스포라를 위한 로잔위원회의 일원[13]이 되어야 하는가가 분명해졌다. 로잔 디아스포라 계획의 첫 포석을 까는 어려운 일을 맡기로 승낙한 에녹 완, 엘리아스 메데이로스(Elias Medeiros), T.V. 토마스, 그레그 팩(Greg Paek), 버질 슈미트(Vergil Schmidt)와 이들을 허락해 주신 하나님께 감사드린다.

디아스포라 선교학의 태동과 관련하여 어느 한 사람이 그 모든 공로를 차지할 수 없다. 2004년도의 LCWE 포럼과 그 이후로 많은 디아스포라 선교 지지자가 서로 연결되었다. 하나님의 보이지 않는 손이 디아스포라 네트워크를 더 광범위하게 구축하신 것이 분명하다. 그뿐만 아니라 로잔을 통해서 셀 수

---

12) "Diaspora Missiology" 강의는 2008년 4월 7일에 OCMS에서 이루어졌다.

13) 이는 후에 공식적으로 로잔 디아스포라 리더십팀(LTLT)으로 명명되었으며, 2010년 10월 16일에서 25일 사이에 남아공 케이프타운에서 개최된 제3회 로잔대회에서 '디아스포라'를 소개하는데 협력했다.

없이 많은 이들이 헌신했다. 그리고 신학교와 교회에 디아스포라 선교학이 잘 자라날 수 있도록 수많은 시간, 자원, 그리고 기금이 모였다. 로잔 디아스포라의 모든 발행물은 후원을 통해 이루어진 것이며, 필자들의 영리를 목적으로 출판된 것이 아니다. 디아스포라 선교학은 흩어진 사람을 다시 모으고자 하시는 하나님의 비전이며, 그분의 보이지 않는 손길이 많은 선교사와 실천가들 행동을 통하여 디아스포라 선교학을 더 넓은 세계선교의 장으로 퍼뜨렸다.

고 랄프 윈터(Ralph Winter) 박사께서 내게 했던 이야기를 독자에게 전하고 싶다. 스위스에서 제1회 로잔대회(1974)와 필리핀에서 제2회 로잔대회(1989)가 열렸을 때는 "세상이 달랐다. 그 시대는 냉전과 독재의 시대였다. 중국과 러시아의 국경이 닫혀있었다."[14] 그러면서 랄프 박사는 세계시장, 인터넷, 그리고 소셜 미디어가 만든 국경 없는[역20] 세상[15], 즉 디지털 혁명 직전의 세상을 설명하면서 "세상이 변했다. 앞으로는 미전도인들이 전 세계로 흩어지게 될 것이다"라고 말했다. 로잔에서 디아스포라를 대변하는 역할을 맡은 내게는 "당신의 세대는 대규모 이주와 세계화를 겪게 될 것"이라 충고했다. 나의 세대, 내 자녀들의 세대, 그리고 내 자녀들의 자녀의 세대에는 말이다! 이 글을 쓰는 2015년 12월에 국제이주 기구(IOM)[역21]의 단체장인 윌리엄 레이시 스윙(William Lacy Swing)은 2015년을 '이주민의 해'로 선정하였다.[16]

이 책은 로잔 운동의 틀 아래서 쓰인 책이다. 분명 하나님은 전 세계에 역사하고 계신다. 하나님은 경청하는 시간과 귀를 가진 개인과 조직에 당신의 비전을 나누어 주신다. 이 책에서는 세계 디아스포라 네트워크의 동지들이

---

14) 이는 Dr. Winte에 대한 개인적인 기억에 의존해 표현한 인용구이다.

15) 1960년대 커뮤니케이션 이론가, (우연히 본인과 같이 에드먼턴에 거주하는) Marshall McLuhan과 연관된 경제용어. http://www.marshallmcluhan.com에서 그에 대해 더 읽어볼 수 있다.

16) "The Year of the Migrant"는 단체장이자 대사인 William Lacy Swing이 2015년 11월 24일에 스위스 제네바에서 개최된 제 106회 IOM 세션에서 발표한 보고서와 연관된 것이다. https://www.youtube.com/watch?v=7gdYKe4_Fbo.

모여서 다음 세대의 교회에 비전을 전달할 수 있도록 그 비전을 기록하여 적는다.

> 이 묵시는 정한 때가 있나니
> 그 종말이 속히 이르겠고 결코 거짓되지 아니하리라
> 비록 더딜지라도 기다리라
> 지체하지 않고
> 반드시 응하리라.
> (합 2:3)

감사의 글

이 책의 집필진들은 세계 각지에서 모였다. 50여 명이 넘는 필자와 편집자가 협력하여 이 책을 완성할 수 있었다. 세계 각지에 흩어진 이주민과도 같이 필자들도 멀리 떨어진 곳에서, 때로는 스카이프나 이메일 같은 기술의 도움으로, 때로는 비행 일정 사이에 카페에서, 단 한 번의 만남을 통해서, 또는 몇 주간에 이르는 정기적인 미팅들을 통해서 각 장(chapters)을 심의하고 비평했다. 이들은 디아스포라와 선교학이 만나는 시점을 충분히 잘 표현한 작품을 만들기 위해서 각기 다른 시간대와 다른 대륙에서 협력했다. 책의 각 부(section)는 서로 독립적으로 만들어졌지만, 저자들은 디아스포라와 선교란 공통된 주안점을 가지고 작업했다.

이 책을 집대성하는 일은 우리 둘만으로는 너무 어려운 일이었기에 필자들을 돕기 위해 부별로 선정된 편집자의 역할이 매우 중요했다. 편집자로서 프로젝트를 성공적으로 완수하기 위해 헌신한 아마도르 레미고 주니어(Amador Remigio, Jr)와 대럴 잭슨(Darrell Jackson), 토마스 하비(Thomas Harvey)와 정미연, T.V. 토마스와 엘리아스 메데이로스, 그랜트 맥클렁(Grant McClung)과 코디 로란스(Cody Lorance), 미리암 애드니(Miriam Adeney)와 투브야 자렛스키(Tuvya Zaretsky), 래리 칼드웰(Larry Caldwell)과 폴 시드너(Paul Sydnor), 테레소 카지뇨(Tereso Casiño)와 찰스 쿡(Charles Cook) 등에게 감사한다. 자신의 연구를 표현하고 선교전략을 정리하는 데 큰 책임감을 발휘한 학자와 실천가의 도움이 없었다면, 이 책에서 그들의 연구와 전략을 소개할 수 없었을 것이다. 나아가 이를 위해 수고한 지원팀과 봉사자가 없었다면, 이 책은 완성될 수 없었을 것이다.

GDN 로잔 글로벌 디아스포라 포럼 2015를 주최할 수 있도록 해 준 그린힐스 크리스천 펠로우십(Greenhills Christian Fellowship)에 감사를 표하며, 특별히 전 세계 신학교에 이 책을 발행 및 보급할 수 있도록 기금을 준 코리안 디아스포라 포럼과 코리안 디아스포라 네트워크에 감사의 뜻을 표한다.

이 책을 완성하는 데에는 언급하기 어려울 정도의 수많은 개인, 기관, 조직들의 넉넉한 후원금이 있었다. 그들의 도움은 가늠할 수 없을 정도로 큰 것이었다.

마지막으로 디아스포라 선교학의 개척자이자, 아이디어를 주고받는 플랫폼, 그리고 인큐베이터의 역할을 해준 학교 기관과 선교 단체에 감사의 말을 전한다.

하나님이 "*흩으시고 모으시는*" 이들의 친구와 선구자를 알파벳 순서에 따라 기록한다.

- American Society of Missiology[역22]
- Advancing Indigenous Missions (Winnipeg)[역23]
- Alliance Graduate School (Manila)[역24]
- Asian Theological Seminary (Manila)[역25]
- Asbury Theological Seminary (Kentucky)[역26]
- Cebu Theological College and Cebu Graduate School of Theology (Cebu City)[역27]
- Centre for Evangelism and World Missions (Regina)[역28]
- Evangelical Missiological Society[역292]
- Filipino International Network[역30]
- Filipino Language Christian Congregation (FLCC) at National Evangelical Church (Kuwait)[역31]
- Finishing the Task[역32]
- First Filipino Alliance Church (Edmonton)[역33]
- Freedom in Christ Church (Toronto)[역34]
- Greenhills Christian Fellowship (Pasig City)[역35]
- Global Diaspora[역36]

- Network: Philippine Board of Trustees and International Board of Advisers
- Jaffray Centre for Global Initiatives at Ambrose University and Seminary (Calgary)[역37]
- Kingman Baptist Church (Kingman)
- Koinonia Theological Seminary (Davao City)[역38]
- Korean Diaspora Forum[역39]
- Korean Diaspora Network[역40]
- Life Agape International (Paris)
- Mars Hill Urban Missions Society
- Ontario Filipino Ministerial Fellowship[역41]
- Operation Mobilization[역42]
- Oxford Centre for Mission Studies (Oxford)[역43]
- Pundakit Christian Church (Barangay Pundakit)
- The Christian and Missionary Alliance in Canada[역44]
- The Great Commission Global Ministry (Doha)[역45]
- The Light House Church (Kuwait)[역46]
- The Klemke Foundation[역47]
- The Lausanne Movement[역48]
- Taylor College and Seminary (Edmonton)[역49]
- TIM Centre at Tyndale University and Seminary (Toronto)[역50]
- Torch Trinity Graduate School of Theology (Seoul)[역51]
- Trans World Radio Canada[역52]
- Ukrainian Evangelical Theological Seminary (Kiev)[역53]
- Western Seminary (Portland)[역54]
- Withee International[역55]

하나님의 은혜로(Dei gratia),
사디리 조이 티라 / 테츠나오 야마모리
알버타 에드몬턴에서
2015년 12월 26일

서론

사디리 조이 티라(Sadiri Joy Tira)
테츠나오 야마모리(Tetsunao Yamamori)

기독교 선교 '지역'이 다시 정의되고 있다. 지난 한 세기의 거대한 인구이동은 '선교지'에 대한 기존의 학문적 이해와 실천을 근본적으로 변화시켰다. 이전에는 교회가 새로운 지역으로 나가는 선교에 박차를 가했다면, 21세기 여명의 끝자락에서 기독교 선교는 '주변 선교'에 응답하고 보조를 맞추어야 한다.[17)]

21세기는 세계화[역56] 기술의 발전, 그리고 대규모 이주로 점철된다. 특히 여러 자발적 또는 비자발적 요인으로 인해 발생하는 국제간의 이주는 인구통계 및 경제를 나날이 변화시키고 있으며 여러 사회와 문화에 영향을 끼치고 있다.

국제, 대륙, 지역 간 이주는 "세계의 사회와 정치를 변화시키고 있는 초국가적(transnational)인 혁명의 일환이다."[18)] 캐슬(Castles)과 밀러(Miller)의 관찰에 의하면, "기존의 존재하던 이민을 가는(emigration) 국가와 이민을 오는(immigration) 국가 사이의 차이가 무너지고 있다. 대개의 국가가 두 가지 현상을 모두 겪고 있다 … 그중 어떤 국가는 이주민의 통과구역의 역할을 하고 있

---

17) 로잔 운동의 "The Global Conversation"을 위해 Sadiri Joy Tira가 그의 블로그에 올린 "Redefining Regions Beyond"에 대해 아툴 아캄카(Atul Aghamkar)가 "regions around"라고 참신하게 표현하였다. Atul Aghamkar가 2012년 5월 2일에 포스트한 "Regions Beyond: A Response"은 다음의 사이트에 있다. http://conversation.lausanne.org/en/resources/detail/12258#.VoVRyzag-T8.

18) Stephan Castle과 Mark J. Miller, "Introduction," in The Age of Migration: International Population Movements in the Modern World, 4th Edition (Guildford Press, 2009).

다."[19] 티라는 이 현상을 '인간 해일'이라 칭했다.[20]

1990년대와 2000년대는 국내 이주[역57]와 국제 이주 현상을 많이 목격할 수 있는 시기였다. 정부의 각 기관은 세계화, 지역 갈등, 자연재해의 여파로, "국제 이주민의 수가 지난 몇 년간 전반적으로 증가했으며, 1990년대에 대략 1,540만 명에서, 2000년대에는 1,750만 명으로, 현재는 2,320만 명으로 증가했다"고 공인했다.[21]

또한, 전 세계 국가 내부에서의 난민 수는 2000년 210만 명에서 2014년 382만 명으로 증가했다.[22] 의심할 여지없이 모든 국가가 국내적인 또는 국제적인 대규모 이주 현상에 영향을 받고 있으며, 교회는 이러한 새로운 선교학적 현실의 도전과 기회에 직면하고 있다.

이 책의 제목은 이에 대한 전반적인 주제를 나타낸다. 독자들은 농사의 비유를 알고 있을 것이다. 이 책의 필자와 편집자는 지구 또는 이 세상 전체를 계절에 따라 씨를 뿌려 수확하는 하나의 거대한 농장이나 밭으로 표현한다. 여기서 나라와 국가는 다른 의미로 쓰이고 있다. 나라는 사람과 민족을, 국가는 지리적 위치를 뜻한다. 지구의 여러 나라는 마치 여러 국가에 흩어져 심어진 씨앗과 같다. 종국에는 하나님의 나라라는 한 도시이자 하나님 나라 사람의 종말론적 거주지인 그곳으로 모으기 위해서다. 간단히 말해서, 이 책의 필자와 편집자는 전 세계 하나님의 사람을 추수하는 사역자로 여기며, 이는 하나님의 뜻하신 바라고 믿는 것이다. 이 주제는 여섯 개의 부를 통해서 설명된다. 마지막 7부에는 관련 자료를 실었다.

---

19) Castles과 Miller, The Age of Migration, 7~8.

20) Sadiri Joy Tira, ed., The Human Tidal Wave: Global Migration, Megacities, Multiculturalism, Pluralism, Diaspora Missiology (LifeChange Publishing, 2013).

21) International Organization for Migration from United Nations Department of Economic and Social Affairs (UN DESA) – "Trends in International Migrants Stock: The 2013 Revision" from United Nations database, POP/DB/MIG/Stock/Rev.2013, Table 3. http://esa.un.org/unmigration/TIMSA2013/Data/UN_MigrantStock_2013.xls. 2015.9.25.

22) "Internal Displacement Monitoring Centre (IDMC) – Global IDP Figures" http://www.internal-displacement.org/global-figures. 2015.9.25.

이 책의 목적은 여러 가지 관점에서 '주변 선교'의 개발과 '디아스포라 선교학'에 대한 현대교회의 기회와 책임을 이해하는 것이다. 로잔 디아스포라 교육자 컨설테이션의 서울선언문은[23] '디아스포라 선교학'을 "조국과 고향을 떠나 사는 사람들 사이에서 하나님의 구속적 선교를 이해하고 이에 참여하기 위한 선교학적 틀"이라고 정의하였다. 현 상황에 대한 이해와 그에 따른 의도적인 조치를 강구하는 신학 기관과 지역 사역자 모두에게 이 책이 디아스포라 선교학에 대한 포괄적인 자료집이 되기를 바란다.

이 책의 초점은 세계 현황 속에 있는 교회다.[24] 이 책의 1부에서는 글로벌 디아스포라의 현상학적 현실과 동향을 알아볼 것이다. 2부에서는 글로벌 현황에 대한 대응으로써 디아스포라 선교학의 성경적 및 신학적 토대를 제공한다. 3부에서는 현상학적, 성경적, 신학적 이해를 바탕으로 전략적인 방향을 제시한다. 4부에서는 글로벌 디아스포라 속의 교회의 사명을 유추해 낸다. 세계 교회 사례를 제대로 제시하는 것이 이 작업에 기여한 이들의 의도였다. 따라서 5부는 다양한 사역 모델을 제시하는 디아스포라 선교에 효과적인 지역 및 국가 사례 연구를 포함한다. 마지막으로, 6부에서는 특정한 질문에 대한 답변으로 구체적인 디아스포라 이슈 사례를 제시하였다. 장마다 참고문헌을 실었으며, 7부에서는 독자의 편의를 위해 용어해설과 부록을 포함했다.

이 책은 세계 각지를 대표하는 필자와 편집자가 집필하고 편집했다. 이들은 2015년 3월에 필리핀 마닐라에서 개최된 로잔 운동의 GDN 글로벌 디아스포라 포럼에 참석했다. 이 책은 지금은 로잔 운동이라 불리는, 세계 복음 전도를 위한 로잔위원회에 의해 승인된 두 개의 간행물의 뒤를 잇는 책이다. 로잔 운동은 복음주의 기독교 운동으로서 "온 교회(the Whole Church)가 온전한 복음(the Whole Gospel)을 온 세계(the Whole World)에 전하자"는 비전을 이루기

---

23) "서울 디아스포라 선교학 선언문"은 다음의 사이트에서 읽을 수 있다.
https://www.lausanne.org/content/statement/the-seoul-declaration-on-diaspora-missiology.

24) 글로벌 디아스포라 개요의 제목과 개념의 모태가 된 Scattered : the Filipino Global Presence(편집자. Pantoja, Tira, 그리고 Wan. LifeChange Publishing, 2004)은 2004년 태국 파타야에서 열린 로잔 포럼의 참가자들에게 배포되었다.

위해 헌신된 운동이다.[25] 필자의 다양한 국적을 고려하여 참고문헌을 포함한 모든 부분에서 자유로운 집필 방식이 인정되었다.

이 선구적인 발행물 중의 첫 번째는 2004년 10월 파타야에서 열린 "디아스포라, 그리고 국제학생들"이라는 이슈를 다룬 저서이다. 로잔 정기간행물 55번, 《새로운 이웃들 : 디아스포라와 국제 학생들》은 로잔 운동이 디아스포라에 집중하게 하는 데 마중물 역할을 했다. 그 후 6년이 지난 2010년 10월 16일에서 24일 사이에 남아공 케이프타운에서 열린 제3차 세계 복음운동을 위한 로잔대회에서, 로잔 디아스포라 리더십팀(LDLT)은 <모으시기 위한 흩으심 : 전 세계적 디아스포라 현상을 아우르며(Scattered to Gather: Embracing the Global Trend of Diaspora)>라는 제목의 문서를 참가자들에게 배포했다.[역58]

---

25) 위의 슬로건에 대해서는 로잔 운동 웹사이트를 참조하라.
https://www.lausanne.org/content/twg-three-wholes.

1부

글로벌 디아스포라의 현상학적 실제와 동향

편집자

아마도르 레미지오 주니어(Amador Remigio, Jr.)

대럴 잭슨(Darrell Jackson)

서론

글로벌 이주 및 디아스포라의 동향 및 실제

편집자

대럴 잭슨 / 아마도르 레미지오 주니어

디아스포라 선교학 서울선언(2009)에서 정의했듯이 디아스포라 선교학은 "조국과 고향을 떠나 사는 사람들 사이에서의 하나님의 구속적 사역을 이해하고 그 일에 참여하기 위한 하나의 선교학적 틀"이다. 그렇다면 디아스포라 선교학의 역사적 발전과정은 이 선교학이 학문에 전념하는 신학자들의 이론적 사색에서 나온 게 아니다. 오히려 디아스포라 선교학은 사람들이 오랜 세월 디아스포라 신앙과 이주 현상이라는 현상학적 실제와 부딪히고, 갈등하고, 그것을 경험하고, 간증하며 맺어온 열매이다.

인구학적(demography)[역1]으로 볼 때, 인류 역사는 이주와 디아스포라의 광범위하고 풍성한 영향력이 세계화, 도시화, 그리고 다원주의적 정치형태, 경제, 사회, 문화, 종교 발전의 결정적 요인임을 증명한다. 이런 의미에서 이주와 디아스포라의 중요성, 기원, 그리고 실질적 의미를 이해하려는 학문이 현대와 포스트모던 역사에 중요한 연구와 조사의 영역이 되고 있다.

역사적 관점에서 볼 때, 이주 및 디아스포라 연구에는 두 가지 측면이 존재한다. 이주와 디아스포라에 관련된 인구학적 정보를 수집하고 모으는 측면과 이 현상의 의미와 관련 시사점, 그리고 이 현상이 인류의 정치, 경제, 사회, 문화, 종교에 미치는 차별적 영향력을 발견하고 설명하기 위해 현상을 체계적으로 해석하는 측면이다. 이주와 디아스포라 연구를 위한 현상학적 접근법을 택하기 위해서는 이 현상의 다양한 측면을 이해하려는 노력과 이론적이고 실제적인 사색이 필수이다. 다른 연구 분야와 학문 영역을 사용하면서 말이다.

이 책의 1부 '글로벌 디아스포라의 현상학적 실제와 동향'은 1장(A. 레미지오)에서 이주 및 디아스포라의 현상학적 실제를 제시하는 것으로 시작한다. 1장은 동향을 파악하고 전망하는 차원에서 세계화, 디아스포라, 도시화, 다원주의에 관련된 역사적 현상학적 자료를 분석, 평가한다. 시공을 넘나드는 인구학적 이주는 (이주와 디아스포라를 중심으로) 역사적인 시간이 흐름에 나타나는 변화를 고려하는 통시적 관점과 특정 시대 내의 상황과 변화를 고려하는 공시적 관점에서 이 현상이 어떻게 다원주의적 정치, 경제, 사회, 문화뿐 아니라 세계화, 도시화, 대도시의 부상을 가속화했는지 이해하게 하는 독립변수로 작용한다. 이런 맥락에서 세계화는 자유 무역, 자유로운 자본 흐름, 보다 값싼 노동시장으로의 진출이 특징인, 점증적으로 통합되는 세계경제의 발전으로 볼 수 있을 뿐만 아니라, 국경을 넘나드는 사람들의 실질적인 인구학적 이동을 촉진하는 과정으로 볼 수 있다. 선교학적인 측면에서 이주와 디아스포라의 발전 동향과 전망으로부터 하나님의 선교에 대한 중요한 관점과 시사점이 돌출된다. 이 현상들이 이들 종속적 변수(즉, 세계화, 도시화 그리고 다원주의적 정치, 경제, 사회, 문화의 발전)와 관련되어 있고, 이 점이 세계적, 국가적, 국지적 차원에서 그리스도의 몸에 중요한 의미가 있기 때문이다.

2장에서는(G. 줄로(Zurlo)) 세계 종족 분류학, 세계 종교 분류학 그리고 두 분류학을 평가하는 자료 수집 메커니즘을 바탕으로 종교적 디아스포라들[역2]과 종교적 다양성에 대한 정량 연구(quantitative study)[역3]가 실시됐다. 세계 기독교 데이터베이스(WCD)와 세계 종교 데이터베이스(WRD)의 종교 분류학과 종족 분류학을 사용해서 종교적 디아스포라에 대해 사전 조사를 한 결과 세계 485개 종족 중 3억 1,600만 명(세계 인구의 4.3%)이 디아스포라 상황에 있다. 출생, 죽음, 기독교로의 개종, 타종교로의 개종, 이민을 오가는 현상 등 인구학적 맥락에서 이주 현상을 정량분석(quantitative analysis)한 결과, 종교적 디아스포라의 다양한 변화에 대해 요약적이며 실질적인 관점을 제공했다.

3장(대럴 잭슨(D. Jackson))은 이민자의 글로벌 통제와 관리에 대한 새로운 모습의 세계적인 그림을 그린다. 시리아와 중동의 다른 이민자들에 대응하기 위해 고군분투하고있는 서구 국가들의 현재 역사-정치적 맥락에서 볼 때, 이주와 디아스포라에 관한 급속하게 변화하는 국가적, 지역적, 글로벌 정책의 복잡성을 개괄하는 광범위한 틀을 사용한다. 이와 관련하여 현재의 규제 체제와 이주 정책에 대한 변화를 주장하는 데 관여하거나 관련된 기독교인들을 다룬다. 이 장은 이주와 디아스포라에 관한 현재의 규제 체제가 이러한 틀의 개정하고 대체하기 위한 로비의 중요한 첫 걸음이 될 수있는 방법을 이해하는 데 귀중한 관점을 제공한다.

4장(D. 잭슨과 S. J. 티라)은 첫 세 장의 현상학적 접근과 이와 관련해 나머지 장에 기술된 담화를 이어주는 가교 역할을 한다(현상학적 실제에 대처하고 상호작용하면서 만들어진). 이 장은 반론의 여지가 없는 20세기 말의 이주 현상을 진지하게 연구한 선교학자들의 노력을 추적한다. 전통 선교학을 재형성하려는 선교학자들의 노력은 인구학적 동향과 실제를 디아스포라 선교학을 발전시킬 목적으로 바라봄으로써 디아스포라 선교학을 운용할 동적 모델을 개발하는 견인차 역할을 했다. 또한 이들의 노력을 통해 미래를 전망할 수 있게 되었다. 결과적으로 이들의 노력은 본 책자에 이미 기술된 내용을 확증했다. 이주와 디아스포라는 하나님이 정하신 현상이라는 관점 없이는 디아스포라 선교학도, 이주 신학도 있을 수 없다. 이주와 디아스포라는 세계 역사를 통해 이어진 하나님의 구원사의 한 부분이 되고 있고, 이미 한 부분이기도 하다.

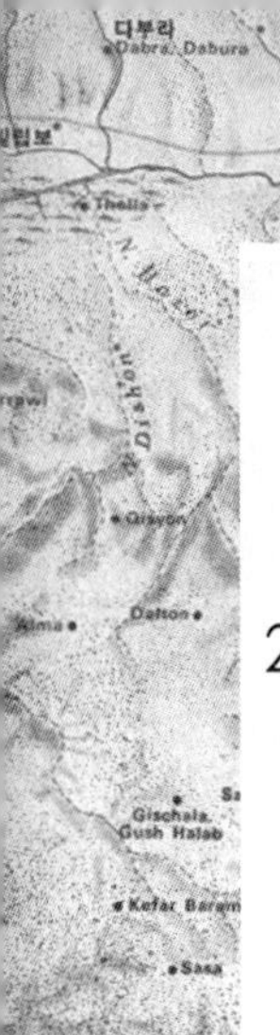

1장

21세기의 세계화, 디아스포라, 도시화 그리고 다원주의는 하나님의 선교를 위해 거부할 수 없는 현실인가?

아마도르 레미지오 주니어(Amador Remigio, Jr.)

현대의 삶에 있어서 글로벌 이주만큼 도처에서 발생하면서 동시에 간과되는 것은 없을 것이다. 글로벌 이주는 현재 우리가 알고 있는 세계를 재편하는 창조적 파괴를 견인한다. (제이슨 드팔(Jason Deparle), 뉴욕 타임즈, 2010. 6. 27.)

오늘날 선교적 사고에 있어 가장 중요하면서도 아직 소화되지 않은 현실은 우리가 세계 대부분의 사람들이 더 이상 지리적으로 정의될 수 없다는 사실을 이해하지 못했다는 것이다. (랄프 D. 윈터)

서론

"그 흩어진 사람들이 두루 다니며 복음의 말씀을 전할 새"(행 8:4).

지난 22년 동안 필자가 아시아 태평양, 중동, 북미에서 디아스포라 종족[역4]을 섬기면서 깨달은 중요한 사실이 있다. 그것은 하나님의 지휘하심으로 사람들이 지리적 경계를 넘어 이주하면서 인류를 향한 하나님의 구원 계획이 역사의 종말론적 절정을 향해 가차 없이 질주했고, 그 결과 전 세계적으로 교회와 공동체가 급증했으며, 복음이 선포되고 전파되어 교회와 공동체의 세계적인 확산과 발전이 이루어져 *하나님의 선교*가 중단 없이 더 성취되고 있다는 것이다. 나는 섬기는 교회에서 계속해서 경제 이주민[역5]과 비경제 이주민(예를 들어 난민)에 대한 이야기를 듣고 있는데 너무나 강렬하고 가슴 아픈 이야기들이 많았다. 특히 자기만의 세계와 '안전지대'에 안주하는 소위 제1세계(the First World)[역6]에서 사는 사람들은 이들을 잊기 쉽다.

이 글의 주요 내용은 동향과 전망 면에서 분석되고 평가될 이주, 디아스포라, 세계화, 도시화 및 다원주의 현상학적 데이터를 기반으로 한다. 이주와 디아스포라는 지리적 경계를 넘어서서 사람들이 확산되고 흩어지며 세계사와 사회와 문화의 구조를 연결하는 역할을 했다. 이와 관련하여 공간과 시간에 대한 그러한 인구학적 움직임(이동과 디아스포라에 중점을 둔다)은 세계화를 가속화하는 주요 '추진력' 요인이었던 방법에 대한 통찰력을 얻을 수있는 독립 변수로서, 통시적 관점과 공시적 관점에서 볼 수 있다. 이 글에서는 도시화, 다문화, 다양성과 역동성에 결정적인 영향을 주는 영역과 다원주의 및 포스트모더니즘 상황에서 주도권을 차지하기 위해 경쟁하는 신앙과 세계관과 관련하여 인구학적 변화와 인위적(anthropogenic)인 이동의 영향과 의미를 살필 것이다.

이런 맥락에서 세계화는 자유무역, 자유로운 자본 흐름, 보다 값싼 노동시장으로의 진출이 특징인, 점증적으로 통합되는 세계경제의 발전이 아니라[1] 오히려 세계화의 가차 없는 과정이 수반하는 여러 영향을 포괄하는 의미로 해석된다. *하나님의 선교*에 대한 중요한 선교학적 통찰과 함축은 이러한 종속적 변수(세계화, 도시화, 다원적 정치, 경제, 사회 및 문화의 발전)와 관련된 발전 추세와 전망에서 유출해 낼 것이다. 그리스도의 몸을 위해 전 세계적, 국가적, 지방 차원에서 이주와 디아스포라 연구에 현상학적 접근을 채택하는 데 있어, 특히 다른 지적 분야를 사용하여 이주와 디아스포라의 다양한 측면을 이

---

1) Merriam-Webster, I. (2003). Merriam-Webster's collegiate dictionary. (Eleventh ed.). Springfield, MA: Merriam-Webster, Inc.

해하려는 노력과 이론적 및 실제적 고려 사항 등을 다 포함해야 한다.

인구학적으로 볼 때, 인류 역사는 이주와 디아스포라의 광범위하고 풍성한 영향력이 세계화, 도시화, 그리고 다원주의적 정치형태, 경제, 사회, 문화, 종교 발전의 결정적 요인이다. 이런 이유로 이주와 디아스포라의 중요성, 기원, 그리고 실질적 의미를 이해하려는 학문이 현대와 포스트모던 역사에 중요한 연구와 조사의 영역이 되고 있다.

이 글의 현상학적 접근이 현상학의 아버지인 독일 사상가 에드문트 후설(Edmund Husserl, 1859-1938)의 철학에 나타난 *에포케(epochē)* 개념을 반드시 따르는 것은 아니다. 기존의 모든 지식에 대한 판단을 유보함으로써 현상 그 자체를 아무 편견 없이 순수하게 보려는 *에포케* 개념은 (특별히 이 현상이 종교적 신념과 실행에 어떻게 영향을 미치는지 그 가치와 유익함에 상관없이 묘사하도록 함에 있어서) 이주와 디아스포라 현상에 대해 철저하게 서술하기를 요구한다. 반면에 이 글은, 노골적으로 복음주의적 관점에서 쓰여져 역사적 현상과 과정이 우주의 역사가 펼쳐지는 극적인 장면인 자연과 역사의 신성한 섭리 또는 유대오-크리스천(Judeo-Christian)[역7]이 믿는 하나님의 포괄적이고 주권적인 계획, 목적 및 설계에서 발생하는 것으로 간주한다.

에녹 완이 말했듯(2004, 4) 이주와 디아스포라 현상에 대한 복음주의적 연구와 논의는(역사적이든, 전략적이든, 경험적이든, 해설적이든) 하나님의 말씀의 절대적 권위 위에 기반을 두고 뿌리내려야 한다. 성경적 관점에서 현상학적으로 강조한다고 해서 이 연구의 정직성이 떨어지거나 평가절하되는 것은 아니다. 오히려 역사의 매트릭스 속에서 이 현상이 강력한 실증적 기반이 되어 훗날 신학적 규범으로 보여질(라이트(Wright), 2011) 사실의 가치를 더 높일 수 있다. 특별히 임박한 하나님 나라의 관점에서 이주와 디아스포라의 영적 의미와 중요성을 볼 때 그렇다. 그렇지만 실증적 접근법은 인구학적 통계를 단순히 기술하는 것을 넘어, 이주와 디아스포라의 긍정적, 부정적 영향력을 모두 포괄하는 보다 인간적인 관점을 포함해야 한다.

에드문트 후설은 현상학의 주창자로 종교학에 결정적인 영향을 미쳤다(보벨(Bovell) 2007). 경험의 종류별 본질을 추구하기 위해 경험을 묘사하고 경험

대상을 모아 분류하는 후설의 프로그램은 종교현상학의 발전에 기여했다. 후설은 심리학이 공간적·시간적 환경에서 발생하는 사실에서 진화한 반면 현상학은 시간에 구애받지 않는 본질을 다룬다고 봄으로써 심리학과 현상학을 차별화했다.

이주는 인류 역사의 전개를 설명하는 유용하면서도 강력한 변수로 인류의 사회, 정치, 경제, 문화 전체의 윤곽과 형태, 지형을 거침없이 주무르는 원동력이다. 지난 이백 년 동안 이주와 디아스포라의 영향을 받은 인류 역사의 흐름과 소용돌이를 통해 인류 통계학적 움직임이 인위적 개입, 활동, 과정으로 세계적, 지역적, 국가적, 국지적 차원에서 역사적 결과를 형성하고 결정함으로써 인류 역사에 중대한 의미와 또렷한 자국을 남겼다.

글로벌 이주와 디아스포라: 통시적 및 공시적 관점

이 글의 목적을 정확히 하기 위해 이주, 이민 옴, 이민 감 그리고 디아스포라와 같은, 인구학적 현상을 바라보는 영역을 연구할 필요가 있다.

국경이 그어지기 이전에 또는 한 국가 내에서 시간과 공간에 걸친 사람의 이동이 이주이다. 이런 의미에서 이주(디아스포라 포함)는 '특정 국가와 지역 안에서 이동하는 행위'로서 국내 이동의 증가(녹스(Knox), 마스턴(Marston) 2001, 127)나 일시적이든 영구적이든 출생국, 시민권 소유국을 떠나 다른 국가로 향하는 국제 이주민**역8**의 흐름이다. 이민 감은 다른 나라에서 살기 위해 자국을 떠나는 '특정 지역으로부터의 이주'다(녹스, 마스턴 2001, 127). 이민 옴은 이민 감과 같이 '다른 지역으로의 이주'라는 점에서 동의어이지만(녹스, 마스턴 2002, 127), 이주민이 어디 출신인지 바라보는 관점에서 특정 지역을 떠나 다른 곳으로 옮기는 현상을 말한다. 국내 이주도 이 글에서 언급되기도 하지만, 핵심은 국제 이주와 관련된 디아스포라 현상, 그리고 이 현상이 주는 시사점에 맞춰져 있다.

인구학적으로 이주는 개발도상국에서 시골을 떠나 도시로 가는 이동, 더 가난한 개발도상국을 떠나 더 부유한 개발도상국으로 가는 이동, 개발도상국을 떠나 선진국으로 가는 이동, 그리고 세계화 시대에 이주민을 보내는 국가와 받는 국가 사이의 이동이다. 카푸르(Kapur)와 맥헤일(McHale)이 언급한 것처럼(2005, 1) "대부분의 이주는 개발도상국에서 발생하는데 특히 거대 중국이나 인도에서 사람들이 시골을 떠나 도시로 가는 이동을 뜻하고," 또 "두 번째로 큰 이주 현상은 국제적으로 개발도상국들 사이에서 일어나며(더 가난한 국가에서 더 부유한 국가로 이주), 세 번째로 큰 이주는 개발도상국에서 선진국으로의 집단 이주이다."[2] 역사적으로 디아스포라적[역9] 이동이었던 이주는 공간적, 시간적 관점에서 볼 때 규모나 범위 면에서 증가했지만 그 역사적인 맥락에서 다양한 디아스포라의 범위와 한계를 적절히 적용하고 이해하기 위해서 디아스포라의 비형식적(informal), 형식적(formal) / 공식적(official) 정의를 염두에 두어야 한다

일관성을 위해 인구학적 용어를 합리적으로 정의하는 것이 바람직하다. 이 글에서 이주는 국경 내부에서 이루어지는 그리고 국경을 넘는 개인과 집단의 영구적, 일시적 거주지 변화이다. 유목민의 이동, 이주노동자, 인신매매, 통근 그리고 관광과 같은 일시적인 인구학적 현상도 이주에 포함된다.

이주 현상은 특징에 따라 더 분석할 필요가 있다. 먼저 국내 이주와 국제 이주는 다르다. 개인과 가정이 한 지역에서 다른 지역으로 이주하는 것은 국내 이주로(예를 들어 시골에서 도시로) 한 국가에서 다른 국가로 이주하는 국제 이주와 다르다. 다음으로 자발적 이주와 강제적 이주가 다르다. 자발적 이주는 내부에서 이루어지든 외부에서 이루어지든 대부분 다른 사회 시설, 더 나은 경제 기회나 주거 환경을 찾아 발생한다. 강제적 이주[역10]는 전쟁이나 다른 정치적 소요 사태 때문에 정부로부터 추방당하는 사람들이나 노예 또는 죄수 신분으로 강제 이송되는 사람들의 이주다. 두 범주가 겹치는 경우는 전쟁, 기

2) Kapur, Devesh and John Mchale (2005) The Global Migration of Talent: What does it mean for Developing Countries? A CGD Brief. Center for Global Development (CGD), (Washington, D.C., October 2005), 1. http://www.cgdev.org/sites/default/files/4473_file_Global_Hunt_for_Talent_Brief.pdf

근, 자연재해를 피해 도망가는 난민들의 자발적-강제적 이주이다.

다양한 경우에 있어, *디아스포라*라는 용어는 한 무리의 사람들이 추방당한[역11] 상태이다. 이 흩어진 사람들은 스스로가 출생국 영토에서 분리되었다고 느끼고, 언젠가 고향으로 돌아가기를 꿈꾸며 갈망한다. 이런 점에서 인종적-국가적 디아스포라들은 최근 현상이 아니라 고대 시대로 그 뿌리가 거슬러 올라간다(쉐퍼(Sheffer) 2003). 1500~1870년 사이에 일어난 아프리카 노예 매매는 아프리카 사람들을 상업적 목적으로 아프리카 대륙에서 북미와 남미로 이송한 인종적[역12]디아스포라의 예이다(아프리카 서부에서 북미와 남미의 영국령, 포르투갈령, 스페인령, 프랑스령, 네덜란드령 식민 지역으로 이송된 노예들).[3)]

이 글에서 디아스포라는 "개인 또는 무리가 본국을 떠나 이동하는 자발적 또는 비자발적 이주/이민"으로 정의하거나(로잔 디아스포라 리더십 팀 2010) "이동하는 사람들"로 정의한다.

이주와 디아스포라 분석에 공시적 접근법이 유용하지만 "이동하는 사람들"의 이주와 디아스포라의 다양한 측면을 밝히는 데 있어서 밀접하고 다양한 인위적 측면을 유용하게 조명할 수 있는 통시적 접근 방식을 사용하여 공시적 접근법을 보완하는 것이 바람직하고 실용적일 것이다.

통시적/공시적 관점에서 본 시간과 공간을 넘나드는 인구학적 이동

(이주와 디아스포라에 초점을 둠)

최근에 현대 유전학자들은 다양한 인종 집단의 DNA 속에 있는 유전 마커(genetic markers)[역13]를 사용해 과거의 이주 현상을 추적했다. 인류가 20만 년 전 동아프리카를 떠나 역사적, 지리적으로 뻗어나간 흔적을 글로벌 DNA 데이터를 사용해 조사했다. 그 결과, 지노그래픽(genographic) 학자와 과학자들

3) http://ad4change.org/african-diaspora-maps/

은 인류가 동아프리카와 서아프리카를 잇는 일반 루트를 통해 동아프리카를 떠나 서아프리카로 퍼져나간 후, 중동, 남아시아, 동남아시아, 호주로 이동했다고 추정한다. 이후 인류는 계속해서 남・북부유럽과 중앙아시아, 동아시아, 시베리아까지 길을 냈으며, 북미와 남미까지[4] 퍼져나갔다.

역사상, 인류의 이주는 출발국과 목적국의 물리적, 인간적 지형(인종, 종족, 언어 구성)을 변형시켰다. 예를 들어 유럽 지도는 고대 로마 민족, 게르만 민족, 슬라브 민족, 터키 민족의 중요한 몇몇 초기 이주의 부산물이다. 16세기 후반부터 20세기까지 400년 동안의 유럽 확장 시대에 유럽인들은 아메리카, 호주, 오세아니아, 아시아 북부 절반, 그리고 아프리카 일부를 식민화했다. 이 시기에 해외로 이주한 유럽인이 수천만 명에 이르는 것으로 추정된다. 이들 유럽인과 현지인의 만남으로 지형이 물리적, 인간적, 문화적으로 변형되었다.

역사상 가장 큰 이동은 19세기와 20세기 초에 두 번 발생했던 유럽에서 북미로의 대이주다. 첫 번째 이주는 1840년대에 시작됐다. 대부분 가족집단으로 구성된 대규모 인류가 영국, 아일랜드, 독일 그리고 스칸디나비아 반도에 영구정착을 위해 이주했다. 두 번째 이주는 1980년대에 보다 대규모로 진행되었다. 폴란드, 오스트리아-헝가리 제국, 이탈리아, 발칸제국 등 동・남부 유럽에서 주로 미혼 남성들이 일시적 일자리를 찾아 이주했다. 19~20세기의 대이동 시기에 5,000만 명의 이주민들이 대서양을 건너 미국 내의 인구 이동을 주도했다.[5]

수천 년 인류 역사상 반복해서 발생하는 이주 현상은 노예이주와 대규모 추방이다.

가장 큰 노예 이주는 16~19세기 사이 아프리카에서 활동하던 유럽 노예상

---

4) 유전학자이자 인류학자인 Spencer Wells가 주도한 genographic project는 인류의 이주와 유전학의 상호작용을 이해하기 위해 발달된 유전학 기술과 컴퓨터 기술을 활용해 리서치 자료를 수집하고 분석했다. National Geographic: The Genographic Project, https://genographic.nationalgeographic.com.

5) Baines, Dudley. Emigration from Europe 1815-1930. London: Macmillan; 1991.

인들이 주도했다. 9백만 명이 넘는 노예가 서구에 도착했고, 아메리카로 이송됐다.[6] 이들 중 상당수가 끔찍한 이동 환경 속에서[역14] 죽어갔다.

1900년대 상반기에는 전쟁과 지역분쟁으로 인해 수백만 명이 대량 추방됐다. 1947년 영국령 인도가 인도, 파키스탄으로 분리될 때 1,450만 명이 피난간 사례는 "인류 역사상 가장 크고 빠르게 진행된 이주로 꼽힌다."[7] 그 후 2차 세계대전이 끝난 1945~1947년 사이 동맹국은 역사상 가장 큰 강제 추방을 실시했다. 체코슬로바키아, 폴란드, 헝가리(그리고 불가리아, 루마니아, 유고슬라비아)에 거주하는 1,200만 명의 독일인종이 추방되어 패전 독일에 재정착했다.[8]

산업화된 지역과 비산업화된 또는 산업화가 덜 된 지역 간 지리적 불평등의 증가는 20세기 하반기에 대규모 이주를 촉진시켰다. 2차 세계대전 이후 가장 큰 규모의 자발적 이주는 개발도상국에서 산업화된 지역으로의 이주다. 산업화가 가속화됨에 따라 비산업화된 국가의 육체노동자들을 꾸준히 데려갔고, 양자 간 국제협정으로 이들을 관리했다.[9] 이주민을 보내는 국가와 받는 국가 사이에 이루어진 양자 간 국제협정을 통해 이주노동자들이 노동계약에 적합한지 확인하는 절차를 채택했다.

'외부 노동자'들과 지역민들 간의 결혼은 전후에 발생한 이주 현상의 직접적인 부산물이다. 이주민들은 호스트(host)[역15] 국가에 남아 가정을 일구며

---

6) 항구에 남아있는 선적 계약서와 자료를 토대로 아프리카, 대서양 노예 매매 관련 역사학자인 PD Curtin은 1870년까지 아메리카에 도착한 아프리카 노예의 수가 오차한계 20%로 956만 6,000명에 달하는 것으로 추정한다(Curtin, P.D. The Atlantic Slave Trade: A Census. Madison: University of Wisconsin Press; 1969, 268).

7) Prashant Bharadwaj, Asim Khwaja, Atif Mian. "The Big March: Migratory flows after the partition of India." Economic and Political Weekly. August 30, 2008. At http://www.hks.harvard.edu/fs/akhwaja/papers/Big%20March%20EPW%20Publish08.pdf. 2015.12.29. 방문.

8) R.M. Douglas. Orderly and Humane: The Expulsion of the Germans after the Second World War. Yale University Press, 2012.

9) World Bank. 1948. Postwar international migration agreements. Washington, DC: World Bank. http://documents.worldbank.org/curated/en/1948/04/2872049/postwar-international-migration-agreements. 2015.12.29. 방문.

시민권자가 되곤 했다.[10] 이 현상으로 가족 상봉 프로그램(family reunification Program)[역16]이 개발되었다.

1960년대에 들어서서 국제 이주민은[역17] 1960년 7,700만 명에서 2010년 2억 1,400만 명으로 거의 3배가 증가했다(퓨 리서치 센터(Pew Research Center)[역18] 2010). 2013년에 국제 이주민은 1990년 1억 5,400만 명에서 2억 3,200만 명으로 증가했다(퓨 리서치 센터 2013). 미국 내 국제 이주민은 1990년 2,300만 명에서 2013년 4,600만 명으로 두 배 증가했다.

이주와 디아스포라: 근본적 원인

1960년대 초 마샬 매클루언(Marshall McLuhan)이 자신의 저서, 《구텐베르크 갤럭시》에서 예언했듯이 경제적 변화는 지구촌 형성에 주요 요인이었다. 세계화 과정은 대규모의 거침없는 이주가 특징이다. 이주를 통해 무역, 관광, 패션, 오락, 정치, 사회 그리고 문화 영역에서 사회문화적, 경제적 국경이(긍정적, 부정적 영향을 포함함) 점차적으로 연결되고 있다(프리드만(Friedman) 2005). 세계화는 이론과 실제로 신학에도 도전을 주고 있는데 그 *중심 주제(leitmotiv)*는 현대 포스트모던 사회가 기능하는 세계관, 철학, 이념, 종교적 사고 체계, 신앙 전통 그리고 문화적 매트릭스의 변화 속에서 반복된다(캐롤(Carroll), 다니엘(Daniel) 2006).

중·고임금 국가에서뿐만 아니라 저임금 국가에서도 빠른 속도로 변하는 기술(특히 컴퓨터 정보 및 통신 분야에서)은 교통, 통신 네트워크의 빠른 발전과 이에 따른 세계화 촉진에 기여해 왔다.

국가 내 분쟁과 국가 간 분쟁 역시 현대 포스트모던 역사 속에서 계속해서 국경을 넘어 세계적으로 확산되고 흩어지는 종족 집단이 생기게 하는 결정적 요인이었다(파셀(Passell) 외 2012.11; 프리드만(Friedman) 2003).

현재 국가 붕괴의 위험에 직면했거나 향후 직면할 가능성이 높은 국가들

---

10) Zig Layton-Henry, "Great Britain" in Hammar, Tomas. Editor, European Immigration Policy: A Comparative Study. Cambridge: Cambridge University Press; 1985.

역시 현재와 미래 이주민들의 출생국이다(정치, 경제적 불안정성은 이주민들이 정치, 경제적으로 보다 안정된 국가를 향해 떠나도록 밀어내는 '추출 또는 밀어냄(Push)' 요인이다). 이주민들은 평화와 '웰빙'과 경제적 안전을 찾아 떠난다(H. 파셀 외 2012.11, 9). 사전 조사에 의하면 최근 국가 붕괴 위험성이 높은 나라로는 아프가니스탄, 이라크, 리비아, 우크라이나, 시리아, 이집트, 요르단 등의 중동과 유럽 그리고 아프리카의 나라들이다. 무엇보다 미국과 러시아의 개입, 내전, 이스라엘과 팔레스타인의 지속적 분쟁, 그리고 소위 '아랍의 봄(Arab Spring)'역19의 결과로 불안정해진 이 국가들이 최근에 정치적, 경제적, 사회적으로 기능장애를 겪어 수백만 명의 난민들이 발생한 것은 놀랄 일도 아니다. 난민들은 이웃 나라의 평화로운 지역로 떠났고, 인근 유럽, 지중해, 중동, 아프리카 국가들에 영향을 끼쳤다(뿐만 아니라 과거와 현재의 유럽, 중동 이주 정책을 형성하는 데 많은 영향을 끼쳤다. 난민들은 정치적 분쟁과 갈등을 피해 스페인, 이탈리아, 그리스, 마케도니아, 몰타, 헝가리, 오스트리아, 덴마크, 독일, 다양한 스칸디나비아 국가들과 중동 걸프 지역의 상대적으로 평안한 국가로 떠났고, 불법 이주민들과 법의 영역 밖의 이주민들을 다루는 정책이 만들어졌다.).

최근 세계적인 기후변화(특히 지구온난화)와 이에 따른 혼란은 세계 농경지의 수자원 불안정성을 증폭시켜 전 세계 인구 비율에 상당한 영향을 미쳤다. 물기근 환경지표 예측(forecasted environmental water scarcity index, 미국국가정보위원회 2012)에 따라 측정해 본 결과 이십 년 내에 특히 아시아, 중동, 아프리카의 더 많은 지역들이 더 고통받을 것으로 예상된다.

추출과 유입 요인들(Push and Pull-factors)역20

인구학적 전환의 저변에 깔린 요인들을 살펴보면 그 변화를 일으킨 역동성을 이해하는 데 도움이 된다.

이주는 실질적 차이에 대한 반응이다. 사람들을 이주케 하는 차이는 크게 경제와 비경제적 요소이며(마틴(Martin) 2005), 이주민들이 국경을 넘도록 이끄는 요인들로는 도착지의 수요-유입, 출발지의 공급-추출, 도착지와 목적지의 네트워크 등이 있다.

이에 대해 마틴은 다음과 같이 설명했다(2005).

> 예를 들어, 한 과테말라 사람이 멕시코 농경지 노동자로 취직됐다면, 이것은 수요-유입 요소다. 이 사람이 수확에 실패해서 멕시코를 떠나게 된다면, 공급-추출 요소다. 부분적으로 일 년 전 멕시코에 갔던 친구와 친지들이 그곳에서 일하는 조건과 임금에 대한 정보를 말해준다면, 이는 네트워크 요소다. 개인과 가정이 이주를 결정함에 있어 수요-유입, 공급-추출, 네트워크 요소가 같은 비율로 중요한 경우는 거의 없다. 시간이 지나면서 각 요소의 중요도가 바뀐다. 일반적으로 수요-유입 요소가 공급-추출 요소와 결합되어 이주의 흐름을 만들고, 이주 현상이 길어지고 성숙해지면 네트워크 요소가 중요해진다.

이주와 디아스포라 현상을 촉진하는 결정적 요소와 추진력을 확인하고 설명하기 위해 다양한 학파가 경쟁한다. 신고전주의 경제학(Neoclassical economic)[역21]이론은 두 지역 간 임금 격차가 노동 이주의 주된 요소라고 주장하며 이중노동시장이론은 저숙련 노동자가 필요한 더 발달된 국가의 이차 노동시장(the secondary labor market)[역22]의 유입 요소가 이주를 생성하는 주된 요소라고 확신한다.[역23] 반면 노동 이주의 신경제학(The new economics of labor migration)은 국제 이주가 개발도상국의 저소득 가구가 선택하는 위험 회피 전략이라고 주장한다. 상대적박탈이론(Relative deprivation theory)[역24]은 이주가 발생하는 공동체 속에서 이웃 간 또는 가정 간 소득 격차를 깨닫고 인식하는 것이 사람들이 이주하게 되는 요인임을 강조한다. 마지막으로 국제적 관점에서 이주를 바라보고, 서로 다른 국가 간에 발생하는 상호작용(예, 무역흐름, 비교 경제 우위)이 사회 안에서 이주와 사회 변화에 영향을 미치는 주요소라고 정의하는 세계체제론(World System Theory)[역25]이 있다.

이 이론들에 따르면 고향의 노동기회 부재, 박해, 열악한 의료서비스, 가난한 주거 환경, 인종 또는 종족 차별, 정치적·종교적 자유 부족 등과 같은 '추출 요소'와 타국의 더 많은 일자리 기회, 더 나은 생활환경, 더 많은 교육 및 의료의 기회, 가족 연합 등과 같은 '유입 요소'가 결합되면 많은 사람들이 이주를 매력적인 제안으로 여긴다. 또 인구학적 차이와 정치적 리더십과 협치의 질적 차이 때문에 미래에는 국경을 넘어 이주하려는 사람들이 더 많아질 것이다(GCIM 2005.10). 이주와 디아스포라를 촉진하는 이러한 요소들을 조사해 보면, 특히 이주를 결정하기 위해 이주에 필요한 비용 대비 이익을 계산할 때 경제·비경제 요소와 자발적·비자발적 요소의 역할이 중요하다.

선교학자의 관점에서 완은(2007) 사람들의 흩어짐과 확산이 두 가지 종류의 힘(즉, 자발적, 비자발적), 세 가지 등급의 선택(더 많은, 더 적은, 가장 적은) 그리고 다섯 유형의 방향성(orientations, 외부로, 내부로, 귀국(귀환), 앞으로 전진, 남아있음)에[역26] 기초해서 이루어진다고 한다.

이주와 디아스포라에 수반되는 이익과 비용에 대한 순평가는 정액 기준으로 이미 문서화된, 이러한 이익과 비용을 주의 깊게 살펴야한다(엠버(M. Ember), 엠버(C. Ember), 필자, 스코가드(I. Skoggard) 편집 2005). 예를 들어 이주와 디아스포라 현상으로 발생하는 경제적 이익에 대한 자료가 많은데, 매년 노동자들이 송금하는 수십억 달러가 이주민의 출생국으로 들어가 이 국가들의 외환 수입에 주요 원천이 되고 있다.

도착국의 풍요는 '유입' 요소, 이주민의 '안보, 안정, 웰빙의 피난처'에 대한 갈망은 '추출' 요소

21세기의, GDP 밀집도(GDP dense, 단위 면적당 GDP)가 상대적으로 높고 부를 더 많이 창출하는 중간소득 국가와 고소득 국가의 대다수가 적도 북부에 위치한다. GDP가 밀집된 보다 풍요로운 경제는 더 큰 생태 발자국(Ecological Footprint)[역27]을 형성하지만(각국에서 시간이 지남에 따라 사용되는 자원의 척도로 정의됨), 높은 임금을 받을 수 있다는 기대가 잠재적인 이주민을 GDP가 높은 나라로 유인한다. 북미, 서유럽, 중국, 일본, 한국, 호주, 뉴질랜드 같은 아시아 태평양 지역이 아프리카, 남미의 저소득 국가보다 불균형적으로 비대한 생태 발자국을 형성한다. 그럼에도 잠재적 이주민은 북반구의 GDP가 높고 더 부유한 OECD 국가가 더 나은 사회기반시설(교통, 통신 네트워크 등)과 기대수명을 크게 높일 의료와 사회복지체계를 갖추고 있다고 인식한다. 요즘은 OECD

국가의 노령화로 인해 의료전문가의 수요가 늘어나 남반구 개발도상국에서 유입되는 전문 인력이 늘어나고 있다.

특히, 경제 호황 시기에 세계 경제 성장의 동력 역할을 하는 미국, 일본, 독일, 중국과 같은 북반구 고소득 국가의 실업률은 잠재적 노동자와 이주민을 생겨나게 한다. 열악한 정치와 불안정한 경제는 노동자와 이주민이 '보다 푸른' 초장(草場)을 갈구하게 만들어 정치, 경제가 안정되고, 더 많은 임금이 보장되며 고용 전망이 더 밝은 곳을 찾게 한다. 또, 개발도상국과 부국 사이에 존재하는 임금/수입의 극심한 격차는 사람들을 저임금 노동 시장에서 고임금 노동 시장으로 이동케 한다(국제이주 글로벌 위원회 2005). 많은 남반구 국가의 적법 이주민과 불법 이주민이 경제활동 수준이 가장 높고 부가 고도로 집중된 북반구 국가를 선호하는 것은 당연하다.

유입 요소인 가족 상봉

가족 상봉은 이주를 장려하는 가장 중요한 비경제적 요소일 것이다. 많은 경우 가족 중 한 사람이 해외에 나가 직업을 가지거나 거주권을 획득한 최초의 인물이 되면, 항해를 다루는 이주 문학에서 종종 그려지듯 이 최초의 인물이 닻이 되어 고국의 식구들을 연쇄 이주[역28]시키는 역할을 한다.

추출 요소인 분쟁, 폭력, 전쟁

정치, 경제적인 화약고가 된 지역에서 발생하는 분쟁, 폭력, 전쟁은 전 세계의 이주와 디아스포라 현상의 '추출' 요인이었다. 20세기에 발생한 두 세계 대전은 전쟁 당사국뿐만 아니라 사람들이 재정착하기로 선택한 나라에도 인구학적으로 큰 변화를 초래했다. 르완다 대량학살[역29]과 보스니아 대량학살[역30]은 무장된 세력들 간의 정치적 갈등으로 인종청소와 정치적 박해를 당했던 시민들이 살던 곳에서 도망쳐 안전한 장소로 이동했다. 계속되는 팔레스타인과 이스라엘의 분쟁, 1990년대 이라크의 쿠웨이트 침공, 아프가니스탄과 이라크에서 발생한 혼란, 2011년 중동과 북아프리카에서 있었던 아랍의 봄 및 이에 따른 튀니지, 이집트, 리비아, 시리아 같은 국가들의 정치적 동요로 상당수의 인구가 레바논, 요르단, 터키 등의 인접 국가로 이동해 난민신청을 했다. 세계적인 정치 분쟁 역시 내전이나 무정부 상태, 정치적 정복 또는 혼란으로 확산되어 대규모의 인구학적 이동을 발생시킨 원인이 되기도 했다. 권력을 잡은 정권들이(예. 캄보디아 폴폿(Pol Pot) 정권과 미얀마 군사 통치) 정권 안보에 위협이 감지되는 지역을 사회, 정치적으로 통제하는 수단으로 강제이주를 시행하기도 했다.

국내 분쟁과 국가 간 분쟁은 국가 안과 국경을 넘어 민족의 흩어짐과 확산에 크게 기여했다. 이러한 분쟁의 활발한 증가는 1946~2009년 사이의 세계적인 폭력적 분쟁의 동향을 대략 보여준다(휴잇(Hewitt), 조세프(Joseph), 조나단 위켄필드(Jonathan Wikenfield), 테드 로버트 구르(Ted Robert Gur) 외 2009). 집단 간 분쟁과 종교 관련 테러리스트 공격(프랑스, 영국, 우크라이나, 아프가니스탄, 이라크, 레바논, 리비아, 이집트, 나이지리아, 미국 그리고 시리아의 정부군과 보코하람, 알카에다, ISIS 같은 반군)이 있었던 지역을 보면 이런 분쟁은 대단히 광범위한 지역에서 일어났다. 분쟁과 공격으로 정치적 소요사태가 일어나 파괴된 지역의 주변 국가들로 수백만 명의 난민들이 흘러들어갔다.

'유입' 요소인 부유한 국가 도시, 삶의 질을 높이는 경제적 기회를 제공하는 중심지로 이해되는 도시

현대 포스트모던 역사 속에서 세계 경제의 변화와 통합역31에 발맞추어 전 세계적으로 인구 수가 8백만 이하인 도시들과 1,000만 이상인 도시들을 흔히 볼 수 있다. 도시지역에 거주하는 세계 인구 역시 2010년 50%에서 2030년 60%로 증가할 것으로 전망됐다. 인류의 절반 이상이 도시에 살고 있으며, 2050년까지 세계 인구의 70%가 도시에 거주할 것으로 보인다(노턴(Norton) 2013; 세계은행 2012).

'추출' 요소인 기후변화, 자연재해, 환경제약 그리고 인위적 활동이 환경에 미치는 부정적 영향

이주와 디아스포라의 또 다른 핵심 원인에는 '추출' 요소인 기후변화, 자연재해, 환경 제약, 인위적 활동 등이 환경에 주는 부정적 영향이 있다(블랙(Black) 1998). 환경적으로 취약한 지대에서 인간이 저지른 자연과 생태계 자원의 지속적인 파괴(사하라 사막 이남 지대 사막화 등), 기후로 인한 급격한 변화(날씨 변화는 아시아, 아프리카의 농업 지대에 가뭄과 홍수를 가져왔다) 역시 부족 또는 종족 집단의 이동에 영향을 주었다. 이주민은 식량 확보의 가능성이 상대적으로 높고, 더욱 높은 삶의 질을 제공하는 지역으로 이동했다. 환경 제약이 적고, 급격한 기후변화가 적으며, 질적으로 더 나은 환경으로 여겨지는 지역, 특히 상대적 접근성과 유효성이 주는 북반구의 매력은 이주와 디아스포라 현상의 주요 '유입' 요소이다.

온실가스 배출의 증가로 세계의 온도가 상승하고 있다는 사실을 보여주는 지표는 생태학뿐만 아니라 국경 안팎으로 움직이는 사람의 이주 현상에도 시사점을 던져준다(루베니(Reuveny, R.) 2007, 656~673). 온실가스 배출로 인한 심각한 기후변화 때문에 생태계가 파괴될 뿐 아니라 사람들이 정치・경제적 경계선을 넘어 이주하고 흩어질 가능성이 있다. 자원 모니터링 기관 및 정부는 중미, 남미, 아프리카, 중앙아시아, 중동, 북동아시아 및 동남아시아의 일부 지역에서 물 부족 현상과 수자원 불안정성을 보이는 세계의 농경지와 수자원 분지의 분포도를 측정했다(미국국가정보위원회 2012). 환경의 제약을 받는 이들 지역은 경제 생산성과 복지 및 웰빙에 부정적인 영향을 미쳤고, 이는 환경으로 인한 스트레스가 적은 지역으로 이주가 발생하도록 만드는 요인일 수 있다.

가까운, 혹은 조금 먼 미래에 이주와 디아스포라의 원인으로 파악된 유입, 추출 요인이 (성장, 강도, 규모 면에서) 더욱 주목받게 될 것이고, 인구학적 현상인 이주와 디아스포라가 이주민의 출발국뿐만 아니라 도착국에 미치는 영향도 지속해서 증가할 것이다. 세계화를 가속화하고, 다원주의를 장려하고, 인종적・종교적 혼란 및 사회・정치적 양극화로 이어지는 사회적 압력을 고조

시키는 측면에서 말이다(몇몇 서구 유럽 국가의 반이민 시위 등).

세계적, 지역적 이주 및 디아스포라 : 최근 역사적 발전과 동향

출생으로 인한 인구증가 그리고 죽음으로 인한 감소 외에도 인구구성 및 인구구조의 변화는 인구구조가 어떻게 변하며 이주와 디아스포라가 이런 인구학적 변화에 어떤 역할을 하는지를 이해하는 데 도움을 준다. 세계 이주민의 상당수를 차지하는 청 · 장년층 인구가 현재 남반구에 집중되어 있는 반면(특히 아시아, 아프리카, 남미), 장 · 노년 층 인구는 북반구에 집중되어 있다. 호주만 예외다(미국국가정보위원회 2012).

1960년에서 2010년 사이, 국제 이주민(국경을 넘어 살고 있는 사람들의 누적수)은 1960년 추정 7,700만 명에서 2010년 2억 1,400만 명으로 증가했다(퓨 리서치 센터 2010).

보다 최근 발표에 따르면 전 세계적으로 2013년 이주민은 약 2억 3,200만 명이었다. 퓨 리서치 센터 연구진이 사용한 국제이주보고서(유엔 2013)에 따르면

> 이 중 59%에 가까운 사람이 선진국에 살고 있고, 세계 총 이주민 인구의 41%가 개발도상국에 살고 있다. 2013년 북반구에 거주하는 1억 3,600만 명의 국제 이주민 중 60%인 8,200만 명이 개발도상국 출신이며, 40%인 5,400만 명이 북반구 출신이다. 또한, 2013년 개발도상국에 거주하는 9,600만 이주민 중에서 86%에 달하는 8,200만 명이 남반구 출신인 반면, 14%에 해당하는 1,400만 명이 북반구 출신이다(유엔, 국제이주보고서 2013, 1).

또한

1990년부터 2013년 사이 국제 이주민이 7,700만 명, 50%가 증가했다. 대부분 2000년과 2010년 사이 급증했다. 선진국이 1990년에서 2013년 사이 전 세계 이주민 증가 수 7,700만 명 중 69%를 차지하는 5,500만 명을 수용했고, 개발도상국은 30%에 해당하는 2,400만 명을 수용했다. 1990년부터 2013년 사이 북반구에는 절대적으로 많은 수의 이주민이 들어왔지만, 2000년도 이후 남반구의 연평균 국제 이주민 증가율은 북반구보다 높다. 남반구가 연 2.3%, 북반구가 연 2.1%를 기록했다. 2010년 이후로는 북반구와 남반구 모두 연 성장률이 둔해져서 선진국은 1.5%, 개발도상국은 1.8%를 각각 기록했다. 1990년부터 2013년 사이 북반구에 증가한 국제 이주민 5,300만 명 중 78%에 해당하는 4,200만 명이 남반구 출신이다. 나머지 22%인 1,200만 명은 북반구 출신이다. 북반구 국제 이주민 수는 2013년 총인구의 10.8%를 차지하는 반면, 남반구 국제 이주민 수는 1.6%에 그쳤다. 1990년에서 2013년 사이 북반구 총인구 중, 국제 이주민이 차지하는 비율이 증가한 반면 남반구는 변함이 없다(유엔, 국제이주보고서 2013, 1).

다양한 리서치 기관에서 제시한 통계에 따르면 국제 이주 현상에 수반되는 열 가지가 동향이 있다.

동향 1. 1990년에서 2013년 사이에 총인구 대비 국제 이주민이 차지하는 비율이 북반구의 고소득 국가에서는 증가한 반면, 남반구에서는 변함이 없었다.

유엔 인구분과에 따르면, 이민을 가는 국민보다 오는 이들이 더 많은 현상인 순이주(net migration) 흐름은 이민을 오는 자보다는 가는 자가 더 많은 순이민 감(net emigration)역32 국가가(이민 출발국) 남반구에 분포되어 있음을 보여준다. 유엔 인구분과(유엔 2013)가 채택한 국제 이주민의 공식 정의에 따르면, 이주민이란 출생국 또는 시민권을 보유한 국가를 12개월 이상 떠나있는 사람이다. 따라서 이 글에서는 해외 노동자, 유학생, 난민과 이들의 자손까지 이주민에 포함시켰다. 해외에 1년 이하 머무는 관광객, 해외 원조 사역, 임시 노동자, 해외 주둔 군대는 일반적으로 유엔의 정의에 포함되지 않는다.

이와 대조적으로, 많은 순이민 옴(net immigration) 국가(이주민의 도착지 또는 수용국)가 북반구에 분포되어 있다(호주는 예외다). 이주의 방향을 보면 1960년 이래 꾸준히 남반구에서 북반구로 이주하고 있음을 알 수 있다.[11] 남반구에서 북반구로 이주하는 이주민의 흐름이 점진적으로 증가해 1960년대 이후 두 배가 넘었다. 1975년에서 2005년 사이 고소득 국가로 이주하는 이주민 수가 개발도상국(유럽, 중앙아시아 제외)으로 이주하는 이주민 수를 넘어섰다.

또한 고소득 국가로 이동하는 국제 이주민의 수는 1990년 57%에서 2013년 69%로 증가했고 중간소득 국가의 국제 이주민 비율은 1990년 48%에서 2013년 58%로 증가했다(퓨 리서치 센터 2010).

지난 50년 간(1960~2010년) 국제 이민의 특징은 남미, 아프리카, 아시아 지역으로부터 북미, 서유럽, 중동, 호주와 같은 이주 선호 지역으로의 인구학적 이동이다. 퓨 리서치 센터는 2010년을 기점으로 국제 이주민의 도착 지역을 다음과 같이 추정했다. 세계 이주민 총 2억 1,400만 명 중에서 33%는 유럽(6,999만 명), 23%는 북미(5,004만 명), 19%는 아시아 태평양 지역(4,105만 명), 13%는 중동과 북아프리카(2,854만 명), 8%는 사하라 남부 아프리카(1,725만 명)에 있다. 나머지 3%(748만 명)는 남미와 카리브해 지역에 분포한다.

국제 이주민의 종착지와 관련해서 보면 남미와 카리브해 지역, 아시아 태평양 지역을 선택한 이주민 수는 1990년에 총 국제 이주민의 32%에 달했으나 2013년에는 25%였다. 1990에서 2013년 사이 20여 년 동안 국제 이주민의 종착 지역에 변화가 있었던 것이다(퓨 리서치 센터 2013). 북미와 유럽을 종착지로 택한 이주민 수는 1990년 총이주민 수의 50%에서 2013년 54%로 증가했다.

---

11) "Global Trends" in Net International Migration discussing the period 1950-2010 in United Nations International Migration Report, 11을 보라.

동향 2. 세계 인구 중 국제 이주민이 차지하는 수가 1960년 2.6%에서 1990년 2.9%로 증가했고, 2013년 3.2%까지 올랐다.

2013년 유엔 보고에 따르면:

> 국제 이주민의 비율은 1990년의 2.9%에서 2013년에는 3.2%로 증가했다. 북반구의 국제 이주민은 2013년 총인구의 10.8%를 차지하는 반면 개발도상국에서는 1.6%를 차지했다(유엔 2013, 2).

더욱이

> 2013년에 42개국 혹은 그 이상의 국가에서 적어도 4명 중 1명이 국제 이주민이었다. 서부 아시아 국가 및 카리브해, 멜라네시아, 미크로네시아 또는 폴리네시아의 군소 섬나라를 포함한 수치다. 이와 대조적으로 아프리카, 동아시아, 남미, 남아시아의 이주민 수는 총인구의 5% 미만이었다(유엔 2013, 7.).

동향 3. 2013년에 전 세계 이주민의 약 2/3가 유럽과 아시아에 유입되어 있었지만, 1990년에서 2013년 사이에는 북미가 가장 큰 절대 수의 국제 이주민 유입 증가를 겪었다. 북미로 2,500만 명의 이주민이 추가 유입됐다. 매년 110만 명이 증가한 셈이다.

2013년 유엔의 보고에 따르면, 2013년 유럽은 7,200만 명의 국제 이주민을, 아시아는 7,100만 명의 이주민을 수용했다. 이는 국제 이주민 총수의 2/3에 달하는 수치다.

> 2013년에 북미는 세 번째로 많은 수인 5,300만 명의 국제 이주민을 수용했다. 그리고 아프리카(1,900만 명), 라틴아메리카와 카리브해(900만 명), 오세아니아(800만 명)가 뒤를 잇는다(유엔 2013, 2).[12)]

'1990년에서 2013년 사이 국제 이주민이 북미에서 가장 많이 증가했음'을 주목할 필요가 있다. 이 지역으로 2,500만 명의 이주민이 추가 유입되었다. 매년 110만 명이 증가한 셈이다(유엔 2013, 2).

동향 4. 20여 년 동안 국제 이주민의 출생 지역에 큰 변화가 있었다(1990~2013년).

퓨 리서치 센터는 2010년에 국제 이주민의 출생지와 관련된 추정치를 내놓았다. 총 2억 1,400만 명의 국제 이주민 중 33%인 7,151만 명이 아시아 태평양 출신이고, 28%인 6,090만 명이 유럽, 16%인 3,432만 명이 라틴 아메리카와 카리브해, 10%인 2,746만 명이 중동 및 북아프리카 출신이다. 나머지 약 10%인 2,139만 명은 사하라 남부 출신이며, 2%인 376만 명은 북미 출신이다.

국제 이주민의 지역적 배경을 살펴보면, 남미와 카리브해 그리고 아시아 태평양 지역 출신이 1990년 국제 이주민의 45%를 차지했고, 2013년에는 52%를 차지했다. 북미와 유럽 출신 이주민은 1990년 국제 이주민 수의 35%에서 2013년 28%로 감소했다(퓨 리서치 센터 2013).

동향 5. 20년 이상 동안 국제 이주민의 출생국에도 큰 변화가 있었다(1990~2013년).

2013년에 퓨 리서치 센터는 1990년에서 2013년 사이 20여 년 이상 국제 이주민의 출생국에 큰 변화가 생겼음을 주목한다. (출생하지 않은 국가에서 거주하는 사람들의 수치로 봤을 때) 1990년 기준 상위 10개 국제 이주민(누진적으로 수백만 명에 달함) 출생국은 러시아, 아프가니스탄, 인도, 방글라데시, 우크라이나, 멕시코, 중국, 영국, 파키스탄, 이탈리아이다. 1990년에는 유럽 국가인 러시아, 우크라이나, 영국, 이탈리아가 상위권을 차지했다(이주민 수 2,590만 명). 다음으로 인도 아대륙(인도, 방글라데시, 파키스탄)이 1,600만 명을 차지했

---

12) "이 기간에 북미로 유입된 국제 이주민 2500만 명 중에서 57%를 차지하는 1400만 명이 라틴 아메리카와 카리브해 출신이고, 35%를 차지하는 900만 명이 아시아 출신이고, 6%를 차지하는 100만 명이 아프리카 출신이었다."(유엔 2013, 2).

고, 중동, 아프간 출신이 730만 명, 멕시코는 500만 명, 중국은 410만 명의 이주민이 있었다.

2010년 이주민 출생국 상위 10개 국가는 멕시코(1,293만 명), 인도(1,181만 명), 러시아(1,126만 명), 중국(844만 명), 방글라데시(648만 명), 우크라이나(645만 명), 팔레스타인 영토(574만 명), 영국(501만 명), 필리핀(463만 명) 그리고 파키스탄(448만 명)이다(퓨 리서치 센터 2010).

2013년에는 국가 리스트가 인도, 멕시코, 러시아, 중국, 방글라데시, 파키스탄, 우크라이나, 필리핀, 아프가니스탄, 그리고 영국으로 바뀌었다. 2013년에 인도 아대륙(인도, 방글라데시, 파키스탄)이 2,770만 명의 국제 이주민을, 러시아, 우크라이나, 영국(유럽)이 2,140만 명의 이주민을 배출했다. 같은 해 사우디아라비아와 아랍 에미리트 동맹은 1,690만 명의 국제 이주민을 배출했으며, 중국과 필리핀(동아시아)이 1,480만 명의 국제 이주민을 배출한 반면 멕시코는 1,320만 명을 배출했고, 호주는 650만 명을 배출했다. 2013년 리스트의 마지막을 장식한 아프가니스탄은 510만 명의 국제 이주민을 배출했다.

출생국 외부에 거주하는 디아스포라의 규모로 순위를 매겼을 때(2014년 기준), 상위 10개 이주민 배출국은 멕시코, 중국, 미국, 인도, 터키, 파키스탄, 대한민국, 스페인, 프랑스, 그리고 폴란드다(토드 존슨(Todd Johnson) 2014. 9).

미국, 독일, 프랑스 같은 선진국에 거주하는 주요 개발도상국 디아스포라는 멕시코, 쿠바, 엘살바도르, 필리핀, 인도, 중국, 베트남, 루마니아, 모로코, 알제리 같은 국가 출신들이다(비드마이어(Widmaier, S), 두몽(J. C. Dumont) 2005/2006). 또한,

> 순이민 감을 경험한 국가 중에는 방글라데시, 중국, 인도, 멕시코, 파키스탄, 필리핀 같은 나라가 있다. 이 나라 중 상당수가 전통적으로 이민자를 받아들이는 국가인 호주, 캐나다, 미국 같은 나라와 오랫동안 밀접한 관계를 맺고 있는 반면, 다른 국가는 해외노동자를 유치하는 동남아시아와 서아시아 국가들과 새로운 관계를 형성했다(유엔 2013, 12).

동향 6. 1990~2015년 사이 25년 동안 국제 이주민을 받아들인 상위 10개국에 큰 변화가 있었다.

1990년에 국제 이주민을 가장 많이 받아들인 상위 10개국은 미국, 러시아, 인도, 우크라이나, 파키스탄, 독일, 프랑스, 사우디아라비아, 캐나다, 이란이었다(퓨 리서치 센터 2010).

그리고 2010년 상위 10개국은 미국(4,281만 명), 러시아(1,227만 명), 독일(1,076만 명), 사우디아라비아(729만 명), 캐나다(720만 명), 프랑스(668만 명), 영국(645만 명), 스페인(638만 명), 인도(1,181만 명), 우크라이나(526만 명)이다(퓨 리서치 센터 2010).

2013년에 이르러 국제 이주민의 51%가 미국, 러시아, 독일, 사우디아라비아, UAE, 영국, 프랑스, 캐나다, 호주, 스페인 등 10개 국가에 거주했다. 국제 이주민이 가장 많이 거주하는 나라는 미국으로 2013년 거주민 수가 4,600만 명에 달하였고, 이 수치는 전 세계 이주민의 20%에 이른다. 러시아연방이 그다음으로 많은 이주민을 수용한 국가이고(1,100만 명), 그다음은 독일(1,000만 명), 사우디아라비아(900만 명) 그리고 UAE와 영국(각각 800만 명)이다(유엔 2013, 5).[13)]

2장에 기재된 지나 A. 줄로의 글, 〈표 2〉에서 볼 수 있듯이 2015년 중반까지 디아스포라 인구가 가장 많은 상위 10개(디아스포라 인구수 기준으로 산정) 호스트 국가는 미국, 인도, 프랑스, 영국, 독일, 중국, 러시아, 캐나다, 브라질, 이란이다(T. 존슨 외 2014.9).

1990년과 2013년에 국제 이주민 수가 가장 많은 상위 10개국을 비교해 보면(퓨 리서치 센터 2013), 북미(미국과 캐나다)에 1990년 2,780만 명, 2013년 5,310만 명의 이주민이 있었다.

---

13) 더욱이 1990년부터 2013년까지 국제 이주민의 규모가 거의 3/4 정도 늘어났다. 1990년에서 2013년 사이 국제 이주민을 가장 많이 받아들인 국가는 미국으로 약 2,300만 명이다. 연간 100만 명의 이주민을 받아들인 셈이다. 기록에 따르면 이 기간에 UAE가 두 번째로 많은 이주민을 받아들였고(700만 명), 그 다음으로 스페인(600만 명)이 3위를 차지했다(유엔 2013, 5).

전통적으로 이민자 수용국이었던 호주, 캐나다, 뉴질랜드, 미국은 1990년에서 2000년 사이, 그리고 2000년에서 2010년 사이에 이민자가 증가했다. 같은 기간, 이탈리아와 스페인도 이주민 수치가 높아지기 시작했다. 또한, 카타르, 싱가포르, UAE 같은 개발도상국에서도 이주노동자를 유치하면서 동일한 기간 중에 이민 온 인구가 이민을 나간 인구보다 높아졌다(유엔 2013, 12).

또한 2013년 해외에서 태어난[역33] 인구비율이 가장 높은 상위 10개 목적국이 UAE(84%), 카타르(74%), 쿠웨이트(60%), 바레인(55%), 싱가포르(43%), 요르단(40%), 홍콩(39%), 사우디아라비아(31%), 오만(31%), 스위스(29%)인 점도 주목할 만하다(퓨 리서치 센터 2013). 미국의 경우, 해외에서 태어난 인구비율이 (미국 총인구수에 비례하여) 1860년 5% 이하에서 2009년 거의 14%까지 많이 증가했다.

동향 7. 1990~2000년 사이 양자 간 이주 통로에도 중대한 변화가 있었다.

유엔 보고서에 따르면

1990년부터 2000년까지 양자 간 상위 10개 이주 통로 가운데 7개의 통로가 북반구에 종착지를 두었다. 미국은 전 세계 상위 10개 이주 통로 가운데 5개 통로가 종착지로 두고 있는 나라였다. 미국으로 유입된 이주민 중에는 중국, 인도, 멕시코, 푸에르토리코, 베트남 출신이 가장 많았다. 멕시코-미국은 세계에서 가장 큰 양자 간 이주 통로였는데, 멕시코에서 태어나 미국으로 가는 국제 이주민 수가 매년 50만 명에 달했다(유엔 2013, 5).

다음으로 2000~2010년 사이에는

상위 10개 양자 간 이주 통로가 고르게 분포되어 5개 통로가 남반구를, 5개 통로가 북반구를 종착지로 두었다. 멕시코와 미국이 여전히 세계에서 가장 큰 양자 간 이민 통로국이었지만, 매년 평균 26만 명의 국제 이주민이 발생함으로써 1990년부터

2000년 사이에 비하면 훨씬 적은 수치를 기록했다. 이탈리아와 스페인 같은 남유럽 국가 역시 동유럽 국가 출신 국제 이주민이 정착하는 주요 국가가 되었다. 덧붙여 상위 10개 통로 중에 3개 통로가 남아시아의 한 국가와 서아시아의 한 기름 유출국 사이의 통로였다. 바로 방글라데시와 사우디아라비아, 방글라데시와 UAE, 인도와 UAE 등이다. 2000년에서 2010년 사이 이라크 전쟁으로 발생한 난민과 근동에 사는 유엔 팔레스타인 난민구호기구(UNRWA)의 위임통치 아래 있는 난민이 서아시아에 위치한 이주민 중 가장 많다(유엔 2013, 7).

가장 최근인

2010년부터 2013년 사이에는 이주 형태에 큰 변화가 생겼다. 세계에서 가장 큰 이주 통로 중 3개를 제외한 모든 통로가 남반구에 위치한 나라를 종착지로 두게 된 것이다. 북반구에 종착지를 두고 있는 3개의 양자 간 이주 통로 중에서 2개, 그러니까 루마니아와 이탈리아 그리고 폴란드와 영국은 유럽에 속한 국가 사이의 통로이다. 2010년에서 2013년 사이에는 양자 간 이주 통로 중 상위 10개 통로 중에서 1개 통로(멕시코-미국)만이 남반구에 속한 국가와 북반구에 속한 국가를 잇는다. 남반구에 종착지를 둔 상위 7개의 이주 통로 중에서 5개 통로가 아시아 국가를 연결했다. 중국-대한민국, 캄보디아-태국이 여기에 속한다. 나머지 2개 통로는 아프리카 국가를 연결했는데, 수단과 남수단, 소말리아와 케냐가 여기에 해당한다. 수단과 남수단의 통로, 소말리아와 케냐의 통로에는 난민의 수가 많았다(유엔 2013, 7).

앞서 언급된 자료에 따르면, 아프리카, 아시아, 서유럽, 중미 지역에 국제 이주노동자가 특히 많은 것으로 드러났다. 이 지역은 이주민을 배출하는 지역으로서, 이주노동자는 북반구와 중동의 상위 10개 목적국으로 향한다. 아시아의 경우,

중국 본토에서 말레이시아로, 필리핀에서 미국으로, 그리고 인도 같은 국가는 나라 안에서 노동자가 계속해서 오가면서(시골에서 뉴델리 같은 도심으로) 이주노동

자가 두루 퍼져있음을 확인시켜준다. 또한 멕시코 임시 이주노동자(wet-backs)역34의 끊임없는 미국 출입과 터키인의 지속적인 서독 유입(Gasterbeiters)역35또한 시선을 끌고 있다(D.J. 애트킨슨(Atkinson)의 팔머(Palmer, P.N.)과 데이비드 H. 필드(David H. Field) 1995, 592).

1990년에서 2013년 사이 이주와 디아스포라 관련 자료의 분석 결과, 이 수치는 자료 검색이 가능한 특정 해에만(즉 1990, 2007, 2009, 2010, 2013, 2014년) 공시적인(또는 '스냅 사진') 관점을 제공한다. 1990년에서 2007년 사이는 자료의 공백이 있다. 따라서 다양한 지리적 환경에서 발생하는 이주와 디아스포라 현상의 인구학적 추이를 더욱 완전히 이해하기 위해서는 정기적으로 자료를 수집하고 모을 필요성이 있다.

동향 8. 2013년 국제 이주민의 약 절반가량이 여성이다.

유엔은 이주민 여성의 증가 원인을 아래와 같이 보고 있다.

수십 년 전 도착한 이주민이 나이가 들었고, 여성이 남성보다 수명이 길기 때문이다. 이와 대조적으로 아시아와 아프리카에서는 남성 이주민이 여성 이주민 수를 훨씬 능가한다(아시아 58%, 아프리카 54%), (유엔 2013, 7~8).

동향 9. 2013년에 국제 이주민 3/4의 나이가 20세에서 64세 사이였다.

유엔 보고서에 따르면,

2013년 국제 이주민의 3/4이 20세에서 64세 사이였다. 노동이 가능한 국제 이주민 1억 7,100만 명의 대다수가(61%) 선진국에 거주했다. 2000년 이후 이 분포도에는 큰 변화가 없었고 노동 가능 연령 이주민의 62%가 북반구에 거주했다(유엔 2013, 8).

동향 10. 추정치에 따라 가정해 본 다른 유엔 보고서(2013)에 따르면, 2040~2050년까지 선진국 인구는 여전히 증가하지만 증가 비율이 감소할 전망이며, 예상 인구 증가의 유일한 원천이 이주이고 자연 증가는 마이너스를 기록할 것이다.

유엔은 2013년 유엔이 지정한 추정치를 사용해 2040~2050년 사이에 선진국 인구가 여전히 증가하리라 예측했다. 하지만 개발도상국 예측치를 볼 때, 개발도상국의 인구 증가는 계속되겠으나 "자연 증가로 인해 증가율이 낮을 전망이며, 순이민은 인구 증가에 큰 영향을 주지 않을 것"이라고 예측했다(유엔 2013, 14).

이주와 디아스포라 경로,
난민의 물결과 인신매매 : 그 어두운 취약점

위의 10개 현상을 나열한 것은 이주민과 디아스포라를 이해하는 데 유용하다. 더불어 변칙, 불법 이주 현상이나 디아스포라 현상에 수반되는 난민/망명 신청자, 인신매매 희생자가 있음을 기억해야 한다.

난민

유엔 난민기구(UNHCR)에 따르면, 디아스포라 범주에 해당하는 난민의 경우, "2006년 12월 기준 50개 국가 이상에 등록된 수는 약 880만 명(국내 실향민(피난민, 난민) (IDPs)[역36]은 2,450만 명)"이지만 중동에 분포된 이라크 난민 150만 명을 합하면 세계적으로 난민은 약 1,000만 명 이상에 이를 것이다(CIA 2009).

1951년 유엔 난민지위협약에 따르면 난민은 "인종, 종교, 국적, 특정 사회 집단의 구성원 또는 정치적 이유 등으로 박해받을 확률이 높기 때문에" 조국을 도망쳐 나온 사람이다. 유엔에 의하면, 2014년 중반에 세계적으로 1,300만 명의 '우려되는(of concern)' 난민과 3,820만 명의 국내 난민[역37]이 있었다.[14]

난민과 망명역38 신청자는 주로 비경제적인 이유로 이주한다. 난민은 조국 바깥에 거주하며 협박과 박해의 위험 때문에 고향으로 돌아갈 수 없거나 돌아가기를 원하지 않는 이들이다. 대다수 난민은 고향의 상황이 변하거나 또 다른 나라에 정착할 때까지 출생국 가까이에 위치한 캠프에 거주한다. 반면, 망명 신청자는 도착한 나라에서 난민신청을 하여 받아들여지면 그 나라에 정착해서 새 삶을 살 수 있다(마틴 2005).

2009년 난민이 가장 많은 국가는 1. 파키스탄(1,740만 7,000명), 2. 이란(1,070만 5,000명), 3. 시리아(1,054만 5,000명), 4. 독일(593만 8,000명), 5. 요르단(450만 8,000명), 6. 케냐(358만 9,000명), 7. 차드(338만 5,000명), 8. 중국(301만 명), 9. 미국(275만 5,000명), 10. 영국(269만 4,000명), 11. 방글라데시(228만 6,000명), 12. 베네수엘라(201만 3,000명), 13. 프랑스(196만 4,000명), 14. 수단(186만 3,000명), 15. 콩고-킨샤사(185만 8,000명), 16. 인도(185만 3,000명), 17. 예멘(170만9,000명), 18. 캐나다(169만 4,000명), 19. 우간다(127만 3,000명), 그리고 20. 에티오피아(121만 9,000명)이다(이코노미스트 2012).

2015년 국제난민협회(IAFR)는 수백만 명 단위의 강제이주자(난민, 망명 신청자, 국내 실향민 포함)가 다음의 국가에 거주하거나 시민권을 가지고 있다고 추정했다.[15] 1. 시리아(1,160만 명), 2. 콜롬비아(640만 명), 3. 이라크(410만 명), 4. 콩고공화국(400만 명), 5. 아프가니스탄(370만 명), 6. 수단(290만 명), 7. 남수단(250만 명), 8. 소말리아(230만 명), 9. 파키스탄(180만 명), 10. 중앙아프리카공화국(150만 명).

또 IAFR에 따르면, 2015년에 가장 많은 난민을 수용한 국가는(추정치 포함), 터키(160만 명), 파키스탄(150만 명), 레바논(120만 명), 이란(98만 2,000명), 에티오피아(65만 9,500명), 요르단 (65만 4,100명), 케냐(55만 1,400명), 차드(45만 2,900

14) The United Nations High Commissioner for Refugees, “Figures at a Glance” at http://www.unhcr.org/pages/49c3646c11.html. 2015.12.29. 방문.

15) International Association for Refugees, “Map of the Refugee Highway” at http://www.iafr.org/toolbox/map-of-the-highway. 2015.12.29. 방문.

명), 우간다(38만 5,500명), 그리고 중국(30만 1,000명)이다.

인신매매

흔한 인신매매 형태로는 담보노동(bonded labor)[역39], 강제노동, 부채 상환을 위한 노동(debt bondage), 이주민 노동자의 비자발적 노예 상태, 강제 아동 노동, 아동 군인, 성매매와 매춘, 상업적 목적으로 착취당하는 아동 성매매, 아동 성매매 여행이 있다. 매년 약 80만 명이 국경을 넘어 팔려가며 대부분이 여성과 아동이다. 이 수치는 자국 내에서 매매되는 수백만 명을 제외한 수치다. 희생자의 80% 이상이 여성이며 50% 이하가 미성년자이다. 전 세계(global) 희생자의 75%가 상업적 성착취를 목적으로 인신매매되고 있다. 희생자의 약 2/3가 동아시아 태평양 지역 내에서 인신매매당해 26만~28만 명으로 추산되며, 유럽과 유라시아는 17만~21만 명으로 추산된다(중앙정보국 2009).

이주 및 디아스포라 경로

그렇다면 이주민은 어떻게 목적국에 도착하는가? 이주민은 합법적이든 불법적이든 출발국을 떠나 목적국에 도착할 때까지 다양한 방법을 사용한다. 여러 조사에 의하면 이들이 공중, 육로, 해로를 따라 다양한 교통수단을 사용했고, 이 경로들은 주로 불법 이주와 관련하여 개발되었다. 중·남미에서 미국과 캐나다와 같은 북미 국가로 가는 경로, 남아시아, 아프리카, 중동에서 유럽 몇 개국(스페인, 이탈리아, 그리스)으로 가는 경로, 남아시아에서 중동 몇 개국(사우디아라비아, 쿠웨이트, 바레인, 카타르, UAE, 오만)으로 가는 경로, 그리고 남아시아 및 아시아에서 호주로 가는 경로가 있다.

이주민이 밀려드는 최전방에 위치한 정부는 국경 바깥의 육로를 따라 불법으로 타국의 국경을 넘는 경우를 주시했다. 위험을 무릅쓰는 불법 이주는 국경에서 죽음으로 끝나기도 한다. 다양한 자료를 모아서 1996~2014년까지 5년간 이주민이 국경에서 죽음을 맞이한 경우를 추정한 자료에 의하면(프론텍스(Frontex) 2013), 2014년에 불법 이주민 사망자를 가장 많이 배출한 지역이 밝혀졌는데, 사하라 남부 아프리카, 북아프리카, 그리고 중동 출신이 53%를 차지했다. 이들 중 약 75%가 지중해 지역에서 죽었다.[16)] 유나이티드 유럽(United Eupore)[역40]과 포트레스 유럽(Fortress Europe)[역41]에 - 이 지역의 이주민 현황을 주시하는 기관들에 - 의해 추정된 지중해 지역의 국경에서의 사망 수치가 다른 것은 조사 방법의 차이와 자료의 한계 때문이다.

이주, 디아스포라, 그리고 인구학적 변화: 세계화, 도시화, 그리고 대도시와 다원주의적 정치, 경제, 사회, 문화, 종교의 출현을 이끄는 견인차로서의 그 중추적 역할

국경을 넘는 이주 현상을 2010~2013년 사이 인구의 평균연령과 2030년 전망이라는 관점에서 보면(미국국가정보위원회 2012), 북반구의 많은 나라의 인구 노령화가 빨라져서 - 날로 노령화되는 시민들에게 의료 서비스를 제공해야 할 필요가 더 많아진다는 의미 - 북반구 의료진의 상당수를 청・장년층이 많은 남반구에서 구해야만 한다.

이렇게 이주노동자가 전 세계 인구학적 변화의 주요 요인이라는 점에서, 해외 이주의 지속은 세계화, 세속화, 도시화 및 더 다원주의적이고 다문화적인 사회가 등장하는 데 공헌할 것이다(하비(Harvey, T.) 2013: 예바롤라(Ybarrola, S.) 2013).

정보, 통신기술의 끊임없는 발전과 함께 이 현상은 마셜 맥루언(Marshall McLuhan)이 《구텐베르크 갤럭시(Gutenberg Galaxy 1962, 2011년 판)》에서 제시한 <지구촌(global village)>이라는 논문에 더 힘을 실어주었다. 이 논문에 따르면, 즉각적인 의사소통은 지리적 기반의 불균형을 파괴하고 지구촌을 형성하

16) Frontex, "Annual Risk Analysis 2014,"http://frontex.europa.eu/assets/Publications/Risk_Analysis/Annual_Risk_Analysis_2014.pdf. 2015.12.29. 방문.

게 된다.

또한 지리학자 데이비드 하비(David Harvey 1990, 284~307)의 전망에 의하면, 포스트모던 시대의 조건은 합리적인 가격의 비행기 여행과 전화, 팩스, 이메일 그리고 다른 온라인 기술의 점증적이고 광범위한 사용으로 인한 시간 단축과 공간 압축이 특징이며, 앞으로도 그 특징이 계속될 것이다.

도시화 역시 – 이 글에서 도시화는 많은 사람이 상대적으로 작은 공간에 영속적으로 집결해 살면서 도시를 만드는 과정이다 – 세계의 인구학적 변화가 만들어 낸 역사적 현상이다. 도시가 무엇인지에 대한 정의는 다양하지만, 각 나라는 2만 명 이상의 주민이 밀집해 사는 곳을 도시로 인정해야 한다는 것이 유엔의 권고사항이다.

씨임(Seim 2015, 75, 95)은 도시 이주에 대한 이론과 실제는 다음과 같은 관찰에 기초해 형성됐다고 주장한다. 즉, 엄청난 수의 국제 이주민이 도시로 이주해 그곳에서 다원주의적 환경에 참여함으로써 "다양성이 물질주의라는 복잡한 시스템에 함께 어우러질 수 있는 공평한 경쟁의 장을 만든다."는 것이다.

국제 이주민 및 이동하는 이들이 실제로 늘고 있고 앞으로도 늘어날 것이다. 이주민의 증가가 세계화, 도시화, 빠른 경제 발전에 어떤 영향을 미칠지를 고려해 볼 때, 인구학적, 정치적, 경제적, 사회적, 그리고 문화적 측면에서 이 현상은 이주민을 보내고 받는 나라에 주는 의미는 무엇인가? 세계화와 도시화, 그리고 급속한 경제 변화의 과정에 영향을 받기는 했지만, 현재 진행 중인 국제 이주민 및 이동 중인 사람의 수가 증가하면서 세계화에 기여해왔다. 또한, 이주노동자가 국경을 넘으면서(아킨슨(Atkinson), 필드(Field) 외 1995) 사람들의 확산과 흩어짐이 세계 경제 통합에 기여했다(경제 이주민이 주를 이뤘다.).

인구학적 관점에서, 경제, 정치적으로 열악한 나라에서 정치적으로 더욱 안정되고, 경제적으로 보다 역동적이며, 아이와 가정에 더 나은 미래를 제공하는 국가로 이동하는 추세를 살펴보았다. 정치적인 관점에서는 국제 이주민의 이동은 더 다양한 반응을 이끌어냈다. 경제적 '호황기'에 이주민을 더 환영하는 나라가 있었고(독일과 영국 등), 경제가 하락세를 탈 때는 반이주적 형태가 되는 나라가 있었다(프랑스, 이탈리아, 스페인, 그리스, 호주 등). 국제 이주민의 해외 송금이 경제에 반향을 불러일으키는 '승수효과'역42를 통해 고국의 경제를 부흥시키는 데 도움을 주고, 경제적인 관점에서 국제 이주민은 '종착'국가의 노동 공급 시장을 발전시켰다.

사회, 문화적 관점에서는 이주민이 목적국에 입국하고 동화되면서(특히 북반구 국가에서) 문화적 다양성을 풍부하게 하고, 다원주의적이고 다문화적인 사회를 만드는 데 기여했다. 떠나온 국가에서는 직업을 가질 수 없지만, 다른 나라에서는 자신의 기술로 직업을 가질 수 있는 이주민의 경우 자국에서는 정치적 '안전밸브(safety valve)'로 여겨져 왔다. 하지만 이주민이 빠져나가는 국가의 정책 입안자의 관점에서 볼 때, 이주가 한 국가의 유능한 노동 인력이 빠져나가는 '두뇌 유출'을 동반하므로 경제 성장에 부정적이라는 인식도 있다(레미지오(Remigio) 2013).

2013년 국제 이주민이 가장 많이 찾은 상위 10개 목적국 중(총 1억 1,900만 명) 대다수가 북반구에 있다. 북미(미국과 캐나다)가 이주민 5,310만 명을 수용했고(45%), 유럽(러시아, 독일, 영국, 프랑스, 스페인)이 4,250만 명(36%), 중동(사우디아라비아와 UAE)이 1,690만 명(14%), 그리고 호주가 650만 명(5%)을 수용했다. 이것이 세계 교회와 지역 교회에 주는 의미는 무엇인가?

이주, 디아스포라, 그리고 종교적 신념과 신앙 전통의 역사·지리적 확산[17)]

이전의 선교 전략이 아시아, 아프리카, 라틴아메리카의 미전도 종족에게 집중되었다면, 이제 새로운 인구학적 실제 앞에서 이 전략을 재평가하고, 재

17) 이 제목으로 자료가 처음 발표된 곳은 2015년 필리핀 마닐라에서 열린 로잔 글로벌 디아스포라 네트워크 글로벌 디아스포라 포럼이었다. 이 제목 아래서 국제이주는 종교 관계

숙고하여야 하며, 이에 따라 초점을 바꿔 방향성을 재설정할 때가 되었다. 민족과 종족 집단이 국제 이주민을 배출하는 국가에서 제1세계 및 여타 종착지로 흩어지고 있다. 따라서 복음주의 선교학자와 실무가가 선교 패러다임, 계획, 전략을 재평가하고, 재숙고하고, 방향성을 다시 설정하여 지상명령이 실질적으로 성취되도록 해야 한다.

2장에서 지나 줄로는 종교집단과 연결해 각 지역에서 이주해온 이주민의 비율을 제시한다. (2010년 기준) 통계에 따르면 디아스포라(485 종족집단) 중 종교가 있는 사람 3억 1,600만 명은 전 세계 인구의 4.3%이며, 이들 중 50.2%가 크리스천이다. 중국의 민간(토속) 종교인은 56.2%가 세계에 흩어져 이 부분 1위이며, 2위는 조로아스터교도로 – 고국인 이란에서 인도와 미국 등 해외로의 이동으로 인해 – 17.4%가 디아스포라로 타국에 흩어져 있다. 한 가지 재미있는 사실은 2015년 세계 기독교 데이터베이스에 따르면 크리스천과 이슬람교도를 합한 인구가 전 세계 인구의 59.6%를 차지하며, 디아스포라 인구의 74.8%를 차지한다는 점이다.

이 새로운 인구학적 현실을 고려해서 교회의 선교적 우선 과제를 재편해야 한다. 출발국과 목적국 모두에서 다원주의에 대항해 복음을 선포해야만 한다. 문화적, 종교적 다원주의의 도전을 받으며 모두 자기 종교가 진리라고 주장하는 상황에서 하나님 말씀의 진리만이 확연히 차별성이 있고 절대적이라는 사실을 분명히 전해야 한다.

국제이주, 디아스포라, 그리고 2장 줄로의 글에서 언급된 종교와 관련해서 유엔(2013), 퓨 리서치 센터(2010; 2012 그리고 2013), 그리고 세계의 기독교 및 종

의 문화적 프리즘을 통해 관찰된다. 국제 이주민을 종교 관계와 신앙 전통의 관점으로 분류함으로써 여기서 기술된 것은 이주민 인구 대비 종교인의 수치, 세계 인구에서 종교인이 차지하는 비율, 그리고 총이주민 수 대비 이주한 종교 집단의 비율이다. 본 책자에서는 2장에서 Zurlo가 디아스포라 현상에 있어 종교와 다양성에 대해 수집한 자료를 분석한 것을 제공한다. 본 장은 하나님의 선교를 위한 이주와 디아스포라의 중요성을 '풀어내고' 어떻게 디아스포라 현상이 교회론적, 선교학적, 종말론적, 그리고 목회적 관점과 접목되는지 살핀다.

교 데이터베이스(존슨 2014.9)가 추정하는 통계가 차이가 있지만, 이 차이를 모순이라고 볼 필요는 없다. 오히려 그런 추정치를 산출한 방법적 측면과 수집된 자료 및 저변에 깔린 분석적 가정에 신중하게 의문을 가지고 평가하면서 통계치를 이용하는 편이 좋을 것이다.

하나님의 선교, '역사의 끝', 그리고 하나님 나라의 예고에 대해 이주와 디아스포라가 갖는 중요성

하나님이 세상을 창조하신 이래 이주와 디아스포라는 하나님이 일반계시와 특별계시(말씀과 예수님 그리스도 안에서 구현된)를 통해 구원 계획을 성취하시면서 사용하신 필수불가결한 방법이었다. 교회 확산 역시 시간적 차원에서(과거, 현재 그리고 미래) 하나님의 주권이 지배하는 역사적 현실 밖에서는 설명할 길이 없다. 하나님은 하나님의 백성과 모든 민족이 여러 곳으로 이동하도록 이끄신다(로잔 디아스포라 리더십 팀 2010, 17).

인류의 세계적인 이주와 이와 연계된 디아스포라는 시간과 공간을 뛰어넘어 종족과 문화, 사회, 모든 민족에 큰 영향을 미쳤다. 이들은 전 세계의 소・중・대도시의 형성 및 폭발적 증가, 인종 문화적 다양성의 진화와 발전, 그리고 세계화의 가속화 속에서 다원주의적이고 다문화적인 관점과 사고가 증가하는 데 꾸준히 영향을 미쳤다.

국제 이주민과 여타 사람들의 이동이 계속해서 증가하고 있고 앞으로도 증가할 것이다. 이 현상이 세계화, 도시화, 빠른 경제 변화에 영향을 미치는 상황에서, 이것이 - 구원론적, 선교학적, 교회론적, 종말론적 관점에서 - 전 세계 기독교회에 주는 의미는 무엇이며, 출발국과 수용국, 또는 목적국의 지역 교회에 주는 의미는 무엇인가?

구원론과 선교학적 관점에서 볼 때, 세계 인구의 증가와 국제이주의 급증 속에서, 특별히 목적국의 더 많은 이주민에게 구원의 메시지를 전해야 한다.

교회론적 관점에서 볼 때 출발국과 목적국에 있는 교회가 동원되고 훈련되어 오가는 모든 이주민의 영적 필요를 채울 수 있어야 한다. 종말론적 관점에서는 지구 곳곳으로 확산되고 흩어지는 사람과 모든 민족에 복음이 전파되는 일이 동시에 일어나는 것은(막 13:10) 분명 우연이 아니며, 예수님이 다시 오시기 전 택한 자를 모으시는 사역의(막 13:27) 전주곡이다.

국제이주와 디아스포라가 지속해서 진행되며 하나님의 선교와 전 세계에 있는 교회에 교회적·선교적 도전과 기회를 주는 가운데, 복음주의 크리스천으로서 우리는 이 도전에 어떻게 대처해야 하는가? 앞서 이 글에서 언급한 국제이주와 디아스포라 동향을 고려할 때 - 세계화, 다원주의를 촉진하는 중요한 현상과 종교적 신앙 체계와 전통의 선전 - 이 모든 것은 어떤 의미가 있으며 하나님의 선교에 주는 시사점이 무엇인가?

디아스포라 그 자체는 도덕·윤리적으로 옳은 것도 그른 것도 아니다. 디아스포라를 하나님의 주권 아래 일어나는 역사적 사건과 과정의 필연적 결과라고 본다면, 말씀과 하나님 나라의 관점에서 이 모든 것을 어떻게 보아야만 하는가? 이주와 디아스포라에 대한 성경의 반응은 하나님이 누구신지 상기시켜준다. 하나님은 사랑이시고, 의롭고, 공의로우시며, 어떤 형태의 억압이나 착취도 혐오하신다. 하나님이 우리를 이토록 사랑하사 성육신(Incarnation)이라는 이주의 과정을 통해 우리에게 다가오셨다. 그리고 이를 통해 우리가 하나님께 이주할 수 있게 하셨다(요 1:14; 3:16). 다니엘 그루디(Daniel Groody 2013)가 관찰했듯이 "하나님이 예수님을 통해 깨지고 죄 많은 인간 세상으로 들어오셔서, 세상에서 체류하다 길을 잃은 사람을 도와 하나님께 돌아오는 길을 발견하게 하셨다"(요 13:1, 3).[18] 칼 바르트(Karl Barth)가 말했듯 성육신은 예수님이 박해를 받아 국경을 넘는 일시 체류자와 난민(마 2:13~17)이 되셔서 '타자성(otherness)'[역43]의 자리에 서기 위해서 '먼 나라로 들어온 방법'이었

18) Daniel G. Groody, "Catholic Social Teaching and Migration: 1 Perspectives from the US-Mexico Border." http://ordosocialis.de/pdf/Groody/Catholic_Social_Teaching_and_Migration.pdf, 7. 2016.1.10. 방문. Originally in Review: Pensamiento Social, Instituto de Estudios Social Cristianos Lima, 1:2013, 41~50.

다. 또한 우리 가운데 사는 이방인, 외국인, 이주민을 받아들이고 환영하는 것은 그리스도를 받아들이는 것과 같고(마 25:34~45) 하나님의 형상(Imago Dei)을 확증하는 행위다. "외국인 가운데 존재하는 하나님의 임재는 크리스천이 손님 환대의 의무를 실행해야 할 영원한 이유다" (바기오(Baggio, F), 브라잘(A. Brazal) 2009, xii).[19]

역사적으로 우상숭배에 대한 하나님의 심판으로 이집트에서 망명생활을 했던 히브리 이주노동자의 고통과(출 2:11~5:21) 이들을 압제한 파라오에 대한 하나님의 심판은 말할 것도 없고, 불평등을 방지한 모세의 율법(신 6:20~5), 그리고 가난하고 소외되고 홀대받는 사람을 대우하는 법은 하나님과의 관계에 있어 한 사람이 어떤 위치에 서 있는지를 확인할 수 있는 리트머스 테스트이다.

언젠가 우리는 모두 하나님의 심판대 앞에 서게 된다(레 25; 약 2:1~7). 가난, 착취, 인신매매의 희생자인(잠 22:22~23) 이주노동자의 비참한 이야기는 이들을 대하는 비인간적 방법에 대해 분노하고 도덕적으로 반응하게 하며, 우리로 하여금 이들을 보호하고(시 82:3~4) 물질적, 영적으로 이들의 필요를 돌아봐야 하는 크리스천의 책임(출 22:21; 23:9; 신 10:19; 14:28~29; 15:4 23:7; 26:12; 눅 12:13~34; 16:19~31)을 깨닫게 한다.

그러므로 강제로 부부를 갈라놓는 것에 대해 도덕적으로 방어하는 것(이주노동자에 대한 불필요한 요구 사항)과 이것이 개인, 가정, 문화적 가치에 미치는 유해한 결과에 대해 의문을 가져야 한다. 결혼과 가정생활에 대한 성경 규범은 이런 행태를 용납하지도 인내하지도 않기 때문이다(창 2:15, 18; 아 1:5~6; 4:1~7; 마 19:4~5). 이주노동자의 고통을 듣는 일이 가슴 아프지만, 이들에 대해 우리는 실질적이고, 복음적인 관심과 함께 지식을 바탕으로 측은히 여기는 태도를 가져야 한다. 이들은 우리 사회에서 선거권도 없는 소외된 위치에 있기 때문에 우리의 관심과 돌봄의 사각지대에 있다(D.J 애트킨스의 P.N 팔머, 데

19) Baggio, F. and A. Brazal (2009) available at http://www.academia.edu/17726200/Faith_on_the_Move, xii.

이비드 H. 필드 1995, 591~3).

세계화, 도시화, 다원주의의 맥락에서 이주와 디아스포라라는 극명한 현상적 실제를 고려할 때, 종말을 향해 질주하는 지금에 하나님의 선교와 그리스도의 복음에 관련해 부인할 수 없는 사실은 무엇인가? 역사 속에서 주기적이고 반복적으로 국경을 넘는 사람의 이주와 디아스포라가 시사하는 하나님의 구원사적 목적은 무엇인가? 이에 대한 성경의 역사, 또는 하나님의 이야기는 확실하다. 문화인류학적, 죄악론적, 종말론적 관점에서 보면 사람의 죄성이 정치적 갈등과 대재앙을 통해 표출되어 내전과 국가 간 전쟁으로 귀결되며(마 13:6~8), 이에 따른 사람들의 이주와 디아스포라는 마지막 때의 표증을 환기시키기 때문에 종말론적 구조를 이루는 불변의 한 부분이다.

흥미롭게도 이주와 디아스포라 현상은 헌팅턴(Huntington 2007)의 주장을 뒷받침한다. "새로운 세계에서 인류 분쟁의 주된 원인은 근본적으로 이념이나 경제가 아니다. 인류에 큰 분열과 갈등이 발생하는 지배적인 원인은 문화다"(헌팅턴 1993, 22). 헌팅턴에 의하면 "국제 정치의 가장 큰 분쟁은 서로 다른 문명을 지닌 국가와 집단 간에 발생할 것이다. 문명의 충돌이 국제 정치를 지배할 것이다. 문명들 사이의 단층선들(The fault lines)이 미래의 분쟁선이 될 것이다."

전 세계를 넘나드는 이주민의 모험담이 계속되고 이에 따른 디아스포라 현상이 지속되는 것이 세계화, 도시화, 다원주의를 가속화하는 요인이며, 우리 시대의 지배적 세계관을 채색하는 국제 사회, 정치, 경제의 동요와 변화(예를 들어, 서부 유럽과 전 세계에 확산된 이주민 사태와 이슬람 공포증, 미국과 유럽 내 이주 및 이민 정책의 향방과 방향성을 둘러싼 격렬한 논쟁)를 이끄는 주된 역할을 한다.

세계화, 도시화, 다원주의와 관련된 디아스포라 현상에 대한 교회론적, 선교학적, 종말론적, 목회적 관점

아래의 질문을 제기하는 필자의 의도는 비록 잠정적이고 이른 감이 있지만, 미래의 복음주의 연구가가 계속해서 다루게 될지 모를 몇 가지 쟁점을 탐험하는 것이다.

실질적인 교회론적 질문들

만일 국제이주 현상과 디아스포라가 국제 정치, 경제, 사회, 문화, 종교에 그렇게 많은 영향을 미침에도 이 현상이 제기하는 교회론적, 선교학적 도전에 대해 교회가 마음은 있으나 준비되지 않았다고 가정해 보자. 그렇다면 마태복음 28:18~20의 그리스도의 지상명령이 부여한 거대한 교회론적 사명을 생각할 때 그리스도의 몸으로써 포스트모던화, 세계화된 세상의 도시화, 다원주의, 종교적 극단주의와 관련된 디아스포라와 이주 현상에 대해 국제적, 지역적, 국가적, 국지적 차원에서 어떻게 대응해야만 하는가? 어떻게 하면 성도를 더 잘 동원하고 무장시켜, 교회가 디아스포라와 이주로 인해 발생하는 광범위한 현상에 의미 있게 관계하고 현명하게 대응하도록 하겠는가? 이 현상은 세속화되고 세계화된 포스트모던 세상에서 질주하는 도시화와 상대화된 다원주의 그리고 폭력적인 종교적 극단주의라는 모양으로 발생하고 있다.

중요한 선교학적 질문

디아스포라 현상이 – 세계화된 세상에서 도시화, 다원주의, 종교적 극단주의와 접촉할 때 – 하나님의 선교와 지상명령에 주는 시사점은 무엇인가? 데영(De Young, K.)과 길버트(G. Gilbert 2011)의 주장에 따르면, 하나님의 명령에 순종할 때 지상명령이 추구된다고 확신하는 교회로 인해 평안이 이루어지는 것처럼, 교회가 사회정의를 위해 투쟁할 때 교회의 사명은 실천된다. "그 흩어진 사람들이 두루 다니며 복음의 말씀을 전할 새"(행 8:4)라는 말씀에 등장하는 선교학적 실제를 고려한다면 하나님이 자신의 주권으로 이주민이 광범위하게 흩어지는 것을 - 때로는 말할 수 없는 고통까지도 - 허락하심으로 이 땅 구석구석에 복음의 메시지를 증거하게 하신 것인가? 사도행전 17:16~29은 하나님이 '디아스포라'를 '사용'하실 뿐 아니라 자신의 영광을 위해, 백성을 교훈시키기 위해, 그리고 잃어버린 자를 구원하기 위해 이 현상을 기획하고, 실행하고, 채택하셨음을 시사한다(로잔 디아스포라 리더십 팀, 2010, 12). 그렇다면 디아스포라는 하나님의 위대한 통치 아래 하나님 나라를 확장하고, 지상명령이라는(마 24:14; 28:17~20) 세계 선교를 향한 계획을 성취하기 위해 하나님이 주권적으로 명령하시고 축복하신 선교적 수단(창 1:28; 9:1; 12:3; 28:14)이다.

선교학적인 관점에서 이주와 디아스포라 관련 자료와 정보를 통해 이 글에서 제시한 실제 현실을 깨닫고, 현재 전 세계에 그리스도의 몸이 채택하고 있는 선교학적, 선교적 자원을 복음을 아직 듣지 못한 사람들에게 적절히 현명하게 사용하고 있는지 기도하는 마음으로 다시 생각하기 바란다. 세계 전역에 흩어져 있는 이주민 및 디아스포라 집단과 공동체가 있는 장소에서 전략, 정책, 계획, 프로그램, 프로젝트 그리고 활동을 실행하기 위해 아직 복음을 듣지 못했거나 복음에 거의 노출되지 않은 집단과 공동체를 파악해야 한다.

이러한 공동체에 대한 사역에 필요한 자원이 제한적이므로 어떤 지역, 국가, 집단, 공동체에 시간을 두고 사역해야 할지 우선순위를 정하는 일이 중요하다. 이 집단과 공동체가 있는 나라의 지역 교회는 다른 단체(관심 있는 파라처치)와 연합하여 특히 절박하게 도움이 필요한 소외된 디아스포라 집단인 난민, 박해와 정치적 분쟁을 피해 도망친 순수 망명 신청자에게 효과적으로 사역할 수 있어야 한다. 이를 위해 지역 교회가 성령이 이끄시는 창조적인 방법과 계획을 짜도록 독려해야 한다.

개인적이고 구원론적인 차원에서는, 이주민을 정착할 사회의 문턱을 못 넘고 있는 경계인(liminal persons, 이민 경험이 모호함과 불확실성으로 특징지어짐)으로 여기는 것은 성령에 의해 밝혀진 낡고 죄된 행동의 태도와 패턴을 비판하는 결과를 초래한다. 떠나온 고향에서 누렸던 안전과 평안함을 박탈당하는 디아스포라만의 독특한 경험을 하는 이주민은 영적으로 흔들려 복음에 대한 저항이 약해지기 때문에 성령이 이끄시는 신앙과 하나님이 원하시는 삶의 급격한 변화를 받아들일 가능성이 커지게 된다.

오늘날 지구상에 사는 이주민 중에 유대오-크리스천의 비율이 다른 종교 집단보다 높다. 이 사실은 선교적, 영적 중요성을 시사한다. 하나님은 이주민 중에 유대오-크리스천의 비율이 타 종교 집단의 비율보다 높게 하신 것이 지상명령 성취와 어떤 관련되어 있는가? 이를 안다면 이는 놓칠 수 없는 전략적 선교의 기회이고 하나님 나라의 중요한 목적을 보다 잘 섬기는 것이다. 마땅히 세계의 교회는 이 기회를 어떻게 붙잡을지 현명하게 알아보고, 분별하고, 결정해야 한다.

그다음으로 점차 세속화, 다원화되는 포스트모던한 목적국에서 이주민 신자가 그리스도의 증인으로서 타 종교 이주민을 섬기도록 할 수 있는 방법을 찾아야 한다. 실용적인 수준에서, 특히 지역 교회가 이주민 신자와 교류하는 곳에서 하나님의 목적과 계획을 성취하기 위해 성령이 무엇을 할 것인지를 분별하면서 사역해야 한다. 이 사실이 갖는 의미가 기도하는 마음으로 깨달아져야 하고, 지역 교회는 성령이 하나님의 목적과 계획을 이루도록 자신을 부르신 일이 무엇인지 분별해야 한다. 주께서 그들을 이웃으로 부르셔서 공동체에 살게 하심으로 우리가 그들에게 다가가게 하셨다.

중요한 종말론적 질문

우리 시대의 디아스포라, 세계화, 도시화, 다원주의 및 종교적 극단주의가 보여주는 다면적 현상은 보이는 세계에서뿐만 아니라 하늘에서 벌어지는 마지막 시대의 선과 악의 우주적 대결을 반영하는 것일까? 임박한 그리스도의 재림과(마 24:3~14) 선이 악을 이기는 최후 승리(계 12:7~17에 언급된 분명한 종말론적 메시지)의 관점에서 볼 때, 세계화된 세상에서 도시화, 다원주의, 종교적 극단주의와 관련된 디아스포라와 이주 현상을 어떻게 이해해야 하는가? 세계화된 세상에서 디아스포라, 도시화, 다원주의에 수반되는 전쟁과 폭력은 그리스도의 재림이 임박한 종말의 시대를 보여주는 표증인가? 세계화, 도시화, 다원주의, 종교적 극단주의와 관련해 국제이주와 디아스포라 현상의 산발적이고, 예측 불가능한 요소를 바라보면 설령 지금은 악이 승리하는 것처럼 보인다. 그러나 결국에는 하나님이 심판하셔서 악은 패하고 하나님의 의가 온전히 승리할 것이다.

목회적 명령에 대한 질문

세계화된 포스트모던 세상의 도시화, 다원주의, 종교적 극단주의와 상호 접촉하는 디아스포라의 부정적 측면과 긍정적 측면이 공존하는 상황에서 어떻게 하면 지역 교회가 하나님의 백성을 더 잘 섬길 수 있을까? 우리 세대에 지상명령을 성취하기 위해 그리스도의 몸에 부여된 명령은 외국인의 이주와 확산이 디아스포라를 형성하며 세계의 정치, 경제, 사회, 문화에 미치는 광범위한 영향력과 결과, 그리고 이에 따른 엄청난 실제에 잘 맞추고 대응해야 한다.

이 책자와 이 글에서 제시된 일련의 사실, 수치, 정보가 선교학적, 선교적, 복음주의적 우선순위와 자원에 대해 다시 생각해보고, 숙고하고, 보정하는 과정에 어느 정도 기여할 수 있다면, 이 노력을 통해 많은 이주민 집단과 디아스포라 공동체에게 그리스도의 복음이 다가갈 수 있도록 신중하고 현명하게 계획하고, 프로그램·프로젝트 활동을 기획하고, 전략화하고, 실행할 수 있기를 바란다. 우리가 지상명령을 성취할 수 있도록 그리스도가 준비하신 일을 잘 운용하면서 말이다.

결 론

이주와 디아스포라 연구를 선교학적 연구와 창조적으로 결합하는 주된 목적은 '전통적 선교이론'(모로(Moreau)의 스미스(Smith, C) 2000, 642-3)을 다시 생각하고, 다시 이해하고, 다시 형성해서 '디아스포라 선교'로 만드는 것이다. 디아스포라 선교는 전통 선교의 방향성을 디아스포라 선교 및 선교학으로 재조정하는 새로운 섭리적 전략이다(티라와 완 2009). 디아스포라 선교와 선교학을 통해 우리는 하나님이 전 세계로 흩으시는 '이동하는 사람'을 대상으로 성령이 이끄시는 변화 사역을 할 수 있게 된다. 우리는 하나님이 그분의 백성을 자신에게로 모으시는 구원사의 마지막을 향해 질주하고 있다.

이런 노력을 통해 '이동하는 사람들' 사이에서 복음을 전하는 최전방 사역자는 서로 효과적으로 협력하며 상호 조정할 수 있는 기초를 닦게 되고, 이동하는 사람에게 집중하기를 바란다. 사역자는 도시화가 진행되는 지역이나 대도시에서 섬기는 이들이며, 다원주의화, 세계화된 포스트모던 세상에서 다문화 사역을 통해 복음을 전하는 이들이다.

국제이주 현상과 디아스포라가 끼치는 광범위한 영향력이 분명해지는 가운데, 이 작업은 통합, 연합된 선교 사역 및 '이동하고 있는' 다양한 사람에게, 우리가 인류를 구원하기 위한 하나님의 역동적 능력인 복음을 들고서 효과적으로 다가가기 위한 복음화 전략의 길을 열어 줄 것이다. 인류를 구원하기 위한 하나님의 역동적 능력인 복음을 들고서 말이다.

인류 역사상 중요한 이 시기에, 그리스도의 교회가 국제이주 현상에서 디아스포라가 지니는 풍성한 의미를 단호한 예언으로써 이해하고, 이에 대해 주님이 우리에게 부어주시는 영감과 교훈을 적용하게 하소서! 사람들이 이주하며 많은 국가에서 디아스포라를 형성함으로써 온갖 문제와 염려, 도전이 생겨났습니다. 성령이여, 이를 해결하기 위해 전 세계 그리스도의 몸에 활기를 불어 넣어주셔서 분명한 행동을 취하게 하소서! 예수님의 재림을 기다리며 나그네로 사는 동안 하나님이 우리와 함께하심을 믿습니다!

글로벌 이주와 디아스포라와 관련된 현상학적 실제들이 하나님 나라에서 어떠한 의미와 중요성을 갖는지 우리가 숙고하고 돌아볼 때에, 삼위일체 하나님께서 신령한 지혜와 분별력과 인도하심과 방향성을 주소서! 우리가 기도 가운데 말씀을 연구하고 묵상하고 돌아볼 때에, 주님의 열심과 자비와 긍휼과 새로운 힘을 주셔서, 주님의 선하시고 아름답고 완전하신 뜻을, 오늘과 같은 때에, 우리가 수행하고 이룰 수 있게 하옵소서!

디아스포라

가라지 속에 밀같이
이 세상의 흩어진 디아스포라
성막에서 회당으로
성소에서 시간의 끝을 향해
믿는 자들, 선택받은 자들이
어깨동무하며 함께 살아간다.
잃어버린바 된 자들, 나중 된 자들
함께 모일 자들이
성령의 불
그 꺼지지 않는 불을 사모하는 자들이
세상 끝날 날
부활한 자 앞에
하나님 나라로
완전히 꽃피리라.

레이몬드 A. 포스

토의

1. 이주, 이민 감, 이민 옴, 디아스포라라는 용어를 정의하고 이 현상이 세계의 역사, 사회, 문화, 종교를 형성하는 데 미치는 중요성에 대해 논의하라.
2. '추출'과 '유입' 요소의 관점에서 이주와 디아스포라 현상을 생성하는 중요한 원인들은 무엇인가?
3. 세계화, 다원주의, 종교적 신앙 체계와 전통의 선전을 촉진하는 주요

현상으로서의 이주와 디아스포라가 하나님의 선교에 미치는 중요성과 시사점은 무엇인가?

참고문헌

African Diaspora for Change [Website]. Accessed at http://ad4change.org/african-diaspora-maps/

Atkinson, D. and D. Fields, eds. (1995) "Migrant Labor" in *New Dictionary of Christian Ethics and Pastoral Theology*. Downers Grove, Illinois: Intervarsity Press.

Baggio, F. and A. Brazal, eds. (2009) *Faith on the Move: Toward A Theology of Migration in Asia*. Manila: Ateneo De Manila University Press.

Baines, Dudley. *Emigration from Europe 1815~1930*. London: Macmillan; 1991.

Bharadwaj, Prashant and Asim Khwaja, Atif Mian. "The Big March: Migratory flows after the partition of India." *Economic and Political Weekly*. August 30, 2008. At http://www.hks.harvard.edu/fs/akhwaja/papers/Big%20March%20EPW%20Publish08.pdf. Accessed December 29, 2015.

Black, R. (1998) "Forced Migration and Environmental Change: The Evidence," Chapter 2 in *Refugees, Environment and Development*. New York: Addison Wesley Longman.

Bovell, Carlos R. (Spring 2007) "Husserl's Phenomennological Reduction and the Exclusion of God" in *Westminster Theological Journal* W서 69:1.

Carroll, R. and M. Daniel, "The Challenge of Economic Globalization for Theology: From Latin America to a Hermeneutics of Responsibility" in *Globalizing Theology: Belief and Practice in an Era of World Christianity*, ed. C. Ott and H. Netland (Grand Rapids: Baker, 2006), 199-212.

Central Intelligence Agency (2009) *The World Factbook 2008. http://www.cia.gov/library*/publications/the-world-factbook/.

Conn, Harvie M. (2002) *The Urban Face of Mission: Ministering The Gospel in a Diverse and Changing World*. Phillipsburg: Presbyterian and Reformed Publishing

Curtin, P.D. (1969) *The Atlantic Slave Trade: A Census*. Madison: University of Wisconsin Press; 268.

DeParle, Jason (26 June 2010). "Global Migration: A World Ever More on the Move." *The New York Times*. Accessed at http://www.nytimes.com/2010/06/27/weekinreview/27deparle.html?_r=0/

De Young, K. and G. Gilbert (2011) *What is the Mission of the Church? Making Sense of Social Justice, Shalom and the Great Commission*. Wheaton: Crossway.

Douglas, R. M. (2012) Orderly and Humane: The Expulsion of the Germans after the Second World War. New Haven: Yale University Press.

Ember, M., C. Ember and I. Skoggard, eds. (2005) *Encyclopedia of Diasporas: Immigrant and Refugee Cultures around the World*. Volume 1: Overviews and Topics; Volume 2: Diaspora Communities. Springer.

Economist, 2012. *World in Figures*, London: The Economist Intelligence Unit.

Economist (19 April 2014) "The abuse of migrants: balancing the interests of migrant workers and the countries they live in" *Encyclopedia Britannica* (2009) Digital Edition.

Friedman, Thomas (2003) *Longitudes and Attitudes: The World in the Age of Terrorism*. New York: Anchor.

Friedman, Thomas (2012) *The Lexus and the Olive Tree: Understanding Globalization, 2nd ed*. London: Picador.

Friedman, Thomas L. (2005) *The World is Flat: A Brief History of the Twenty-First Century*. New York: Farrar, Straus and Giroux.

Frontex (2014) *Annual Risk Analysis 2014*. Warsaw: Risk Analysis Unit. frontex.ruropa.eu/assets/Publications/Risk_Analysis/Annual_Risk_Analysis_2014.pdf

Global Commission on International Migration.2005. "Migration in an interconnected world: new directions for action". *A Report of the Global Commission on*

International Migration. October 2005.

Groody, Daniel G. "Catholic Social Teaching and Migration: 1 Perspectives from the US-Mexico Border" *in Review: Pensamiento* Social, Instituto de Estudios Social Cristianos, Lima, 1:2013, 41-50. http://ordosocialis.de/pdf/Groody/Catholic_Social_Teaching_and_Migration.pdf, 7. Accessed January 10, 2016.

Harvey, David (1990) *The Condition of Postmodernity*. Oxford: Blackwell.

Harvey, T. (2013) "Pluralism, Multiculturalism and Diaspora Mission: Discovering the Relevance of Apostolic Mission Today" (115-134) in Tira, S. T*he Human Tidal Wave: Global Migration, Megacities, Multiculturalism, Diaspora Missiology*. Manila: Lifechange Publishing.

Hewitt, Joseph, Jonathan Wikenfield and Ted Robert Gurr, eds. (2009) *Peace and Conflict* 2010. Paradigm Publishers.

Hungtington, S. P. (1996) *The Clash of Civilization and the Remaking of the World Order*. New York: Simon and Schuster.

International Association for Refugees, "Map of the Refugee Highway" at http://www.iafr.org/toolbox/map-of-the-highway. Accessed December 29, 2015.

Jenkins, Philip (2002) *The Next Christendom: The Coming of Global Christianity* New York: Oxford University Press.

Johnson, Todd M., ed. (Sept 2014) *World Christian Database*. Leiden, Netherlands: Brill.

Johnstone, Patrick (2011). *The Future of the Global Church: History, Trends and Possibilities*. Colorado Springs, CO: Biblica.

Kerr, Amber (2010) "Displaced Persons and Refugees", 316-318 in *Encylcopedia of Global Warming* (Dutch, S., ed.). Pasadena: Salem Press.

Kapur, Devesh and John McHale (2005) *The Global Migration of Talent: What does it mean for Developing Countries?* A CGD Brief. Center for Global Development (CGD), Washington, D.C., October 2005. Available at www.cgdeve.org/sites/default/files/4473_file_Global_Hunt_for_Talent_Brief.pdf

Knox, Paul and Salle A. Martson (2001). *Scattered to Gather: Embracing the Global Trend of Diaspora*. Manila: Lifechange Publishing.

Layton-Henry, Zig. “Great Britain” in Hammar, Tomas, Editor. European *Immigration Policy: A Comparative Study*. Cambridge: Cambridge University Press; 1985.

Martin, Philip.2005. "Migrants in the global labor market", a paper prepared for the Policy Analysis and Research Programme of the Global Commission on International Migration. September 2005.

McLuhan, Marshall. (2011 edition) *The Gutenberg Galaxy*. Toronto: University of Toronto Press.

Merriam-Webster, I. (2003) *Merriam-Webster's Collegiate Dictionary*. (11th ed.). Springfield, MA: Merriam-Webster, Inc.

Moreau, Scott, ed. (2000) *Evangelical Dictionary of World Missions*. Grand Rapids: Baker Books.

Muck, T. and F. Adeney (2009) *Christianity Encountering World Religions: The Practice of Mission in the Twenty First Century*. Grand Rapids: Baker Academic.

National Geographic: “The Genographic Project.” https://genographic.nationalgeographic.com

National Intelligence Council (2012) *Global Trends 2030: Alternative Worlds*. Washington, DC.

New York Times (June 27, 2010)

Norton, William (2013). *Human Geography*. Oxford: Oxford University Press. Palmer, P.N. in Atkinson, D.J. and David H. Field (1995). “Migrant Labor” in *New Dictionary of Christian Ethics and Pastoral Theology* (591-593). Leicester, England and Downers Grove, Illinois: Intervarsity Press.

Passell, Henley, Len Malczynski, Marissa Reno and Daniel Villa (November 2012). *Human Ecology, Resilience and Security in 2030*. New Mexico: Sandia National Laboratories.

Pew Research Center (2010) *Global Religion and Migration Database*.

Pew Research Center (March 8, 2012) *Faith on the Move–The Religious Affiliation of International Migrants.* www.pewforum.org/2012/03/08/religious-migration-exec/

Pew Research Center (December 17, 2013) *Changing Patterns of Global Migration and Remittances: More Migrants in US and Other Wealthy Countries; More Money to Middle Income Countries.* www.pewsocialtrends.org/2013/12/17/changing-patterns-of-global-migration-and-remittances/.

Remigio, A. (2013) "Global Migrations and Diasporas: A Geographical Perspective" (1–65) in Tira, S., ed. *The Human Tidal Wave: Global Migration, Megacities, Multiculturalism, Diaspora Missiology*. Manila: Lifechange Publishing.

Reuveny, Rafael "Climate Change–Induced Migration and Violent Conflict". *Political Geography 26* (2007):656–73.

Sheffer, Gabriel.2003. *Diaspora Politics (At Home Abroad).* Cambridge: Cambridge University Press.

Seim, B. (2013) "Diaspora and the Megacities" (67– 114) in Tira, S., ed. *The Human Tidal Wave: Global Migration, Megacities, Multiculturalism, Diaspora Missiology*. Manila: Lifechange Publishing.

Smith, C. (2000) "Missions Theory" (642–3), in Moreau, S. ed. *Evangelical Dictionary of World Missions*. Grand Rapids: Baker Books.

Stark, R. (2011) *The Triumph of Christianity: How the Jesus Movement became the World's Largest Religion*. New York: Harper One.

Strauss, Stephen (October 2012) "The Purpose of Acts and the Mission of God" in *Bibliotheca Sacra BSAC 169:676*.

Terry, John M (Summer 2011) "The Growth of Christianity in East Asia" in *Southern Baptist Journal of Theology* SBJT 15:2.

Tennent, Timothy C. (2010) *Invitation to World Missions: A Trinitarian Missiology for the Twenty- First Century. Grand Rapids: Kregel.*

Tira, S. and E. Wan (2013) "Diaspora Missiology and Missions in the Context of the 21st Century" (151–164) in Tira, S., ed. T*he Human Tidal wave: Global Migration,*

Megacities, Multiculturalism, Diaspora Missiology. Manila: Lifechange Publishing.

United Nations, Department of Economic and Social Affairs, Population Division (2013). International Migration Report 2013.

United Nations, Department of Economic and Social Affairs, Population Division (2013). World Population Prospects: The 2012 Revision, DVD Edition.

United Nations High Commission for Refugees (2008) *Climate Change, Natural Disasters and Human Displacement: A UNHCR Perspective*. Geneva: UNHCR.

United Nations High Commissioner for Refugees, "Figures at a Glance" at http://www.unhcr.org/pages/49c3646c11.html Accessed December 29, 2015.

United Nations International Migration Report, 11, "Global Trends" in *Net International Migration* 1950-2010.

Walters, Jeff K. (Summer 2011) "Looking to a City: Current Themes in Urban Missions" in *Southern Baptist Journal of Theology* SBJT 15:2

Wan, Enoch (2007). "Diaspora Missiology," in *Occasional Bulletin* (Spring 2007); 3-4, www.emsweb.org.

Wan, Enoch, ed. (2014) *Diaspora Missiology: Theory Methodology and Practices, 2nd ed*. Portland: Institute of Diaspora Studies, Western Seminary.

Widmaier, S. and J. C. Dumont (2006). *Are Recent Immigration Different? A New Profile of Immigrants in the OECD based on the Database on Immigrants in OECD Countries 2005/06*. Brussels: OECD.

Winter, Bruce W. (NA 1990) "Theological and Ethical Responses to Religious Pluralism-1 Corinthians 8-10" in Tyndale Bulletin TYNBUL 41:2

Winters, Ralph D. (2004) "Endorsements" in Pantoja Jr., Luis, Tira, S., and Wan, E., eds. *Scattered: The Filipino Global Presence*. Manila: LifeChange Publishing.

World Bank (1948) *Postwar international migration agreements*. Washington, DC: World Bank. http://documents.worldbank.org/curated/en/1948/04/2872049/postwar-international-migration-agreements. Accessed December 29, 2015.

Wright, Christopher J. H. (Summer 2011) "Truth with A Mission: Reading All Scripture

Missiologically" in *Southern Baptist Journal of Theology* SBJT 15:2

Ybarrola, S. (2013) "Diasporas and Multiculturalism: Social Ideologies, Liminality and Cultural Identity" (135–149) in Tira, S., ed. *The Human Tidal Wave: Global Migration, Megacities, Multiculturalism, Diaspora Missiology*. Manila: Lifechange Publishing.

2장

이주, 디아스포라, 그리고 다양성: 인구학적 접근

지나 A 줄로(Gina A. Zurlo)

전 세계적인 사람들의 이동은 20세기의 뚜렷한 특징이며 21세기에도 계속해서 주목받고 있다.[1] 정착지의 경제, 정치, 사회 구조, 그리고 종교 등 여러 방면에서 상당한 영향을 끼치는 이주민은 한 나라 혹은 한 지역에 새로운 종교를 들여가기도 하고 기존 종교를 변형하여 들여오는 경우도 있다. 이러한 이동으로 '디아스포라 종교인, 또는 종교적 디아스포라[역44]'라고 불리는 존재가 생겨난다.[2] 오랜 역사를 가지고 있는 종교적 디아스포라도 있지만, 많은 경우, 예를 들면 서유럽에서 인구가 증가하고 있는 이슬람교도와 같이, 최근 수십 년 동안 전 세계적으로 흩어진 종교적 디아스포라도 있다. 디아스포라

1) 2장의 이전 버전은 Todd M. Johnson and Gina A. Bellofatto, "Immigration, Religious Diasporas, and Religious Diversity: A Global Survey," Mission Studies 29 (2012): 1~20. 로 처음 발간되었다. 이 조사의 결과는 Todd M. Johnson and Brian J. Grim, The World's Religions in Figures: An Introduction to International Religious Demography (Oxford: Wiley-Blackwell, 2013)에서 사례연구로 소개되기도 했다. 유엔은 국제 이주민이 현재 2억 명이 넘을 거라고 추정한다. 지난 25년간 2배가 되었고, 21세기 첫 5년 동안에만 2,500만 명이 더해졌다. United Nations, "Report to the Secretary-General, International Migration and Development, UN General Assembly, 60th Session," UN Doc. A/60/871, May 18, 2006 (New York: United Nations, 2006)을 보라.

2) Robin Cohen, Global Diasporas: An Introduction (Seattle: University of Washington Press, 1997), 26. Cohen은 종교적 디아스포라에 관한 이 연구에 특별히 관련 깊은 9가지 공통성

는 또한 국가와 지역의 종교 인구 통계에 다양성을 도입함으로써 종교 다양성에 영향을 미친다.

종교적 디아스포라들과 종교의 다양성에 관한 정량연구를 시도하기 위해서는 (1) 세계 종족 분류, (2) 세계 종교 분류, (3) 종족과 종교 관련 정보에 접근이 가능한 데이터 수집 메커니즘 등이 필요하다. 세계 종족과 종교의 분류는 이미 존재하며, 오늘날의 세계에서는 종교, 언어 및 사람에 관한 통계 수집에 막대한 노력을 쏟아붓고 있다.[3] 세계 기독교 데이터베이스(WCD)와 세계 종교 데이터베이스(WRD)의 종교와 종족 분류 체계를 활용한 종교적 디아스포라의 예비조사에 의하면, 전 세계 디아스포라 485개 종족 중에 3억 1600만 명(세계 인구의 4.3%)이 종교적 디아스포라다. 인구학적인 맥락에서 이주의 정량분석은 - 탄생, 죽음, 개종하여 온 사람, 개종해서 나간 사람, 이민 온 사람, 이민 나간 사람 - 종교적 디아스포라의 변화를 포괄적으로 바라보게 한다.

을 발견했다 : (1) 원래 고향에서부터, 종종 깊은 상처를 가지고, 두 곳 이상의 외국 지역으로 흩어짐, (2) 그렇지 않다면, 일자리를 찾기 위해서, 무역이나 더 나아가 식민의 포부를 쫓기 위한 고향으로부터의 확장, (3) 고향에 대한 집단적 기억과 신화 : 위치, 역사, 업적을 포함, (4) 추정되는 조상 전래의 집에 대한 이상화와 그의 유지, 보수, 안전, 번영, 심지어는 창조하기까지 하는 집단적인 헌신, (5) 집단적인 동의를 얻은 귀향 운동의 발달, (6) 특수성, 공동의 역사 그리고 공동의 운명에 관한 믿음에 근거한, 오랫동안 유지된, 강한 민족 그룹 의식, (7) 호스트 사회와 좋지 않은 관계가 수용성의 부족 혹은 그룹에 또 다른 재난이 닥칠 가능성을 암시, (8) 다른 나라에 정착한 동족과의 공감과 연대의식, (9) 다양성에 대한 관용이 있는 호스트 국가 안에서의 독특하고 창의적인 풍요로운 삶의 가능성

3) The Center for the Study of Global Christianity at Gordon-Conwell Theological Seminary (South Hamilton, Massachusetts)는 여러 기독교 교파들에 의해 세계 곳곳에서 모은 교회 회원과 복음주의 활동에 관한 자료를, 또한 세계 모든 종교와 거의 다양한 전통에 따른 인구 통계 자료를 수집하고 분석한다. 이 데이터와 관련된 다른 데이터를 더해서, 센터는 리서치와 전략계획을 위한 다양한 구성 요소(종교적 및 그 외)가 이용 가능한 글로벌 기독교와 종교에 대한 정보를 제공한다. 이러한 데이터는 Todd M. Johnson, ed. World Christian Database (Leiden, Netherlands: Brill, 2007)와 Todd M. Johnson and Brian J. Grim, eds., World Religion Database (Leiden, Netherlands: Brill, 2008)에 3개월마다 업데이트된다.

종교적 자유

종교적 충실(religious adherence)의 분석이 되는 시작점은 1948년 유엔의 세계인권선언문 제18조이다. "모든 사람은 사상의 자유, 양심의 자유, 그리고 종교의 자유를 누릴 권리를 가진다. 이 권리에는 자신의 종교 또는 신념을 바꿀 자유도 포함되며 가르침, 실천, 예배, 의식을 행함에 있어서, 혼자 또는 다른 사람과 함께, 공개적으로 또는 사적으로, 자신의 종교나 신념 및 개종을 겉으로 표현할 수 있는 자유가 포함된다."[4)]

세계인권선언문의 공포 이후, 이 선언은 많은 나라의 국헌에 포함되었다. 이 원칙을 지키기 위해 인구조사 직원을 교육하는 나라도 있다. 누군가 '나는 기독교도, 이슬람교도, 힌두교도, 불교도, 시크교도, 유대교 또는 어떤 특정한 종교 그룹에 소속되어 있다'고 표명한다면, 그 누구도 그것을 부정할 수 있는 권리가 없다.[5)] 이 선언문은 이후 330여 개의 언어로 배포되었으며, 이는 1981년 종교와 신앙에 기초한 편협성 및 차별의 모든 형태 철폐 선언문을 포함한, 수많은 다른 국제인권선언문의 근간이 되고 있다.[6)] 이러한 공공 선언이나 고백은 단순히 종교의 영역이 아닌 여러 수준에서 사회의 적절한 기능을 보장하기 위해 신중하게 받아들여져야 한다. 그러나 종교 자유의 결정적인 중요

---

4) 유엔 결의안 전문은 Paul M. Taylor, Freedom of Religion: UN and European Human Rights Law and Practice (Cambridge: Cambridge University Press, 2005), 368~72에서 찾아볼 수 있다.

5) 포스트모던 맥락에 있어 하나의 흥미로운 발전은 '복합적 종교적 소속'으로 일반적으로 알려져 있는 '이중 계산' 또는 '이중 (신앙)고백'의 범주 소개의 필요성이다. Peter Phan, Being Religious Interreligiously: Asian Perspectives on Interreligious Dialogue (Maryknoll, NY: Orbis Books, 2004); Catherine Cornille, Many Mansions? Multiple Religious Belonging and Christian Identity (Maryknoll, NY: Orbis Books, 2002); and Paul F. Knitter, Without Buddha I Could not be a Christian (Oxford: OneWorld Publications, 2009)을 보라.

6) 더 많은 정보를 위해서는, Brian J. Grim and Roger Finke, "Religious Persecution in Cross-National Context: Clashing Civilizations or Regulated Economies?" American Sociological Review 72:4 (2007): 633~58; Brian J. Grim and Roger Finke, The Price of Freedom Denied: Religious Persecution and Violence in the 21st Century (New York: Cambridge University Press, 2011)를 보라.

성에도 불구하고, 2009년까지는 정부와 다른 행위자의 전 세계 종교 관행 침해에 대한 정보를 광범위하게 검토한 정량연구는 없었다.[7)]

자료 출처

이용 가능한 종교적 통계 분석에 대한 방대한 정보가 있음에도 종교에 관한 자료 수집은 학자들 사이에서 통합적이지 못하며, 종교 전통에 따라 고르지 못하다. 위 목록에서의 세 번째 필수 항목(종족 및 종교와 관련된 정보를 업데이트할 수 있는 자료 수집 방법)부터 시작하여 종교적 디아스포라에 대한 두 가지 주요 정보 출처가 있다. 종교 공동체에서 수집한 자료와 정부가 실시한 인구조사이다.

종교 공동체에서 수집한 자료

대부분의 종교 공동체는 그 구성원에 관한 기록을 보관하는데 간단한 회원 목록에서부터 더 자세한 회원보고서까지 종류가 다양하다. 가장 정교한 자료 수집 및 분석은 매년 4만 1,000개의 기독교 교단과 이 교단에 속한 360만 개의 교회와 회중에 의해 시행되고 있다. 후자는 매년 대규모의, 분산된, 널리 통합되지 않은 크리스천의 세계 인구조사를 위해 미화 11억 달러를 투자한다.[8)] 이 분산된 자료 수집은 기독교의 다양한 운동의 진전 또는 쇠퇴에

---

7) 퓨 리서치 센터의 2009년 12월 16일자 Pew Research Center's Pew Forum on Religion & Public Life, Global Restrictions on Religion을 보라. http://pewresearch.org/pubs/1443/global-restrictions-on-religion; 그리고 2011년 8월 9일자 Rising Restrictions on Religion을 보라. http://www.pewforum.org/Government/Rising-Restrictions-on-Religion.aspx.

8) 요약하면, 그들은 3,000개의 다양한 언어로 1,000만 장의 설문지를 발송한다. 이는 180개의 주요 종교적 주제를 커버하며 2,000개의 사회종교 변수에 대해 보고한다.

대해 해마다 스냅 샷역45을 제공하며, 이로 인해 연구자는 추세를 추적하고 예측할 수 있는 자료를 수집할 수 있다.[9] 이와 비슷한 방법으로, 다른 종교 공동체 또한 구성원이나 신자를 기록한다.

정부 인구조사

세계의 많은 국가 역시 종교 인구에 관한 정보를 수집한다. 20세기에는 세계의 반 이상의 나라가 공식 국가인구조사에서 종교 관련 질문을 한다.[10] 대부분의 인구조사는 고향에서 쓰는 언어, 출생지, 그리고 인종 배경에 관한 자료를 포함시키는데, 이는 그 나라 안에서의 종교 현황에 관한 더 많은 단서를 제공한다. 국가 인구조사는 전체 인구를 대상으로 하므로 종교 신자의 신원 확인을 위한 최고의 출발점이 된다. 정부가 대체로 매 십년 단위로 주요 인구조사를 하고 완성된 자료를 발표하기까지는 3년에서 5년이 걸린다. 매 10년마다 이런 자료를 수집하는 것은 종교, 인종 공동체의 대규모 이동 표적을 포함하여, 비교적 정확한 성장률 산출을 가능케 한다.

---

9) 로마 가톨릭교회가 가장 광범위한 조사를 수행한다. 매년 모든 로마 가톨릭 주교는 지난 12개월 동안 그들의 업무에 관련한 140개의 통계질문에 라틴어와 문화적으로 관련된 하나의 다른 언어로 답해야만 한다. 결과물은 매년 1월 Annuario Pontifico (Citta del Vaticano: Tipografia Poliglotta Vaticana)에서 발표된다.

10) 이 숫자는 20세기 후반부에 점차 줄어들었다. 이는 선진국이 논란이 너무 많거나 너무 비싸(많은 나라에서 인구조사 질문 하나마다 미화 100만 달러가 든다) 종교에 대한 질문을 크게 줄였기 때문이다. 결과적으로, 종교 질문을 역사적으로 포함했던 나라도 1990년 이래 인구조사에 이 질문을 포함하지 않았다. 그러나 이러한 현상은 뒤바뀌고 있다. 예를 들어 영국은 세계 최초로(1676년 Compton 인구조사) 종교소속에 대해 인구조사를 했다. 그 후 1851년 인구조사에 종교 설문이 있었고(그러나 그 후로는 없었다) 2000년 인구조사에 그 질문이 다시금 도입되었다. 이는 비기독교적 소수자들에 대한 신뢰할 수 있는 데이터를 얻을 수 있는 최고의 방법이 되었다.

표면상 모순되는 자료의 정리

때로 이 두 방법(정부의 인구조사와 종교 단체에 의한 데이터)의 결과가 현저하게 다를 수 있다. 예를 들어, 대부분 인구가 무슬림인 이집트에서는 지난 100년간 10년마다 실시한 정교한 정부 인구조사에서 인구의 약 6%가 자신을 크리스천이라고 선언하거나 시인했다. 그러나 교회의 조사에 따르면 크리스천은 전체 인구의 15%에 달한다. 이 차이는 이슬람교도가 기독교 소수 집단을 탄압하기 때문일 것이다. 인구조사원이 크리스천을 크리스천으로 기록하기도 하지만 기록원에게 자신을 이슬람교도라고 속이는 크리스천도 있다. 종교적 디아스포라의 전체 맥락을 충분히 이해하기 위해서는 이 두 가지 자료(종교 단체와 정부)를 함께 고려해야만 할 것이다.[11)]

종교와 종족 분류체계

종교적 디아스포라를 열거하기 위해서는 종교와 종족 각각의 분류체계를 만들어야 한다. WCD와 WRD에는 18개의 표준 범주가 있다.[12)] 이 범주는 전 세계 모든 사람에게 직접 적용될 수 있다. 예를 들어, 2015년 8억 7,800만 명으로 집계된 북경어인 만다린을 사용하는 중국 한족의 46%는 비종교인(불가지론자와 무신론자), 22%는 중국 토속 신앙인, 19%는 불교도, 그리고 12%는 크리스천으로 추정된다.

'종족' 분류는 반드시 종족성과 언어를 함께 고려해야 한다. 세계 기독교 백과사전 제8부에 있는 '종족권'에서 취한 접근은 종족코드를 언어코드와

---

11) 실제로는, 또 다른 주요 자료로는 학술 문헌이 있는데, 이는 여론 조사 기관이 한 설문조사, 인류학적 연구, 그리고 한 나라 안의 특정 종교에 대한 연구를 포함한다.

12) 이 18개의 범주는 불가지론자, 무신론자, 바하이교인, 불교인, 중국 토속 종교인, 크리스천, 유교인, 도교인, 민족 종교인, 힌두교인, 자이나교도, 유대교인, 이슬람교인, 신흥종교인, 신도(神道)교인, 시크교인, 심령론자, 그리고 조로아스터교인이다.

짝을 맞추었다. 이로 인해 1만 3,700개 이상의 언어학적인 종족을 구별해 냈다.[13)] 모든 종족과 언어의 조합이 가능한 건 아니지만, 전 세계 모든 사람이 (상호 배타적인) 종족언어학적[역46]으로 분류될 수 있다. 예를 들어 카자흐 말이 모국어인 카자흐 민족이 있고, 러시아 말을 모국어로 하는 카자흐 민족이 있다. 이들은 종족언어학적으로 서로 분리된 사람이다.

그 다음 단계는 종족언어학적 종족의 종교적 소속을 결정하는 것이었다. 이 작업은 1970년대 아프리카에서 시작되었는데, 여러 교회에서 성도를 종족적으로 정리하여 보고했다. 여러 종교와 정부 인구조사로 모인 자료를 활용하여 1990년대 중반에 모든 종족의 종교적 소속을 추정하여 세계 기독교 백과사전 제2판에 발표하였다. 이러한 자료는 WCD와 WRD에서 계속해서 업데이트되어 출판되고 있다. 2009년 세계기독교지도도 종족과 언어 측면에서 인구 밀도가 높은 세계 종교를 조사했다.[14)]

종교적 디아스포라들

종교적 디아스포라의 파악은 세 단계로 진행되었다. 첫째로 WCD와 WRD

---

13) 분류학의 구성은 David B. Barrett, Todd M. Johnson, Christopher Guidry, and Peter Crossing, World Christian Trends, AD 30－AD 2200: Interpreting the Annual Christian Megacensus (Pasadena, CA: William Carey Library Publication, 2003), part 18, "Ethnolinguistics."에 좀 더 자세히 설명되어 있다. 민족 또는 문화 코드는 David B. Barrett, George T. Kurian, and Todd M. Johnson, eds., World Christian Encyclopedia: A Comparative Survey of Churches and Religions in the Modern World, vol 2: Religions, Peoples, Languages, Cities, Topics. (New York: Oxford University Press, 2001), table 8-1에 요약되어 있다. 언어 목록은 WCE, Part 9 "Linguametrics"에 있으며, 이는 David Dalby, David Barrett, and Michael Mann, The Linguasphere Register of the World's Languages and Speech Communities, 2 vols. (Carmarthenshire, Wales: Linguasphere Press, 1999)에서 나왔다. 2권 모두 온라인(www.worldchristiandatabase.org)에서 읽어 볼 수 있다.

14) Todd M. Johnson and Kenneth R. Ross, eds., Atlas of Global Christianity (Edinburgh: Edinburgh University Press, 2009), part IV를 보라.

의 종족분류체계를 종족과 언어코드순으로 분류했다. 둘째, 두 개 이상의 국가에 있는 고유 코드만 계산되도록 필터가 추가되었다. 셋째, 가장 많은 인구는 거주하는 곳이 본국이고 나머지 종족은 디아스포라로 지정되었다.[15] 이 방법을 사용한 결과, 다음의 〈표 1〉과 같이 두 개의 통계자료가 도출되었다. 디아스포라 중 3억 1,600만 명(485개 민족)이 종교적 디아스포라며 이는 전 세계 인구의 4.3%이다. 이 중 크리스천이 절반을 넘는다(50.2%). 중국의 민간(토속) 종교인은 56.2%가 세계에 흩어져 이 부분 1위이며, 2위는 조로아스터교도로 – 고국인 이란에서 인도와 미국 등 해외로의 이동으로 인해 – 17.4%가 디아스포라로 타국에 흩어져 있다. 한 가지 흥미로운 결과는 크리스천과 이슬람교도를 합하면 전 세계 종교 인구의 59.6%이고, 전체 디아스포라의 74.8%이다.

2012년 퓨 리서치 센터의 종교 및 공공 생활 프로젝트는 전 세계 이주민의 종교적 구성에 대한 보고서를 발표했다.[16] 이 보고서에 의하면 2010년에 약 2

---

15) 방법론은 이 글의 원래 버전에서 업데이트되었다. 처음에는 가장 숫자가 많은 종족을 중심 나라(hub country)로, 나머지 종족은 모두 디아스포라로 간주했다. 그러나 이 방법에는 한계점이 있었다. 라틴 아메리카의 메스티소(Mestizo)의 경우에도 나타났듯이, 그들이 여러 다른 나라에서 온 것이 확실한데도 이들은 하나의 종족으로 여겨졌다. 멕시코에 가장 많은 메스티소가 있으므로, 멕시코가 고국으로 여겨졌고, 다른 모든 메스티소는 디아스포라로 간주되었다. 이러한 한계점을 극복하기 위해 이 방법론 안에 예외적인 케이스를 만들었다. 어떤 종족이 다음 세 가지 기준에 맞아 떨어지면, 그들은 디아스포라가 아닌, 중심 나라에 있는 것으로 인정했다. (1) 나라 인구의 20% 이상이 되는 민족, (2) 만일 어느 나라에서든지 그 종족이 첫 번째, 두 번째, 세 번째 또는 네 번째로 가장 수가 많고, 그 나라 전체 인구의 10% 이상이 되는 경우, (3) 어느 집단이든 5만 명이 넘는 경우이다. 초기 방법에서는 3개 이상의 나라에서 산 사람을 디아스포라라 여겼으나 업데이트된 방법에서는 2개로 줄였다. 또 다른 예외는 유대인인데, 언어에 상관없이 이제는 오직 이스라엘과 팔레스타인만을 중심으로 하고, 그 외에는 모두 디아스포라라 여긴다. 이는 모두 수작업으로 했고, 특별한 조정은 개별적 또는 일련의 규칙을 통해 이루어졌다.

16) Pew Forum on Religion & Public Life, Faith on the Move: The Religious Affiliation of International Migrants, March 8, 2012, http://pewresearch.org/pubs/2214/religion-religious-migrants-christians-muslims-jews. 이 보고서는 종교적 디아스포라를 측정하는 것과 다르게 국제 이주민을 측정한다. 국제 이주민은 그 해에 그들의 고향을 떠나 이사를 온 사람을 말한다(즉, 좀 더 최근 이주민). 이 글에서는 고향을 떠나 정착한 사람(디아스포라)을 측정하는 데 있어 더 장기적인, 역사적인 관점을 취한다.

〈표 1〉 디아스포라 종교인들(2015년 중반)

종교	세계 인구	세계 인구 중 %	디아스포라의 수	세계 인구 중 해당 디아스포라 종교인 %	세계 디아스포라 종교인 중 %
크리스천	2,419,221,000	35.0	158,580,000	6.6	50.2
무슬림	1,703,146,000	24.6	77,737,000	4.6	24.6
힌두교인	694,823,000	10.0	19,247,000	2.8	6.1
불가지론자	984,532,000	14.2	15,328,000	1.6	4.8
불교인	520,002,000	7.5	14,061,000	2.7	4.4
민족종교인	260,240,000	3.8	10,619,000	4.1	3.4
중국토속종교인	14,237,000	0.2	7,999,000	56.2	2.5
무신론자	453,868,000	6.6	4,941,000	1.1	1.6
유대교인	65,057,000	0.9	2,156,000	3.3	0.7
신흥종교인	136,444,000	2.0	1,928,000	1.4	0.6
시크교인	25,208,000	0.4	1,744,000	6.9	0.6
바하이교인	7,920,000	0.1	580,000	7.3	0.2
유교인	14,266,000	0.2	464,000	3.3	0.1
심령주의자	8,468,000	0.1	385,000	4.5	0.1
자이나교인	5,631,000	0.1	241,000	4.3	0.1
신도 신자	2,827,000	0.0	75,900	2.7	0.0
조로아스터교인	196,000	0.0	34,100	17.4	0.0
도교인	8,696,000	0.1	13,300	0.2	0.0
글로벌 합계	**7,324,782,000**	**105.9**	**316,133,300**	**4.3**	**100.0**

출처 : Todd M. Johnson, ed. WCD (Leiden/Boston: Brill)

억 1,400만 명(세계 인구의 3%)이 국경을 넘어 이주했다. 49%는 크리스천이고 27%는 무슬림이다(위의 비율과 다른, 크리스천은 27.9%, 무슬림은 13.7%). 두 보고서의 가장 중요한 불일치는 러시아이다. 퓨 리서치 센터는 러시아에 1,200만 명의 이민자가 살고 있다고 보고했으나, 이 책에서 우리가 사용하는 방식에 의하면 600만 명이다. 그 차이는 카자흐스탄과 우크라이나에서 태어난 소수 민족 러시아인이 소련 해체 이후 러시아로 귀환했기 때문이다. 수백만 명에 이르는 이들은 자신이 거주하던 나라(homeland)를 떠나 다른 곳에 정착하지 않고 디아스포라 상태에서 집(러시아)으로 돌아갔다. 이는 거주하던 나라에서 다시 떠날 때 이주의 목적지가 얼마나 다양한지를 보여준다.

호스트 국가와 보내는 국가

〈표 2〉는 종교적 디아스포라가 거주하는 나라를 조사한 것이다. 목록의 첫 번째는 미국이며, 전 세계 종교적 디아스포라의 1/3을 수용한다(34.2%). 이 중의 대부분이 라틴 아메리카 출신으로, 이는 왜 미국에 거주하는 디아스포라 중 크리스천(8,630만 명)이 엄청나게 많은지를 설명해 준다. 퓨 조사에서도 모든 이주민, 특별히 크리스천, 불교인, 불가지론자, 무신론자의 이주 목적지 1위가 미국이다. 〈표 2〉에서 2위를 차지한 인도에는 1,270만 명의 디아스포라가 살고 있는데 이는 인도 인구의 단 1%이다. 인도의 디아스포라 종교인의 대부분은 힌두교인과 무슬림인데, 이는 1949년 인도와 파키스탄이 분리된 결과이다.

〈표 2〉 디아스포라 인구로 본 상위 10개 호스트 국가들(2015년 중반)

	국가	2010년 인구	디아스포라	인구 중 디아스포라 %	크리스천	무슬림	힌두교도	불교도
1	미국	325,128,000	111,042,000	34.2%	86,317,000	2,129,000	1,513,000	3,968,000
2	인도	1,282,390,000	12,731,000	1.0%	405,000	4,151,000	6,029,000	1,044,000
3	프랑스	64,983,000	12,112,000	18.6%	4,810,000	5,256,000	49,100	493,000
4	영국	63,844,000	8,875,000	13.9%	4,112,000	2,599,000	598,000	157,000
5	독일	82,562,000	6,968,000	8.4%	4,435,000	1,494,000	93,700	40,400
6	중국	1,401,587,000	6,935,000	0.5%	1,069,000	1,571,000	15,800	1,696,000
7	러시아	142,098,000	6,679,000	4.7%	2,089,000	3,049,000	31,400	209,000
8	캐나다	35,871,000	6,239,000	17.4%	3,174,000	946,000	411,000	412,000
9	브라질	203,657,000	5,930,000	2.9%	4,210,000	202,000	10,200	510,000
10	이란	79,476,000	5,746,000	7.2%	142,000	5,422,000	36,400	480

출처 : Todd M. Johnson, ed. WCD (Leiden/Boston: Brill)

〈표 3〉은 가장 많은 수의 디아스포라 공동체[역47]를 내보내는 나라를 조사한 것이다. 1위는 멕시코이며(퓨 리포트에도 같은 결과이다) 4,000만 명을 해외로 보냈다. 이들 대부분은 미국으로 이주했다. 중국 또한 크리스천(560만 명)과 불교인(540만 명) 모두에게 있어 중요한 '보내는 나라'이다. 중국인 디아스포라가 가장 많은 나라는 미국과 캐나다이다. '보내는' 나라의 목록에 있는 네 개의 나라인 미국, 인도, 프랑스, 중국은 '호스트 국가' 목록에도 나타난다.

〈표 3〉 디아스포라를 보내는 상위 10개 국(2015년 중반)

순위	보내는 나라	디아스포라	크리스천	무슬림	힌두교인	불교인
1	멕시코	40,341,000	39,223,000	0	0	0
2	중국	23,968,000	5,651,000	2,508,000	203,000	5,471,000
3	미국	18,637,000	10,582,000	45,200	0	0
4	인도	17,541,000	1,174,000	6,008,000	8,150,000	27,900
5	터키	7,532,000	209,000	7,151,000	25,600	0
6	파키스탄	7,240,000	53,500	4,038,000	3,076,000	0
7	대한민국	6,618,000	2,997,000	340	0	1,563,000
8	스페인	6,355,000	5,702,000	0	0	0
9	프랑스	6,008,000	3,964,000	200	0	0
10	폴란드	5,863,000	5,116,000	0	0	0

출처 : Todd M. Johnson, ed. WCD (Leiden/Boston: Brill)

디아스포라 종족들

〈표 4〉는 가장 많은 나라에 흩어져 있는 디아스포라 종족을 종족언어적으로 구분해 순위를 매겼다. 맨 위의 영국, 프랑스, 그리고 미국 백인(영국계 미국인)은 식민지적 그리고 경제적 현실을 잘 반영하고 있다. 중국의 한족(만다린)과 시리아-아라비아의 아랍인(각각 4위와 6위를 차지한)은 대부분 외국인 근로자로 그리고 난민으로 널리 퍼져 있다.

〈표 4〉 가장 많은 나라에 분포된 상위 10개 디아스포라 민족들(2015년 중반)

순위	민족명	2010년 총인구	거주국	디아스포라	인구 중 디아스포라 %	주 종교
1	영국인	53,909,000	173	2,204,000	4.1%	기독교
2	프랑스인	33,662,000	139	4,570,000	13.6%	기독교
3	미국(백인)	126,456,000	120	2,444,000	1.9%	기독교
4	중국 한족(만다린)	894,937,000	116	4,481,000	0.5%	불가지론
5	독일인	65,543,000	90	3,313,000	5.1%	기독교
6	시리아-아라비안 아랍인	35,436,000	86	1,986,000	5.6%	이슬람교
7	그리스인	13,693,000	85	3,504,000	25.6%	기독교
8	러시아인	131,694,000	75	1,664,000	1.3%	기독교
9	힌디	145,884,000	75	4,864,000	3.3%	힌두교
10	이탈리아인	33,714,000	64	1,815,000	5.4%	기독교

출처 : Todd M. Johnson, ed. WCD (Leiden/Boston: Brill)

〈표 5〉는 종족언어학으로 구분한 종족의 총인구 대비 디아스포라 비율의 순위이다. 이 순위는 영어를 쓰는 수백만 명의 유대인을 포함한 수많은 디아스포라 유대인과는 다른 현상을 보여준다. 퓨 연구에서는 유대인의 국제이주 수치가 가장 높다고 강조하고 있는데, 전 세계 유대인의 25%가 이주민으로 살아가고 있다(태어난 나라가 아닌 다른 나라에서 현재 살고 있다.). 이는 세계 규모에 비해 적은 숫자(1,400만 명)의 신도를 고려했을 때, 그 의미가 적지 않다고 볼 수 있다. 쉽게 예상할 수 있듯이, 대부분의 유대인 이주민은 유럽에서 왔으며(56%, 특히 러시아에서), 주로 중동지역(76%, 거의 모든 사람이 이스라엘로)으로 이동한다.

〈표 5〉 민족인구 대비 디아스포라 비율 상위 10개 민족(2015년 중반)

순위	민족명	2010년 총인구	거주국	디아스포라	디아스포라 %	주 종교
1	유대인(영국)	5,657,000	32	5,614,000	99.2%	유대교
2	마라노(크립토 유대인)	218,000	6	216,000	98.9%	기독교
3	유대인(네덜란드)	31,500	5	28,400	90.0%	유대교
4	시르카시아인	909,000	11	783,000	86.2%	이슬람
5	유대인	552,000	12	457,000	82.8%	유대교
6	남부독일인	568,000	11	446,000	78.5%	기독교
7	유색인(유라시안)	538,000	9	410,000	76.3%	기독교
8	유대인(이디시)	1,642,000	23	1,246,000	75.9%	유대교
9	신티 집시(마누쉬)	220,000	14	140,000	63.6%	기독교
10	헝가리인 집시	1,691,000	16	1,064,000	62.9%	기독교

출처 : Todd M. Johnson, ed. WCD (Leiden/Boston: Brill)

디아스포라 종교인

〈표 6〉은 네 개의 주요 종교 공동체인 기독교, 이슬람교, 힌두교, 불교에 있어서 각각 가장 많이 분포하고 있는 종족언어학적 디아스포라를 나타낸 것이다. 이 표를 통해 예를 들어, 크리스천(중남미인과 유럽인, 또한 상당한 수의 필

〈표 6〉 종교별 상위 10개 디아스포라 민족들(2015년 중반)

기독교		무슬림		힌두		불교	
민족명	디아스포라	민족명	디아스포라	민족명	디아스포라	민족명	디아스포라
라틴 아메리카 메스티소	39,223,000	실헤티족	3,701,000	힌디족	3,486,000	베트남인	1,787,000
폴란드인	5,116,000	동파탄인	2,674,000	네팔인 (동파하리)	3,314,000	중국한족 (유에)	1,591,000
노르웨이인	4,814,000	모로코 아랍인	2,544,000	신드족	3,076,000	한국인	1,563,000
포르트갈인	4,368,000	우르드족	2,542,000	구자라티	1,731,000	일본인	1,559,000
필리핀인	3,930,000	페르시안	2,315,000	타밀족	866,000	중국한족 (만다린)	1,328,000
스페인인	3,702,000	카자흐족	2,181,000	텔루구족	672,000	신할라족	733,000
프랑스인	3,437,000	북쿠르드족	2,079,000	동펀자브인	460,000	미얀마인	688,000
그리스인	3,316,000	알제리 아랍인	1,950,000	벵골인	285,000	중타이족	659,000
한국인	2,997,000	터키집시 (신가네)	1,855,000	말라얄리	230,000	중국한족 (민 난)	563,000
스웨덴인	2,981,000	타지크인	1,713,000	오리시족 (우트칼리 바디야)	159,000	중크메르족	374,000

출처 : Todd M. Johnson, ed. WCD (Leiden/Boston: Brill)

리핀인과 한국인), 이슬람교인(아시아인과 아프리카인), 힌두교인(남아시아인) 그리고 불교인(동아시아인)과 같이 주요 종교적 디아스포라의 종족 출신을 쉽게 파악할 수 있다. 가장 많은 숫자를 차지하는 디아스포라 종족이 각각 주요 종교 '전통 고국' 출신이라는 것은 놀랄 일도 아니다.

종교적 변화의 한 요소로서의 이주

시간이 지남에 따른 종교적 공동체 변화의 역학은 실증 인구자료 세 가지로 제한될 수 있다. (1) 출생 마이너스 사망, (2) 개종해서 들어온 수 마이너스 개종해서 나간 수, (3) 이민 온 사람 마이너스 이민 나간 사람.

출생 마이너스 사망

전 세계적 종교적 변화의 주요 메커니즘은 출생 마이너스 사망이다. 일반적으로 자녀는 부모의 종교를 따른다. 예를 들어, 노르웨이나 여타 국가들의 경우 이는 법으로 명시되어 있다. 이는 종교적 인구가 공동체 안의 출생과 사망의 숫자와 통계적으로 긴밀한 관계에 놓여 있다는 것을 의미한다. 사실 전 세계 여러 종교적 공동체의 성장과 하락의 역학에서 이 외의 다른 요소는 그다지 많지 않다.

개종해서 들어온 수 마이너스 개종해서 나간 수

그런데도 개인(또는 마을이나 지역 공동체 전체까지도)은 종종 한 종교에서 다른 종교(또는 그 어떤 종교도 아닌)로 마음이 바뀐다. 20세기에 이러한 변화는 두 지역에서 가장 눈에 띄게 나타나고 있다. (1) 많은 종족종교인(Ethnoreligionists)[역48]이 기독교, 이슬람교, 힌두교, 불교로 개종했고, (2) 서구의 많은 크리스천이 비종교인(불가지론자 또는 무신론자)이 되었다. 그러나 이 두 가지 추세는 21 세기가 시작되면서 상당히 느려져 지금은 전 세계적으로 비종교인의 비율이 현저히 감소하는 중이다.

이민 온 사람 마이너스 이민 간 사람

국경을 넘는 사람의 움직임을 고려하는 것 또한 중요하다. 19세기 식민시대에는 소수의 유럽인이 아프리카, 아시아, 아메리카에 정착했다. 20세기 말에는 아프리카, 아시아, 아메리카의 현지인이 서양 세계로 이민 왔다. 그 결과로 미국에서는 이슬람교, 힌두교, 불교 등의 종교가 기독교나 그 어느 독립적인 종교보다도 빠르게 성장했다. 이는 거의 전적으로 아시아인의 이민 때문이었다.[17]

유럽에서는 대규모의 이슬람교인의 이민이 영적 환경을 완전히 바꿔 놓았을 뿐만 아니라, 오늘날 특히 프랑스, 독일, 오스트리아, 이탈리아에서 주요 정치적 이슈가 되고 있다. 이는 유럽연합 확장 계획에도 마찬가지다.[18] 구소

---

17) 이슬람교의 경우, 아프리칸 미국인 사이의 이슬람교 개종 또한 증가의 원인이 되었다.
18) 유럽연합 회원이 되기를 원하는 터키의 열망은 주로 '크리스천'인 연합이 대부분 크리스천이 아닌 국가로의 확장을 가져올 수 있다는 흥미로운 대조를 이끌어 냈다.

련의 중앙아시아 국가에서는 1990년 이후로 기독교가 매년 급감하고 있는데 이는 러시아인, 독일인, 우크라이나인이 타국으로 이민을 떠났기 때문이다.

이민을 오가는 근원적인 이유는 경제적 요인(취업과 같은), 사회적 요인(삶의 질이나 가족에 대한 더 큰 관심과 욕구), 난민 신분(정치적 또는 종교적 박해에서 벗어나기 위해), 환경적 '요인'(자연재해) 등이다. 이를 추출 요인과 유입 요인으로 설명할 수 있다.

추출 요인은 개인이나 그룹이 자신의 조국을 떠나는(밀려 나온) 이유를 말하는데, 필요나 권리의 거부 또한 이에 포함된다. 유입 요인은 사람들이 어느 특정한 지역에 정착하게 되는 이유를 말한다. 유입 요인은 더 나은 경제적 기회, 선호하는 기후, 낮은 범죄율, 전반적인 안정감 등이다.[19)]

디아스포라는 자발적인 선택으로 떠난 사람과 이주를 강요당한 사람 모두로 이루어진다. 이 둘은 분명하게 분리되지 않는다. 예를 들어, 중동의 시리아 정교회의 어떤 크리스천이 직장을 잃었다고 가정하자. 이슬람교가 주를 이루는 지역 안에서는 일자리를 찾을 수가 없어 희망이 없다고 느낀 그는 일자리를 찾기 위해 다른 곳으로 이주할 수도 있다. 관점에 따라서 그는 정치적 이주민 또는 경제 이주민으로 여겨질 수 있다.[20)]

21세기 들어 이주의 추세는 이미 각 나라의 종교적 구성을 변화시키고 있다. 2100년이 되면 인구의 90% 이상이 하나의 종교를 믿는 나라를 찾기는 대단히 어려울 것이다.

종교적 다양성

전 세계 종교적 환경 변화의 근본적 원인은 종교적 다양성의 증가이다. '종

19) Darrell Jackson and Alessia Passarelli, Mapping Migration: Mapping Churches' Responses: Europe Study (Brussels: Churches' Commission for Migrants in Europe, 2008), 5 – 6.

20) 위의 책. 9.

교적 다양성'은 '내부(intra-)'와 '상호(inter-)' 종교적 다양성으로 나눠 볼 수 있다. 내부-종교적 다양성은 특정 종교 안에서 발견되는 다양성(예를 들면, 기독교 안에서의 로마 가톨릭, 정교도, 개신교 등의 전통)을 포함하는 반면에, 상호-종교적 다양성은 지정된 인구나 지역 속에서 뚜렷이 다른 다양한 종교(이슬람교, 힌두교, 유대교 등등)의 정도를 말한다.[21)]

이 글에서는 다른 종교인과 잘 어울려 사는 상호-종교적 다양성 정도를 중점적으로 다룬다. 상호-종교적 다양성을 추적할 때는 다음을 유의하는 것이 중요하다. 한 특정한 나라 안에서라 할지라도 지역과 지역 사이에서 상호-종교적 다양성이 아주 다를 수 있는데, 이는 신자가 지역 공동체 안에서도 자기들끼리만 모여 있기 때문이다. 주요 대도시에 상당한 수의 이민자와 난민이 유입되는 거의 모든 국가에 특히 이런 현상이 나타난다.[22)]

1910~2010년 사이의 종교적 다양성 변화

20세기는 종교 변화의 시간이었다. 2010년 세계는 전반적으로 1910년에 비해 덜 종교적이었다. 1910년에는 세계의 대부분이 종교를 믿는다고 말했다. 그러나 2010년 세계인구의 11.8%가 무신론자이거나 불가지론자였다. 공산주의의 출현과 특히 북반구에서의 세속화 때문이었다.[23)]

---

21) 내부-종교적 다양성의 전체 설문조사는 Johnson and Ross, Atlas of Global Christianity, parts II and III에서 볼 수 있다.

22) 위의 책. 32.

23) 위의 책. 6. 그러나 전 소비에트 연방의 공산주의 몰락 이후, 무신론자들 및 불가지론자들의 비율이 감소했음을 주목하라. 여기서 '글로벌 북반부(global North)'란 지정학적으로 정의된 유엔 국제연합 산하의 53개국으로 이루어진 다섯 지역을 의미하며 러시아를 포함한 동부유럽, 북부유럽, 남부유럽, 서부유럽, 그리고 북미 등이다. 유엔의 정의는 또한 호주와 뉴질랜드를 포함하는데, 본 조사에서는 '글로벌 남반부(global South)'로 분류된다.

〈표 7〉 종교적 다양성 지수(RDI, 1919 & 2010)

대륙/지역	1910년 인구	1910년 RDI	1910년 주 종교	2010년 인구	2010년 RDI	2010년 주 종교
아프리카	**124,541,000**	**0.28**	**민족종교**	**1,031,084,000**	**0.38**	**기독교**
동아프리카	34,658,000	0.31	민족종교	342,595,000	0.45	기독교
중앙아프리카	19,445,000	0.09	민족종교	124,978,000	0.26	기독교
북아프리카	30,322,000	0.24	이슬람교	199,620,000	0.12	이슬람교
남아프리카	6,819,000	0.50	민족종교	58,803,000	0.33	기독교
서아프리카	33,296,000	0.37	민족종교	305,088,000	0.53	이슬람교
아시아	**1,026,693,000**	**0.37**	**중국민속종교**	**4,165,440,000**	**0.53**	**이슬람교**
중앙아시아	7,550,000	0.07	이슬람교	61,694,000	0.23	이슬람교
동아시아	554,135,000	0.37	중국민속종교	1,593,571,000	0.79	불가지론
남아시아	338,168,000	0.36	힌두교	1,681,407,000	0.38	힌두교
동남아시아	93,859,000	0.50	불교	597,097,000	0.41	이슬람교
서아시아	32,982,000	0.26	이슬람교	231,671,000	0.13	이슬람교
유럽	**427,044,000**	**0.10**	**기독교**	**749,308,000**	**0.36**	**기독교**
동유럽	178,184,000	0.20	기독교	296,183,000	0.29	기독교
북유럽	61,473,000	0.04	기독교	98,795,00	0.42	기독교
남유럽	76,828,000	0.04	기독교	154,712,000	0.28	기독교
서유럽	110,558,000	0.03	기독교	190,618,000	0.50	기독교
라틴 아메리카	**78,254,000**	**0.09**	**기독교**	**596,191,000**	**0.15**	**기독교**
캐리비안	8,173,000	0.04	기독교	41,625,000	0.27	기독교
중앙아메리카	20,806,000	0.02	기독교	160,546,000	0.08	기독교
남아메리카	49,276,000	0.12	기독교	394,021,000	0.16	기독교
북아메리카	94,689,000	0.07	기독교	346,501,000	0.38	기독교
오세아니아	**7,192,000**	**0.08**	**기독교**	**36,659,000**	**0.41**	**기독교**
호주/뉴질랜드	5,375,000	0.06	기독교	26,773,000	0.51	기독교
멜라네시아	1,596,000	0.13	민족종교	8,729,000	0.15	기독교
미크로네시아	89,400	0.30	기독교	498,000	0.14	기독교
폴리네시아	131,000	0.01	기독교	660,000	0.08	기독교
세계	**1,758,412,000**	**0.27**	**기독교**	**6,916,183,000**	**0.45**	**기독교**

출처 : Todd M. Johnson, ed. WCD (Leiden/Boston: Brill)

종교적인 다양성 색인 (RDI)

허빈탈 지수(the Herfindahl Index, 경제학자들이 시장 경쟁을 연구할 때 사용하는)에 기초한 종교적 다양성 지수는 특정한 나라나 지역 인구의 상호 종교적 다양성을 0.0(다양성 없음)부터 1.0(가장 다양함)의 범위로 나타낸다. 나라와 지역 레벨 측정을 모두 계산하는 것은 다양성에 관한 국지적 관점(국가적 차원)과 국가 간 견해(지역적 차원) 또한 제공한다. 〈표 7〉은 1910년과 2010년 사이, 세계 6개 지역을 제외한 모든 곳에서 국지적, 지역적 RDI 레벨이 모두 증가했음을 보여주고 있다.[24] 주로 이주 때문에 생기는 거대한 지역적 증가로 서유럽과(+0.27포인트), 호주/뉴질랜드(+0.42포인트), 동아시아(+0.34포인트), 북아메리카 (+0.31포인트)를 들 수 있다.[25)]

중요한 변화에도 불구하고 1910년 이래 아시아는 세계에서 종교적으로 가장 다양한 대륙이다. 1910년에는 아시아 인구의 50% 이상이 중국 종족(민족) 종교인이거나 불교인이었다. 그러나 오늘날 이 두 종교를 합쳐도 22%에 이를 뿐이다. 종족(민족) 종교는 1910년 인구의 5.6%에서 2010년 3.7%로 감소했다. 이러한 하락은 이슬람교인(16.6%에서 26.0%로)과 크리스천(2.4%에서 8.5%로)의 증가 때문이다. 더 큰 이유로는 불가지론자(0.0%에서 11.8%로)와 무신론자(0.0%에서 2.8%로)가 특히 중국에서, 더 많이 증가했기 때문이다.

아시아 문화의 선천적인 다원론적 특성(pluralistic nature)을 생각한다면 아시아의 이러한 종교 변화는 그다지 놀랍지 않다. 어떤 의미에서 아시아인은 상호-종교적[역49]이라고 할 수 있다.[26)] 아시아인에게 있어 일자리를 찾기 위해 국경을 넘는 것은 흔한 일이다. 가령 많은 수의 인도와 필리핀 이주노동자[역50]공동체를 아라비아만 지역 여러 나라에서 볼 수 있는 것이 그 예이다. 세계은행은 300만 명의 인도네시아 여성이 외국에서 일하고 있다고 추정하는데, 이들은 주로 말레이시아와 사우디아라비아에서 가사 노동을 하고 있다.[27)] 종교 다양성의 증가는 특별히 세계 북반구에서 뚜렷이 나타나며, 세속화와 이민옴은 그 지역의 종교 경관을 계속해서 변형시키고 있다.

종교 다양성을 바라보는 또 다른 방법은 나라 안 인구의 주어진 백분율(예: 0.5%, 5% 또는 10%)보다 많은 종교의 수를 조사하는 것이다. 특히, 동아시아와

---

24) 이 기간에 종교적 다양성이 증가하지 않은 6개 지역은 북아프리카, 남아프리카, 동남아시아, 서아시아, 멜라네시아와 미크로네시아였다. 종교적 다양성 측정에 대한 더 많은 정보를 위해서는 Pippa Norris and Ronald Inglehart, Sacred and Secular: Religion and Politics Worldwide (Cambridge: Cambridge Unviersity Press, 2004), 100을 보라.

25) Johnson and Ross, Atlas of Global Christianity, 33,

26) Phan, Being Religious Interreligiously, 117, 127.

27) Nisha Varia, "Asia's Migrant Workers Need Better Protection," Human Rights Watch, http://www.hrw.org/news/2004/08/31/asias-migrant-workers-need-better-protection, 2004년 9월 2일자.

동남아시아가 다양하다고 한다. 베트남은 5% 남짓의 인구를 가진 여섯 개의 종교가 분포하고 있고,[28)] 남한은 10% 남짓의 인구를 가진 다섯 개의 종교(불교, 기독교, 유교, 민족종교, 신흥종교)가 있다.[29)]

시사점

새로운 경계를 넘는 사람, 발상, 문화의 이동은 많은 사회에서 어느덧 새로운 정상(the new normal)이 되었다. 종교적 디아스포라와 종교적 다양성이 증가함이 주는 의미는 크다. 다원화 사회의 두드러진 특징 중의 하나는 종교 선택의 이점이다. 집 앞에만 나가면 전 세계 종교인이 즐비해 있기에, 개인은 더 이상 부모나 태어난 나라의 종교에 묶여 있을 필요가 없다. 이 자료는 사람으로 하여금 믿음을 선택하게 하든지 선택하지 않게 하든지 간에 그 영향으로 종교가 사라지지 않는다는 사실을 뒷받침한다. 1970년 이후 세계는 더 종교적으로 되었다. 20세기 전반에 걸쳐 지금까지, 세계 인구 대부분은 종교인이었고 이 수치는 75% 이하로 절대 내려가지 않았다. 전 세계에서 종교를 가지지 않은 사람이 1970년 세계 인구의 23.5%로 가장 높은 기록을 세웠고, 오늘날은 11.8%에 그친다.

세계는 다른 종교에 대한 지식을 얻고 또한 다른 종교를 공손히 대하는 중요한 과제를 마주하고 있다. 이주로 인한 종교 다양성의 증가는 서구에 있는 크리스천 친구나 가족 구성원의 일부가 다른 세계 종교에 속해 있을 가능성이 커진다는 것이다. 이는 우리가 세계 종교와 새롭고 더 깊은 수준으로 관계해야 한다는 것을 의미한다. 그러나 현실에서 전 세계 대부분 크리스천은 이

---

28) Nisha Varia, "Asia's Migrant Workers Need Better Protection," Human Rights Watch, http://www.hrw.org/news/2004/08/31/asias-migrant-workers-need-better-protection, 2004년 9월 2일자.

29) Johnson and Ross, Atlas of Global Christianity, 32.

슬람교, 불교, 힌두교(세계의 주요종교)와 접촉하고 있지 않다. 최근 연구결과에 의하면 86%의 이슬람교, 불교, 힌두교인이 크리스천을 개인적으로 알지 못한다.[30] 21세기에는 다른 종교인과 함께하는 것이 얼마나 중요한 의무인지를 인식하는 것이 대단히 중요하다. 이슬람교도, 힌두교도, 그리고 불교도가 전통적으로 '기독교 국가'였던 나라에 사는 경우가 점점 많아지고 있기 때문이다.

서로를 배려하는 사회를 만들기 위한 중요한 조치로[31] 여러 분야에서 더 세심한 교육을 들 수 있다. 그 첫째는 역사, 문화, 신학, 실천을 포함하는 세계종교에 관한 것이다. 만약 이웃의 세계관, 전통, 믿음에 대해 잘 알지 못한다면 그들과 정답게 지내기는 어려울 것이다. 2010년 퓨 리서치 센터의 '종교 & 공적 생활 프로젝트(Religion & Public Life Project)'에서 진행한 한 여론조사에 따르면, 미국의 복음주의자의 세계 종교에 대한 지식이 무신론자, 유대인, 모르몬교인보다 더 적은 것으로 나타났다. 복음주의자는 32개의 문항에서 평균 18문제를 맞게 답했는데, 무신론자/불가지론자, 유대인, 모르몬교도는 32개 문항 중 20개 이상을 맞게 대답했다.[32]

교육이 더 필요한 또 다른 분야는 자신의 삶 맥락 밖의 세계의 상황에 대한 것이다. 세계의 가장 긴급한 문제가 서양 기독교가 보지 못하는 장소에서 발생하고 있다. 특히 도시 빈곤, 빈민 거주지, 중독, 노예 등의 이슈는 전 세계적인 종교 디아스포라의 냉엄한 현실이다. 새로운 집중을 요구하는 마지막 분야는 다른 종교 신도와의 환대와 우정의 마음을 새롭게 하는 것이다. 이웃을 알고 사랑하는 것은 기독교 메시지의 핵심적인 부분이다. 이동하는 사람과 그들의 종교를 환영하는 글로벌 사회를 만드는 것 또한 필수적이다.

30) 위의 책. 316~17.

31) 기독교 예의에 관해 더 알고 싶다면, Richard J. Mouw, Uncommon Decency: Christian Civility in an Uncivil World (Downers Grove, IL: InterVarsity Press, 2010)을 보라.

32) 종교와 공적 생활에 대한 Pew Forum의 "U.S. Religious Knowledge Survey."

토 의

1. 종교적 인구통계의 정확한 수집에 관련된 문제점은 무엇이며, 이것이 복음주의 선교 단체에 미칠 만한 영향은 무엇인가?
2. 크리스천과 이슬람교인은 전 세계 종교인 디아스포라 3억 1,613만 3,300명 중 2억 3,631만 7,000명으로 전체 디아스포라의 74.8%를 차지한다. 그리고 기독교와 이슬람교는 선교하는 종교다. 이는 디아스포라의 복음주의 크리스천에게 어떤 기회와 도전을 제시하는가?
3. 만약 세계가 오늘날 글로벌 종교 다양성의 증가로 인해 1970년대보다 더 종교적이라면, 갈수록 더 종교적인 이웃과 함께 산다는 것은 복음주의자에게 무엇을 의미하는가? 좋은 이웃이 되는 것과 그리스도를 위해 효과적인 증인으로 사는 것은 양립할 수 없는가?

참고문헌

Annuario Pontificio. Citta del Vaticano: Tipografia Poliglotta Vaticana.

Barrett, David B., Todd M. Johnson, Christopher Guidry, and Peter Crossing. *World Christian Trends*, AD 30-AD 2200: *Interpreting the Annual Christian Megacensus*. Pasadena, CA: William Carey Library Publication, 2003.

Barrett, David B., George T. Kurian, and Todd M. Johnson, eds. *World Christian Encyclopedia: A Comparative Survey of Churches and Religious in the Modern World*. Vol 2: *Religions, Peoples, Languages, Cities, Topics*. New York: Oxford University Press, 2001.

Cohen, Robin. Global Diasporas: An Introduction. Seattle: University of Washington Press, 1997.

Cornilee, Catherine. *Many Mansions? Multiple Religious Belonging and Christian Identity*. Maryknoll, NY: Orbis Books, 2002.

Cox, Harvey G. The Secular City: Secularization and Urbanization in Theological Perspective. New York: Macmillan, 1965.

Dalby, David, David Barrett, and Michael Mann. *The Linguasphere Register of the World's Languages and Speech Communities*. 2 vols. Carmarthenshire, Wales: Linguasphere Press, 1999.

Grim, Brian J., and Roger Finke. *The Price of Freedom Denied: Religious Persecution and Violence in the 21st Century*. New York: Cambridge University Press, 2011.

———. "Religious Persecution in Cross-National Context: Clashing Civilizations or Regulated Economies?" *American Sociological Review* 72:4 (2007): 633–58.

Jackson, Darrell, and Alessia Passarelli. Mapping Migration: Mapping Churches' Responses: Europe Study. Brussels: Churches' Commission for Migrants in Europe, 2008.

Johnson, Todd M., ed. *World Christian Database*. Leiden, Netherlands: Brill, 2007.

Johnson, Todd M., and Gina A Bellofatto. "Immigration, Religious Diasporas, and Religious Diversity: A Global Survey." Mission Studies 29 (2012): 1–20.

Johnson, Todd M., and Brian J. Grim. The World's Religions in Figures: An Introduction to International Religious Demography. *Oxford: Wiley-Blackwell, forthcoming*.

Johnson, Todd M., and Brian J. Grim, eds. *World Religion Database*. Leiden, Netherlands: Brill, 2008.

Johnson, Todd M., and Kenneth R. Ross, eds. Atlas of Global Christianity. Edinburgh: Edinburgh University Press, 2009.

Kaufmann, Eric. Shall the Religious Inherit the Earth? Demography and Politics in the TwentyFirst Century. London: Profile Books Ltd, 2010.

Knitter, Paul F. Without Buddha I Could not be a Christian. Oxford: OneWorld Publications, 2009.

Mouw, Richard J. Uncommon Decency: Christian Civility in an Uncivil World. Downers Grove, IL: InterVarsity Press, 2010.

Norris, Pippa, and Ronald Inglehart. Sacred and Secular: Religion and Politics Worldwide. Cambridge: Cambridge University Press, 2004.

Pew Forum on Religion & Public Life. Faith on the Move: The Religious Affiliation of International Migrants. March 8, 2012. http://pewresearch.org/pubs/2214/religion-religiousmigrants-christians-muslims-jews.

———. Global Restrictions on Religion. December 16, 2009. http://pewresearch.org/pubs/1443/global-restrictions-on-religion.

———. Rising Restrictions on Religion. August 9, 2011. http://www.pewforum.org/Government/Rising-Restrictions-on-Religion.aspx.

Phan, Peter. Being Religious Interreligiously: Asian Perspectives on Interreligious Dialogue. Maryknoll, NY: Orbis Books, 2004.

Starke, Rodney, and Roger Finke. Acts of Faith: Explaining the Human Side of Religion. Berkeley: University of California Press, 2000.

Taylor, Paul M. Freedom of Religion: UN and European Human Rights Law and Practice. Cambridge: Cambridge University Press, 2005.

United Nations, "Report to the Secretary-General, International Migration and Development, UN General Assembly, 60th Session." UN Doc. A/60/871, May 18, 2006. New York: United Nations, 2006.

Varia, Nisha. "Asia's Migrant Workers Need Better Protection." Human Rights Watch, September 2, 2004. http://www.hrw.org/news/2004/08/31/asias-migrant-workers-need-betterprotection.

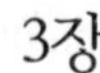

3장

글로벌 의제 - 글로벌 신학?
이주법과 글로벌 디아스포라

대럴 잭슨Darrell Jackson

개인적 경험

2012년 2월 15일, 나는 아내와 두 아이를 데리고 영국을 떠났다. 보안 검사대를 통과해 히스로(Heathrow) 공항 출국 라운지에 들어서자 *국제승객조사(IPS)*를 실시하는 조사원이 다가왔다. 2012년에 영국 통계청 관리가 이 조사를 위해 접근했던 75만 명 중 2명이 우리였다. 나는 지난 5년간 영국에서 리서치 센터를 지휘하며 수많은 보고서에 IPS 데이터를 사용했기 때문에 살짝 흥분되었다.

우리 일행은 2월 17일 호주 시드니에 도착해서 영국 여권에 부착된 클래스 457 전자 임시거주비자를 들고 이민 데스크로 향했다. 직원이 주의 깊게 비자를 검사한 뒤 도장을 찍고 쾌활하게 외쳤다. "호주로 오신 걸 환영합니다!" 그러곤 몸을 우리 가까이 기울이더니 속삭였다. "여기서 필요한 이민자는 당신 같은 사람들이죠."

그 의미를 깨닫기까지 잠시 시간이 걸렸다. 아내의 당혹스러운 표정이 백인 이민국 직원에게 막 인종차별(부정적인 의미는 아니지만)을 받은 내 감정을 말해주는 것 같았다. 그 순간 나는 이주에 대해 몇 가지 잊을 수 없는 교훈을 얻었다. 이주는 지난 5년에서 8년 동안 선교학자인 나의 관심 주제였다. 이주,

관료집단, 관료제, 그리고 사람이라는 존재는 통틀어서 언제나 탐탁하지 않다고 여기는 사람에 대한 편견, 조종, 배제에 양분을 주는 비옥한 토양이었다. '이곳에서 원하는 이민자가 아닌' 사람에 대해 말이다.

윌리엄 캐리와 동인도회사

윌리엄 캐리(William Carey)는 관료집단, 정부법, 이주에 존재하는 기득권의 힘에 대처해야 했던 첫 번째 선교사가 아니었을지 모르지만, 분명 그는 곳곳에 스며 있는 기득권의 힘을 느꼈을 것이다.

캐리는 1793년에 인도로 항해를 떠날 즈음, 영국이 자메이카에서 운영하는 사탕수수 농장의 노예 노동에 대해 소리 높여 비난하는 사람이었다.[1] 캐리는 설탕구매 거부, 경제적 · 인간적 정의를 위한 캠페인을 벌이려 했기 때문에 영국 동인도회사(이하 '회사')의 주시를 받을 수밖에 없었다. 회사는 영국 왕의 특별 허가를 받아 인도 식민지에서 상업적 이익을 취하는 것에 보호를 받고 있었다. 회사가 영국 배를 타고 인도로 오는 길을 막았기 때문에, 그는 *크롱 프린세사 마리아(Kron Princessa Maria)*라는 덴마크 배를 타고 인도로 오는 길을 찾기까지 수개월이 걸렸다. 캐리는 스스로 18세기 후반의 규제적, 법적 제한 및 상업적 이익을 조사했고, 인도로 가는 길을 찾아냈기 때문에 성공할 수 있었다. 캐리는 벵골만을 떠날 때도 덴마크 왕의 보호를 받았다.

새 땅으로 가는 길을 집요하게 막는 회사에 맞섰던 캐리의 강인함은 수천, 수만 명의 교차 문화적 사역들(cross-cultural workers)**역51**이 지구를 종횡무진으로 움직이기 시작한 이후, 오늘날에도 계속 이어지고 있다. 비자 체계, 국경 통제, 고용 권리, 거주 권리에 대한 지식은 교차 문화적 선교사가 효과적으로 배치되어 계속해서 일하는 데 필수적인 자산이다.

---

1) Carey, William, An Enquiry into the Obligation of Christians to use Means for the Conversion of the Heathens, Leicester: Ann Ireland. 1792, 86.

이 장의 목적

캐리가 맞닥뜨렸던 관료집단은 디아스포라 상황에 살거나 일하는 수많은 사람에게(기독교 선교를 위해 디아스포라 상황에 있는 사람을 포함해서) 익숙한 집단이자 전 세계 이민 옹호자와 법률가에게도 끔찍스럽게 익숙한 집단이기도 하다.

관료집단은 자국 내에서, 또는 세계의 여러 지역에서 발효되는 법률에 대해 잘 알고 있다. 3장의 내용이 기존의 전문 지식을 뛰어넘거나 계속해서 바뀌는 법률, 규제의 강화를 지속해서 따라잡지는 못하겠지만, 3장의 목적은 전 세계에 떠오르는 이민 규제와 관리 패턴에 대해 전 세계적 차원의 그림을 그리는 것이다. 보다 광범위한 틀을 그려냄으로써 기존의 국가적 전문지식을 보완하길 바라는 것이다.

3장을 통해 빠르게 바뀌는 국가적, 지역적, 세계적 규제법의 복잡성을 바르게 평가할 수는 없을지 모르나, 규제정책에서 중요한 영역 일부에 대해 윤곽을 그릴 수 있길 바란다. 이것은 서구 국가가 중동에서 넘어오는 시리아인 및 다른 이주민으로 인해 고군분투하는 현 상황에서 가장 필요한 작업이다.

따라서 3장은 특별히 규제의 틀(framework)과 이민 정책의 변화를 위한 옹호 사업에 관심 있는 크리스천을 대상으로 쓰였다. 현재의 규제 틀을 아는 것은 이 틀의 수정과 대체를 위해 로비활동을 하기 위한 중요한 첫 걸음이다.

이주민의 움직임을 규제하고 관리할 책임이 있는 국제기관

국제적 차원에서, 유엔 같은 기관, 특히 유엔난민기구(UNHCR), 국제노동기구(ILO), 국제이민기구(IOM),[2] 세계보건기구(WHO), 그리고 국제적십자

2) IOM과 UNHCR의 일을 통합하는 문제는 지속적인 토의과제로 남아있다. Elie, Jerome 'The Historical Roots of Cooperation Between the UN High Commissioner for Refugees

(IRC)는 이주 관리 및(또는) 통제를 위한 규제 메커니즘과 자문 정책의 초안을 만드는 데 기여할 책임이 있다. 이 기관들은 이주민이 한 곳에서 다른 곳으로 자유롭게 이주할 수 있는 범위와 고용, 교육, 주거, 복지에 대한 권리가 확보되고 보호되는 범위를 정하는 것, 그리고 망명, 어떤 난민이든지 그 이유를 불문하고 자유와 생명의 위협을 받았던 곳으로 다시 돌려보내는 것을 금지하는 농 르폴망(non-refoulement),[3] 역52거주 및 시민권을 신청할 수 있는 환경과 자격조건을 정하는 데 영향을 미친다. 이러한 규제 체계와 정책은 특정 이주민이나 이주 기관을 위한 것일 수 있으나, 대체로 국가와 그 산하 기관과 부서를 대상으로 만든다.

국제적으로 UNHCR는 국가적, 지역적 차원에서 난민, 망명, 이주정책과 실행을 검토하고 모니터링하는 중책을 맡고 있다. 이때, 사회적 현상을 모니터링하기 위한 측정과 평가를 위한, 보편적으로 인정할 수 있는 정의가 필요하다. 따라서 '이주자,' '난민,'[4] '망명 신청자' 그리고 '국내 실향민'[5]이라는 용어는 각각 유엔의 다양한 협약과 조약에 근거하여 정의한다. 이는 국제적으로 합의된 규칙과 정책의 틀 속에서 단어를 정의하기 위해서다. 물론 모든 사람이 다 이렇게 내려진 정의에 만족하지는 않기 때문에 지속적인 토론과 대

---

and the International Organization for Migration' in Global Governance, 16, 2010, 345~360. 그리고 Newland, Kathleen 'The Governance of International Migration: Mechanisms, Processes, and Institutions' in Global Governance, 16, 2010, 331~343을 참조하라.

3) 농르폴망은 난민 신분 신청 과정과 망명 신청자를 다루는 데 중요한 원리다. 이 원칙에 따라 난민 신분 신청자와 망명 신청자는 위험과 상해가 더 심해질 가능성이 있는 국가로 소환되거나 유치될 수 없다.http://www.unhcr.org/3ae68ccd10.html.

4) 유엔은 난민을 "인종, 종교, 민족, 특정 사회 집단의 구성원 신분, 또는 정치적 의견을 이유로 박해를 받을 합리적 근거가 있는 공포로 인하여, 자신의 출생국 밖에 있는 자로서, 출생국의 보호를 받을 수 없거나 또는 그러한 공포로 인하여 출생국의 보호를 받는 것을 원하지 않는 자"라고 정의한다. UN Refugee Convention (1951), Article 1A(2), 1967 국제의정서.

5) UNHCR는 국내 실향민을 "무장 충돌, 일상화된 폭력, 인권 침해 또는 자연재해 및 인재의 결과로 또는 그 영향을 받지 않기 위해, 가정과 거주지를 떠나고 도망칠 수밖에 없었던, 그러나 국제적으로 인정되는 국경을 넘지 않은 사람 또는 집단"이라고 정의한다. UNHCR Guiding Principle, 'Introduction,' para. 2.

화가 필요하다. 이 정의는 유엔 회원국 내의 정책과 실행을 비교하는 데 필요한 기준이다.

정의와 실행에 대한 지속적인 논쟁과 문화에 따른 세계관의 차이로 인해 국제 규정이 정하는 계약의 본질에 대해 이해하는 방식이 다르기도 하다. 어떤 문화권에서 계약은 유연하고 발전적인 관계 속에서 상호 협력하고자 하는 의지를 표명하는 공식 입장이라는 관점에서 볼 때, 건강한 관계에서는 계약이란 언제든지 재협상이 가능하다. 이는 국제 의정서 및 조약을 둘러싼 합의의 본질에 영향을 미친다.

UNHCR의 주도에 따라 가장 광범위하게 사용되는 이주민의 정의는 적어도 1년 이상 거주지와 거주국 밖에서 머무는 사람이다. 미디어에서 망명 신청자의 범주가 잘못 반영되곤 하는데, 망명 신청자는 한 국가에 난민 자격을 승인받아 보호를 신청한 개인에게만 엄격하게 적용되어야 한다.

그런데 국내 이주자가 간과되는 경우가 있다. 국내 이주자는 자국 내의 다른 주(state)와 지역으로 이주하는 경우 언어와 문화가 다르다는 점을 분명히 인식하는 경우가 있다. 이주자는 자신을 소수민족이라고 여기게 되고 또 현지인에게 차별당할 수도 있다.[역53] 이때 해당 지역의 관청은 이들 중 기술자가 일자리를 찾아 다른 지역으로 이주하도록 장려하고 촉진하기도 한다. 물론 이런 경우 국제 이주의 가능성도 있다.

이민자 경험의 다른 측면은 위에 열거된 하나 이상의 글로벌 조직의 관심 분야에 해당한다. 여기에 이미 포함된 네 가지 유형의 이민자 외에도, 국내 실향민, 불법 이주자[역54], 재정착을 추구하는 사람, 이주노동자[역55], 경제 이주자[역56], 인신매매된 이들, 유학생, 가족 상봉을 신청하는 이주민, 국적 및 시민권을 획득하기 위한 이주 신청, 국경을 넘어 입양된 사례에 있는 가족 등이 포함될 수 있지만, 이에 국한되지는 않는다. 국제 의정서(protocol)[역57]와 협약에 의해 아직 광범위하게 인식되지 않고 있는 영역은 기후 변화가 국제 이주에 미칠 영향력이다. 태평양 제도 전체에 임박한 인구 재배치 상황은 다른 재앙으로 발전되기 전에 국제 사회가 힘을 모아 협의하고 행동해야 할 사항이다.

국제 협약과 국제 의정서의 예로는 1951년 유엔난민지위협약(그리고 1967

년 국제 의정서), 1984년 유엔고문금지협약, 1990년 유엔이주노동자와 그 가족의 권리보호 국제협약, 그리고 이주민 밀수와 인신매매, 특히 여성과 아동 매매 방지를 위한 2000년 유엔팔레모협약[역58]이 있다. 이주민과 관계된 ILO 협약은 1949년 취업을 위한 이주에 관한 협약, 1958년 비차별 협약(고용 및 직업), 1962년 균등 대우협약(사회 보장), 그리고 1975년 이주노동자 협약(부칙)이 있다.

광범위한 협약 및 국제 의정서의 예로 보더라도, 국제 이주의 통제 및 관리를 위해 외국인의 이주 현상에 수반되는 복잡하고도 다면적인 동기를 고려해야 한다. 크리스천의 사명인 교차 문화적 선교를 위한 동기 역시 주요 고려 대상이다.

국제 협약과 국제 의정서 대다수가 권리 기반인 점도 매우 중요하다(1948년 유엔의 세계인권선언을 언급한 경우가 많음). 지역 협약도 권리 기반인 경우가 많다. 이와 대조적으로 국가 방침의 대부분은 안보 기반이며(미국의 멕시코 국경 강화, 호주의 난민 보트송환정책이 그 예이다), 이 같은 현상이 지역적 규제방침에서도 증가하고 있다(예를 들어 2007년 유럽연합의 외부경계통제기관인 프론텍스(*Frontex*)[역59] 설립이 있다).

이주민과 난민의 이주에는 국제적인 동의, 협력, 공조 활동이 필요하다는 점 역시 중요하다. 1980년대 중반부터 분쟁지역(베트남, 레바논, 아프가니스탄, 앙골라, 이라크, 소말리아, 그리고 가장 최근에 시리아)에서 선진국으로 이동해 오는 난민이 증가하면서 협력의 필요성이 떠오르고 있다.

분쟁을 피해 오는 난민 현상은 1951년 유엔협약 초안을 마련할 무렵에는 예측하지 못했던 문제다. 당시에는 상대적으로 적은 수의 난민이 중유럽과 동유럽의 공산국가를 탈출하던 때였다. 1980년대 이래 증가한 난민은 세계화의 부산물인 동시에 촉발제이기도 하며, 국제 난민, 이주 기구의 부적합성을 상당히 부각시켰다. 그 결과, 지역 기관은 자신의 영향권 아래 있는 지역에서 이주민과 난민을 더 적극적으로 규제하고 관리했다.[6)]

---

6) Appleyard, Reginald, 'International Migration Policies: 1950~200' in International Migration,

이주민의 이주를 규제, 관리하는 책임을 맡은 지역 기관

지역 기관이 지역 안팎으로 이주하는 문제를 다루기 위해 국제 의정서와 규제를 추가한다. 이런 기관으로는 유럽연합, 아프리카연합,[7] 아랍마그레브연합, 아랍연맹, 서아프리카 경제공동체[8], 아시아 아프리카 법률자문위원회[9], 사하라 사막의 남부 경계 국가들인 사헬 사바나 국가공동체(Sahel-Saharan Countries(CSSC))가 있다.

지역 기관이 기능하는 방식을 잘 보여주는 예는 유럽연합이다. 유럽연합의 법적, 정치적 정체성은 회원국이 만들고 서명한 일련의 조약을 통해 부여된다. 이들 조약과 국제 의정서에는 유럽연합 내 이주 정책을 다루는 규제 방안의 골자를 세우기 위한 다양한 법률 조항이 있다. 유럽연합의 법적, 정치적 본질과 권위가 거의 30개국의 5억 명 이상의 이주를 규제하고 관리하기 위해, 통합적이고 일관된 정책과 국제 의정서를 형성한다. 이 점을 이해하면 좋겠지만, 굳이 유럽연합의 내부 법률과 조약에 대해 자세히 알 필요는 없다. 유럽연합의 법률은 수백만 난민, 망명 신청자, 그리고 출생국이 아니나 유럽연합 소속 국가에서 거주하고 일하는 수백만 이주민의 삶에 매우 중요하다.

39, 6, 2001, 8~20을 보라.

7) 예를 들어, 2009년에 AU는 국내 실향민의 보호와 지원을 위한 법조항을 관리하기 위해 캄팔라(Kampala) 협약을 채택했다.

8) 1979년에 ECOWAS는 자유 이주, 거주와 정착의 권리에 대한 protocol을 채택하고, 세 개의 개정 protocol을 추가했다(1985, 1986, 1990).

9) 2009년에, 제48차 AALCO 연례총회에서는 2001년부터 다국적 이주, 인신매매, 인간 밀수 분야에서 시행된 기관 간 공조 노력에 초점을 두어 이 문제에 대해 논의했다. AALCO, 'Report on the Forty-eighth Annual Session of the Asian-African Legal Consultative Organization' in Chinese Journal of International Law, 2010, 179~191을 보라.

디아스포라 선교학과 국제법

제레미 왈드론(Jeremy Waldron)은 2011년 프린스턴 대학 찰스 테스트 강의 중 기독교 신학이 전통적으로 국제법에 적절한 관심을 기울이지 않았고, "국제법을 등한시하는 경향이 기독교 신학자로 하여금 국제법의 법리학적 위기에 대해 입을 열 수 없게 했다."[10] 사도바울이 로마서 13:1~7에서 언급한 "권세들에게 굴복하라"는 교훈을 해석하면서 국가 범위를 넘어서는 권세에 대해 언급하는 설교는 거의 없다. 지금 진행되는 논의와 관련해서, 유엔이나 다양한 지역 기관의 권세에 대해서는 전혀 다루지 않았고, 어느 범위까지 이 기관의 권세가 바울이 권면한 범위 내에 포함되는지에 대해서도 다룬 적도 없다. 이런 맥락에서, 계시록 13장에는 모든 권세가 다양한 수준의 충성을 요구하는 대상에게 부당하고, 착취하는, 부패한 영향력을 행사할 수 있는 역량이 있음을 강조하는 경고가 남아있기도 하다.

이 주제는 국제 규제의 기만적인 강물을 항해하려는 신학자에게도 매우 중요하다. 국제 규제는 인간의 권리, 난민 보호, 망명자의 정착 관리, 국제입양 절차, 국내 실향민의 고통, 인신매매의 비참함에 영향을 미친다. 스스로가 전 세계를 포괄한다고 생각하는 기독교 신학에 의하면, 다양한 이주와 디아스포라 상황의 그물에 사로잡혀 있는 사람은 모두 *하나님의 형상*을 품은 자이다. 이 사실 하나만으로도, 모든 사람은 교회의 목회적, 선교적 관심의 중심에 있으며, 사람의 과거와 현재 상황과 미래의 계획과 무관하게 복음은 모든 이에게 해당된다.

복음은 디아스포라 상황에 사는 난민과 개인 모두에게 해당한다. 쉽게 말해서 복음의 범위는 보편적이다. 신학자, 목회자, 선교사는 의도하지는 않더라도, 본인이 이주에 대한 규제적 틀이 지닌 보편적 특징과 중요성을 파악하

10) Waldron, Jeremy, A Religious View of the Foundations of International Law, Charles E. Test Lectures, Princeton, NJ, March 2011, 10. Cited in Reed, Esther Theology for International Law, London: Bloomsbury, 2013, 1.

지 못한 영역에서는 복음의 보편적인 추진력을 제한할지 모른다. 이는 우리가 국제이주정책과 법을 관찰하고 이해하지 못하면 목회적, 선교적 책임을 다하지 못하게 된다는 말이다. 특별히 탄압받고 부당하게 대우받는 난민, 인신매매 대상자, 그리고 상대적으로 쉽게 이주했지만 '낯선 외국 땅'에 사는 이방인과 외국인에 대한 책임을 다하지 못하게 된다.[11)]

필립 카시니쯔(Philip Kasinitz)는 2013년에 쓴 글에서 이주민이 사회학의 핵심 관심사로 부상하고 있음에 주목하며 특별히 현 사회가 이런 새로운 현실이 부과하는 질문에 직면하고 있다고 말한다. 국제적 비전을 가진 디아스포라 선교학자라면 카시니쯔가 말한 "사회가 어떻게 세계화, 기술 혁신, 인구학적 변화 앞에서 사회구성원의 자격과 경계를 조정해야 하는지에 대한 질문"을[12)] 심각하게 다루어야 한다. 이 질문과 연결되어 자주 등장하는 주제는 통합, 인권, 경제, 부패, 안보, 가정, 불법 이주 등이다.

디아스포라 상황에 놓인 이주노동자의 통합

이 책의 통계자료 중 하나에 따르면, 일자리를 찾아 이동하는 이주민 수가 가장 많다. 이주민들이 이주한 국가에 얼마나 이득 혹은 손실이 되는지는 주로 경제적 이득이나 과세의 증대로 매겨지지 않는다. 특정 국가의 '비용'은 대다수 인구와 크게 다른 이주자를 흡수하는 것이 얼마나 바람직한가에 대한 사전 확신을 통해 걸러진다. 그러나 이 확신은 해당 국가의 대다수 국민이 가지고 있는 확신과는 매우 다르다. 이것은 국가 및 민족 정체성을 구성하는 광범위한 문제에 반하여 수용 가능한 수준의 다양성에 관한 논쟁이다.

---

11) O'Neill, William과 Spohn, William이 이민정책에 대해 다룬 글, 'Rights of Passage: The Ethics of Immigration and Refugee Policy' in Theological Studies 59, 1, Mar 1998, 84~106.
12) Kasinitz, Philip 'The Sociology of International Migration: Where We Have Been; Where Do We Go From Here?' in Sociological Forum, 27, 1, September 2012, 583.

대중적 반응은 기존에 존재하는 정치적, 이데올로기적, 도덕적, 철학적, 그리고 때로는 종교적 확신을 반영한다. 디아스포라 선교학은 계속되는 이 중대한 논의에 중요한 신학적 공헌을 할 수 있다. 광범위하게 인용되는 스위스 작가 막스 프리쉬(Max Frisch 1911~1991)의 말은 이 논의의 중심 딜레마를 집약한다. "우리는 노동자를 요구했는데, 대신 사람을 얻었다."[13)]

이주노동자의 권리는 각종 ILO협약(위에 언급됨), 유럽연합,[14)] 서아프리카 경제공동체[15)] 같은 지역 기관, 그리고 매우 제약적인 국가 규제부터 매우 개방적인 국가 규제까지 많은 곳에서 다뤄지고 있다. 고용과 거주를 촉진하는 일련의 메커니즘이 이 범주에 들어간다. 예를 들어, 미국의 '그린카드(영주권)'와 유럽연합의 '블루카드'[역60]는 자신들이 선호하는 이주민의 진입을 완화하는 데 기여했다. 일자리와 영주권을 취득할 목적으로 이민 오는 숙련된 전문가가 전형적으로 이에 해당한다.[16)]

이주노동자, 유학생, 난민과 같은 이주민에게 거주 허가를 내주면, 이주민과 동반 가족이 언어를 습득해서 교육 및 고용의 기회를 얻도록 고안된 일련의 사후 정책이 뒤따른다. 이 정책들은 일반적으로 이민자 통합을 장려하는

---

13) Max Frisch, cited in Kasinitz, Philip 'The Sociology of International Migration: Where We Have Been; Where Do We Go From Here?' in Sociological Forum, 27, 1, September 2012, 582.

14) 유럽연합 규정은 이주민 노동자를 두 가지로 분류한다. 첫째, 유럽연합 회원국 내 어디서나 고용과 거주에 대한 법적 권리를 보유한 유럽연합국가 시민, 둘째 유럽연합 소속이 아닌 이주노동자다. 첫 번째 그룹의 권리는 유럽연합 시민의 비제한적 이주라는 자기 이해 속에 영구적으로 안치되어 있다. 두 번째 그룹의 권리는 유럽연합의 지배적인 정치적, 산업적, 재정적 상황에 따라 그때그때 결정되고 지배받는다. 관련된 유럽연합 자료는 1974년 이주노동자 지지 행동 계획, 2004년 노동시장의 화합, 그리고 가장 최근인 2011년의 비유럽연합 이주민들의 통합을 위한 의제가 있다.

15) 1990년 이주민의 자유 이주, 거주와 정착의 권리에 대한 추가 프로토콜(protocol)은 '이주노동자'와 '계절 노동자'에 대해 정의를 내리고, '국경지대 노동자'와 '순회 노동자' 개념을 도입했다. 이 개념은 보다 넓은 범위에서 본 글의 관심사에 해당된다.

16) 2014년에 네 종류의 이주민에게 가용한 13만 개의 '그린카드'가 있었다(비자 종류 EB-1에서 EB-4까지). 7만 개 난민비자와 직계가족에 제한 없이 발급되는 비자와 비교되는 수치다(비자 종류 IR은 보통 일 년에 30만에서 50만 건 정도가 허가된다).

국가정책의 중점요소로 간주되기에, 계획적으로 더 다문화적인 정책을 대체하는 경우가 많다.[17] 이주민이 후에 시민권을 받으려 할 때 언어와 문화 지식 시험을 통과해야 하는 경우도 있다.[18]

이민자 통합과 관련하여 기독교 공동체의 가장 적절한 관행 중 하나는 언어 습득을 돕는 것이다. 많은 지역 교회는 언어수업이 새로운 이민자와의 실질적인 교류 방법임을 발견했다. 지역 사회 내에서 보다 긴밀한 통합을 향한 여행을 장려하는 것 외에도, 언어 수업은 기독교 신앙을 향한 이주민의 여행을 촉진할 추가 잠재력이 있다. 그러나 집단의식이 강한 디아스포라 공동체는 자신의 디아스포라 내에서의 독특한 존재감을 희석시킬 수 있다는 우려로 현지 언어 습득에 저항하는 경우도 있음을 아는 것이 중요하다.

이주민의 인권

난민 보호 및 이주와 관련된 국제 협약과 조약의 기원은 앞서 언급한 대로 초기 유엔의 인권 담화를 적용하면서 시작됐다. 경제 및 엄격히 역사적인 접근법 등, 동시대의 이주와 디아스포라에 대한 논의와 담화를 체계화하는 대안적 방법이 있긴 하지만, 인권문제는 난민, 망명자, 인신매매 반대 정책의 중심에 서 있다. 1994년 산호세 난민 및 *실향민선언*[역61]은 인권침해가 이주와 난민 문제의 필수 요소가 되기 이전에 이것을 이미 강제이주의 원인 중 하나로 규명한다.[19]

---

17) 국가 및 지역의 이주정책의 틀을 짜는데 다문화주의보다는 통합주의를 선호하는 정치적 활용법에 대한 더 자세한 논의에 관해서는, Jackson, Darrell 'Europe and the Migrant Experience: Transforming Integration' in Transformation, 28, 1, 2011, 14~28을 보라.

18) 호주를 예로 들면, 이민세관(DIAC)은 시민권 신청자에게 호주 시민 지식 시험을 통과할 것을 요구한다. Our Common Bond는 37개 언어로 된 서면 테스트나 유튜브 비디오 및 DVD로 나와 있다.

19) Trindade, Antônio A.C. 'Uprootedness and the Protection of Migrants in the International

인권문제는 대체로 인도주의적 구호와 보호, 복지와 보건, 고용, 미성년자 인권, 종교 자유, 성별과 인간의 성에 대한 권리와 관련된 국제 의정서와 협약에서 언급된다. 여기서 자주 언급되는 것은 1989년 유엔이 채택한 *아동권리보호협약(UN-CRC)*이다. 아동권리보호협약은 아동의 인신매매를 금지하는 법률 조항을 포함하고 있고, 법적 국적에 대한 권리를 주장하며, 한 국가 이상에서 거주하는 가족을 방문할 권리를 기술하고, 아이가 다른 언어를 쓰는 국가에서 자국 언어를 사용할 권리를 확인하며, 타 문화권에서 아동을 입양한 부모가 아동의 종교, 문화, 언어를 존중할 것을 요구한다.

2012년에 캐나다 의료저널(CMAJ)[역62]은 최근에 있었던 갑작스러운 임시 연방보건프로그램 정책의 변경에 대해 보고한 바 있다. 프로그램은 2012년 6월 30일 이전까지 난민의 의료서비스를 보장했었다. 이전의 이 정책은 1951년 유엔난민협약과 WHO 헌법, 그리고 1948년 유엔인권선언에 명시된 조건을 지켰기 때문에, 캐나다가 국제 의무를 수행한 것처럼 보였다. 2012년 6월부터 캐나다 정부는 건강 상태가 공중 보건과 안전에 위협을 가할 위험이 있는 난민에게만 의료 서비스를 제공하고 있다. CMAJ의 보고서 결론은 아래와 같다.

> CMAJ가 부탄 난민 아동에게 제공한 안과 서비스는 교육적 성공을 촉진했고, 팔다리가 절단된 아프가니스탄 광산 노동자에게 제공한 보형물은 고용 가능성을 높였다. 이런 지원을 철회하는 것은 사회적 고립의 증가를 가져올 뿐 아니라, 육체적 정신적 건강도 위협하는 것이다.[20)]

한 이주민 집단의 이주 및 인권 보장이 타인의 인권을 희생시키는 경우도

Law of Human Rights' in Revista Brasileira de Política International 51, 1, 2008, 137~168을 보라.

20) Arya, N. et al, 'Enter at your own risk: government changes to comprehensive care for newly arrived Canadian refugees' in Canadian Medical Association Journal, 184, 17, Nov 2012, 1875~76.

있다. 이주민 의료종사자를 최대한 대우하여 그들이 떠나 온 나라에 거주하는 시민에게 적절한 의료서비스를 제공하는 방법을 확보하는 문제가 현재 딜레마이다. 2008년에 전 유엔인권고등판무관 메리 로빈슨(Mary Robinson)은 이렇게 인정했다.

> 의료종사자는 더 나은 삶을 위해 이주할 인간적인 권리가 있다. 하지만 의료종사자의 해외 이주에 타격을 받는 해당 국가의 사람도 역시 자국 내에서 의료에 대한 권리가 있다.[21)]

로빈슨의 글에서 언급된 자문위원회는 WHO 같은 국제기관으로[22)] 규정이 불충분한 이주정책 분야에 최선의 지침을 제공한다. 의료 전문가는 가치 있는 국제자산이며 더 부유한 국가에서 일하면 이주민 의료종사자의 출생국에서는 얻기 어려운 기회를 얻게 된다.

자격을 갖춘 의료 전문가가 누리는 상대적으로 자유로운 이주 기회는 선교와 증인이 되는 삶을 위해 해외로 이주할 장소를 찾고 있는 크리스천에게 매력적이다. 하지만, 이것의 그늘진 면에 대해 국제 기독교 공동체는 신중하게 살펴볼 필요가 있다. 의료종사자가 다른 국가로 이주해서 출생국의 의료서비스가 불충분해진다면 이것은 국제적 정의의 문제라고 언급한 로빈슨의 말이 맞다. 미국에서 일하는 말라위 출신 간호사가 미국 크리스천을 간호하는데, 미국 크리스천은 의료종사자가 없어 의료서비스를 못 받는 말라위의 환자에게 필요한 의료서비스를 제공하는 의료 선교사를 후원하는 것은 참 아이러니한 일이다.

---

21) Robinson, Mary and Clark, Peggy, 'Forging solutions to health worker migration' in The Lancet, 371, February 2008, 691~693.

22) WHO의 193개 회원국은 2010년 국제의료종사자구인을 위한 글로벌 행동 강령을 채택하여 10개 원리를 제시했다. 행동 강령은 바로 위 단락에 인용된 메리 로빈슨의 말에서 분명히 설명된 가치 위에 세워졌다.

경제적 고려 사항 및 규정

이주민 의료종사자에 대해 논의하다 보면 자연스럽게 이주 현상에 수반되는 경제적 요소에 대해 논의하게 된다. '남반부에서 북반부로의 두뇌 유출' 외에도 종종 출생국에 남아있는 친지와 가족을 지원하기 위해 이주민이 송금하는 문제도 민감한 쟁점 중 하나이다.

송금 문제를 다루는 규제 메커니즘이 거의 없고, 사실 메커니즘이 있다 해도 국제적 형제애와 공동의 목적보다는 자유시장 자본주의 철학에 기반을 둔 국제화 과정으로 인해 효과가 없을 것이다. 한때 이주민이 벌어서 송금하는 수입에 대해 세금을 부과하거나 퍼센티지를 제한하려 했던 국가가 있었지만, 대체로 성공하지 못했다. 1949년 ILO의 고용 이주에 대한 협약을 위반하는 사례도 있었다.

1990년대 초반에 쿠바 정부는 미국에 거주하는 디아스포라 쿠바인에게 달러를 쿠바로 송금할 수 있도록 허가했다. 쿠바 정부의 입장에서는 급진적인 방향 선회였다. 쿠바 정부는 디아스포라 쿠바인의 쿠바 방문을 허가하는 느슨함을 보였다.

필리핀 정부의 예도 주목할 만하다. 2003년 세계은행 보고서에 따르면,

> 필리핀 정부는 다른 국가보다 한 발 더 나아가 이주 노동 장려를 전략으로 채택해서 디아스포라에게 접근하는 동시에 이것을 국가 발전 전략 및 경제 정책에 포함시키기까지 했다.[23)]

필리핀의 고용노동부는 필리핀 해외고용행정부(POEA)와 정부 알선 지

23) Addy, D.N. et al, 'Migrant remittances – Country of origin experiences: Strategies, policies, challenges, and concerns', IMP Conference Paper prepared for the World Bank's International Conference on Migrant Remittances, London, October 2003, 18. Available at www.digaai.org/wp/pdfs/remitpaper.doc

청의 업무를 감독한다. 이 부서들은 해외 근로를 계획하는 시민(공식적으로 Overseas Foreign Workers: OFW[역63]라고 부른다)을 모집, 훈련, 준비시키는 임무를 맡고 있다.

이주민 송금 분야의 경제 개혁은 보다 개방적인 시장 접근을 지향하는 것이 필연적이다. 월드뱅크와 국제 이주 정책 프로그램과 같은 기구는 이주민 송금에 계속해서 깊은 관심을 보였다. 이들 기구는 국제 금융 부문의 개혁을 위해 공조하며 한 국가에서 다른 국가로의 국제 송금의 투명성과 정직성을 확보하려 하고 있다. 국가 당국이 규제틀(체계)을 강요하기 시작한 경우, 투명성과 효율성을 보장하기 위해 1차적으로 시행되었다.

반부패 규정 및 통제

국가 정부가 이주 및 난민에 대한 규정을 비준할 때는 매우 신중하게 접근한다. 이때 당연히 국가에 이익이 되는 측면을 고려해야 한다. 경제적 이익은 작은 문제가 아니기 때문이다. 반면 인신매매 관련 법률 제정 및 규정은 놀랍게도 빠르게 채택하고 비준해왔다. 유엔의 정의에 따르면,

> 인신매매는 착취를 목적으로 협박하거나 강압, 다른 형태의 강요, 납치, 사기, 속임수, 권력 남용 및 취약한 위치의 남용, 다른 사람을 통제할 수 있는 사람의 동의를 얻기 위해 돈이나 기타 이익을 주고받는 행위를 통해 사람을 모집, 이송, 양도, 매복, 수령하는 일을 말한다.[24)]

2005년 채택한 유럽 의회의 *인신매매 방지 행동 협약*[역64]은 10년이라는 짧

24) The 2000 UN Protocol to Prohibit, Suppress and Punish Trafficking in Persons cited in Koser, Khalid International Migration: A very short introduction, Oxford, UK: Oxford University Press, 2007, 64.

은 시간 안에 유럽연합 40개 회원국에서 실행되었다. 2000년 미국 인신매매 피해자 보호 강령은 인신매매를 통제하고, 인신매매범을 기소하며, 희생자를 보호하기 위해 다면적 차원에서 기관 간 협력의 필요성을 역설했다.[25)]

다면적 협력에 대한 식견은 필수적이다. 인신매매에 대항하기 위한 국가적, 국제적 규정은 인신매매 피해자가 자유로운 삶으로 재통합될 수 있는 안전한 주택공급과 다양한 차원의 지원을 제공하는 지역적 방안이 존재하는 정도에 비례해 그 효과가 증가한다. 사회복지 북미기독교 연합[역65]은 영적, 육적 필요를 채울 수 있도록 준비된 지역 교회의 예를 들며, 크리스천이 반인신매매 기관과 협력할 때 더 많은 성취를 이룰 수 있다고 한다. 이 보고서는 국가적, 국제적 규정의 필요성을 묵살하기보다 지역적 차원에서 규정에 명시된 조항이 성취될 수 있도록 협동하는 측면을 강조한다.

인간 밀수와 인신매매는 동일한 용어가 아니다. 유엔은(위에서 보았듯이) 인신매매를 '협박, 강압, 강요, 납치, 사기, 속임수, 권력 남용, 착취' 등의 용어를 써서 정의했다. 특별히 유엔인신매매 국제 의정서 3장은 착취를 정의하면서 '최소한도로 사람을 성매매하는 착취 및 다른 형태의 성적 착취, 강제 노동 및 서비스, 노예살이 또는 노예살이와 유사한 행태, 노예 상태 또는 장기 제거'를 포함했다.[26)] 인간 밀수는 '당사국에 시민권과 영주권이 없는 한 개인의 불법 입국'을[27)] 제공한 서비스에 대한 대가로 제 삼자에게 돈을 지불한다. 이 점에서 인신매매와 구별된다. 인신매매를 당하는 개인은 상품으로 취급되고, 인간 밀수와 관련된 개인은 고객으로 취급된다.

---

25) Baker, Debra. and Grover, Elizabeth, 'Responding to Victims of Human Trafficking: Interagency Awareness, Housing Service, and Spiritual Care' in Social Work & Christianity, 40, 3, 2013, 310.

26) United Nations, UN Protocol to Prohibit, Suppress and Punish Trafficking in Persons, Especially Women and Children. New York: United Nations, 2000. Available at http://www.osce.org/odihr/19223?download=true.

27) United Nations, Protocol against the Smuggling of Migrants by Land, Sea and Air, New York: United Nations, 2000, Article 3(a).

이주정책 및 국경통제의 안보화

국경 보호는 국가 주권의 영속성과 관련되기 때문에, 국가의 주권을 축소하려는 그 어떤 의도도 국가 정부가 쉽게 받아들이지 않는다. 이 문제는 유럽연합 회원국의 국가 안보에 가해지는 실제적이고도 감지된 위협을 둘러싼 논의의 중심이었고, 그 결과 유럽 공동 국경 정책이 채택되었다.

국제이주 현상이 가속화됨에 따라, 국가 정부는 안보 위험을 관리하기 위해 메커니즘이 보다 강화된 정책 접근법을 채택하여 이 분야의 국제 협치를 강화했다. 이러한 우려와 밀접히 관련된 사항은 은밀히 또는 공공연히 테러 활동을 지원했거나 실제로 가담했다고 의심되는 이주민과 난민이 영주권 혹은 시민권을 소유한 국가들에서 반테러법안을 채택했다는 것이다.

존 케시(John Casey)는 2009년 IOM에 이렇게 썼다.

> 현 안보와 관련된 흐름을 보면, 이민에 대한 태도를 강화하거나 안보화하자는 것이 일반적 경향이다. 국경을 넘는 사람의 이동은 - 정착이 목표이든 관광이 목표이든 - 안보에 대한 관심으로 인해 더욱 제한적이고, 관료적이고, 버거워지고 있다.[28)]

계속해서 케시는 1948년 유엔인권선언은 거주국 안에서만 자유로운 이동을 보장하고 자국을 떠날 권리를 인정하지만, 타국에 정착할 권리는 인정하지 않는다고 말한다. 난민이나 이주민이 타국에 정착할 자유는 이주민과 난민이 입국할 여러 국가의 협력과 동의에 달려 있다.

---

28) Casey, John, 'Open Borders: Absurd Chimera or Inevitable Future Policy?' in International Migration, 48, 5, 2010, 14~62.

가족 상봉, 입양, 그리고 국경을 넘어선 결혼에 대한 규정

국경을 넘어선 결혼, 제 3국 국적자 및 시민권자 입양, 그리고 가족 상봉에 관련된 이주 정책을 규제하기 위해 국가적, 국제적 규정이 존재한다. 앞서 언급했듯이, 미국 같은 국가는 미국 시민권자의 특정 범주 내에 들어가는 친척에게는 연간 무제한으로 거주권을 준다(18세 이상 성인의 배우자, 자녀, 부모 포함). 하지만 당시 영국 정부는 타 유럽연합 국가와 자국 시민을 다룸에 있어 차이점을 시정해야 한다는 부담이 증가하고 있었다. 2012년 6월 영국 정부가 입법한 법안에 따르면, 비유럽연합 이주민을 배우자로 둔 영국인은 배우자를 부양할 수 있는 능력을 증명하기 위해 연간 소득이 최소 1만 8,600파운드 이상임을 입증해야 한다. 영국 상소법원은 정부 정책을 지지하여 이 정책이 합법적이라는 판결을 내렸고, 따라서 3,600명의 영국 시민이 배우자의 비자를 신청할 권리를 박탈했다.[29)]

2014년 12월 유럽 사법 재판소는 최근 가족구성원을 다루는 영국 법안의 어떤 측면이 유럽연합법을 위반한 것으로 판결했다. 영국에 거주하는 유럽연합 시민은 비 유럽연합 시민 배우자와 영국에 살기 위해 똑같은 재정증명을 할 필요가 없다는 점도 주요 항의 요소였다. 가족 상봉을 주관하는 규정과 법률은 주로 보안과 사회적 일관성에 대한 우려에 기인한 정치적 우려와 동기에 취약하겠지만, 같은 정도로 인권법의 틀에 의존하는 옹호론자들로부터의 지속적인 도전에 직면할 것이다.

한 시민이 배우자의 거주권을 보증할 자유가 항상 보장되지 않지만, 반면에 국경을 넘는 아동 입양은 이민을 반대하는 개인과 집단에게도 주의를 끌지 못한다. 한 부부가 해외에서 태어난 아이를 입양해서 양육할 권리에 대해 의문을 제기하는 경우는 드물고, 해외 입양아를 '이민자'라고 부르는 경우도

29) Travis, Alan, 'Appeal Court: if you earn 18,600 a year your foreign spouse can live in the UK' in The Guardian [Online], 12th July 2014. Available at http://www.theguardian.com/law/2014/jul/11/appeal-court-18600-foreignspouse-uk.

거의 없을 것이다. 콜린슨은 이에 대해 이렇게 말한다. "미디어에서 아이들이 이민자로 그려지는 경우는 거의 없다. 해외에서 태어난 입양아는 문화적 상상력 속에서 차지하는 특별한 위치가 있을 뿐이다."[30)]

이런 이유로 제1세계 국가에서는 해외 입양을 마지못해 비준하는지도 모른다. 1993년 *헤이그 국제아동입양협약*[역66]을 비준한 나라는 현재까지 90개국에 달한다. 하지만 1967년 아동입양을 위한 유럽협약에 기재된 입양 방침을 비준한 국가는 46개 회원국 중 18개국뿐이다. 예를 들어, 1970년대에 캐나다와 미국 연방 당국은 미국인 부모의 캐나다 아이 입양에 대한 규정 만들기를 주저했다.[31)] 미국의 입양 부모는 중국이나 한국에서 아이를 입양하기 원할 가능성이 높다. 한국은 아직 헤이그 입양 협약을 비준하지 않았고, 한국과 중국 모두 입양 절차를 가능한 능률적이고 원활하게 하기 위한 정책을 개발해왔다. 이와 대조적으로 아프리카 국가 중에는 입양 부모에게 거주 자격조건을 이행하도록 요구하는 나라가 많아 국제 입양을 효과적으로 배제해왔다. 다른 대다수의 국가도 입양을 제한하거나 금지한다.

아동권리보호협약(UN-CRC)은 해외 입양을 언급하며, 1986년 국가적, 국제적 차원에서 양육 장소와 입양을 고려한 아동보호와 복지에 대한 사회적, 법적 원리에 대한 선언에서 회원국에게 국경을 넘어 입양되는 아이의 보호를 위해 정책, 입법안, 그리고 효율적 조항을 세우도록 요구했다.

국제적, 지역적 정책의 공통된 의견은 국내 입양을 원하는 양부모가 없는 경우에만 해외 입양이 가능하다는 것이다. 아이의 권익이 가장 우선시되어야 하고, 당국과 정부가 국가 내부에서의 입양에 준하는 수준의 규준에 맞추어 실행해야 하며, 금전적 이익을 위한 입양은 이루어져서는 안 된다고 요구한다.

---

30) Leinaweaver, Jessica, 'The Quiet Migration Redux: International Adoption, Race, and Difference' in Human Organizations, 73, 1, Spring 2014, 63에서 인용.

31) Balcom, Karen, The Traffic in Babies: Cross-Border Adoption and Baby-Selling between the United States and Canada, 1930~1972 Toronto: University of Toronto Press, 2011을 보라.

이주민과 디아스포라 크리스천을 위한 법률을 만드는 데 있어 디아스포라 선교학은 무엇인가?

에스더 리드(Esther Reed)의 국제법에 대한 신학적 서술에 몇 가지 중요한 신학적인 관점이 있다. 리드는 국제법을 포함한 모든 것은 자신의 *텔로스*(telos, 목표와 결론)를 하나님 역사의 마무리 순간에 올 심판과 회복의 관점에서 찾는 것이 성경적 계시의 중심이라고 주장한다. 덧붙여 예수님의 인격(person of Jesus)이 모든 법적 진리의 원천이라 말하며 다음과 같이 주장한다.

> 기독교 신학적 관점에서 국제법을 생각하는 것은 정체성의 문제와 예수님 안에서 현현하신 하나님의 창조 목적과 분리될 수 없다.[32]

또한, 믿는 사람이, 이질적이고 다양한 정치적, 문화적, 종교적 배경을 가진 사람이 '건설적으로 국제법과 정책 문제에 함께 참여'할 수 있으리라 희망한다면, 이 희망은 사랑의 하나님의 은혜가 충만한 주권에 그 원천이 있다.[33] 오직 이러한 사랑의 하나님께서 그분의 창조물에게 행동하심으로 부분적으로 혹은 불완전하게나마 모든 문화와 당국에 의해 그분의 뜻이 알려질 수 있다. 이는 물론 국제법에 대한 하나님의 뜻을 아는 지식도 포함한다.

리드의 신학적 신념에 따르면 국제법은 특정(개인적)의 선과 공동(국가적, 지역적, 국제적)의 선을 구체적으로 심도 있게 고려해서, 세계평화와 정의를 위한 조건을 충족시켜야 한다.[34] 리드는 이것이 국제협약과 조약을 평가하

---

32) Reed, Esther, *Theology for International Law*, London: Bloomsbury T&T Clark, 2013, 299.

33) Reed, Esther, *Theology for International Law*, London: Bloomsbury T&T Clark, 2013, 301.

34) Reed의 특정, 공동의 선은 어떤 형태의 국제법이 국가적, 지역적, 또는 국제적 차원(따라서 '공동')뿐만 아니라 개인(또는 '특정')의 필요를 가장 잘 다룰 수 있는지 표현하는 방식으로 이해할 수 있다.

는 방법이어야 한다고 주장한다. 정당한 민주적 절차를 밟지 않았다는 비판을 받아도 상관없이 말이다. "국가나 개인의 동의를 넘어서는 더 높은(더 깊은) 어떤 것이 계속해서 광범위한 동의를 끌어낼 규범을 낳게 하리라는 것"이다.[35] 이렇게 리드는 디아스포라 선교학자들이 신학적으로 형성된 세계관 속에서 규범을 논의하고 형성하는 데 기여할 합리적 근거를 내놓았다.

성경을 주의 깊게 연구한 후 신학적 비평을 엄격하게 적용함으로써, 리드는 국경 없는 세상의 미덕을 인식하고 개별 국가의 성경적 실재를 인정하면서도 "비현실적인 세계주의적 관점"을 비평한다. 리드의 글과 디아스포라 선교학의 상관관계는 분명히 더 연구할 가치가 있다. "좋은 울타리가 선한 이웃을 만든다."는 주장에 신학적 사례가 있다고 주장하는 사람뿐 아니라, 지구촌 신학 개념을 조사하는 우리와도 관계가 있기 때문이다.

리드는 국제법 정치학을 위한 세 가지 도덕적 우선순위, 즉 가난한 자, 억압받는 자, 소외된 자에 대한 관심을 제시하면서, 이것이 부유하고 권력 있는 사람이 원하는 사람과 배제하는 사람보다 우선시되어야 한다고 주장하며 11개 명제로 글을 맺는다.

한마디로, 리드는 위에서 훑어본 이주 및 난민 정책의 규제적 범주에 참여하는 탄탄한 신학적 방법을 제시한다. 리드의 신학은 국제 협약과 국제 의정서, 특별히 인권 담화에 대응하고 평가하는 방법을 강조한다. 리드는 상당수의 이주민과 디아스포라 인구가 사는 국가에서 이주노동자가 호스트 국가에 통합되는 방법이 민족과 나라가 *하나님의 형상*을 반영하는 것이 무엇인지를 집약적으로 적절하게 보여주는 새로운 방법을 제안한다. 여기서 리드가 강조하는 시각은 디아스포라 신학자에게 새로운 방식의 담화를 가능하게 한다. 이주민과 난민이 교육을 받고 일자리를 얻도록 독려하는 방법은 결실과 창조성에 관련된 성경적 담화를 인식하게 하는 방법이라는 점이다. 결실과 창조성은 *하나님의 형상*으로 창조된 사람의 실재를 부분적으로 드러낸다.

35) Reed, Esther, Theology for International Law, London: Bloomsbury T&T Clark, 2013, 304.

리드는 가난한 자, 억압받는 자, 소외된 자를 위한 도덕적, 윤리적 주장을 펴면서 이주민과 난민을 위해 그들의 환경과 상관없이 정의와 *평안*을 확보해 주는 규정에 대해 크리스천이 지속해서 관심을 보이는 것이 타당하다고 했다. 예를 들어, 고용주의 노동법 위반으로 착취당하거나, 노동과 안식일 휴식을 병행하도록 창조된 사람이라는 성경적 계시가 부인된 채 단순 노동자로 취급받으며 일하는 이주 노동자를 변호하는 활동이 있다. 또한, 더 강력한 반인신매매법을 옹호하는 일은 착취당하고 자신의 의지에 반하여 매춘 알선업자와 인신매매자에게 사로잡힌 개인의 자유를 변호하는 것이다(눅 4:18).

리드는 소외된 취약계층의 어려움 중에서도 해외에서 일하는 부모의 부재로 먼 친척에게 양육된 아이가 겪는 관계적, 정서적, 심리적 손상을 강조한다. 또한 의료 서비스 종사자의 대규모 이주로 인해, 이민 나온 국가의 시민이 겪을 수 있는 어려움에 대해서 신학적으로 무지하지 않은 논의를 할 수 있게 한다. 리드의 국제법 입안에 대한 글은, 이런 상황에 대한 해결책을 찾기 위해서는 국제기구와 국가기관이 세계의 부유한 국가의 유자격 의료 인력에 대한 지속적인 필요로 인해 발생하는 불균형을 시정할 책임을 공유해야 하다는 것을 일깨운다.[36]

당면한 논의 과제와 관련된 리드의 마지막 글은 국경 통제에 관한 것이다. 리드는 결론적으로 열린 국경에 대한 바람을 조심스럽게 피력했지만, '무국경' 정책과 '열린 국경' 정책의 주요 차이점에 대해 기술하지는 않았다.[37] **국경 통제 안보화 정책과 실행에 대한 평가는 '법의 힘'이라는 도덕적 우선**

36) 호주 간호 저널은 2010년에 호주에 자격 있는 의료종사자 부족이 약 25,000건에 달하기 때문에 숙련된 의료종사자의 이민을 장려해서 부족분을 메워야 한다고 말했다. 아이러니하게도, 동시에 호주에 27,500명의 등록된 간호사가 일하지 않고 있다고 보고했다. 이런 상황에 대해 포괄적인 해결책을 제시하기 위해서는 등록된 간호사가 일을 하지 않는 상황이 발생하는 이유를 신중하게 검토해야 한다. Blake, Nicholas, 'Nursing Migration: issues of equity and balance' in Australian Nursing Journal, 18, 3, Sep 2010, 24~27.

37) Casey, John, 'Open Borders: Absurd Chimera or Inevitable Future Policy?' in International Migration, 48, 5, 2010, 53.

순위를 능가하는, '힘의 법(폭력적 법)'**에 대한 리드의 경고**[38]**와 민족과 국가의 개별적 특징 및 '추상적 원리로의 인간성 격하**(reduction of humanity to an abstract principle)'[39]에 대한 논의에 대해 숙고를 요구한다. 안보와 위험에 대한 담화를 위해서는 합법적, 불법적 무력행사와 때로는 과도한 폭력을 동반하는 난민과 이주에 대한 국경 통제의 특징에 대한 신학적 비평이 필요하다.

마무리 제언

하나님이 창조한 세상에서 이루어지는 하나님의 선교에 반응해 기독교의 실천적 행위에 구체적인 변화를 가져오는 것이 선교학의 존재 이유이다. 예를 들어, 이민자나 난민과 인신매매 피해자를 옹호하는 것에는 기독교 신학의 풍부한 전통이 있다. 신학적 세계관을 실천하면서 디아스포라 선교사는 국제이주 및 난민 정책, 협약 및 의정서 작성에 기여하고 있다. 이것은 특히, 인도주의 및 경제적 규제 체제가 하나님의 형상으로 창조된 사람들의 위엄을 드러내고, 이 상황에서 모든 인간 활동의 타락한 성격을 똑같이 심각하게 생각하도록 하는 데 기여해야 한다. 현실 정치라고 주장되는 국제 정치에 이런 인간 조건의 실재가 적절히 반영되어야 한다.

---

38) Reed, Esther, Theology for International Law, London: Bloomsbury T&T Clark, 2013, 305.

39) Reed, Esther, Theology for International Law, London: Bloomsbury T&T Clark, 2013, 306.

토 의

1. 국제협약과 조약 중에 가장 중요한 두 가지 또는 세 가지를 뽑아서 이들이 어떻게 디아스포라 상황에 있는 크리스천에게 직접 영향을 미치는지 기술하라.
2. 국제법을 위한 신학적 틀을 개발하는 것이 얼마나 도움이 되며 적용할 만하겠는가? 이 신학적 틀에 롬 13:1~7과 계 13:1~10 사이에 존재하는 분명한 긴장 관계를 어느 정도까지 반영할 필요가 있는가?
3. 이민 정책의 규정을 둘러싼 논쟁에 기독교가 기여할 공간이 있다면, 규제 행동의 어느 측면에 우선순위를 두고 가장 많이 집중해야 하는가? 왜 그런가?

4장

이주 현상에 반응하며: 디아스포라 선교학의 초기 주창자와 로잔 운동

사디리 조이 티라 / 대럴 잭슨

편집인이 사디리 조이 티라 박사의 글[1]을 이곳에 싣는 이유는, 4장이 1부의 1~3장에서 다룬 현상학적 내용과 나머지 부분을 이어주는 가교 구실을 한다고 믿기 때문이다. 4장은 20세기 말의 이주 현상을 진지하게 받아들이고 이런 추세와 현실을 보다 계획적으로 연구해서 선교학을 형성하려는 일련의 선교학자 그룹이 어떻게 시작되었는지를 밝힌다. 우리는 이 책의 편집에도 같은 의도가 있다고 생각한다.

디아스포라나 이주 현상이 존재하지 않고는 디아스포라 선교학도 이주 신학도 있을 수 없다. 선교학은 학문에 매인 신학자의 이론적 추측으로 이루어진 것이 아니다. 오랜 세월 디아스포라 신앙의 실재와 이주 상황에 참여한 사람이 겪은 갈등, 경험, 간증의 열매이다.

하지만 더욱 중요한 점은 디아스포라 선교학은 이주와 디아스포라에 관련된 인간 경험에 헌신한 만큼, 신학적 사역에 헌신한 사람의 활동이라는 점

1) Tira, Sadiri Joy의 최초 저술 "Diaspora Missiology and the Lausanne Movement at the Dawn of the Twenty-First Century" in Chandler H. Im and Yong, Amos, eds., Global Diasporas and Mission (Oxford: Regnum Press, 2012) 214~227.

이다. 사회학과 인류학은 본질상 여러 학문이 관련된 선교학의 필수요소이지만, 그 자체로 이주와 디아스포라 상황 속에서 공유된 경험과 개인의 경험을 해석하고 변화시키기에는 부족하다. 인문학이 제공하는 디아스포라 이야기는 튼튼한 성경적, 신학적 해석으로 생명이 불어 넣어지지 않고는 부분적이고 불완전할 뿐이다. 우리는 이 책이 경험적 기술, 현상학적 분석, 그리고 신학적 해석을 유례없이 잘 통합했다고 자신 있게 말할 수 있다. 이어지는 글은 이 통합이 초기 디아스포라 선교학자에게 왜 긴급한 임무가 되었는지를 설명할 것이다.

크리스천과 선교 단체가 21세기 디아스포라가 주는 도전과 카이로스적인 기회를 깨닫기 시작하면서, 선교학자, 선교사, 신학자는 선교학적 시사점을 기록하기 위해 노력했다. 이들의 학문적 수고가 하나로 모아졌고, 이 노력은 디아스포라 선교의 초기 문서화에 중대한 공헌을 했다. 이것이 훗날 디아스포라 선교 추진을 위한 틀이 되었다.

초창기에 로잔 운동 내에서 디아스포라 선교를 주창한 사람은 LCWE 전 국제 총재이자 2004년에 《글로벌 가스펠》을 저술한 톰 휴스턴과 2003년에 '이주 모델'을 주장한 사무엘 에스코바(Samuel Escobar)이다.[2)]

복음주의 선교학자인 웨스턴 신학교의 에녹 완과 FIN의 사디리 조이 티라가 휴스턴과 에스코바의 생각을 발전시켜 '선교하는 디아스포라'[역67]와 '디아스포라 선교학'의 정의를 도입했다.[3)] 이들은 선교하는 디아스포라를 "개인의

2) Tom Houston, 'Postscript: The Challenge of Diaspora Leaders for World Evangelism,' in Pantoja, Tira, and Wan (eds), Scattered, 363~68, and Samuel Escobar, 'Migration: Avenue and Challenge to Mission,' Missiology 31.1 (2003), 17~28을 보라.

3) Enoch Wan 에녹 완과 Tira, Sadiri Joy는 디아스포라 선교에 대해 광범위하게 글을 썼다. 이들이 편집한 Missions Practice in the 21st Century (Pasadena: William Carey International University Press, 2009). 또한, Wan과 Tira의 다음 글에 사례연구 논의가 있다. 'The Filipino Experience in Diaspora Missions: A Case Study of Christian Communities in Contemporary Contexts,' in Enoch Wan and Michael Pocock (eds), Missions from the Majority World: Progress, Challenges, and Case Studies (Pasadena: William Carey Library, 2009), 387~411.

직업이나 속한 교단과 상관없이 지상명령을 수행하는 일에 활발히 참여하거나 활동하는 흩어진 민족 집단"이라고 정의했다. 이에 따라 디아스포라 선교학은 "지리적으로 흩어진 디아스포라 그룹 현상의 선교학적 연구 및 하나님 나라를 위해 모이는 전략"이라 정의했다.[4)]

2002년 6월, 미국선교학회 연례총회가 '기독교 선교를 위한 이주의 도전 과제와 기회'라는 주제로 열렸고, 그 과정을 《*미시올로지(Missiology)*》라는 잡지가 펴냈다.[5)] 선교학자들이 이미 배치된 '하나님 나라의 사역자'로서 디아스포라 크리스천의 거대한 잠재력을 인지하기 시작하면서, 국제 이주를 추적하는 학문적 연구에 참여하는 선교학자의 수가 늘고 있다.

2004년 태국 파타야에서 열린 세계 복음화를 위한 로잔 포럼에서 디아스포라 이슈 그룹이 발족했다. 이 모임은 로잔 미간행본 55번, 《*디아스포라와 유학생 : 새로운 이웃들*》을 펴냈다.[6)] 나아가, 필리핀 디아스포라를 디아스포라 선교의 예로 든 《*흩어진 자들 : 세계 곳곳의 필리핀 사람들(Scattered: The Filipino Global Presence)*》이라는 책은 포럼 참석자 모두에게 배포됐다.

이 책은 흩어진 사람들, 특별히 디아스포라 필리핀인이 동기부여를 받고, 무장되고, 동원되어 세계 선교에 활발히 참여하도록 촉구하고 있다. 이 책에

---

4) Tira, 'Scattered with a Divine Purpose, and Enoch Wan, 'Diaspora Missiology,' Occasional Bulletin of Evangelical Missiological Society 20.2 (2007), 3~7을 보라. 로잔 운동 외부에서 이주와 선교 연구에 가장 크게 기여한 저명한 학자로는 Edinburgh Seminary의 Andrew Walls와 Pennsylvania State University의 Philip Jenkins가 눈에 띈다.

5) Missiology: An International Review 31.1 (2003), a special issue devoted to 'Mission and Migration,' edited by Terry C. Muck를 보라.

6) Lausanne Committee for World Evangelization Issue Group No. 26 A and B: Diasporas and International Students, 'Lausanne Occasional Paper 55: The New People Next door,' in David Claydon (ed), A New Vision, a New Heart, a Renewed Call: Lausanne Occasional Papers from the 2004 Forum of World Evangelization Hosted by the Lausanne Committee for World Evangelization – Pataya, Thailand September 29~ October 5, 2004 (Pasadena: William Carey Library, and Delhi: Horizon Printers and Publishers, 2005), 75~137. 다음 몇 단락의 자료는 로잔 세계 복음화 소위원회 책자, Scattered to Gather: Embracing the Global Trend of Diaspora (Manila: LifeChange, 2010), 6~8에서 가져왔다. Sadiri Joy Tira가 주요 저자 중 한 명이다.

는 역사적인 인구 통계학, 성경 신학, 선교 방법론과 국제 전략이 하나로 모여 필리핀 디아스포라가 세계 선교에 미치는 영향력이 논의되었다. 이 책의 편집자들은 첫 번째 저술을 통해 최초로 디아스포라 선교학을 신학적으로 다루도록 했다는 점에서 높이 평가받는다.[7]

2007년 로잔 운동 회장인 더글라스 버드살과 국제 분과장인 테쓰나오 야마모리의 지휘 아래, LCWE는 디아스포라 시니어 멤버(사디리 조이 티라 박사)를 임명하고, 사디리 조이 티라 박사가 2008년에 로잔 디아스포라 리더십팀(LDLT)을 결성했다. LDLT는 당시 꽃을 피우던 디아스포라 운동(필리핀인, 중국인, 한국인, 남미인 포함) 간에 협력을 촉발하는 데 헌신했다. 나아가 로잔 지도부는 LDLT로 하여금 복음주의 디아스포라 신학과 전략을 만들어 제3회 로잔 대회에서 발표하도록 했다. 제안된 전략은 공식적으로 '디아스포라 선교학'이라고 불리게 될 예정이었다.

2009년, LDLT는 디아스포라 사람들에게 다가가는 복음적 전략을 통합하고, 그 전략을 튼튼한 선교학적 틀 속에 세워진 성경적, 신학적 기반에 깊이 뿌리박고자 두 번의 컨설테이션을 개최했다. 2008년 5월 그린힐 기독교 공동체가 주최하여 필리핀 마닐라에서 열린 로잔 *디아스포라 전략 컨설테이션*이 그것이다. 그린힐 기독교 공동체는 빠르게 성장하는 메트로 마닐라에 있는 교회로서 교인들에게 디아스포라 선교에 대해 동기부여를 하고 싶은 열정이 있다.

이 컨설테이션에는 정부와 비정부 기구, 신학교, 교단 및 기독교 유관 단체가 참가했다. 협의회 결과 디아스포라 종족에 대한 정의와 이들에게 영향을 끼치는 다양한 쟁점들에 대한 정의, 그리고 디아스포라 사람들과 함께, 그리고 그들을 대상으로 사역하는 기관, 그룹, 개인에 대한 정의가 내려졌다. 나아가 학술 기관에 참여한 사람을 중심으로 위원회를 구성하여 제3차 로잔대회 이후 디아스포라 선교학의 미래에 제기될 많은 질문에 답을 하기 위해 로잔

---

7) Luis Pantoja, Jr, Sadiri Joy Tira, and Enoch Wan, eds., Scattered: The Filipino Global Presence (Manila: LifeChange Publishing Inc., 2004).

디아스포라 교육가 협의회를 기획할 임무가 주어졌다.

2009년 11월 대한민국 서울의 횃불트리니티신학대학원대학교가 주최한 *로잔 디아스포라 교육가 컨설테이션*에서는 디아스포라 선교학을 위한 서울 선언을 채택했다. 서울 선언은 디아스포라 선교학을 "조국과 고향을 떠나 사는 사람들 사이에서의 하나님의 구속적 사역을 이해하고 그 일에 참여하기 위한 하나의 선교학적 틀"이라고 재정의했다.[8)] 이 선언은 하나님 나라 디아스포라 사역에게 동기를 부여하고, 무장시키고, 동원하기 위해, 선교 단체, 학회를 포함해 교회를 하나로 모았다. 이 협의회가 추진한 또 다른 주요 발전은 지역 *디아스포라 교육가 팀*을 세운 것이다.

두 컨설테이션을 통해 얻은 디아스포라 선교학에 대한 새로운 이해로 복음주의 교회가 이미 보유하고 있는 자원을 활용해 *이미 현장에 존재하는* 디아스포라 크리스천을 훈련시켜 공식, 비공식 차원에서 선교 동력을 동원하도록 하는 것이 목적이었다. 이 선교 동력은 선교 비자도, 선교 단체가 스폰서하는 국제 이주도 필요로 하지 않는다. 더욱이 하나님 나라 디아스포라 사역은 정치적 제한도 받지 않고, '닫힌 문'도 거의 없다. 마지막으로, 하나님 나라 디아스포라 사역는 혼자 살아남지 않아도 되며, 협력 네트워크와 파트너십으로 존속할 것이다.

로잔의 디아스포라 의제**역68**를 발전시키기 위해, 옥스퍼드 선교연구센터의 토마스 하비가 이끄는 *유럽 디아스포라 교육가 팀*이 2010년 4월 16일에 옥스퍼드에서 *LCWE 디아스포라 교육가 협의회(유럽)*를 개최했다. 그랜트 맥클렁이 이끄는 *북미 디아스포라 교육가 팀*은 2010년 9월 22~23일, 노스캐롤라이나 샬럿에서 열렸다.

LCWE(제3차 로잔대회)이 2010년 케이프타운에서 개최되었을 때, 참가자

---

8) '디아스포라 선교학을 위한 서울선언'은 아래의 웹사이트를 참조하라. https://www.lausanne.org/content/statement/the-seoul-declaration-on-diaspora-missiology. 2009.11.14. 일자. 또한, 이장의 마지막을 참고하라. '디아스포라 선교학'은 에녹 완이 최초로 정의하고, 2009년 서울 협의회에서 재정의되었다.

의 열화 같은 요구에 의해 디아스포라와 선교가 본회의에서 다뤄진 동시에 개별 멀티플렉스 세션에서 두 번 발표됐다. LDLT는 *디아스포라와 하나님의 선교*라는 제목으로 디아스포라 선교 신학에 대한 정책지침서를 발표했다. 이 지침서는 《*모으시기 위한 흩으심 : 세계적 디아스포라 현상을 아우르며*》라는 광범위하고 풍성한 모음집으로 발행되어 케이프타운 참가자에게 배포됐다. 보다 전략적으로, 디아스포라 선교는 로잔위원회 공식선언문인, *케이프타운 언약 실천적 행함*의 IIC.5조에서 확인된다.[9)]

제3차 로잔대회를 마무리하며, 케이프타운대회 이후에도 디아스포라 네트워크를 넓히고 디아스포라 의제를 기획할 수 있도록 글로벌 디아스포라 네트워크가 구상되었다. 이 네트워크가 제3차 로잔대회를 준비하기 위해 특별히 구성되었던 LDLT를 공식적으로 대체했다. 로잔 지도부의 지원을 받아 존경받는 디아스포라 학자와 실행가로 구성된 국제자문회가 2011년에 결성되었다. GDN 본부와 사무국이 마닐라에 세워졌으며, 필리핀 기업 등록관리위원회에 공식적으로 등록되어 법적 정체성을 확보했다. GDN 자문위원회 연례총회는 2011년 2월 프랑스에서 열렸다. 글로벌 디아스포라 네트워크를 통해, 사디리 조이 티라는 2012년에 디아스포라 로잔 운동의 일환으로 디아스포라와 선교의 의제에 헌신된 보다 광범위하고 강한 조직을 세우기 시작했다.[10)] 2011년 6월, 메사추세츠주 보스톤에서 열린 국제로잔지도자회의에서 *글로벌 디아스포라 포럼*이 2015년 3월, 마닐라에서 공식적으로 열릴 것이라고 발표됐다.

로잔 운동 산하에서 GDN은 '사회 전 영역에서' 그리고 '생각의 차원에서' '예수 그리스도와 그분의 가르침을 증언'하기 위해 헌신한다.[11)] GDN은 2011

---

9) 케이프타운 언약 실천적 행함은 https://www.lausanne.org/content/ctc/ctcommitment#p2-3 참조. 2015.12.29.을 방문하라.

10) GDN은 로잔 운동 산하에서 활동하며 로잔 운동의 철학을 따른다. '함께 전 세계 곳곳에서 - 지리적 차원에서뿐 아니라 사회의 전 영역과 생각의 차원까지- 예수님 그리스도와 그분의 가르침의 증인이 되고자 한다.' GDN 설립은 로잔 글로벌 대회에서 발표되었다. http://conversation.lausanne.org/en/conversations/detail/11347#.VobibyinxQc, 2015.12.29.

년 8월 마닐라에서 열린 *극동아시아 디아스포라 교육가 컨설테이션*에 참석할 지역 교육자를 모아서 하나님 나라 안에서 협력하는 네트워크를 세우는 LDLT 사역을 계속했다.

2011년 즈음 디아스포라 선교학은 학술과 교육기관에서 뿌리를 내리기 시작했다. 2011년 여름, 마닐라에 있는 연합대학원이 *디아스포라 선교학 협회*를 선보였다. 2011년 겨울, 앰브로즈 대학(캐나다 캘거리)의 *국제적 대응을 위한 제프레이 센터*역69는 디아스포라 선교 전문과정 및 대학과 신학대학에서 제공하는 일련의 디아스포라 과정을 소개했다. 마지막으로 2012년 봄, *우크라이나 복음주의 신학대학*에서 유라시안 디아스포라 연구 센터역70를 발족했다. 끝으로 전 세계 신학원, 대학교, 칼리지에서 디아스포라 관련 논문을 쓰는 복음주의 박사과정 학생 수가 늘어나고 있는 점도 주목할 만하다. 이들의 연구와 저술은 증가하고 있는 디아스포라 선교 문헌 영역에 중대한 기여를 할 것이다.

GDN 자문위원회는 2012년 7월 2~5일에 토론토에서 다시 모였다. 2015년 3월 마닐라에서의 *글로벌 디아스포라 포럼* 준비 및 더 많은 지역 교육가 협의회 기획을 포함해서 향후 3년의 로잔 디아스포라 아젠다를 세우기 위해서다.

동적(Kinetic) 선교 이론과 실행 : 케이프타운부터 그 '너머'로

현재의 이주 및 디아스포라 동향과 현실은 선교학자와 선교 실행가에게 영토에 국한되고, 지리적으로 초점이 맞춰진, 선호해온 선교 이론과 실행을 재평가하도록 하고 있다. 세계는 점차 국경이 없어져 가고, 그들이 있는 곳에

11) 로잔 운동, GDN 공식 홈페이지 인용. http://www.global-diaspora.com/, 2015.12.29.

서 수백만의 흩어진 사람에게 접근할 수 있는 복음적 도전 과제로 인해 초국가적이며 공간에 제한받지 않고 움직이는, 동적인 선교학의 필요성이 시급해지고 있다.

에녹 완은 <디아스포라 선교학>이라는 글에서 전통 선교학과 디아스포라 선교학의 차이점을 관점과 패러다임을 포함해서 네 가지 요소로 설명한다. 완이 주장하는 전통 선교학의 관점은 다음과 같다.

> 지리적으로 분리되어 있고, 현재의 패러다임은 여전히 랄프 윈터의 민족 단위 및 복음에의 접근성에 기초한다. 하지만 디아스포라 선교학의 관점은 공간에 제약을 받지 않고, '국경이 없거나' 초국가적이며, 세계적이다. 디아스포라 선교학의 패러다임은 '섭리에 따라 공간적으로, 영적으로 사람들을 움직이는 하나님의 방법을 보고 따르는' 21세기 현실을 포함한다.[12)]

랄프 윈터가 2004년 《흩어진 자들(Scattered)》이란 책을 지지한 점을 볼 때, '디아스포라 선교학은 오늘날 가장 중요하지만 아직은 소화되지 않은 선교적 사고의 현실일지도 모른다. 우리는 세계의 사람들 대부분을 더는 지리적으로 정의할 수 없다는 생각을 아직도 이해하지 못하는 것일 수 있다.'

현대 선교학에서 '이곳에서 저곳으로 옮겨가는' 전통적 선교 패러다임에 맞춰진, 그리고 '해외' 대 '국내' 선교를 차별화하는 경향성을 조정하는 일은 도전 과제였다. 하지만, GDN은 어느 곳에 있든지 디아스포라 상황에 처한 사람을 대상으로 하는 동적 선교 모델을 장려하기 위해 투자했고, 이를 통해 이미 존재하는 자원을 사용함으로써 전통 선교를 보충했다. 동적 선교 모델은 이미 그 지역에 있는, 또는 배치될 준비를 하는 디아스포라 크리스천을 공식, 비공식적으로(직업적 선교사 외에도) 훈련하는 일을 포함한다.

실제로 디아스포라 선교학이 무엇인지 묻는 사람이 있었다. 크리스천 이

12) Enoch Wan, Diaspora Missiology, 6.

주민 노동자가 미치는 영향력에 대한 많은 간증을 포함해서 점차 증가하고 있는 문헌이 증명하는 디아스포라 선교의 예는 많이 있다. 이 책은 사례연구를 통해서 그 작업에 힘을 보탰다.

디아스포라 선교학을 추진하는 프로젝트가 증가하고는 있지만, 현재 복음주의 학계 내에서 하나님 나라 사역를 디아스포라 미션을 위해 동시에 훈련하는 통합화된 노력은 부재하다. 디아스포라 현상이 점차 21세기 중요 쟁점으로 인식되면서 GDN은 디아스포라 선교학을 복음주의 학술 기관 커리큘럼에 포함하는 것이 시급하다고 주장해왔다. 또한, GDN은 디아스포라 선교와 디아스포라 선교학을 공식, 비공식적 차원에서 가르치는 데 혼신의 노력을 다하고 있다. 공식적으로 천명한 목표는 미래의 목회자, 국제적 사역, 선교사, 평신도 지도자를 훈련하는 것이다. 계획적인 디아스포라 훈련은 노동자를 '국경 없는**역71** 세계'에서 동적 선교를 하도록 준비시킬 것이다.

미래 전망

학자와 실행가가 디아스포라 선교학을 실행하면서 특별히 *2015년 글로벌 디아스포라 포럼*의 성취에 기초해 본 책자를 준비하는 과정에서, 디아스포라 선교가 가속화되리라 기대한다. 포럼과 책자는 티라 박사와 GDN 멤버가 실천을 향한 *케이프타운 소집*[13]에 녹아 있는 디아스포라 선교의 모델과 주제를 끌어내도록 공간을 마련해주었다.

a. '교회와 선교 지도자'는 '글로벌 이주와 디아스포라 공동체에서 사역하도록 부르심을 받은 사람을 집중 훈련하고 자원하며 전략적으로 기획하는 데 현존하는 선교적 기회를 인식하고 이에 응답하여' 카이로스의 기회를 받아들

13) 부록 E의 케이프타운 서약 실행에의 부름 IIC. 5. 전문 참조.

이도록 한다(*케이프타운 서약* IIC.5.A).

b. '디아스포라 공동체에 속한 크리스천'은 '그들이 선택하지 않았을지 모를 상황 속에서도 하나님의 손길을 분별하고, 자신을 받아준 공동체에서 그리스도의 증인이 되며 그곳의 번영(welfare)을 구할 수 있도록 하나님이 기회를 주시기를 구한다. 이주민 수용국의 기독교 교회, 이주민, 토착민 교회 모두가 서로에게서 듣고 배우며, 자신이 사는 나라의 모든 분야에 복음이 전해지도록 혼신을 다해 협력한다'(케이프타운 서약 IIC.5.C).

c. '다른 종교적 배경을 가진 이주민 공동체가 존재하는 이주민 수용 국가의 크리스천'은 '이방인을 사랑하고, 외국인의 사정을 변호하며, 감옥에 갇힌 자를 방문하고, 손님을 대접하고, 우정을 쌓고, 집에 초대하며 돕고 섬기라는 포괄적인 성경의 명령에 순종함으로써 주류문화에 편승하지 않으며 말과 행위로 그리스도의 사랑을 증거'하도록 한다(케이프타운 서약 IIC.5.B).

이 모델과 주제는 동적 선교 모델의 중심에 있는 핵심가치와 개념을 드러낸다. '온 교회가 온전한 복음을 온 세계에 전하자'라는 로잔 운동 비전의 중심에 동적 선교 모델이 있다.[14] [15]

토 의

1. 디아스포라 연구 프로그램과 디아스포라 선교학 프로그램의 구별점이 무엇이라 생각하는가? 이 점이 디아스포라와 이주 상황에 있는 크리스천 학생에게 중요한 이유는 무엇인가?
2. 케이프타운 로잔 운동 서약의 첫 부분은 글로벌 디아스포라 네트워크의 광범위한 활동에 어떤 신학적, 선교학적 지원을 하는가? 7부에 수록

14) 디아스포라 선교학 서울 선언은 부록 B를 참조하라.
15) 케이프타운 서약은 부록 E를 참조하라.

된 부록 E(케이프타운 서약의 '실행에의 부름'을 인용)는 케이프타운 서약의 첫 부분(믿음의 고백)과 일관성이 있는가?

3. '동적' 선교라는 새로운 개념이 암시하는 바는 무엇인가? 새 개념을 사용하는 것의 잠재적 유익과 단점은 무엇인가?

2부

디아스포라 선교학의 성경적 · 신학적 토대

편집자

토마스 하비(Thomas Harvey)

정미연

서론

성경, 신학, 그리고 디아스포라

편집자

토마스 하비 / 정미연

끊임없는 이동은 현대 생활과 사역의 중요한 양상이고 앞으로도 그러할 것이다. 실제로 정부와 종교 지도자, 학자, 일반인이 계속 증가하고 있는 이민자를 대처할 때 느끼는 압박감은 전 세계의 공통된 뉴스거리이다. 이에 대해 각자 대책을 강구한다. 어떤 이는 법을 살피고, 어떤 이는 관련 연구 결과를 읽는다. 그리스도인에게는 오늘날의 선교와 사역에 있어 영적인 그리고 실제적인 방향성을 제시해 줄 수 있는 성경이 있다.

성경은 하나님이 창조와 구속이라는 목적을 이루시기 위해 이주민과 이주에 큰 역할을 맡기셨다는 독특한 관점을 제시한다. 하나님이 당신의 피조물과 피조물의 구원을 위한 계획과 목적을 이루시기 위해 이동 중인 사람을 선택할 뿐만 아니라 하나님이 선택한 이들에게 고향땅을 떠나 새로운 땅으로 이주하라고 부르시는 경우도 적지 않다. 지금부터 살펴볼 장들은 이 신성한 소명에 관한 것이다. 먼저 성경에 나타난 이주민과 이주의 역할에 대해 알아보고 성경의 계시가 오늘날 이동 중인 사람을 위한, 그들을 통한, 그리고 그들 너머의 선교와 사역에 대해 신학적으로 그리고 윤리적으로 어떠한 의미가 있는지를 고찰할 것이다.

2부는 이주에 관한 신구약 성경의 관점을 고찰하는 것으로 시작해 이주에 관한 신학적, 윤리적 관점을 소개하는 것으로 끝난다. 독자에게 이주에 관한 성경적 이해를 제공하고 이주와 이주민을 섬기는데 필요한 신학적, 윤리적 도구를 제공할 목적으로 각 장을 정리했다.

다니엘 캐럴(로다스)(M. Daniel Carroll R. (Rodas))는 그가 저술한 5장 <*구약성경의 디아스포라와 선교*>에서 선교를 이해하는 데 있어 구약성경의 역할이 무엇이었는가를 고찰한다. 먼저 구약성경은 이주 자체와 그로 인해 이주민이 마주하는 생존 및 정체성의 도전 그리고 하나님에게 버려졌다 느끼는 신앙의 위기에 대해 *서술*한다. 이것은 그리스도인에게 이주민이 겪는 현실의 어려움을 상기시키고 이동하는 사람에게는 풍부한 방편을 제시한다.

구약성경을 읽고 구약성경과 소통하면서, 이주민은 그들과 비슷한 상황 속에서 하나님에 대한 믿음과 그분의 개입하심을 통해 해방과 새 힘을 얻은 사람을 보게 된다. 이들은 구약성경의 이야기에서 하나님이 자신과 같은 이주민을 염려하신다는 것을 보는 것이다.

둘째로, 구약성경은 디아스포라 선교 고찰에 중요한 *신학적 방향성*을 제시한다. '이 땅의 족속들'을 축복하라는 하나님의 계명은 사람의 움직임과 이산(흩어짐)을 필요로 한다. 마지막으로, 캐럴은 이주 트라우마에 직면하고 있는, 이동 중에 있는 사람들과 함께하며 이들에게 관심과 사랑을 베풀어야 한다는 구약성경의 *윤리적 측면*에 주목한다.

스티븐 창(Steven S. H. Chang)이 저술한 6장 <*기회에서 선교로 : 신약성경의 복음을 위한 흩어짐*>은 신약성경의 디아스포라가 어떻게 선교를 위해 준비되고 사용되었는지를 조사한다. 그는 먼저 신약성경이 어떻게 유대인 디아스포라, 그리스-로마 세계의 문화 간 긴장감, 그리고 로마의 지배가 유대인 디아스포라에 어떤 영향을 끼쳤는지를 살핀다. 이는 차례로 하나님의 계획안의 디아스포라의 장소인 신약성경에서 유대인 디아스포라가 갖는 역할에 대한 배경이 된다. 마지막으로, 그는 신약성경 속 유대인과 이방인 사이의 긴장을 디아스포라의 환경에 비추어보며 이러한 갈등이 어떻게 그리스도인의 정체성과 핵심 신앙을 형성했는지를 살펴본다.

폴 우즈(Paul Woods)는 7장 <*하나님, 이스라엘, 교회, 그리고 타자 : 디아스포라 선교의 신학적 주제로서의 타자성*>에서 세계화와 그와 관련된 커뮤니케이션의 동향이 운송수단을 향상시켜 사람들이 장거리를 더욱 쉽게 이동할 수 있게 했다는 점에 주목한다. 그는 어떤 동네나 지역에 들어온 이민자가 개인인 동시에 어떤 무리의 전형이므로 개인적인 정체성과 공동체적 정체성을 동시에 갖는다고 말한다. 대개, 이렇게 출현하는 이주민은 그 외모와 사회·경제적인 지위, 언어와 문화, 가족 구조, 사회 관습 및 기대가 현지인과 매우 다르다. 결국 이주민은 '타자(Other)'로 정의된다. 현지민과 이주민들 사이에 존재하게 되는 이 '타자성(Otherness)'이 지역 교회 공동체와 새로 오는 이주민의 관계의 핵심이 된다. 이주민의 존재는 지역 사회의 그리스도인과 이주민 그 자신이 대체 왜 익숙한 공간에서 벗어나 너무나 다른 사람과 관계해야 하는지를 질문하게 하는 것이다. "나와는 너무도 다른 사람인데 왜 신경을 써야하나? 그리스도인은 타자성을 어떻게 다루어야 하고 이것은 디아스포라 사람들을 위한 사역에 무엇을 의미하는가?"

토마스 하비(Thomas Harvey)는 8장 <*여행하는 순례자 : 디아스포라와 선교*>에서 성경적 고찰과 신학·윤리적 고찰 사이의 연결점을 제공한다. 그는 먼저 선교를 성경적으로 이해하는 데 있어 중추적인 두 언약인 '창조'와 '구속'을 살펴본다. 이 언약들은 선교의 방향성이 디아스포라 공동체에, 그들을 통해, 그리고 그들을 넘어 향하게끔 한다. 그는 간략히 창조와 타락 구원을 이야기함으로 성경 속 기독교 선교의 역동적인 특징을 나타낸다. 따라서 창조, 타락, 그리고 구원은 고정된 신학적인 주제로 접근하기보다는, 이동 중인 이들을 향하고, 그들을 통한, 또 그들 너머로 이루어지는 일들에 주도적으로 반응하는, 그 복잡미묘한 신학적인 덩실거림을 따라잡는 개념으로서 접근해야 한다.

하비는 이동 중인 사람에게, 그들을 통해서, 그들을 넘어서 이루어지는 선교에 대해 강조하면서 선교의 대상만이 아니라 그 방법 또한 중요하다고 주장한다. 선교에 대한 연구는 역사와 서술을 넘어서서 선교의 자세와 방향을 디아스포라에 뿌리를 놓고 비추어 이루어져야 한다. 그는 하나님의 선택받은 백성은 태초부터 '이동하도록' 부름을 받았기에 선교에 대한 우리의 이해와 자세, 활동, 성격을 정의해야 할 것이라고 말한다.

테리 맥그레스(Terry McGrath), 빅토리아 시블리-벤틀리(Victoria Sibley-

Bentley), 앤드루 부처(Andrew Butcher), 그리고 조지 빌란트(George Wieland)는 자신들이 저술한 9장 <*디아스포라 선교와 디아스포라로 인한 선교 : 선교의 배경에 대한 영향력*>에서 특히 이주민과 디아스포라에 관련된 정책 입안과 결정에 필요한 정부 차원 및 교회 지도부 차원의 국가 지도자의 사고에 영향을 줄 수 있는 성경적 및 신학적 토대를 제시한다. 저자들의 배경인 뉴질랜드의 상황을 사례 연구의 예로 들어, 교회와 정부에 영향을 끼칠 수 있는 원칙의 적용을 검토해본다.

5장

구약성경의 디아스포라와 선교

M. 다니엘 캐럴 R. (로다스)(M. Daniel Carroll R. (Rodas))

서론

글의 목적과 방향

인류의 역사는 부분적으로 개인, 가족, 그리고 전체 공동체의 이주로 정의된다. 다른 요소와 더불어 태고부터 천재지변, 경제적 필요, 무력 분쟁, 정치적-종교적 핍박, 인종적-문화적 소외 등으로 국가나 인종의 경계선을 넘나드는 재배치(새롭게 정착했던 곳을 떠나 다른 곳에 재정착하는)[역1]가 발생했다.[1]

이러한 움직임은 고대에도 있었던 특징이었기에, 구약성경이 이주의 사례를 서술하는 것은 놀랍지 않다. 구약성경은 이러한 경험, 특히 하나님 백성의 이주를 숱하게 묘사하며 이주가 하나님의 주권적인 계획 속에 있음을 말한다. 이스라엘(및 다른 민족들)의 추방은 역사 속에서 일어난 우연이 아니다. 구약성경은 약속의 땅에서 추방된 하나님 백성인 디아스포라의 삶을, 세상을 구하고자 하는 하나님의 목적과 연결시키며 이들을 통해 하나님의 뜻을 조금씩 드러낸다.

---

1) 최신 이주 자료와 참고문헌을 보려면,Amador A. Remigio, "Global Migration and Diasporas: A Geographical Perspective," in Human Tidal Wave: Global Migration, Megacities, Multiculturalism, Pluralism, Diaspora Missiology, ed. S. J. Tira (Manila: LifeChange, 2013), 1~65을 참조하라.

구약성경이 디아스포라 선교학과 선교에 기여하는 방법은 최소한 세 가지로 이것이 글의 개요를 형성한다. 첫째 기여는 서술이다. 이주는 여러 면에서 창세기 첫 장부터 성경 이야기의 핵심이다. 구약성경은 하나님의 백성이 타지에서 살면서 겪는 생존, 정체성, 그리고 믿음의 도전을 기술하는데 이것은 디아스포라가 아닌 이에게 이주민의 감당하기 힘든 현실을 느끼게 한다. 동시에 구약성경은 현재 디아스포라 상황에 처한 이에게 충분한 본문(text)을 제공한다. 오늘날의 이주민은 현재 디아스포라의 삶이 성경 속 이스라엘의 삶과 다를 바가 없음을 발견하고 하나님이 자신을 염려하신다는 것을 알 수 있다. 이러한 기록을 더 잘 이해하기 위해서 소수의 학자는 디아스포라적 해석학을 제안한다.[2)]

둘째, 구약성경은 디아스포라적 선교 사상에 *중요한 신학적 방향성*을 제시한다. 구약성경에서 말하는 하나님 백성의 선교 핵심은 '이 땅의 모든 족속'에 대한 축복이자 축복의 통로가 되는 것이다(창 12:3; 필자의 번역). 필자는 글의 후반에서 이 명령(mandate)을 정의하고, 흩어짐 중에도 성경의 인물이 이 명령을 어떻게 실현하였는지 설명할 것이다. 하나님 백성의 소명을 현대에 어떻게 적용할지에 대한 교훈이 거기에 있기 때문이다.

셋째, 구약성경은 디아스포라 선교가 *윤리적 측면*을 지니고 있음을 분명히 한다. 이주하다 바다에서 익사하고 사막의 열과 탈수로 사망하는 이들을 전하는 뉴스와 증언 자료를 냉정한 사실주의와 사랑으로 다루어야 한다. 이는 또한 신체적 학대, 성폭력, 그리고 인신매매범의 잔인한 착취로 인해 이동

---

2) 예를 들어, 북미의 히스패닉 디아스포라의 관점은, "Toward a Diaspora Hermeneutics (Hispanic North America)," in Character Ethics and the Old Testament: Moral Dimensions of Scripture, ed. M. D. Carroll R. and J. E. Lapsley (Louisville, KY: Westminster John Knox, 2007), 169~89; JeanPierre Ruiz, Readings from the Edges: The Bible and People on the Move (Studies in Latino/a Catholicism; Maryknoll, NY: Orbis, 2011); M. Daniel Carroll R., "Reading the Bible through Other Lenses: New Vistas from a Hispanic Diaspora Perspective," in Global Voices: Reading the Bible in the Majority World, ed. C. S. Keener and M. D. Carroll R. (Peabody: Hendrickson, 2012), 3~26을 참조하라.

중인 이들이 겪는 트라우마를 이해하고 그 대처법을 배우는 것을 의미한다.

가장 가슴 아픈 피해자는 이주민 중 연약한 여성과 아이들이다. 고향에서 쫓겨난 이들 중 다수가 난민, 망명 신청자, 합법 또는 불법 이민자로 법적인 어려움을 겪는다. 그뿐만 아니라 디아스포라 공동체는 새 거주지에서 흔히 사회·문화적, 경제적, 정치적 소외와 핍박도 겪는데 이를 잘 이겨내야 한다. 이 어려움을 가볍게 여겨서는 안 된다. 구약성경, 특히 외부인이 당하는 어려움을 완화하기 위한 법적 조치는 디아스포라 선교학과 선교 전략 수립 및 이주 문제에 대한 폭넓은 참여에 도덕적 관심을 통합하는 가이드 역할을 한다. 선교학적 토론과 인권 문제 사이에는 피할 수 없는 연관성이 있다.

지면 제한으로, 연관된 성경 자료 중 정선된 것만 발표한다.[3] 앞서 말한 구약의 디아스포라와 선교의 세 가지 차원을 다루기 전에, 서론의 두 번째 부분은 최근의 중요한 간행물에 나타난 구약자료를 인용하고, 선교학자 사이에서 더욱 신빙성을 얻고 있는, 성경적 디아스포라가 전 세계 교회를 위한 선교학적 영역 그 이상이라는 확신에 대해 언급한다.

구약성경의 디아스포라에 대한 학술적 선교학 작업

디아스포라의 현실을 성경 내용과 연관시키는 발표가 늘어나고 있다. 더불어 선교에 대한 더 넓은 토론의 토대로서 이주가 필수적인 성경 주제라는 논의를 펼치는 이들과 성경의 특정 구절이나 성경의 인물을 특정 지역 디아스포라 공동체의 경험에 비추어 연관시키려는 이들이 있다.

에녹 완이 편집한 《*디아스포라 선교학*》에는 구약성경에 관한 일관된 두 가지 연구 사례가 있다.[4] 한 장(One chapter)에서는 신·구약 성경에서 언급하

3) 나는 다른 곳에도 성경과 이주에 대해 광범위하게 저술하였다. Christians at the Border: Immigration, the Church, and the Bible (2d ed.; Grand Rapids, MI: Brazos, 2013); "Biblical Perspectives on Migration and Mission: Contributions from the Old Testament," Mission Studies 30, no. 1 (2013): 7~25; "Immigration: Looking at the Challenges through a Missional Lens," in Living Witness: Explorations in Missional Ethics, ed. J. Rowe and A. Draycott (Downers Grove, IL: InterVarsity, 2012), 258~77을 보라.

는 흩어짐에 대한 어휘를 조사하였다.[5] 어휘의 다양성이 성경에서 이 주제의 중요성을 시사한다. 그다음 부분은 족장시대, 이집트에서의 이스라엘, 그리고 바빌론 유수에서 디아스포라 경험을 세부적으로 알아본다. 두 번째 장에서는 현대 디아스포라 공동체를 관찰한 내용을 성경의 내용과 접목하는데 집단정체성의 본성, 이주의 목적, 지도자와 옹호자의 역할, 외부인과 기존 문화 사이의 복잡한 접점, 디아스포라가 집단으로 기억하는 믿음 경험의 중요성, 그리고 이주민의 고향과 지속되는 관계 등이 특별히 도움이 된다.

지난 수십 년간 이 땅에서는 외국인(나그네)인 하나님 백성의 개념이 그리스도인의 정체성에 대한, 또 날로 더 세속적이고 적대적인 환경 속에서 교회의 사명을 어떻게 평가해야 하는지에 대한 역할을 앞장서 왔다는 것이 흥미롭다.

앞서 말한 특정 소수민족 공동체의 디아스포라적 지향성과 더불어, 교회 전체의 디아스포라적 지향성을 세 가지 탁월한 예로 들은 학자들이 있다. 윤리학자 존 하워드 요더[6], 구약학자 월터 브루그만 그리고 다니엘 스미스 크리스토퍼(Daniel Smith Christopher)[7]이다. 이 장의 후반부에서 이 학자들의 작

4) 디아스포라에 대한 더 폭넓은 토론에 대한 기반으로서 성경을 참고하는 것에 대해서는, 예를 들어,Jehu J. Hanciles, Beyond Christendom: Globalization, African Migration, and the Transformation of the West (Maryknoll, NY: Orbis, 2008), 140~48; Fleur Houston, You Shall Love the Stranger as Yourself: The Bible, Refugees and Asylum (New York, NY: Routledge, 2015)을 보라. 성경 내용과 현대 사례연구의 연결을 보려면, 예를 들어 Mission Studies 30 (2013), nos. 1 and 2; Van Thanh Nguyen and John M. Prior, eds. God's People on the Move: Biblical and Global Perspectives on Migration and Mission (Eugene, OR: Wipf & Stock, 2014)을 보라.

5) Narry Santos, "Exploring the Major Dispersion Terms and Realities in the Bible," and Ted Rubesh, "Diaspora Distinctives: The Jewish Diaspora Experience in the Old Testament," in Diaspora Missiology: Theory, Methodology, and Practice, ed. Enoch Wan (Portland: Institute of Diaspora Studies, 2011), 21~38 and 39~72, respectively.

6) 추방이 Yoder에게 일반적으로 중요한 그림이기는 하지만, 특히 그가 저술한 "See How They Go with Their Face to the Sun," in For the Nations: Essays Evangelical and Public (Grand Rapids, MI: Eerdmans, 1997), 5178; cf. John C. Nugent, The Politics of Yahweh:

업을 살핀다. 이들이 입증하는 것은 - 이는 굉장히 중요하다 - 선교학에서 급성장하고 있는 디아스포라에 대한 관심이 디아스포라 신앙의 중심에 반향을 불러일으킨다는 것이다. 디아스포라에 대한 더 광범위한 인정은 또한 디아스포라에 대해 커지고 있는 선교적 관심의 시의적절함을 증명하는 것이기도 하다.

이주 : 성경 이야기의 중심

창세기는 창조의 이야기로 시작하여 여섯째 날에 인간이 하나님의 형상(1:26~30)으로 창조되는 사건으로 절정을 맞는다. 하나님이 말씀으로 창조하신 것들을 보시고는 보시기에 '좋았더라'(1:4, 10, 12, 18, 21, 25)라고 여섯 번을 선언하신 후에, 하나님이 완성하신 창조가 보시기에 '심히 좋았더라.'(1:31)고 창세기는 기술한다.

1:28에 인간에게 주어진 사명의 한 측면은 '땅에 번성하라'는 것이다. 달리 말하자면, 애초에 지리적 이동을 수행하는 것이 사람의 존재 의미 중 하나라는 것이다. 이는 모든 사람이 다 항상 이동 중이어야 한다는 것이 아니라 이주가 이 땅에서 인간의 한 특징이 될 것이라는 것이다. 시대와 상황에 따라 그 동기와 숫자는 다르지만, 이주에 대한 열망은 우리 안에 내포되어 있다. 이 소명은 땅과 땅에 움직이는 모든 생물을 '다스리고', '정복하'는 책임(1:26, 28)과 그분의 대리 섭정으로서 동산을 '경작하고', '지키는' 책임(2:15)과 연관되어 있

John Howard Yoder, the Old Testament, and the People of God (Eugene, OR: Cascade, 2011),74~87, 149~71를 참고하라. 이에 관해서는 윤리학자 Stanley Hauerwas의 글도 언급할만한 가치가 있다.

7) Walter Brueggemann, Cadences of Home: Preaching among Exiles (Louisville, KY: Westminster John Knox, 1997); idem, Out of Babylon (Nashville, TN: Abingdon, 2010); Daniel L. Smith-Christopher, A Biblical Theology of Exile (Overtures to Biblical Theology; Minneapolis, MN: Fortress, 2002), 189~203.

다.[8] 이 연관은 인류가 온 땅 위를 이주하는 가운데, 하나님이 맡기신 소명과 책임의 완수를 제시한다. 하나님의 경제에서 이주는 하나님, 창조 세계, 그리고 다른 사람과의 관계 속에서 목적의식을 가지고 이루어져야 한다.

이렇게 창조된 동산은 3장의 불순종과 죄로 인해 돌이킬 수 없게 바뀐다. 이로 인해 하나님이 준비하신 일에 대한 순종이 아닌 그분의 심판으로 인해 방황하게 되는 인류의 여정이 시작된다. 아담과 하와는 동산에서 추방되고(3:23~24), 가인은 저주를 받아 하나님으로부터 쫓겨난다(4:13~16). 땅에 번성하라는 명령은 대홍수(9:1) 이후에 번복되며, 10장의 종족 목록에 나타나듯 지리적 넓이가 번성을 성취한 증거이다.

바벨탑 건축은 땅에 번성하라(11:4)는 하나님의 뜻을 인류가 철저히 거부한 프로젝트였다. 다시 한 번의 이 흩어짐은 억제되지 않은 악(11:5~7)의 섬뜩한 가능성을 제한하신 은혜로운 개입이자 의로운 심판이다. 이 분산에서 인류의 언어, 문화, 그리고 국경이 생겨났다(10:5, 20, 31).[9] 인류 문화의 창의성과 다양성을 강조하며 계시록의 영광스러운 환상(5:9~14; 7:9~17)에도 이러한 풍부한 차이점이 이어진다는 것을 말함으로써 바벨탑 이야기의 처벌적인 어조를 부정하거나 경시하는 이도 있다. 이들은 바벨탑 이야기는 하나님의 형상으로 창조된 존재의 기막힌 능력의 표현이라고 주장한다. 그러나 강조되는 이 두 점을 서로 대조하는 것은, 본문을 잘못 읽는 것이다. 당대 최고 기술의 정점이었던 바벨탑의 핵심은 하나님에 대한 거역이다. 거주 사회와 이주 사회의 문

---

8) Christopher J. H. Wright, The Mission of God: Unlocking the Bible's Grand Narrative (Downers Grove, IL: InterVarsity, 2006), 421~28; idem, The Mission of God's People: A Biblical Theology of the Church's Mission (Biblical Theology for Life; Grand Rapids, MI: Zondervan, 2010), 49~52. 하나님의 형상대로 인간이 창조되었음은 모든 사람이 가치 있고 잠재력이 있음을 주장한다. 이 근본적인 진실은 자주 이주민과 그들의 공동체가 현지인보다 열등하다고 여겨지는 디아스포라 상황 속에서 소통을 이루게 한다.

9) 창 9~11장의 순서는 순차적이 아니라 문학적이다. 10장은 독자에게 노아의 아들의 자손(9:24~27) 번식을 보고하는 조금 긴 중절이다. 11장은 노아의 죽음(9:28~29) 이후의 이야기 흐름으로 돌아온 후, 10장의 언어의 분산과 번영의 힘이 어디에서 나왔는지를 설명한다.

화적 다양성과 업적은 결국 바벨에서 잉태된 것이다. 결과적으로, 성경적인 관점에서 인간의 모든 사회적 구조는 믿을 수 없는 아름다움과 깊은 죄성을 동시에 품고 있다.

성경의 이야기는 창세기 10~11장의 인류의 분산을 다루는 거대한 그림으로부터 단 한 사람인 아브람과 그의 가족의 이동에 중점을 두기 시작한다. 그들의 여정은 메소포타미아 남동쪽의 우르에서 시작하여, 북서쪽의 하란 지방, 그리고 종국에는 남쪽의 가나안으로 향한다(11:27~12:5). 아브람과 여타 족장의 삶은 그 땅에 정착한 인구 가운데, 목축업을 하는 유목민의 삶, 자신의 땅이 없는 삶, 베두인 양치기와 같은 삶으로 점철되었다(23:4; 신명기 26:5과 비교). 이렇게 불안정하게 사는 것 외에도, 가뭄이 들면 양식을 찾기 위해 다른 장소로 옮기는 단기 이주가 있다.

경종을 울리는 장면이 있다(창 12:10~20). 아브람이 기근을 피해 이집트로 이주하는 것까지는 독자가 이해할 수 있을 것이나, 자신의 안위를 위해 아내 사래더러 자신을 아브람의 여동생이라 소개하도록 하여 사래를 위험에 빠뜨린 것은 충격적이다. 아브람과 사래는 분명 친척이지만(20:12), 아브람은 왜 그런 위험한 계획을 세웠고, 사래는 그 계획을 왜 받아들였을까? 위험에 빠진 이주민이 사용하는 전략을 알게 되면 이 궁금증이 풀린다. 절망적인 상황에 놓인 사람은 생존을 위해 극단적인 방법을 사용하는데, 이 경우 여성이 시종일관 가족을 위해서 가장 큰 위험을 감당한다. 국경을 넘기 위해 이민자가 거짓말을 하거나 신체적인 자존심을 포기하는 것은 드문 일이 아니다. 아브람과 사래의 선택은 오늘날 자연재해, 전쟁, 그리고 빈곤에서 탈출하고자 하는 많은 이들의 선택과 다르지 않다.

요셉의 이야기는 디아스포라가 역동적으로 동화**역2**되는 모습을 보여 준다(창 37~50). 요셉은 노예로 팔려 이집트로 끌려간다. 그는 근면하고 정직하여 보디발 집의 감독이 되지만, 주인 아내의 유혹을 거절한 이유로 투옥된다. 이방인 노예와 유력한 자국민 여성 중에서 권력자는 누구의 말을 믿었겠는가? 요셉은 바로(파라오)에게 방면된 후에 곧바로 이집트 사회에 동화된다. 이집트의 관습에 맞추어 본인의 지위에 맞게 수염을 기르고(41:14), 새로운 정치적인 직책으로 화려히 임용된다(41:41~43). 그는 이집트 이름을 받고 이집트 여인과 결혼한다(41:45). 요셉의 형제들은 그 문화와 지위에 맞게 치장한 요셉을 알아보지 못한다(43:8; 45:1~15). 이집트의 사회규범에 따라 요셉의 형제들이 요셉과 겸상하지 못한다(43:32). 요셉은 이집트 말로 형제들과 대화하며 통역이 필요한 척한다(42:23~24). 그러나 이 이민자는 자신의 뿌리를 잊지 않았다. 요셉은 두 아들에게 하나님에 대한 자신의 신앙과 관련된 이스라엘 이름을 주고(41:50~52) 가족과는 모국어로 소통했다. 이집트인이 양치기를 경멸함에도, 요셉은 부끄러워하지 않고 아버지를 바로에게 소개한다(46:31~47:12). 요셉이 죽은 후 이집트의 풍습에 따라 장사 되었지만(50:26; 참조 50:3) 요셉은 자기 시신을 고향에 안치하라고 이미 유언했다(50:24~25; 참조 출 13:19; 수 24:32). 요셉은 복잡한 사회 문화적 언어 세계에서 유능하고 정직하게 사는 법을 배운 이민자의 매력적인 예이다.

성경의 여러 인물들 역시 외국에서 다양하게 동화되었다. 다니엘과 그의 친구들은 고국을 파괴한 제국인 바빌론을 섬겨야 했다. 그들에게는 새 이름이 주어지고 느부갓네살(네브카드네자르)을 섬기는 관리로서 교육을 받지만, 자신의 문화를 잊지 않았고(자기 문화의 음식을 요구한 것을 기억하라), 하나님에 대한 믿음을 위해 자신의 목숨을 걸었다(단 1~6). 동시대의 에스겔은 왕궁이 아닌 그발 강가에서 포로로 잡혀 온 유대인(Judahites, 고대 유대족으로 오늘날 유대인의 조상인 유대인)과 함께 디아스포라로 산다.

내키지는 않았지만, 에스겔은 백성이 곤궁에 처한 이유를 반복해 말하며, 그들에게 새로운 환경에서 신실하게 살라고 권고하면서 고국과 새롭고 영화로운 성전이 복원될 것이라는 희망을 준다. 예레미야는 바빌론 유수 기간이 짧을 것이라는, 동족의 근거 없는 기대를 버리도록 해야만 했다(렘 25:11~12; 29:10; 참조. 단 9:2).[10] 예레미야는 비탄에 빠져 당황스러워하며 하나님의 구원을 고대하는 동족의 에너지를 전환시켜 바빌론에서의 새로운 삶에 적응하는 데 사용하도록 해 주어야 했다.

---

10) 몇 년 후, 예레미야는 바빌론 총독 그다랴의 암살로 인하여 원치 않게 이집트로 끌려가

시편 137편의 무명의 저자는 전쟁의 공포를 직접 경험하고 고향에서 쫓겨난 분노와 수치를 표현한다. 브루그만의 주장에 의하면, 막 도착한 난민이 자국 군대의 패배와 외견 상 하나님의 패배 그리고 소중한 모든 것들을 잃어버렸다는 사실을 인정할 때의 감정은 절망, 사회와의 부조화(rootlessness), 하나님의 부재, 도덕의 부조화 그리고 건강하지 않은 내면으로의 집중 상태이다.[11)]

몇십 년이 지난 후에는, 에스라가 무리를 이끌고 고향 땅으로 돌아와 율법을 준수하는 공동체를 만든다. 그는 페르시아에 동화하고자 하는 뜻은 거의 없었으나, 자신의 계획을 이루기 위해서 제국의 지원을 받는 것은 환영했다. 느헤미야의 사례는 완연히 다르다. 그는 페르시아 왕 아닥사스다의 술 따르는 관원이었는데, 이는 그 군주와 제국에 대한 절대적인 충성을 요구하는 직책이었다. 그럼에도 느헤미야는 예루살렘의 소식에 신경 썼다. 현대의 학문적 견해에 따르면 이러한 느헤미야의 관심은 초국가주의(Transnationalism)[역3]의 특징이다.[12)] 느헤미야는 왕의 지원으로 성벽을 재건하기 위해 예루살렘으로 떠나지만, 성벽 재건이 끝난 후에 페르시아로 돌아간다. 이 두 사람은 동화의 스펙트럼은 다양하지만, 동족에게 율법을 읽어주기 위해 함께하며, 순수한 유대인 정체성을 보전하려는 자신의 소명은 타협하지 않는다(스 9~10; 느 5, 8~10, 13).

반대로 미녀대회 우승자인 왕비 에스더(페르시아 이름이며, 유대 이름은 하닷사, 2:7)는 예루살렘으로 돌아가는데 전혀 관심이 없다. 에스더는 친척 모르드개의 지도 아래 하만의 인종 청소 계획을 좌절시키면서 동족에 대한 헌신을 키워간다. 다니엘, 에스겔, 에스라, 느헤미야, 그리고 에스더와 같은 추방자(exiles)[역4]는 추방의 발생순서, 각자의 특정한 상황, 그리고 각자의 성격에 따

게 된다(대하 25:22~24; 렘 30). 바빌론에 남은 이들에게 격려의 말들을 남겼으나, 그들이 이집트로 가기 위해 싸우는 것은 규탄하였다(렘 41~45).

11) Brueggemann, Cadences of Home, 3~11.

12) 사회학자 Peggy Levitt은 이 분야의 선두주자이다. 예를 들어, 그녀의"Roots and Routes: Understanding the Lives of the Second Generation Transnationally," Journal of Ethnic and Migration Studies 35, no. 7 (2009): 1225~42를 참조하라.

라, 디아스포라 상황을 자신만의 독특한 방식으로 받아들인다. 최근의 디아스포라 연구에서 나타나는 이주 인구의 세대별 및 사회・경제적인 차이는 구약성경에도 눈에 띄는 현상이다.

이러한 성경의 다양한 구절은 모든 사람이 – 궁극적으로 바벨로부터 시작하여 – 역사의 한 시점에는 방랑자였고 하나님에게 반항했음을 상기시켜준다. 이 이야기에는 또한 디아스포라 종족이 새로운 환경에 적응하고, 그들의 문화적인 정체성을 보존하고, 본국과의 인연을 지속하는 데 사용한 다양한 전략이 있다. 이 중 많은 것이 현대 디아스포라 종족의 경험과 일치하며 디아스포라 선교학을 위해 문화적, 실용주의적 또는 신학적으로 소중한 통찰력을 제공한다.

디아스포라를 위한 선교와 선교하는 디아스포라

하나님 백성의 사명 정의

구약성경에 나오는 하나님 백성의 사명에 대한 토론은 그 내용과 방대한 자료, 다양한 장르, 그리고 오랜 기간 쓰였기 때문에 당연히 광범위하다. 이러한 구약성경의 변치 않는 주제는 '축복이 되라는 사명'이다(창 12:1~2).[13)]

지금 다룰 용어와 개념은 이전의 이야기와 관련되어 있다. 하나님으로부터 독립(11:4)하여 그 자신의 이름을 높이려는 인류와는 대조적으로, 여호와는 자신의 백성이 맡겨진 소명에 충실하면 그들의 이름을 크게 높이겠다고 약속하신다(12:2). 하나님 백성의 명성은 하나님과 모든 민족에 대한 그들의 헌신에 뿌리를 두는 것이다.

13) M. Daniel Carroll R., "Blessing the Nations: Toward a Biblical Theology of Mission from Genesis," Bulletin of Biblical Research 10, no. 1 (2000): 17~34; Wright, The Mission of God, 189~221; idem, The Mission of God's People, 63~81; cf. T. Desmond Alexander, From Paradise to the Promised Land (3rd ed.; Grand Rapids, MI: Baker Academic, 2012), 146~60.

둘째, 12:3의 '족속(*mišp hōt*)'은[14] 10:5, 20, 31~32에서 사용된 것과 같은 단어이다. 문자 그대로 이 어휘의 사용은 10장에 나오는 모든 무리, 그러니까 바벨에서부터 비롯되는 모두를 지칭하며, 그들이 하나님 계획의 대상이다. 이주를 경험하는 대가족(extended family)[역5]으로부터 시작된 하나님 백성의 사명은 하나님을 거부하는 모든 민족 속에서 디아스포라와 함께 디아스포라를 *위한* 삶을 사는 것이다. 이는 하나님의 은혜다!

셋째, 12:1~3의 구조가 유용한 정보를 제공한다. 아브람과 그의 후손이 여호와께 복을 받을 것이기 때문에(12:2a, b), 그들은 다른 사람에게 복이 되어야 한다(12:2c~3). 선교는 약속의 하나님과의 순종적이고 풍성한 관계로부터 시작하여 세계로 흘러나가는 것이다.

창세기는 어떻게 '축복하는 것'과 '축복이 되는 것'을 정의하는가? 이 개념은 1장과 2장에서 소개된다. 이는 물질적인 번영과 번식(1:21~22, 28)과 관련되어 있으나, 영적인 차원도 포함한다. 하나님은 일곱째 날을 복되게 하신다(2:2~3). 이는 휴식하는 날로서, 훗날 모세 오경에는 인간의 쉼과 하나님에 대한 예배를 위한 안식일로 지정된다. 창세기의 축복은, 그래서 포괄적이다. 축복은 물질적이고 동시에 영적이다. 즉, 총체적인 것이다. 다음의 장들이 이를 설명한다.

물질적인 축복에 대한 하나님의 역사하심은 자손의 출산(21:1~2; 25:1~4; 29:31~30:24; 46:8~27; 47:27)과 수확물, 가축, 종, 그리고 부의 축적(13:2; 24:35; 26:12~14; 29:20, 27~30; 30:43; 47:27)으로 나타난다. 하나님은 또 족장들이 우물을 찾을 수 있게 해주신다(26:17~22). 다른 이들은 축복의 통로로서의 사명을 이행하는 족장을 통해 물질적인 축복을 누린다. 아브람은 조카 롯을 구출하고(14:1~16), 야곱은 라반의 가축을 돌보며 증식을 감독한다(30:29~30; 31:6, 28~42). 요셉은 보디발을 섬기고(39:2~5) 결국 온전함으로 바로를 섬겨 애굽을 기근에서부터 구한다(47:13~26).

---

14) 영역본은 용어를 '가족들' (NRSV, NASB, NKJV, ESV, CEB) 또는 '사람들' (NIV)로 번역했다.

영적인 측면에서 축복이 되라는 임무는 증거, 기도, 그리고 희생으로 나타난다. 족장은 제단을 쌓고 여호와의 이름을 공개적으로 부르짖음으로써 그들의 믿음을 증명한다(12:7~8; 13:18; 26:25; 32:20; 35:1~7). 그들이 마주하는 모든 이들 앞에 여호와의 이름을 부르고(30:30; 31:5~13, 42; 33:5, 10~11; 40:8, 12~16, 25~33, 50~52), 그분의 이름으로 축복하고(14:18~24; 47:7, 10), 하나님이 심판을 거두시도록 중재한다(18:16~32; 20:7, 17~18). 족장을 접하게 된 이들은 이 기적을 목격하고 자신이 여호와께서 그의 백성을 축복하심을 목도했음을 고백한다(14:18~24; 21:22~24; 24:31, 50; 26:29; 30:27; 31:27~30, 50, 53; 41:37).

족장의 삶은 온갖 어려움으로 가득하다. 어려움에 대한 족장의 대처는 축복이 되라는 사명 성취에 영향을 끼친다. 육체적인 순례가 있는 동시에 믿음의 순례도 있다. 최고의 순간에는 여호와께 고백하지만, 다른 때엔 겁을 먹고, 거짓말하고, 서로를 배신하고, 또 자신의 운명을 의심한다. 창세기 이야기 중 지독한 실패의 사례는 - 세겜 사람이 디나를 강간함으로써 촉발된 - 세겜 사람에 대한 복수이다(34장). 야곱의 아들들은 세겜 사람이 할례를 받아들여 움직일 수 없을 때 공격한다. 언약의 표시인 할례가 이 땅의 한 족속을 죽이고 약탈하는 데 쓰인 것이다! 창세기의 압권은 15장과 22장에서 찾아볼 수 있다. 창세기 15:6에 아브람은 상속자를 얻으리라는 불가능한 약속에 대한 믿음으로 인해 칭찬을 받는다. 이에 대한 하나님 천사의 무게 있는 말은 22:15~18에 있다. 12:3의 약속이 반복되고, 여호와의 뜻에 순종하라는 사명 성취의 조건이 분명하게 공표된다(22:18; 비교 18:19).

창세기의 이러한 내용은 하나님의 백성이 하나님을 내치려는 반항적인 세상에 복이 되라는 사명을 위해 창조되었음을 가르친다. 이 사명은 물질적이고 영적이며 인간이 존재하는 모든 영역으로 하나님의 구속하심의 목적을 확장시킨다. 태초부터 하나님의 백성은 이동해 온 것이다. 이 중에는 정착한 이도 있고 흩어진 이도 있다. 축복의 사명을 성취하기 위해서, 하나님의 백성은 어떠한 상황 가운데서도 하나님께 신실해야 한다. 실패와 후퇴 중에도 믿음이 자라고 삶이 더욱 온전해질 때에, 하나님의 백성은 하나님의 축복 통로가 된다.

디아스포라로 사명을 살아내기

앞에서도 언급한 것이지만, 구약성경은 디아스포라에 대한 진정한 믿음의 사례를 보여준다. 예레미야 29장을 살펴보자. 여러 민족에 대한 하나님의 관심과 이스라엘의 전 세계적인 사명에 대해 증언하는 예레미야서는 최근에 성경학자로부터 선교학적인 관심을 받고 있다. 이스라엘의 역사는 이 땅의 모든 민족이 하나님을 알게 하는 데 사용되었다(예를 들어, 1:5; 3:17; 4:1~2; 6:18; 33:8~9).[15] 독자는 특히 29장에 집중하기를 바란다. 29장은 디아스포라 선교계의 특별한 관심을 받는데, 그럴만한 이유가 있다.

29장엔 기원전 598~597년[16] 사이에 유다에서 포로로 잡혀간 사람과 주고받은 예레미야의 서신이 있다. 여호야김 왕이 바빌론 제국에 맞서 일으킨 반란을 제압하기 위해 느부갓네살은 군대를 보낸다. 군대가 도착 이전에 여호야김은 죽고, 그의 아들 여호야긴이 그의 자리를 대신하게 된다. 여호야긴의 통치 기간은 짧았다. 그를 포함한 왕실과 많은 이들이 제국의 처벌을 받았고, 반항에 대한 일차적인 경고의 일환으로 바빌론으로 잡혀갔다. 느부갓네살은 여호야긴의 삼촌 맛다니야를 왕에 앉히고 이름은 시드기아로 바꾸었다(왕하 24:1~17). 선지자의 서신을 받은 포로들은 십 년 후(기원전 586년)에 일어날 예루살렘이 끔찍한 포위와 추방에 앞서 이미 그다랴 총독이 암살된 후인 기원전 582년에 또 한 차례의 바빌론의 공격 때 포로로 추방당했다. 이 세 번의 사태로 많은 이가 유다에서 끌려갔다.[17]

처음 잡혀간 유대인의 생활 여건은 어떠했을까? 다니엘서, 에스겔서, 그

---

15) 예를 들어,Christopher J. H. Wright, "'Prophet to the Nations': Missional Reflections on the Book of Jeremiah," in A God of Faithfulness: Essays in Honour of J. Gordon McConville on His 60th Birthday, ed. J. A. Grant, A. Lo, and G. J. Wenham (LHB/OTS 538; London: T. & T. Clark, 2011), 112~29; Jerry Hwang, "The Missio Dei as an Integrative Motif in the Book of Jeremiah." Bulletin for Biblical Research 23, no. 4 (2013): 481~508; cf. Michael W. Goheen, A Light to the Nations: The Missional Church and the Biblical Story (Grand Rapids, MI: Baker Academic, 2011), 49~74를 참조하라.

16) 이 장에 서신이 몇 개인가에 대해서는 학자들의 의견이 다르다 : 예를 들어, 24~32절의 내용은 3절에 시드기야 왕의 사절을 통해 보내진 예레미야의 서신에 포함된 것이었나?

17) 대하 24:14; 25:11-12; 렘 52:28~30의 숫자를 주목하라. 디아스포라 공동체의 크기는 논

리고 예레미야서 29장에 의하면 그 삶이 비교적 평화롭고 유복했던 것 같다.[역6]최근 고고학계의 발견이 구약성경에서 찾아낼 수 있는 것보다 더 포괄적이고 세세한 그림을 보여준다. 이 자료에 따르면, 유대인은 꽤 다양한 일을 하며 살았다.[18)] 종, 농부, 부역꾼, 강제 노역으로 관개수로 건축 등의 일을 했다. 일부는 경제적 안정과 사회적인 입지를 얻게 된 듯하다.[19)] 바빌론에는 이주된 이들이 함께 모여 어느 정도는 독립적으로 살 수 있는 제도가 있었다. 니푸르(Nibbur) 발굴로 인해[역7] 지금 우리에게는 니푸르 지방에 고대 유대인(Judean) 마을(공동체)이 있었다는 증거가 있다. 에스겔이 장로들을 모을 수 있었다는 사실이 이러한 공동체의 존재를 입증한다(겔. 8:1; 14:1; 20:1; 참조. 1:1; 3:15). 더 나아가, 성경학자는 난민연구, 강제이주와 디아스포라 연구, 그리고 트라우마 이론을 다루어 고향을 떠난 이들의 삶이 어떠했을지를 재구성하기 시작했다. 이러한 새로운 관점은 바빌론으로 추방된 첫 세대와 그 이후의 추방 세대 간의 경험을 유추하고 성경 자료의 미묘한 차이를 이해하는 데 도움을 준다.

예레미야의 서신을 받은 사람은 아마 아직도 제국의 법령에 의해 강제로 추방당해 왔다는 사실을 받아들이기 어려웠을 것이다. 포로의 세계관은 강제이주의 감정적이고 신체적 영향력을 넘어서느냐 그렇지 못하느냐에 영향

의 주제이다. 더 넓은 디아스포라 인구는 모압, 암몬, 그리고 에돔으로 피신한 이들을 포함하며(렘 40:11~12), 바빌론 사람으로부터 총독으로 임명된 그다랴의 암살 이후에 이집트로 피한 이들도 포함한다(대하 25:25~26; 렘 41~44).

18) 이 문단에 관해서는 Smith-Christopher, A Biblical Theology of Exile, and the relevant essays in Brad E. Kelle, Frank Ritchel Ames, and Jacob L. Wright, eds., Interpreting Exile: Displacement and Deportation in Biblical and Modern Contexts (Ancient Israel and Its Literature 10; Atlanta: Society of Biblical Literature, 2011) and in John J. Ahn and Jill Middlemas, eds., By the Irrigation Canals of Babylon: Approaches to the Study of the Exile (Library of Hebrew Bible/Old Testament Studies 526; London: T. & T. Clark, 2012)를 참조하라. 추방자의 운명에 대해서는 모두가 동의하지 않는다.

19) 물론, 다니엘과 그의 친구들 그리고 유다왕과 그의 가족들(참고. 대하. 25:27~30)의 바빌론 왕궁에서의 삶은 더 넓은 추방인구의 삶을 대변한다고 볼 수 없다.

을 준다. 당시 고대 근동에 퍼져있는 신학적 사고방식에 따르면 군사적 패배는 자신이 믿는 신이 상대방의 신에게 패배했음을 의미했다. 포로로 잡혀 온 이들은 그 영향과 인명 손실의 비극을 짊어지는 것뿐만 아니라 여호와 중심의 신앙 체계를 부정적으로 받아들여야 했다. 이는 자신의 존재 의미와 존재의 방향에 주는 부정적 인상을 받아들여야 했음을 뜻한다. 추방당한 자가 본질이라고 생각했던 것, 그리고 그로 인해 정당화되는 모든 의식(개인의, 가족의, 공동체의)이 뒤바뀌어 버린 것이다. 이로 인한 문화적, 종교적인 도전은, 기원전 586년에 유대인이 겪는 큰 파멸로 인해 더욱 충격적이다. 예레미야 애가는 바빌론의 맹습으로 인한 여파를 묘사한다. 상실을 겪은 동족에게 선지자가 무슨 말을 할 수 있었을까?(이 서신은 '남아있는 장로들'에게 보내진 것임을 주목하라. 1절)

이 서신의 목적은 포로된 자들이 그들의 운명에 대한 분노, 비통함, 그리고 절망에서 시선을 돌려 바빌론의 신과 대조되는 그들의 하나님 여호와에게 다시금 감사를 드리도록 하는데 있다. 이것은 단순히 예레미야의 마음에서 우러나오는 위로와 격려의 말이 아니라 포로로 잡혀 온 자들을 향한 여호와의 계시였다(4, 10, 16, 20절). 그들은 유일하고 진정하신 하나님이 자신이 처한 새로운 상황에 대해 하시는 말씀을 듣고, 자신이 무엇을 해야 하고 어떻게 되어야 할지를 다시 생각해야 했다. 이 서신이 특사를 통해 보내졌기에 신빙성을 더하였다(3절).

포로로 잡혀 온 추방자와 고향의 상황을 더욱 복잡하게 한 것은 거짓 선지자의 메시지였다. 거짓 선지자와 지도자는 추방의 세월이 길지 않을 것이며 바빌론이 그들의 수도 이스라엘을 결코 취하지 못할 것이라 선포했다. 모든 일이 불가능하다고 여기고 있었던 추방자들에게 여호와께서 승리하시고 자신들은 곧 집에 돌아갈 수 있을 것이라는 거짓 예언이 선포되고 있었다.

거짓 예언은 추방자에게 긍정적인 반응을 얻을 수밖에 없었다(29:8~9, 21~22, 24~32을 주목하라). 게다가 기원전 595~594년 사이에는 바벨론 제국이 불안했기 때문에, 이런 근거 없는 희망으로 인해 그 음모에 휩쓸리는 이가 있었을 것이다.[20] 예레미야는 예루살렘에서 이 거짓 선지자에 정면으로 맞선다(하나냐, 렘 28; 참고 27:9, 14). 이로 인해 예레미야는 반역로 여겨졌으며 격렬한 반대(11:18~23; 18:18; 20:1~2, 7~8; 26장, 36~38장)와 개인적인 비통함(12:1~6; 15:10~21; 16:1~9; 17:14~18; 18:19~23; 20:14~18)을 겪게 된다. 예레미야가 하나님의 부르심에 응답했을 때에, 그는 이러한 거절의 폭풍에 대한 경고를 받았었다(1:17~19).

예레미야의 서신엔 적어도 두 가지 필연적 요점이 있다. 먼저 예레미야는 하나님에 대한 유대인의 시각을 바꾸어야 했다. 보이는 모든 일에도 불구하고 선지자는 여호와가 통치자이심을 선언한다. 유대인의 추방당함과 정치적인 혼란, 그리고 그로 인한 모든 사회·문화적 그리고 종교적인 모순 가운데서도, 여호와는 모든 것을 주관하신다. 유대인이 디아스포라가 된 것은 실수가 아니며 하나님의 부재 때문도 아니다. 유대인을 바빌론으로 보낸 분(4절)은 바로 하나님이시며, 그들의 미래에 대한 하나님의 선하신 계획에 따라 알맞은 때에 유대인을 고향으로 다시 돌려보내실 분도 바로 하나님이시다(10~14절). 서신의 내용 밖에 있는 예레미야서의 후반부는 회복의 장면(30~33장)을 보여준다. 더욱이 여호와는 현재 너머의 역사를 움직이고 계셨다. 서신을 보낸 후에는 또 다른 심판이 유다를 기다리고 있고(15~23절), 바벨론은 언젠가 무너진다(25, 50~51장). 하나님은 모든 민족의 발흥, 추락, 그리고 이동 뒤에 계셨다(참조, 암 9:7). 추방된 포로들은 야훼께서는 한 분이시며, 진실로 전제 세계적이시며 전지하시며, 전능하시며, 동시에 어느 곳에도 계시는 신이시며, 언제나 새롭고 놀라운 방법으로 자신들에게 헌신하셨으며 늘 그러하시는 하나님이심을 경험하고 있었다. 결국 디아스포라는 새롭고 *중요한 신학적 반영*을 위한 소재(locus)였다.

둘째, 상황은 *하나님의 백성으로 하여금 그들의 사명을 재고하게* 하였다(5~7절). 자신의 선교적 역할에 관한 생각은 추방 생활을 어떻게 받아들이고 살아내야 할지에 대한 이해를 재해석하는 것과 밀접한 연관이 되어 있다. 그

20) J. A. Thompson, The Book of Jeremiah (New International Commentary on the Old Testament; Grand Rapids, MI: Eerdmans, 1980), 544~46.

들의 전부였던 세계관과 생활양식의 상징인 성전이나 그들의 조상이 소중히 아끼던 땅이 더는 공동체의 중심일 수 없었다.

한편으로, 이러한 재해석은 성경이 이방의 환경에 어떻게 적용되어야 하는가에 더 중점을 두어야 한다는 것을 의미했다(이는 결국 회당의 발전과 구전율법 및 할라카(*halakah*)의 발전으로 이어진다).[21] 이러한 노력은 내부에서 자체적으로 이루어졌지만, 이방 세계라는 외부와 관계하는 방식은 새로워져야 했다.

요더는 '추방(*Galuth*)을 소명'이라고 부른다. 이주된, 한계적이고 패배한 공동체로서 추방자는 시민으로서의 영향력을 가질 수 없었고 여러 방면에서 시민의 환경과 현저하게 달랐다.[22] 이러한 상황은 추방자가 자신의 신앙을 구현하는 방식을 특징짓게 했다. 디아스포라는 이제 그들의 삶의 방식이자 소명이었다. 라이트(Wright)는 이러한 변화의 열매가 열리기까지 추방자의 생각 속에서 일어났어야 했던 일을 다음과 같이 아름답게 표현했다. "난민은 거주자가 되어야 했고, 슬퍼하는 자는 선교사가 되어야 했고, 추방자는 자신을 더는 피해자로 정의하지 않고 선지자로서의 도전을 받아들여야 했다."[23]

더 구체적으로, 예레미야는 추방자에게 이제 바빌론이 그들의 본향이 되어야 한다고 말한다. 추방자는 정착하여 농사짓고 결혼하여[24] 가족을 이루어야 했다(5~6절). 이는 그들의 체류가 몇 세대가 계속될 것임을 분명히 알려주는 것이었다. 추방자는 디아스포라로 뿌리를 내려야 했다. 어떤 이에게는 그 기간이 예정된 칠십 년이지만, 다른 이에게는 바벨론을 터전으로 수 세기 동

---

21) 메소포타미아는 유대교의 중심지로 성장하여 20세기 중반까지 유대교 중심지로 남았다. 그곳의 유대교 현자 중 일부가 4세기와 5세기에 바빌로니아 탈무드를 만들었다.

22) Yoder, "See How They Go with Their Face to the Sun."

23) Christopher J. H. Wright, The Message of Jeremiah: Against Wind and Tide (The Bible Speaks Today; Downers Grove, IL: IVP Academic, 2014), 289~99; cf. the practical aspects that Wright mentions based on this passage in idem, The Mission of God's People, 222~43를 참조하라.

24) 이 시점에서 선지자가 바빌론 유수 공동체 밖의 사람과 결혼까지 고려하지는 않았을 것이다. 이방인과의 결혼 이슈는 귀환자의 걱정이었다(스 9~10장; 느 13장). 비명의 흔적에 의하면, 동족 결혼은 결국 이방인과의 결혼에 자리를 내준 듯하다.

안 살게 될 것이었다. 결정적으로, 여기에 사용된 언어는 다른 구절과 중요한 연결고리를 갖는다.[25] 예를 들어, 생육하라(to increase)는 명령은 창세기 1:28의 명령을 반복하는데, 이는 아브람의 자손을 큰 나라가 되게 하고 그의 후손을 번성하게 할 것이라는 하나님의 약속에서 찾아볼 수 있는 표현이다. 바빌론 디아스포라는 인간의 의무와 하나님 백성의 사명을 완수하기 위해 마련된 장(place)이었던 것이다.

추방자는 또한 그들의 새로운 거주지를 위해 *평안*을 추구해야 했다(7절). *평안*은 안녕, 번영, 그리고 폭력의 부재를 의미하는 구약성경의 용어이다. 히브리어 성경에서는 이 단어가 구절에서 세 번 반복되며 그 중요성을 강조한다. 하지만 하나님이 보내신 추방지에서 도대체 *어떻게 평안*을 추구하느냐는 구체적으로 언급되지 않았다. 적어도 추방지의 평안을 위해 기도하라는 것이었지만,[26] 그것은 쉽지 않았을 것이다. *예루살렘*과 *예루살렘*의 평안을 위해서(시 122:6) 기도할 수는 있었지만, 도대체 어떻게 자신을 정복한 자를 위해서 기도할 수 있었을까? 그것은 자신의 존재 자체를 부정하는 행위였다. 하나님의 명령은 바빌론에 대하여 하나님께 복수를 구하지 말고 오히려 하나님의 은혜를 바라라는 것이었다. 추방자의 신념에 변화가 일어나기까지 얼마나 오랜 시간이 걸렸을까? 이 명령에 대한 갈등은 얼마나 지속되었을까? 얼마나

---

25) 어떤 학자는 이 말을 신 20:5~9과 전쟁에 관한 면제 조항과 연결한다. 이러한 어휘의 연결은 예레미야가 당시의 폭력적인 음모에 개입하지 말라고 이야기하고 있음을 암시한다고 한다. 그들의 체류는 파괴적인 것이 아닌 긍정적인 것이어야 하는 것이다. 예를 들어, Louis Stuhlman, Jeremiah (Abingdon Old Testament Commentaries; Nashville, TN: Abingdon, 2005), 251을 참조하라. 또한 정착하고 씨를 뿌리라는 명령은 예레미야의 권고에 써진 언어를 반복하는데, 이는 책에서 또한 계속 반복된다(1:10; 12:14~17; 18:7-9; 24:6; 31:28, 40; 42:10; 45:4).

26) 예레미야서의 다른 부분들과는 대조되는 구절들이다. 거짓 선지자들은 예루살렘의 미래에 평안이 있을 것이라고 보장했으나, 다가오는 것은 침략이었다(6:14; 8:11). 예레미야 선지자는 동족들을 위해 기도하지 말라는 명령을 받는다. 그들의 심판은 돌이킬 수 없는 것이었기 때문이다(7:16; 11:14; 14:11). 어떠한 경우에든, 유다에게 불가능한 것이 바빌론에게는 사실이 되었다.

많은 이들이 순종하지 않았을까? 몇 년 후에 일어난 유다의 종말이 가져온 공포는 이러한 명령에 대한 사람들의 반응을 어떻게 바꾸어 놓았을까?(참조, 시 137)

*평안*을 추구하라는 명령이 구체적이지 않았기 때문에 개인이나 공동체는 그들의 환경에 따라 자율성을 가지고 이를 실행할 수 있었을 것이다. 이방 땅의 *평안*을 추구하라는 명령은, 온 땅의 족속에게 축복이 되라는 것의 또 다른 표현이었기 때문이다. 이 글의 앞부분에서 다루었듯이, 추방자의 위대함은 그들이 다른 사람을 위한 하나님 축복의 통로일 때 가능한 것이다.

디아스포라 상황에서 하나님의 백성은 하나님을 새롭게 바라보고 자신의 존재를 선교자로 이상적으로 이해할 수 있었다. 7절에 마지막으로 두 번 언급되는 *평안*은 새로운 땅에 투자함으로써 그들이 얻게 되는 보상을 설명한다. 디아스포라 상황에서의 그들의 사명은, 그들의 주변에 이익이 될 뿐만 아니라 자신에게도 이익이 된다는 것이다. 이는 오늘날도 마찬가지이다. 디아스포라 상황에 있는 믿음의 공동체는 하나님의 위대함에 감사하며 그들의 새로운 환경의 *평안*을 추구하는 사명을 받아들여야 한다. 복이 되라는 사명에 순종함으로써, 그들은 하나님과 세상 앞에 자신의 존재 이유를 선포하는 것이다. 최근의 출판물과 회담은 오늘날의 디아스포라의 상황이, 그때와 같이, 하나님과 선교에 대해 새롭게 생각할 기회임을 보여주고 있다.

법, 디아스포라 선교, 그리고 이민자들의 권익 옹호

디아스포라 선교의 서술과 신학적 차원에 더하여 윤리적인 측면이 있다. 이 세 번째 요소는 체류자나 외국인에 대한 구약성경의 법률(legislation)에서 비롯된다. 이에 대한 토론은 우선 법의 본질을 알아봄으로 시작한다. 지식사회학의 관점에서 보았을 때, 법이란 '현실의 사회적 구조'의 토대가 되는 요소이다. 법률은 사회라는 세계를 조직하고 규정, 제재, 제도 및 인사를 통해 사회의 적절한 기능을 수행하기 위한 기본적인 틀을 유지한다. 그렇기 때문에 법률은 사람의 세계관, 태도, 행동 및 정체성을 형성하는데 핵심적인 역할을 한다. 한 사회의 법은 그 사회가 무엇을 소중히 여기거나 하찮게 여기는지, 그 이상과 두려움과 도덕 구조의 본질이 무엇인지를 보여준다.

외부인에 관한 법률은 사회적 우주론의 일부이다. 모든 외부인이 환영받는가? 아니면 특정한 외부인만 환대받는가? 사회로의 진입은 어떻게 통제되는가? 외부인에 대한 인정, 의심, 거부는 구체적인 법을 통해 어떻게 나타나고 또 영속되는가? 외부인에게는 어떤 공식적, 일상적 명칭을 주는가? 그들에게는 무엇이 허용되고 무엇이 금지되는가? 이주민에 대한 법률을 구성하는 기준은 민족인가 피부색인가, 출신 국가 또는 지역인가, 종교적 배경인가 경제적 배경인가? 이 장의 소개 부분에서 이주민이 여정 중에 겪게 되는 참담한 경험을 다루었다. 한 사회의 법률에는 그러한 시련과 고난에 대한 인식이나 관심이 담겨 있는가? 그렇지 않다면 왜 그런 것인가?

허가받지 않고 입국한 이들은 불법 신분이기에 추가 압박을 받게 된다. 추가 압박에는 구금과 추방에 대한 두려움, 근로자의 최소 권리와 공정한 보상을 요구하지 못하는 것, 기본적인 사회 복지 및 의료 혜택을 누리지 못하는 것, 그리고 그 사회의 토착민이나 더 오랜 역사를 가진 외부인에 의한 사회적인 거부 등이 있다. 경제적 및 정치적 배제와 사회적 소외의 심각한 정도는 특정한 상황에 따라 다르다.

법률과 이주 그리고 결과적으로 법과 디아스포라 선교학 사이의 관계에 대해서는 더 많은 이야기를 할 수 있다. 구약성경의 율법은 이에 대한 지침을 제공한다. 크리스토퍼 J. H. 라이트가 설명하듯이 구약성경의 율법이 하나님의 구속된 백성이 모든 민족 *중에* 그리고 민족을 *향한* 등대로서 *그 시대와 장소에* 부름을 받은 제사장의 역할에 충실할 수 있도록 고안되었음을 인식하는 것이 큰 도움이 된다(신 4:5-8).

그러나 동시에 출애굽기, 레위기, 신명기의 율법은 고대의 세계에만 적용되는 것이 아니다. 라이트의 접근법은 그 고대의 율법이 오늘날의 사회 윤리와 선교에 지속적인 영향을 어떻게 끼치고 있는지를 보여준다.[27] 내가 확신하건대, 라이트의 생각은 이스라엘의 입법은 초월적인 신성한 가치와 약속을 반영하기에 굳이 세부적으로 모방하기보다는 그러한 가치와 약속(commitments)을 현대에 적합하게 적용할 수 있어 오늘날에도 법률 모형으로서 기능할 수 있다는 것이다. 그 때문에 이스라엘의 법과 사회정치적 구조 속에서 발견되는 실제적인 맥락은 현대 사회에서는 매우 달라 보일 수 있다.

위의 접근법은 또한 이주의 이슈에 적용할 수도 있다. 이주는 구약성경의 세계에도 일어났던 현상이고, 그러한 현실은 구약성경의 율법에 반영되어 있다.[28] 고대의 그 어떤 다른 법도 구약성경의 율법과 같이 외부인에 대한 방대한 양의 법률을 다루지 않는다. 이방인에 대한 개방성은 결국, 하나님 백성의 독특한 특징 중 하나인 것이다.[29]

먼저 구약성경의 율법은 외부인의 취약성을 인식했다. 당시에는, 오늘날의 많은 사회가 누리는 안전망을 정부에서 제공할 수 없었다. 그 때문에 질병, 배고픔, 출산, 사망 및 자연재해가 발생했을 때는 친족의 도움 외에는 기대할 수 없었다. 이러한 대가족은 다세대 가정으로서 한 집이나 같은 마을 또는 도시에서 함께 살았다.

외부인으로서 이민자는 이러한 지원 시스템을 가지고 있지 않았다. 게다

---

27) 윤리학에 관해서는 Christopher J. H. Wright, Old Testament Ethics for the People of God (Downers Grove, IL: InterVarsity, 2004), 62~74, 182~211, 314~25. For mission, see idem, The Mission of God, 289~23, 329~44, 357~96; and The Mission of God's People, 96~147을 보라.

28) 더 폭넓은 토론을 위해서는, 각주 3에 인용된 관련 부분들 외에도 나는 항상 우리를 위하여: "Welcoming the Stranger: Toward a Theology of Immigration In Deuteronomy," in For Our Good Always: Studies on the Message and Influence of Deuteronomy in Honor of Daniel I. Block, ed. J. S. DeRouchie, J. Gile, and K. J. Turner (Winona Lake: Eisenbrauns, 2013), 441~62를 참고하였다. 최종 정본의 본문을 토대로 작업하였다. 어떤 이들은 법적 자료구성의 역사를 가설로 재구성한 외부인과 관계를 조정하려고 노력했다. 이러한 다양한 접근 방식의 개요를 보려면, 그 자신의 계획을 포함한, Mark A, Awabdy, Immigrants and Innovative Law: Deuteronomy's Theological and Social Vision for the GR (FAT 2/67; Tübingen: Mohr Siebeck, 2014)을 참조하라.

29) In The Immigration Crisis: Immigrants, Aliens, and the Bible (Wheaton, IL: Crossway, 2009)에서 James K. Hoffmeier는 이러한 이민법이 합법적인 이민자들에게만 적용된다고 주장한다. 본인은 이것이 설득력이 없고 또한 증명될 수 없다고 본다.

가 고대 이스라엘은 대체로 농민 사회였는데, 이는 생계가 재산의 소유에 달려있었음을 의미한다. 율법에 따라 재산은 남자에게 상속되었다. 외국인은 토지를 소유하기가 어려웠을 수밖에 없었고, 여러 방면에서 취약할 수밖에 없었다. 그들은 도움이 필요하고, 보호가 필요하고, 일거리가 필요했을 때에 이스라엘 민족의 자선에 의존했다. 적지 않은 경우, 외국인 체류자는 법 상 가난한 자나 과부와 고아와 같이 삶의 가혹함에 전혀 무방비인 자들로 분류된다(예, 신 10:18, 16:11, 14:29).

구약성경의 율법에는 이민자의 필요를 충족시키기 위해 마련된 조항이 있다. 예를 들어, 외국인 근로자를 착취해서는 안 된다. 이들에게는 안식일이 허락되었고(출 20:10; 23:12; 신 5:14), 공정한 임금이 적시에 지불되었다(24:14~15). 외부인과 그 가족은 식량을 모을 수 있도록 수확 일부를 할당받았고, 삼년마다 거두는 십일조의 혜택을 누릴 수 있었다(레 19:9~10; 신 14:28~29; 24:19~22).[30] 법적인 문제에 대해서는, 본토 태생자와 동등한 처우를 받았다. 부당한 협박과 편파적인 판단은 금지되었다(신 1:16~17; 24:17~18; 27:19). 심지어 외국인은 이스라엘의 문화적인 삶과 정체성의 핵심인 그들의 예배에도 참여할 수 있었다(예, 출 12:45~49; 레 16:29; 신 16:11, 14; 26:11). 마지막으로, 같은 이스라엘 동족에게 해당되는, '네 이웃을 너 자신과 같이 사랑하라'(레 19:18)는 계명은 '거류민을 사랑하라'(레 19:33~34)는 계명으로 확대되었다. '타인'을 사랑하라는 말은 정말로 이웃사랑에 대한 시험이었던 것이다.

동시에 이스라엘은 이민자에게 기대하는 것이 있었을 것이다. 사회의 다양한 부분에서 참여하고 일을 하기 위해서는 그들의 히브리어를 배워야 했다. 거류민은 또한 정기적인 율법을 낭독하는 의무에 참여해야 했다(신 31:9~13). 이는 그들이 이스라엘의 문화에 동화되는 데 도움이 되었을 것이다. 이스라엘의 종교 생활에 대한 참여는 또한 이스라엘 신앙으로의 개종을 의미했다. 요컨대, 이민자의 고대 이스라엘과의 통합은 이민자와 본토인 모두에게 적응과 조정을 요구한 것이다.

---

30) 룻은 이삭줍기에 관련된 율법의 특혜를 받는 이민자 또는 과부의 예이다.

구약성경의 율법은 이러한 법적 조치(legal measures)에 대한 불순종을 허락하지 않았다. 대신에 두 가지 내면의 동기에 호소했다. 첫째, 이스라엘 민족에게 그들 자신이 애굽에서 거류민으로서 고통을 겪었기에 거류민을 잘 대우해야 한다는 것을 끊임없이 상기시켰다(출 22:21; 23:9; 레 19:18, 34; 신 24:17~18). 현재 외국인을 환대하는 것은, 그 고통스러운 과거를 잊지 않는다는 표현이었다. 그러한 국가의 역사적인 기억은 세심한 환대의 정신을 낳았다. 그들은 새로 온 사람에게 자신이 겪었던 만행을 행하지 말아야 했던 것이다. 다시 말해, 그들 자신이 애굽인이 되어서는 안 되는 것이었다.

두 번째 동기는 하나님에 대한 개개인의 헌신에서부터 비롯되었다(신 10:17~19; 참조. 24:14~15). 오로지 여호와께서 나그네를 사랑하시기에, 이스라엘도 그와 같아야 했던 것이다. 그분께서는 음식과 옷을 제공함으로써 실천했기에(신 17:18) 그의 백성도 모르는 이를 섬겨야 했다. 그들은 그들 가운데 있는 이민자에 대한 하나님의 자비의 통로였어야 하는 것이다. 외부인에 대한 보살핌은 이스라엘이 얼마나 하나님을 잘 알고 예배하는지에 대한 척도였다!

율법이 이방인을 포함한다는 사실은 디아스포라 선교학의 핵심을 드러낸다. 적어도 기독교는 공동체의 일원에게 그들 사이에 거류하는 외부인에게 다가가도록 가르쳐야 한다. 하나님의 이름으로 그들을 실질적으로 돕는 것은 하나님과 우리의 관계를 증거 하는 것이기 때문이다. 둘째, 구약성경은 낯선 이에 대한 하나님의 관심을 나타낸다. 그러므로 *디아스포라 선교에 대한 비전의 일환으로써*, 기독교 신자는 어떻게 하면 이민자에 대한 하나님의 헌신을 오늘날의 입법에 반영할 수 있도록 영향을 끼칠 수 있는가를 고심하는 것이 마땅하다.

다양한 이유로 세계 각지의 일부 복음주의 그리스도인이 사회적・정치적인 이슈에 참여하는데 불안감을 가지고 있음이 잘 알려져 있다. 구약성경의 율법은 이민자를 포함한 가난한 자, 과부 및 고아를 대변하는데, 이는 하나님께서 자신의 백성에게 요구하는 것 중에서도 중한 것이다. 이에 대한 신학적, 해석학적 도전은 도대체 어떻게 하면 오늘날의 법률이 하나님의 나그네에 대한 관심을 반영할 수 있는지를 묻는 것이다. 이에 대한 현실적인 도전은 어떻게 하면 어느 정도라도 그러한 선한 가치를 더 넓은 사회에 드러낼 수 있도록 법을 건설적으로 개선하느냐이다. 그래서 이민자에 대한 정의롭고 자비로운 법을 제정하는 어렵고도 복잡한 일에 참여하는 것은 디아스포라 인구와 함께 살고 일하는 현실의 피할 수 없는 사역이다.

결론

구약성경에서는 디아스포라 선교에 대해 많은 것을 알려준다. 간략하지만, 필자는 이 글에서 구약성경이 서술적, 신학적, 윤리적 유익함이 있음을 주장했다. 첫째, 구약성경의 내러티브에 나타나는 디아스포라 삶은 현대의 이주민과 디아스포라가 겪는 그것과 다르지 않음을 볼 수 있다. 본문을 통해 디아스포라가 아닌 이들은 이민자의 곤경을 이해할 수 있게 된다. 동시에 이민자는 구약성경이 그들의 삶과 신앙에 큰 도움과 위로가 될 수 있음을 알 수 있다.

둘째, 구약성경은 하나님 백성의 사명이 다른 이에게 복이 되라는 것임을 가르친다. 이러한 선교 계명은 나그네로서, 창세기 10~12장의 성경적 기술에 따라 온 땅의 '족속'들 가운데 거류하던 족장에게 본래 주어졌다. 이 사명은 구약성경 전반에 걸쳐 나타나며, 특히 바벨론 유수의 백성에게 유다의 정복자를 위해 *평안*을 구하라는 예레미야의 서신에서 구체적으로 표현된다.

마지막으로, 디아스포라 종족과 그들과 관련된 문제에 관여하는 것은 필연적으로 이민법에 관여한다는 것을 의미한다. 구약성경의 율법은 분명 특정한 상황을 위해 만들어진 것이지만, 그것이 의미하는 바는 시대와 장소를 뛰어넘어 오늘날의 법의 제정에 있어 하나님의 뜻을 적용하는데 방향성을 제공한다. 요컨대, 구약성경은 디아스포라 선교에 광범위하고, 적절하고, 건설적인 신학적 틀을 제공한다.

토 의

1. 구약성경이 디아스포라 선교학과 선교에 기여하는 세 가지 주요 방법은 무엇인가?
2. 창세기의 첫 11장은 인간과 이주의 본질에 무엇을 이야기하는가?
3. 성경에 대한 디아스포라적 접근은 어떠한 새로운 시각을 제공하는가?
4. 창세기는 하나님 백성의 사명을 어떻게 정의하는가?
5. 구약성경의 율법을 보았을 때, 외부인을 환대하는 동기는 무엇인가? 이는 오늘날 하나님의 백성에게 어떠한 교훈이 될 수 있는가?

6장

기회에서 선교로 : 신약성경 속의 복음을 위한 흩어짐

스티븐 S. H. 창(Steven S. H. Chang)

서론

신약성경의 이야기는 많은 설명을 요구하는 교회의 탄생과 확장으로부터 시작된다. 복음서는 예수 그리스도의 근본적인 모습에 초점을 맞추지만, 우리는 예수님을 교회의 현상을 염두에 두고 이해해야 한다(눅 1:1~4). 유대인에 의해 시작된 교회에 어떻게 이방인이 포함되었을까? 왜 1세기의 누구나 다 아는 지역에서 유대인 모임(assemblies)이나 이방인 모임과는 전혀 다른 기독교 모임이 우후죽순처럼 나타나기 시작한 것일까? 기독교는 어떻게 선교적인 종교가 되었는가? 이것이 1세기에 일어난 현상을 목격한 이들의 관심사였다. 이에 대한 대답은 유대인 디아스포라에서 찾을 수 있다.[1]

유대인 디아스포라가 없었다면, 교회의 탄생과 확장은 불가능했을 것이다. 초창기의 기독교 개종자와 선교사는 모두 디아스포라 유대인이었기 때문이다. 세상은 이미 수 세기 전부터, 유대인의 흩어짐을 통해 그리스도의 탄생

---

1) 대문자 'D'를 사용하는 'The Diaspora'는 오늘날 유대인의 분산을 뜻하는 고유어이다. 필자는 헷갈림과 어색함을 방지하고 또 이 용어(The Diaspora)의 본래 말을 존중하기 위해 'Jewish diaspora'라고 표현할 때 대문자 D를 사용하지 않았다.

을 준비하고 있었다. 이는 특히 헬레니즘과 로마 시대에 그러했다. 유대인의 헬레니즘과의 갈등 이후 1세기 세상은 기독교 선교와 핵심 신앙의 뿌리를 마련하였다. 이러한 디아스포라 환경에서만 이해할 수 있는 문제와 사상이 넘쳐나는 가운데, 신약성경은 하나님이 어떻게 디아스포라 공동체를 통해 교회를 세우고 확장시켰는지를 드러낸다.

이 글은 신약성경에서 디아스포라가 어떻게 준비되었고, 선교를 위해 어떻게 사용되었는지를 세 부분으로 나누어 설명한다. 먼저, 신약성경의 디아스포라 환경에 대한 간단한 밑그림을 그려 유대인 디아스포라의 범위를 살피면서 그리스-로마의 문화 충돌과 이로 인해 생겨난 유대인 디아스포라에 대한 로마의 지배에 대해 알아본다. 둘째, 신약성경 이야기에서 디아스포라 유대인이 맡은 역할을 면밀히 살펴보며 그들이 하나님의 계획에 중요했음을 알아본다. 셋째, 신약성경의 디아스포라 환경에서 일어난 유대인과 이방인 사이의 갈등이 어떻게 기독교의 정체성과 핵심 신앙을 특징적으로 형성했는지를 알아본다.

신약성경 이야기 속의 디아스포라 환경

신약성경의 디아스포라 환경은 단순하지 않아 다 설명할 수는 없다. 하지만 그리스-로마 세계의 맥락에서 일어난 유대인 디아스포라 현상에 대해 간략하게 이해함으로써 초기 기독교 공동체와 그 확장에 대한 영향력을 알 수 있다.

디아스포라의 유대인

1세기에 이르자 많은 수의 유대인이 로마제국과 그 너머로 흩어져 있었다. 예를 들어, 이집트 알렉산드리아에 18만 명의 유대인이 살았고,[2] 소아시

2) J. J. Collins, Between Athens and Jerusalem: Jewish Identity in the Hellenistic Diaspora (2d

아의 여러 도시에 또 18만 명의 유대인이 살았으며, 로마에만 거의 6만 명이 살았다.[3] 구체적으로 단정 짓기는 어렵지만, 유대인 디아스포라 인구가 고향의 유대인 인구를 크게 웃돌았을 것이다. 팔레스타인 인구 규모에 따라(100만~250만), 최대 600만 명의 유대인이 디아스포라에 있었다.[4] 고향의 인구 과잉이 1세기 유대인 이주의 주된 원인이었을 것이다.

유대인 디아스포라의 전체적인 지리적 범위는 불분명하다. 하지만 이들이 광대한 영역에 걸쳐 이산되었다는 증거가 있다. 예를 들어, 알렉산드리아의 필로(Philo of Alexandria)가 가이우스 황제에게 예루살렘에 대한 선처를 호소하는 것을 통해 확인할 수 있다. "황제에 의해 혜택을 입는 도시는 단 하나만이 아닌, 살 수 있는 세상의 모든 지역의 수많은 도시. 즉 유럽, 아시아, 아프리카의 대륙과 섬과 해변과 내륙의 도시입니다."[5] 팔레스타인 주변의 지역(이집트, 베니게, 및 시리아), 소아시아의 지방(밤빌리아, 길리기아, 비두니아, 및 본도), 유럽 지역(테살리아, 보이오티아, 마게도니아, 아이톨리아, 아티카, 아르고스, 고린도 및 펠로폰네스 반도), 잘 알려진 섬(유보이아(Euboea)라는 그리스 섬, 구브로 및 그레데), 그리고 '유프라테스 너머의 국가'(바빌론과 그 너머)를 포함한 위치 목록이 꽤 길다. 필로에 의하면, 유대인은 이미 1세기에 '세상의 살 수 있는 모든 지역'으로 퍼져 나갔다.

비슷한 목록을 사도행전 2장에서 찾아볼 수 있다. 누가는 여기서 "경건한

---

ed.; Grand Rapids: Eerdmans, 2000), 114. Philo(Flacc. 43)는 그가 살았던 시기의 알렉산드리아에 100만 명이나 되는 유대인이 있었다고 주장한다. 실제로는 도시 전체 인구가 50만 명이었으므로 이는 분명 과장된 것이다.

3) E. S. Gruen, Diaspora: Jews amidst Greeks and Romans (Cambridge: Harvard University Press, 2002), 15; W. R. Stegner, "Diaspora," DPL 211.

4) E. J. Schnabel, Early Christian Mission, Vol. 1, Jesus and the Twelve (Downers Grove: IVP, 2004), 122~124. 인구 추정치가 투기적으로 악명 높다. P. R. Trebilco와 C. A. Evans, "Diaspora Judaism" (DNTB 286)은 "학자들은 1세기에 5백만에서 6백만 명의 유대인들이 디아스포라에 살고 있다고 제안하지만, 그러한 수치는 단지 추측일 뿐이다."

5) Philo, On the Embassy to Gaius, 283. C. D. Yonge, The Works of Philo: Complete and Unabridged (New Updated Edition; Peabody: Hendrickson, 1995), 783에서 인용됨.

유대인들이 천하 각국으로부터 와서 예루살렘에 머물러 있더니"(행 2:5)라고 설명한다.[6] 그는 대략 15개 장소를 열거한다. 지정학으로 또 사도행전의 이야기에서도 매우 중요한 제국의 중심지 로마가 여기에 포함되어 있다. 바대, 메대, 엘림, 그리고 메소포타미아(행 2:9a)가 유프라테스의 동쪽 지역에 포함되어 있어 파르티아 제국(현대의 이란)까지 이르고 있다.[7] '고대 유대'에 대한 언급은 시리아를 포함하는 넓은 의미에서 사용되었을 가능성이 높다.[8]

갑바도기아, 본도와 아시아, 브루기아와 밤빌리아(행 2:9a)를 포함하는 지역은 오늘날 터키 대부분을 포함하지만, 흥미롭게도 주요 로마 지역인 갈라디아와 길리기아가 빠져있다. 이집트와 '구레네에 가까운 리비아'(행 2:10)에 대한 언급은 초점을 북아프리카로 옮긴다. 거기서부터 초점은 다시 북쪽의 로마로 옮겨진다. '로마에서 온 나그네, 곧 유대인과 유대교에 들어온 사람들과'(행 2:10~11a)는 필요 없는 문구일 듯하다. 타 지역도 유대교로 개종한 사람이 있었을 것이기 때문이다. 하지만 누가는 이 글에서 특히나 로마인 독자에 신경을 쓰고 있는 것이다. 섬과 사막을 대표하는 마지막 두 지역인 크레타와 아라비아는 유대인이 얼마나 편재하는지를 나타내기 위해 포함되었을 것이다.

필로와 누가는 둘 다 신약성경 시대에 유대인 디아스포라의 범위가 넓었음을 주장한다. 필로의 목록과 마찬가지로 누가의 목록은 종합적이지 않고, 번창한 유대인 공동체가 존재했던 마게도니아와 그리스와 같은 주요 지역을 간과한다. 그러나 필로의 요점은 로마와 같이 머나먼 곳의 유대인 디아스포라도 교회의 탄생에 참여했었으며, 그 확장에 지대한 역할을 했다는 것이다.

---

6) 인용된 모든 성경 본문은 달리 명시되어 있지 않는 한 NIV 2011에서 인용되었다.

7) 이 디아스포라 유대인들은 Josephus가 자주 언급하는, 앗수르와 바빌로니아 시대에 유배자들의 후손일 수 있다. Josephus, Ant. 11.133; 15.14; 18.310~79; F. 브루스, 사도 행전 (NICNT, Grand Rapids : Eerdmans, 1988), 55~56를 보라.

8) Bruce, Acts, 56.

문명의 충돌

신약성경이 유대인 디아스포라를 확증하듯 유대, 그리스, 로마라는 세 문명의 충돌을 나타내기도 한다. 1세기에 다른 문화가 존재하지 않았던 것은 아니지만, 이 세 문화만큼 신약성경을 지배하는 문화는 없었다. 오랜 그리스 문명은 철학과 종교에 있어 유대의 문명과 비교할만하고 로마의 문명을 뛰어넘는 풍부한 유산을 남겼다. 따라서 신약성경에 나타나는 사상 충돌은 주로 그리스인과 유대인 사이에 일어난다(예, 고전 1:22, 24).

그리스인들은 식민지를 세우며 자신의 문화와 언어를 광범위하게 전파하였다. 당시에 이는 여러 면에서 로마 시대 유대인 디아스포라에게 본보기가 되었다. 그래서 신약성경과 유대인 디아스포라의 언어는 그리스어이다. 그보다 더 오래된 유대 문명은 신약성경을 다른 방식으로 지배한다. 예를 들어, 유대교의 유일신론은 말할 것도 없이 유대인 성경(the Jewish scriptures)[역8]으로부터 비롯된 것이다. 비록 그리스어 70인 역으로 유대교 성경을 읽었겠지만, 신약성경의 모든 저자는 유일신론을 생각하고 있었다. 그러한 두 문화의 영향력에도 불구하고, 신약 시대 사람의 일상을 지배한 것은 로마인이었다. 결국 예수님은 로마의 십자가(아람어, 라틴어, 그리스어로 된 표지판 아래)에서 죽었고, 유대인의 성전은 로마인에 의해 파괴되었다(서기 70년). 로마인은 1세기의 정치권을 장악하고 있었으며, 자신의 제국적 야망을 즐기고 있었다.

유대교 자체는 그리스 세계와의 충돌로 인해 크게 변화되었으며, 이러한 갈등은 주로 디아스포라 유대인의 삶에서 느껴지고 있었다.[9] 초창기 교회의 갈등 중 하나는 '헬라파 유대인'과 '히브리파 유대인' 사이에 있었다(행 6:1). 실상 1세기의 예루살렘 자체가 철저히 헬라화 되어 있었기 때문에 이스라엘의 유대인과 디아스포라 유대인 간의 차이를 과장해서는 안 되지만,[10] 알렉산드

---

9) 요 7:35의 반대하는 유대인들은 예수께서 자신이 가고 있는 곳을 따라올 수 없다고 하신 말을, 그가 '그리스인들 사이의 흩어짐 또는 디아스포라'로 간다는 것을 의미하는지 궁금해 한다.

10) M. Hengel, Judaism and Hellenism: Studies in their Encounter in Palestine during the Early Hellenistic Period, Vols. 1 & 2 (Philadelphia: Fortress, 1981)를 보라.

리아, 안디옥, 그리고 소아시아와 같이 디아스포라 중심에 사는 유대인이 이스라엘의 유대인보다 그리스 문화에 더욱 동화되었을 가능성이 높다는 추측은 합리적이다. 사도행전은 이러한 미묘한 차이를 나타낸다. 이를 포함한 여타의 갈등은 유대교와 헬레니즘의 충돌이 교회 정체성과 공동체를 형성하는 데 중요한 역할을 했음을 보여준다.

새로운 로마의 평화

로마인은 디아스포라의 지형을 변화시켰다. 아우구스투스(Augustus)가 이룩한 팍스 로마나는 이전의 헬라 왕국과 대부분의 유대 디아스포라를 하나의 정치구조로 연합했다. 1세기경 로마 제국은 서쪽으로는 스페인에서부터 동쪽으로는 시리아와 이집트까지 이르는 막대한 영토를 통치하고 있었다. 제국 정부는 통제력을 유지하기 위해 인프라를 공격적으로 개선했다. 이를 위해 군인과 제국의 힘을 지방과 국경으로 향하게 하는 동시에 상품과 세금은 중앙의 로마로 끌어모았다.[11] 이러한 이유로 로마인은 석재 포장 및 배수시설과 같은 우수한 기술을 사용해 도로를 건설하고 개선하였고, 그 사용을 철저히 감시하였다. 이 도로들은 제국 전역의 주요 도시를 연결하였고, 특히 로마로 연결되었다. 로마인은 도로뿐만 아니라, 지중해의 모든 바다를 통제하며 간단하게 *우리 바다(Mare Nostrum)*라 불렀다. 로마의 우월한 해군력은 적을 완파하고 해적 활동을 진압해서 해상 여행과 운송을 안전하게 만들었다.[12] 비록 로마인의 통제와 공급이 그 동기였으나, 이러한 인프라의 발전은 제국 전체의 여행, 의사소통, 그리고 무역을 촉진하는 데 긍정적인 영향을 끼쳤다. 그 결과, 로마의 지배 이전에는 불가능하거나 이루어지기 매우 어려웠던 오래된 정치 문화적 경계 사이에 전례 없는 수준의 교류가 이루어지는 새로운

---

11) S. E. Alcock, Graecia Capta: The Landscapes of Roman Greece (Cambridge: Cambridge University Press, 1993), 221.

12) 로마 시대에 와서 상선은 더 많아지고 또 커졌다. 많은 상선이 이집트의 곡식을 실어와 제국의 중심인 로마를 먹였다. A. J. Parker, "Shipwrecks and Ancient Trade in the Mediterranean," ARC 3:2 (1984): 99~113를 보라.

시대가 왔다.

*팍스 로마나*는 전혀 평화롭지 않았지만,[13] 디아스포라 이동[역9]과 기독교 선교에 긍정적인 역할을 했음은 부정하기 어렵다. 로마의 통제 속에 향상된 인프라가 신약 시대 사람의 이동을 수월하게 했기 때문이다. 고국의 만성적인 인구 과잉으로 인해, 유대인은 '식민지'에 흩어져 살기를 택했다.[14] 이전의 유대인 및 헬라인 디아스포라는 새로운 기회를 찾아 취향에 따라 자유롭게 이동했다. 로마 행정부는 자주 유대인 디아스포라에게 특혜를 베풀어 제국 전역에서 자유롭게 종교생활을 할 수 있도록 해주었다. 이로 인해 예루살렘으로 향하는 순례자가 늘어나 성전세 수입이 크게 늘었다.[15]

유대인 디아스포라 지역과 문명의 충돌 그리고 1세기 로마의 평화는 기독교 교회의 설립과 확장을 위한 성경적 세계를 준비했다. 기독교 운동에 대한 이러한 발전의 영향력은 대단히 크다. 이 글에서는 신약성경의 유대인 디아스포라들의 역할을 자세히 살펴봄으로써 그 영향의 일부를 평가한다.

신약성경의 디아스포라 유대인

디아스포라의 경험은 신약성경의 중요한 일부이다. 예수께서도 애굽에서 가족과 함께 디아스포라를 경험하셨다(마 2:13~15).[16] 특히 디아스포라 유대인은 초기 교회 확장에 기초가 되었다. 이름 없는 이들과 잘 알려진 이들 모두가 신약성경의 이야기에서 중요한 역할을 했다. 신약성경은 이렇게 하나님께서

13) K. Wengst, The Pax Romana and the Peace of Jesus Christ (London: SCM, 1987).

14) Gruen, Diaspora, 241~242.

15) Josephus (J.W. 2 : 280)는 서기 60년에 예루살렘에 300만 유대인이 그 해의 유월절 축제에 참가했다고 기록했다.

16) 예수님의 이집트로의 이주와 마태복음에 등장하는 '물러가심'에 대한 흥미로운 연구로는 P. Hertig, "Jesus' Migrations and Liminal Withdrawals in Matthew," in God's People on the Move: Biblical and Global Perspectives on Migration and Mission (ed. Van Thanh Nguyen and J. M. Prior; Eugene: Wipf and Stock, 2014), 46~61를 보라.

선교를 위해 디아스포라를 준비하시고 사용하신다는 사실을 기록하고 있다.

이름 없는 디아스포라 선교사들

사도행전의 초대교회 이야기에는 이름 없는 디아스포라로 가득하다. 위에서 언급했듯이, 사도행전 2장의 '하늘 아래 모든 국가에서' 온 신원불명의 디아스포라 유대인은, 예루살렘 교회의 탄생과 기독교 선교에 결정적인 역할을 한다. 하나님의 주권적 계획에 따라 오순절에 예루살렘에 모여 복음을 듣고, 그 기쁜 소식을 가지고 디아스포라 환경으로 돌아간 그들은 사도행전의 첫 선교사이다. 누가가 언급하는 '로마에서 온 방문객'(행 2:10)은 복음이 어떻게 처음 로마에 전달되었는지에 대한 유일하게 그럴듯한 설명이다.[17] 그렇다면 서양 기독교의 중심은 베드로나 바울과 같은 사도가 아닌, 유대인 디아스포라의 이름 없는 선교사이다.

사도행전에서 나라의 회복(1:6)은 디아스포라 증인이 모든 나라에 복음을 전할 때 일어난다(1:8). 그래서 스데반이 돌에 맞아 순교하면서 박해가 시작되고, 이때 이름 없는 디아스포라 선교사가 '온 유대와 사마리아'에 *흩어져(diaspeiro)*[18] '두루 다니며 복음의 말씀을 전할 새'(8:1, 4)라고 나온다. '사도 외에는 다' 흩어졌기 때문에 그들은 아마 사도행전 2~4장에서 베드로의 설교를 받아들인 이들이나 혹은 박해 중에 디아스포라 상황에 처하게 된 본토 유대인이었을 것이다.

빌립은 이때 흩어진 자들 중 하나이다(8:4). 이 흩어짐은 '유대와 사마리아'에서 멈추지 않았다. 사도행전 11:19을 보면, "그 때에 스데반의 일로 일어난 환난으로 말미암아 흩어진 자들이 베니게와 구브로와 안디옥까지 이르러 유대인에게만 말씀을 전하는데"라고 기록되어 있다.

---

17) D. J. Moo, The Epistle to the Romans (NICNT; Grand Rapids: Eerdmans, 1996), 4.

18) 성경의 디아스포라 용어에 대한 연구에 관해서는N. F. Santos, "Exploring the Major Dispersion Terms and Realities in the Bible," in Diaspora Missiology: Theory, Methodology, and Practice (ed. E. Wan; Portland: Western Seminary, Institute of Diaspora Studies, 2011), 21~37를 참조하라.

어떤 디아스포라 유대인 그리스도인이 안디옥의 그리스인에게 복음을 전하기 시작했다(11:20). 이 무명의 디아스포라 유대인 그리스도인이 기독교 선교의 매우 중요한 도약을 가능케 했다. 그들은 유대인과 그리스인이라는 거대한 분열을 연결하는 다리를 놓고 이방인을 대상으로 선교를 시작했다. 이는 디아스포라 유대교에는 사실상 존재하지 않는 일이다.[19] 신약성경의 하나님 계획을 이루어내는 데 있어 무수한 무명의 디아스포라는 복음을 위해 모이고 흩어지며 중요한 역할을 감당한다.

바울과 그의 디아스포라 동료들

사도행전을 통해 잘 알려진 디아스포라 인물을 면밀히 살펴봄으로써 무명 디아스포라 선교사의 특징을 유추해 낼 수 있다. 신약성경에서 가장 중요한 디아스포라 유대인은 사도 바울이다. 사도행전의 저자인 누가의 서술은 바울과 바울의 디아스포라 동료에게 초점을 맞춘다.

바울의 디아스포라로서의 배경은 흥미로우면서도 다소 이례적이다.[20] 로마의 시민이자 바리새인이었던(행 16:22; 빌 3:5) 그의 유창한 그리스어와 히브리어는 사람들의 인정을 받았다(행 21:37; 22:2). 바울의 가족은 길리기아의 다소라는 헬라 도시로 이주하여 그곳의 시민이 되었지만(행 21:39), 선조의 이주가 강제적이었는지 자발적이었는지는 불분명하다. 그가 이중국적자이며 수준 높은 다문화 교육(다소의 그리스 교육과 예루살렘의 히브리 율법교육)을 받았

19) 오늘날 학계의 일치된 의견은, 유대교가 선교적이지 않았다는 것이다. M. F. Bird, Crossing Over Sea and Land: Jewish Missionary Activity in the Second Temple Period (Peabody: Hendrickson, 2010), esp. 149~156. See also Schnabel, Early Christian, 1:93~122; Collins, Between Athens and Jerusalem, 262~264; I. Levinskaya, The Book of Acts in Its Diaspora Setting, BAFCS 5 (Grand Rapids: Eerdmans, 1996), 19~33를 보라. 더긍정적인 이해를 가진 학자로는,J. J. Scott, Jewish Backgrounds of the New Testament (Grand Rapids: Baker Academic, 1995)를 참조하라.

20) 디아스포라 유대인으로 바울이 매우 동화되었으나 헬레니즘을 수용하지는 않았음을 주장하는 학자로는J. M. G. Barclay, Jews in the Mediterranean Diaspora: From Alexander to Trajan (323 BCE~117 CE) (Edinburgh: T&T Clark, 1996), 381~395를 보라.

음을 고려했을 때, 바울과 그의 가족은 성공한 디아스포라 유대인의 사례였을 것이다.

선교를 위해 '이방인에게'(행 9:15; 13:46; 18:6; 갈 2:8~9) 파송되는 사도로서의 그의 적합성은 놀라울 정도다. 이 적합성은 분명 그가 디아스포라로서 교육받으며 성장했기 때문에 가능했다는 것 외에는 달리 설명할 길이 없다.[21] 바울은 그리스의 전설적인 도시인 아테네와 고린도에서 복음을 선포했으며, 디아스포라에서 갈고닦은 그의 뛰어난 그리스어 문장력은 신약성경에서의 바울의 중요성을 설명해 준다. 바울은 다양한 문화와 배경을 지닌 사람을 얻고자 다문화 교육을 받은 디아스포라로서의 이점을 내려놓았다(고전 9:20~22).

바울만 유일하게 이례적이었던 것은 아니다. 바나바는 구브로에서 온 디아스포라 유대인(행 4:36)이자 토지소유자로 다른 디아스포라 성공의 예였다. 바나바가 매매하던 토지는 구브로에 있었을 것으로 여겨지며, 바나바는 이 지역과 긴밀한 관계를 유지했다(행 13:4, 15:39).[22] 바나바는 그리스인에게 어마어마한 존재였던 듯싶다. 루스드라에서 바나바는 그리스의 신 중 가장 잘 알려진 제우스로 오해되는데(행 14:22, 18), 이 때문에 바울과 같이 돌매를 맞는 운명은 피할 수 있었다. 바울이 '바나바도'(갈 2:11) 이방인으로부터 멀어져 외식한 잘못을 범했는가 하며 놀랐던 것으로 보아, 바나바의 타문화에 대한 동화 수준은 꽤 높았을 것이다. 디모데는 그리스인 아버지와 유대인 어머니를 둔 루스드라의 매우 동화된 디아스포라 유대인이었다. 바울이 디모데를 만났을 당시에 디모데가 무할례 상태였을 정도로 충분히 동화되었다(행 16:1~3). 디모데는 바울과 함께하여 넓은 지역(소아시아, 드로아, 그리고 마게도니아 등, 행 16:6~10)에 걸쳐 여행하며 바울의 서신을 전하고(살전 1:1; 빌 1:1) 그의 심부름을 도맡는다(고전 4:17; 16:10; 빌 2:19; 살전 3:6; 딤후 4:13).

---

21) 그는 13개 서신의 저자로서 인정되고 있을 뿐 아니라, 그 누구보다도 신약성경을 정의한 저자로 알려진 누가가 그의 영향을 많이 받았을 것이다.

22) 바나바와 바울이 성공한 디아스포라 유대인으로서 가난한 자를 도울 수 있을만한 명성과 자원을 소유했기에 '가난한 자들을 기억하도록'(갈 2:10) 부탁받았을 가능성이 있다.

디모데는 로마의 도시, 그리스의 고린도, 마케도니아의 빌립보와 데살로니가, 소아시아의 에베소와 골로새, 그리고 물론 히브리서가 보내진 곳의 그리스도인과 교류하였다(히 13:23). 아굴라는 갈라티아 북쪽의 해안 지대에 위치한 본도에서 왔으나 로마에서 거주하고 있던 디아스포라 유대인이다. 클라우디우스(Claudius)가 로마에서 유대인을 추방하면서 아굴라는 고린도로 향해야 했다(행 18:2). 그와 아내 브리스길라는 로마(롬 16:3), 고린도(행 18장), 그리고 에베소(고전 16:19; 딤후 4:19)에서 성공적인 사역을 이끌었다.[23] 아볼로는 알렉산드리아 출신의 디아스포라 유대인으로서, '언변이 좋고 성경에 능한 자'(행 18:24)로 기록된다. 고린도에서의 그의 사역이 주목할 만하다(행 18:27~28; 고전 1:12; 3:4~5, 22; 4:6). 요컨대, 바울과 그의 디아스포라 동료는 모두 자신의 디아스포라 경험을 통해 준비된 유능한 선교사들이었다. 그들은 당시 로마의 상황에 거대한 영향을 끼친 기독교 선교 사역의 핵심을 이룬다.

하나님의 도구로서의 디아스포라

누가는 사도행전을 통해, 하나님이 하나님 메시아의 고난과 죽음과 부활의 일거수일투족을 주관하셨듯이, 기독교 선교의 주재자이심을 강조한다. 제자들은 '예루살렘과 온 유대와 사마리아와 땅끝까지'(행 1:8) 그리스도의 증인이 되라는 권고를 받았지만, 거의 전략을 세우지 않았고 또 기꺼이 선교지로 뛰쳐나가기도 쉽지 않았다. 오히려 그들은 자신의 유대 조상과 같이 박해로 인해서 강제로 흩어졌다. 또한 사도행전 2장의 누가의 요점은 새로운 성령의 시대가 왔을 뿐만 아니라, 모든 일을 완전히 통제하시는 하나님이 복음의 확산을 위해 유대인의 디아스포라와 로마 세계를 준비하셨다는 것이다. 사도행전의 중반에 이르러서는, '하늘 아래 모든 민족에서'부터 모인 무명의 디아스

23) VanThanh Nguyen, "Migrants as Missionaries: The Case of Priscilla and Aquila," in God's People on the Move: Biblical and Global Perspectives on Migration and Mission (ed. VanThanh Nguyen and J. M. Prior; Eugene: Wipf and Stock, 2014), 62~75에 기재된 "선교사인 이주민: 브리스길라와 아굴라의 사례"는 브리스길라와 아굴라를 통해 이동하는 그리스도인이 교회 확장의 핵심 요소였다고 본다.

포라가 박해 때문에 다시 디아스포라에 있는 그들의 집으로 흩어진 결과 '땅 끝까지' 그리스도의 증인이 됨으로써 이방의 빛이 되게 하리라는 이사야의 예언이 성취되었다(사 49:6; 행 13:47).

사도행전에 나타나는 디아스포라 유대인 그리스도인 선교사의 사례는, 유대인 그리스도인이 로마제국 전역에 복음을 전하는데 이들의 디아스포라로서의 경험이 큰 힘이 되었음을 암시한다. 이를 통해 더 큰 그림이 나타났다. 하나님께서는 유대인 디아스포라를 조정하셔서(orchestrated) 디아스포라 유대인이 이방인들에게 복음을 전하도록 준비하셨다.[24] 지상명령은 하나님의 선교 도구로써 사용된 유대 디아스포라를 통해 성취된 것이다. 그러나 하나님이 유대 디아스포라를 준비하시고 사용하신 것은, 단지 시작일 뿐이다. 박해, 갈등, 그리고 위기는 흩어진 자들의 정체성, 핵심 신념, 그리고 삶의 목적을 명확하게 했다.

신약성경에 나타난 디아스포라 갈등

교회가 탄생하고 확장하는 가운데, 이 새로운 기독교라는 공동체는 디아스포라 환경에서 일어나는 문화 간의 충돌로 인한 갈등을 피할 수는 없었다. 이방인을 포함한다는 결정은 많은 유대인 그리스도인을 진정으로 놀라게 했다(행 10:45). 이로 인해 온갖 종류의 문화적, 종교적, 그리고 신학적 갈등을 불러왔다. 유대인들은 이미 수 세기 동안 디아스포라에서 이러한 종류의 갈등들을 겪어왔기에 교회 안의 유대인과 이방인 사이의 차이를 좁히는데 디아스포라 유대인 그리스도인이 앞장서게 된 것은 자연스러운 것이었다.

교회 안의 정체성의 위기와 갈등들

1세기에 유대인의 정체성은 종교적 그리고 민족적 경계에 기반을 두었기

24) "Exploring the Major Dispersion Terms," 36~37Santos가 제시하는 데로. 또한 N. F. Santos, "Diaspora in the New Testament and Its Impact on Christian Mission," Torch Trinity Journal 13.1 (2010): 17~18를 보라.

에[25] 로마 당국은 성전 세금 징수를 집행하면서, 유대인의 정체성을 그들의 종교 활동에 따라 분류하였다. 반면에, 디모데는 디아스포라 와중에 발전된 모계 원칙에 따라 할례를 받았다(행 16:3).[26] 이렇게 디아스포라 유대인의 정체성에는 다양한 측면이 있었다.[27] 예루살렘과의 집단적인 관계가 중요했다. 성전 세금과 그곳의 축제에 참가하기 위한 순례도 중요했으며, 각 지역의 디아스포라 공동체 회당과[역10] 개개인의 관계도 중요했다. 하지만 그 무엇보다도 율법의 사람인 자신의 정체성을 표현할 수 있는 가장 확실한 방법은 모세의 율법과 그 안에 포함된 예배, 제사, 그리고 도덕적인 책임을 지키는 것이었다.[28]

유대인 그리스도인이 초대교회 대다수를 형성하면서, 기독교 정체성을 유대민족성으로 정의하였을 것이다. 당시 그리스도인이 다 유대인이었기 때문이다. 유대인들의 자긍심은 계속해서 교회에 문제가 되었다(고후 11:22; 롬 2:17). 이방인이 교회에 받아들여지자 다수를 이루는 유대인 중에서 일부 엄격한 이들이 그리스도인의 정체성을 유대교와 관련된 종교관례, 특히 율법 엄수와 할례로 정의하기 시작했다.

이때 유대인이었던 교회의 지도자가 그리스도인의 정체성을 예수 그리스도에서 찾아야 한다고 주장했다. 이전의 유대인 정체성과 새로운 그리스도인 정체성 사이의 정체성 투쟁의 좋은 본보기는 빌립보서 3장의 바울의 고백이다. 자신의 '육체를 신뢰'할 수 있다는 반대파 유대인의 명분에 대해 자신은 '더욱' 그렇다고 되받아친다(빌 3:4). 이때 바울이 내세우는 자신의 자격은 그

25) Barclay, Jews in the Mediterranean Diaspora, 404.

26) Levinskaya, Diaspora Setting, 2~17.

27) 디아스포라 유대인 정체성의 특징들에 대한 포괄적인 연구로는 Barclay, Jews in the Mediterranean Diaspora, 413~442를 보라.

28) E. S. Gruen, "Diaspora and Homeland," in Diasporas and Exiles: Varieties of Jewish Identity (ed. H. Wettstein; Berkeley: University of California Press, 2002), 18~46에서 E. S. Gruen은 디아스포라 유대인 정체성이 단순히 율법과 장소에 근거하거나, 성경이나 유수나 예루살렘의 회복에 근거한 것이 아니라고 한다. 오히려 디아스포라 유대인은 율법과 장소 모두를 자신의 정체성의 근거로 삼았다.

가 디아스포라 유대인이었음을 감안하면 놀랍다. "내가 팔 일만에 할례를 받고 이스라엘의 족속이요 베냐민의 지파요 히브리인 중의 히브리인이요 율법으로는 바리새인이요 열심히는 교회를 핍박하고 율법의 의로는 흠이 없는 자로라."(빌 3:5~6). 그러나 바울은 '그리스도를 얻고 그 안에서 발견되려' 자신의 모든 자격을 내버린다고 말한다(빌 3:8~9). 그의 새로운 정체성은, 옛 정체성과는 반대로, 그의 주 예수 그리스도와의 관계에 근거하게 된 것이다.

새로운 믿음의 공동체

유대인과 이방인의 차이를 극복하는 것은 '중간에 막힌 담을' 허무는 것과 같았다(엡 2:14). 대부분 유대인에게 문화와 민족과 종교적 신념과 관례의 차이는 용납될 수 없는 정도였다. 그 때문에 교회 안의 많은 유대인이 이방인을 수용하는 것을 어려워했다. 정결한 음식, 우상 숭배, 부도덕한 행위와 같이 유대인에게 매우 모욕적인 문제에서 가장 많은 갈등이 빚어졌다.

유대인의 세계관에서 이방인은 그 자체로 '죄인'이었다(갈 2:15). 율법의 사람들로서, 유대인 그리스도인은 유일하게 해답을 줄 수 있는 모세의 율법(Torah)에 기댈 수밖에 없었다. 이방인 문제에 대한 그들의 해답은 이방인에게 율법을 따르고 할례를 받으라고 요구하는 것이었다. 이방인에게 최후통첩이 전해진 것이다. "너희가 모세의 법대로 할례를 받지 아니하면 능히 구원을 얻지 못하리라."(행 15:1). 이때 이방인은 이전에 유대교로 개종한 이들과 같이 이 요구에 기꺼이 응했을 것이라는 점은 주목할 만하다. 반대로 타문화에 깊이 동화되었고 할례를 받지 않은 디아스포라 유대인은, 이 요구를 과도하고 파벌적인 것으로 받아들였을 것이다.

이 새로운 기독교 공동체는 이전 유대인의 할례의식을 따를지 말지를 결정해야 했다. 서기 49년에 이루어진 예루살렘 공회에서, 교회의 지도자는 이방인이 율법을 준수하거나 할례를 받아야 할 필요가 없다는 결정을 내리고 이러한 소식을 디아스포라의 교회에 알렸다. 다만 공회는 이방인에게 우상숭배로 간주되는 네 가지 풍습을 삼가라 권고하는데, 이는 디아스포라에 있는 유대인을 헤아려주기 위함이었다(행 15:21). 사도행전은 이러한 결정에 대한 바울의 기여에 대하여 크게 기술하지는 않는다. 하지만 바울의 서신에는 바울이 이러한 갈등을 명백히 인지하고 있었음이 나타난다.

서기 48년에는 유대로부터 온 유대인 그리스도인이 갈라디아의 교회에 '다른 복음'을 전하면서, 바울은 치열한 싸움 가운데 있게 된다(갈 1:6; 참조 행 15:5). 9년이 지난 서기 57년에 바울은 이전보다 차분하게 유대인과 이방인의 갈등에 대한 해결책을 강구하고 있다.

그와 교회의 지도자는 무엇이 기독교라는 새로운 공동체의 일원임을 구별하는지를 찾아내고 있었다. 이전의 유대인 정체성의 상징인 할례는 아니었다. 로마서에서 바울은 유대인과 이방인이 뒤섞인 교회에게 아브라함의 본을 살펴보고자 한다(롬 4장). 요한과 마찬가지로 바울은 자신이 "율법은 모세로 말미암아 주신 것이요 은혜와 진리는 예수 그리스도로 말미암아 온 것"이라 믿는다고 말한다(요 1:17). 마찬가지로 유대인과 이방인은 모두 '법 아래 있지 아니하고 은혜 아래' 있는 것이다(롬 6:14). 율법이 아닌 은혜가 의로움의 근거가 될 때, 아브라함의 사례는 할례가 그리스도인을 구별하는 기준이 될 수 없다는 것을 보여준다. 바울은 아브라함이 할례를 받기 전에 이미 의롭다고 선언되었고(롬 4:10~12), 하나님이 그에게 '많은 민족의 조상'이 되게 하시겠다고 하신 약속을 믿었기에 구별된 것이라고 주장했다(롬 4:17; 창 12:1). 은혜와 믿음이라는 개념은 디아스포라 유대인에게 깊은 공감대를 선사했다. 특히나 은혜의 개념에 있어서 디아스포라 유대인은 이방인 통치자가 자신들을 잘 대해주었으므로 이 은혜를 존중할만한 것으로 알았다. 이방 통치자의 은혜가 없었다면, 쉽게 자신들을 어려움에 빠지게 할 수 있었기 때문이다. 결국 단순하게 하나님의 은혜를 신뢰하는 것이 새로운 정체성의 기준이 되었다. 바울에게 있어서 하나님께서는 항상 이 믿음을 그의 공동체를 구별하는 기준으로 삼으려 하신 것이었다. 새로운 그리스도인은 할례받는 율법 공동체가 아닌, 믿음을 지닌 믿음 공동체여야 했다.

최초의 유대인 그리스도인이 이렇게 힘든 정체성 문제와 유대-이방인 사이의 차이를 극복할 수 있었던 것은 그들이 특별히 수 세기 동안 문화적인 갈등을 겪은 디아스포라 유대인이었기 때문이다. 마찬가지로, 디아스포라 그리스도인은 자신의 문화적 족쇄를 극복하고 다양한 문화에 복음을 선포할 수 있도록 더 잘 준비되어 있다. 그들은 고국의 상징과 관습에 문화적으로 구속되기보다는 믿음을 자신의 정체성으로 삼을 수 있기 때문이다. 초대 교회의 믿음에 대한 확신은, 오늘날의 그리스도인에게 고국의 기독교 문화보다는 순수한 믿음의 복음을 선포하고 살며 고국의 동포에게 기독교 '식민지' 또는 문화에 얽매인 기독교를 전파하려는 유혹에서 벗어나라고 역설한다.

그리스도 안의 새로운 연합

이방인을 처음으로 받아들이면서 교회와 그 지도자는 할례의 관행을 재고할 뿐만 아니라 예수 그리스도 안에 연합된 새로운 집단 정체성을 꿈꾸게 되었다. 디아스포라 환경의 다양성은 초대교회에 결코 설명하기 쉽지 않은 복을 안겨주었다.

교회가 유대인으로만 남았다면 성장하거나 살아남지 못했을 것이다. 하지만 다른 한편으로는 '믿음'을 갖는 모든 이들에게 열려 있었기 때문에 연합하기가 매우 어려웠다. 이에 대한 해결책은 '그리스도 안'에서 연합하는 것이었다. 바울이 갈라디아의 교회에 보낸 서신에는, "헬라인이나 유대인이나 …… 차별이 있을 수 없나니 …… 다 그리스도 예수 안에서 하나이니라."고 쓰여 있다(갈 3:28; 참조. 골 3:11; 고전 12:13).

각 성도는 '그리스도 예수 안'에서 칭의되어 '그리스도 예수 안'에서 새로운 피조물이 되고, 영생과 은혜를 얻게 된다. 그러나 모든 성도는 또한 '그리스도 예수 안'에서 새로운 집단 정체성을 갖게 되어 서로가 서로에게 연합된다. '그리스도 예수 안'에 있는 이들이 그리스도의 몸 된 지체가 되는 것이다. 바울은 로마서 12:5절에 이렇게 쓴다. "이처럼 우리 많은 사람이 그리스도 안에서 한 몸이 되어 서로 지체가 되었느니라." 교회는 그리스도의 몸이다. 그리스도께서 나누어지실 수 없기에 교회도 나뉠 수 없는 것이다(고전 1:13).

고린도 교회는 특히나 분열에 취약한 경향을 보였다. 고린도전서가 쓰인 주된 이유가 바로 이 분열 때문이었다. "내가 이것을 말하거니와 너희가 각각 이르되 나는 *바울에게*, 나는 *아볼로에게*, 나는 *게바에게*, 나는 *그리스도에*

게 속한 자라 한다는 것이니(고전 1:12)" 본문을 그리스어로 살펴보면 고린도의 성도에게 소속은 사회적으로 매우 중요한 것이었던 것 같다. 특히나 다문화의 디아스포라 환경에서는 더욱 그러했을 것이다. 바울은 그의 서신을 통해 고린도 교인을 상기시킨다. "너희는 *그리스도의* 것이요 그리스도는 하나님의 것이니라(고전 3:23)." 단수(나)에서 복수(너희)로의 변화를 주목하라. 바울에게 성도는 그리스도에게 속할 뿐만 아니라 서로에게 속한다(고전 12:15). 어쩌면 바울은 그의 디아스포라 경험에서 소속의 중요성을 배웠는지도 모른다. 그는 무리와 개인 사이의 균형을 이야기하면서 연합에 대한 그의 담론을 마무리한다. "너희는(복수) 그리스도의 몸이요 지체의 각(*ek merous*) 부분이라(고전 12:27)." 성도가 함께 그리스도에게 속하고 또한 각자에게도 속한다는 사실은 디아스포라에게 특히 큰 의미로 다가온다.

몸의 비유는 연합과 다양성을 모두 강조할 뿐만 아니라(고전 12:12) 각 지체 간의 연합과 협력을 강조하기도 한다. 디아스포라는 이주 중에 쉽게 잊히고 또 소속의 욕구를 더 강렬히 느끼므로 개인적인 정체성과 집단 정체성을 찾는 것이다. '그리스도 예수 안에서' 새로운 피조물이 되는 것이 디아스포라의 정체성 갈등을 치유한다면 그리스도의 몸 된 지체라는 집단 정체성은 그들에게 자신보다 큰 무언가의 일부가 될 기회를 제공한다.

오늘날의 디아스포라는 그들에게 다문화적인 정체성 이상의 것을 제공하는 복음이 필요하다. 그들은 창조주와 관계할 수 있고 그리스도와 그의 몸이라는 더 큰 공동체에 소속감을 느낄 수 있게 하는 교회와 함께 할 수 있다. 그들은 균형 있게 다양성과 일치를 받아들이고, 은혜로 인하여 비롯된 차이를 축하하면서도 신앙 안에서 공통점을 찾아야 한다.

새로운 기독교 디아스포라

그리스도 안에서 새로운 신분을 갖게 된 성도는 또한 새로운 목적과 사명을 갖는다. 그들은 그리스도를 위해 보냄 받는 선교사이다. 예수께서도 자신의 정체성과 목적을 아버지로부터 보내진 이로 보셨다. 그리고는 제자들에게 비슷한 정체성과 사명을 주셨다. "아버지께서 나를 보내신 것 같이 나도 너희를 보내노라(요 20:21)." 사도 바울은 그의 소명과 사역을 돌아보면서 부활하신 주님을 만나게 되면서 새로운 정체성과 사명을 받은 것을 회상한다. "떠나가라 내가 너를 멀리 이방인에게로 보내리라(행 22:21; 26:17)." 디아스포라 유대인이었던 바울은 이제 그리스도를 위한 디아스포라가 되어 그리스도가 알려지지 않은 곳에 복음을 전하는 목적을 가지고 보내진 것이다(롬 15:20).

하지만 바울은 그리스도를 위한 디아스포라가 된 수많은 디아스포라 유대인 중 한 명일뿐이다. 신약성경은 이전의 유대 디아스포라에서부터 새로운 기독교 디아스포라의 출현을 암시한다(벧전 1:1; 약 1:1). 이전의 유대 디아스포라처럼 그리스도인은 하나님의 주권적인 계획 아래 일어난 박해로 흩어지게 된다. 사실, 디아스포라 그리스도인은 1세기의 디아스포라 유대인보다 더 자신의 흩어짐을 추방으로서 받아들였다.[29] 새로운 기독교 디아스포라는 '땅에서는 외국인과 나그네'였다(히 11:13; 벧전 1:1; 2:11).[30] 그리스도인은 예루살렘으로 상징되는 영적 고향의 회복을 간절히 원한다. 일부 유대인 디아스포라가 정서적으로 - 그리고 성경적으로[31] 예루살렘이 회복되기를 원했듯이, 그리스도인 추방자 또한 '새 예루살렘'을 열망하는데(계 21장), 이는 그리스도의 재림과 천국의 완전한 실현을 의미했다.

박해가 디아스포라의 초기 원인이라는 점에서, 유대인 디아스포라와 기독교 디아스포라는 같다고 볼 수 있다. 하지만 중요한 차이가 있다. 유대인은 헬레니즘 시대, 특히 로마의 평화 기간 중 기회와 이익을 쫓아 이동했다. 새 그리스도인은 기회와 이익뿐만 아니라 증거와 선교를 위해 이동했다. 선교의

29) 많은 이들이 예루살렘으로 돌아갔음에도 불구하고 유대인은 그들의 유수가 끝났다고 믿지 않았을 수 있다. N. T. Wright, The New Testament and the People of God (Minneapolis: Fortress, 1992), ch. 10를 보라. 하지만 디아스포라 삶은 유대인 디아스포라에 의해 부정적으로 표현되지는 않는다. (Gruen, 디아스포라, 232ff).

30) I. M. Duguid, "Exile," NDBT 475, 추방을 "그가 속하는 고향이 있지만, 지금은 그곳으로 돌아갈 수 없다는 지식으로부터 비롯된 고통의 경험"이라고 정의한다.

31) Gruen, Diaspora, 232~239, 일반적으로 디아스포라 유대인이 자신이 추방 가운데 있다고 여기지 않았지만, 예루살렘에 대한 예의로서 추방의 성경적 역사를 자신의 디아스포라 경험의 패러다임으로서 일컬었다고 제시한다.

목적이 그리스도인으로 하여금 온 땅과 디아스포라로 향하게 하였고, 복음을 받아들임에 따라 기회에서 선교로 디아스포라의 동기가 변화된 것이다. 오늘날의 디아스포라에게는, 이 복음의 소식이 디아스포라 환경에서 그들이 찾는 목적을 변화시킬 수 있다. 더 큰 그림에서 오늘날의 세계화되고 다문화적인 세상을 바라보았을 때, 하나님께서는 단순히 더 나은 삶을 찾는 것보다는 그리스도를 증거 하고자 하는 더 큰 목적을 위해 애쓰고 움직이려 하는 그리스도인 디아스포라를 다듬으시려는 목적으로 수많은 디아스포라를 준비시키시고 계실는지도 모른다.

결론

신약성경의 이야기는 그리스도 탄생 수 세기 전에 유대인의 흩어짐으로부터 시작된다. 하나님께서는 메시아의 오심을 위해 세상을 유대인 디아스포라를 통해 준비시키신 것이다. 예루살렘에 모인 디아스포라 유대인이라는 비옥한 토양에 복음이 심어져 교회가 탄생하게 되었다. 복음에 의해 새로운 신분과 연합과 목적을 가지게 된 디아스포라 유대인이 바로 첫 선교사였다. 그들은 다시 그들의 디아스포라 환경으로 돌아가 이방인에게 복음을 증거 하였다. 자발적으로 또는 어쩔 수 없이 이루어진 흩어짐은 초대 교회의 선교 토대가 되었다. 요컨대, 신약성경에서 하나님은 이전의 유대 디아스포라에서부터 단순히 기회가 아닌 선교를 위해 움직이려 하는 그리스도를 위한 디아스포라를 일으키시고 있으신 것이다.

기독교 디아스포라의 출현은 오늘날의 디아스포라 선교의 모델이 되며 주권자이신 하나님께서 교회를 확장시키기 위해 디아스포라 공동체에 사역하시고 또 공동체를 통해 사역하심을 보여준다. 이러한 성경적 이해를 함으로써 오늘날의 디아스포라는 복음을 받을 수 있도록 준비하고, 정체성과 목적을 변화시켜 그리스도를 위한 새로운 디아스포라로서 자신을 모든 민족 가운에 흩으실 하나님의 전략을 이해할 수 있다.

토의

1. 하나님께서는 어떻게 예수 그리스도의 오심을 위해 유대 디아스포라를 사용하여 세상을 준비시키셨는가?
2. 예수 그리스도의 복음을 전파하는 데 있어 유대 디아스포라는 어떤 역할을 했는가?
3. 신약성경에서 기독교 선교사로 변한 디아스포라 유대인의 이름을 말하라. 교회의 선교에 있어 그들이 기여한 바는 무엇인가?
4. 디아스포라 선교에 대한 신약신학의 주요 교리는 무엇이겠는가?
5. 신약성경에서 하나님이 유대인 디아스포라에 사역하시고 그들을 통해 사역하신 것을 보았을 때, 오늘날 전 세계의 디아스포라에게 성경의 이야기는 어떤 중요성이 있는가?

참고문헌

Alcock, Susan E. *Graecia Capta: The Landscapes of Roman Greece.* Cambridge: Cambridge University Press, 1993.

Barclay, John M. G. *Jews in the Mediterranean Diaspora from Alexander to Trajan (323 BCE – 117 CE)*. Edinburgh: T&T Clark, 1996.

Bird, Michael F. *Crossing Over Sea and Land: Jewish Missionary Activity in the Second Temple Period*. Peabody: Hendrickson, 2010.

Bruce, F. F. *The Book of Acts*. New International Commentary on the New Testament. Grand Rapids: Eerdmans, 1988.

Collins, John J. *Between Athens and Jerusalem: Jewish Identity in the Hellenistic Diaspora*. 2d ed. Grand Rapids: Eerdmans, 2000.

Duguid, I. M. "Exile." Pages 475–479 in *New Dictionary of Biblical Theology*. Edited by T. D. Alexander and B. S. Rosner. Dowers Grove: IVP, 2000.

Gruen, Erich. S. *Diaspora: Jews amidst Greeks and Romans*. Cambridge: Harvard University Press, 2002.

———. "Diaspora and Homeland," In *Diasporas and Exiles: Varieties of Jewish Identity*, edited by H. Wettstein,18–46. Berkeley: University of California Press, 2002.

Hengel, Martin. *Judaism and Hellenism: Studies in their Encounter in Palestine during the Early Hellenistic Period*. Vols. 1 & 2. Philadelphia: Fortress, 1981.

Hertig, Paul. "Jesus' Migrations and Liminal Withdrawals in Matthew," in *God's People on the Move: Biblical and Global Perspectives on Migration and Mission*, edited by Van Thanh Nguyen and J. M. Prior, 46–61. Eugene: Wipf and Stock, 2014.

Levinskaya, Irina. *The Book of Acts in Its Diaspora Setting*. BAFCS 5. Grand Rapids: Eerdmans, 1995.

Moo, Douglas J. *The Epistle to the Romans*. NICNT. Grand Rapids: Eerdmans, 1996.

Nguyen, Van Thanh. "Migrants as Missionaries: The Case of Priscilla and Aquila," in *God's People on the Move: Biblical and Global Perspectives on Migration and Mission*, edited by Van Thanh Nguyen and J. M. Prior, 62–75 Eugene: Wipf and Stock, 2014.

Parker, A. J. "Shipwrecks and Ancient Trade in the Mediterranean." *Archaeological Review from Cambridge* 3:2 (1984): 99–113.

Santos, Narry F. "Diaspora in the New Testament and Its Impact on Christian Mission." *Torch Trinity Journal* 13 (2010): 3–18.

———. "Exploring the Major Dispersion Terms and Realities in the Bible," in *Diaspora Missiology: Theory, Methodology, and Practice*, edited by Enoch Wan, 20–37. Portland: Institute of Diaspora Studies, 2011.

Scott Jr., Julius J. *Jewish Backgrounds of the New Testament*. Grand Rapids: Baker Academic, 1995.

Schnabel, Eckhard J. *Early Christian Mission, Vol. 1, Jesus and the Twelve*. Downers Grove: IVP, 2004.

Stegner, W.R. "Diaspora" in *Dictionary of Paul and His Letters*, edited by G. F. Hawthorne and R. P. Martin, 211–213. Downers Grove: IVP, 1993.

Trebilco, P.R., and C. A. Evans. "Diaspora Judaism," in *Dictionary of New Testament Background*, edited by C. A. Evans and S. E. Porter, 282–296. Downers Grove: IVP, 2000.

Wengst, Klaus. *The Pax Romana and the Peace of Jesus Christ*. London: SCM, 1987.

Wright, N. T. *The New Testament and the People of God*. Minneapolis: Fortress, 1992.

Yonge, Charles *Duke. The Works of Philo: Complete and Unabridged*. New Updated Edition; Peabody: Hendrickson, 1995.

7장

하나님, 이스라엘, 교회 그리고 타자들 : 디아스포라 선교의 신학적 주제로서의 타자성

폴 우즈(Paul Woods)

서론

이주는 본질적으로 주체적으로 행동하지 못하고 따돌림당하는 타자성을 다룬다. 이주민은 자유와 고용과 기회를 쫓아 이동한다. 출생지의 어려운 상황 때문에 자발적 탈출을 모색하는 이도 있고, 빈곤과 위험 그리고 인신매매 등의 이유로 비자발적인 이주를 시도하는 이도 있다. 일반적으로 이주민은 자신이 비교적 '어울리는' 곳으로부터 외부인이나 외국인으로 간주되는 곳으로 이주하게 된다. 이주의 이유와 이주민을 받아들이는 지역 사회의 특성 그리고 양측의 주관적인 관점 등에 따라 이주민은 착취의 대상이 되거나 통제받는 위험한 인물이 된다.

세계화와 소통과 운송의 발달로 인해 일부에게는 장거리 이동이 쉬워졌다. 한 사람이 어떤 동네나 지역 사회로 이주해 올 때, 그/그녀는 개인인 동시에 한 무리를 대표하는 인물로 오는데 이들의 외모, 사회・경제적인 지위, 언어 및 문화, 가족 구조, 사회 관습, 기대 등이 현지인과 매우 다르다. 이러한 것에서 현지인과 차이가 나면 이주민은 타자(Other)로 분류된다(주의 : 타자를 뜻하는 *Other*의 사용에 대문자 'O'를 쓰는 것은, 이것이 전문용어임을 나타내기 위해서다). 개개인과 집단을 기반으로 하는 현지인(host)과 이주민 사이의 타자성은 기독교 공동체와 이주민 사이의 필수적인 선교접촉점이다.

이주민의 타자성은 호스트 지역 사회의 그리스도인과 이주민에게 대체 왜 익숙한 공간에서 벗어나 너무 다른 사람과 관계해야 하는가를 질문하게 한다. 나와는 너무도 다른 사람에게 내가 왜 신경 써야 하는가? 그리스도인은 타자성을 어떻게 대처해야 하고 이것은 디아스포라 종족을 섬기는 사역에 있어서 무엇을 의미하는가?

배경

타자성과 관련이 있으므로 이주의 문제를 간략히 살펴보는 것이 유익하다. 이주민과 호스트 지역 사회는 상호 간에 타자이지만, 그 타자성은 대칭적이지 않다. 외부에서 지역 사회로 진입하는 이들은 대개 자원과 지식이 부족하고 고용, 기회, 그리고 기본적인 인권에 있어서 취약하기 때문이다. 외국인 전문가조차도 주관적인 취약성과 투쟁하고 있다. 또 이주민은 항상 소수로, 나중에 온 이주민이 '먼저 온 이주민'과 비교된다.

태도와 관련해서 타자성은 양자택일의 문제가 아니며, 현지인 다수가 이주민에 대해 취하는 타자성과 수용성 정도는 자신이 상대하는 이주민 집단이 누구냐에 따라 달라진다. 서유럽에서는 외모나 종교적인 부분에 있어 확연히 '이질적인' 사람보다 폴란드에서 오는 이민자에 대한 두려움이 더 적다. 싱가포르에서는 인도 남부 또는 스리랑카에 사는 종족인 타밀 나두인(Tamil Nadhu) 계약직 노동자보다 백인인 코카소이드(The Caucasian) 거주자를 더 환영한다. 이주민 역시 호스트 지역 사회에 대한 자신만의 태도와 인식이 있다.

전 세계 많은 곳에서 이주는 두 갈래로 나뉘어 있다(예오(Yeoh) 2003). 정부는 민족성, 사회적 또는 고용 상태, 성별에 따라 입국하는 사람을 명확하게 구분한다. 이민 및 노동법은 실용적이므로 전문 숙련공 외국인은 현지인과 상대적으로 쉽게 교류할 수 있지만, 단순 이주노동자는 온종일 힘들게 일한 후에 기숙사나 기준 이하의 주택으로 옮겨야 한다.

이주 시스템 이론(케슬스(Castles)와 밀러(Miller) 2003)에 의하면 사람이 단지 개인적으로 최고의 이익을 얻기 위해서만 이동하는 경우는 거의 없다. 이주민은 앞서 이주한 이들과 관계 사슬을 형성하여 관계와 공유 지식을 활용한다. 사회적 지위가 낮을수록 가족과 친구 관계가 특히 중요해진다.

기존의 관계들과의 역사적인 연관들(historical linkages)은 호스트 국가에서 공동체를 형성한다. 각 민족의 특색이 확실히 드러나는 작은 소수민족 상점과 차이나타운 같은 곳은 이민자 공동체가 고국과 연결되는 공간이다. 이런 곳에서 이주민은 '항상 이렇다'라든지 '항상 저런 옷을 입는다.'라는 단순한 방식으로 정의되고 분류된다. 집단 속에서 사람은 겉으로는 드러나지 않지만 자신의 정체성과 파벌성을 유지한다. 현대의 이주 현상은 지역 사회 안에서 즉각적인 타자성을 만들어낸다.

누군가가 우리와 다르다는 것을 인정하는 것은 본질적으로 그릇되거나 유해한 것이 아니라 자기 인식의 일부이다. 타자성은 우리가 타자와 관계하면서 형성하는 자기 인식의 필연적인 부산물이다. 우리는 만나는 사람마다 각각 다른 타자성의 정도를 부여한다. 긍정적이고 수용적인 타자성은 우리로 하여금 주변의 다양성을 받아들일 수 있게 하지만, 부정적이고 차별하는 타자성에는 우리의 자존심을 건드릴 수 있는 해로운 가치 판단이 있다. 따라서 건강한 타자성과 해로운 타자성에서는 뚜렷한 차이가 있다.

지지울라스(Zizioulas)는 서양 문화권의 타자의 문제를 언급하고 있지만, 그의 말은 모든 문화에 적절하기에 길게 인용할만한 가치가 있다.

> 우리 문화에서 타인으로부터의 보호는 필요하다. 우리는 살아갈수록 타인이라는 존재에게서 위협을 느낀다. 우리는 타인을 친구로 받아들이기 이전에 그들을 적으로서 간주하라고 강요당하거나 더 나아가 권고까지 받는다. 타인과의 관계 형성은 늘 신중하다. 타인과의 관계 형성은 다른 사람에게 필연적으로 존재하는 위협으로부터 우리를 보호하는 울타리 위에 세워지는 것이다. 우리는 타인이 우리의 행복에 유익하거나 또는 고독을 침해하지 않는 선에까지만 그들을 인정한다(지지울라스 2007, 1).

이어서 지지울라스는 성 막시무스(St Maximus)의 차이와 분열을 소개한다. 차이가 타자성에 대한 건강한 인정이라면, 분열은 부정적이고 고립적이다. 차이는 타자가 같은 편이 되지 않더라도 그를 인정하지만, 분열은 위축된 형태의 '평화 공존'에서 고착되어 변하지 않는다(2).

더 나아가 우리는 어떻게 타자와 관계하는지에 대한 두 가지 이론적인 양극을 정의할 수 있다. 한쪽은 완전한 분리와 무관심, 즉 관계하지 않는 것이다. 다른 쪽은 완전한 지배와 통치로 현지인과 이주민 사이의 강력한 갑을 관계를 형성하여, 한 사람의 목표나 규정을 저항할 수단이 없는 이에게 강요하는 것이다. 이 극과 극은 완전히 분열될 수도 있고 완전히 일치할 수도 있다. 그리스도인에게 성 삼위일체의 일치성과 다양성이 위의 두 결함에 대한 치유책일 것이다.

우리의 – 죄악 된 – 자기 확신이 타자에 대한 부정에서부터 비롯되기 때문에 타자에게 다가감은 창조주와의 올바른 관계에서부터 비롯되는 건강한 인격의 특징이다. 타자에 대한 두려움은 곧 타자성에 대한 두려움이다. 우리는 다른 사람이 우리와 같아지기를 원하고 또 같아질 만큼만 그들을 받아들일 수 있다.

여기에는 20세기의 두 유대 사상가인 마틴 부버(Martin Buber)와 엠마누엘 레비나스(Emmanuel Levinas)가 도움이 된다. 부버의 고전 《나와 너(I and Thou)》(1958)는 관계를 '나-너'와 '나-그것'으로 나눈다. '나-너'의 관계에서 우리는 누군가에게 말하고 '나-그것'의 관계에서 우리는 누군가에 관해 말한다. 엄지와 집게손가락으로 삼각형을 만들면 '나-너'는 누군가를 직접 가리키고(첫손가락을 따라), '나-그것'은 간접적으로 누군가나 무언가를 가리킨다. 그것을 – 그나 그녀가 아닌 – 제삼자 대명사로 사용하는 것은 타자를 더욱 낮게 평가하는 것이다.

타자와의 모든 교류는 결국 모든 사람을 창조하시고 그 뒤에 계신 하나님과 연결된다. 그렇기에 '우리는 각각의 당신을 만날 때에, 모든 관계의 연장선이 만나는 곳'(75)을 소유한 *영원한 당신*(부버, 1958, 6)을 만나는 것이다. *너*를 통해서 그 너머의 *영원한 당신*을 보는 것은 사람을 변화시키는 윤리적인 경험으로서, 성경의 가장 큰 두 계명인, 우리의 온 존재로 하나님을 사랑하고 우리의 이웃을 우리 자신과 같이 사랑하는 것을 하나 되게 하는 것이다. 모든 *나-너* 관계는 *나-영원한 너*를 가리키며 반영해야 하는 것이다.

레비나스에게 타자의 도덕적 요구는 중요하다. '타자는 내가 아닌 그것'이지만(1987, 83), 이러한 '*나-아닌(non-I)*'을 위협으로 보기보다, 레비나스는 그/그녀를 '친족 또는 친족이 될 수 있는 이'(모간(Morgan)2007, 33)로 보기를 선택한다. '타인을 인정하는 것은 배고픔(갈망)을 인정하는 것이다. 타자를 인정하는 것은 주는 것이다.'(레비나스 1969, 73).

타자와의 관계에 내재된 책임은 '강자에 대한 약자의 또는 부자에 대한 가난한 자의 간청'(모간 2007, 66)이라는 레비나스의 얼굴의 비유를 통해 우리에게 강력히 전달된다. 부버와 같이, 레비나스는 우리가 타자와의 관계를 통해 하나님과 관계한다고 믿는 것이다.

두 학자 모두 우리가 타자를 위해 함께하고 도움이 되자고 요구할 책임이 우리에게까지 있다고 한다. 그리스도인에게 이러한 하나님 백성의 외향성은 삼위일체 하나님의 본질과 행위, 신・구약 성경에서 그분이 어떻게 당신의 백성과 관계하셨는지, 그리고 그분을 신뢰하는 공동체의 성질에서 비롯된다.

이 글의 나머지는 타자성의 개념을 하나님과 성경의 이스라엘 나라, 주 예수 그리스도, 그리고 교회와 관련하여 풀어낼 것이다. 그리고 한 존재 안에 있는 타자성을 살펴보고 그 존재가 어떻게 외부의 타자와 관계하는지를 살펴볼 것이다.

하나님과 타자성

타자와 관계하는 교회의 책임과 능력은 내재하심과 부재하심으로 타자와 관계하는 하나님에 대한 믿음에 근거를 둔다. 실제로 문카다(Muncada 2008, 42)는 '이주 신학은 축복 된 삼위일체에서 시작되어야 한다.'고 말했다. 창조주 하나님은 그분의 백성과 구별되고 또 타자이기도 하다. 그분의 본질과 행위는 완전하고 무한한 신성과 타락하고 유한한 인성 사이의 존재론적, 도덕적 차이의 한계에서 우리에게 본이 되어주신다.

하나님은 본질적으로 복잡하신 분(a complexit)으로 삼위일체 공동체로 존재하시며 하나님 안에서 각 위(位)께서 다른 두 위와 관계하신다. 삼위는 완전한 사랑과 존중 안에서 관계하시고, 기능하시며, 창조주와 피조물의 관계 파괴에서 비롯된 죄나 두려움으로 인한 어떠한 흠도 없으시기에 하나님의 존재 안에는 완전한 긍정의 타자성이 존재한다(성 막시무스의 차이). 하나님의 '절대적으로 타자를 위하고 그 안에 존재할 수 있는'(Rowan Williams in the introduction to Zizioulas 2007, xi) 완전한 자유는 성삼위가 서로를 위해 그리고 서로에게 하나님의 사랑과 헌신의 상호 내재가 일어나는 공간 제공을 뜻한다.

몰트만(Moltmann 2008, 374)이 삼위일체를 위라는 차원에서 뿐만이 아니라 공간으로 이해하는 것은 하나님 안에(*ek-stasis*, 문자 그대로, 밖으로 향해 서다)와 *kenosis*[역11]의 상호보완적인 개념인 타자성을 주고받고 있다는 것이다. 성삼위는 다양성 속에서 일치를 나타내는데, 이는 문카다(2008)의 성 삼위일체의 자신과 자신 너머에 대한 사랑, 또는 일본 신학자 노조무 미야히라(Nozomu Miyahira 1997)의 성 삼위일체의 '삼위의 중간성, 일치된 화합'의 개념화로 표현할 수 있다.

지지울라스는 이제 교회를 바라보면서 교제와 타자성의 유일한 모델은 삼위일체라고 주장한다. 교회 안의 사람이 서로, 그리고 외부의 세계와 올바로 관계하려면 그들은 성 삼위일체 하나님의 내적인 관계를 반영해야 하는데, 여기에서 타자를 존중하고 기뻐하는 기독교 윤리가 비롯된다.

하나님은 그분 안에 건강한 타자성의 완벽한 예시를 나타내시지만, 또 인간을 포함한 그분의 피조물과의 관계가 우리를 위한 본이 된다. 성경은 하나님을 그분에게 타자이지만, 그분이 사랑하시고 살아가게 하시는 자연 세계의 식물, 동물, 그리고 사람의 창조주로서 나타낸다.

타락의 때에 우리는 그분에 대한 우리의 반역과 우리의 존재론적인 차이와 열등함 때문에 하나님 앞에서 그 타자성이 중복되었다. 인간의 하나님 거부는, 하나님을 부정적인 타자(성 막시무스의 분열)로 만들었지만 첫 사람을 심판하심과 동시에 그들을 보호함으로써 하나님은 자비를 선택하셨다. 후에 하나님은 아브라함을 부르셔서 한 민족을 세우시고 이 민족과 관계하는 본을 보이심으로서 세상에 자신을 나타내신다.

하나님은 타자성을 해롭고 부정적인 것으로 보시지 않는 주권적인 결정을 내리시고 에덴에서 성막을 통해, 성전에서 독생자의 성육신을 통해, 그리고 성령을 통한 그분의 나라에서 공간을 만들고 우리에게 다가오신다. 여기에서 우리는 하나님이 타자성을 부정적이고 해로운 것으로 보지 않으신 그 주권적인 결정을 볼 수 있다.

몰트만의 공간 개념은 하나님을 넘어 창조 세계로 나아간다. 하나님께서는 '모든 창조물이 그 안에 사는 삼중의 신적 공간'(375)이시기 때문이다. 이 공간은 타자성에 의해 창조되었고, 타자성을 창조하며, 창조된 타자를 완전한 사랑으로 환영한다. 필자가 *수용의 공간(space of acceptance)*이라 부르는 것은 하나님을 의지하는 것으로 예수 그리스도의 죽음과 부활을 통한 하나님의 구속적 계획의 목적에 우리가 들어가는 것이다. 그리스도에 대한 믿음이 우리로 이 '영광의 영역(glory sphere)'(그루엔러(Gruenler) 1986, 130)에 나아갈 수 있게 하는 것이다.

사람들이 *수용의 공간*으로 들어오면서 그 공간은 커지고 아직도 바깥에 있는 이들을 향해 확장된다. 우리는 하나님과 또 서로와 교류하는 사람들의 파생적인 상호통재(相互通在, perichoretic)적[역12]공동체에 들어가게 되는 것이다. 법, 인종, 지위, 시간, 그리고 장소의 구애를 받는 이주민에게 공간과 수용의 개념이 얼마나 소중한지를 주목한다.

우리는 이제, 하나님께서 타자와 관계하시고, 타자를 통해 수용의 공간을 확장하셨던 최초의 문화적 공동체를 살펴볼 것이다. 오늘날의 교회는 공간, 시간, 그리고 문화에 있어 고대 이스라엘에서 분리되었지만, 타자와의 관계에 대한 그들의 고대 정신은 놀랍게도 오늘날에 적합하게 느껴진다.

이스라엘과 타자성

언약의 백성은 지역 사회 안에서 타자성을 어떻게 다루어야 하는지에 대한 가르침을 받았다. 타자성의 대상에는 지역 사회 안에 여호와에 대한 신앙을 갖지 않는 이들도 포함했다. 언약의 백성은 또한 자신의 도덕적, 종교적 타자성을 통해 주변국에 하나님을 증거 하라는 지시를 받았다.

모세 오경은 이스라엘이 지역 사회 내의 이민자를 공평하게 대하도록 가르친다. 외국인을 이스라엘 사람과 동등한 시민으로서 환영하고 대우함으로써 여호와의 선하심과 공평하심을 선포하는 것과 동시에 외국인을 종교적 타자로서 규정하는 데에는 긴장감이 있을 수밖에 없다. 하지만 이렇게 하면 필자가 끌어당김의 *벡터(attractive vector)*[역13]라 칭하는 현상이 생긴다. 종교적 타자를 도덕적, 윤리적으로 높은 기준을 가지고 대하면 그는 이스라엘의 하나님에게로 끌림을 당해 다가가게 된다. 이는 종교적 타자를 대하는 이가 믿음이 있을 때 가능하다.

민족적 그리고 종교적 타자에 대한 이스라엘의 공정한 처우와 신앙 증거의 조합은 몇몇 상관된 요소에서 비롯된다. 첫째는 가는 것보다는 존재하는 것으로 하나님을 섬겼던 선교적 공동체로서의 국가의 책임이다(라이트 2000). 이와 관련된 것은 이스라엘이 주변의 사람과 구별됨, 즉 하나님이 거룩하시기에 이스라엘도 거룩한 것을 유지하는 요건이다. 이에 더해 이스라엘의 형성에 중요했던 애굽에서의 경험이다. 하나님은 이 기억을 통해 이스라엘이 이주민을 올바르게 대하도록 하셨다.

선교에 대한 이스라엘의 책임은 *원심적 선교(centrifugal mission)*와 *구심적 선교(centripetal mission)* 그리고 하나님의 자기 백성에 대한 도덕적 사명의 측면에서 다루어져 왔다. 블루우(Blauw 1962, 34)가 *원심적* 그리고 *구심적*이라는 용어를 정의한 까닭은 그의 관점에서 볼 때 구약성경에는 지상명령이 없기 때문이다(보쉬(Bosch) 1991 참조). 이와 같은 동일한 구분을 피터스(Peters 1972, 2)도 확증한다. '이스라엘과 그 성전이 …… 사람들을 그들과 주께로 가까이 가게 한다.' 그 나라와 그 종교의 중심이 사람들을 주에 대한 종교적 신앙과 충성으로뿐만 아니라 하나님의 백성에게로도 끌어들이는 것이다. 따라서 잠재적으로 동화되고(팀머(Timmer) 2011) 소속감이 생겨나 타자성이 감소한다.

하나님이 이스라엘에게 구별되라고 명하시면서 외부인을 도덕적이고 자비롭게 대하라고 가르치시는 것이 주목할 만하다. 이 명령은 본질적으로 선교적이다. 선택, 윤리, 그리고 사명은 '선교적 논리'(라이트 2010, 93)를 형성한다.

성경은 외부인에 대한 공평한 대우를 이스라엘이 애굽의 손에서 겪은 고통과 연결한다. 신명기의 때에 이르러서 애굽은 박탈과 고통에 대한 개인의 경험보다는 윤리적 요구를 지닌 국가의 기억이었다. 이스라엘이 이집트에서 겪었던 힘든 시기를 상기시키면서, 타자에 대한 공정한 대우와 수용을 요구하는 구절을 몇 차례에 걸쳐 찾을 수 있다(출 22:21, 23:9; 레 19:34; 신 10:19, 16:11, 24:17~18, 24:21~22).

알렉산더(Alexander 2008, 86)에게 출애굽은 과거의 사건일 뿐만 아니라 이스라엘을 위해 '계속되고 있는 활동임'을 보여주며, 살아있는 용어로 기록된 이집트에서의 고통도 이와 같다. 가장 흔한 주제는 노예제도이다(출 6:2~7, 20:2; 신 5:6, 5:15, 6:12, 6:21, 7:8, 8:14, 13:5, 13:10, 15:15, 16:12, 24:18, 24:22; 레 26:13). 학대와 부당한 요구(출 2:11~12, 5:10~18), 고통과 불행(출 2:23, 3:17, 느. 9:9), 그리고 몽둥이를 들어 이스라엘을 치는 애굽도 찾을 수 있다(사 10:24). 애굽은 쇠 풀무불이고(출 4:20, 왕상 8:51, 렘 11:4) 이스라엘이 참아낸 강제 노동은(출 1:11~14, 신 26:5~6) 출애굽기 1:8~10, 1:15~22에서 찾아볼 수 있는 인종적 증오이자 대량 말살의 시도이다. 이스라엘은 극심한 고통과 인종 차별 그리고 국가적 멸망의 가능성으로 인해 가장 멀리 있는 타자로 규정되었고, 이러한 강력한 이미지는 이스라엘에게 절대로 외국인을 그들이 겪었던 방식으로 대우하지 말라고 경고한다.

애굽에서의 이스라엘의 고통, 출애굽에 나타난 하나님의 자비하심, 그리고 거주하는 외국인에 대한 학대금지로부터 나는 두 가지 패러다임 찾아냈다. 하나는 '바로 > 이스라엘 > 거류민'이라는 부정적 *애굽 패러다임*이고 다른 하나는 '하나님 > 이스라엘 > 거류민'이라는 긍정적 *출애굽 패러다임*이다. 이스라엘은 하나님이 그들에게 베푸신 출애굽을 동일하게 자신의 외국인 거류민에게 연장해야 하는 것이다. 이는 플레인스(Pleins)의 '의무의 신학'과도 상통한다(2001, 52). 게다가 이스라엘은 애굽이 행한 부정적인 일을 하지 않을 뿐만 아니라, 선행의 대상이 될 자격이 없는 이들을 긍정적으로 대해야 했다.

이 *출애굽 패러다임*은 버낫(Bernat 2009, 47)의 관찰과도 일치한다. 버낫은 취약한 이들인 '외국인과 이스라엘의 관계가, 이스라엘과 하나님의 관계와 동일하다.'고 말한다. 하나님은 이스라엘에게 건강하거나 긍정적인 타자가 되어주셨기 때문에 이스라엘도 외국인에게 그와 같은 타자가 되어야 하는 것이다. 필자가 *연속적 타자성*(하나님이 이스라엘에게, 이스라엘이 외국인에게)이라 부르는 이것은 구속적이며 정당해야만 한다. 또한, 부버(1958)가 말했듯이 모든 '*나-너*' 교류의 너라는 사람의 뒤에는 출애굽의 영원한 당신인 주 하나님이 계신다.

우리가 이제 살펴볼 것과 같이, 지역 사회 안에서의 타자성과 그 지역 사회와 주변의 믿지 않는 국가 사이의 타자성을 어떻게 다룰 것인지에 대한 지침은 이스라엘과 교회에게 주어진 한 계명의 두 부분을 이룬다. 이러한 타자성의 두 측면은 또한 그리스도의 인성과 사역에서도 찾아볼 수 있다.

그리스도와 타자성

예수님의 이 땅에서의 삶과 경험은 이스라엘과 이방인에게도 그저 한 인간으로서도 타자성이다. 예수님의 지위와 경험은 이스라엘 사람의 지위와 경험, 그리고 여러 면에서 예수님의 교회를 위해 그렇게 특별하지 않다. 그리스도의 삶이 보여주는 내면의 타자성과 외부의 타자와의 관계는 삼위일체의 관계를 반영하며 교회에 가르침을 준다.

그리스도에게 있어 타자성은 성육신에서 일어난다. 영이시고 무한하신 하나님께서 유한한 육체로서 그분의 피조물 가운데 나타나 거하시는 것은 타자성을 수반한다. 그리스도의 몸과 마음에는 우리가 완전하게 이해할 수 없는 방식으로 타자성이 있는데, 이는 이 땅에서 하나님의 사람되심에 존재하는 인성 때문이다.

마태는 그리스도의 계보에서 요셉(애굽의 인종적 및 사회적 타자)과 아브라함을 거류하는 나그네로 기록한다. 여기에 세 이방 여인(라합, 룻, 밧세바)을 포함하는 것은 인종적 타자성과 사회적 타자성을 잇는 것을 상징한다. 여인 중 첫 번째는 창녀였고, 두 번째는 가난한 이주민이며, 세 번째는 간통을 범한 사람이기 때문이다.

예수께서 그 가르치심과 사역으로 인해 겪으신 거절당하심은 그분을 가까운 타자에서 멀리 있는 타자가 되게 하였다. 예수님의 생의 마지막 주에 예수님의 예루살렘 입성을 맞이하던 승리의 환호는 그분을 '십자가에 못 박으소서'라는 함성으로 변하고 예수께서는 유다의 악행(요 18:5)이라는 '강한 배반'과 베드로의 부인(눅 22장)이라는 '약한 배반'을 겪으신다. 예수께서 죽음의 순간에 '*나의 하나님, 나의 하나님 어찌하여 나를 버리셨나이까?*'(막 15:34, 시 22:1)라고 절규하시는 것은, 해로운 타자성, 즉 '하나님으로부터의 완전한 소외'를 말한다(위더링턴(Witherington) 2001, 399).

교회와 타자성

신약성경에서는 교회에 관련된 타자성에 대한 다양한 설명과 규정을 찾을 수 있다. 이에 대한 우리의 이해의 근본이 되는 것은 예수님이 당신의 백성의 모범이시고 그 어떤 종도 그 주인보다 크지 않다는 것이다.

예수께서 제자들의 발을 씻으신 것은 복음을 전하는 일이 사람을 만나고 섬기는 것임을 보여준다(요 13:1~17). 뉴비긴(Newbigin 1987)은 베드로가 자신의 발을 씻으려는 예수님을 반대하는 것을 사회적인 규범을 유지하려는 욕구로써 이해하지만, 카슨(Carson 1991)은 여기에 인종적 측면이 내재되어 있다고 여긴다. 일부 유대인은 발을 씻기는 행위를 이방인 노예의 일로 여겼기 때문이다. 그루엔러(Gruenler 1986, 90)는 예수님의 타자에 대한 관심을 성 삼위일체와 그분의 형상을 닮아 세워질 교회의 '특징적 모티브'와 연관 짓는다.

요한복음 14:10~12에서 예수님은 당신의 사역이 아버지에게서 왔으며 예수님과 아버지가 서로 내주하심(14:10)을 계시하신다. 그러나 아버지의 수용과 독생자에게 권한을 부여하심은 삼위일체를 넘어 그리스도인을 포함한다(14:12). 우리의 타락한 인성의 한계에 따라 달라질 수는 있지만, 예수님을 믿는 자들은 타자를 받아들이고 사랑하는 신성한 일을 할 것이다. 아버지에게서 아들로 그리고 아들에게서 교회로 흘러가는 이것은 '다가올 공동체가 …… 하나님의 공동체 형상을 …… 그 모든 다양성과 유일성을 포함하여 …… 닮게 될 것'을 의미한다(그루엔러 1986, 126).

유한한 존재인 사람과 무한한 분이신 하나님과의 연결됨은 성부와 성자께서 예수님을 사랑하고 그분께 순종하는 이들 가운데 거하실 것이란 뜻이다(요 14:23). 그리스도인은 이제 '사람으로서 이루신 하나님 그분의 안으로의 입양'(스틴버그(Steenberg) 2009, 129)을 통해 일정 정도 하나님의 삶에 참여하게 된 것이다. 믿는 자의 연합은 삼위일체 하나님의 연합과 삼위일체적 삶에 대한 우리의 참여를 반영하는 것이다(뉴비긴 1987, 234).

예수님의 제자들 간의 연합을 위한 기도는 믿지 않는 자를 포함하고(요 17:20-21), 성부와 성자 간의 연합(17:22), 또는 타자를 차별 없이 껴안고 수용하는 것을 예상하고 기대한다. 하지만 예수님 기도의 마지막은 두 별개의 수준의 연합인 하나님의 연합과 사람의 연합을 이야기하지는 않는다. 그리스도인은 성 삼위일체 하나님과 연합하여 세상에 대한 증인이 되는 것이다(17:21, 23). 부정적인 타자성이 있을 때는 연합이 이루어질 수 없다. 타자성에 대한 건강한 자세가 세상에 복음을 권할 수 있게 한다.

고린도 교회는 주로 사회적 지위에 기반을 둔 해로운 타자성인 분열로 인해 유명했다(블루(Blu) 1991). 고린도에는 몇 가지 무리를 우리 편인지 아닌지로 나누는 현상이 있었는데(블루 1991), 바울은 어리석은 자와 현명한 자, 약한 자와 강한 자, 낮은 자와 자랑하는 자를 차례로 듦으로써 사람을 분리하는 것의 어리석음을 나타내고, 그와 관련된 부정적 타자성을 약화시켰다.

바울은 고린도전서 11장에서 이러한 주님의 만찬에 대한 남용을 다룬다.

자신에게서 눈길을 돌려 교회와 인간의 분열을 해체하시는 *영원한 당신*을 향하도록 만들어진 의식을 고린도 교인은 파벌을 나타내는 데 사용했다는 것은 아이러니가 아닐 수 없다.

고린도 교인은 영적 은사에 대한 태도에도 같은 잘못을 저지른다. 바울의 몸의 비유는 사람의 종류에 따른 모든 차별을 부정하고(한센(Hansen) 2010), 고린도전서 12:12~13은 다양성의 연합, 즉 그리스도의 몸 안에서 타자성이 작동하는 것에 대한 열망이 담겨있다. 로스키(Lossky 1976, 167)가 다음과 같이 이를 깔끔하게 정리했다. 구속받은 인류의 연합은 그리스도의 부활로 가능하고, 그 연합의 다양성은 성령의 사역이다. 바울의 이러한 논리는 고린도전서 13장에서 스며들고, 그중 4~5절은 우리가 타자와 어떻게 관계해야 하는지를 가르쳐준다.

바울이 고린도 교회에 보낸 두 번째 서신에는, 바울이 유일하게 인정하고 또 고집하는 이원적 구분이 있는데, 이는 믿는 자와 믿지 않는 자의 구분이다(6:14ff). 전도자 바울은 복음 앞에 사람을 구분하는 것이 무의미하다는 것을 주장했으나, 여기에서는 마치 구약성경과 같은 공격적으로 배타주의적인 언어를 사용한다. 하지만 이런 바울의 생각의 요점은 이 특정한 구분의 경계가 그리스도에 대한 믿음으로 인해 능히 무너질 수 있다는 것이다.

갈라디아서에서 바울은 그의 배경과 유대교에 대한 열정, 그리고 이전에 가졌던 그의 교회에 대한 태도에 대해 솔직하게 이야기한다. 바울은 자신의 세계가 송두리째 바뀌어버린 사람이다. 복음이 부정적이거나 멀리 떨어진 형태의 타자성을 약화시키고 화해를 불러왔기 때문이다.

그리스도에 속한 모든 이들은 아브라함의 자손이고 상속자이자(3:29) 그가 심은 씨앗으로, 그리스도께서 그들을 위해 준비하신 것을 종말론적으로 고대하는 사람이다. 갈라디아서 3:28은 바울의 복음에 의해 가까워지고 약화된 타자성에 대한 그의 전형적인 주장이다. 유대인/이방인, 노예/자유인, 그리고 남자/여자와 같은 사람에 대한 이원론적인 구분에 대한 바울의 노골적인 반박은 인간의 기본적인 차이를 부정하는 것이 아니라 '육신에 새겨진 차이를 제거하지 않고 불러 모으는'(볼프(Volf) 1998, 48) 교회에 대한 그들 각각의 관련성이 다르다는 것을 부정하는 것이다. 바울은 완전한 무관심과 완전히 숨 막히는 통제라는 두 극단을 피했기에, 교회에게는 이주민에게 반응할 수 있는 역동적인 중립지대가 만들어진 셈이다.

26~29절에서 우리는 *영원한 당신*의 관점을 보게 된다. 레비나스(Levinasian)의 타자의 *얼굴* 즉 그리스도 안의 형제나 자매는 그 뒤에 계신 영원한 당신을 상징하는 것이다. 우리는 절대 타자(이주민)를 무언가로 상품화할 수 없다. 이웃을 자신과 같이 사랑하는 것(5:14)과 서로를 섬기는 것은 타자에 대한 어떠한 공리주의적인 관점도 용납하지 않는다. 바울은 육체의 일(5:19ff)과 성령의 열매(5:22ff)를 대조하는데, 육체는 자신이 중심이기 때문에 타자를 희생양으로 삼지만, 성령의 열매는 자신을 넘어서서 타자를 수용하고 사랑한다. 골로새서 3:8~14은 개인과 집단 간의 관계에 대해서도 연합과 용서를 다루며 이와 비슷한 이야기를 한다. 그리스도인의 정체성은 나와는 매우 다른 이들을 포함한 타자에게 출애굽을 허용하는 것을 의미한다.

베드로전서의 그리스도인은 추방된 사람이고, 흩어진 사람이며(1:1), 출애굽 이후의 이스라엘 사람과 같은 세상의 타자이다. 베드로는 그리스도인이 비그리스도인 가운데서 어떻게 살아야 하는지를 요약해준다(볼프 1994). 볼프는 우리의 외국인 됨을 이스라엘의 역사에서보다는 그리스도로부터 비롯된 것으로 보고 싶어 하나, 베드로전서의 첫 네 구절은 히브리서 11장을 연상하게 한다. 이스라엘과 교회 그리고 신구약 성경의 하나님의 백성에게 주어지는 도덕적 책임에는 분명 연속성이 있다.

신앙 공동체에 속한 사람과 속하지 않은 사람의 경계는 분명하면서도 삼투성(*porous*)이 있다. 베드로의 독자는 이전에는 *사람도 아니었고 자비를 받아보지도 못했던* 이들이었고, 2:10에 선지자 호세아의 자녀 중 [내] 백성이 아니더니와 긍휼을 얻지 못하였더니라고 이름 지어진 이들과 연결된다. 그분의 자비와 주권적인 행하심으로 하나님께서는 부정적 타자성을 약하게 하시고, 그분의 교회로 하여금 그분의 사역에 동참하게 하셨다.

주류 사회에서 타자이기 때문에 그리스도인은 주류 사회에게 증인이 되어야 하고(2:11~12), 그렇기 때문에 타자에 대한 행동을 바로잡는 것은 신앙공동체를 넘어서는 일이다. 노예들은 자신들이 그리스도를 증거할 대상인, 품위 있는 지도자들과 무례한 지도자들에게 복종해야만 한다.

마지막으로 베드로는 서로 사랑하고 대접하고 봉사하기를 권고하는데 (4:8~10), 이는 신앙공동체 안의 포괄성과 수용이 주류 사회에 주장할만한 것이어야 하기 때문이다. 갬블(Gamble 2007)의 믿지 않는 사회에 대한 그리스도인의 섬김은 대가를 바라지 않는 기독교의 *자선(caritas)*과 서로 주고받는 거래를 바탕으로 한 로마의 상식(*liberalis*)을 대조한다. 현지 사회는 주로 이주민과 거래를 바탕으로 한 관계를 맺는데, 기독교의 자세는 아무것도 바라지 않는 *자선*을 기반으로 삼아야 한다. 그리스도의 몸 안에서 연합과 건강한 타자성은 주로 성삼위일체의 삶에 대한 참여에서 비롯되지만, 타자에 대한 수용은 또한 신자로부터 불신자에게 이루어져야 한다.

여기서 성육신에서 일어난 그리스도의 *낮아지심*은 우리가 하나님과 다른 그리스도인 그리고 교회 밖의 이들과 관계하는 데에 대한 모범이 된다. 이러한 '타자에 대한 겸허한(kenotic) 접근'(지지울라스 2007, 6)에서 친교/성찬은 다른 어떤 속성도 아닌 그 사람의 타자성만을 바탕으로 이루어진다. 우리는 우리가 인식하는 어떤 타자의 가치 또는 유용성 때문이 아니라, 그가 그저 거기에 있기에, 그와 관계하는 것이다.

사역과 타자성

실제 사역을 잠깐 살펴봄으로써 이 글을 마치려 한다. 신구약 성경 모두 하나님의 백성은 타자를 경험했으므로 타자인 외부인에게 긍휼을 베풀어야 한다고 한다. 신자들은 이미 자리를 잡은 세상 주류질서의 타자이다. '*너희는 외부인을 이해하기에 그들을 자비롭게 대하라*'고 강조하시는 하나님에 대한 충성 때문에 신자들은 박해를 받을 수 있다. 믿음의 공동체 밖의 사람을 만날 때 신자는 자신이 외부인임을 인정하고 자신과 하나님과의 관계, 공동체적 삶, 그리고 높은 수준의 도덕적인 삶을 통해서 공동체 밖의 사람을 끌어들여야 한다.

교회가 타자와 구별되었으면서도 그들과 관계하기를 지속할 때의 결과는 지졸루스의 생각과 일치하는 어떤 *끌어당김의 벡터*이다. 지졸루스는 타자를 과거나 현재의 모습이 아닌 미래의 모습으로 바라본다. 종말론적·선교적 관점은 "모든 '타자'는 성령 안에서 잠재적인 성도이다"이다(6). 그리스도인에게 있어, 교회는 건강한 관계의 주된 장소이지만, 우리는 주 안에서 형제자매를 대함과 같이 비그리스도인 타자를 대해야 하는 것이다. 신자와 불신자 사이의 *차이*(또는 오히려 더 잦은 *분열*)보다도 불신자가 타자라는 것이 더 중요하다. 불신자에 대한 적절한 태도가 그들의 신앙 여정의 시작이 될 수도 있는 것이다.

몰트만(2008)은 우리가 '그리스도 안에' 있는 것이 완벽함과 회복과 완성으로 향하는 '움직이는 방' 안에 있는 것을 의미한다는 종말론적 관점을 가진다. 이는 예수님이 우리를 위해 이루신 것에 대한 감사와 그분이 우리와 *함께하실* 일에 대한 기대로 인해 우리가 타자를 그리스도의 이름으로 인정하게 한다.

현재 상황이 무엇이고 앞으로 상황이 어떻게 전개될 것인지를 타자에 대한 성찰과 결합해보는 것이 다양성으로 인한 갈등을 겪는 교회에게 힘이 될 것이다. 이주민 타자가 우리의 지역 사회와 교회에 출현하면 그들의 민족성, 문화, 그리고 사회적 지위의 차이가 누가 봐도 분명할 것이다. 게다가 현대 이주는 현지 사회에 타자성을 매우 빠르게 정착시킨다. 교회는 그 이주민이 그리스도인이든 아니든 그들을 다루어야 하는 것에 대하여 매우 혼란스러워하거나 심지어는 위협을 느낄 수 있다. 이주민을 수용하는 교회는 다시는 전과 같지 않을 수 있는 것이다.

이주민이 많은 국가에서 이주민 그리스도인을 수용하는 한 방법으로 큰 교회가 이주민을 섬길 수 있는 이주민과 동족 목회자를 고용하여 이주민이 국가별 또는 종족별로 예배하고 친교 할 수 있도록 한다. 하지만 이러한 원격적인 접근에는 단점이 있다. 이러한 교회가 잘 성장한 교회이고 하나님과 그 백성을 섬긴다고는 하나, 이주민과 진정한 문화 간의 친교가 없다는 것이다.

그런데도 성경은 다양성을 많이 언급한다. 고린도전서의 몸의 비유는 단순히 영적 은사에만 국한된 것이 아니다. 또한 갈라디아서가 말하는 유대인과 이방인의 화해는 교회 안의 더 넓은 인종적·문화적 다양성을 이야기하는 것이다. 계시록 7장은 하나님 나라 안의 연합과 다양성의 현재와 미래를 상징하는 아름다운 그림을 보여준다. 이와 비슷한 것을 계시록 21장에서 찾아볼 수 있다. 모든 민족의 영광이 거룩한 성으로 들어오는 것은 모든 문화가 복음으로 인해 정결해지고 하나님의 나라로 귀속됨을 의미한다.

그리스도인이 된다는 것은 다양성을 기대하고 타자와의 교제 안에서 살아가는 것이다. 하나님의 삼위일체성이야말로 그분의 백성의 경험과 도덕을 통해 그분이 나타내시는 당신의 본질과 행위에 대해 우리에게 보여주신 모범인 것이다. 그분은 우리에게 타자와 타자성을 긍정적으로 또 축복으로 이해하지 않겠냐고 제안하신다. 이는 성경 전체에 걸쳐 명백히 일관된 주제이다.

토의

1. 우리가 지역 사회의 이주민이나 외부인을 만나게 되었을 때, 그들을 전형적인 편견을 가지고 보는 것을 넘어서기 위해서는 무엇을 할 수 있는가? 신약성경을 읽음으로써 우리의 편견에 취할 수 있는 태도나 도전은 무엇인가?
2. 현대 이주는 대체로 이주 체인을 통해 이루어진다. 이주민을 보내거나 받은 국가는 이렇게 초국가적인 공간을 이주하는 이들에게 어떻게 복음을 전파하고 그들을 제자 삼을 수 있을까? 이주의 체인에 보낼 수 있는 복음 사역자를 어디서 어떻게 찾을 것인가?
3. 타자에 대한 두려움의 얼마만큼이 실제로 우리 자신의 부족함과 불안감을 반영하는가? 그리스도 안의 정체성이 어떻게 타자를 폄하함으로써 얻는 자기 확신에 대한 욕구에 승리할 수 있게 되는가?
4. 성 삼위일체는 인류를 초대하는 공간을 형성한다. 우리 교회와 여타 기

독교 단체는 어떠한가? 우리의 공동체적·영적 삶은 타자를 위한 공간을 만들고 있는가? 우리의 획일화된 문화와 확립된 삶과 예배의 장소가 새로 온 이들에 의해 공격당할 때 우리는 어떻게 반응하는가? 종국에 이 공간은 과연 누구의 소유인가?

5. 그리스도인의 공간은 하나님의 사랑과 은혜를 바탕으로 만들어져야 하며, 거룩한 커뮤니타스[역14]로서 민족, 지위, 성별, 또는 출신에 기초한 문화적·사회적 관념을 바탕으로 한 수용이 무시되거나 제거된 것이어야 한다. 우리는 어떻게 교회의 성도가 그들의 마을, 교회, 그리고 교파 가운데 속해있으면서도 자신을 경계선의 사람으로서 인지할 수 있도록 도와줄 수 있을까?

참고문헌

Alexander, T. Desmond. (2008). *From Eden to the New Jerusalem*. Nottingham: IVP.

Bernat, D. (2009). *Sign of the Covenant: Circumcision in the Priestly Tradition*. Atlanta: Society of Biblical Literature.

Blauw, J. (1962). *The Missionary Nature of the Church*. London: McGraw Pub.

Blue, B. (1991). The House Church at Corinth and the Lord's Supper: Famine, Food Supply, and the Present Distress. *Criswell Theological Review* 5(2), 221-239.

Bosch, D. (1991). *Transforming Mission: Paradigm Shifts in Theology of Mission*. New York: Orbis Books.

Buber, M. *I and Thou*. Edinburgh: T & T Clark, 1958.

Carson, D. (1991). *The Gospel According to John*. Leicester: IVP.

Castles, S., and Miller, M. (2003). *The Age of Migration: International Population Movements in the Modern World*. Basingstoke: Palgrave Macmillan.

Gamble, R. (2007). " Christianity from the Early Fathers to Charlemagne," in A. Hoffecker (Ed.), *Revolutions in worldview: Understanding the flow of western thought* (100–138). Phillipsburg: P&R Publishing.

Gruenler, R. (1986). *The Trinity in the Gospel of John: A Thematic Commentary on the Fourth Gospel.* Grand Rapids: Baker Book House.

Hansen, B. (2010). *All of You are One: The Social Vision of Gal 3:28, 1 Cor 12:13 and Col 3:11*. London: T&T Clark.

Levinas, E. (1969). *Totality and Infinity: An Essay on Exteriority*. Pittsburgh: Duquesne University Press.

Levinas, E. (1987). *Time and the Other*. Pittsburgh: Duquesne University Press.

Lossky, V. (1976). *The Mystical Theology of the Eastern Church*. Crestwood: St Vladimir's Seminary Press.

Miyahira, N. (1997). "A Japanese perspective on the Trinity," *Themelios* 22(2), 39–51.

Moltmann, J. (2008). "God in the world – the world in God," in R. Bauckham and C. Mosser (Eds.), *The Gospel of John and Christian Theology* (369–381). Grand Rapids: Eerdmans.

Morgan, M. (2007). *Discovering Levinas*. Cambridge: Cambridge University Press.

Muncado, Felipe (2008). *Faith on the Move: Towards a Theology of Migration in Asia*. Manila: Aten대 de Manila Press.

Newbigin, L. (1987). *The Light Has Come: An Exposition of the Fourth Gospel*. Edinburgh: The Handsel Press.

Peters, George W. (1972). *A Biblical Theology of Missions*. Chicago, IL: Moody.

Pleins, J. (2001). *The Social Visions of the Hebrew Bible: A Theological Introduction*. Louisville: Westminster John Knox Press.

Steenberg, M. (2009). "The church," in M. Cunningham and E. Theokritoff (Eds.), *The Cambridge Companion to Orthodox Christian Theology* (121–135). Cambridge: Cambridge University Press.

Timmer, D. (2011). *A Gracious and Compassionate God: Mission, Salvation and Spirituality in the Book of Jonah.* Nottingham: Apollos.

Volf, M. (1994). *Soft difference: Theological Reflections on the Relation between*

Church and Culture in 1 Peter. Ex auditu, 10 August, 1994. Yale Center for Faith and Culture.

Volf, M. (1996). *Exclusion and Embrace: A Theological Exploration of Identity, Otherness, and Reconciliation*. Nashville: Abingdon Press.

Witherington, B. (2001). *The Gospel of Mark: A Socio-Rhetorical Commentary*. Cambridge: Eerdmans.

Wright, C. (2000). *Christian Mission and the Old Testament: Matrix or Mismatch?* Henry Martyn Seminar at Westminster College, Cambridge, 9 November 2000.

Wright, C. (2010). *The Mission of God's People: A Biblical Theology of the Church's Mission*. Grand Rapids: Zondervan.

Yeoh, B. (2003). *Migration, International Labour and Multicultural Policies in Singapore*. Unpublished paper, Department of Geography, National University of Singapore.

Zizioulas, J. (2007). *Communion and Otherness: Further Studies in Personhood and the Church*. London: T & T Clark International.

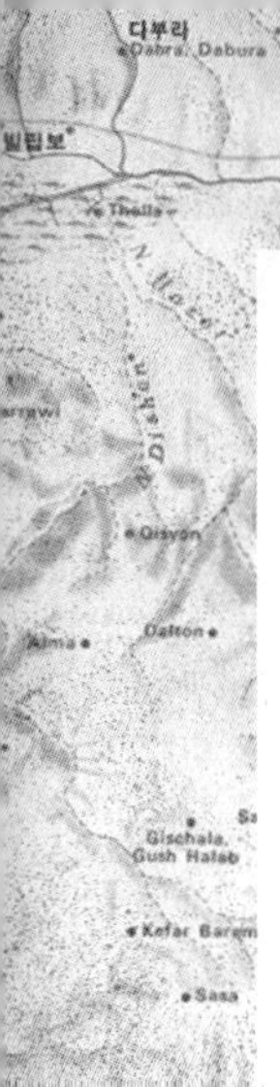

8장

여행하는 순례자 : 디아스포라와 선교

토마스 하비(Thomas Harvey)

예수 그리스도의 사도 베드로는 본도, 갈라디아, 갑바도기아, 아시아와 비두니아에 흩어진 나그네 곧 하나님 아버지의 미리 아심을 따라 성령이 거룩하게 하심으로 순종함과 예수 그리스도의 피 뿌림을 얻기 위하여 택하심을 받은 자에게 편지하노니 은혜와 평강이 너희에게 더욱 많을지어다(벧전 1:1~2).[1]

서론

불안한 세상에서 사람은 주로 굳건하게 자리 잡은 안정된 공동체를 피난처로 찾는다. 이와는 반대로 하나님은 나그네, 외국인, 그리고 낯선 이에게 그분의 보호로부터 오는 축복과 평안을 선포하신다. 그래서 베드로는 인사를 통해 소아시아에 흩어진 '나그네', '외국인' 그리고 '이주민'을 하나님의 목적을 위해 준비되고 하나님에게 '선택받은' 이라고 부른다.

8장의 주제는 바로 그 하나님의 선택, 그 선택의 성경과 초대교회의 뿌리,

1) 필자가 헬라어 본문을 영어로 번역했다.

그리고 오늘날의 선교와 사역에 대한 그것의 관련성이다. 즉, 성경이 가르치는 효과적인 선교란

- 경제적인 이유로 이주했거나, 강제로 쫓겨났거나, 아니면 단순히 이동하고 있는 디아스포라를 향한(to) 선교이다.
- 예수 그리스도의 복음을 전하고 이 땅의 모든 민족에게 축복이 되기 위해서 이동 중에 있는 개인과 공동체를 통한(through) 선교이다.
- 하나님의 목적을 이루고 하나님 나라의 평화와 의를 세우기 위해 인종과 문화 그리고 국경을 넘어선(beyond) 선교이다.

이동하고 있는 사람에게 그들을 통해, 또 그들을 넘어서는 선교를 강조할 때에 중요한 것은 이것이 선교의 대상뿐만이 아니라 수단을 포함한다는 것에 유의하는 것이다. 따라서 선교 연구는 역사와 서술을 뛰어넘어서 이교도에 뿌리를 두고 있는 선교의 태도와 방향을 다룰 필요가 있다. 하나님께서 택하신 백성은 창조 때부터 '이동 중에' 있도록 부름 받았고, 이는 선교에 대한 우리의 태도, 그 안에서의 활동, 그리고 그 특징을 이해하는 기반이 되어야 한다.

8장은 선교에 대한 성경적 이해의 핵심이 되는 두 언약인 창조와 구속을 살펴봄으로써 시작한다. 이 두 언약은 선교를 디아스포라 공동체에게, 그들을 통해, 그리고 그들을 넘어서서 이루라는 방향성을 제공한다. 창조와 타락 그리고 구속의 이야기를 다시 간략하게 살펴보고자하는 필자의 의도는 성경적 기독교 선교의 역동적인 특성을 끌어내려 하는 것이다. 그렇기에 창조와 타락과 구속을 고정된 신학적 주제로 접근할 것이 아니라 이동하고 있는 이들을 위한, 그들을 통한, 그들 너머에 대한 행동과 반응으로써의 복잡 미묘한 신학적인 춤사위에 뒤얽힌 아이디어로 접근해야 된다.

세 여정의 이야기 : 창조와 타락 그리고 구속

선교와 이주의 관계를 이해하려면, 세 가지 여정 즉 창조의 여정, 인류 타락의 여정, 그리고 하나님으로부터 시작되어 그리스도로 인해 완성된 구속의 여정을 염두에 두어야 한다. 첫 번째 여정은 창조의 때에 이루어진 하나님과 인간 간의 언약으로부터 시작되었다. 창세기의 기록에 의하면, 인간은 하나님으로부터 창조 세계를 돌보는 직분을 임명받았다. 그 신성한 섬김은 에덴동산에서 시작되었지만 본래 의도는 온 땅을 포함하는 것이었다(창 1:28). 온 지구와 인류의 번성을 요구한 것이다.[2] 그렇기에 인류가 창조 언약을 이행하기 위해서는 이주가 필요한 것이다. 하나님에 대한 의무와 창조의 완성을 위해서 에덴동산으로부터 땅끝까지의 물리적인 여정이 이루어져야 한다.

성경학자 윌리엄 덤브렐(William Dumbrell)은 창세기 2장의 이야기처럼 인류는 총체적 여정(물리적, 지적, 영적인 여정)을 마쳐야 성숙과 완전함을 얻을 수 있다고 한다. 고대 근동의 정원은 안전한 환경을 제공하기 위해 사방이 벽으로 둘러싸여 있었다. 아담과 하와는 서로 간의 교제와 하나님과의 평화로운 교제를 가능하게 한 동산의 안전함 속에 살았다. 여기서는 하나님과 개인적인 교제를 통해 역량과 성품의 성숙이 이루어질 수 있었다. 사람이 지혜와 지식을 얻어감에 따라 동산은 열매를 맺고 점차 온 땅을 뒤덮게 되었을 것이다.[3]이는 결국 육체적, 지적, 그리고 영적인 순례로써 그 진보와 궁극적 성취가 하나님과의 교제와 협력으로 이루어진 것이었다.

그런데 불순종이 인류의 행보를 바꾸었다. 창세기 3장에서 아담과 하와는 동산에서 추방된다. 그들과 그들의 후손은 방황과 궁극에는 죽음으로 점철된

---

2) William Dumbrell이 지적하듯이, 창세기의 이야기뿐만이 아니라 성경 전체의 구성과 순서를 정하는 것은 하나님의 명령의 방향과 운동이다. 성경의 방향에 대한 성경적 이해를 돕는 좋은 입문서로는 덤브렐의 Search for Order: Biblical Eschatology in Focus가 있다. 그리스도인의 자기인식과 선교에 관해서는 Christopher J. H. Wright의 The Mission of God's People: A Biblical Theology of the Church's Mission을 참고.

3) Dumbrell, 16~23.

가혹하고 적대적인 추방의 삶을 시작해야 했다. 하나님과의 교제로부터 비롯되는 하나님의 양육과 지도가 사라지자 무지함과 미숙함 그리고 조급함이 넘쳐나기 시작했다. 각 개인과 부족 그리고 국가가 일시적인 재물과 안전 그리고 권력을 선사하는 토지와 소산을 서로 가지려고 갈등을 빚으면서 교제는 언쟁에 밀려났다(창 3:17). 탐욕의 쓰라린 열매는 창세기 3~11장에서 보여주듯 불안, 착취, 매점, 불신, 폭력, 파국, 그리고 절망이다. 하나님과의 관계없이는 창조 때에 인류에게 주어진 약속과 성취에 대한 진전을 이룰 방법이 없다.

디아스포라의 회복

하나님은 세 번째 여정을 시작하기 위해 한 나그네를 택하셨다. 창세기 12:1에서 하나님은 아브람에게 고향과 가족을 떠나라고 부르시면서 하나님을 아브람의 인도자로 신뢰하라고 요구하신다. 하나님은 아브람에게 '여러 민족의 아버지'라는 뜻의 아브라함이라는 새 이름을 주시고는 그와 그 자손에게 구속의 선물과 소명을 주셨다. 창세기 12장 이후로 성경은 하나님께서 구속의 목적을 위해 아브라함, 이스라엘, 그리고 예수 그리스도를 선택하신 이야기를 풀어나간다.

창조와 타락 그리고 구속이라는 세 여정이 이동하고 있는 사람을 *향한*, 그들을 *통한*, 그들 *너머의* 선교와 사역의 언약적 배경이다. 이 세 여정은 인간의 가능성과 역경 그리고 약속을 이야기한다. 그것은 이 세상을 나그네로서 떠도는 선택된 사람의 창조 가능성이고 타락의 역경이며 구속의 약속인 것이다. 각각은 다른 두 여정의 관점에서만 이해할 수 있으며 이 세 여정은 모두 이동하는 사람을 이야기한다.

I. 향한 _ 선교의 대상

이 배경 지식은 이동하는 사람을 위한 선교와 사역을 이해하는 데 대단히 중요하다. 이는 모든 사람이 어느 정도는 사명이자 비극이며 또한 소망인 육체적, 영적인 여정 중에 있음을 상기시켜 주기 때문이다. 인류가 하나님의 뜻을 이루기 위해 이동하도록 부름을 받았기에 사명이고, 하나님의 은혜가 없이는 그 여정을 도저히 이룰 수 없기에 비극이며, 하나님께서 그리스도를 통해 디아스포라의 사람들을 회복하시고 그분과 관계(communion)할 수 있는 길을 만드셨기에 소망이다.

그렇다면 이 선교의 대상은 누구인가? 당연히 이동하는 사람이다. 이는 성경적으로 그 근거가 확실하나 지난 두 세기 동안 선교와 선교학은 이 부분에 대해 정체된 동향을 보였다. 19세기와 20세기의 선교에 대한 연구는 종교와 국가에 집중했으나, 근래의 선교학은 교차(비교) 문화적 또는 문화 상호적(intercultural)인 선교를 강조한다. 사람들은 이동하는 사람을 인지하고 있음에도 이동과 변화(transition)보다는 익숙한 안전지대를 떠나지 않으려 하는 영속성(permanency)에 치우치는 편이다. '인종 집단'에 대한 강조는 대개 문화가 시작된 지리적 관점에서 문화와 인종 그리고 언어를 분석하는 경향이 있다.

선교가 이동하는 사람을 위한 것이라는 인식은 언어, 문화, 그리고 타 문화간 연구의 가치를 떨어트리지 않는다. 이 인식이 장려하는 것은 이러한 연구를 전 세계 사람의 이동을 토대로 이해하는 것이다. 그 때문에 파리에 사는 에티오피아 사람에게 복음을 나누는 것과 아디스 아바바(Addis Ababa)나 에티오피아 지방에서 사역하는 것은 다를 수밖에 없다. 물론 언어를 안다거나 그 문화의 패턴이나 전통적인 가치에 익숙한 것은 각각의 상황에서 매우 큰 도움이 될 것이다. 그러나 효과적인 선교를 위해서 어떤 집단의 구성원이 지방에서 도시로 또는 해외의 매우 다른 사회 환경으로 이동함으로써 이러한 틀에 어떠한 변화가 일어나는지에 대해 먼저 상당한 관심을 기울여야 한다.

타락 이후로 전쟁, 자원 부족, 경제적 필요성 또는 정치적·종교적 박해 등은 이동을 더욱 활성화시켰다. 이러한 물리적, 영적 변형은 다층적이고 중첩되며 대개 서로 연관되어 있다. 예를 들어, 이주민은 다음을 자주 겪는다.

1. 이동 중에 있다는 물리적 취약성.
2. 강제 이주로 인해 비롯되는 심리적 트라우마.

3. 지역 정체성의 결여 또는 거주지에서의 인정 부재.
4. 거주 국가에서 특히, 불법 이민자[역15]로 간주되는 이들에 대한 법의 보호가 부족하다. 결과적으로 이민자는 체포, 구금, 그리고 추방의 위협 아래서 산다.
5. 이동하는 사람에게 자주 일어나는 충격적인 상황으로 인해 많은 이가 수치와 죄책감을 경험하는데, 이는 특히 그들이 어떤 갈등에 연루되었든지 아니면 가족이나 공공 무질서(communal disorder)로부터 도피한 경우 더 그렇다.
6. 많은 이가 가족과 헤어지거나 사랑하는 사람을 잃음으로써 고통을 겪는다.
7. 대개 이주민은 다른 이주민이 생존을 위해 갈등하는 도시 지역에 분포되어 있다. 이는 경쟁 집단 사이의 갈등과 폭력을 유발할 수도 있다.

위의 목록은 잠정적이며, 절대 포괄적인 것은 아니지만, 이동하는 이들을 위한 사역과 선교의 복잡성을 보여준다. 총체적 선교와 사역은 이러한 상황에 대한 육체적, 정신적, 그리고 영적인 필요를 해결하려고 노력한다. 따라서 사람들을 위해 지적해야 할 이슈는 다음과 같다.

1. 물리적 및 정신적 케어.
2. 보호와 안전의 필요성.
3. 합법적인 이민 또는 불법 신분의 이슈를 이해하고 지적하려는 노력.
4. 개인과 공동체의 정체성에 대한 질문.
5. 죄책감과 수치심으로 어려움을 겪는 이들을 위한 영적인 케어.
6. 은혜, 용서, 구속, 그리고 부활의 필요성.
7. 이웃, 특히 다문화 환경에서의 평화로운 공존.
8. 범죄와 폭력으로 점철된 영역에서의 하나님과 이웃과의 관계 회복

위의 목록 중에서 어느 하나가 다른 것보다 더 중요하다고 하는 것은 창조

와 구속의 언약이 서로 어떻게 얽혀있는지를 충분히 이해하지 못하는 것이므로 구속적으로 부적절하다.

창조 시 인간에게 주어진 그 언약을 강조하는 것은 우리에게 이동과 이주가 번영과 성취에 필수적임을 상기시킨다. 이런 이유로 디아스포라 종족을 위한 사역과 선교는 구속과 소명 그리고 성취의 관계를 명확히 해야 한다. 타락으로 인하여 이주는 충격적이고 비극적이 되며, 우리 몸과 영혼은 상처를 입어 회복이 필요하다. '잃어버린' 자가 되었다는 것은 기독교의 비유만이 아니다. 그리스도를 떠나면 우리는 안내와 방향 확인에 필요한 성도의 교제와 나침반을 상실한다. 이것이 바로 대체로 이동하는 이들이 자신이 정착해 있을 때보다 더 복음에 마음이 열리는 이유이다.

우리들은 이동 중일 때에 자비, 은혜, 회복, 그리고 의미에 대한 필요성을 깨닫는다. 성경은 하나님의 이야기뿐만이 아니라 이동하는 이들의 이야기를 드러낸다. 그리스도 안의 믿음과 세례를 통해 많은 사람이 그리스도 안에서 자신의 정체성을 되찾고 교회 안에서 그리스도의 부르심이 주는 안전, 안식, 연민, 구속, 그리고 회복을 누리게 된다.

2. 통하여 _ 선교의 방법

구약성경 대부분이 바빌론 유수 이후에 수집되고 새겨지고 저술되고 읽혔다는 것을 감안했을 때, 하나님이 당신의 구속 계획을 이루시기 위해 아브라함이라는 이주민을 선택하셨다는 것은 전혀 놀랄 일이 아니다. 포로로 끌려온 삶을 살면서 특별히 선택되었다는 이스라엘의 역설은 나그네와 이주민과 포로와 추방자의 이야기를 통해 드러난 하나님의 계시와 구속의 도가니였다. 아브라함, 이삭, 야곱, 요셉, 모세, 그리고 엘리야의 이야기를 통해 이스라엘은 어떻게 그들의 땅을 빼앗기고, 모든 민족 가운데 흩어진 사람이 세상을 축복하시려는 한 분이신 참된 하나님의 선택된 그릇으로써 남았는지를 설명한다. 우리는 이것을 광야에서 선포된 모세의 명령에서 찾아볼 수 있다.

> 내가 나의 하나님 여호와께서 명령하신 대로 규례와 법도를 너희에게 가르쳤나니

이는 너희가 들어가서 기업으로 차지할 땅에서 그대로 행하게 하려 함인즉 너희는 지켜 행하라. 이것이 여러 민족 앞에서 너희의 지혜요 너희의 지식이라. 그들이 이 모든 규례를 듣고 이르기를 이 큰 나라 사람은 과연 지혜와 지식이 있는 백성이로다 하리라. 우리 하나님 여호와께서 우리가 그에게 기도할 때마다 우리에게 가까이하심과 같이 그 신이 가까이함을 얻은 큰 나라가 어디 있느냐(신 4:5~7).

출애굽, 율법을 주심 그리고 성막 가운데 거하시며 이스라엘과 함께 움직이신 하나님은 이스라엘의 구속에 대한 증거일 뿐 아니라, 모든 나라에 하나님과의 회복된 관계가 가져오는 것이 무엇인지 알려준다. '지혜와 지식'은 축복과 결실을 제공하며, 이스라엘의 구속 안에 나타난, 창조 때에 사람과 맺으신 하나님의 언약에 귀 기울이게 한다.

"이 도시의 평화와 번성을 구하라"는 예레미야의 예언은 신성한 소명을 불러일으킨다. 예레미야는 추방자에게 바벨론 유수는 포로로 잡혀 온 나그네 인생의 끝이 아니라, 하나님의 뜻이 펼쳐지는 신성한 뜻의 일부임을 상기시킨다.

추방은 이스라엘의 신성한 소명의 붕괴가 아니라 역설적인 성취다. 이와 같이 추방은 어떠한 독특한 상태(status)를 말하는 것이지, 외국의 문화 환경에 완전히 흡수역16되는 것을 의미하지 않는다. 이스라엘의 증거는 그 뚜렷한 언약의 상태와 정체성을 요구했다. 하나님이 선택하신 디아스포라라는 추방자의 정체성은 추방자 자신의 번영만이 아니라 그들이 거주하는 도시의 번영에도 대단히 중요했다. 추방자는 야훼와의 관계에서 이스라엘을 통해 모든 민족으로 향하는 하나님의 구속 사역을 증거 하기 때문이다. 이스라엘에 대한 하나님의 신실하심은 그들의 안팎으로 축복이 된 것이다.

디아스포라와 신약성경

이동 중에 증인이 되는 것의 축복은 예수님과 제자들의 사역과 바울을 포함한 초대교회 성도의 선교 여행에서 찾아볼 수 있다.

신약성경에서 가장 먼저 집필된 책의 저자는 바울이다. 디아스포라 유대인으로서 바울은 그리스어, 아람어, 그리고 히브리어에 능통했고 후기 고대의 다문화적인 현실에 익숙했다. 그의 선교 여행은 소아시아의 로마 고속도로를 따라 형성되어 있던 유대인 디아스포라 공동체를 따라 이루어진다.

바울의 여정은 예루살렘에서 가이사랴로, 빌립보로, 로마로 또 일리리쿰(Illyricum)[역17]으로 이어지는데, 바울은 가는 곳마다 먼저 유대인에게 그다음에 이방인에게 복음을 전하였다. 바울의 선교팀 또한 디아스포라 유대인이나 이방인 개종자로 구성되어 있었다. 그들은 다른 디아스포라 사이에서 자신의 복음에 대한 이해와 복음 전파에 대한 전문성 그리고 이동 중에 그것이 얼마나 중요한지를 배웠다.

마가와 누가의 복음서가 그 영향을 받았다. 갈릴리에서 시리아로, 데가볼리스에서 사마리아로, 그리고 사마리아에서 예루살렘으로 예수께서 순회사역을 하셨음을 강조하는 것은 우연이 아니다. 메시아이신 예수께서는 아브라함의 약속과 축복을 축약하여 보여주신 것이다. 예수님은 들을 귀가 있는 모든 이에게 기쁜 소식을 선포하시기 위해 정치적, 문화적, 민족적, 그리고 영적인 경계를 허무신 것이다. 예수님은 만나는 모든 유대인과 이방인 중에서 볼 수 있는 눈이 있고 들을 수 있는 귀가 있는 이에게 하나님의 권능과 자비와 용서의 메시지를 보여주심으로서 하나님의 나라를 드러내셨다. 복음서는 이동하고 있는 예수님의 선교와 사역을 기록한 것이다.

디아스포라와 초대교회

서기 70년에 이르렀을 때의 초대교회는 베드로가 설명하듯이 대체로 '본도, 갈라디아, 갑바도기아, 아시아와 비두니아에 [택하심을 받은] 흩어진 나그네'로 이루어져 있었다. 그들은 제국의 끝까지 복음을 전하는 복음의 성스러운 그릇이 된 것이다.

서기 2세기에 터툴리안(Tertullian)은 흩어진 공동체를 '신앙의 규범(rule of faith)'을 확산하는데 필수적인 존재로 이해했다. 이교도의 경전이나 처방과는 달리, 터툴리안은 '신앙의 규범'이 삶의 질서이자 이제는 디아스포라 공동체를 통해 나타난 그리스도의 규범을 세우는 경건한 훈련임을 보았다. 터툴리안이 지적하듯이, "어떤 무리라도 그 기원에 근거하여 분류되어야 하는 것"이다. 참된 종교의 기원은 '사도들의 초대 교회'였던 것이다. 디아스포라의 진정한 가지를 통해 사도들의 몸(교회)에서 복음이 전 세계로 퍼져나가고 있었다. 사도들의 '신앙의 규범', 즉 그리스도와 사도들의 일관성, 연합, 그리고 진실을 짊어진 것은 바로 디아스포라였다. 복음의 줄기로써 그들은 로마 제국의 영적, 지적, 그리고 문화적 불협화음 속에서 진정한 영적 연합을 제공한 것이다.[4)]

어떤 사람에게는 이러한 '뚜렷한 공동체'에 대한 강조가 문화적으로 보수적이거나 문화적인 차이를 대체하려는 노력으로 비칠 수 있다. 하지만 사도들의 신앙의 규범은 초대교회의 문화적 다양성에 일치성을 제공했다. 이러한 역설은 사도신경의 예루살렘 공회에서 분명하게 나타난다. 육체의 할례가 아닌 믿음 안에서의 영적인 할례로서 이방인을 교회 안으로 받아들인 것은, 이방인이 유대인이 되지 않고서도 유대인과 하나님의 선택과 사명에 참여할 수 있게 한 것이다.[5)]

따라서 신앙의 규범은 교리의 영향력을 넘어서는 부분에 대해서 인식할 수 있는 진리를 제공함으로써 선교에 분별력을 제공했다. 이는 이후에 생겨난 교회의 사회적, 윤리적, 정치적인 이슈에 대처한 이후의 공의회에서도 나타난 특징이다. 공의회는 그리스도인이 군 복무를 해야 하는지 또는 고문 때문에 신앙을 부정한 이들이 용서받을 수 있는지와 같은 다양한 문제와 씨름

4) 이는 Pelikan이 사도성의 사회적 영향의 관점에서 지적한 부분에 선교적 차원을 더한다.

5) 이는 어떠한 방식으로든 이방인 그리스도인에 대한 대체를 의미하는 것이 아니라 아브라함의 선택됨이 믿음 안에서 공유되며 디아스포라 이방인 교회가 그들의 뿌리와 정체성을 이스라엘에서부터 찾는다는 것에 대한 인정을 의미함을 주목하라.

해야 했다. 구약성경과 신약성경에 성문화된 사도들의 가르침과 권위는 교회가 신교를 향하여 나아가면서 직면하는 새로운 상황과 문화 속에서 교회의 정체성과 소명의 연속성을 제공한다.

성경과 초대교회를 통해 지속되는 이 연속성은 하나님께서 오늘날 어떻게 디아스포라 공동체를 통해 그분의 구속과 변화의 사역을 하시는지를 보여준다. 이동하는 사람을 *통한* 선교에 있어 디아스포라는 임의적인 것도 우연인 것도 아니다. 디아스포라 경험을 통해서 디아스포라 공동체는 자신의 환경에, 또 다문화 세계에서 우연히 만나는 동료 여행자에게 하는 증언과 간증에 의미를 부여하는 성경과 전통과 이성을 끌어와 적용할 수 있다.

디아스포라 집단과 교회는 거주하는 외국인**역18**으로서 선교에 그 역할이 크다. 그들은 정체성과 안정된 공동체 의식을 제공한다. 그들은 같은 이주민의 육체적, 심리적, 법적, 그리고 영적인 어려움을 이해하는 좋은 친구이자 이웃이 될 수 있다. 디아스포라 집단과 교회는 외국인들과 낯선 이들을 이해하고, 수용하며, 경험을 나누고, 도움을 주고, 영적 위안을 제공하여 그들이 그리스도의 은혜에 이르게 하고 또 믿음으로 세계에 흩어진, 선택된 이주민들의 몸인 교회에 함께하라는 초대에 응하도록 한다.

우리가 보았듯이, 이주민 공동체를 통해 복음이 전파되는 것은 창조와 구속의 언약을 깊이 나타낸다. 구속에서는 그것이 아브라함의 믿음이건, 포로 요셉의 지혜이건, 모세의 지도력이건, 엘리야의 예언적 통찰력과 저항이건, 예수님의 순회 사역이나 선교사 바울과 초대교회의 열정이건 이주민의 덕목에 대한 증언이 된다. 결실에서는 이주민 공동체는 난민이 그들의 새로운 고향에서 결실을 볼 수 있도록 도움과 지도 그리고 경험을 제공할 수 있다. 더 나아가 신명기와 예레미야에서 언급하듯이 경건한 외국인의 존재는 그들의 이웃에게 지혜와 지식의 영감이 될 수 있다. 그들은 그들이 거주하는 나라와 사회를 축복하라는 부름을 받았다. 그래서 그들은 사회의 부담이 되기보다 거주하는 사회에 축복과 새로운 소식과 변혁이 될 수 있는 독특한 은사를 가진 것이다.

3. 이동 중에 있는 사람을 넘어선 사역과 선교.

성경에서 나타난 하나님의 사명은 이동하는 이를 위해 그리고 그들을 통해 나타난다. 이제 디아스포라 공동체를 넘어서 더 넓은 사회에서의 디아스포라 선교의 중요성과 영향을 살핀다.

물론 디아스포라의 크기와 영향력은 오늘날의 세계화의 성장 규모, 속도와 직접 연관되어 있다. 셀 수 없이 다양한 인종 집단과 문화 집단을 수용하려고 애쓰는 도시 중심에서 디아스포라의 영향력으로 인해 느끼는 압력은 엄청나다. 하지만 역사적으로 볼 때, 기독교는 다문화적인 환경에서 번성했을 뿐만 아니라, 사회적・정치적 격변을 눈앞에 둔 사회에 지대한 영향을 끼쳐왔다.

로마 제국에서 확실히 그러했다. 기독교는 제국에서 그 기원을 찾게 되었고 결국 제국 변혁의 핵심적인 촉매가 되었다. 더 크게 보자면, 이러한 중요한 영향은 당시의 디아스포라 기독교 교회가 가졌던 특징에서 기인한다.

> 로마제국 초기의 도시 사회는 오늘날만큼이나 복잡했다고 볼 수 있다. 그 복잡함과 지저분함은 사회의 변방에 있는 이들이나 일시적으로 머무른 이들에게 육체적으로나 사회적으로 또는 동시에 극심하게 느껴졌을 것이다. 우리가 익히 알고 있는 이들을 포함하여 바울이 세운 교회의 성도가 이러한 사람들이었던 것으로 보인다. 어쨌든 바울과 그 무리의 창시자와 지도자는 새로운 사회 현실을 만들어가는 사업에 매우 적극적으로 관여했다.[6]

'새로운 사회적인 현실'을 세움에는 영적, 정치적으로 거센 저항이 따른다. 이는 로마 제국의 근간이 되는 '민족적, 종교적으로 위태롭게 형성되어 있는 화합'을 깨트리기 때문이다. 후기 고대의 도시는 이국적인 컬트와 신비 종교 그리고 각양각색 우상의 보고였다. 각각의 종교는 공공의 질서를 어지럽

---

6) Wayne Meeks, The First Urban Christians: The Social World of the Apostle Paul (New Haven:Yale University Press, 2003), 105.

히지 않는 한에서 영적인 소비 생활을 누릴 수 있었다. 하지만 사도행전 19장 에베소의 수호 여신에 대한 바울의 비판은 정확하게 공공의 질서를 혼란에 빠트린 행위였다. 아르테미스(아데미) 여신에 대한 제사는 상인의 주머니를 두둑하게 하였고, 정부가 세금을 거두게 했으며, 로마 황제를 숭배하는 종교(imperial cult)에 경의를 표하기도 했다. 결국 바울의 도전은 시민들의 소란을 불러왔고 이로 인해 바울은 목숨을 잃을 뻔했다.

역설적이게도 바울의 디아스포라 선교사로서의 설교는 기존의 종교적 및 정치적 현상을 위협했음에도 불구하고 더 강렬하고 인정이 넘치는 연합을 제공했다. 도심지에서는 이방인, 유대인, 야만인, 스키타이인, 노예, 그리고 자유인이 서로 얼굴을 맞대며 살고 있었다. 이런 껄끄러운 상황 가운데서 기독교 *코이노니아*의 '새로운 사회적 현실'이 주장된 것이다.

사회의 소수인 외국인은 신앙과 세례를 받아 회심한 후에 그리스도 안에서의 새로운 정체성을 가지게 되었다. 이는 형제애의 존엄성과 영적인 사명감을 제공하였다. 복음이 그들 자신의 문화에서 이웃의 문화로 전파되면서 그들은 이주민 중의 이주민이 되었고 '모든 민족을 제자로 삼으라.'는 지상명령이 그들의 소명이 되었다.

이러한 기독교 반체제 문화는 새로운 공동체 의식을 제공하지만은 않았다. 공동체의 덕목과 가치는 로마 제국의 화려함과 퇴폐성 그리고 폭력성을 폭로하였다. 이러한 반전은 디오그네투스(Diognetus)에게 보내는 편지에서 찾아볼 수 있다.

> 그리스도인은 그들의 국가나 언어 또는 관습으로 정의되지 않습니다. 그들은 그들의 국가에서 외국인으로서 살고 있습니다. 그들은 이 땅에서 바쁘게 살지만, 그들의 시민권은 천국에 속한 것입니다. 그들은 법에 복종하지만, 그들의 삶은 법이 요구하는 것 이상을 지향합니다. 그들은 모두를 사랑하지만, 모두에게 핍박받습니다. 그들은 조용하고 평화롭지만, 정죄를 받습니다. 그들은 죽음에 처하지만, 다시 생명이 주어집니다. 그들은 비방을 당하지만, 곧 그 정당함이 입증됩니다. 욕을 들을 때 축복하고, 경멸당했을 때 존중합니다. 그들은 선을 행하지만, 악을 행한 이들과 같이 응징

됩니다. 그리고 응징 중에 기뻐합니다. 그들에게는 생명이 있기 때문입니다.[7]

팍스 로마나(로마의 평화)는 폭력의 지배 아래 이루어졌지만, 그리스도의 나라는 섬김과 고난의 평화 위에 세워졌다. 십자가에 못 박히신 주님으로부터 이루어진 이 신성한 반전은 초대국의 허점을 공격해 들어갔다. 교회는 노예와 평민 그리고 귀족에게 국가가 줄 수 없었던 평화를 제공했다. 로마인은 강력하지만, 독단적인 카이사르(Caesar)에게 충성을 맹세하였으나, 그리스도인은 하늘과 땅을 아우르는 평강의 왕을 섬겼다. 그렇기 때문에 그리스도인은 제국으로부터 파괴분자라며 괴롭힘을 당했어도 그들의 고난은 제국의 체제 아래 고통을 겪는 수많은 이들의 고난에 호소하게 된 것이다.

여기에 교회라는 과격분자의 비밀이 있다. 그들의 무기는 고난과 순교였는데, 이는 그리스도 안에서의 교회의 궁극적인 권위를 입증함과 동시에 로마 통치의 진정한 모습을 까발린 것이다. 이러한 반전은 데키우스의 교회 박해 도중의 모세와 막시무스 그리고 그들 동지의 서신에서 찾아볼 수 있다.

> 성육신에 나타난 하나님의 겸손하심 외에, 사형 집행자의 면전에서 의연히 주 하나님을 고백하는 것보다 사람에게 더 영광스럽고 더할 나위 없는 행복이 있을 수 있을까…… 잔혹한 세상의 권세 앞에 그 정교한 고문으로 인해 몸이 뒤틀리고 묶이고 각이 뜨이고 죽임을 당하면서도 자유로운 영혼으로 독생자이신 그리스도를 고백하는 것, 곧 지체 없이 하나님의 나라를 받고 그리스도의 고난에 동참한 자가 되는 것, 성육신의 심판자의 심판에 참여하는 것, 믿음에 대적하는 사람의 법과 벌 받을 법에 복종하지 않는 것, 죽음으로써 모든 이들이 두려워하는 죽음을 정복하는 것, 영혼의 힘으로 갈기갈기 찢어진 육체의 고통에 맞서 싸운 것, 자신의 생명을 잃음으로써 참된 생명을 얻는 것, 그리고 우리는 우리가 결코 굴복하지 않았다는 사실 하나만으로도 하나님의 원수를 정복하였다. 우리는 진리에 맞서는 흉악한 법을 이겨냈다.[8]

---

7) The So-Called Epistle to Diogenetus. Ethereal Christian Classics: Early Church Fathers online at: http://www.ccel.org/ccel/richardson/fathers.x.i.ii.html.

따라서 디아스포라를 넘어선 교회의 가장 강력한 영향 중 하나는 초대교회의 반문화적인 내러티브였다. 초대교회의 정체성, 연합, 덕목, 그리고 가치는 비기독교도 로마보다 더 나은 사회를 제공했다.

후기 고대와 우리 시대의 놀랄만한 연속성을 감안할 때, 기독교 디아스포라를 통해 '새로운 사회적 현실'을 만들어내는 것은 현대 사회에 심오한 선교학적 함의를 지닌다. 초대교회와 마찬가지로 디아스포라 교회는 현대의 대도시에 새로운 사회적 대안을 제시한다. 도심의 규모와 다양성이 증대됨에 따라 디아스포라 집단으로 구성된 기독교 교회는 다른 사회의 약자나 체류자에게 설득력 있는 증거가 될 것이다.

현대의 다원적 다문화 세상에서의 디아스포라와 선교

'사회적 복음'에 초점을 두기 싫어하는 사람은 초대교회가 사회에 몰고 온 엄청난 변화를 자주 무시한다. 오늘날의 사회에 대한 디아스포라 선교의 영향력을 재발견하려면 교회는 사람들의 지지를 받는 세속적 다원주의(Pluralism)**역19**와 다양하고도 이질적인 문화를 제도권 안으로 수용하자는 태도나 입장을 취하는 다문화주의(multi-culturalism)의 색안경을 벗어 버려야 한다. 현대 도시를 다원주의와 다문화주의로 정의할 수 있지만, 사람들은 이것이 단순한 현상 묘사가 아니라 이데올로기라는 것은 인정하지 않는다.

이데올로기로서의 다원주의와 다문화주의는 개종에 대한 강조를 고의로 피하는 입장이다. 이를 정당화하기 위해서 '사회적 복음'에 초점을 두기를 싫어하는 이들은 제국주의와 세계선교의 유해한(poisonous) 관계와 그로 인해 발생한 강압적인 개종을 지적하며, 역사적으로 선교가 원주민의 종교와 문화를

---

8) Ivo Lesbaupin, Blessed are the Persecuted (Hachette UK: Hodder & Stoughton Religious, 1988), 50~51에서 인용된 바와 같다.

폄하하고 전복시켰다고 한다. 그 때문에 개종은 현대사회에서 발붙일 곳이 없고 그 대신 여러 문화와 종교가 대화하며 평화롭게 공존해야 하며, 나아가 다문화적인 평화를 위해 종교적 신념은 단순한 사적 견해로 취급되고 물리적 교회라는 종교적인 경계 안에서만 인정해야 한다고 주장한다.

당연히 선교는 다른 사람의 존엄을 지키지 못한 것, 그리고 그에 대한 무감각을 먼저 회개하는 것으로 시작해야 한다. 선교가 지배와 강압 그리고 조작을 껴안은 제국 권력과 같은 수준으로 타락한 것은 십자가에 달리신 예수 그리스도보다는 카이사르의 주권을 닮은 것이었다. 바로 여기에서 일어난 선교와 횡포한 권력의 결탁이 그리스도 안에 나타난 약함의 권능을 통해 문화적 경계를 허물었던 초대교회의 복음주의를 왜곡했다.

오늘날의 다원적인 다문화 환경에서 디아스포라 교회는 제국주의 옷을 벗고 십자가에 매달리신 주님의 제의를 입을 기회가 있다. 그럼에도 불구하고 초대교회처럼, 디아스포라 선교는 그리스도의 힘의 전환(Christ's inversion of the powers)이 교회가 우상 숭배, 미신, 다신론, 폭력 칭송, 쾌락주의, 다산, 성적 방종 그리고 비인격적 섹스 허가(de-personalised sexual license)를 추종함으로써 스스로 더럽혀지고 노예화된다는 비판을 이끌어 낸다는 사실을 인정해야만 한다. 다문화주의의 이데올로기는 교회를 침묵시키려고 할 것이다. 하지만 교회는 침묵해서는 안 된다. 디아스포라 선교의 개인적 그리고 사회적 변화에 대한 증인이 되어야 한다.

공익의 관점에서, 다문화적이고 다원적인 환경에서의 디아스포라 선교는 초대교회가 주장했던 그리스도 안에서 계시된 진리의 일치를 재발견하는 기회이다. 디아스포라 교회의 많은 성도가 종교적-세속적, 영-물질, 신앙-지식이 엄격하게 분리되어 있지 않은 비서구문화 출신으로서 선교에 영적으로, 사회적으로, 경제적으로 또 정치적으로 동참할 수 있는 풍부한 자원이다.

초대교회와 같이, 디아스포라 교회도 역시 전체적이며 또 그리스도 안에서의 문화적 다양성과 일치 속에 교회 전체를 넘어서서 확장하는 공익을 증거할 수 있다. 이에는 신앙과 계시를 사적이고 불필요한 영역에 속하게 하려는 세상의 지배적 논리에 도전하려는 의지가 필요하다.

어쩌면 가장 큰 도전은 선교의 보편적(catholic) 본질을 재발견하는 것일지도 모른다. 복음주의 그리스도인은 '보편적'이라는 용어를 '천주교(Roman Catholic Church)'와 혼동한다. '보편적'이라는 뜻의 '가톨릭'은 모든 교회에 해당된다. 이러한 '가톨릭'은 지리적, 문화적, 사회적 또는 민족적 배경과 상관없이 모든 교회가 독특하고 동시에 그리스도 예수 안에 있음을 뜻한다. 각 교회의 독특함은 디아스포라 교회의 문화적 다양성에서 나타나지만, 그들의 연합은 한 주님과 그리스도 안의 한 세례에서 나타난다.

전 세계 교회의 단결력과 생명력은 서구의 형제에게 용기를 북돋아 줄 수 있다. 이는 선교가 세속의 권세에 진리를 주장한다는 것이 무엇을 의미하는지를 아는 가난한 자, 그리고 난민과 함께 시작된다는 것을 상기시켜주기 때문이다. 디아스포라 운동과 선교에서 우리는 예수께서 갈릴리로부터 종교지도자에 맞서시려고 예루살렘으로 여행하셨던 것과 사도 바울이 예루살렘에서부터 복음을 전하기 위해 로마로 모험한 것을 기억할 수 있다. 디아스포라 속에 있는 교회는 선교적 뿌리이다. 소외된 이들의 교회가 세상의 거대한 도시 중심부와 복음으로 연결되어 있기 때문이다.

디아스포라 교회는 전 세계의 박해받는 성도와 유대를 통해 보편적 교회 연합을 드러낸다. 이러한 유대관계는 디아스포라 교회로 하여금 그들이 떠나온 땅에 복음을 지원하고 양육할 수 있게 한다. 타국에 거주하는 외국인[역20]으로서, 그들은 고향 동족의 고통을 호소하는 목소리가 되는 것이다. 그들은 후원과 증거로 경제적 조력을 제공하고 고국의 갇힌 자와 침묵 된 자를 위해 주장할 수 있다. 이러한 방법으로 그들은 대중에게 험악한 세상에 대한 그리스도의 주권과 그분의 보편적인 다스림에 대한 증언이 될 수 있다.

다원주의와 다문화주의에 대한 서구의 이해를 현혹하는 아노미(anomie)[역21]가 더욱 커져가는 것에 비해 디아스포라 교회와 디아스포라 선교는 문화와 부족(tribe)을 초월하는 그리스도 안에서의 정체성, 의미, 그리고 소명을 제공할 수 있다. 초대교회의 정체성, 연속성, 그리고 분별력은 사도들의 신앙의 규범에서 비롯되었다. 말씀이신 분, 성찬, 공동의 사역과 선교 안에서 교회는 다양한 디아스포라 회중을 통해 같은 일을 오늘날의 도심에서 이루어낼 수 있다.

다만, 지금 교회를 끊임없이 괴롭히고 있는 분열은 오늘날의 포스트모던 환경에서 기하급수적으로 늘어갈 것이고 에클레시아의 사도적 정체성은 현대성에 헤지고 잊혀져가고 있다.

그런데도 디아스포라 교회와 디아스포라 선교를 통해서 교회를 하나로 불러 모을 수 있는 강력한 힘이 역사하고 있다. 역설적이게도 에큐메니칼한 정체성, 공동의 목적, 그리고 선교 참여를 격려하는 것은 대체로 교회에 대한 세속 정부의 압력이다. 싱가포르에서는 교회가 교회의 자산을 보호하고, 생명과학과 관련된 윤리적인 문제를 제기하고, 또 다른 종교나 종교가 없는 사람에게 그리스도를 전할 수 있는 권리를 보호하기 위해 정부 앞에서 단결된 모습을 보여주기도 했다.[9]

케이프타운 2010[역22]과 같은 대규모 복음주의 기독교도 모임이나 에든버러 2010[역23]과 같은 주류 개신교 교회의 회합은 전 세계의 다양한 교회지도자와 선교지도자를 공동의 목적과 사명 아래 불러 모았다. 이러한 국제적인 회의의 지도자와 대표는 더 나은 연합을 위한 기폭제였다. 실제로 이들의 목소리는 지난 한 세기 동안 서양 선교를 지배해온 복음주의와 사회적 행위에 대한 거짓된 이분법적 이해에 두 대회가 의문을 제기한 후속 성명을 통해서 그 영향력이 입증되었다.

그리스도인이 자신의 문화와 교파적 틀을 넘어서서 선교를 함께하게 되면서 그들은 현대 도시 사회에서 심각하게 결여된 연대(solidarity)를 드러낼 수 있다. 그렇게 함으로써 에클레시아의 사도적 근원에서 비롯되는 정체성과 연속성을 재발견할 기회를 갖게 될 것이다.

---

9) Thomas Harvey, "Engagement Reconsidered: The Fall and Rise of a National Church Council in Singapore," Trinity Theological Journal, Vol 14. (Singapore: Trinity Theological College, 2006).

결론

우리는 이주가 급속히 확대되는 시기에 살고 있다. 도심은 외부로 뻗어 나가며 전 세계에서 온 종족(소수민족)의 거주지로 채워지고 있다. 한 블록을 걸으면서 여러 언어를 듣거나 같은 도시 블록 안에서 경쟁하는 소수민족 사이에서 긴장감을 느끼게 되는 것은 드문 일이 아니다. 선교와 사역의 관점에서 서로 다른 문화, 신념, 경제적 계층, (개인 또는 기업의 윤리 의식이나 사회적 책임에 호소하여 특정한 행동을 하거나 하지 않도록 하는) 도덕적 설득의 근접성은 도전과 기회를 함께 제시한다.

전도에 있어서 다양성은 큰 기회를 의미한다. 디아스포라는 그리스도인이 복음이 들어갈 수 없는 국가에서 온 사람과 공동체에 복음을 나눌 수 있게 해준다. 많은 난민, 유학생, 경제 이주민, 그리고 관광객은 그리스도로부터 오는 평안과 화해를 찾고 있다. 그들은 주변 환경에 대해 더 많이 알고 싶어 하고 그들이 겪는 도전에 대한 도움을 줄 수 있는 공동체에 참여하는 것에 마음이 열려있다.

하지만 이 기회는 쉽게 낭비될 수 있다. 증언과 사역에 대한 엄청난 기회를 보는 대신에 디아스포라 집단은 너무나 자주 현지의 그리스도인에 의해 집단 내부로 관심을 돌리거나 깔보이게 된다. 이주민 문화의 차이와 정체성을 환영하기보다, 너무나 자주 그리스도인은 우월주의적인 태도 또는 자신과 다른 이에 대한 거부와 분노의 입장을 취한다. 자신을 '복음주의 그리스도인'이라고 말하는 많은 이가 그들과 같은 인종, 문화, 또는 민족성을 가진 이만을 그리스도인으로서 인정한다는 것은 참으로 통탄할 일이다.

모든 종류의 그리스도인에게 효과적인 복음 전도를 하는데 요구되는 것이 있다면, 그것은 나그네와 이주민 그리고 난민에 대한 하나님의 선택하심을 인지하는 것이다. 디오그네투스의 편지와 베드로의 인사말에서 보았듯이, 택하심을 받은 자는 '거류하는 외국인(resident alien)'이다. 그리스도인은 다른 무엇보다도 더 이동하는 순례자라는 깊은 인식이 교회에서부터 심어 길러져야 한다.

앞서 말했듯이, 그것이 하나님의 통치와 결실을 세우라는 계명에 대한 성취이건 혹은 아브라함, 이주민이자 믿음으로써 인류에 대한 하나님의 구속 도구가 된 이의 영적 자손으로서든, 인간은 이동하도록 부름 받았다. 이러한 태도와 이해가 뿌리를 내릴 때, 디아스포라들을 *향한*, 그들을 *통한*, 그들 *너머의* 선교는 더욱 효과적이게 된다.

'거류하는 외국인'의 태도를 이렇게 선교적으로 품는 것은 보다 광대한 사회에서 이들이 부당하게 위축될 것이라 주장하는 이들이 있다. 그들은 우리의 정체성과 책임이 제일 먼저 씨족(clan)과 민족(nation)에게 있어야 한다고 주장한다.

물론, 우리의 가장 깊은 가치에 호소하는 것은 혈연과 국가이고 이는 마땅하다. 우리는 가족, 문화, 사람 그리고 국가에 은혜를 입었기 때문이다. 이들은 나라는 존재의 구성요소이고 우리는 그것 없이 존재할 수 없다. 그런데도 그것이 중요한 만큼 복음은 이러한 경계를 뛰어넘어 나와는 너무 다른 사람과 문화에 다가간다. 디아스포라는 우리에게 가족, 그리고 문화적 유대와 민족적 유대보다도 근본적인 연합을 추구하라고 요구한다. 우리는 낯선 이에게서 어쩌면 그리스도 안에서의 형제와 자매될 사람을 만나게 되는 것이다. 우리는 외국인을, 난민을, 혹은 이민자를 받아들일 때 그리스도를 받아들이는 것이다.

거류하는 디아스포라로서 우리는 그리스도 안에서 구속과 성취를 찾는다. 우리는 이제 하나님의 통치하심을 세우는 위대한 일에 초대를 받았다. 이는 우리의 동료 순례자를 구세주이시자 친구이자 인도자로서 우리를 고향으로 이끌어주실 그분께 소개하는 것이다.

토론

1. 이동하고 있는 사람을 위한, 그들을 통한, 그들을 넘어선 선교란 무슨 뜻인가?

2. 디아스포라를 위한 선교의 예를 들 수 있는가? (예를 들어, 경제적 또는 정치적 이주민, 종교적인 박해를 겪는 이들, 또는 가족, 특히 어린이와 노인과 함께 여행하는 사람에 대한 선교)
3. 디아스포라를 통한 사역은 어떻게 이 장에서 언급된 창조와 구속의 측면들을 다룰 수 있는가?
4. 이동하는 사람이 겪는 심리적(건강), 육체적(물질적 상태), 그리고 영적인 왜곡은 무엇이고 어떻게 하면 교회와 당신의 개입이 이러한 어려움으로 인해 발생하는 문제를 해결하는 데 도움이 될 수 있는가?
5. 이주민이 죄책감과 수치로 인해 고생할 이유는 무엇이겠는가? 이러한 죄책감과 수치에 대해 성경이 말하는 바는 무엇이고, 이러한 갈등을 겪는 이에게 당신은 어떻게 효과적으로 사역할 수 있겠는가?
6. 경제적, 정치적, 영적인 어려움을 겪는 유민에게 사역하는 데 있어 복음주의가 적절하다고 생각하는가? 당신의 관점에 대한 성경적, 신학적, 그리고 영적인 근거를 어떻게 제시하겠는가?

9장

디아스포라(to) 선교와 디아스포라로 인한(from) 선교 : 선교를 위한 상황에 영향력 주기

테리 맥래드(Terry McGrath) / 빅토리아 시블리-벤틀리(Victoria Sibley-Bentley) / 앤드류 부처(Andrew Butcher) / 조지 빌란트(George Wieland)

서론

선교에 대한 성경적 및 신학적 기반은 오랫동안 유지되어 잘 정리되어 있다. 아브라함에게 '떠나' 모든 족속에게 복이 되라(창 12:1~3)는 하나님의 부르심으로부터 성경과 역사에는 모든 민족에게 하나님의 뜻을 이루는데 사용된 촉매자이자 영향력 있는 인물의 예가 있다. 그런데 그런 만큼이나 탐구가 되지 않은 부분이 있다.

특히, 이주민과 디아스포라의 관계에 있어서 정부 차원과 교회 지도층을 포함한 국가 지도자의 정책 입안과 의사 결정에 대한 사고방식에 영향력을 끼치는 데 필요한 성경적 및 신학적 근거가 그렇다. 이 글은 - 필자의 배경인 - 뉴질랜드의 상황을 사례 연구로 사용하여 이 주제와 이 주제에서 다루는 원칙을 적용하는 것에 대하여 더 깊이 살펴볼 것이다.

전쟁, 극단주의, 빈곤, 불안정, 그리고 자연재해가 끊이지 않아 실향민과 난민의 수는 끊임없이 증가하고 있다. 또한 더 좋은 삶, 교육, 노동 기회, 보건의료, 또는 경험에 대한 열망은 인구 이동의 증가와 500만 명의 난민을 포함하는 디아스포라 공동체의 형성을 불러왔다. 2013년도 뉴질랜드의 인구통계에 의하면,[1] 뉴질랜드 인구의 25.2%가 해외 출생이었다. 이는 뉴질랜드의 배경에 복잡성을 더할만한 엄청난 숫자이다. 뉴질랜드 사회의 근간을 이루는 많은 가치는 뉴질랜드의 원주민(탕가타 훼누(the Tangata Whenua)와 : 땅의 주인 - 마오리(Maori))과 이후의 유럽계 백인 정착민(파케하(the Pakeha)) 사이의 와이탕이 조약(Treaty of Waitangi)[역24]에서 비롯되었다. 그중에서 특히, 뉴질랜드 사회의 이중 문화주의의 기초가 되는 것이 바로 협동의 원칙이다.

따라서 마오리의 가치는 사회의 기능과 뉴질랜드의 정체성에 중심이 되며 정부 정책에 큰 영향을 미친다. 이의 한 예는 다음의 마오리 속담이다. *He aha te mea nui o te ao? He tangata! He tangata! He tangata! - 세상에서 가장 중요한 게 무엇인가? 사람들! 사람들! 사람들!* 4백만 명이 조금 넘는 소규모 국가로서 뉴질랜드 사람은 정부와 정부 정책에 직접 의견을 피력할 기회가 더 많다. 여기에는 교회가 포함된다. 몇몇 이야기가 후반부에 소개되는데 특히 국가 정책에 긍정적으로 영향을 줄 수 있는 신뢰할 수 있는 숙련된 사람의 역할을 살펴볼 것이다. 이 글의 목적은 지역 사회 참여에 영향을 줄 기회를 제시하고, 교회 지도자와 우리 지역 사회와 국가에서 디아스포라를 지원하고, 보살피고, 사역하고, 사역하도록 장려하는 정부 정책에 대해 설명하고 제시하는 것이다.

배경

새로운 국가와 문화에 들어갈 때 모든 난민과 이주민 그리고 거주민은 각 개인의 필요를 가지고 온다. 이러한 필요는 언어 지원부터 이주 국가의 문화와 종교 관습을 이해하는 것, 거처와 직업을 찾는 것, 학습 프로그램에 등록하는 것, 그리고 친절함과 우정을 제공하는 것에 이르기까지 다양하다. 이 중 다

---

1) http://www.stats.govt.nz/Census/2013-census/profile-and-summary-reports/quickstats-culture- identity/birthplace.aspx

수는 지역 사회나 교육 제공자나 고용주나 사회단체 또는 종교 공동체에 의해 충족될 수 있다. 그러나 정책이 바뀌어야 가장 잘 충족되는 필요들도 있다. 예를 들어, 정부 제도와 사회봉사를 통한 난민에 대한 지원, 그들의 권리 상태, 그리고 그들을 위한 공급은 교회와 지역 사회 활동으로 시작 및 지원된다.

사회심리학과 인간 발달의 영역에서 젠슨(Jensen 1998)의 사회적 응집성에 대한 생각은, 개인이 사회에 안정적으로 기반을 두었다고 느끼려면 소속감, 참여, 포용, 인정, 그리고 정당성 등의 다섯 단계를 거쳐야 한다고 말한다. 이는 특히 이주민과 난민, 그리고 유학생이 거주 국가를 자기 '집처럼' 느낄 수 있게 하는 데 중요하다고 한다. 정부 정책은 교회와 사회참여와 함께 이주민이 뉴질랜드에 소속감을 느끼고, 참여하며, 포용되고, 인정받고, 마지막으로 정당한 일원이 되는 데 큰 도움을 줄 수 있다.

이러한 편향이 이민 지원 정책에서 강조되고 있고, 이주민이 그들의 고국이 될 새 나라에 잘 정착할 수 있도록 그들의 실질적이고 사회적인 필요를 충족하는 것을 돕기 위해 노력하고 있다. 많은 국가에서 이러한 사회문화적인 상황은 교회에게 더 넓은 사회와 관계할 기회를 제공한다. 교회는 시민 수준을 넘어서서 관찰되는 필요를 충족하기 위해 노력할 수 있고 옹호와 발언이 필요한 부분을 정책 입안의 환경에서 강조할 수 있게 되는 것이다. 이 글에서는 뉴질랜드를 사례 연구로 이주민을 위한 정책 입안을 지지하고 또 그에 목소리를 낼 기회의 선교적 측면과 거주 국가 내부로 디아스포라가 정착하는 과정의 선교적 측면에 대해서 설명할 것이다.

뉴질랜드에서는 해럴드 터너(Harold Turner 1992)가 선교의 3단계(개인, 사회, 문화)라는 개념에 큰 영향을 끼쳤다. 개인의 단계는 '어려움을 겪는 이들에게 복음의 사랑하는 섬김'을 포함한다. 이는 시민 수준의 선교로써 시민참여 활동을 포함한다. 선교의 두 번째 단계는 공동체와 사회가 기능할 수 있도록 더 넓은 사회적, 정치적, 그리고 경제적 시스템 구축을 목표로 한다. 세 번째 단계의 선교는 그 사회의 문화와 그것을 뒷받침하는 가치와 규범을 변화시키고자 한다.

이 세 단계는 서로 중첩되며, 정부 정책을 지원하고 그것에 영향을 끼침으로써 사람을 돕고 힘을 실어준다는 더 넓은 목표를 가졌을 때, 서로에게 도미노 효과를 내기도 한다. 이에 대한 세계역사의 예로는 영국 국민의 양심에 호소함으로써 직접 정부와 정책에 영향을 끼쳐 노예매매의 폐지에 공헌을 한 윌리엄 윌버포스(William Wilberforce)와 클래펌파(the Clapham Sect)[역25]가 있다. 뉴질랜드의 인구 및 국가의 규모 그리고 의사결정권자에 대한 민주주의적이고 격식에 얽매이지 않는 접근성은 막대한 로비가 없이도 더 많은 사회적인 문제에 대한 참여와 정부와의 소통을 가능하게 한다. 전 세계적으로 사회적인 양심에 대한 인식과 변화를 강조하는 것은 크리스천들을 생각하고 돌보기 위해 해볼 만한 일이다. 상황에 따른 도전이 분명 교회와 그에 맞추어 영향력을 행사하도록 배정된 사람들에게 있다. 미국과 같은 나라에는 그 규모와 복잡성이 쉽지 않은 도전으로 다가올 것이다. 하지만 하나님은 우리의 전문적 영역에서 믿음과 겸손함으로 선포하라고 우리를 부르신다. 이는 우리 나라 안에서 하나님을 섬기는 사역이다.

이주민 인구와 디아스포라 공동체로 세워진 다문화국가로서 뉴질랜드의 교회는 뉴질랜드의 디아스포라를 위해, 그들과 함께, 그리고 그들을 통해 일할독특한 기회의 문이 있다. 이러한 참여의 기회는 이주의 정착 및 참여 측면에서 발생하며 정부의 정책 입안자의 관심을 끌기 위해 필요한 문제를 제기하는 데 사용될 수 있다. 이러한 상황에 비추어보았을 때, 뉴질랜드의 그리스도인에게는 두 가지 매우 다른 도전이 나타난다. 이는 디아스포라 안으로, 그 안에서부터, 그리고 그 안의 선교에 대한 전략적인 사고에 중추적인 역할을 한다.

1) 이주민과 디아스포라에 관해서 그리스도인과 교회는 어떻게 정부에 이야기하고 실천할 수 있는가?
2) 디아스포라 그리스도인은 어떻게 하면 그들의 거주 국가의 정부 정책과 교회 지도층에 영향을 끼치는 소금과 빛이 될 수 있는가?

기본적인 수준에서 이러한 도전은 디아스포라를 위한 선교와 디아스포라 안에서의 선교를 포함한다. 이 도전의 성경적 • 신학적 토대는 이후에 살펴볼 것이다. 그러나 추가로 이 도전에 대해 탐구되어야 할 두 가지가 더 있다.

1) 디아스포라 공동체에 영향을 미칠 필요를 강조하는 것에 대한 그리스도인의 역할이다. 이는 대체로 현재 상황에 대한 대응적 반응으로서, 느슨하게 말해서 변호의 일부분이다.
2) 일시적 이주민[역26]과 영주하는 이민자가 거주 지역 사회, 국가, 그리고 문화에 잘 정착하고 소속감을 느낄 수 있게 하는 지원 정책, 정책 결정자, 그리고 지도층의 역할이다. 이는 대응적이거나 – 이전의 다른 디아스포라의 관점에서 보았을 때 – 또는 입법과 적절한 지원 구조의 제공을 통해 사회에 개선과 변화를 불러오는 것과 같이 능동적일 수 있다.

성경적 이해

이 도전과 부분들에 대한 성경적 • 신학적 토대는 매우 중요하다. 국가의 정책에 참여하는 사람에 대해서 성경이 보여주는 예시에는 몇 가지 주제가 나타난다. 오늘날에도 적용이 가능한 이 주제는 옹호, 하나님의 목적과 그분의 백성에 대한 그분 의도의 성취, 정책 입안자와 변화를 향한 영향력을 발휘하려는 사람 사이의 신뢰의 필요성, 복지를 위한 좋은 정책을 알아볼 수 있고 지지할 수 있는 능력이다.

구약성경은 특히 이주의 개념을 강조하는데, 이는 특히 하나님께서 아담에게 하신 '땅에 충만하라'는 계명에서 나타난다(창 1:28). 하나님께서는 결코 자신의 백성이 한곳에 머물게 되기를 원치 않으셨다. 더 나아가서 구약성경은 끊임없이 '나그네', '낯선 이', '이방인' 또는 '외국인'을 이야기한다. 이 단어는 '자신의 것이 아닌 다른 땅에서 잠시간 머무는 것'을 의미한다.[2] 자연스럽

2) Athena O. Gorospe, "What Does the Bible Say about Migration? Three Approaches to

게 구약성경은 지역 사회의 이주민과 외국인에 대한 많은 지침을 제공한다(예를 들어, 출애굽기 12:43~49에는 유월절 기간에 외국인을 어떻게 돌보느냐에 대한 지침이 있다). 실제로 하나님께서는 당신의 백성에게 그들 중에 거하는 외국인을 돌보라고 명령하신다(예를 들어, 레 19:9 그리고 19:33~34). 구약성경 전반에 걸쳐서, 선교에 대한 하나의 공통된 주제가 반복적으로 나타난다. 그것은 하나님의 백성이 다른 사람에게 복이 되기 위해 복을 받는다는 것이다. 하나님께서는 모든 사람이 그분을 알게 되는 것을 원하실 뿐만 아니라 그분의 백성이 아직 하나님을 모르는 사람을 섬김으로써 그분에 대한 증인이 되기를 원하시는 것이다.

신약성경 일부분이 이러한 이주민/디아스포라에 대한 개념과 그들에 대한, 그리고 그들에 의한 독특한 복음의 기회를 바탕으로 한다. 이는 특히 사도행전, 마태복음 28:19에 예수께서 그분의 제자에게 주신 지상명령의 '*그러므로 너희는 가서 모든 민족을 제자로 삼아*'와 마태복음 22:39의 '*네 이웃을 너 자신 같이 사랑하라*'이다. 이것의 중점은 모든 사람에 대한 하나님의 마음을 이해하는 것이다.

성경은 스스로 자신의 권익을 주장할 수 없는 이들을 변호하라고 권면한다. 예를 들어 잠언 31:8~9절은 '*너는 말 못 하는 자와 모든 고독한 자의 송사를 위하여 입을 열지니라 너는 입을 열어 공의로 재판하여 곤고한 자와 궁핍한 자를 신원할지니라*'라고 한다. 또한 예레미야 22:3은 '*여호와께서 이와 같이 말씀하시되 너희가 정의와 공의를 행하여 탈취당한 자를 압박하는 자의 손에서 건지고 이방인과 고아와 과부를 압제하거나 학대하지 말며 이곳에서 무죄한 피를 흘리지 말라*' 고 말한다. 성경의 몇몇 이야기가 이주민이 그 거주국가 또는 세계의 정책에 대해 입을 열고 영향을 끼치는 것을 나타낸다. 다음은 그것의 예이다.

---

the Biblical Text," in God at the Borders: Globalization, Migration and Diaspora eds. C. Ringma, K. Hollenbeck-Wuest, and A. Gorospe (Manila: OMF Literature, 2015), 126.

1) 모세 : 출애굽기 5장에서 그는 하나님의 백성을 노예 생활과 억압에서 자유롭게 해주기를 요청하기 위해 바로를 찾아간다. 모세는 하나님의 뜻을 전하기 위해 여러 번에 걸쳐 바로를 만난다. 바로의 거부와 그로 인한 결과는 바로가 히브리 사람이 이집트에서 떠나도록 허락할 때까지 모세가 끈질겼어야 함을 의미했다. 히브리 이주민의 혈통인 모세는 이집트를 떠나 미디안으로 도망쳤고, 하나님에 대한 순종으로 이집트로 돌아오기까지 수십 년을 그곳을 고향 삼아 살았다. 그의 이야기는 성경에 포함된 이주민 내러티브의 독특함을 그대로 가지고 있다.

2) 요셉 : 이스라엘의 아들인 요셉은 그의 지위와 바로의 두터운 신뢰로 인해 이집트를 기근에서부터 구할 수 있었고 결국 아브라함의 후손, 즉 이스라엘의 자녀를 보존할 수 있었다.

3) 느헤미야 : 느헤미야 2장에서 그가 아닥사스다 왕에게 한 요청이 승낙되어 예루살렘으로 가서 도시를 재건축할 수 있었다. 이는 궁정에서의 그의 지위와 명성으로 인해 가능한 일이었다.

4) 다니엘 : 바빌론의 포로로서 끌려간 그는 젊은 강제 이주민에게 기회의 길을 제공한다는 느부갓네살의 정책 가치를 경험했다. 새로운 문화와 상황에 긍정적으로 참여할 수 있는 기회라는 맥락에서 다니엘은 하나님과 자신의 관계 속에서 근본적인 태도를 취한다. 수십 년에 걸쳐 이것은 확고하고 꾸준히 남아 하나님의 목적을 나타낼 기회를 갖게 했다. (단 6:16, 20~22)

5) 에스더와 모르드개 : 그들의 이야기는 강제이주로 인한 경험, 유대 정체성, 하나님의 주권에 대한 양심, 그리고 하나님 백성의 유익을 위해 사용된다는 목적의식으로 다져진 인격을 가진 사람을 통해 하나님의 뜻이 이루어지는 것을 보여준다.

디아스포라 이야기의 예는 하나님께서 이주민 안에 또 그들을 통해서 국가의 국제적인 정책에 영향을 끼침으로써 당신의 뜻을 이루시는 것을 보여주기에 중요하다. 초대교회가 출현한 배경은 많은 무리가 다양한 이유로 국경들을 넘나들며 이동한 중대한 현상이었다. 이러한 현상은 초대교회와 그들을 만나게 되는 이들을 축복하시기 위한 하나님의 뜻을 나타낸다(칼드웰(Caldwell) 2015). 예를 들어,

1) 빌레몬서에서, 바울은 빌레몬에게 도망친 노예 오네시모가 그에게 돌아갈 때 그리스도 안의 형제로서 받아들이라고 요청한다. 이는 디아스포라의 환경 안에 있는 사회적 및 계급적 분열을 가로지르는 복음의 독특한 개념이다.
2) 사도행전 24~26장에서 바울은 벨리스와 베스도 앞에 서게 된다. 둘은 모두 영향력 있는 로마의 관리들이었으며 일을 위해 잠시 그 지역에 거주하는 임시적 이주민이었고 직무의 와중에 바울로부터 복음을 듣게 되었다.
3) 브리스길라와 아굴라(행 18장)는 순회하는 사업가로서 클라우디우스 황제가 복음의 증인이자 선교의 지원자였던 유대인을 수도에서 쫓아냈을 때, 로마에서 그리스로 강제이주하는 순환이주(circular migration)[역27]를 경험하였다.
4) 아볼로(행 18장)는 복음을 온전히 이해하고 깨달은 선생으로서의 소명에 충실한 이동 중에 있는 학자의 예가 된다.
5) 사도 바울은 로마 지방이자 길리기아의 수도인 다소에서 태어났고 고등교육을 받기 위해 예루살렘에서 유학하던 중에 복음을 접하게 되었다.
6) 루디아는 두아디라에서 빌립보로 온 이주 여성 사업가였다. 그녀는 복음을 들은 후 역시 이주민으로 추정되는 많은 이들과 자신의 가정에 복음을 전한다.
7) 사도행전 11:19에 나타나는 안디옥교회는 난민으로 이루어진 교회이다. 이 교회는 초기 기독교의 선교와 파송에 있어 가장 중요하고 영향력 있는 교회 중 하나가 되었다. 이는 그들의 경험, 이주민으로서의 마음가짐, 그리고 자신의 지도자에 대한 인식에서 비롯되었을 것이다.

사도행전의 오순절부터 시작해서 사도행전 전반에 걸쳐, 디아스포라는 모 교회를 세우고 선교를 시작하는 데 중요한 역할을 해왔다. 빌란트(2002)에 따르면 선교사의 마음으로 사도행전을 읽게 되면, 성경의 예가 사람들에게 리더십과 행동에 대한 동기부여를 갖도록 하는 영향력이 있음을 깨닫게 된다. 이러한 성경의 예들을 알게 되면 하나님께서 주권적으로 예비하시어서 복음을 위해, 특히 디아스포라 안에서 또 디아스포라를 통한 복음에 영향력을 끼칠 수 있는 정책을 입안하는 자리에 앉히신 이에게 큰 격려가 될 것이다. 그런 위치에 있는 이는 격려를 받아야 할 필요가 있고, 또 에스더와 같이 지위와 상황의 어려움을 인식해야 할 필요가 있다. 뉴질랜드 교회의 경우, 이러한 인식은 하나님의 뜻을 성취하고 하나님께 영광을 돌릴 수 있는 정책 수립 및 변경에 공헌할 기회를 이해하는 교회 지도자의 격려와 의견에서 시작되어야 한다. 당국의 권위에 대한 수동적인 묵인에서 통치의 과정과 좋은 정책 발전의 기여와 지지에 참여하는 것으로의 변화는 당국의 권위에 순종하라는 로마서 13장 말씀의 유용한 적용이다.

이에 대해 더 이야기하기 전에 우선 조지 빌란트의 영향 아래 사도행전을 선교의 마음으로 읽고 있는 오클랜드의 교회와 단체에 대해 이야기하는 것이 도움이 될 것이다. 조지 빌란트는 캐리 침례 대학교에서 개발도상국 지도자의 선교 관련 활동을 촉구하려는 노력의 일환으로 이와 비슷한 교육과정을 제공하고 있다. 결과적으로 이에 참여한 이들은 오클랜드를 이주민의 도시로, 마찬가지로 뉴질랜드를 이주민의 국가로서 다시 이해하고 있다. 어떠한 상황에 비추어 성경을 깊이 묵상하는 것은 그 상황에 대한 행동을 유발하고 결국 그 상황 안에서의 적절한 선교에 대한 열정을 불러온다. 사도행전의 맥락에서 - 그중 많은 부분이 디아스포라 상황들인데 - 성령의 인도하심을 인식하는 것은 결국 이주민의 나라 뉴질랜드 이주민의 도시 오클랜드라는 맥락에서 사도행전의 디아스포라 상황에서와 같은 행동을 유발한다.

뉴질랜드 경험의 실례

뉴질랜드의 역사는 13세기로 거슬러 올라간다. 첫 주민은 폴리네시아에서 왔는데, 이는 바벨에서 중앙아시아 그리고 동아시아로 건너온 이주민의 연장선으로 알려져 있다. 뉴질랜드에 처음으로 도착한 이들이 바로 마오리다. 400년 정도가 지난 후에 다양한 유럽인이 아오테이어러우어(Aotearoa, 뉴질랜드의 마오리 이름)로 이주한다. 초기 유럽 이주민은 고래잡이, 바다표범 사냥꾼, 그리고 선교사였고 이후에는 농사지을 땅을 찾아온 정착민이었다. 교회는 두 가지 형태로 뉴질랜드에 당도했는데, 첫째는 마오리에 대한 선교로서, 둘째는 이주 유럽인 공동체를 섬기기 위한 다양한 교파의 형태였다. 유럽 정착민 선교와 마오리 선교 간에 갈등이 자연적으로 발생했다.[3)]

이주민에 의해 세워진 젊은 나라로서 디아스포라 혈통 의식은 항상 뉴질랜드인 의식의 일부로서 자리 잡아 왔다. 인구의 25.2%가 해외에서 출생했다는 것이 현재 뉴질랜드의 현실이다(인구통계 2013).[4)] 현재 뉴질랜드로 오는 이민과 뉴질랜드를 떠나는 이민에 직면하고 있는 도전을 보았을 때, 뉴질랜드의 짧은 역사와 공통의 디아스포라 의식은 뉴질랜드보다 더 오래되었거나 거대한 기존의 국가보다 그러한 도전을 더욱 쉽게 받아들일 수 있게 할 수도 있다. 그러나 지난 20~30년간 이주의 영향으로 사회 변화의 속도가 빨라짐에 따라 뉴질랜드는 국가에 유입되는 이주민, 난민, 그리고 유학생의 증가와 다양화를 감안한 긍정적인 정착 결과를 이루어내기 위한 정책 개발과 지지라는 도전과 기회에 직면하고 있다.

그 때문에 뉴질랜드는 수동적으로 이 모든 일이 해결되기를 기다리기보다는 이주의 증가에 맞추어 정책과 개방을 재검토해야 할 필요가 있게 되었다.

---

3) 자세한 내용은 Michael King, History of New Zealand (Auckland : Penguin, 2003)를 참조.

4) http://www.stats.govt.nz/Census/2013-census/profile-and-summary-reports/quickstats-culture- identity/birthplace.aspx.

뉴질랜드는 정책과 실무를 자주 검토한다. 이에 대한 탄탄한 사례로 니콜라스 탈링(Nicholas Tarling)의 <뉴질랜드에 있는 유학생 : 1950년대 이후의 정책 수립(International Students in New Zealand: The Making of Policy Since 1950)>(2004)을 들 수 있다. 1950년대 뉴질랜드의 유학생 정책은 콜롬보 원조계획에 따라 이루어졌다. 선교적 기회의 측면에서 보았을 때, 이 원조 시대의 교회(더 넓은 뉴질랜드 사회도 마찬가지로)는 몇몇 나라에서 온 비교적 소수의 유학생을 자연스럽게 지원해주는 것을 기뻐했다. 시간이 지남에 따라 국제 교육 제공의 경제적 이점이 더욱 분명해졌다. 이에 따라 뉴질랜드의 정책도 변하게 되었다. 유학생 교육은 뉴질랜드의 시장 상품이 된 것이다. 유학생은 뉴질랜드의 교육업계, 관련 산업, 지역 경제, 그리고 정부에 상당한 재정적 이익을 가져왔다.

유학생에 대한 뉴질랜드의 정책은 원조에서 교역으로 바뀌었다. 탈링이 밝힌 이러한 정책 변화는 앤드류 부쳐의 <태만의 죄 : 뉴질랜드의 수출 산업과 외국인 정책(A sin of omission: New Zealand's export industry and foreign policy (with Terry McGrath))>에서 더 자세히 논의된다. 제목에 나타나듯이, 위의 글은 그리스도인이기도 한 연구자들이 정책 환경에 대해 이야기하는 것이다. 그러나 교역 시대로 접어들면서 지역 사회의 의식 또한 뉴질랜드의 가처분소득 비율의 상당 부분을 차지하게 된 유학생의 경제적 이점으로 집중되었다. 교회지도자가 감당해야 할 중요한 역할은 이러한 많은 수의 유학생에 대해서 교회가 선교의 기회를 보도록 깨우치는 것이다. 이 유학생이 그들의 고국으로 돌아갔을 때, 그들의 가족, 친구, 그리고 지역 사회에 복음의 전달자가 될 수 있는 것이다. 이에 대한 추가적 견해가 곧 제시될 것이다.

유학생이 제공하는 경제적 이점에 대한 지역 사회의 인식 변화는 숙박, 오락, 그리고 값싼 노동력(대개 최저 임금 미만의)과 같은 유학생의 소비영역에 있어 경제적 착취의 증가를 불러왔다. 유학생을 옹호하고 보호할 필요성이 생겨났고 마찬가지로 유학 생활과 학업에 정착하려는 유학생이 늘어나는 것과 그 다양성에 대한 적절한 조치가 필요해졌다.

뉴질랜드 교육부의 국제교육부는 뉴질랜드 교육 표준에 들어맞는 국제교육지원정책을 개발했다. 정책 개발에 따른 자문 방식(consultative approach)으로 인해 유학생의 생활 및 지원 측면에서도 최소한의 표준이 필요하다는 것을 알게 되었다. 이에 따라 유학생을 위한 목회적 돌봄에 대한 실천 강령[5]이 교육법에 대한 규제 수정안으로써 채택되었다. 유학생을 위한 목회적 돌봄 부분은 규정에 의해 의무적으로 되었다. 동시에 뉴질랜드에서는 목회적 돌봄에 능숙한 지역구성원이 교육 공급자 직원을 위한 전문개발지원을 강구하고 있었다(피커링(John Pickering) 2006). 여기에는 존 피커링과 이 글의 저자 중 한 명인 테리 맥그래스와 같이 그리스도인으로서의 헌신과 역할이 공인된 사람이 포함되었다. 이들 중 상당수는 뉴질랜드 기독교 공동체 안에서의 활동과 참여를 통해서 그들이 인정받는 전문성을 쌓아 온 이들이었다.

유학생을 위한 목회적 돌봄에 대한 더 넓은 지역 사회(교회를 포함하여)의 역할이 인식되었고 이는 더 나아가서 좋은 정책의 개발과 관련이 있다는 것과 좋은 정책을 좋은 실무로 지원함에 따라 기회가 발생하게 된다는 것에 대한 인식이 생겼다.

뉴질랜드 유학생 사역(ISMNZ)은 유학생에게 다가가고 그들의 제자 훈련에 초점을 둔 선교 단체이며, 같은 배경에서 개발된 오퍼레이션 프렌드십(Operation Friendship)은 지역 교회 기반의 사역이다. 이것과 유학생을 돌보는 것으로 밝혀진 다른 교회 및 기독교 사역이 교육 제공자와 공동으로 강령 책임(Code responsibilities)을 수행 할 수 있는 공동체 참여자로서 포함되었다.

1990년대 중반에서 2000년대 중반 사이의 뉴질랜드에 유학생이 급격히 증가함에 따라 뉴질랜드의 이주민에 대한 선교가 더욱 촉진되었다. 교육을 마친 후에 뉴질랜드에 남을 수 있는 기회가 제한되었기에 대부분의 유학생은 고국으로 돌아가거나 타국으로 이동했다. 이 때 어떤 유학생은 복음을 전하는 자가 된다. 유학생이 늘어남과 동시에 다양한 아시아 - 이전의 유럽인 또는 태평양 섬 주민 이주 흐름과는 다른 - 문화의 유입은 디아스포라에 대한,

5) Code of Practice for Pastoral Care of International Students www.nzqa.govt.nz/providers-partners/caring-for- international-students/.

그리고 디아스포라로 인한 선교에 더 큰 관심을 집중시켰다.

이에 따라 일부 통찰력 있는 기독교 지도자는 교회가 이 선교에 참여할 수 있도록 영향력을 끼칠 수 있는 방법을 모색했다. 외부 전문가 방문, 교회 리더십 모임에서의 발표, 학생 간증, 성경 및 신학 학교 훈련 과정뿐만 아니라 신중하게 쓰여진 서면 제출을 모아 출판하는 등의 모든 방법들이 선교에 참여하는 교회들이 선교 계획을 수립하는 데 도움을 주었다. 디아스포라에 대한, 그리고 디아스포라로 인한 선교에 교회를 일깨우려는 다음과 같은 시도가 있다.

1) 1990년대 후반의 전 프렌즈 인터네셔널(Friends International)의 디렉터인 고든 쇼웰-로저스(Gordon Showell-Rogers)의 뉴질랜드 방문은 유학생 가운데서의 선교를 장려하고, 오퍼레이션 프렌드십과 ISMNZ 내의 사역 개발을 촉진하며, 교회와 학생 사역 사이의 인식을 세우는 데 효과적이었다.
2) 조지 빌란트의 케리 침례대학의 사도행전 과목과 그것의 실천적인 학생 및 오클랜드 지역 사회의 그리스도인을 위한 사도행전 선교적 읽기는 과거와 현재를 통틀어 사역를 개발하는데 큰 영향력을 끼치고 있다.
3) 피트 코시(Pete Cossey 2009)의 <삶을 변화시켜라(Changing Lives)>에 있는 간증은 유학생 간증의 강력한 효과를 나타낸다. 학생이 그들 자신의 간증을 교회와 콘퍼런스에서 발표하는 것은 강력한 영향을 미쳤다.
4) 뉴 비전 뉴 질랜드(New Visions New Zealand)의 제14호에 테리 맥그레스와 빅토리아 시블리(Victoria Sibley 2011)가 쓴 <유학생들과 함께 하는 기회들(Opportunities with Overseas Students)>은 뉴질랜드 기독교 지도자의 독서와 생각을 돕기 위한 전략적 정보의 발행이다.

유학생과 정책의 변화를 뒤로하고, 한편으로는 뉴질랜드의 역사가 그 국가로 하여금 덜 국한되고 오늘날의 그 사회의 근간이 되는 문화적 가치들과 정체성의 혼합을 더 유연하게 받아들일 수 있게 해준다는 것을 이해하는 것이 중요하다. 하지만 뉴질랜드는 아직 그 정체성을 찾아가고 있기 때문에 작금의 다양한 문화와 요구 사항을 다루는 문제 및 정책은 뉴질랜드의 이중문화적 토대를 바탕으로 이해되고 풀어나가야 할 것이다.

탕가타 훼누와(첫 정착민들인 마오리인들)와 *파케하*(유럽인 정착민)의 관점에서 이중문화의 정체성을 채택하는 갈등을 겪은 뉴질랜드는 이제 다문화 사회로의 도전에 직면해 있다. 특히 태평양, 유럽 및 아시아에서 계속해서 몰려오는 이주민으로 인해서 뉴질랜드의 인구 구성이 변하고 있기 때문이다(트릴린(Trilin) 외 2005). 이러한 도전에 대한 논쟁에 교회가 참여할 기회, 그것이 뉴질랜드라는 나라의 인격을 형성하는데 명확한 목소리를 가지고 기여할 기회, 그리고 영향력 있는 그리스도인에게 이러한 목소리를 형성할 기회는 중대하다.

뉴질랜드의 문화적 정체성과 사회적 구성의 변화는 뉴질랜드 기독교의 얼굴 또한 주로 '앵글로 셀틱(Anglo-Celtic)'**역28**에서(부처(Butcher), 빌랜트 2014) 아시아와 태평양 국가 문화의 비중이 높은 얼굴로 변하고 있음을 의미한다. 〈서방의 이야기가 아닌 : 뉴질랜드에서의 그리스도인 믿음과 이주민 공동체(Not a Western Story: the Christian faith and migrant communities in New Zealand)〉라는 글에서 앤드류 부쳐(Andrew Butcher)는 "2006년 인구조사에 따르면 뉴질랜드에 있는 태평양 사람들의 80%가 그리스도인이며 교회는 태평양 문화와 삶에 중추적인 역할을 하고 있다"고 주장했다(1). 교회 안의 문화 간의 변화는 이주를 통해서 교회지도층에 유입되는 풍부한 자원과 관련하여 교회에 도전이 된다.

빠르게 증가하는 다양성과 관련된 뉴질랜드 사회의 변화는 연구자와 정책개발자의 생각의 폭을 넓히게 되었다. 뉴질랜드는 규모가 작기 때문에 사회의 모든 부분에서 의견들을 수렴할 기회가 있었다. 연구와 집필은 그러한 개방된 의견 수렴의 일부였고 여기에는 헌신적인 그리스도인의 기여 또한 포함되었다.

이 중 한 저자의 이야기가 이러한 기회와 하나님 주권의 목적을 두드러지게 나타낸다. 앤드류 부쳐와 존 피커링과 함께 유학생 및 그들에 대한 목회적 돌봄에 관련된 집필, 콘퍼런스 발표, 그리고 소규모 연구 프로젝트에 함께 참여해 온 테리 맥스레스는 아시안 공동체와의 관계에 대한 이주민 연구를 위한 제안서를 작성하도록 요청을 받았다. 힐러리 스미스(Hilary Smith)와 프로젝트팀을 구성하여 곧 《뉴질랜드의 아시안 공동체에 종사하기(Engaging Asian Communities in New Zealand)》(맥그레스 외 2004)을 완성하였다. 연구는 아시안 이민자 공동체가 초기 정착의 경계에서 새롭고 완전하게 합법화된 뉴질랜드 사람으로서 완전하게 또 자유롭게 뉴질랜드라고 하는 모든 공간에 참여하게 되는 데 겪는 도전을 조사하였다.

이에 대한 배경을 잠깐 소개하자면, 테리(위 연구의 코디네이터)는 로잔 2004 포럼 안의 《새로운 이웃들 - 기회를 붙잡으라는 부르심》(로잔 이슈그룹 2005)을 제작한 워킹그룹의 일원이었고, 책을 제작한 그룹은 디아스포라와 유학생으로 이루어진 이슈 그룹이었다. 다른 실천가, 연구자, 그리고 자신의 국가에서 정책에 대한 대화에 참여하는 이들과의 소통과 그들을 통한 배움은 가치를 매길 수가 없는 것이었다.

이러한 경험에서의 자극이 그의 연구 접근법에 영향을 주었다. 이는 특히 이주민의 소리를 경청하는 것을 의미했다. 이러한 경험은 지역 사회 연구에 대한 책에 기여하도록 요청받아 그가 쓴 글(맥그래스 외 2007)에 또 반영되었다. 여기에는 기독교단체인 ISMNZ에 대한 그의 견해가 포함되어 있기도 하다. 그는 이 단체가 선도적인 연구에 참여하고 있으며, 기독교 정신이 어떻게 연구 과정과 사람에 대한 존중을 지지했는지, 또 그로 인해서 이주민의 목소리가 상황에 맞추어 적절히 출현 될 수 있게 하였는지를 언급했다.

이 연구에 대한 여러 파생 연구가 이루어져 이주민과 난민을 존중하는 정부 정책에 대한 사고에 영향을 주는데 사용된 것도 있었다. 그 연구는 사회적 응집성에 대해서 젠슨의 패러다임(2008)을 채택함으로써 사회개발부의 난민과 이주민 정착을 위한 더 넓은 국가 맥락에서의 정책 및 계획의 설계에 영향을 미치는 관련 개념을 지지했다. 연구팀 중의 한 명인 앤드류 부쳐는 이후 연구를 위탁한 정부재단인 ASIANZ의 디렉터로 임명되었다. ASIANZ에서의 부쳐의 역할은 정책 개발에 영향을 끼치는 것과 연구 위임인데, 이러한 연구 중에는 뉴질랜드의 아시안 디아스포라와 관련이 큰 것도 있다. 디아스포라 공동체를 위한 좋은 결과를 불러오고 디아스포라를 위한, 그리고 디아스포라에 의한 선교의 길을 마련하는 데에는 몇몇 특성이 함께 어우러져야 한다. 이는 선교적으로 생각하는 것, 디아스포라의 맥락에서 일하는 것, 그리고 진실성과 신뢰성을 가지고 기능하는 것이다. 이것은 일터에서 일하는 모든 그리스도인에게 요구되는 것이지만, 영향력 있는 위치에 있는 앤드류[6]로 하여금 앞서 언급된 성경의 인물과 같이 정책 개발에 공헌할 수 있게 하였다.

뉴질랜드의 작은 정부 규모는 정책에 대해 이야기할 수 있는 독특한 환경과 기회를 제공한다. 예를 들어, 미국과 같이 큰 국가에서는 정부를 로비하기 위해 많은 자원이 필요하다. 하지만 뉴질랜드는 작은 나라이기 때문에 정부와의 의사소통에 더욱 쉽게 접근할 수 있다. 어떤 이슈에 대해서 서로 다른 관점에서 목청을 높이는 이견의 과잉이 없기 때문이다. 개인이나 같은 생각을 하는 집단이 뉴질랜드에서 더욱 쉽게 양심에 대한 평론가가 될 수 있는 이유는 다음과 같다.

1) 정치보다는 이슈에 중점을 둔다.
2) 표현된 가치가 정책 환경에서 갖는 역할. 예를 들어, 생명 존중, 법 지배, 항해의 자유 등.
3) 표현되지는 않았지만, 일반적으로 느끼고 이해되는 가치의 역할. 예를 들어, 어떠한 고려 사항보다도 사람이 먼저인 것은 유학생을 위한 목회적 돌봄의 실천 강령과 이주민, 난민, 그리고 비정규직 노동자에 대한 뉴질랜드의 정책과 실무의 밑바탕이다.
4) 다양한 종교와 이종문화에 근거한 이민자의 나라라는 의식. 이 정체성은 이주민에 의한 그리고 이주민을 대변하는 목소리가 나올 수 있도록 한다.

---

6) 이 글을 쓰는 시점에 Andrew Butcher는 ASIANZ 재단에서의 시간을 끝마치고 법무부의 연구 책임자로서의 역할을 맡았다.

다음 부분에서는 위에 언급한 디아스포라 목소리의 출현과 디아스포라 선교를 한데 묶을 것이다. 교회는 자주 그것이 위치한 지역 사회의 태도, 규범 및 관습을 반영한다. 성경적으로 행동하는 것은 그것이 환경 규범에 반하는 경우 어려울 수 있다. 새로운 이주민에게 더 넓은 사회에서의 목소리와 정당성을 부여하는 데 도움이 되는 정책과 관행은 또한 그들이 선교에 참여하도록 돕는다.

디아스포라 목소리의 출현과 다이스포라에 의한 선교

다른 많은 나라와 마찬가지로 뉴질랜드에서 교회는 인종, 문화적 배경, 성별 또는 사회적 지위와 상관없이 모든 이를 위한 안전한 피난처이자 환대의 장소로서 간주된다. 톰 하비(Tom Harvey)의 연구(발행 예정)가 동조하는 바와 같이 이주민, 특히 난민은 다양한 문제와 어려움을 겪을 수 있다.

이는 새로운 국가의 새로운 문화에 둘러싸여 있는 데서 오는 취약성을 포함한다. 종종 새롭거나 다른 언어를 배워야 하고 즉각적이고 긴밀한 지원기반이 없는 경우가 자주 있다. 일부 이주민의 경우에는 고국 또는 잠재적으로 가족을 떠나야 했던 것으로 인한 트라우마가 있을 수 있다. 이는 특히 강제이주와 관련된 경우 또는 가족 구성원이 안전하지 않은 상황이나 지역에 남겨졌을 때 그러하다.

이러한 문제는 본질적으로 중장기적일 수 있지만, 많은 이주민에게 발생하는 문제로서 대처 되어야 하는 것도 있다. 예를 들어 외로움과 고립, 보육서비스, 언어 지원, 교통의 어려움, 재정적 어려움, 숙박 문제를 포함한 일상의 활동과 상황이 그것이다. 이러한 문제로 인해서 개인의 정체성에 혼란이 오고, 받아들여지는 것과 소속을 찾는 일이 매우 어려울 수 있다.

외국인의 급속한 증가에 따른 새로운 도전은 종종 – 그들 자신의 실수가 아님에도 – 이민, 난민, 유학생이 같은 문화(또는 국가)에서 온 이들끼리 그룹을 형성하여 지역 사회와 통합되지 않고 지역 사회와 인접하거나 어느 정도

겹치는 지역인 사회의 경계 지역에서 발견된다는 것이다. 이 문제는 친구 관계를 매우 고립시키고 최소화하여 소속된 장소나 공동체가 없다는 느낌이 들게 할 수 있다.

조지 빌랜트(2015)는 그의 논문[역29]에서 이주민 공동체의 경계성[역30]과 관련된 어려움에 대해 더 깊이 논의한다. 빌랜트는 오클랜드에 있는 중국인 교회를 예로 들면서 경계성이 거주 국가의 사람이 이주민이나 이주민 공동체가 주최하는 행사에 참여할 때에도 일어난다고 지적한다. 경계성의 주된 문제는 자신이 어딘가에 속해 있고 정착되었다는 느낌이 들지 못하게 한다는 것이다. 바로 여기에 교회가 사회의 변두리와 경계에 있는 사람과 결속하고 그들이 속해있음을 느끼도록 도울 뿐만이 아니라 그들이 뉴질랜드 사람으로서의 합법성을 완전히 의식할 수 있는 길을 제공하는 데 도움을 줄 수 있다.

이러한 전반적인 맥락에서 이주민이 자주 소속될 수 있는 곳, 친분, 그리고 공동체를 찾고 지역 교회, 교회 모임, 그리고 지역 사회 모임의 일부가 되어 참여하게 되는 것이다. 이러한 공동체를 통해 형성된 관계로 이주민을 위한 사역이 일어나고, 특히 교회의 문화가 그것을 장려한다면, 시간이 지남에 따라 이주민에 의한 사역이 일어나고 점차 확대된다.

교회의 맥락에서 출현하는 이주민의 목소리는 그들이 하나님께서 주신 은사를 사용하여 그리스도의 몸을 세우고 공동체의 선교를 위해 온전히 쓰도록 격려될 때에 가장 잘 나타난다. 교회와 지역 사회 지도자는 이주민의 목소리가 효과적일 수 있게 할 수 있다. 교회는 이러한 방식으로 이끌어야 할 필요가 있고, 사회의 입장에서 또한 도움이 된다면, 디아스포라에 의한 사역은 급속도로 현실화 될 것이다.

디아스포라에 의한 선교가 일어날 수 있는 다양한 방법을 모두 설명하자면 오랜 시간이 걸리고, 내용 또한 난해하다. 하지만 자주 특정 이주민의 은사와 능력은 그들 개인의 비전과 함께 경계선에 있는 이주민의 끝자락 공간에서 주류로 흐르는 선교의 출현에 크게 기여한다. 국가의 정책 설정 및 관행이 장벽을 낮춘다면, 디아스포라에 의한 선교는 더욱 경계선의 환경에서 주류 사회에 영향을 끼칠 수 있게 된다. 다음은 뉴질랜드의 환경에서 이러한 일이 일어나는 몇 가지 예이다.

1. 뉴질랜드의 인종관계위원장은 성공적인 다양성 참여를 장려하는데 중추적인 역할을 한다. 지난 20년 동안 4명의 위원장 중 3명이 1세대 디아스포라였다. 라젠 프라사드(Dr Rajen Prasad, 피지, 1995~2000), 그레고리 포투인(Gregory Fortuin, 남아공, 2001~2002), 그리고 요리스 데 브레(Joris de Bres, 네덜란드, 2012~2013)가 그들이다.

그레고리 포투인은 성인 이주민으로서 이주 환경의 경계선 공간에서 주류사회로 이동한 예인데, 거기에 더해 기독교 선교적 정체성과 정신을 가진 사람이다. 현재 구세군에서의 역할을 맡게 되었는데, 로드 케리(Rod Carey) 중령은 그에 대해 다음과 같이 말했다. "*그는 동기부여를 탁월하게 하는 사람이다. 열정적인 촉진자이고 기독교 신앙을 가지고 있다. 무엇보다도 구세군 선교에 취약한 사람과 함께 일할 수 있다는 기회에 대해 매우 신이 난 사람이다*"[7]

포투인이 기독교 신앙을 가진 것과 기독교 선교에 참여하는 것을 공개적으로 밝힌 것은 그의 공직 생활 특징 중 하나였다. 그는 의심할 여지없이 능력과 재능이 있는 사람이지만, 무엇보다도 교회와 지역 사회에 대한 그의 태도가 재능을 용이하게 사용할 수 있는 통로를 만들어주었다.

2. 디아스포라가 선교 지도자와 교회 지도자가 될 수 있는 길을 만들어주는 것이 중요하다. 많은 교회와 선교 영역에 이주민이 지도자로서 섬길 기회를 제공하는데 이론적으로는 전혀 장벽이 없지만, 이주민을 경계 공간에 제한하는 것은 이주민을 선교 지도자와 교회 지도자로 세우자고 말만 하고 행동으로 옮기지 않는 태도이다.

---

7) "Employment Plus Welcomes New Director," accessed July 13, 2015, http://www.salvationarmy.org.nz/research-media/media-centre/local-news/EPlus-new-director.

인권과 사회적 응집성에 관련된 뉴질랜드의 사회 전반에 대한 정책이 실행됨으로써 교회의 일원은 타 문화권의 사람과 예배와 식사를 함께하는 정도의 영역에서 영향을 받았다고 할 수 있겠다. 교회 내의 민족 중심주의가 줄어들었고, 무엇보다도 이로 인한 은사와 소명에 대한 인식이 늘어나고 있다. 이주민 스스로가 교회와 선교의 중요 지도자 역할로 진입하게 되면서 그들 자신이 종종 다른 이의 태도의 장벽을 허무는 데 도움을 줄 수 있게 된다. 지역 교회의 지도층 구성은 점차 교회가 속한 지역 사회의 문화적 다양성을 반영하고 있다. 이러한 변화는 갑작스럽게 이루어지지 않고 점진적으로 증가해왔다.

3. 오클랜드 보타니에 있는 엘림교회는 이주 정착의 비율이 높은 지역의 다양성에 대한 모범이 되는 접근방식을 보여준다. 교회의 지도자는 다문화 구성원으로서 내부의 다양한 언어와 문화 사역을 이끄는 목회자이자 지도자이다. 이곳에는 각 언어/문화 사역이나 다문화 사역 환경에서부터 시작하는 지도자 개발 과정이 있다. 이와 매우 유사한 현상이 지역 교회에 나타나고 있다. 지역 교회가 선교 결과에 그들이 속한 지역 사회를 반영하도록 노력하는 것이다.

4. 통가에서 태어나고 자란 윈스턴 할라푸아(Winston Halapua) 대주교는 현재 뉴질랜드와 폴리네시아의 아오테이어러우어 성공회의 티캉가 파시피카(Tikanga Pasifika)[역31]로서 헌신하고 있다. 그렇게 함으로써 그는 디아스포라로부터 디아스포라에게로, 더 넓은 교회, 그리고 지역 사회에 영향력을 끼치고 있다.

국가적으로 조직된 교회와 선교에 대한 표현은 점차 디아스포라의 기여도를 반영하고 있다. 뉴질랜드의 복음주의 기독교의 가장 중요한 지체인 뉴질랜드 그리스도인 네트워크는 그들의 자문위원과 관리 체제 구성에 이를 반영하고 있다. 또한, 뉴질랜드에 기반을 둔 선교 단체 중 디아스포라 배경의 선교사 후보와 회원의 비율이 늘어나고 있기도 하다. 디아스포라에 의한 선교는 뉴질랜드 기독교의 특징이 되어가고 있다.

5. 한때 뉴질랜드의 아시안 이주민 중에서 가장 규모가 컸던 한국인 이주민의 매우 기독교적이고 보수적인 특징이 곧 뉴질랜드 장로교의 특징이 되면서 뉴질랜드 교회의 역동성, 정체성, 선교 중점, 그리고 지도층의 역할에 변화를 불러왔다(부처 2014). 그들 이전의 폴리네시안 이주민의 감리교에 대한 영향과 필리핀인 이주민의 천주교에 대한 영향과 같이, 이러한 이주의 물결은 디아스포라 교회의 부흥에 영향을 준다.

대개 이민 교회는 그들 자신만의 형태를 조직하고 그들이 가장 가깝다고 느끼는 이에 대한 선교에 관여한다. 이러한 부분에서는 새로운 중국인교회의 상당수가 두드러지는데 이들은 특히 다른 중국인 이주민 및 중국인 유학생에게 다가가는데 상당한 역할을 하고 있다. 디아스포라에 대한 디아스포라 선교의 명백한 사례인 것이다.

사실 디아스포라 친교와 교회는 거주민으로서의 선교에 중요하다. 그것은 정체성과 안정된 공동체를 제공하기 때문이다. 그들은 동료 이주민의 신체적, 심리적, 법적, 그리고 영적인 어려움을 이해하는 좋은 친구이자 이웃이 될 수 있는 것이다. 그들은 이방인에게 이해, 수용, 경험, 지원, 그리고 영적 치료를 제공함으로써 그리스도의 은혜와 믿음으로 전 세계에 흩어진 선택된 이주민이 이 몸과 하나 되는 것으로 이끈다(하비 발행 예정, 6~7). 뉴질랜드 교회의 상당 부분이 디아스포라 펠로우십이라는 개념을 채택하였고 기존의 교회가 그들의 시설을 그러한 모임에 제공하는 사례가 많이 있다. 이로 인한 결과 중 하나는 자연스럽게 발생하는 필요를 타협과 참여로 충족시키기 위한 파트너십의 발전인데, 이는 다문화적 동료 의식(fellowships)을 이끈다.

교회는 새롭게 도착하는 이들을 위해 안전한 피난처를 마련하고 그들을 선교하는 역할을 할 수 있다. 이보다 더 중요한 것은 교회가 디아스포라들이 선교를 할 수 있도록 양육하고 훈련하는 것이며, 하나님께서 주권적으로 그들을 배치하신 환경 안에서의 자신의 소명을 깨달을 수 있도록 격려하고 지원하는 것이다.

디아스포라를 향한 선교는 디아스포라에 의한 선교의 모든 측면을 향상시킨다. 그리고 디아스포라를 향한 선교는 디아스포라에 의한 사역의 최대 잠재성과 함께해야 한다. 우리가 제시한 몇몇 예에 이러한 부분이 나타나도록 애썼다. 우리는 또한 선교가 이루어지는 맥락에서 이주민, 난민, 그리고 유학생을 위한 정책과 실천 환경이 소속감과 참여를 장려하고 그들이 소속되고 참여할 방법이 존재함으로써 더 넓은 사회와 그들의 관계가 합법화될 때에 선교가 향상된다는 점도 주목한다. 이는 교회에서부터 시작되는 것이고, 교회 영역 안의 디아스포라가 선교를 증식하는 것의 일부임을 확실하게 하려고 교회가 앞서가는 방식이어야 한다.

최종 논평

젊은 국가로서 뉴질랜드는 이중문화적인 정체성과 가치로 정의할 수 있으나, 현재의 다문화성은 뉴질랜드 사회, 정부 정책, 그리고 교회에 새로운 딜레마가 되고 있다. 예를 들어, 디아스포라의 급격한 증가로 인해서 교회가 단일 언어 혹은 단일 문화로 남아야 하는지, 아니면 다국어 및 다문화를 채택해야 할 필요가 있는지에 대한 질문이 생기는 것이다. 대다수의 전통적인 '정착민' 교회의 배경이 된 풍부한 역사와 그로부터 비롯된 문화적 정체성을 고려했을 때, 이러한 패러다임의 변화는 개념화하거나 촉진하기가 쉽지 않다.

이러한 도전과 딜레마에도 불구하고 뉴질랜드에 있는 디아스포라의 존재는 교회에 디아스포라에 대한 그리고 디아스포라를 통한 사역의 독특한 기회를 제공한다. 실질적인 필요를 충족하는 것은 교회와 지역 사회가 이주민, 난민, 그리고 유학생을 지원하고 그들과 관계를 맺을 수 있는 하나의 예이다.

그러나 뉴질랜드의 디아스포라에게 더욱 직접적인 영향을 끼칠 수 있는 정책을 국가 차원에서 형성하고 지지할 기회도 있다. 그중에서 특히 디아스포라의 보살핌과 복지에 관심 있고 사람들의 신뢰를 받는 이를 영향력 있는 직책에 배치하는 것이 적은 수의 사람으로도 정책 개발과 같은 부분에 있어 상당한 영향력을 낼 수 있는 뉴질랜드와 같은 작은 나라에는 특히 중요하다.

교회는 디아스포라가 그들의 지역 사회, 교회 지도층, 그리고 국가 지도층에 영향력을 발휘할 수 있는 목소리를 가질 수 있도록 돕는 역할을 맡아야 한다. 디아스포라가 이러한 목소리를 가질 때 그들은 국가의 사고를 크게 바꾸고 사회를 변화시킬 수 있다. 하나님께서 디아스포라 안에 또 디아스포라를 통해 중요한 일을 하고 계시는 것이기에 그들은 교회의 지원을 받고 번성할 수 있어야 한다.

결론

선교의 성경적 및 신학적 근거는 확립된 지 오래되었다. 하나님의 뜻은 오늘날 세계의 여러 상황 속에서 여러 가지 방법으로 이루어지고 있다. 아브라함에게 '떠나' 모든 족속에게 복이 되라는 하나님의 명령은 많은 방법으로 성취되고 있고 또한 여러 나라 사이로 이동하는 디아스포라 안에서, 그리고 디아스포라를 통해서 성취되고 있다.

국가와 교회의 맥락에서 이민자, 난민, 그리고 유학생의 중요성에 대한 인식이 갈수록 늘어나고 있다. 정부 정책은 국가 안팎으로 이동하는 사람으로 인한 필요와 기회를 중심으로 틀이 잡히고 있다.

교회는 이러한 디아스포라 현상에 여러 가지 방식으로 참여할 수 있는 책임과 기회를 가지고 있다. 교회는 지역 사회와 국가의 수준에서 실질적인 지원을 제공하고 또한 하나님의 뜻을 이루는데 디아스포라 공동체의 중요한 비중과 역할이 있음을 인식하는 역할이 있기 때문에 국가와 더 나아가 국제적인 차원에서 정책을 수립하는 데 목소리를 낼 수 있고 또 내야만 한다.

그러한 행동을 취하기 위해서는 교회 안의 우리가 선교적 영향력을 내는데 적합한 사람을 찾아내고 파송해야 한다. 우리는 디아스포라에 대한, 디아스포라와 함께 하는, 그리고 디아스포라에 의한 선교의 중요성을 인식하는

데 마음을 열어야 하고 디아스포라 교회와 사회의 변두리에서 디아스포라들을 참여자의 주류로 불러들임으로써 하나님의 뜻을 나타내야 한다. 이것은 우리의 책임이자 기회이다.

우리는 헤럴드 터너의 견해를 기억하며, 안디옥의 초대교회와 같이 우리의 교구와 국가 안에 거주하는 디아스포라 공동체 거주민에게 그들과 함께, 그리고 그들로부터 이루어지는 복음 전파를 위한 기관이 되며, 풀뿌리와 지역 사회 그리고 국가의 수준에서부터 일어나는 복음전파를 이루는 데 필요한 모든 일을 하여 모두가 복음의 소식을 듣고 응답하게 하자.

토의

1. 이 글은 뉴질랜드의 맥락에서 작성되었고 헤럴드 터너(1992)의 선교 3단계, 즉 개인적 단계, 사회적 단계, 그리고 문화적 단계의 개념을 반영한다. 당신이 가장 익숙한 환경을 생각하며 그러한 환경에서 복음을 전하는데 이러한 개념이 적절한지를 토론하자.
2. 이 글에 소개된 개념의 성경적 토대를 살펴보자. 성경적 토대에서부터 비롯되는 디아스포라 공동체에 대한, 그들과 함께하는, 그리고 그들에 의한 사역의 중요성을 토론한다. 당신의 상황에 부합하는 성찰도 나누자.
3. 자신의 뉴질랜드 경험을 설명하면서 저자들은 "교회 지도자가 맡아야 했던 역할은 교회가 수많은 유학생의 존재가 선교의 기회임을 알도록 깨우치게 하는 것이었다."고 말한다. (디아스포라의 가운데 있는, 디아스포라와 함께하는, 그리고 디아스포라로부터 이루어지는 선교의 큰 비중을 차지하는 집단이다) 위의 사례와 본인 상황에서의 경험을 바탕으로 터너가 제시하는 선교의 3단계에 있어 교회 지도자가 맡아야 할 역할과 어떻게 하면 교회 지도자가 이러한 기능을 할 수 있도록 그들에게 영향을 끼칠 수 있는지 토론하자.

4. 더 넓은 사회에 대한 디아스포라 선교는 디아스포라 안에서의 선교 산물일 수도 아닐 수도 있다. 경계성의 개념을 인용하면서 조지 빌랜트는 디아스포라 공동체와 개인의 특히, 교회와의 관계와 일반적인 경험에서 겪는 어려움을 지적한다. 디아스포라 안의, 디아스포라와 함께하는, 그리고 디아스포라에 의한 선교가 이루어지게 하려고 교회가 경계성을 줄일 방법은 무엇인지를 토론하자. 이 글에 소개된 예시와 본인의 경험과 지식을 바탕으로 이를 논의하기를 주저하지 말라.
5. 저자들은 디아스포라 공동체의 커가는 영향력으로 인해서 뉴질랜드의 교회와 사회가 겪는 도전을 지적하면서 결론 맺는다. 저자들이 설명한 도전에 대해 생각하면서 본인의 환경에도 적용되는지, 터너의 패러다임으로 보는 선교의 중요성은 무엇이고, 선교의 모든 단계에서 선교가 이루어질 수 있도록 교회가 사람들을 찾아내고, 격려하고, 파송할 방법은 무엇인지를 토론하자. (특히 디아스포라 공동체들에 대한 사회・문화의 변화와 디아스포라 가운데, 디아스포라와 함께, 그리고 디아스포라에 의한 복음전파에 더욱 큰 영향력을 끼치는 단계들)

참고문헌

Buchanan, Paul G. "Lilliputian in Fluid Times: New Zealand Foreign Policy after the Cold War," *Political Science Quarterly* 125:2 (2010): 255-279.

Butcher, Andrew. “The Cross in Cross Cultural, Three encounters and the struggle for national identity.” Paper presented at the Migrant cross-cultural encounters conference, at University of Otago, Dunedin November 24-26, 2014.

———. “Friends, Foreign and Domestic: (Re) converging New Zealand’s Export Education and ForeignPolicies,” *Policy Quarterly*,5:4 (2009): Wellington: Institute of Policy Studies, Victoria University of Wellington.

———. “Not a Western Story: the Christian Faith and Migrant Communities in New

Zealand," *Aotearoa Ethnic Network Journal*. 2:2 (August 2007): http://www.aen.org.nz/journal/2/2/AENJ.2.2.Butcher.pdf.

Butcher, Andrew and Terry McGrath, A sin of omission: New Zealand's export industry and foreign policy," in *Social Policy Review 23: Analysis and Debate in Social Policy*, 2011, edited by C. Holden, M. Kelly, and G. Ramia..(Bristol: The Policy Press, 2011). "It takes a Village: Campus-Community Linkages in the Pastoral Care of International Students in New Zealand," submission to the *Social Policy Journal of New Zealand*, (July "

Butcher, Andrew and George Wieland. "The New Asian Faces of Kiwi Christianity." In *Asians and the New Multiculturalism in Aotearoa*, edited by Gautum Ghosh and Jacqueline Leckie, 193–216. Otago University Press, 2014.

———. "God and Golf: Koreans in New Zealand." New Zealand Journal of Asian Studies 15:2 (December 2013) 57.

———. "Go from your country": Missiological reflections on Asian Christians in New Zealand" *Stimulus: The New Zealand Journal of Christian Thought and Practice* 02/2010; 18(1):2--8 or online at:http://www.academia.edu/8855504/_Go_from_your_country_Missiological_reflections_ on_Asian_Christians_in_New_Zealand_with_George_Wieland_

Caldwell, Larry W. "Diaspora Ministry in the Book of Acts." In *God at the Borders: Globalization, Migration and Diaspora* (Manila: OMF Literature and Asian Theologica, 2015).

Census 2013, QuickStats about Culture and Identity: Birthplace and People Born Overseas http://www.stats.govt.nz/Census/2013-census/profile-and-summary-reports/quickstats-cultureidentity/birthplace.aspx

Cossey, Pete. "International Student Ministries" *Changing Lives: Mission Agencies and their Stories* (Strategic Missions Charitable Trust, 2009).

Gorospe, Athena O. "What Does the Bible Say about Migration? Three Approaches to the Biblical Text." In *God at the Borders: Globalization, Migration and Diaspora*

(Manila: Asian Theological Seminary & OMF Literature Inc, 2015)

Harvey, Thomas. "*Pilgrims on a Journey*: Diaspora and Mission Part II: Biblical and Theological Foundations for Diaspora Missiology" section eds. Thomas Harvey and Miyon *Chung In Scattered and Gathered: A Global Compendium of Diaspora Missiology*. Edited by Sadiri Joy Tira and Tetsunao Yamamori (In press).

Jensen, J. *Mapping Social Cohesion: The State of Canadian Research*. Canadian Policy Research Network (1998).

King, Michael. *History of New Zealand*. Auckland: Penguin, 2003.

Lausanne Issue Group on Diasporas and International Students (2005) The New People Next Door: A Call to Seize the Opportunities Occasional Paper No. 55 Lausanne Committee for World Evangelisation, 2005.

Lewis, N. "Political projects and micro-practices of globalising education: building an international education industry in New Zealand," *Globalisation, Societies and Education*, 9:2 (2011): 225–246.

———. "Code of practice for the pastoral care of international students: making a globalising industry in New Zealand," Globalisation, Societies and Education, 3: 1 (2005): 5–47.

McGrath, Terry, Paul Stock, and Andrew Butcher. *Friends and Allies: The Impacts of Returning Asian Students on New Zealand-Asia Relationships*. Wellington: Asia New Zealand Foundation, 2007.

McGrath, Terry, Andrew Butcher, J. Pickering, and H. Smith. *Engaging Asian Communities in New Zealand*. Wellington: Asia New Zealand Foundation, 2005.

McGrath, Terry, Andrew Butcher, Y. Koo, J. Pickering, and H. Smith, "Engaging Asian communities in Aotearoa New Zealand: An exploration of what works in community research in Williamson." Edited by R. DeSouza *Researching with Communities*' Muddy Creek Auckland, London 2007.

McGrath, Terry and Victoria Sibley. "Opportunities with Overseas Students," in vol. IV of *New Visions New Zealand* (2011).

Ministry of Education, International Unit. *Code of Practice for Pastoral Care of international Students*. Available at http://www.nzqa.govt.nz/providers-partners/caring-for-international-students/.

Ministry of Social Development. *Diverse Communities – Exploring the Migrant and Refugee Experience in New Zealand*. Strategic Social Policy Group, Wellington, NZ, 2008.

Pickering, J. (2006). *Models of Pastoral Care ie Limited*, February 2006.

Tarling, Nicholas. *International Students in New Zealand: The Making of Policy Since 1950*. Auckland: New Zealand Asia Institute, University of Auckland, 2004.

Trilin, Andrew Drago, Paul Spoonley, and Noel Watts, Editors, "New Zealand and International Migration: A Digest and Bibliography. 4." *School of Sociology, Social Policy and Social Work*. Palmerston North: Massey University, 2005.

Turner, Harold. "The Gospels Mission to Culture in New Zealand" http://www.latimer.org.nz/wp-content/uploads/Harold-Turner-The-Gospels-Mission-toCulture-in-New-Zealand.pdf.

Wieland, George M. "Finding Communitas in Liminality: Invitations from the Margins in the New Testament and in Contemporary Mission," in *We Are Pilgrims: Mission From, In and With the Margins of a Diverse World*, edited by Darren Cronshaw and Rosemary Dewerse, 46–52. Melbourne: Urban Neighbours of Hope, 2015.

Wieland, George M. "Reading Acts Missionally in a City of Migrants," in *God's People on the Move: Biblical and Global Perspectives on Migration and Mission*, edited by Van Thanh Nguyen and John Prior, 144–58. Eugene, O.R.: Pickwick, 2015.

3부

디아스포라 선교를 위한 전략적 방향을 향하여

편집자

T.V. 토마스(T.V. Thomas)

엘리아스 메데이로스(Elias Medeiros)

서론

디아스포라 선교를 위한 전략적 방향을 향하여

편집자

T.V. 토마스 / 엘리아스 메데이로스

모든 사역에는 비전이 필요하지만 비전만으로는 충분하지 않다. 효과적인 사역은 숙련된 행동을 위한 전문 기술과 결합된 올바른 방향으로 전략을 세우고 비전을 수립할 때 가능하다. 3부에서는 오늘날 디아스포라 임무와 관련된 8개의 주요 영역을 다룬다. 필자들은 본인의 전문분야에 제시된 가정(the assumptions)과 이슈와 원칙을 다루며 지역 교회 성도, 선교 단체 그리고 신학기관을 위한 실용적인 방향을 제시한다. 이들 학자와 전문가는 다양한 문화적, 교파적, 실험적, 학문적 맥락을 대표한다.

엘리아스 메데이로스는 1975년 목사 안수를 받은 후 아마존 지역과 브라질 레시페시의 외곽과 도심에서 선구적인 교회 개척에 전념했다. 메데이로스는 다음과 같은 질문을 다룬다. 디아스포라 선교에 있어 지역 교회의 역할, 위치, 그리고 공헌은 무엇인가? 그는 주요 가정(assumptions)을 다루지만, 지역 교회가 하나님께서 만드신 세상에서 하나님의 사역를 통해 하나님의 역사가 이루어지는 유일한 수단임을 강조한다. 또 전 세계 지역 교회가 따라야 할 7가지 방향을 제시한다.

쿠웨이트의 라이트하우스 교회의 담임목사였던 워렌 리브(Warren Reeve)는 국제 교회(International Church)역1와 교제하는 단체가 디아스포라 선교에서 차지할 역할, 위치, 그리고 공헌에 관해 다룬다. 리브는 오늘날 세계 대부분 주요 도시에 있는 국제 교회의 몇 가지 특징을 언급하며 국제 교회가 가야할

3가지 전략적 방향을 제시한다.

스리랑카 출신의 피터 비말라세카란(Peter Vimalasekaran)은 1988년부터 독일에 거주하는 난민 가운데 살면서 사역해 왔다. 그는 현재 유럽에서의 거대한 난민 위기를 해결하기 위해 혼신의 힘을 다하고 있다. 성경적으로 가능한 작업 정의(working definition)를 바탕으로 비말라세카란는 때와 장소에 상관없는 효과적인 난민 선교를 위해 고려해야 할 원칙과 본질을 소개한다. 피터는 교회지도자에게 난민을 위한 효과적인 사역, 즉 난민에게 어떻게 접근해야 하고 난민 선교를 위해 교회 성도를 어떻게 준비시켜야 하며, 피난민 가운데 개척교회 운동을 어떻게 시작해야 하는지 등의 전략을 제공한다.

1987년에 독일 함부르크에서 선원 선교를 시작했던 마틴 오토(Martin Otto)는 현재 필리핀 마닐라 처치 온 더 오션스 신학교의 디렉터다. 매년 몇 달씩 '떠다니는 감옥'에 갇혀있는 수천 명의 선원이 전 세계에 흩어져 있는 현실과 씨름하며 마틴은 선원들의 문화적, 신체적, 정서적, 경제적, 무엇보다 영적 상황을 들추어낸다. 결론적으로 그는 '떠다니는 감옥'을 '떠다니는 교회'로 변화시키기 위한 전략을 제시하며 이 '떠다니는 감옥'에서 그동안 잊혔던 모든 민족을 제자로 삼는 기회를 찾아낼 수 있다고 주장한다.

레이톤 에드워드 친은 유학생 사역(International Student Ministry: ISM)[역2] 관련 로잔의 상임고문이며 세계복음주의연맹 선교 위원회(WEAMC) 회원이다. 친과 공동 저술자인 친의 아내 리사는 유학생 사역에 초점을 두고 있다. 친 부부는 국제 학술계가 '디아스포라 선교 대리인' 양성의 중추임을 알고 있다. 유학생이 날로 증가하고 있는 현실을 통계적으로 그린 다음, 학술계에 있는 국제 학생에게 향하는, 그들을 통하는, 그리고 그들을 넘어서는 디아스포라 선교의 전략적 가치를 강조한다.

요아오 모르도모(João Mordomo)는 Business As Mission(BAM) 사역을 하는 BAM 관련 로잔의 상임고문이다. BAM의 몇 가지 차이를 제시한 후 모르도모는 디아스포라에게(to), 디아스포라 안에(in), 그리고 디아스포라를 통하는(through) 맥락에서 BAM의 관련성을 파헤친다. 요아오는 몇 가지 이유를 들어 BAM과 디아스포라 선교의 통합을 주장한다. 지상명령을 염두에 두며 요아오는 하나님께서 백성을 흩으시는 현상을 전략적으로 이용하여 사업하라고 독자에게 열정적으로 권유한다.

세실리아 J. 카지뇨(Cecilia J. Casiño)는 선교사이자 교육가이며 디아스포라 선교에 있어 촉매와도 같은 역할을 한다. 카지뇨는 부모와 함께 혹은 부모 없이 이동하는 아동에게 영향을 끼치는 원인, 정황, 관계, 그리고 필요를 강조한다. 카지뇨는 말씀이라는 범위 내에서와 현실이라는 정황 속에서 주요 논점을 다루며 문제 인식과 동시에 엄청난 선교적 기회를 포착한다. 결론을 맺으며 이동 중인 아동에게 사역하는 것이 필수적인 일임을 강조하고 그것을 활성화하기 위한 전략적 방향을 제시한다.

정보와 의사소통기술(ICT)이 오늘날 가장 강력한 도구이다. 로잔 운동기술부 상임고문인 조세프 비야얌(Joseph Vijayam)은 디아스포라 종족을 선교하는데 기술이 효과적인 도구가 되고, 디아스포라 경험에 비추어 기술이 어떻게 사용될 수 있는지, 또 기술이 어떻게 여러 가지 방법으로 디아스포라 종족을 섬길 수 있는지를 살핀다. 기술은 본토와 이주지와의 의사소통을 활성화하며 단일 민족적인 디아스포라 공동체를 통합시키며 아이디어 교류의 장이 되기도 하고, 집단적 행동을 촉진한다. 이외에도 많은 일을 한다.

추수하시는 주님께서 더 많은 혁신적인 접근 방법에 불을 붙이셔서 모든 성도를 풀어놓으시고 이동하는 이에게 다가가는 추수 군대를 일으키시기를 기도한다.

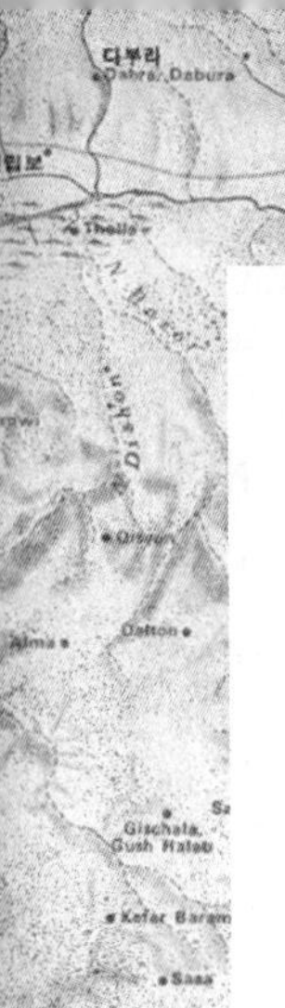

10장

선교적 디아스포라에 속한 지역 교회

엘리아스 메데이로스(Elias Medeiros)

이글은 5가지 신념 또는 가정에 의해 펼쳐진다. 첫째, 디아스포라는 의심할 여지없이 세계의 모든 지역 교회가 되돌릴 수 없는 현상이다. 이주는 '인류 역사상 가장 많은 이들이 이동하기 때문에 21세기에 가장 결정적인 세계적 이슈 중 하나이다.'[1] 전 세계적으로 늘 중요했던 디아스포라는 구속사와 현대 역사 그리고 오늘날 기독교 선교에서 특히 중요하다.

둘째, 어떤 복음주의적인 지역 교회든 교파든 기독교 기관이든 디아스포라 선교와 관련된 신학-서술적인(theo-graphical)[2] 역사적 순간에 무관심하다면, 주 예수 그리스도의 지상명령에 실패한 것이며, 이를 후회하게 될 것이다. 나는 세상 모든 교회에게 이를 호소한다.

셋째, 지역 교회는 이동하는 사람에게 접근하는 데 있어 없어서는 안 될

1) Sam George, "Diaspora a Hidden Link to 'From Everywhere to Everywhere' Missiology" in Missiology: An International Review, Vol. XXXIX, no. 1, January 2011, 46, 45~56쪽의 전체의 글을 읽어보라.

2) 행 17:26, 28의 말씀인 "인류의 모든 족속을 한 혈통으로 만드사 온 땅에 살게 하시고 그들의 연대를 정하시며 거주의 경계를 한정하셨으니 …… 우리가 그를 힘입어 살며 기동하며 존재하느니라"에 근거하여 나는 이 논문의 제목을 "디아스포라와 지역 교회의 신학-서술"이라 정하기로 했다.

존재다. 지역 교회는 이동하는 사람들을 향해, 이들과 함께, 이들을 통해 움직이며, 이들을 넘어서까지 – 여전히 미전도 종족인 사람들에게로 – 움직인다. 교회는 디아스포라를 통해 모든 민족에게 뻗어 나가기 위해 창조되었다. 지역 교회는 수동적이 아니라 능동적이며 의도적으로 인근과 오이코메네(*oikomene*, 사람이 사는 곳) 어디든지 사람과 함께하기 위해 창조된 것이다. '디아스포라 선교학의 서울 선언'이 명확하게 선언하듯이 '그리스도의 몸인 교회는 지구상에서 다양한 방식으로 사역하시는 하나님의 주요한 수단이다.'[3)]

넷째, 지역 교회의 '전적인' 참여 없이는 디아스포라 선교는 성공하지 못한다. 성도가 지역 교회에 능동적으로 헌신하는 것은 선택이 아니라 성경의 명령이다. 신학 기관을 참여시키는 것은 필수이고 지역 교회는 반드시(*sine a qua non*)[역3] '디아스포라 선교'에 헌신해야 한다. 디아스포라 선교의 성공과 지역 교회의 능동적인 역할에는 상관관계뿐만 아니라 인과관계까지 존재한다. 이 관계가 존재하지 않으면 디아스포라 선교는 신학 관련 기관, 회의, 그리고 토론의 장에서 학술적인 분야에 불과하다. 선교적 디아스포라에 있어 지역 교회의 위치와 역할을 당연히 고려해야 한다.

도구로서 교회

우리가 가르치고, 토론하고, 계획하고, 행하는 모든 것이 무엇이든[4)] 교회는 항상 하나님의 사업이 하나님의 사역를 통해 세계에서 행해지는 수단이다. 다른 기관도 인근과 세계 방방곡곡에서 모든 민족을 제자 삼는 일에 기여할 수 있지만, 교회에 지상명령은 명시적인 명령이며, 예수께서 말씀하신 대로 교회는 이 명령을 완수할 것이다. "내가 이 반석 위에 내 교회를 세우리니

3) http://www.lausanne.org/content/statement/the-seoul-declaration-on-diaspora-missiology.
4) 나는 독자가 지역 교회의 성도이고, 성도는 지역 교회와 성도의 기도와 재정과 업무로 도움 받아야 한다고 생각한다.

음부의 권세가 이기지 못하리라."[5]

"사람들이 인자를 누구라 하느냐?"[6]는 질문 후에 예수께서는 당신의 제자들인 교회를 향해 "너희는 나를 누구라 하느냐?"고 질문하셨다. 우리는 모든 민족이 예수님에 관해 말하고 생각하는 것을 알아야 하지만, 교회는 그리스도에 의해 세워진 그리스도의 몸이며 그리스도를 초석과 기초로 삼고 '예수 그리스도는 살아 계신 하나님의 아들'이라 고백해야 한다. 이것이 복음이다.

> 하나님의 아들 예수 그리스도[**로 이루어진, 가 내용인**]의 복음의 시작이라.[7]

> 그 **흩어진** 사람이 **두루 다니며 복음의 말씀을 전할 새**, 빌립이 사마리아성에 내려가 **그리스도를 백성에게 전파하니**.[8]

> 예수 그리스도의 종 바울은 사도로 부르심을 받아 **하나님의 복음을 위하여** 택정함을 입었으니 이 복음은 하나님이 선지자를 통하여 **그의 아들에 관하여** 성경에 미리 약속하신 것이라 그의 아들에 관하여 말하면 육신으로는 **다윗[왕]의 혈통에서** 나셨고……[9]

지역 교회의 고백

지역 교회는 분명 모든 민족 가운데 특별히 이동하는 사람들과 복음을 전하는 사람도 교회도 없고, 단 한 명에게도 복음이 전해지지 않는 비접촉 종족(unengaged peoples)집단 가운데서 예수 그리스도를 고백함으로 빛과 소금으

---

5) 마 16:18(이하 개혁 개정).
6) 마 16:13.
7) 막 1:1, 굵은 글씨는 필자 첨가.
8) 행 8:4~5, 굵은 글씨는 필자 첨가.
9) 롬 1:1~3, 굵은 글씨는 필자 첨가.

로 부르심을 받은 고백 공동체이다. 개인과 그리고 신자의 공동체로 그 고백은 다음과 같다. '예수 그리스도는 살아계신 하나님의 아들이시며 성육신한 말씀으로 전파된 바요 하나님의 복음이시다.'

이 고백은 매우 단순하지만 극단적으로 단순하지는 않다. 첫째, 하나님의 성령에 의해 변화되어 감동한 이들만이 이런 고백을 할 수 있기 때문이다. 예수께서 베드로에게 분명히 말씀하셨듯이 "……이를 네게 알게 한 이는 혈육이 아니요, 하늘에 계신 내 아버지시다."[10] 둘째, 이 고백이 우리 개개인이 - 개인주의적이 아닌 - 그리스도 몸의 지체로서 마음에 믿는 바를 표현하기 때문이다.

> ……네가 만일 네 입으로 예수를 주로 시인하며 또 하나님께서 그를 죽은 자 가운데서 살리신 것을 네 마음에 믿으면 구원을 받으리라. 사람이 마음으로 믿어 의에 이르고 입으로 시인하여 구원에 이르느니라.[11]

셋째, 이런 믿음의 고백이 우리의 예배, 설교, 찬양, 기도, 그리고 실천의 주제가 되기 때문이다. 우리는 그리스도를 전하며, 그리스도를 찬양하며, 그리스도 이름으로 기도하며 그리스도의 영광을 위해 일한다. 성도의 인내를 전제로 성도의 교제가 이루어지기에[12] 그리스도는 모든 족속, 방언, 그리고 나라의 모든 성도의 예배와 찬양과 기도의 주제다.

> 그 두루마리를 취하시매 네 생물과 이십사 장로가 그 어린양 앞에 엎드려 각각 거

---

10) 마 16:17.

11) 롬 10:9~10. 역시 고전 15:1~4도 주의 깊게 생각해 보라. "형제들아 내가 너희에게 전한 복음을 너희에게 알게 하노니 이는 너희가 받은 것이요 또 그 가운데 선 것이라. 너희가 만일 내가 전한 그 말을 굳게 지키고 헛되이 믿지 아니하였으면 그로 말미암아 구원을 받으리라 내가 받은 것을 먼저 너희에게 전하였노니 이는 성경대로 그리스도께서 우리 죄를 위하여 죽으시고 장사 지낸 바 되셨다가 성경대로 사흘 만에 다시 살아나사……"

12) 히 3:12~14; 10:23~25을 읽어라.

> 문고와 향이 가득한 금대접을 가졌으니 이 향은 성도의 기도들이라. 그들이 새 노래를 불러 이르되 두루마리를 가지시고 그 인봉을 떼기에 합당하시도다. 일찍이 죽임을 당하사 각 족속과 방언과 백성과 나라 가운데에서 사람을 피로 사서 하나님께 드리시고.[13)]

지역 교회와 디아스포라 선교

지역 교회의 의도적이며, 집중적이고, 목적 지향적인 성경적, 신학적, 실제적인 참여 없이는 '디아스포라 선교'는 성공하지 못한다. 주 예수 그리스도의 모든 교회는 그날을 고대하고 기대할 뿐만 아니라, 인근과 세계 방방곡곡의 모든 민족 안에서와 모든 민족을 통해 모든 민족을 제자 삼고 모으기 위해 보냄을 받은 족속으로 살고, 일하고, 섬겨야 한다. 흩어져 이동하는 사람들을 모으는 것은 선택의 여지도, 대안도, 주 예수 그리스도의 교회의 '프로그램'의 일부에 불과한 것도 아니다. 흩어진 사람을 모으는 것은 그리스도의 몸인 모든 지역 교회의 사명이자 사역이며 특권이자 책임으로 '지상명령'과 사도행전 1:8의 성령의 권능 주심의 본질이다.

지역 교회와 파라처치 단체

전 세계 모든 교회는, 그리스도에 의해 세워졌으며 그리스도에 의해 성공될 것이라고 확신을 받아 조직된 유기체이다. 종말에 즉 모든 말과 행동이 끝날 때는 새 하늘과 새 땅에 하나님 아버지, 아들, 그리고 성령께서 계실 것이고 우리는 거룩한 천사와 당신의 백성과 함께할 것이다.

> 그 성은 해나 달의 비침이 쓸데없으니 이는 하나님의 영광이 비치고 어린양이 그

13) 계 5:8~9.

등불이 되심이라. 만국이 그 빛 가운데로 다니고 땅의 왕들이 자기 영광을 가지고 그리로 들어가리라. 낮에 성문을 도무지 닫지 아니하리니 거기에는 밤이 없음이라. 사람들이 만국의 영광과 존귀를 가지고 그리로 들어가겠고 무엇이든지 속된 것이나 가증한 일 또는 거짓말하는 자는 결코 그리로 들어가지 못하되 오직 어린양의 생명책에 기록된 자들만 들어가리라

또 그가 수정같이 맑은 생명수의 강을 내게 보이니 하나님과 어린양의 보좌로부터 나와서 길 가운데로 흐르더라. 강 좌우에 생명 나무가 있어 열두 가지 열매를 맺되, 달마다 그 열매를 맺고 그 나뭇잎사귀들은 만국을 치료하기 위하여 있더라. 다시 저주가 없으며 하나님과 그 어린양의 보좌가 그 가운데에 있으리니 그의 종이 그를 섬기며 그의 얼굴을 볼 터이요 그의 이름도 그들의 이마에 있으리라. 다시 밤이 없겠고 등불과 햇빛이 쓸데없으니 이는 주 하나님이 그들에게 비치심이라. 그들이 세세토록 왕 노릇 하리로다. 또 그가 내게 말하기를 "이 말은 신실하고 참된지라" 주 곧 선지자 영의 하나님이 그의 종에게 반드시 속히 될 일을 보이시려고 그의 천사를 보내셨도다. "보라 내가 속히 오리니 이 두루마리의 예언 말씀을 지키는 자는 복이 있으리라 하더라."[14)]

지역 교회의 영적, 개인적, 그리고 재정적 지원이 없다면 파라처치 단체는 세계 복음화의 사명을 완수할 수 없으며 생존조차도 불가능하다. 근본적으로 지역 교회를 기반으로 생겨난 대리인으로 인하여 우리는 주님을 찬양한다. 주께서는 이런 단체가 지역 교회와 함께, 지역 교회를 통해 일하도록 만들고 사용하신다. 선교 단체는 지역 교회와 더 긴밀하고 책임 있게 사역해야 한다.

선교 단체는 이동하는 사람들을 고려하여 사역을 재고해야 한다.[15)] 이동하는 사람들은 지역 교회에게 중요하고 중대하기 때문이다. 결국 – 성경에 정

14) 계 21:23~22:7.

15) John Baxter의 인터뷰: "Western Agency, Meet the Diaspora: A Conversation with John Baxter," International Journal of Frontier Missiology, 30:3 Fall 2013, 119~121을 보라.

의되고, 기록되고 명하여졌듯이 – 하나님은 교회를 통해서 '하늘에서 정사와 권세에 하나님의 각종 지혜를 알게 하려 하신다.'[16]

디아스포라 선교에 있어서 지역 교회의 역할

하나님께서는 예배하는 자들을 찾으신다.[17] 지역 교회의 역할은 증거와 제자 삼기, 그리고 모든 민족과 모든 종족(이동하는 사람을 포함하여), 모든 부족과 모든 가족 중에서 그들과 함께, 그들을 통하여, 그리고 사람이 사는 세계 어디에나 교회를 개척함으로 주님께 영광을 돌리는 것이다. 우리가 이렇게 기대하는 이유는 그리스도의 부활과 승천을 목격했던 사도들과 신도들로 구성되고 대표된 교회에 의해 이 사역이 완성될 것이라는 약속이 있기 때문이다.[18]

> 예수께서 나아와 [열한 제자에게] 말씀하여 이르시되 "하늘과 땅의 모든 권세를 내게 주셨으니 그러므로 너희는 가서 모든 민족을 제자로 삼아 아버지와 아들과 성령의 이름으로 세례를 베풀고 내가 너희에게 분부한 모든 것을 가르쳐 지키게 하라. 볼지어다 내가 세상 끝날 때까지 너희와 항상 함께 있으리라" 하시니라. 아멘.[19]

그리고

> 오직 성령이 너희 [열한 제자와 예루살렘에 거하던 백이십 명의 따르는 사람]에게 임하시면 너희가 권능을 받고 예루살렘과 온 유대와 사마리아와 땅끝까지 이르러

---

16) 엡 3:10.
17) 요 4:23.
18) 마 24:14
19) 마 28:18~20.

내 증인이 되리라 하시니라.[20)]

지역 교회의 역할은 다양한 영역과 필요, 특별히 이동하는 사람들의 깊은 필요를 해결할 수 있게 돕는 것이다. 모든 인간의 가장 깊은 필요는 예수 그리스도를 통해 하나님과 화해하는 것이다. 이를 위해 지역 교회의 모든 성도가 각각의 소명과 은사로 이동하는 사람들을 섬기는 데 능력을 부여 받았다. 이동하는 사람들에게 필요한 것은 무궁무진하다. 이는 정서적(상담자가 필요하다), 사회적(사회복지사가 필요하다), 법적(변호사와 판사가 필요하다), 신체적, 재정적, 의료적(건강 관련 전문의가 필요하다) 필요 등이다. 지역 교회는 교인 중 전문가를 이 사역에 '참여시킬' 수 있다.

이런 역할은 모든 민족을 축복하고 주께 영광을 돌릴 목적으로 아브라함을 디아스포라 가운데 살도록 부르심으로 시작한 구속사를 통해 이미 실현되고 모범이 되었다. 하나님은 디아스포라의 상황과 모든 민족의 흩어짐이라는 상황에서 아브라함을 부르셨다.[21)] 아브라함은 축복을 받았으며, 저주받은 백성인 가나안 족속을 축복하기 위해 가나안에서 디아스포라로 살았다.[22)]

하나님의 백성이 나라가 됐을 때 주님은 이스라엘을 애굽에서 해방시키셨고, 모든 민족을 축복하기 위한 이스라엘을 '움직이는 보물'로 삼으셨다.

> 세계가 다 내게 속하였나니 너희가 내 말을 잘 듣고 내 언약을 지키면 너희는 모든 민족 중에서 내 소유가 되겠고 너희가 내게 대하여 제사장 나라가 되며 거룩한 백성이 되리라. 너는 이 말을 이스라엘 자손에게 전할지니라.[23)]

하나님의 백성이 아버지께서 세상에 보내신 증거로 하나님의 권위와 말

20) 행 1:8.
21) 창 11:1~9.
22) 창 9:25. 창 12:5~6을 참조하라.
23) 출 19:5~6.

씀 아래서 일치와 교제 속에서 사는 것은 세상이 믿게 하려는 것이다.[24] 하나님의 백성으로서 디아스포라, 주님의 명령에 대한 디아스포라의 순종, 하나님께서 그들과 맺으신 언약, 그리고 주님께 '특별한 보물[내 소유]'로서 그들이 받은 선택은 모든 민족을 구원하시려는 하나님의 계획을 이루시기 위한 '제사장 나라'로서의 그들의 역할을 가리킨다. 사도행전과 역사를 통틀어, 교회의 역사는 교회의 역할을 수행하는 하나님 백성의 역사이다. 교회가 모든 민족을 축복하시는 하나님의 말씀에 따라 하나님의 백성으로서 하나님의 영광을 위한 역할을 무시할 때는 늘 모든 민족을 제자 삼는 일에 실패했다.

지역 교회의 사역 : 선교적 디아스포라의 7가지 방법

이동하는 사람들의 맥락에서 지역 교회는 어떻게 주님을 섬길 수 있을까? 이동하는 사람들 3억 명 가운데 하나님의 사역이 성공하려면 첫째, 우리의 국가, 사유지, 도시, 도시구역, 그리고 바로 앞의 동네 구성원을 이해하기 위해 우리는 우리 주위를 넘어서까지 인구 통계 실태를 조사해야만 한다. 지역 교회나 지역 교회의 모임이 위원회를 구성해서 이 조사를 실행할 수 있다.

우리 동네, 도시, 주(State), 교육 기관 등의 어디에서 거주 지역에 있는 난민수용소와 난민, 국제 노동자와 이동하는 사람을 찾을 수 있는가? 우리가 사는 도시의 지역 사업체에서 예를 들어 주유소, 호텔, 식당, 가족이 운영하는 가게에, 스포츠 연합이나 대학 스포츠 팀에, 모스크와 힌두사원과 같은 종교 장소 등 도시의 특정 지역이나 특정 도시에 이동하는 사람들이 집중적으로 모이는 경향이 있다.

24) "내가 비옵는 것은 이 사람들만 위함이 아니요 또 그들의 말로 말미암아 나를 믿는 사람들도 위함이니 아버지여, 아버지께서 내 안에, 내가 아버지 안에 있는 것 같이 그들도 다 하나가 되어 우리 안에 있게 하사 세상으로 아버지께서 나를 보내신 것을 믿게 하옵소서"(요 17:20~21).

둘째 단계는 모집하고, 훈련시키며, 지역 교회, 독립 교회, 교단에 속한 교회와 기독교 지도자, 내부 기관, 그리고 모든 부서의 모든 구성원(아동, 청소년, 미혼자, 기혼자, 남성, 여성)이 참여하여 진지하게 헌신하는 위원회로 모이는 방법을 제공하는 것이다. 이전 세대와 지금의 세대 그리고 다음 세대(노년, 청년, 청소년, 사춘기 십대, 어린이)를 준비하는 때는 늘 지금이다.

셋째, 이동하는 사람들의 맥락에서 성경적으로 타당한 모든 종류의 지역 교회 모델과 방법을 찾아야 한다.[25] 이주민에게 접근하는 하나의 방식을 찾는 것만으로는 충분하지 않다. 우리는 이런 일에 성공적으로 헌신하는 교회와 단체가 사용하는 모든 방법, 유형, 도구, 접근 방법을 찾아야 한다.[26] 이 모든 정보 접근이 웹과 다른 전자 소셜 미디어에서 가능하다. 지역 교회 성도로 하여금 가치 있고 실용적인 정보 획득을 막게 하는 것은 참고자료 부족이 아니라 바로 무정함과 결단력 부족이다.

넷째, 대도시에 있는 교회가 한 민족을 대상으로만 교회를 개척하지 말고, 국제적이며 다양한 민족과 다양한 인종이 출석하는 교회, 즉 선교적인 디아스포라 교회를 개척해야 한다.[27] 이런 '국제 교회는 세계 미전도 종족에게까지 침투하며 다가가는 데에 특유의 역할을 수행할 수 있으며 외국인 공동체를 섬기며 그들을 복음화하는 책임을 타협하지 말아야 한다.'[28] 다른 한편으로 전 세계의 기존 국제 교회는 디아스포라 선교와 관련해서 더 목적 지향적이어야 한다.

25) 고전 9:14~23과 10:31~11:1에 나오는 바울의 원칙을 검토하라.

26) 이 책의 사례연구를 다룬 장들을 보라.

27) Warren Reeve가 쓴, 이 책의 11장 "Unleashing Great Commission Potential Through International Churches"를 보라.

28) Ernest Eugene Klassen, "Exploring The Missional Potential Of International Churches: A Case Study Of Capital City Baptist Church, Mexico City" (DMin diss., Asbury Theological Seminary, 2006), 71. 더 간명하고 실제적인 정보는 워런 리브가 쓴, 이 책의 11장 "Unleashing Great Commission Potential Through International Churches"를 보라.

어네스트 클라센(Ernest Klassen)이 멕시코시티의 캐피털시티 침례교회[역4]의 특별한 사례를 관찰했듯이, 이런 교회는 해외 이주 공동체의 세계화된 디아스포라에 강한 영향력을 미칠 뿐만 아니라 특히 접근이 용이치 않는 전문가 계층과 상류계층 사람 중 영어로 소통이 가능한 이들에게 접근하는 하나님의 은혜의 도구가 된다.[29)] 분명 교회는 목회자의 선교 비전에 관해 목회자와 지도자를 평가해야 할 것이다. 우리는 더 많은 '안디옥 형'의 교회가 필요하다.[30)]

다섯째, 인터넷에 수많은 자료가 접근 가능하다. 지역의 선교적 교회가 이런 자산을 충분히 사용해야 한다. 디아스포라 교회 개척[역5]과 제자화 운동에 참여하지 않을 핑계는 그 어디에도 존재하지 않는다. 모든 지역 교회와 교회 지도자는 모든 대륙과 세계 주요 도시에 있는 이동하는 사람들의 맥락에서 지역 교회의 자료와 모형을 접할 수 있다.[31)]

여섯째, 바로 시작해야 한다. 교회는 그 크기에 상관없이 이주하는 신자 중 믿지 않는 모든 이주민에게 다가가서 그들과 함께하기 위한 활동을 시작할 수 있다. 지역 교회에 있는 모든 부서와 소그룹은 지역의 기독교 권위자로

---

29) Ernest Eugene Klassen, "Exploring The Missional Potential Of International Churches: A Case Study Of Capital City Baptist Church, Mexico City" (DMin diss., Asbury Theological Seminary, 2006)

30) 안디옥 교회에는 바나바와 니게르라 하는 시므온과 구레네 사람 루기오와 분봉 왕 헤롯의 젖동생 마나엔과 사울과 같은 선지자와 교사가 있었다(행 13:1).

31) 예를 들어, 다음과 같이 이미 접근 가능한 자료를 살펴보라. Tereso C. Casiño, Withee Mission International: A Strategic Model for Diaspora Missions in the 21st Century 30~34; Pioneers(www.pioneers.org) Exponential(www.exponential.org), "model for planting multi-ethnic churches in diaspora for Zimbabwean reverse missionaries in Britain Zimbabwe" (http://place.asburyseminary.edu/cgi/viewcontent.cgi?article=1605&context=ecommonsats dissertations); "디아스포라 교회 개척 모델"은 이에 관심 있는 독자들을 납득시키기에 충분할 것이다. 사례연구 보도들은 많다. 적절한 다른 사례는 한국인 형제들인 김성훈과 마원석이 편집한 책으로 The Korean Diaspora and Christian Mission (Oxford: Oxford Centre for Mission Studies, 2011), first published by the " Korean Research Institute for Diaspora." 를 검색하라.

부터 동기부여를 받아 동네의 이동하는 사람에게 먼저 다가가서 말씀을 전해야 한다. 아직도 이 일을 시작하지 않았다면, 주변에 이주민이 없어서도 아니고 자원이 없어서도 아니고, 따를 만한 모델이 없어서가 아니라 대부분의 경우 방치와 무관심 그리고 타협하는 마음 때문이다. 당신은 당신의 지역 교회를 능동적인 조직으로 개편하라. 일이 벌어지기를 기다리지 말라. 예수께서 일을 벌여 완성시키라 명령하셨다. 일은 그냥 이루어지지 않는다.

일곱째, 인근과 세계 방방곡곡에 있는 이동하는 사람들에게 선교하기 위해 지역 교회의 모든 성도의 훈련을 시작하기 위한 실용적이며 성경적인 방법 몇 가지를 제시한다.

(1) 교회의 모든 성도, 심지어 어린이까지도, 디아스포라 종족을 섬기기 위한 기회를 위해 기도할 수 있으며, 교회 성도로서 그런 기회를 사용하기 위해 계획하며 활동할 수 있다.
(2) 성도가 먼저 손을 내밀어 디아스포라 가족에게 연락하고, 그들을 교회로 오도록 초청하고, 격려하며, 데리러 가도록 가르치라.
(3) 디아스포라에게 저녁 식사, 아점 식사(brunch), 점심 식사를 대접하기 위해 그들을 집으로 초청하라.
(4) 학교에서 스포츠 팀 등등에서 당신 자녀의 디아스포라 친구와 친해지기 위해 힘쓰라.
(5) 주님께서 당신에게 주신 자원(집, 전화, 차, 컴퓨터 등)을 사용해 디아스포라 친구를 축복하기 위해 힘쓰라.
(6) 기회가 될 때마다 적절한 기독교 서적을 나눠 주라 - 성경, 적절한 선교 서적, 복음을 담은 작은 소책자인 트랙트(tracts) 등등.
(7) 이미 알고 있는 디아스포라와 대화를 시작하라.
(8) 특정 행사(생일파티, 결혼식, 기념식, 여행, 졸업식 등)를 기회로 삼으라.
(9) 인근과 세계 방방곡곡에 있는 친구를 사귀기에 늘 준비하며 마음을 열어라.

결론

디아스포라와 영향을 주고받는 그리스도인 개개인과 지역 교회는 모든 토의(해설적인, 역사적인, 전략적인, 경험적인)를 하나님 말씀의 주의 깊고 철저한 검토에 바탕을 두어야 한다. 이것은 적어도 매우 구체적인 성경적 가르침인 지상명령과 분명히 관련된다.

지역 교회 지도자는, 모든 교회의 모든 성도가 모든 민족을 제자로 삼으라는 그리스도의 명령을 온전히 이해하고 살아간다고 가정하는 것은 금물이다. 이 성경적인 명령은 하나님 백성 앞에 정기적으로 강력하게 제시되어야 한다. 우리가 과연 모든 민족을 제자로 삼고 있는지에 대한 질문이 계속 제기되어야 한다. 도날드 맥가브란(Donald McGavran)이 말했듯, "선교[여기서 개인적으로 '디아스포라 선교'라는 말을 추가하겠다]의 목적은 지상명령을 이행하는 것이다. 그 외의 어떤 것이든 선할 수 있으나 그것은 선교가 아니다."[32)]

이 책에서 언급했듯이, 이주 혹은 디아스포라의 추세는 우리 앞에 처한 선교학적인 기회가 인류 역사상 그 어느 때보다도 크다는 사실을 뜻한다.[33)] 디아스포라 선교는 간단히 말해 지상명령(모든 민족을 제자 삼는 것)을 21세기의 특별한 인구학적인 현실에 적용시키는 것이다. 이것이 바로 지역 교회를 통해 디아스포라를 향한, 디아스포라를 통한, 그리고 심지어 디아스포라를 넘어선 선교며 마태복음 28:19~20의 예수님의 명령에 순종하는 것이다.

> 예수께서 나아와 말씀하여 이르시되 "하늘과 땅의 모든 권세를 내게 주셨으니 그러므로 너희는 가서 모든 민족을 제자로 삼아 아버지와 아들과 성령의 이름으로 세례를 베풀고 내가 너희에게 분부한 모든 것을 가르쳐 지키게 하라. 볼지어다. 내가 세상 끝날 때까지 너희와 항상 함께 있으리라." 하시니라. 아멘.

---

32) David J. Hesselgrave가 인용한 Paradigms in Conflict: 10 Key Questions in Christian Missions Today (Grand Rapids, MI: Kregel Publications, 2006), 316.

33) Enoch Wan, "Diaspora Missiology," Occasional Bulletin of Evangelical Missiological Society (Spring 2007), 3. .

총사령관께서 모든 지역 교회와 지도자에게 모든 민족을 제자 삼도록 명령하셨다. 이는 하나님의 영광을 위해 그의 백성을 세우고 온 세상의 잃어버린 영혼을 구원하기 위해서 세상 끝까지 가서 가르치고, 믿는 자에게 세례를 주고, 훈련시켜 제자 삼으라는 명령이다.[34)]

토 의

1. 성경은 신・구약을 통틀어 하나님 백성의 위치와 역할을 어떻게 묘사하고 정의하며 설명하는가? 본문 몇 가지를 선택하여 묵상하고 발견한 내용을 다른 사람과 나누라.
2. 성경은 신・구약을 통틀어서 디아스포라의 위치와 역할을 어떻게 묘사하며 정의하며 설명하는가? 그런 디아스포라가 성경에 있는 하나님 백성의 위치와 역할과 어떤 관련이 있는가? 가장 중요한 시사점 3가지를 열거하라.
3. 하나님의 백성으로서 지역 교회가 디아스포라에게 봉사하고, 디아스포라를 통해 또 디아스포라와 함께 사역할 수단과 동기와 메시지는 무엇인가?
4. 그런 방법, 동기, 그리고 내용을 크게 하기 위해 지역 교회의 한 성도로서 사적으로 그리고 개인적으로 당신은 무엇을 하고 있는가? 이 질문을 기도함으로 고려하여 결단하고 자기 자신을 그것에 헌신하고 행동을 취하라.

---

34) 이주민 교회의 상세한 설명을 위해 Elias Medeiros, “God Scatters to Gather through His People: A Missional Response to Migrants Churches,” in Reformed Means Missional: Following Jesus into the World를 보라.

11장

국제 교회를 통해 지상명령의 잠재성을 불러일으키기

워렌 리브(Warren Reeve)

세계 거의 모든 주요 도시에 그것이 있다. 그것은 다양한 인종과 특징으로 어우러져 매력적이다. 소, 중, 대, 특대 등 모든 규모의 그것이 다 있다. 그것은 선진국과 개발도상국 모두에 있으며, 지상명령을 이루는데 주요 역할을 할 수 있지만, 거의 인정되지도 사용되지도 않은 잠재성을 품고 성장하고 있다. 바로 *국제 교회(international churches and fellowships)*이다.

국제 교회는 주로 다양한 나라와 교회의 배경을 가진 외국인을 섬기는 성도의 모임이다. 국제 교회는 하나님의 선교에 대한 다양한 비전을 가지고 있으며 교파에 속할 수도 있고 초교파적일 수도 있다. 국제 교회는 다문화주의, 다원주의, 그리고 도시화가 동시에 충돌하고 공존하는 교차로이다. 이 교차로에서, 하나님은 복음으로 세계에 다가가시기 위해 흩어진 자를 모으신다.

국제 교회는 다양한 형태로 수 세기 동안 존재해 왔다. 사도행전 13:1~3의 안디옥교회에서 국제 교회의 DNA를 찾을 수 있다. 국제 교회는 고대 시리아에서 고국을 떠나온 유대인의 모임으로 시작되었다. 유대인은 그리스와 로마 이방인을 그들의 문화를 충분히 고려하여 교차 문화적으로 환영했다. 그다음 유대인과 이방인 성도는 전 세계 방방곡곡에 있는 원주민에게 복음을 보냈다. 이것이 외부로부터 내부로 향하는 지상명령이다. 오늘날 사도행전 13:1~3

의 말씀같이 외국인이 자신이 거주하는 나라의 원주민에게 복음을 전하는 것이 가능할까?

21세기에 접어들어 세계는 역사상 가장 높은 수준의 국제 이주를 경험하고 있으며 이주민이 국제 교회에 모인다. 모든 민족, 나라, 방언, 족속에서 온 외국인이 국제 교회를 통해 희생당하신 어린양의 구속의 메시지를 듣는다. (계 5:9)

국제 교회의 특징

글로벌 디아스포라 내국인

국제 교회에 출석하는 대부분은 외국인 여권을 소유한 글로벌 디아스포라로 업무, 교육, 또는 기타의 이유로 현지에 거주하는 이들이다. 몇몇 주요 도시에서는 국제 교회 출석자 대부분이 내국인이다. 풍부한 해외 거주 경험으로 국제화되어 지역 교회 보다 국제 교회가 더 친숙한 내국인의 수가 늘어나고 있는 데다 영어를 배우고 싶어 하는 내국인이 있기 때문이다. 그러나 접근이 제한된 국가에서는 내국인의 국제 교회 출석은 불법이어서 예배에 참석하려면 교회 입구에서 여권을 제시해야 한다.

구성의 다양성과 교파의 특징

국제 교회들은 강력히 글로벌한 시각과 글로벌 노마드의 시각으로 국가, 문화, 계층이 섞여 풍부한 다양함을 나타낸다. 국제 교회는 외국인을 섬기는 데 우선적이며 일반적으로 다양성에 초점을 맞추기에 매우 의도적이다.

국제 교회는 대체로 국제적이고 다문화적이며, 다계층이며 초교파적이다. 건강하고 총체적이며 큰 영향을 끼치는 국제 교회는 교파적 특징에 의해 움직이지 않고, 하나님의 모든 권고를 보다 포괄적으로 이해하고 실행한다. 반면 교파에 근거를 둔 일부 국제 교회는 초교파적인 특색을 드러내지 못하고 초교파 교회에서 발견할 수 있는 변화에 대처하는 잠재성을 상실한다.

영어와 외국어

국제 교회는 영어와 다른 외국어를 사용하지만 일반적으로 영어를 쓴다. 국제 언어는 현지에서 별로 통용되지 않지만, 상당수의 출석자가 제2의 혹은 제3의 언어로 영어를 사용한다. 영어는 60개국 이상에서 공용어이며 사용하는 사람도 다양하며, 미디어를 통해 전 세계를 관통한다.[1] 많은 국제 교회는 영어 이외의 언어로 예배를 드리는 현지 교회를 개척했다. 내국인 교회 중에 영어 예배를 드리는 교회도 많은데, 영어 예배가 커져서 모교회에서 독립하여 국제 교회가 되기도 한다. 한 예로 서울에 있는 코너스톤 커뮤니티 교회는 영락교회에서 자라난 사역이다. 19년 전인 1999년 자료에 의하면 한국에서 영어로 의사소통하는 교회는 100개가 훨씬 넘는다.[2]

교인의 이동과 교인 통계

대부분의 국제 교회에는 성도의 이동률이 높다. 이렇게 교회를 빨리 떠나는 성도는 국제 교회와의 깊은 연결을 결속할 가능성이 작다. 그러나 이 글로벌 노마드는 절박한 필요에 의해 신속하게 깊은 관계를 맺는 법을 배운다. 많은 국제 교회가 색다른 교인 구성비율 문제에 직면한다. 에콰도르 키토에 있는 잉글리시 펠로우십 교회의 전 부교역인 존 애덤스(John Adams)는 다음과 같이 말했다. "국제 교회에는 두 부류의 중요 연령층이 빠져 있는데 대학생과 직장인(18~24세) 그리고 은퇴한 할아버지-할머니 세대이다."[3] 국제 교회는 다음 목적 국가를 향해 가도록 성숙시키는 놀라운 환경이다.

---

1) David Pederson, Expatriate Ministry: Inside the Church of the Outsiders, (Seoul, Korea: Korean Center for World Mission 1999), 4.

2) 위의 책, 38.

3) Kenneth D. MacHarg, "English-Language Churches Serve Expats in Foreign Lands" Christianity Today, February 25, 1999, 2.

국제 교회가 아닌 교회

겉은 국제 교회 같으나 속은 *국제 교회*가 아닌 교회가 있다. 이런 교회는 보통 한 민족, 한 국가, 혹은 한 언어 집단을 섬기고 내적 지향성을 지니며 문화적 다양성을 경계하며 출석하는 외국인에게 자기들만의 전통과 문화에 갇혀 사는 게토정신(ghetto mentality)을 장려하곤 한다. 교회 이름에 '국제적'이라 단어를 붙이나 국제 교회의 DNA가 없는 다국적이고 다문화적인 집중이 부족한 교회가 왜 스스로 '국제적'이라고 부를까? 세계 선교에 겉으로만 집중과 참여하는 척하기 위해 스스로를 국제적이라고 부를 수 있다. 어떤 이유에서든 문화적 다양성에 대한 주안점 없이, 또 모든 외국인이 지상명령을 향해 헌신하도록 하려는 분명한 목표가 없는, 이런 교회는 사도행전 13장의 교회라 할 수 없다.

선교적 국제 교회

역사적으로 국제 교회는 배타성이 강하며 현 상황을 유지하려는 경향 또한 강하다. 1987년에 국제 교회라는 단체의 디렉터인 아트 바우어(Art Bauer)는 국제 교회의 식민주의(국제 교회는 식민지 국가에서 시작되었다)로부터의 진화를 여섯 가지 용어로 설명하려 했다. 이는 '미주연합', '국제적', '영어', '배경', '선교적', 그리고 '복음주의적'이다.[4]

바우어는 이렇게 말했다. "영어로 의사소통하는 국제 교회는 다문화적, 초교파적 지역 교회로 외국인으로 이루어져 있으며 기독교 교리로 하나가 되어있고 영어라는 공용어로 정체성을 나눈다."[5] 그 이후로 국제 교회는 에큐메니칼한 의제와 비교하여 하나님 나라를 확장하는, 보다 공격적인 본보기가 되기 위해 정진하고 있다. 국제 교회는 선교적이 되고 있다. 선교학자 마이

---

4) Art Bauer, Being in Mission (New York: Friendship Press, 1987), 12~13.

5) 위의 책.

클 크레인(Michael Crane)과 스콧 카터(Scott Carter)는 2014년에 **<모든 민족을 향한 대문. 지구촌화 되고 도시화 된 세계에서 국제 교회의 전략적인 가치>**[6] 라는 제목의 탁월한 미간행 논문을 썼다. "세계 방방곡곡의 국제 교회는 모든 민족을 제자 삼는 교회의 사명에 가치를 따질 수 없는 기여를 하고 있다. 세계 곳곳의 잃어버린 영혼이 있는 최전방에서 하나님은 국제 교회를 통해 예수 그리스도의 복음의 씨앗을 심고 계시다."[7]

국제 교회의 가장 격려되고 흥미진진한 특징은 출석하는 외국인이 아웃리치에 나선다는 것이다. 지역 정부와 문화적 맥락이 허락하는 한, 국제 교회는 다양한 섬김 사역을 시작하고 있다. 공산국가인 베트남의 하노이 인터내셔널 펠로우십[역6]의 제이콥 블렘버그(Jacob Bloemberg) 목사는 '*하노이 사랑하기 : 그리스도 중심의 시민 부활을 통해 도시의 지도자를 참여시키기(Love Hanoi: Engaging City Leadership through Christ-Centered Civic renewal)*'라는 전략을 개발하여 이행했다. 이밖에 대학원 박사논문에 사람들은 몇 가지 강한 반응을 보였다.[8] 하노이시 경찰청장이 HIC를 새로 지은 극장으로 초대하여 하노이 사랑하기를 소개토록 했으며, '공식 정부 보안 사이트는 본 행사에 대한 온라인 보고에서 개신교 교회의 <하노이 사랑하기> 캠페인을 칭찬했다.'[9] 선교의 여정에 있는 국제 교회의 성장을 돕기 위해 선교국제교회연맹(MICN)이 2000년에 시작되어[10] 2004년 이후 아시아와 중동에서 가장 포괄적이며 초교파적인 국제 교회 지도자의 모임으로 매년 콘퍼런스를 개최한다.

30개국이 넘는 곳에서 지도자가 여러 교파와 선교 단체와 교회를 대표하

---

6) Michael Crane and Carter Scott, Gateway to the Nations: The Strategic Value of International Churches in a Globalized Urban World, (unpublished paper, August 28, 2014) 1.

7) 위의 책.

8) Jacob Bloemberg, Love Hanoi: Engaging City Leadership Through Christ-Centered Civic Renewal, July 2014.

9) Police report: www.anninhthudo.vn/thoi-su/chao-nam-moi-2015/586388.antd.

10) MICN과 그 시작은 "비전에 사로잡힌 리더들의 공동체에 대한 아이디로의 씨앗들부터" 라는 제목의 논문에 기록되어 있다. 2013, http://www.micn.org.

며 참여하는데, 이 콘퍼런스를 통해 지도자가 살고 섬기는 다양하고 일시적인 상황에서 지상명령을 촉발토록 한다.[11] 유럽 국제 교회연합[역7]은 2004년부터 시작한 관계 중심 네트워크로 유럽의 거의 모든 국가의 대표가 참여하고 있다. 중국 국제 교회 네트워크[역8] 역시 중국 내에서 대단히 잘 연합된 네트워크다. 글로벌 국제 교회네트워크[역9]는 2015년 자카르타에서 만들어졌다. 이 네트워크는 세계 선교 지도자와 함께 매해 열리는 콘퍼런스를 통합하여 글로벌 세계를 위한 글로벌 교회 콘퍼런스[역10]를 2016년 4월 11~14일 홍콩에서 개최하였다. 이 콘퍼런스는 국제 교회가 지상명령을 성취하기 위해 연합하고 있음을 선언하는 언약에 서명하기 위해 모이는 국제 교회 지도자의 가장 큰 모임이다.

선교적 국제 교회의 전략적인 표현

지상명령을 성취하기

선교적 사고를 하는 국제 교회는 지역적, 세계적으로 복음을 전하기에 상당한 영향력을 행사할 수 있는 전략적인 위치에 있다. 전 세계적으로 늘어나는 외국인 수는 하나님의 나라를 확장할 특유의 기회를 제공한다. 실제적으로 지구의 모든 디아스포라 종족에게 국제 교회는 오아시스와도 같은 존재로 국제 교회에는 사역 가능한 잠재력이 있다.

외국인 전도

글로벌 노마드[역11]는 모국에 있을 때 보다 복음에 대해 훨씬 더 열려 있을 수 있다. 외국인은 난민이 되어 문화충격을 받을 때 동시에 영적으로도 난민이 되는 현상을 경험하기도 한다. 익숙하고 편안한 것으로부터 분리된 이들

11) 위의 책.

은 일상과 속세의 생활에서 큰 변화를 경험하면서 영적인 변화에 대해 보다 열리게 되어 복음에 대해 깊이 고려하는 단계로 접어들기도 한다. 자신의 언어로 말하고 자신의 문화를 이해하는 이들에게 지역의 국제 교회는 친밀함의 안식처가 된다. 이들이 모국에서는 교회 출석에 관심이 없었을 수도 있으나 타국에서는 예배로의 초대에 응할 가능성이 훨씬 높다. 첫째로, 같은 배경을 가진 이들과 교제하게 된다. 예배에 계속해서 출석하면 처음으로 복음을 듣게 되거나 그리스도를 영접하게 된다. 이런 맥락에서 성탄절과 부활절, 또 다른 공휴일이나 특별한 날이나 행사는 특별히 중요한 축하연이다. 이렇게 함으로 국제 교회는 모국에서 멀리 떨어져 있는 집이 되며 외국인이 예수님을 구주로 영접할 수 있는 피난처가 되기도 한다.

보내고 받아들이고

국제 교회는 이주, 다문화, 그리고 다원주의의 신성한 교차로로 이곳에서 사람들이 다른 이를 만나고 다음 교차로로 향하는 사이에 복음을 받아들이게 된다. 국제 교회의 사역을 통해 그리스도를 믿게 된 새 제자들은 보냄을 받는 그 어디서든지 그리스도의 대사가 된다. 이렇게 흩으신 자를 모으시기 위하여 모인 자를 흩으시는 하나님은 디아스포라 선교의 귀재이시다.

선교는 더 이상 여기에서 그곳으로 가는 것이 아니라, 전 세계 방방곡곡에서 여기로 오는 것이며 여기에서 전 세계 방방곡곡으로 가는 것이다. 지구촌 디아스포라 제자는 집과 일터에서 그리스도의 대사이다. 중동의 아랍인 가정에서 가정부로 일하는 한 필리핀 그리스도인은 예를 들어 절대 복음을 들을 수 없었을 사람에게 복음을 전할 수 있었다.

선교 단체가 접근이 제한된 국가에 이런 복음 증거자를 보낼 수 있기나 할까? 디아스포라 신분인 제자들은 주인에게 이스라엘에 있는 예언자가 문둥병을 낫게 해 줄 수 있을 거라고 말했던 나아만의 히브리 여종의 발자취를 따른다(왕상 5장). 하나님께서 제자들에게 가라고 하신 길을 어떻게 복음을 보내고 받아들임으로 여행하는가를 알기 위해 제자들에게는 선교적 국제 교회의 교제와 가르침이 필요하다.

영향력의 플랫폼

잘 설립된 국제 교회는, 국제적이며 초교파적인 하나님 나라의 정신을 추구하기 위한 플랫폼을 제공한다. 국제 교회는 설립되지 않았으면, 각 도시에서 시작할 수 없었을 다양한 사역을 전략적으로 잘 감당할 수 있고 또 준비되어 있다. 1990년대에는 500명이 출석하는 국제 교회를 크다고 여겼지만 2015년에는 그 열 배가 되는 국제 교회가 생겼다. 세계 곳곳의 규모가 크고 더 성숙하며 장기적인 국제 교회는 외국인과 지역 그리스도인에게 무장(equipping)과 훈련을 제공 할 수 있는 플랫폼을 제공한다. 예를 들어 윌로우크릭교회의 글로벌 리더십 서밋스[역12]과 같은 지도자 양성 프로그램은 멀티미디어 프레젠테이션을 사용하여 자원이 풍부하고 잘 갖추어진 국제 교회가 주최하는 다양한 주제에 대한 세계적인 수준의 프레젠테이션을 제공한다. 외국인들도 다음 이동을 위해 준비되고 강화될 수 있다. 복음이 바통처럼 디아스포라 릴레이로 한 전달자에게서 다음 전달자에게 전해진다.

영향력을 끼치는 자들에게 영향력 끼치기

분봉왕 헤롯과 함께 자란 마나엔은 자신의 정치적 기회를 포기하면서까지 그리스도를 찾아 안디옥교회 성도가 되었다. 영향력 있는 그 누군가가 마나엔에게 그리스도를 전한 것이다. 과거의 안디옥 교회처럼 오늘의 국제 교회에는 영향력 있는 사람이 있다. 이들은 정치적으로 서로 연결되어 있고, 시장에 위치를 잡고 있으며, 또 영향력 있는 이들이 그리스도를 믿게 하려고 하나님께서 준비하셨다.

영향력 있는 사람은 자신의 영향력을 하나님 나라를 기하급수적으로 확장시키는 데 사용한다. 선교적 국제 교회는 21세기 마나엔을 그리스도를 믿는 신앙으로 이끌고 복음의 범위와 도달 범위를 넓히려는 영향력 있는 사람에게 우선순위를 부여하는 신자로 구성되어 있다.

제자훈련

데이빗 페더슨(David Pederson)은 자신의 저서 《외국인 사역(Expatriate Ministry)》에서 신자에게 영적 성숙을 가져다줄 수 있는 국제 교회 맥락에서 내재되어 있는 사명, 윤리적, 사회적 긴장을 언급한다.[12] 이 긴장이 신자를 성숙한 영향력자로 정제하고 정화시킬 수 있는, 하나님께서 속도를 내시는 영적 성장 도제 계획이다. 성숙에 대한 도전이 받아들여지고 하나님의 다음 임무에 맡겨질 때가 되면, 모든 민족에게 하나님의 사업에 대한 깊고 넓은 이해와 경험이 있을 것이다. 일단 신자가 국제 교회의 영향을 받아 성숙되면 평범함을 잃고 비범한 것을 준비하게 된다고 말할 수 있다. 이 국제 교회는 다음 나라로 이동하거나 고국으로 돌아올 때 전인격적이며 총체적이며 다문화적인 제자를 생산할 수 있다.

교파적 자원조달

국제 교회는 선교 단체의 지역 자원이 된다. 접근제한 국가에서 사역하는 선교사에게 강건한 국제 교회가 있으면 사역에 더욱 집중할 수 있도록 어린이, 청소년 및 성인에게 감정적이고 영적인 지원은 물론 사역을 제공할 수 있다.

일부 선교사는 국제 교회에서 재정지원을 보조받는데 본국에서보다 더 많은 지원을 받는 경우도 있다. 선교사가 국제 교회의 건강한 교제를 경험할 때, 선교 기관의 사역 의제에 가치를 더하고, 선교 기관이 전 세계적으로 달성하려는 것을 지역 규모로 이행할 수 있다. 선교적 국제 교회는 선교사에게 "우리가 어떻게 하면 당신이 선교를 수행할 수 있도록 도울 수 있을까요?"라고 물으려 한다. 선교 기관은 지역 국제 교회 목회자의 이렇게 동기를 부여하는 질문을 원하지 않는가?

---

12) David Pederson, 46.

사회봉사

지역 국제 교회는 다국어를 구사하는 다문화적 사람으로 가득하다. 이들은 영어나 다른 국제 언어를 구사하지만, 현지 언어에도 능통해지고 또 새 출석자가 접할 수 있는 잠재적인 문화적 장벽에도 익숙해지고자 하는 이들이 있다. 그 결과 국제 교회는 외부에서 내부로 연결되는 연결 및 통신을 위한 유용한 허브가 된다.

천재지변이나 정치적 혼란 가운데 국제 교회는 통역으로 구호 단체의 업무를 돕고, 문화적 분리를 연결하며, 서비스가 가장 필요한 곳에 지상 정보를 제공할 수 있다. '외부 지원'이 지역 국제 교회의 전문 기술을 활용하지 못하면 언어, 문화 및 물류에 문제가 될 수 있다.

위기 대응

국제 교회는 전통 선교사의 방법으로는 불가능한 방식으로 하나님 나라의 영향력을 발휘하며 적시 적소에 전략적인 이점을 제공한다. 한 접근 제한 국가에서 사스SARS(중증급성호흡기증후군)가 발발해 대중이 불안해 할 때, 그 지역의 국제 교회가 예방 및 치료방법 그리고 질병에 관한 정보를 전함으로써 사전대응을 잘 할 수 있었다. 과거에는 교회에 무관심하거나 적대적이기까지 했었던 정부 관료들은 국제 교회가 곤경에 처한 사람에 대한 그리스도인의 관심이 실천적으로 표현되는 것을 보고는 교회가 양육한 사람에게 감동받았다고 말했다. 이러한 사랑으로 인해 국제 교회는 국민을 교회로 인도할 수 있는 권리를 더욱 더 가지게 되었다.

도시교회 모형

선교적 국제 교회 내부에서 선교 전략과 정황화의 원리가 서구 세계의 끊임없이 변화하는 도시 교회의 지도력에 의해 받아들여지는 추세가 나타나고 있다. 이는 무척 매력적이고 역동적이다. 유능한 국제 교회 목회자가 선교학적 원칙이 지켜질 수 있는 실례와 정황을 제공하기 때문에 '지상명령'이 다문화, 다원주의, 그리고 디아스포라의 서구 정황에서 보다 효과적으로 수행되고 있다.

정치적 기회

국제 교회는 유엔세계인권선언(UDHR)을 통해 접근이 제한되고 역사적으로 닫힌 국가의 문을 열었다. UDHR은 세계에게 가장 많이 번역된 선언이다. 제18조는 이렇게 선포한다. "모든 사람은 사상, 양심 및 종교의 자유를 누릴 권리를 가진다. 이 권리는 종교 또는 신념을 바꿀 자유, 단독 또는 타인과 공동하여 공적 또는 사적으로 포교, 행사, 예배 및 의식을 통하여 종교나 신념을 표명할 자유를 포함한다."[13)]

UDHR은 카이로 인권 선언(CDHR)[역13]이 작성되도록 동기를 부여했다. UDHR과 CDHR의 최종적인 영향력은 접근 제한 국가들과 사실상 세계의 모든 국가들이 다국적의 외국인들을 통해 가지각색의 종교 자유와 경제적 번영을 교환했다는 것이다. 그 결과 전 세계에 국제 교회가 개척되었다. 이런 전략적, 정치적 기회 때문에 사우디아라비아에서 미국인 목사가 이끄는 국제 교회에는 500명 이상이 출석한다.

결 론

글로벌 디아스포라는 전 세계적인 현상이다. 대략 2억 4천만 명의 사람이 자국 밖에서 거주하는 것으로 추산된다. 이는 전 세계적으로 공동체 구조를 변화시키며 우리의 동질성과 종족 중심주의에 도전장을 내민다. 세계의 모든 곳을 자유롭게 여행하는 사람은 이렇게 말한다. "이제는 더 이상 예전과 같지 않습니다. 우리는 지금까지 한 번도 상상할 수 없었던 색채, 계급, 문화, 언어 및 음식의 혼합체가 되었습니다."

---

13) United Nations of Universal Declaration of Human Rights: Article 18 4. 1948 http://www.lexmercatoria.org. 2010.9.21. 방문.

디아스포라가 속한 지역에는 하나님 나라의 대사가 될 수 있는 많은 신자가 있다. 예수님을 따르는 이들이 땅끝까지 가는 이 글로벌한 확산은 그들의 자원과 필요한 경비에 달려 있다. 국제 교회는 영적 안정과 효과 면에서 중요한 역할을 한다.

그러므로 국제 교회는, 예수님의 팔을 그들에게 내밀어 하나님 나라의 사역를 미전도 종족 집단과 글로벌 디아스포라에게로 보낼 수 있는, 국제적으로 독창적인 독립체이다. 오늘날 많은 국제 교회가 호스트 국가와 문화와 멀리 떨어져 격리된 외국인을 위한 종교적 사교클럽이라는 전통적인 패러다임에 정확히 적합하지 않다.

국제 교회는 하나님의 글로벌 선교의 위임에 기능적인 기여자로서 진지하게 참여하고 있다. 이 참여는 국제 교회가 선교 기금과 인력의 실행 가능한 투자대상이게 한다. 국제 교회가 다른 방법으로는 절대 갈 수 없는 곳으로 복음을 전할 수 있기 때문이다. 이러한 노력이 신속히 이루어지게 하기 위해서는 교단과 선교 단체의 자원이 상당히 많이 필요하다. 잘 개척되어 자란 국제 교회는 수년 내에 자급자족 할 수 있을 정도로 성장한다.

하나님은 주권자이시며, 심오하시며, 대단한 규모로 일하시느라 바쁘시다. 교회가 국제 교회에 모인 글로벌 디아스포라의 흐름 속에 하나님이 사람들을 의도적으로 배치하신 것을 인정하면, 우리는 지상명령의 잠재력을 최대한 발휘하는 데 진일보할 것이다.

토 의

1. 사도행전 13장 1~3절에 첫 번째로 기록된 국제 교회는 지상명령을 먼저 외부로부터 내부로 실천한 다음 내부로부터 외부로 실천했다. 먼저 유대인과 이방인이 함께 모여 예배드리고 그다음 기도하며 후원하여 미전도 종족에서 선교사를 파견했다. 지상명령을 완수하기 위해 글로벌 디아스포라가 국제 교회에 모여 기도하고 후원하여 선교사를 파송

하는 과정을 반복하려면 어떻게 해야 하는가?

2. 21세기 국제 교회는 영적으로 목말라하는 사람을 위한 오아시스이며 역동적인 기능을 갖춘 제자를 보내는 발사대이다. 국제 교회의 오고 가는 인파와 흐름은 움직이는 바퀴 달린 신학교와 같다. 국제 교회를 통해 지상 명령을 성취하기 위해 더 많은 잠재력을 활용하고 영향력을 증가하기 위해 우리가 할 수 있는 일은 무엇인가?
3. 1987년부터 2015년 사이에 내향적인 외국인의 식민지적 공동체였던 국제 교회가 지상명령 권한을 담대하게 받아들이는 선교 지향적인 힘으로 변화해 왔다. 교파와 국제 교회가 함께 지상 명령을 수행 할 수 있도록 교파는 국제 교회의 확장과 발전에 어떻게 힘을 실어 줄 수 있을까?
4. 다양성이 제한된 접근제한 국가는 외국인에게 종교의 자유와 취업을 허락함으로 자국의 경제적 번영을 도모했다. 이렇게 해서 전통적인 선교 단체들이 갈 수 없는 장소에 국제 교회가 세워지게 되었다. 전통적인 선교 단체는 접근제한 국가에서의 국제 교회 개척과 권한 부여에 어떻게 도움을 줄 수 있을까?

참고문헌

Bakke, Ray, and Jim Hart, *The Urban Christian: Effective Ministry in Today's Urban World*. Downer's Grove IL: InterVarsity Press, 1987.

Bauer, Art *Being in Mission* (New York: Friendship Press, 1987). 12-13.

Blanchard, Ken Phil Hodges, *Lead Like Jesus*. Nashville TN: Thomas Nelson, 2008.

Bloemberg, Jacob, *Love Hanoi: Engaging City Leadership through Christ-Centered Civic Renewal*. Hanoi: Jacob Bloemberg, 2013.

Bloemberg, Jacob, *Love Hanoi: From Exploration to Formation*. Hanoi: JacobBloemberg, 2014.

Chipps, Graham, *Learning the Pilgrimage of the Cross: An International*

Church Vision. Unpublished paper, January 13, 2015.

Ford, Leighton, *Transforming Leadership: Jesus' Way of Creating Vision, Shaping Values & Empowering Change*. Downers Grove IL: InterVarsity Press, 1991.

MacHarg, Kenneth. *English-Language Churches Serve Expats in Foreign Lands, Christianity Today, February 25, 1999.*

MacHarg, Kenneth, D. *English-Language Churches Serve Expats in Costa Rica, Around the World.* Published Tico Times, March 8, 2005.

Olson, C. Gordon, *What in the World is God Doing? The Essentials of Global Missions*. Lynchburg VA: Global Gospel Publishers, 2013.

Pederson, David. *Expatriate Ministry: Inside the Church of the Outsiders*. Seoul, Korea: Korean Center for World Missions, 1999.

Sanders, J. Oswald, *Spiritual Leadership: Principles of Excellence for Every Believer*. Chicago, IL: Moody Publishers, 2007.

Tira, Sadiri Joy, and Enoch Wan, Enoch, eds., *Missions in Action in the 21st Century*. Ottawa ON: Printbridge, 2011.

Tira, Sadiri Joy, ed. *The Human Tidal Wave*. Manila: LifeChange Publishing, Inc. & Jaffray Center for Global Initiatives, 2013.

United Nations Universal Declaration of Human Rights: Article 18 4. 1948. Available at http://www.lexmercatoria.org. Accessed September 21, 2010.

국제 교회의 역사나 사역을 기술한 출판되지 않은 문서 및 팜플렛

Albrecht, Wally, International Church Survey 2014. Commissioned by the MICN network.

Crane, Michael and Scott Carter. *Gateway to the Nations: The Strategic Value of International Churches in a Globalized Urban World*. Unpublished paper Aug, 28, 2014.

MacHarg, Kenneth, D. *An Unusual Breed; Expats See Familiar Worship in Foreign Setting*. Unpublished paper, May 12, 2005.

MacHarg, Kenneth, D. *Hymns, Prayers,, Sermons: Familiar worship in an unfamiliar setting – International Congregations Serve Expats Worldwide*. August 2000.

방문한 웹사이트

www.micn.org

www.lexmercatoria.org

www.anninhthudo.vn

본 장의 저자의 사고에 영향을 끼친 이벤트, 콘퍼런스, 컨설테이션, 그리고 미팅들. 실질적으로 국제 교회에 대해 편찬된 것이 적다.

Asia Pacific International Church Pastor's and Wives Conference

2002 Kuala Lumpur, Malaysia

2004 Chennay, India

2005 Rotorua, New Zealand

Christian and Missionary Alliance International Church Think Tank

2000 Budapest, Hungary

Fellowship of European International Churches

2015 Bratislava, Slovakia

Global Church Global World: Round Table Talks

2014 Atlanta, USA

2015 Hong Kong, China

2015 Bratislava, Slovakia

Lausanne Global Diaspora Network Consultation

2010 Manila, Philippines, 2009

Lausanne Congress

2010 Cape Town, South Africa, 2010

Missional International Church Network Conferences

2004 Jakarta, Indonesia

2005 Abu Dhabi, UAE

2006 Bangkok, Thailand

2007 Bali, Indonesia

2008 Phnom Penh, Cambodia

2009 Kuala Lumpur, Malaysia

2010 Bangkok, Thailand

2011 Penang, Malaysia

2012 Hanoi, Viet Nam

2013 Kuwait City, Kuwait

2014 Beijing, China

2015 Bangkok, Thailand

12장

난민에게 다가가기 위한 전략

피터 비말라세카란(Peter Vimalasekaran)

서론

고통받는 인류를 위해 행동하며 보살필 그리스도인과 비그리스도인이 필요하다. 시리아[역14], 이라크, 리비아, 남부 수단, 팔레스타인, 파키스탄 및 기타 국가가 직면한 최근의 위기로 인해 안전한 곳으로 탈출하는 난민의 물결이 일고 있다. 동시에 많은 나라가 난민의 입국을 막기 위해 국경을 폐쇄했다. 난민은 이 난국을 극복하고 자신을 보호해야 한다. 질문은 이렇다. 그리스도인으로서 우리는 점점 더 늘어나는 난민의 요구에 어떻게 대응할 수 있는가? 하나님께서는 이 절박한 이들을 돌보시는가? 교회는 난민 상황에 어떻게 대응해야 하는가? 난민에 대한 정의가 부족하지는 않다.[1] 나는 난민 사역을 위하여 난민을 다음과 같이 정의했다. 난민은 "어떤 형태의 생명을 위협하는 상황에서 벗어나 보호와 대비를 찾기 위해 고향을 떠나 다른 나라로 도망가는 *하나님의 형상*대로 창조된 사람들"이다.[2]

---

1) 가장 많이 받아들여진 이 정의는 1951년 설립된 UNHCR이 정의한 것이다. UNHCR은 난민을 "인종, 종교, 국적, 어떤 사회 그룹의 일원, 혹은 정치적 의견 때문에 받는 핍박의 두려움이 강한" 사람으로 정의한다. (UNHCR 난민 지위 결정을 위한 셀프 스터디 모듈 2005. 5)

2) Vimalasekaran, 2008, 6.

난민 사역을 위한 성경적 근거

체류자나 난민이었던 하나님의 백성에 관한 많은 이야기를 성경에서 찾을 수 있다.[3] 하나님의 백성에 대한 성경의 말씀을 이해하면 난민 사역의 성경적 근거를 얻을 수 있다.

히브리어 '*rwg(gwr)*'는 '이방인으로 체류하다 난민이 되거나, 이방인으로 머물거나, 멈춘다'는 의미이다. 히브리어 명사 'reG(ger)'는 구약성경에서 주로 '일시체류자(sojourner)' 또는 '외국인(alien)'으로 사용된다.[4] 그러나 신약성경과 70인 역에서는 히브리어 'gēr'가 그리스어 'paroikos'로 번역되었으며 일시 체류자나 외국인 거주자의 아이디어를 전하는 데 사용된다.[5]

버림받아 에덴동산을 떠나야 했던 아담과 하와의 곤경함(창 1~3장), '유리하는 자'가 된 가인의 이야기(창 4:12~16), 그리고 아브라함, 이삭, 야곱, 요셉, 모세, 다윗, 룻, 또 이 세상에서 이방인이 된 여러 다른 사람의 삶은 우리 시대의 난민의 본질을 이해하는 데 도움이 된다.[6]

신약성경에는 난민 사례가 있다. 마태복음 2:13~15에 이집트로 탈출한 주 예수와 예수님의 부모에 관한 이야기가 있다. 사도행전 8:1, 4; 11:19~21에서 박해로 인해 신자가 '흩어져' 있거나[7] 모국 밖에서 난민과 이방인이 되었다. 노우드(Norwood)는 "초기 그리스도인들은 모두 비자발적이거나 자발적으로 난민이었다."[8]고 주장한다. 사도 베드로는 베드로전서 2:11에서 *paroikoj*라는 단어를 사용하여 이 세상의 그리스도인이 이방인이요 외국인임을 보여주고 있

3) Mummert 1992.

4) Van Gemeren , NDOTTE 1997, 836-37.

5) The Anchor Bible Dictionary, 104.VI.

6) 창 4: 12~16; 12:1; 20:1; 23:3; 27: 41~28: 5; 36:6~7; 신 26: 5; 사 58: 6:7; 렘 7: 5~7; 22: 3~5; 겔 22: 7; 슥 7: 10).

7) "신약성경에서 디아스포라는 예루살렘에서의 박해 후에 발생했던 그리스도인들의 흩어짐을 뜻하는 단어로 사용되었다"(행 8: 1, 4; 11: 19) (Mounce, 2006, 617).

8) 1969, 52.

다. 이 성경적 예는 난민을 섬기고 하나님의 영광을 위해 봉사하도록 우리를 부른다.

난민 사역의 올바른 이해

총체적 접근법

난민 사역은 총체적 사역이다. 총체적 사역은 '……변화시키는 복음의 능력을 통해'[9]사람의 몸과 영혼을 다 섬기기 위해 노력한다. 누무(Ndumu)[10]에 따르면, "복음적이고 문화적 위임은 삶의 개인적 및 사회적 갱신(renewal)에 대해 증언하며…… 하나님은 죄, 박해, 그리고 불의의 사슬로부터 사람을 자유롭게 하기를 원하신다." 더 나아가 와그너(Wagner)는[11] "우리는 복음적 위임과 문화적 위임이 선택이 아니라 의무라는 점을 드러내기 위해 '위임'이라는 용어를 사용한다."고 말한다.[12]

우리는 난민의 정서적, 육체적, 영적 필요를 다시 생각해야 한다. 주 예수 그리스도는 총체적인 방법으로 사역하셨다. 인간을 총체적으로 대우하셨던 예수께서는 인간 본질의 어떤 면도 무시하지 말 것을 교회에 요구하셨다.[13] 이와 관련하여 우리는 두 가지의 극단을 피해야 한다. (1) 주 예수 그리스도의 복음을 제시하지 않고 가난하고 배고프고 낯선 사람을 섬기는 사역과 (2) 복음은 제시하지만, 난민이 당면한 필요에 대한 즉각적인 관심을 간과하는 것이다.

---

9) McConnell 2000, 448. See also Bassham, 1979.

10) Ndumu 2003, 62.

11) Wagner는 학자들의 다섯 가지 견해를 제시한다: 1. 선교는 문화적 위임만을 포함한다. 2. 문화적 위임은 복음적인 위임보다 우선시 된다. 3. 두 위임 모두 동등한 무게를 지니고 있으며, 어느 쪽에도 우선권이 주어지지 않는다. 4. 전도 위임은 문화적 위임보다 우선한다. 5. 로잔 이전의 견해, 선교는 복음적 위임이다(1989, 102).

12) 1989, 101. 268 누무 2003, 63.

13) Ndumu 2003, 63.

난민은 절박하다. 우리는 곤경에 처한 난민을 돕고, 이들의 육체적인 필요를 해결해 주고 영혼을 돌보아야만 한다. 다른 일에도 그렇듯, 이 일은 작정하고 하지 않으면, 성취할 수 없다.

난민의 문화 이해와 난민과 교류하기

난민을 돕고 복음을 전하는 방법을 알기 위해 난민과 그 배경을 이해하는 것은 필수적이다. 난민의 기원, 갈등의 원인, 문화적 교육, 언어 배경, 그들 집단의 사회적 지위 그리고 난민에게 효과적으로 다가갈 수 있는 인류학적 정보와 관련된 세부 사항을 찾아내는 시간이 필요하다. 어려운 상황에 처한 난민에게 도움과 지원을 효과적으로 제공함으로써 우리는 난민 집단과 더 잘 연결될 수 있다. 문화적 지식과 사회의 기능은 우리 주 예수 그리스도의 복음으로 그들에게 다가가서 하나님의 사랑으로 난민에게 봉사하는 데 귀중한 정보를 제공할 것이다.

피해자이지만 유능한 사람들

대부분 난민은 무료 구호물품과 지원만을 바라지 않는다. 이들은 현명하고 자기만의 능력이 있어 자신의 능력과 기술로 꿈을 이룰 기회를 모색하고 있다. 그런데도 사람들은 난민을 희생자로만 보고 그들에게 처한 상황을 극복하고 안정적 상황에 도달할 수 있는 능력이 있다는 사실을 간과한다.

우리가 관찰한바, 난민은 모든 가능성에 도전하여 결국 그들이 원하는 목적지로 간다. 난민은 강한 의지로 상황에 적응하며 목표를 달성하기 위해서는 적과도 대화할 정도로 유연하다. 그 때문에 난민이 피해의식을 극복하고 잠재력을 발휘할 수 있도록 권한을 부여하고 장려하는 것이 필수적이다.

서양인은 난민에게 배울 것이 많다. 난민은 풍부한 문화적 가치를 소유하고 있다. 예를 들어, 서양 사람은 난민들에게서 동양의 환대를 배우고 집과 교회에서 실천할 수 있다. 난민의 쾌활한 성격을 배울 수도 있다. 이외에도 난민에게 배울 수 있는 좋은 것이 많다. 난민이 피해의식을 극복하도록 도와줌으로써 그들에게 힘을 실어주어야 한다. 난민이 자립하고 자신의 힘으로 설 수 있도록 격려하고 지원해야 한다.

난민 여성과 어린이는 최악의 상황에 직면해 있다.[14)]

난민 여성과[역15] 어린이는 최악의 상황에 처해 있다. 남편 없이 자녀와 함께 있는 난민 여성이 적대적인 환경에서 자녀를 돌보는 것은 쉬운 선택이 아니다. 난민 여성은 성폭력, 인신매매, 성차별 등을 우려한다. 많은 난민여성이 성적 학대를 당하고 아무 권리가 없는 존재로 취급당하며, 자신이 경험한 사건과 자녀에 대해 자기 목소리를 내지 못한다.

난민 어린이는 특히 교육 분야에서 많은 어려움과 불확실한 미래에 직면해 있다. 난민 여성과 어린이를 특별히 돌보는 것이 가장 중요하다. 이렇게 함으로 난민여성과 어린이를 위한 전략을 세우고 이들을 창조적으로 섬길 수 있다.

권리와 장기적인 해결책을 위한 주장

하나님의 형상인 난민의 권리를 절대 무시해서는 안 된다. 하나님은 당신의 백성에게 이 궁핍한 이들을 돌보고 보살펴 줄 것을 요구하신다. 난민의 권리를 옹호하는 것이 하나님을 영화롭게 하는 것이다. 우리는 목소리를 낼 수 없는 이들의 목소리가 되고, 정치가에게 바르게 행하도록 요구하고, 우리가 사는 국내에서 벌어지고 있는 난민 투쟁에 대한 장기적인 해결책을 주장해야 한다. 여기에는 난민 문제에 대한 정치적 해결책이 포함되어야 하고, 지속적이고 유용한 해결책을 도출해 낼 수 있도록 적절한 기관 및 정치 기관과의 협력이 필요하다.

---

14) https://en.wikipedia.org/wiki/Refugee_women_and_children. 2015.1.10. 방문.

난민에 다가가기 위한 필수 사항

a) 기도 – 난민을 위해 기도하는 것은 작은 일이 아니다. 난민에 대한 사랑을 보여주기 위해 누구나 할 수 있는 가장 중요한 일이다. 개인이나 그룹이 기도할 수 있다. 같은 생각을 하는 사람에게 난민을 위해 기도하고 다른 사람이 그룹으로 기도하도록 격려하는 것이 중요하다.

b) 대접(환대) – 대부분 난민은 복음을 위해 대접하는 훌륭한 호스트를 필요로 한다.[15] 이는 신약성경에서 가르치는 바이며 그리스도인으로서 우리는 "손님 대접하기를 잊지 말라 이로써 부지중에 천사들을 대접한 이들이 있었느니라(히 13:2)"란 말씀을 행해야 한다. 난민은 자국 내에서 많은 어려움을 겪고 외면당했기에 우리의 가정을 개방하는 방법으로 난민에게 사랑을 표하면 그들의 삶에 특별한 영향을 준다.

c) 실제적인 지원과 도움 – 이방인과 난민을 보살피고 지원하는 실제적인 도움은 성경에 잘 드러난다. 이스라엘 자손은 땅에 떨어진 수확물은 줍지 말아야 했는데 이는 일시 체류자와 외국인이 그것을 먹고살도록 하기 위함이었다.[16]

레위기 19:9~10,[17] 23:22에서 수확기에는 가난한 사람을 위해 고의로 농작물을 남겨두라고 했다. 반면에 신명기 24:19~22은 수확할 때 잊어버리고 온 것들을 찾으러 밭으로 돌아가지 말라고 권고했다.[18] 레위기 19:9~10을 주석하

---

15) 대접(환대, hospitality)의 그리스어는 filoxenia로 그 뜻은 '나그네의 사랑'이다.

16) 레 19:9~10; 23:22; 신 24:19~22. Mayes는 이것이 고대의 풍습이었고, 이방인의 신에게 제물로 남겨두는 것이라고 말한다. '농작물의 일부를 신과 영혼을 위한 제물로 남겨둔다.'(1991, 327) 그러나 Mayes는 이 구절에서 그러한 관행을 보지 못했고, 오히려 그것은 (떨어진 수확물을 줍지 않는 행동) 인도주의적인 행동이었다.

17) Harris는 "이 구절은 23:22와 거의 동일하다. 19장에는 포도원을 언급하는 추가 문구가 있다. 신 24:22에 같은 율법이 다르게 표현되어 있다."고 썼다(1990, 603).

18) Bennett 2001, 104.

면서, 케일(Keil)과 데리츠(Delitzsch)는 이렇게 주장한다. “이는 이웃에 대한 행위와 관련된 법률로써 이타적인 사랑으로부터 흘러나와야 하며 특히 가난하며 고통받는 자에 대해 그러해야 한다.”[19]

룻기 2:1~17에서 궁핍했던 룻과 나오미가 생존할 수 있게 한 것도 비슷한 관례였다. ‘그녀에게는 레위기 19:19~10, 23:22의 이방인 과부 및 고아의 권리에 관한 본문과 신명기 24:19~22의 모으는 권리에 관한 본문이 적용된다.’[20] 야훼께서는 낯선 사람과 궁핍한 사람에게 음식과 옷을 제공하라고 명령하셨다(신 10:18). 이는 모든 사람의 기본적 필요이다. 야훼께서는 이방인과 고아에게 기본적인 필요를 충족시켜주기를 원하신다.

야훼께서는 이스라엘 사람을 사랑할 뿐만 아니라(신 10:15) 이방인도 사랑하신다(신 10: 18~19). 브르그만(Brueggemann)은 “이스라엘에 대한 야훼의 초기 약속(사랑)은 이제 이방인을 향한 이스라엘의 이차적 헌신이 될 것이다.”라고 말했다. 그는 이스라엘의 야훼에 대한 사랑(애착)은 사회의 취약계층을 사랑(애착)하는 것으로 규정해야 한다고 덧붙였다(요일 4:19~20을 보라).[21]

d) 시간이 짧다는 사실을 기억하라[22] - 많은 난민이 이동하고 있다. 그들 대부분이 한 곳에서 다른 곳으로 이동해야 한다. 따라서 시간은 난민을 섬기는 이들에게 중요한 요소이다. 주 예수 그리스도의 기쁜 소식을 나누고, 돕고, 지원하는 데 시간이 한정되어 있기에 난민을 섬기는 일에 창의적이어야만 하며, 하루라도 빨리 난민과 교제해야 하고, 이들이 언젠가는 다른 곳으로 이동할 것임을 잊지 말아야 한다.

---

19) 1981, 419.

20) LaCocque 2004, 63.

21) Brueggemann 2001, 131.

22) 물론, 난민이 어디에 있고 또 어디에서 이동을 끝내는지에 따라 기한(time-limit)은 다양하다. 더 안전한 나라로 이주하는 대부분 난민은 난민 지위를 부여받을 수 있어서 자신을 받아들인 국가에서 생존 할 수 있다. 이 경우 기한은 없지만 대부분 피난민이 한곳에서 오랫동안 머무를 수 없다.

e) 다른 사람들과의 네트워킹 - 세계 난민의 규모를 보면 난민 사역에는 네트워킹이 필요하다. 난민은 장소를 옮겨 이동한다. 정부가 난민을 다른 수용소로 옮기는 경우가 있고 난민 스스로가 계속 움직이는 경우가 있다. 난민이 이주하는 경로 혹은 이주당하는 장소를 이어서 지도를 만들 수 있다면 큰 도움이 될 것이다.

난민의 거주 방법과 장소를 알게 되면, 그 장소에 가까이 사는 이들과 지역 교회 또 난민을 섬기는 단체가 서로 협력하여 네트워킹 그룹을 만들 수 있다. 난민 사역에는 비슷한 생각을 지닌 사람, 지역 교회와 단체와 네트워킹하는 것이 필수적이다.

특히 지역 교회는 난민에게 다가가는데 필수적인 역할을 한다. 이는 기독교에 관심 있는 사람이라면 누구라도 기독교 신앙 안에서 양육 받고, 도움받기 위해 교회에 출석할 것이기 때문이다. 예를 들어, 독일에서 난민은 먼저 '등록 센터'를 거쳐 그 지역의 다양한 수용소로 이동된다. 등록 센터에서 난민을 섬기는 사람은 네트워킹 그룹을 유지하며 난민이 갈 지역의 사람과 난민을 연결시켜야 한다.

f) 자원 공유 - 난민의 규모에 따라 많은 자원이 필요하다. 육체적인 필요든 영적인 필요든, 이 필요를 채우기에 자원은 늘 부족하기에 난민을 돕고 지원할 수 있는 자원을 공유하는 것이 중요하다.

g) 난민 노동자의 동원 - 난민과 접촉하기 위해 그리스도인을 동원하고 동기를 부여하는 것은 중요하다. 일반적으로 난민에 대한 인식이 부정적이고 왜 그들이 집을 떠나야 하는지에 대한 인식 역시 부정적이다. 도움이 필요한 사람을 돌보고 사랑하기 위해서는 하나님의 마음을 가진 사람이 필요하다. 이를 위해 우리는 지역 교회의 사람을 동원하여 난민의 곤경에 관한 올바른 정보를 제공해야 한다. 우리는 지역 선교 단체에 이 필요성을 알리고 그들에게 난민을 위한 전략적 사역을 개발하도록 권장해야 한다.

난민에게 다가가기 위한 방법

a) 긍휼히 여기는 마음과 이해심 – 많은 난민이 본국의 동료 시민의 학대를 받고 도망쳤어야 했다. 이들을 신뢰하고 사랑하는 것이 중요하다. 상처받고 낙담한 이들은 다른 사람을 신뢰하는 데 어려움을 겪는다. 우리는 그들이 고통, 배신, 그리고 학대 등 어떤 난관을 겪어왔는지 이해하고 절망적 상황에 처한 난민이 더 이상 조종당하지 않을 것이라는 확신을 주면서 하나님의 사랑으로 다가가야 한다. 난민과 함께하고 있음을 보여주며 그들의 고통과 걱정을 함께 느껴야 하며 진심 어린 마음으로 난민을 돌봐야 한다.

b) 인간미 – 대개의 난민은 인간미에 메말라 있다. 난민은 자신 가까이 다가와 옆에 앉아서 자신을 돌보아 줄 누군가를 찾는다. 역시 사람과의 친밀감이 그들의 영혼에 다가가는 열쇠다. 복음을 나누기 위해서는 그들 가까이 다가가야 한다. 가까이 다가가는 법을 모르면 누군가(난민을 포함해서)의 마음에 복음을 심을 수 없다. 멋진 프로그램과 훌륭한 연설, 멋진 발표를 할 수는 있지만, 신뢰를 얻지 못하면, 복음을 전하는 데 실패한다. 난민에게 다가가 그들이 처한 상황에 적합하게 행동해야 한다. 난민은 늘 궁핍하므로 그들에게 가장 필요한 것은 사랑과 보살핌이다. 그들의 마음과 생각을 얻는 것이 중요하다. 난민은 언제나 절박하다. 그래서 그들의 삶을 돌봄과 사랑으로 어루만져 주는 것은 많은 이에게 당면한 필요이다. 복음을 나누기 위해 그들에게 가까이 가서 마음을 얻어야 한다.

c) 공개적으로 복음을 나누기 – 난민에 가까이 갔을 때 그가 당신의 말을 경청한다면 복음을 전해야 한다. 사람에게 다가가기 위해 기본적인 모든 일을 하면서도 복음을 전하지 않는 경우가 있다. '어떻게 되겠지'라고 생각할 수도 있지만, 우리는 주 예수 그리스도께서 고난과 죽음과 부활을 통해 그들에게 무엇을 했는지 전해야 한다. 적절한 상황에 하나님의 은혜를 공개적으로 선포하는 것을 대체할 것은 세상에 없다.

d) 고통당하는 구세주의 이야기 - 대부분 난민은 고통당하는 구세주 이야기와 애굽으로 피난 가신 예수님의 이야기에(마 2장) 공감할 수 있다. 절망과 고통의 자리에 있어 본 자는 이 이야기에 동질감을 느낄 것이다. 난민과 이런 이야기를 나누며 난민을 위해 당신의 목숨을 내놓으신 구세주의 이야기에 동질감을 느끼게 해주는 것이 우리의 기쁨이다.

e) 자료 제공 - 난민이 복음을 이해하고 성장할 수 있도록 자료를 제공하는 것이다. 복음 중심적 삶을 배우고, 성장하며, 헌신하는 성경과 성경적 자료를 난민에게 제공해야 한다.

f) 의도적인 제자화 - 많은 난민이 제자가 되는데 지원과 도움이 필요하다. 이들 대개가 늘 이동 중이기 때문에 제자 훈련은 단기적이어야 하고 그 과정은 정확하고 간결하며 문화적으로 적응할 수 있어야 한다. 어려운 상황에 처한 난민을 격려하고, 가는 곳마다 '복음을 전하는 자들'이 될 수 있도록 도전해야 한다.

g) 훈련 - 사역 훈련은 전략적으로 중요하다. 자신이 하는 일에서 충분한 훈련과 격려를 받지 못하는 사람은 일에 대한 관심이 적어지며 그 일에 대해 갈등할 수 있다. 반드시 공식적은 훈련이어야만 할 필요는 없지만 회의, 같은 마음을 지닌 사역와의 만남, 난민 사역를 고무하기 위한 유사한 난민 사역 방문 등 다양한 사역 역시 효과적이다.

난민에게 다가가기 위한 실제적인 아이디어

난민에게 다가가기 위한 여러 방법이 있다. 난민의 상황이 다양하기 때문에 창의적으로 다가가야 한다. 난민에게 복음을 전하는 데도 상황에 따라 다양한 방법을 도입해야 한다. 경험상 몇 가지 방법이 있다. 이 방법을 모든 이에게 동일하게 적용해야 한다는 원칙은 없지만, 이 방법을 기본으로 상상력을 활용하여 하나님의 사랑을 전할 수 있다.

- 언어 가르치기
- 예수 디비디(DVDs)
- 법적 문제 도와주기
- 교통/운송
- 난민을 위한 특별한 이벤트 준비하기—성탄절만찬, 부활절 축하 이벤트 등
- 의료적 필요에 도움주기/병문안
- 문화적인 행사 준비하기
- 방문 센터(특히 여성문제를 구체적으로 지원받도록 하고 돌보아야 한다)
- 스포츠 캠프, 축구, 크리켓, 등
- 수용소 방문, 가정 방문, 그들의 삶에 관심 보이기
- 실제적 지원(자전거, 의류, 식품, 등)
- 멀티미디어 기술을 사용하여 도와주기, 스카이프, 인터넷, 핸드폰 등
- 난민을 위한 특별 예배
- 외상 입은 난민을 위한 지원
- 통합적으로 돕기
- 친구가 되어 주기, 함께 있어 주기
- 난민 권익을 옹호하고 그 해결책을 모색하기 위한 지속적인 활동
- 난민들의 필요를 해결하는 대변인 되기
- 난민 아동을 위한 사역(교육, 특별지원 이벤트)
- 아동 교육에 필요한 지원하기(숙제 도와주기, 언어 교류 관련 도움 주기, 등)
- 직업 훈련을 제공하고 기술을 숙련시켜주기
- 능력과 적성에 맞는 직업을 찾도록 도움 주기

교회와 성도를 무장시키고 동참시키기

수년간의 난민 사역 경험으로 지역 교회의 중요성과 지역 교회를 난민 사역에 동참하게 하는 사역의 중요성을 이해하게 되었다. 난민 사역에 지역 교회를 동참시키지 않으면 우리의 노력은 많은 열매를 맺지 못한다. 그리스도인이 된 이란인 난민이 이렇게 말했다. "수용소에 있는 우리에게 첫 번째로 다가온 존재가 교회이며 마지막에 떠나는 존재도 교회다." 바로 교회가 이주의 상황에 처한 이들을 도와주는 필수적인 역할을 한다.

a) 정보 제공 – 난민의 상황과 관련하여 그리스도인에게 정보를 제공하는 것이 중요하다. 그리스도인은 난민에 대한 부정적인 이야기와 난민이 그들의 자원을 어떻게 축내는지를 듣는다. 따라서 사람들에게 실제 정보를 제공하고 궁핍한 자에 대한 그리스도인의 책임을 다시 생각하게 하는 것이 필요하다.

b) 다른 문화와 종교를 이해하는 훈련 – 교회에서 난민 사역에 성도가 동참하는 것은 매우 중요하다. 다른 문화 간 의사소통, 통합, 종교적 다양성, 그리고 제자화와 관련해서는 강의가 제공되어야 하며 이를 통해 성도가 난민에게 다가가야 한다.

c) 섬길 기회를 제공하기 – 신자가 교회에서 난민 사역에 참여하도록 하는 것이 무엇보다 중요하다. 다른 문화와의 커뮤니케이션, 통합, 종교적 다양성 및 제자도의 분야에서 신자가 난민에게 다가갈 수 있도록 도움을 주는 방법으로 적절한 코스를 제공해야 한다.

그리스도인 난민. 최근 세계 일부 지역에서 벌어지고 있는 분쟁으로 인해 많은 그리스도인이 고향으로 탈출하여 피난민이 되었다. 많은 그리스도인 난민과 그리스도인이 된 사람은 문화와 난민 경험을 공유하면서 서로 좋은 관계를 형성할 수 있다. 그리스도의 몸은 투쟁 속에 있는 그들과 교제하고 지지해야 한다. 우리는 기독교 피난민이 난민 상황에서 신앙생활을 하고 난민 사역에 참여할 수 있도록 도울 수 있다. 이것은 비슷한 상황에 처한 많은 사람에게 커다란 증거가 될 것이다.

그룹을 조직하라. 몇몇이 협력하여 난민을 섬기기 위해 단체를 조직하면 큰 도움이 될 것이다. 이 단체는 스스로 움직일 것이다. 뛰어난 자가 보이면, 그룹을 감독할 책임을 부여하라. 무엇을 해야 하고 누가 무엇을 책임지고 있는지에 대한 목표를 수립하라. 기도하고 서로 격려하기 위해 정기적으로 만나라. 정보 행사, 난민을 돕기 위한 일요일 등 교회 출석자와 다른 신자를 위한 행사를 조직하라.

d) 난민의 이야기 – 난민의 간증과 이야기는 이들 가운데 주님께서 어떻게 역사하시고 어떻게 하나님 나라를 확장하시는지를 통해 난민을 격려할 것이다.

e) 난민 가운데 교회 개척하기 – 수천 명의 난민이 새로운 곳으로 이주하고 있기 때문에 하나님을 만나고 예배드리는 것이 필요하다. 난민 사이에 교회를 개척하는 데 적용 할 수 있는 여러 접근법이 있다.

① 통합적인 교회를 개척하기 – 통합적인 교회 개척이란 현지에 도착한 난민이 현지 교회로 통합되거나 현지인과 난민이 섞인 새 예배를 시작하는 것이다. 이를 위해 난민은 현지어를 할 줄 알아야 하며 새 문화에 적응할 줄 알아야 한다. 이를 통해 난민이 도움을 받아 쉽게 새 국가에 적응하게 한다. 특히 난민의 자녀가 새로운 문화에 적응하도록 한다. 그러나 이에는 또한 도전되는 면도 많다. 예를 들어 난민의 정체성을 보존하고 그들의 문화적 가치 등을 보존하는 것 등이다.

② 단일문화 교회 접근법 – 많은 난민이 모국을 떠나는 이유는 특정 인종에 대한 집단 박해 때문이다. 자신의 지역 사회에서 떨어져 있으면, 본인의 인

종 혹은 국가적 정체성을 더 실감하게 된다. 난민에게 이는 예민한 문제이기에 그들의 걱정을 존중해야 한다. 많은 인종 집단들이 그들의 정체성을 보존하고 동시에 교회의 일부가 되도록 도와야 한다. 따라서 단일 문화적인 교회가 다른 문화를 피하는 것이 아니라 다른 문하에 속한 교회아 협력하는 성경적인 관점으로 일해야 한다. 요한복음 17:2~13의 주님의 대제사장 기도문을 볼 때 그리스도의 교회는 하나며 그의 자녀는 한 백성이기 때문이다.

③ 다민족 교회(Multi-ethnic churches) 접근 - 다민족 교회[역16]는 세계의 많은 지역에서 성장 추세이다. 많은 민족(many nations)이 한곳에서 모이기 때문에 다민족 교회 모델은 새로운 나라에서 통합되어 살기를 추구하는 난민 공동체를 지원하고 도울 것이다.

나는 드 야즈(De Ymaz)의 의견에 전적으로 동의한다. "다민족 지역 교회를 추구하는 것은, 내 생각에 선택이 아니다. 지역 교회를 인도하기를 갈망하는 모든 사람에게 성경적 명령이다."[23] 다민족 교회는 구원이 모든 민족과 언어와 사람을 위한 것이라고 선포할 것이다(엡 3:14~15; 갈 3:28; 계 5:9). 이것은 난민 사역과 다양한 사람에게 다가가기 위한 목표를 이루기 위해서 매우 중요하다. "글로벌, 다민족적 사역의 목적과 목표는 궁극적으로는 하나님을 찬송하는 것이다. 하나님은 당신이 다스리는 모든 곳의 모든 민족에게서 영광을 받으실 것이다. 바로 이것이 하나님을 충분하게 찬양할 것이다."[24]

실제로 다민족 교회 개척은 많은 외국인에게 매우 매력적이다. 그들은 자신의 나라에 있지 않기 때문에 자신과 비슷한 경험을 하는 외국인에게 끌린다. 바로 이런 교회에서 난민 역시 자신이 있을 곳을 찾게 된다.

---

23) De Ymaz, 2007. xxix
24) Larsen, 2007, 12

④ 다민족 교회 개척 - 우리는 그들 자신의 언어로 예배를 드리는 몇몇 그룹을 조직하거나, 이 그룹이 때때로 한 교회에 모여 예배드릴 수 있도록 할 수 있을 것이다. 그러면 그들은 한 교회 아래서 자원을 나눌 수 있게 된다. 이는 난민에게 매우 매력적이고 성공적인 접근법이다.

결론

난민을 돌보라는 명령은 분명하고 구속력이 있다. 난민 사역은 우리의 긍휼한 마음에 바탕을 두고 있을 뿐만 아니라 하나님의 말씀이 우리로 하여금 난민을 돌보고 그들과 하나님의 사랑을 나눌 것을 요구한다. 난민에게 주 예수 그리스도의 복음을 전하고 그들과 함께 생활하는 것은 선택사항이 아니라 우리의 사명이다. 주님께서는 당신의 제자인 우리에게 소외되고 박해받고 자신의 자리가 없는 난민을 돌보라고 요구하신다. 우리가 성경을 제대로 이해한다면 주님께서 교회에 명하신 대로 난민을 돌보게 될 것이다. 그리스도인은 이 세상의 많은 이에게 영향력을 끼쳐왔으며 계속해서 많은 사람을 섬긴다.

난민은 하나님의 계획에 부수적인 존재가 아니다. 하나님은 난민이 하나님을 알기를 원하시며 하나님도 난민과 가까이 계시다. 사도행전 17:26~28에 따르면 모든 일은 하나님의 지식으로 이 세상에서 발생한다. 하나님은 모든 사람이 하나님을 알기를 원하시며 또한 그분과 관계 맺기를 원하신다.[25)]

물론, 난민 사역은 난민의 필요를 해결하는 섬김이기에 어려운 상황에 처한 난민에게 실제적인 도움과 지원을 제공해주어야 한다. 난민의 몸과 영혼

25) 26절, 그리고 하나님은 인류의 모든 족속을 한 혈통으로 만드사 온 땅에 살게 하시고 그들의 연대를 정하시며 거주의 경계를 한정하셨고, 그들은 하나님을 찾고, 27절, 이는 사람으로 혹 하나님을 더듬어 찾아 발견하게 하려 하심이로되 하나님은 우리 각 사람에게서 멀리 계시지 아니하도다, 28절, "우리가 그를 힘입어 살며 기동하며 존재하느니라 너희 시인 중 어떤 사람들의 말과 같이 '우리가 그의 소생이라'"(행 17:26~28)

을 다 돌보아야 하기에 총체적 사역 접근법이 긴급하고 필수적이다.

지역 교회가 가능한 모든 방법을 동원하여 난민을 섬기고 지원하는 것이 교회의 역할이요 의무임을 기억해야 한다. 그리스도의 교회는 어려운 상황에 처한 난민에게 다가가 섬겨야 하는 성경적 명령을 받았다.

마지막으로 특히 다민족 교회에서 난민 교회를 개척하는 것이 난민 사역의 중요한 부분이다. 필자는 네 가지 모형을 제시했으며 우리는 이것을 상황에 따라 적용할 수 있다. 난민이 자신의 신앙을 표현하도록 창의적인 방법으로 도와야 한다. 교회를 운영하는 방법이 하나만 있는 것이 아님을 깨닫는 것이 중요하다. 우리는 난민에게 하나님의 영광을 위한 교회를 세우는 새로운 방법을 모색할 수 있어야한다.

토의

1. 성경의 하나님께서 이방인/난민을 사랑하심을 어떻게 확신할 수 있는지, 또 하나님께서 우리가 이방인/난민을 돌보기를 원하심을 어떻게 확신할 수 있는지를 토의하라.
2. 당신이 거주하는 도시/지역에서는 교회가 난민 사역을 어떻게 하는가? 현실이 그렇지 못하다면 그런 사역을 개발하기 위해 어떤 단계와 절차를 밟을 수 있을까?
3. 피해의식을 극복하는 데 도움이 되기 위해 어떻게 난민의 역량을 강화할 수 있을까?
4. 난민의 권리와 장기 해결책을 모색하는 권익옹호자가(자기를 주장 할 수 없는 자를 위해 주장하기) 되는 방법을 탐구하라.

참고문헌

Atkinson, David. 1983. *The Wings of Refuge*. Downers Grove, IL: IVP.

Bassham, Rodger. 1979. *Mission Theology: 1948-1978 Years of Worldwide Creative Tension Ecumenical, Evangelical, and Roman Catholic*. Pasadena, CA: William Carey Library.

Bennett, Harold V. 2002. *Injustice Made Legal: Deuteronomic Law and the Plight of Widows, Strangers, and Orphans in Ancient Israel*. Grand Rapids, MI: Willinam B. Eerdmans Publishing Company.

Bretherton, Luke. 2006. The Duty of Care to Refugees, Christian Cosmopolitanism, and The Hallowing of Bare Life. *Studies in Christian Ethics* 19. 1, 39-61.

Brueggemann, Walter. 2001. *Deuteronomy*. Nashville: Abingdon Press.

Bush, Frederic. 1996. *Word Biblical Commentary: Ruth*. Dallas, TX: Word Books.

Calvin, John. 1979. *The Book of Psalms*. Grand Rapids, MI: Baker.

Craigie, Peter. 1983. *Word Biblical Commentary: Psalms 1-50*. Dallas, TX: Word Books.

Cole, Alan. 1991. *Tyndale New Testament Commentaries: Galatians*. Grand Rapids, MI: Eerdmans.

De Ymaz, Mark. 2007. *Building a Healthy Multi-Ethnic Church*. San Francisco, CA: John Wiley & Sons, Inc.

Flanm, Paul. 1998. *Refugee Ministry: Towards Healing and Reconciliation. Mission Studies*, 15, no. 29: 99-125.

Freedman, Noel. 1992 (Editor in Chief). *The Anchor Bible Dictionary*, New York, NY: Doubleday.

Gaebelein. Frank. 1981. *The Expositor's Bible Commentary: John and Acts*. Grand Rapids, MI: Zondervan.

Gundry, Robert. 1994. *Matthew*. 2nd Edition. Grand Rapids, MI: Eerdmans.

Hamilin, E. John. 1996. *International Theological Commentary: Ruth*. Grand Rapids,

MI: Eerdmans.

Hartley, John. 1982. *Word Biblical Commentary: Leviticus*. Dallas, TX: Word Books.

Hagner, Donald. 1993. *Word Biblical Commentary: Matthew 1-13*. General Editors, David A. Hubbard and Glenn W Barker. Dallas, TX: Word Books.

Harris, R. 1990. *The Expositor's Bible Commentary: Leviticus*, Vol. 2. General Editor Frank E. Gaebelein. Grand Rapids, MI: Zondervan.

Hendriksen, William. 1973. *New Testament Commentary: Matthew*. Grand Rapids, MI: Baker.

Hesselgrave, David. 1999. "The Role of Culture in Communication." *Perspectives on the World Christian Movement*, p 392 – 396. Edited by Ralph D. Winter and Steven C. Hawthorne. Pasadena, CA: William Carey Library.

________. 1983. "Christ and Culture." *Perspectives on the World Christian Movement*, 365-366. Edited by Ralph D. Winter and Steven C. Hawthorne. Pasadena, CA: William Carey Library.

Hiebert, Paul. 1999. "Cultural differences and the communication of the Gospel." *Perspectives on the World Christian Movement*, 373 – 384. Edited by Ralph D. Winter and Steven C. Hawthorne. Pasadena, CA: William Carey Library.

________. 1999. "Social structure and church growth. *Perspectives on the World Christian Movement*, 422 – 428. Edited by Ralph D. Winter and Steven C. Hawthorne. Pasadena, CA: William Carey Library.

Kaiser, Jr., Walter. 1997. *The New Interpreter's Bible: The Book of Leviticus*. Eds. Leander E. Keck. Nashville, TN: Abingdon Press.

Keil, C, and F. Delitzsch. 1971. *The Pentateuch*, Vol. 1. Reprinted. Grand Rapids, MI: Eerdmans.

LaCocque, Andre. 2004. *A Continental Commentary: Ruth*. Translated by K.C. Hanson. Minneapolis, MN: Fortress Press

Larsen, Samuel. 2007. *The Church: Blender or Symphony? Reformed Quarterly*, Fall, 12-13.

Lausanne Committee for World Evangelization. 2005. *The New People Next Door*. Pattaya, Thailand. (http://www.lausanne.org/documents/2004forum/LOP55_IG14.pdf)

Lenski, R.1964. *The Interpretation of St. Matthew's Gospel*. Minneapolis, MN: Augsburg Publishing House.

Lingefelter, S., and Marvin K. Mayers. 1986. *Ministering Cross Culturally*. Grand Rapids, MI: Baker Books.

Loescher, Gil. 1993. *Beyond Charity: International Cooperation and the Global Refugee Crisis*. New York, NY: Oxford University Press.

Mayes, Andrew. 1991. *New Century Bible Commentary*: Deuteronomy. General Editors, Ronald E. Clements and Matthew Black. Reprinted. Grand Rapids, MI: Eerdmans.

McConnell, Douglas. 2000. "Holistic Missions." *In Evangelical Dictionary of World Missions*. A Scott Moreau, gen. ed. Pp. 448-449. Grand Rapids, MI: Baker Books.

Micklem, Nathaniel. 1953. *The Interpreter's Bible: Leveticus*. Eds. George Arthur Buttrick. Nashville, TN: Abigdon-Cokesbury Press.

Mounce, William (General Editor). 2006. *Mounce's Complete Expository Dictionary: Old & New Testament Words*. Grand Rapids, MI: Zondervan.

Mummert, Ronald and Jeff Bach. 1992. *Refugee Ministry: In the Local Congregation*. Scottsdale, PA: Herald Press.

Ndumu, Winifred. 2003. *Holistic Ministry Among the Somali Refugees in Kenya: Its Evangelistic and Social Challenges to Africa Inland Church Kenya in the 21st Century*. D.Min. diss., Reformed Theological Seminary.

Norwood, Frederick. 1969. *Strangers and Exiles: A History of Religious Refugees*. Vol.1. Nashville, TN: Abingdon Press.

Schreiner, Thomas. 2003. *The New American Commentary: 1, 2 Peter, Jude*. E. Ray Clendenen (General Editor). Nashville, TN: Broadman and Holman Publishers.

Singleton, Burt. "Finding and Ministering to Refugees." *In the Refugee Among*

Us: Unreached Peoples'83. Eds. Edward R. Dayton and Samuel Wilson, 61-76. Monrovia, CA: MARC. No date is given.

Singleton, Burt, and Loc Le-chau. "Discovering a Plan For Refugee Evangelization." *In the Refugee Among Us: Unreached Peoples '83*. Eds. Edward R. Dayton and Samuel Wilson, 151-166. Monrovia, CA: MARC. No date is given.

Tedla, Stephanos. 1985. The Refugee Problem in Africa. *African Ecclesial Review* 27: 115-119.

UNHCR. 2005. Refugee Status Determination: Identifying Who is a Refugee, Self-Study Module 2. www.unchr.org.

Van Gemeren, Willem (General editor).1997. *New International Dictionary of Old Testament Theology and Exegesis. Vol. 1*. Grand Rapids, MI: Zondervan.

Vimalasekaran, Peter. 2008. "*A Biblical Model for Refugee Ministry: The Refugee Ministry of European Christian Mission International in Freiburg, Germany 2000-2007.*" DMin diss., Reformed Theological Seminary, Jackson, MS.

Wagner, Peter. 1989. *Strategies for Church Growth*. Ventura, CA: Regal Books.

Wenham, Gordon. 1987. *Word Biblical Commentary*: Genesis 1-15. Dallas, TX: Word Books.

Wilson, William. 1987. *New Wilson's Old Testament Word Studies*. Grand Rapids, MI: Kregel Publication.

Westermann,Claus and Ernst Jenni. 1997. *Theological Lexicon of the Old Testament*. Translated by Q Mark E. Biddle. Grand Rapids, MI: Hendrickson.

Wilch, John. 2006. *Concordia Commentary: Ruth*. St. Louis, MO: Concordia Publishing House.

방문한 웹사이트

http://www.unhcr.org/cgi-bin/texis/vtx/home (accessed 1st October, 2015).

http://www.bmi.bund.de/EN/Home/home_node.html (accessed 1st October, 2015).

http://www.unhcr.org/basics/BASICS/3b028097c.html (accessed 5th October 5, 2007).

http://www.bmi.bund.de/cln_012/nn_161630/Internet/Navigation/DE/Themen/Auslaender__Flue chtlinge__Asyl__Zuwanderung/Statistiken/statistiken__node.html__nnn=true (accessed 5th October, 2007).

http://www.bmi.bund.de/cln_012/nn_165228/Internet/Content/Themen/Auslaender__Fluechtling e__Asyl__Zuwanderung/Statistiken/Heimatlose__Auslaender__Id__51397__de.html (accessed 5th October, 2007).

http://www.statistik-portal.de/Statistik-Portal/de_jb01_jahrtab2.asp (accessed 5th October, 2007).

http://www.lausanne.org/documents/2004forum/LOP55_IG14.pdf

http://www.bmi.bund.de/cln_012/nn_165228/Internet/Content/Themen/Auslaender__Fluechtling e__Asyl__Zuwanderung/Statistiken/Konventionsfluechtlinge__Id__51399__de.html (accessed 5th October, 2007).

http://www.bmi.bund.de/cln_012/nn_165228/Internet/Content/Common/Lexikon/__Einzelseiten/ Asylbewerberzahlen__seit__1999__Id__51354__de.html (accessed 5th October, 2007).

www.zuwanderung.de/english/2_neues-gesetz-a-z/asylverfahren.html (accessed 8th October, 2007).

https://en.wikipedia.org/wiki/Refugee_women_and_children (accessed on 1st October, 2015)

13장

공해 상에서의 디아스포라 선교

마틴 오토(Martin Otto)

서론

선원은 전 세계에 흩어져 있다. 놀랍게도 무역 화물의 90%가 선박으로 운송된다. 국제 무역에서는 5만 척 이상의 상선이 모든 화물을 운송한다. 2012년에는 세계 항만에 9.2조 톤의 화물이 적재되었다.[1] 세계 선단(The world fleet)에는 150개국 이상이 등록되어 있으며 거의 모든 국적의 100만 명 이상의 선원이 일하고 있다.[2] 선원은 화물선, 슈퍼탱커, 컨테이너선, 냉동선, 자동차 운반선, 유람선, 어선, 그리고 상상할 수 있는 모든 종류의 배에서 일한다. 광대한 바다에서 열심히 일하는 선원이 없다면 누구도 지금과 같은 삶을 누릴 수 없다.

세계 선원의 근원

국제운송노동자연맹ITF[3]의 샘 도슨(Sam Dawson)에 따르면 전 세계에 선

1) http://unctad.org/en/publicationslibrary/rmt2013_en.pdf (accessed 15.9.14).
2) http://www.ics-shipping.org/shipping-facts/shipping-and-world-trade (accessed 5.8.14).

원을 공급하지 않는 국가는 거의 없다. 170개국이 상선과 이해관계를 가지고 있으며 국제해사기구(IMO)[역17]의 회원이다. 선원은 약 150만 명으로 추정된다. 국제 상선에는 46만 6,000명의 선원과 임원 그리고 72만 1,000명의 승무원(갑판이나 엔진에서 근무하는 비임원)이 종사하는 것으로 추정된다.[4] 여기에 어부는 포함되지 않는다.

역사적으로 OECD 국가(북미, 서유럽, 일본 등)의 국민이 선박 회사의 임원을 차지하고 있지만, 극동 및 동유럽에서 채용되는 임원이 늘어나고 있다. 특히 우크라이나, 크로아티아 및 라트비아 등의 동유럽 출신 선원이 늘어났다. 선원을 가장 많이 공급하는 국가는 필리핀, 중국, 인도네시아, 인도, 러시아 및 우크라이나 등이다.

필리핀해외고용관리국(POEA)에 따르면 필리핀은 1987년 이후 선원의 주요 공급 국가이다. 2010년 POEA에 등록된 필리핀 선원이 34만 7,150명이다. 선박에 탑승하는 5명의 선원 중 1명은 필리핀인이라는 말이다. 필리핀의 고용노동부에 따르면, 약 22만 9,000명의 필리핀 선원이 전 세계 상선에서 근무 중이다.

이 수치에 의하면 필리핀 선원이 전 세계 150만 명 선원의 15% 이상을 차지하고 있어 해운 업계에서 필리핀은 '가장 큰 하나의 국가 블록bloc' 이다.[5]

떠다니는 감옥에서 살기

선원은 '바다를 근거로' 사는 독특한 노동자 집단이다. 이 디아스포라들은 계약 동안 자의적인 목적지 없이 국제 수역을 횡단하기 때문에 이민자로서

---

3) 국제운송노동자연맹은 운송 노동자 노조의 글로벌 연합조직이다.

4) http://www.ics-shipping.org/shipping-facts/shipping-and-world-trade/number-and-nationality-of-world'sseafarers (accessed 15.9.14).

5) http://www.ics-shipping.org/shipping-facts/shipping-and-world-trade/number-and-nationality-of-world'sseafarers (accessed 15.9.14).

특별한 사회적 정체성을 가진다. '집행유예 된 이민자'인 이들의 일터는 대양을 오가는 선박이다. 이들은 집에서 6개월에서 12개월 정도 떨어져 모든 종류의 선박에서 일한다. 어떤 선원은 크루즈에서 하루 평균 12시간 일한다. 이러한 '순환' 또는 '횡단' 노동 이주 중, 선상에서 함께 생활하고 함께 일하는 선원은 공통의 문화를 만들어 낸다. 그러면서도 이들은 자신의 언어, 가치관, 규범 및 신앙을 유지한다.[6]

대형 유람선을 소유한 회사는 많은 국가에서 1,000명 이상의 선원을 고용한다. 가장 큰 유람선인 바다의 오아시스(Oasis of the Seas)에는 65개국에서 모인 2,165명의 선원이 있다![7] 각기 다른 문화에 직면하고 있는 이들이 전체로 연대하였을 때 서로 자유로운 의사소통이 힘들다. 이런 이유로 오해와 갈등이 쉽게 발생한다.

거의 모든 선원이 외롭고 고립되어 있다고 느끼며 많은 선원이 "우리는 떠 있는 감옥에 살고 있다."고 말한다. 계약 후 선원들은 2~3개월의 휴가 기간 동안 최신 해상법과 해상 규칙을 습득하기 위해서 회사의 여러 가지 훈련을 순서대로 따라야 한다.

보통 선원으로 35년을 근무하는 동안 집과 가정과 친구로부터 떨어져 있는 시간을 합하면 30년이나 된다. 선원에게 집은 어디인가? 집에 있는 시간이 조금이면 어떻게 좋은 남편이 되며, 어떻게 좋은 아버지, 좋은 할아버지가 되겠는가? 선원의 일이 결혼 생활과 가정에 어떤 영향을 끼치는가? 이런 일이 선원의 신체적 정서적 그리고 영적 건강에 어떻게 영향을 끼치는가?

무엇보다 선원이라는 직업은 세상에서 가장 위험한 직업 중 하나다. 2012

---

6) Evita L. Jimenez가 JCJ 해운 포럼 시리즈, 선원 시스템 기간 중 발표했던 프리젠테이션 '필리핀인 선원 디아스포라 : A Look at the Flag of Convenience (FOC) System'을 보라. 마닐라, 2010년 5월; 이 문서는 온라인에서 열람이 가능하다. http://marinerscanaman.edu.ph/Maritime-Affairs-andPapers/DIASPORA%20of%20Filipino%20Seafarers.PPT%20JCJ%20June%2028%202012.pdf (accessed 22.9.14).

7) http://web.archive.org/web/20120220080037/http://www.oasisoftheseas.com/presskit/Oasis_of_the_Seas.pdf 2014.9.11. 방문.

년 IMO에 따르면, 1,000명의 선원이 바다에서 사망했다. 국제 선원의 자살률은 해안 노동자의 3배이며, 일하면서 사고를 당해 사망할 확률은 해안근로자의 26배나 된다.[8)]

필자는 지난 30년 동안 2만 척의 선박을 방문했으며 수천 명의 선원과 대화했다. 선원이 쉽게 극복하지 못하는 딜레마가 있다. 해상에서 선원이 직면하는 문제 몇 가지는 다음과 같다.

- 장기간 가족과 떨어져 있다. 집으로부터 떨어져 있는 기간이 평균 9개월이며, 2개월 휴가를 받는다. 그러나 휴가 동안 운송 업체로부터 연락이 와 구급 조치 등의 훈련을 받거나 서류를 정리하거나 의료 서류를 업데이트하게 된다. 따라서 가족과 함께 보내는 시간이 더 줄어든다.
- 집으로부터 떨어져 있는 긴 시간이 아내, 자녀와 사랑의 관계를 형성하는데 큰 장애가 된다.
- 장기간 집을 비우기 때문에 자녀에게 아버지 역할을 하는 것이 힘들다. 선원은 자녀를 방치해 그들을 위해 충분히 해주지 못한 것이 많음을 안타까워한다.
- 바다에서 긴 기간 동안 심각한 외로움.
- 승선 후 첫 몇 주간은 향수병을 경험하게 된다.
- 상상이 가능한 모든 종류의 유혹에 빠지게 된다.
- 선원이 영어에 능통하지 않으면 의사소통에 문제가 발생한다.
- 여러 다른 국가의 선원과 함께 일할 때 문화적 문제가 일어나게 된다.
- 장시간 고된 노동. (하루에 8~14시간 정도)
- 겪는 어려움에 반해 상대적으로 낮은 봉급.
- 가족이 본인 없이도 살아감을 깨달을 때, 집에서 낯선 사람인 느낌을 받게 된다. 따라서 정체성 문제에 직면하게 된다.
- 건강 문제가 만연하며 화학제품 운반선에서 일하는 선원은 극심한 위

8) http://www.missiontoseafarers.org/media-centre/statistics 2014.9.15. 방문.

험에 노출된다.

- 출석하는 교회 공동체의 일부가 될 수 없기에, 그리고 소그룹 성경 공부에 동참할 수 없기에 영적 문제에 직면하게 된다.

복음을 가지고 선원에게 다가가기

대부분 선교학자, 전도사, 교회 개척 전략가의 생각은 '땅에 고착'되어 있다. 그들은 지구 표면에 육지보다 더 많은 물이 있다는 사실을 간과하고 있다. 물이 있는 한 선원이 있기 마련이다.

마가복음 16:1에서 예수께서는 제자들에게 "온 천하에 다니며 만민에게 복음을 전파하라"고 명령하셨다. 이 말씀의 직선적이고 당연한 의미는 모든 곳에 있는 모든 사람에게 복음을 전하라는 것이다. 선박에서 6~9개월 동안 일하는 세계의 모든 선원이 포함된다. 선원의 계약 기간 중에는 세계 항구 그 어느 곳에서든지 복음을 가지고 다가갈 수 있다.

선원은 다양한 종교 배경(불교, 기독교, 힌두교, 이슬람교, 시크교 등)을 가진다. 외로운 선원은 친절한 방문을 환영할 것이며 진심 어린 관계 맺음을 반길 것이다. 같은 언어를 사용하는 사람과 다른 신자에게 선원을 소개 할 수 있다. 이러한 관계 맺음은 복음의 씨를 뿌릴 기회를 제공한다. 실제로 선원이 공해에서 사용하도록 성경, 기독교 문학 및 예수 DVD를 제공할 수 있다. 선원이 그리스도의 제자가 되면, 선상의 선원 중에 복음 전파의 잠재력이 생기고 세계 가장 깊숙한 곳까지 예수님의 복음이 퍼지게 된다.[9)]

이 기회를 포착하여 그리스도인선원우정협회(SCFS)[역18]가 1846년 런던에 선원 선교사로 선상에서 선원을 복음화하고 제자 삼기 위해 설립되었다. 그 목표는 '그리스도인의 사랑에 관해 그들에게 이야기하면서, 영적으로 선원을

9) Martin Otto's Searfarers: A Strategic Missionary Vision (Carlisle, UK: Piquant, 2001)에 있는 효과적 전도의 많은 예들을 읽어라.

도우면서, 실제적인 방법으로 그들을 돕는 것'이다. 오늘날 SCFS는 로테르담, 앤트워프, 함부르크, 브레머하펜, 코크, 마닐라, 일로일로, 세인트 루치아를 포함한 세계 곳곳의 많은 항구에 설립되었다.

SCFS의 희망은 '신자들의 믿음을 강화하고 불신자에게 복음을 설명하여 그들이 주님께 더 가까이 다가가게 하는 것'이다. SCFS 직원은 부두에 정박한 배의 선원을 만난다. SCFS의 사역은 봉사, 성경 배포, 성경 자체 학습 자료 배포, 영감을 주는 음악과 영화 배급 및 기타 기독교 문서 보급을 포함한다. 그들은 또한 선원에게 신체적, 감정적, 정신적 보살핌을 제공한다. 선원을 현지 상점에 데리고 가 전화를 걸도록 하거나, SIM 카드나 추가 카드를 제공하거나, 인터넷에 액세스 할 수 있는 방법을 알려 주는 등의 실용적인 지원은 귀중한 섬김이다.

이와 비슷한 선원 선교 기관으로는 선원협회**역19**, 한국선원선교회**역20**, 국제항만선교회**역21** 등이 있는데 수는 매우 적다.

선상에 떠다니는 교회 개척하기

선상 교회 개척은 점차 실현되고 있다. 이 혁신적인 사역의 개척자 중 대표적인 이가 필리핀인 그리스도인 사업가 부부 로드리고(Rodrigo)**역22**와 델로레스 리베라(Delores Rivera)였다. 이 부부는 1983년에 RD 어업(RD Fishing Industry Inc)을 시작했으며 본부를 필리핀 제너럴산토스에 두었다.[10] 남태평양 바다에서 이루어지는 참치잡이용으로 14척의 선박을 가지고 있는데 11척의 중형 어선과 3척의 대형 건착망(seine-type) 보트와 그에 딸린 부속선이 있다.[11]

---

10) Vladimir S. Bunoan, "Fishing for Success: Rodigo Rivera Sr" in NEGOSYO (Quezon City, Manila: ABS— CBN Publishing, 2006), 239~243.

11) Ron Goshulak, "Gone Fishing," Alliance Life (February 26, 1997), 19~20.

로드리고는 각 배마다 숙련된 유급 목회자를 배정하여 항해 동안 선원을 섬기기 위해 월급을 준다. 목회자는 개인 상담, 집단 성경 공부, 기도회와 예배를 인도한다. 이로 인해 많은 선원이 예수님을 구주로 영접했으며 항해 중 제자화되기도 하였다. 그들 중 몇몇은 영적으로 성장하여 강한 사역자가 되기도 했다.

필리핀 디아스포라는 많은 나라에 정착했을 뿐만 아니라 세계의 바다에 흩어져 있다. 필리핀 해외 노동자(OFWs)의 7% 이상이 진정한 신자로 추정된다. 바다를 기반으로 하는 OFWs가 25만 명이 넘는 가운데, 예수 그리스도의 증인이 될 3만 2,000명이 항해하는 선박에서 일하고 있다.

선원 사역을 더 신속히 하기 위해 FIN이 OM의 둘로스호 선원에게 '상담'을 후원했다. 상담의 결실은 2008년 4월, 4일에 걸친 과정에서 거두었다. 이 과정은 그리스도인 필리핀 그리스도인 선원이 다른 비그리스도인 선원에게 다가가 선박의 목회자가 되도록 돕는 것이었다. 이후로 매년 4번의 동일한 과정이 열렸고 그 결과로 선박 복음화, 제자화, 그리고 선상 교회 개척의 사명을 가진 수백 명의 그리스도인 필리핀인이 배로 돌아왔다.

오늘날 필리핀 선원은 여러 척의 배에서 선상 교회를 인도하고 있다.[12] 다른 국적의 그리스도인이, 다른 선박 위에 교회를 개척하여 인도하기 시작했다. 유람선 '*프린센담(Prinsendam)*'에서는 인도네시아 교회가 담당하고 있으며 인도네시아 그리스도인 선원이 인도하고 있다. '*퀸 빅토리아(Queen Victoria)*' 에서는 스리랑카 그리스도인이 매주 성경 공부를 인도하는데 이 그룹은 다문화적이며 다인종적이다. '디즈니 크루즈 라인즈(Disney Cruise Lines)'라는 유람선에서는 중미와 남미 국가 출신 몇몇 그리스도인이 선상 교회를 개척하는 단계를 밟고 있다. 이제는 선상 교회의 수를 확인하기가 거의 불가능한 지경이다. 바다 위에서 교회를 개척하는 전략은 인정받기 시작했으며 인기를 얻고 있다.

---

12) 바다 위에 떠 있는 교회를 인도하는 필리핀인 선원의 간증에 대해서는 Martin Otto's Church on the Oceans: A Missionary Vision for the 21st Century. (Carlisle, UK: Piquant, 2007)을 보라.

선상과 선박을 넘어 잠재력을 극대화하기

대다수의 글로벌 교회는 선상 교회에 대해서 무지하다. 선원 선교 단체의 중요한 역할 중 하나는 땅 위의 그리스도인과 교회에게 선상 교회와 그 독특함을 알리는 것이다. 이러기 위해서는 각 단체가 시너지를 발휘하도록 협력하고, 조정하고, 소통 할 수 있는 선원 선교 기관의 국제적인 네트워크를 긴급히 조직해야만 한다. 이 네트워크를 통해 중요한 몇 가지를 성취 할 수 있다.

1. 네트워크 홈페이지를 만들어 다운로드 받을 수 있는 자원으로 채워라. 선원이 사역에 대한 정보를 얻을 수 있는 허브(hub, go-to site)가 될 것이다.
2. 상호 기도와 지원을 위해 땅 위의 교회와 바다 위의 교회 사이의 협력관계를 만드는 데 도움이 된다.
3. 항구 선교사와 봉사자를 조직화하여 그들의 연락 정보를 홈페이지에 올려 선원이 그들과 연락할 수 있도록 한다.
4. 선상 교회 지도자를 네트워킹하여 그들이 서로 소통할 수 있도록 한다.
5. 선원과 그들의 남겨진 가족이 각자의 도전을 처리하고 서로의 관계를 강화시키기 위해 필요한 디지털 자원을 가르치고 장비를 개발하는 일을 발전시킨다.
6. 선원이 바다에서 일을 끝내고 귀가했을 때 가족 관계의 회복을 돕고 선원이 부재하는 동안 남겨진 가족을 도울 수 있는 자원을 교회 지도자에게 제공한다.
7. 디지털 자원을 활용하는 커리큘럼이 있는 바다 성경 학교 교재를 고안한다. 이 교재에는 성경적 제자화, 지도력, 목회, 그리고 선교적 내용이 포함될 것이다. 이러한 유형의 훈련은 해상 또는 육상에서의 미래의 전임 사역를 양성하는 것이기도 하다.

결론

전 세계적으로 100만 명이 넘는 선원이 겪는 디아스포라 상황은 양면적이다. 어려운 상황에서 일하는 선원을 보는 것은 비극이다. 우리가 부족할 것 없는 삶을 살 수 있도록 돕기 위해 선원은 모든 종류의 화물을 우리에게로 운송한다.

서양은 이런 상황에 만족해서는 안 되며 이 도전을 받아들여 바다에 있는 잊힌 이들에게 다가가야 한다. 우리는 선원의 친구가 되어 주며, 트라우마 상황에 처한 선원을 돕고, 이들과 그리스도의 사랑을 나눌 방법을 찾아야 한다. 이렇게 함으로써 우리는 마태복음 28:19~20의 예수님의 명령을 따를 수 있다. "그러므로 너희는 가서 모든 민족을 제자로 삼아 아버지와 아들과 성령의 이름으로 세례를 베풀고 내가 너희에게 분부한 모든 것을 가르쳐 지키게 하라. 볼지어다. 내가 세상 끝날까지 너희와 항상 함께 있으리라 하시니라."

토의

1. 선원이 "우리는 떠다니는 감옥에 살고 있다"고 말하는 이유는 무엇인가?
2. 선원의 가족에 끼치는 부정적인 영향은 상상을 초월한다. 지역 교회가 이런 문제 해결에 나서기 위해 실제로 무엇을 할 수 있는가?
3. 항구 도시의 지역 교회가 선원을 접대하면서 사역할 방법을 모색하라.
4. 항구 도시에 있는 특정 인종 디아스포라 교회 성도가 행할 수 있는 독특한 선교자의 역할은 무엇인가?

14장

학계의 디아스포라 사역자와 학계로부터 온 디아스포라 사역자

레이톤 에드워드 친(Leiton Edward)
리사 에스피넬리 친(Lisa Espineli Chinn)

서론: 정의와 역사적 정황

학계에서(in the academic world) 디아스포라 선교의 존재를 처음으로 인정한 것은 2004년 태국 로잔포럼이다. 이 포럼에서 디아스포라와 유학생(국제학생) 사역(ISM) 이슈 그룹을 합쳐 세계 교회의 새로운 전략적 방향을 제시했다.

유학생 사역 운동의 간헐적 성장이 한 세기 동안 진행된 후에야 이런 방향 제시가 있었고[1] 2007년 로잔 ISM 특별관심위원회[역23] 설립과 더불어 이 방향 제시가 더욱 인정되었다. 이어 2010년 케이프타운에서 개최된 제3차 로잔대회에서 ISM 관련 여러 세션이 열렸으며 2012년 로잔 ISM 상임고문으로 레이톤 친이 임명되었다.

학계의 외국인(여권을 소지한 외국인으로 학생 혹은 근로 비자를 받은 사람)은 지상명령을 이루는데 가장 전략적일 수 있는 집단을 대표한다. 사전에 의하

---

1) ISM은 '유학생 사역"(International student ministry)'의 포괄적인 언급으로 사용된다. 7부의 용어해설을 참조하라.

면 ‘학계’란 일반적으로 고등교육기관인 대학(universities and colleges)을 말하지만, 디아스포라 선교와 관련해서는 전략적으로 해외에서 온 임시 거주자인 중・고등학생까지도 포함한다.2)

캠퍼스에서나 지역 공동체에서 교육 기관에 있는 외국인 가운데서 ‘하나님의 선교’를 실천하는 사람이면 학계에서 디아스포라 선교를 실천하는 ‘주체’다. 전통적으로는 이들 주체는 ISM과 같은 전문인이거나 학생 사역이거나 교수, 행정 직원, 혹은 직원 등과 같은 교내 직원을 말한다. 이들은 유학생, 학자, 연구자, 어학 연수생을 섬기며 교제한다. 그러나 유학생을 대상으로 사역하는 이들의 대부분은 자원봉사자다. 이들은 캠퍼스 동료이거나 지역 교회의 성도이다. 최근에 이 사역은 캠퍼스에 있는 학계의 그리스도인 외국인을 무장하여 장래의 선교사로 파송하고자 하는 데까지 발전하고 있다.

국제복음주의학생회[역24]에서 주최하는 여러 사역은 유학생과 직원을 대상으로 한다는 것이 IFES의 캠퍼스 전략이며 호주, 캐나다, 네덜란드, 미국이 전략을 잘 개발해 왔다. 호주복음주의학생회FOCUS[역25]는 25개 캠퍼스에 ISM 직원이 65명이며 미국 인터바시티[역26]는 300개 지부에서 ISM 직원 100명과 유학생 관련 직원 100명을 두고 있다.

한국 고유의 ISM 사역단체인 국제학생회(ISF)[역27]는 5개 도시 20개 학교에서 활동하고 있다. 뉴질랜드 ISM[역28]는 뉴질랜드 네비게이토/나침반 사역 내에서 2000년에 설립되어 현재 6개 도시의 16개 학교에 걸쳐 직원 40명을 두고 있고, 20개 교회 및 단체와 활성화된 협력관계를 맺고 있다.

미국 브리지 인터내셔널[역29]은 200여 지역에 315명의 상근 스태프와 87명의 시간제 스태프가 있다. 아마도 가장 오랫동안 학생만으로 운영된 ISM은 1959년 호주에서 시작된 해외 그리스도인 펠로우쉽(OCF)[역30]일 것이다.

ISM 인터내셔널과 같은 선교 단체 역시 이전보다 더 많이 유학생을 섬기려 한다. 루터란 교회 미주리주 노회, 하나님의 성회, 미국 장로교 같은 교단도 미국에서의 ISM 사역을 개발하고 있다.

---

2) 이 장은 이민자, 난민, 또는 학생으로 등록된, 귀화자 자녀는 포함하지 않는다.

학계에 의도적으로 초점을 둔 디아스포라 선교는 1911년 당시 여러 세계적 선교 단체의 통찰력 있는 전략 지도자로 알려진 존 R. 모트(John R. Mott)에 의해 뉴욕에서 열린 유학생우호관계위원회CFR로부터 시작했다. '해외 선교 분야'를 매우 적극적으로 관찰해 오던 모트는 미국에 들어온 외국 선교 분야에 주목했다.[3] 후에 유학생 봉사부로 명칭을 변경한 CFR는 1950년까지 40년 동안 이 사역의 점진적 발전을 위한 씨앗을 심은 주요 기관이었다.[4]

보스턴의 파크스트리트 회중교회(Park Street Congregational Church)는 60년이 넘게 매우 효과적인 ISM 사역을 계속하고 있다. 1953년에는 전 중국 선교사 밥 핀리(Bob Finley)가 유학생에게 초점을 둔 미국선교단체(ISI)를 설립하여 현재 직원 350명을 두고 있다. 1980년대 중반에는 ISI가 ISM 캐나다(ISMC)**역31** 설립을 도왔고, 영국의 ISCS**역32**(현재 프렌즈 인터내셔널)**역33** 설립도 도왔다. ISMC는 직원 110명과 자원봉사자 500명을 두고 있으며 100개의 캐나다 교회와 협력하고 있다. 프렌즈 인터내셔널은 상근직 70명과 파트타임 직원 60명 이상이 250개의 영국 교회와 협력하여 사역하고 있다.

1975년, 보스턴의 파크스트리트 회중교회의 유학생 세계선교 콘퍼런스에서 '*오늘날 선교의 대 사각지대*'란 메시지를 전했다.[5] 그의 도전은 교회가 해외 출신 학자를 향한 그리고 그들을 통한 세계선교의 거대한 잠재성과 기회를 놓치곤 했다는 것이었다. 지난 40년간 '보지 못함'으로부터 '비전과 행동'으로의 변화가 많이 이루어졌다. 그러나 성령께서 보지 못함을 분명함으로 바꾸어 주시고, 교회, 단체, 그리고 성도를 전 세계적으로 ISM 사역에 동참하게 하며, 기독교 유학생이 귀국 후 고국 혹은 어느 곳에서든 하나님의 선교를

---

3) Leiton E. Chinn, "Diaspora Missions on Campuses: John R. Mott and a Centennial Overview of the International Student Ministry Movement in North America," Global Diasporas and Mission, Chandler H. Im and Amos Yong, Eds, Regnum Edinburgh. Centenary Series, vol. 23, (Regnum Book Publishers, 2014).

4) Mary A. Thompson, Unofficial Ambassadors: The Story of International Student Service (1982).

5) Leiton E. Chinn , "International Student Ministry: Blind-Spot to Vision," unpublished paper presented at the Lausanne Diasporas Strategy Consultation, Manila, May, 2009.

감당하기 위해 준비시키는 것이 여전히 필요하다.

유학생 이동성 :
글로벌 추세와 전략적 함의

유학생은 계속 증가하고 있다. 전 세계적으로는 유학생 수가 1990년 130만 명에서 2011년 430만 명으로 늘어났으며,[6] 2012년에는 450만 명으로 증가했다.[7] 전 세계에 재학 중인 대학 과정(tertiary)의 유학생 수는 2005년에서 2012년 사이에 50% 증가했으며 2015년에는 500만 명을 넘었다고 한다.[8] 유네스코에 의하면 2020년까지는 유학생 수가 700만 명에 이를 것이며[9] OECD는 2025년까지 800만 명을 예상하며 향후 10년간 세계 이동 인구의 60%에 이를 것이라 했다.[10] 유학생을 받아들이는 국가에 있는 유학생 통계는 그 나라의 교회가 환대의 책임과 ISM 사역에 상황적으로 동참하는 선교적 기회를 고려하는 하나의 인자(factor)이다.

프로젝트 아틀라스(Project Atlas) 2014 동향과 글로벌 데이터에 의하면 2013년 가장 많이 유학 가는 8개 국가의 유학생의 증가량(괄호안의 숫자)은 다음과 같다:

미국 88만 6,052명 (966,333 F-1 비자와 M-1 비자 학생; SEVIS By the Numbers,

6) The International Mobility of Students in Asia and the Pacific (UNESCO, 2013).

7) Education at a Glance 2014, Organisation for Economic Cooperation and Development (OECD).

8) Education at a Glance 2015, Organisation for Economic Cooperation and Development (OECD).

9) "International Education Supply & Demand: Forecasting the Future," Trends & Insights for International Education Leaders, June, 2013.

10) "Four Trends That are Shaping the Future of Global Student Mobility," ICEF Monitor, September 2, 2015.

2014년 7월)

영국 48만 1,050명

중국 35만 6,499명 (200여 나라에서 거의 38만, 2014명)[11)]

프랑스 29만 5,092명

독일 28만 2,201명 (30만 1,350명, 2014; ICEF Monitor, 2015.06.29)

호주 24만 7,093명 (54만 3,123명, 2015.07)

캐나다 23만 7,635명 (33만 6,497명, 2014, ICEF Monitor, 2015.11.25)

일본 13만 5,519명 (18만 4,155명, 2014, 05; ICEF Monitor, 2015.07.01)[12)]

가장 많은 유학생을 받아들인 국가는 유럽으로 총 유학생의 48%를, 2위는 북미로 21%를, 아시아는 18%를 수용하고 있다. [13)]

2015년에 미국에는 중・고등학생과 어학연수생을 포함하여 100만 명이 넘는 유학생이 있었다. 2014~20115년 미국 유학생 수는 10% 증가하여 사상 최대치인 97만 4,926명을 기록했다. 캐나다는 2014년에 33만 6,497명이 있었고,[14)] 2022년까지는 45만 명을 달성토록 노력 중이다.[15)]

북미 ISM 운동이 60년간 지속하여 증가했으나 차세대 ISM 사역를 준비시키는 정규 ISM 신학교 수업은 없었다. 디아스포라 선교가 추진력을 받고 있으므로 보다 많은 기독교대학원과 신학대학원은 ISM 입문 강의 정도는 제공해야 할 것이다. 어쩌면 국제문화학 석사과정에서 ISM을 전공하여 ISM에서 인증되는 것이 바람직할지도 모른다.[16)] ISM 관련 강의를 제공하면 ISM 운동

---

11) Rahul Choudaha, "How China Plans to Become a Global Force in Higher Education," The Guardian, October 12, 2015.

12) Monthly Summary of International Student Enrollment Data-Australia-YTD July 2015, Australian Government Department of Education and Training.

13) Karen MacGregor, "The Shifting Sands of International Student Mobility," University World News, September 12, 2014.

14) "Canada Books Another Strong Year of International Enrollment Growth," ICEF Monitor, November 25, 2015.

15) CBCNews.ca (Radio-Canada National Public Broadcasting), January 15, 2014.

이 나아가는 데 필요한 많은 연구를 촉진할 수 있을 것이다.

역사적으로는 유학생이 북미, 유럽, 호주, 그리고 뉴질랜드로 많이 갔다. 2014년 뉴질랜드는 11만 198명의 유학생을 받아들였다.[17] 2000년 이후 유학생을 모집하기 위해 교육 허브를 세우는 아시아 국가가 증가했다. 아시아 태평양 지역 내 혹은 그 바깥으로부터 오는 학생을 끌어들이는데 이런 새로운 추세가 도움이 되고 있다.[18] 유학국으로서 중국이 프랑스, 독일, 호주를 뛰어넘었으며 영국과 미국에 이어 3위가 됐다. 2020년까지 50만 명의 유학생을 받아들려는 목표는 달성할 듯하다.[19]

2013년 호주는 52만 7,000명의 유학생을 받았으며[20] 말레이시아의 비전 2020 프로그램은 20만 명의 유학생을 겨냥하고 있다.[21] 2014년 한국은 8만 5,000명의 유학생을 수용했으며, 2023년까지 20만 명을 수용하는 목표를 설정했다.[22]

그러나 아직은 몇몇 아시아 국가에서는 교육의 질이 문제가 된다. 사립 고등교육기관의 확산에 대한 정부의 규제가 부족하기 때문이다.[23] 아시아 태평양지역에는 그 상황에 적절한 ISM 전략이 필요하다. 그중 하나가 정기적인 로잔 아시아태평양지역 ISM 지도자 컨설테이션이다.[24]

---

16) Leiton E. Chinn, "Academic Training in ISM," unpublished paper presented at GPS'09, Columbia International University, May 2009.

17) "New Zealand's Enrollment Up 13% in 2014," ICEF Monitor, July 31, 2015.

18) Leiton E. Chinn, "International Student Ministry: A Most Strategic Yet Least Expensive Opportunity for Global Missions Arises in Asia," Asia Missions Advance, January, 2014.

19) "State of International Student Mobility in 2015," ICEF Monitor, November 5, 2015.

20) "Australia Reverses Three-Year Enrollment Decline in 2013," ICEF Monitor, March 25, 2014.

21) "Malaysia Continues to Build Its Position As a Regional Education Hub," ICEF Monitor, June 23, 2014.

22) "Korea aims for 200,000 foreign students by 2023," ICEF Monitor, October 13, 2015.

23) "Higher Education in Asia and the Search for a New Modernity: An Introduction", Asia: The Next Higher Education Superpower?, Rajika Bhandari and Alessia Lefebure, Eds, AIFS Foundation and Institute of International Education, 2015.

24) 2009년 Lausanne Asia-Pacific Regional ISM Leaders Consultation이 2010 케이프타운에서

EU의 학생 이동 프로그램 '에라스무스(Erasmus)' 아래 2012~2013년도 유럽 내 유럽인 학생 30만 명은 공부와 훈련을 허락 받았다. 2014학년도 독일은 30만 1,000명의 유학생을 수용했으며, 2020학년도까지는 35만 명을 달성하는 것이 목표이다.[25] 러시아는 유학생을 모집하는 데 우선순위를 두고 있으며 장학금 수여자를 2015년도 1만 5,000명에서 2016년에는 2만 명으로 늘렸다.[26]

지역 교육의 허브가 되려는 터키는 원래 2020년까지 15만 명의 유학생을 받아들이기로 했던[27] 목표를 2023년까지 20만 명의 유학생을 수용하는 것으로 수정했다.[28] 유학생 수용 국가로 11위를 차지했던 남아공이 2009년에 유학생 6만 명 이상을 수용했다.[29] 유학생 교류에는 남미국가 브라질이 앞서 나가고 있으며,[30] 콜롬비아 역시 유학생 모집을 계획하고 있다.[31]

아프리카, 라틴아메리카, 그리고 중동은 ISM이 보다 개발될 수 있도록 도와야 하는 지역이다. UAE가 8,500명을 유학 보내 대학 수준의 학습을 받도록 하는 반면, 5만 4,000명 이상의 유학생을 수용하고 있는데, 이와 관련하여 국제어 또는 영어를 사용하는 교회와 교제 단체가 자신을 위해 세운 목표와 이런 현실을 어떻게 통합시킬 수 있을까?[32]

개최될 제3차 로잔대회를 준비하기 위하여 싱가포르에 소집되었다. 2015년 싱가포르 포럼에는 17개국에서 70명 이상이 참석했다.

25) "Foreign Enrollment in German Universities Reach Record High," ICEF Monitor, July 30, 2014.

26) "Russia Moving to Expand International Student Recruitment," ICEF Monitor, September 30, 2015.

27) "Turkey Aims to Build on Recent Gains to Host 150,000 International Students by 2020," ICEF Monitor, June 24, 2014.

28) "Turkey: government invests record amount in HE scholarships," The PIE News, August 13, 2014.

29) Project Atlas/South Africa, (Institute of International Education, 2014).

30) "Brazil Extends Science Without Borders with 100,00 New Scholarships," ICEF Monitor, July 4, 2014.

31) "Colombia's Efforts to Become an International Education Study Destination," Pie Chat, The PIE News, August 8, 2014.

32) "UAE Education Sector Set for Robust Growth" ICEF Monitor, September 4, 2014.

대학원을 마친 학생이 전 세계적으로 증가하고 있는 것이 최근의 또 다른 경향이다. 2024년까지는 중국인 34만 명과 인도인 20만 9,000명이 대학원을 마치게 된다.[33] 미국 인터바시티와 같은 캠퍼스 선교 단체는 ISM을 포함한 대학원과 직원 사역을 위해 특성화된 직원을 고용하고 있다. 다른 캠퍼스 선교 단체 역시 이와 유사한 직원 고용을 고려할 수 있다.

유학생 관련 데이터가 보통은 대학에 있는 학부와 대학원생과 관련된 것이기는 하나, 학계의 디아스포라를 구성하는 외국인에는 다른 범주가 존재한다. 증가하는 추세인 현지 언어 연수생과 직업훈련학교와 기술훈련학교에 다니는 비학위과정 학생 외에도 대학원을 마친 학자, 연구생, 교수, 행정직원, 그리고 기타 분야 직원 가운데 타국 출신이 많다.

고등학교와 중학교 유학생이 한 학기 혹은 1년 이상을 체류하는 과정이 점점 인기를 얻고 있다. 미국에서는 고등학교 유학생이 보통 중국이나 한국에서 오는데, 그 수가 2007년 6,500명에서 2012년 6만 5,000명으로 늘었다.[34] 파라처치 청소년 단체와 교회에 기반을 둔 청소년 사역은 증가하는 어린 국제학생들과 어떻게 교류할 것인가?

또 다른 곳에서도 선교 기회는 찾을 수 있는데, 원격 학습과 인터넷 강의가 점점 인기를 얻음에 따라 유학생이 유학국을 1~2주 방문해 학습하는 경우가 늘어났다.

전 세계적으로 유학생 숫자가 점차 늘어났지만, 1980년대 중반까지는 유학생 디아스포라 선교는 미미하여 주로 북미, 유럽, 그리고 아시아 태평양 지역에서만 이루어졌다. 이들 지역에서의 유학생 사역의 성장은 네트워크의 발달 덕분이었다. 북미의 ACMI, 유럽의 IFES와 프렌즈 인터내셔널의 협동, 그리고 로잔 아시아 태평양지역 ISM 리더 네트워크가 그 예다.

---

33) "New Report Forecasts Postgraduate Mobility Trends Through 2024," ICEF Monitor, October 15, 2014.

34) Leiton E. Chinn, International High School Students in the U.S., workshop at the 2014 National Conference of the Association of Christians Ministering among Internationals, Atlanta, Georgia, May 31, 2014.

남아프리카 공화국에서도 유학생 사역이 진행되고 있으며 케냐와 가나는 이 사역을 고려 중이며 아프리카 남쪽 지역의 협력 사역이 이루어질 것을 기대하고 있다. 국가 ISM 지도자는 로잔 ISM 글로벌 리더십 네트워크를 통해 협력하고 있으며, 이 네트워크는 2014년도 WEAMC[역34]의 결실이었다.

전통적으로는 ISM의 목적은 유학생들을 환영하고 다가가는 것이다. 그러나 아직 개발되지는 않았지만, 선교와 관련된 학생 이동의 또 다른 추세가 있다. 이는 바로 유학 프로그램이 급증하는 추세로 인해 학계 디아스포라 사역[역35]을 위한 넓은 길이 자연적으로 열리고 있다는 것이다. 이것은 아직까지는 발달하지 않았지만, 잠재적으로는 성과를 많이 낼만한 선교전략이다. 즉 국내그리스도인 학생을 훈련시켜 선교사로 유학 보내는 것이다. 다른 말로 '역(reverse) ISM'[역36]이다. 기독교 학교는 '유학가기'를 통합적 선교와 학습의 기회로 선전할 수 있다. 학생들은 우선순위가 높은 나라와 캠퍼스를 전략적으로 택하여 그 나라에 가서 공부하고, 연구하며, 문화와 언어를 배우고 사역에 종사할 수 있다. 캠퍼스 선교 단체는 유학 선교 동원 사역의 시행을 고려해야 한다. 선교 단체는 또한 현지 선교사가 고국에서 오는 유학생을 받아들여 자신의 사역에 참여시키는 유학 파트너십을 개발할 수 있다. 이와 같이 기독교 교수진은 '해외에서 가르치거나' 여름방학 동안 한 학기 또는 1년 동안 교환교수에 계획적으로 참여할 수 있다.

학계의 외국인을 섬기는
디아스포라 사역의 전략적 가치

1. 미전도 종족(UUPGs)에게 다가가기

캠퍼스의 많은 외국인은 미전도 종족 집단(Unreached/Unengaged People Groups, UUPGs) 혹은 '10/40 창'에서 왔으며 이들은 교회가 아직 존재하지 않거나 초기 단계에 있는 UUPGs 들에게 잠재적으로 영향을 끼칠 자리에 있다. 선교사 거주나 활동에 문을 닫은 국가 혹은 문화권은 자신의 미래 지도자를 유학 보내거나 이를 허락하면서 역설적으로 그 문을 넓게 열고 있다.

2014년만 해도 미국으로 유학생을 많이 보내는 국가와 관련된 전략적 의미를 고려해 보라. 중국(30만 4,040명), 인도(13만 2,888명), 한국(6만 3,710명), 그리고 사우디아라비아(5만 9,945명) 등이다.[35)]

인도 유학생의 85%가 미국, 호주, 캐나다, 영국, 뉴질랜드로 가는데,[36)] 이것이 ISM 전략적 계획과 어떤 연관이 있을까? 일본 유학생은 일본을 떠난 이후에야 기독교에 관심을 자주 보였다. 1980년대 중반 이후부터 타국에 있는 중국인 학생과 학자 사이에 복음에 대한 유의미한 반응이 있었다. 본래는 기독교를 반대하거나 적대시하는 문화 혹은 종교를 배경으로 한 사람들은 타국에서 기독교 신앙을 탐구할 기회를 감사해 한다. UUPGs 출신 학생과 10/40창 출신 학생 관련 사역은 이런 학생에게 타국에서 머무르고 있는 학생과 귀국하는 학생[역37]의 보안 문제를 포함하여 적절한 전략을 개발해야 할 것이다.

2. 세계의 미래지도자에게 영향 끼치기

학계에서의 디아스포라 선교의 어마어마한 전략적 가치 중 하나는 대부분 졸업생이 그들의 분야에서 지도자 역할을 하게 될 것이라는 현실이다. 미국 국무부에 의하면 미국에서 공부한 세계 지도자는 300명이나 된다고 한다.[37)] 캠퍼스와 그 주변에서 생활하는 외국인을 변화 지향적으로 환대함으로 교회는 세계 지도층에 영향을 끼칠 특별한 기회를 얻게 된다.

3. 전 세대의 교회 성도를 모국에서 글로벌 선교에 동참시키기

지역 교회와 어떤 교단은 캠퍼스의 외국인을 향한 선교의 큰 가치를 발견

---

35) Open Doors 2015 Fast Facts, Institute of International Education.

36) Indian Student Mobility Research Report 2015: Latest Trends from India and Globally, (M. M Advisory Services, 2015).

37) "Armed with U.S. Education, Many Leaders Take on World," Washington Post, August 19, 2012.

하고 있다. 성도는 자기가 사는 곳에서 자원 선교사가 되고 있으며, 자신의 집을 사용하여 사역한다. '글로컬'역38선교는 성인뿐만 아니라 어린아이부터 조부모님까지 한 가정이 다 동참할 수 있는 사역으로 환대에 있어 동등한 역할을 하거나 현지어 회화 파트너로, 또 문화적 멘토의 역할을 하고 동네에 있는 학교와 협력하여 자원 홈스테이 가족/친구의 역할을 한다.

교회 성도는 해외로 이주하거나 다른 언어를 배우지 않고도, 서로 풍성케 할 글로벌한 문화 교류에 직접 참여하는 기회를 감사해한다. 해외에서 봉사하고 싶었지만 그럴 수 없었던 사람이 '해외'가 본인의 학교, 지역, 교회에 나타난 것을 환영한다는 간증이 드물지 않다.

캐나다 매나토바 주 위니팩의 에디스 해이야드(Edith Hayward of Winnipeg)에 사는 한 미혼 자매는 선교사로 인도에 가고 싶었으나 그럴 수 없었다. 그러나 이 자매는 결혼하고 남편과 함께 시크교 출신으로 갓 회심한 유학생인 바크 싱(Bakht Singh)에게 홈스테이를 해 주고 그를 제자화했다. 이 부부는 그 손님이 후에 20세기 인도의 가장 위대한 복음주의자요 교회 개척자가 될 줄은 몰랐다.[38] 봉사자와 ISM 스태프를 훈련시켜 그리스도인 유학생에게 기본적인 선교 이해와 자원을 전달하여 지상명령에 헌신하는 평생의 선교사가 되도록 돕는 것은 강조되어야 한다.

대부분 성도는 타국에서 직업 선교사로, 혹은 텐트메이커로 이직하도록, 또한 직업을 선교도구로 삼도록 부름을 받지 않을 것이다. 하지만 모국에 머무르는 대부분의 성도는 캠퍼스의 외국인에게 마음과 집을 열어 줄 수 있다. 디아스포라 선교에 현지에서 개인적으로 동참하는 것은 기도와 재정적 후원자의 차원을 넘어 세계 선교에 동참하는 것이라는 점이 강조되어야 한다.

38) T.E. Koshy, Brother Bakht Singh of India (2003) and Jonathan Bonk, "Thinking Small: Global Missions and American Churches," Missiology, April, 2000.

4. 목회자와 지역 선교 공동체가 ISM의 특별한 가치를 인식하다

목회자와 지역 선교 위원회는 예산 지출이 거의 또는 전혀 없는 캠퍼스 주변 외국인에 대한 선교의 막대한 전략적 가치를 강조하는데 이는 성도가 더러 교회 예산의 전부를 사용하기 때문이다. 교회 활동에 점점 더 많은 외국인이 참여하는 것은 세계 선교를 떠올리게 한다.

5. 선교 단체

선교 단체 역시 캠퍼스 내 외국인을 향한 디아스포라 선교의 전략적 가치를, 전략적 계획에 포함하고 있다. 선교학 관련 논문은 다음과 같이 결론 내린다.

> 선교사가 해외에서 섬기는 것을 준비하는 가장 효과적인 방법은 한두 해를 유학생을 섬기는데 투자하는 것이다. 선교사 후보자를 선택하고 준비하는데, 국제 학생을 섬기는 것을 보다 강조하여 고려해야 할 것이다. 해외 파송 전에 유학생을 섬겨본 선교사가 그렇지 못한 동료보다 훨씬 더 효과적이었다."[39]

6. 해외 선교사와 거주자 중 은퇴자 및 귀국자

일부 선교 단체는 해외 선교사 중 은퇴자 및 귀국자에게 자신이 섬겼던 나라 출신의 유학생을 섬기도록 하고 있다. 이와 비슷하게 단기 선교 참여자는 유학생과 친분을 맺어 선교 후 외국인 관련 사역에 참여할 수 있다. 자비량 선교(Faith Mission) 또는 사업가, 그리고 유학을 다녀온 학생은 인근 캠퍼스에 있는 외국인에게 다가가는 것을 고려해야 할 것이다.

7. 캠퍼스 내 외국인을 통해 배우고 연결되기

갓 선교사 된 사람 중 파송되기 전에 학계의 외국인과 관계가 형성된 선교사는 이 연결고리를 통해 문화와 언어습득에 도움을 받을 수 있다. 타국 출신

39) Patrick Lai, Tentmaking: Business as Mission, (Authentic Media, 2005).

학생은 선교지의 주요 인물과 연결시켜 주는 역할을 할 수도 있다. 선교 전략을 세우는 데 유학생이 중요한 정보와 관점을 제공해 줄 수 있다. 존 R. 모트와 랄프 윈터는 각각 학생자원자운동과 '숨겨진 종족들(Hiden Peoples)'이란 개념의 개발에 공헌한 유학생들에 대해 알게 되어 큰 감명을 받았다.[40)]

8. 현지에 있는 디아스포라 교회가 자국에서 온 유학생을 돌보다

해외 파송 선교사 돌봄과 선교사 자녀 돌봄이 필요한 것을 교회가 인식하고 있듯, 현지에 있는 디아스포라 교회가 고국 출신의 유학생을 돌볼 것을 고려해야 한다. 이중 현지에 있는 자국 출신 학생을 환영하는 데 활동적인 교회가 있다. 현지인 교회보다는 자국인이 다니는 교회를 선호하는 유학생이 있기 때문이다. 특히, 재미한인교회와 한국의 교회가 재미한인유학생과 타국에 있는 한인 유학생에게 다가가는 데 유의미한 헌신을 보였다.

1986년에 첫 KOSTA[역39]가 개최되었으며 이로 인해 매년 북미에 KOSTA가 열린다. 또한 - 독일과 프랑스를 포함한 - 유럽과 영국, 일본, 그리고 러시아에서도 매년 열려서 복음주의적 지도자와 학생에게 교제와 훈련의 기회를 제공했다.[41)] 자국의 문화적 특성을 지닌 교회가 존재하지 않는 경우에는 학계의 외국인이 그들만의 종교 단체를 세우기도 했다.

학계의 외국인을 '통한' 그리고 '넘어선' 디아스포라 선교

캠퍼스 내 외국인을 '대상으로' 사역하는 사람은 성도를 하나님께서 이끄는 선교사로 세우고 파송하는 제자화 과정에 큰 관심을 가져야 한다.

---

40) Leiton E. Chinn, "Reflections on Reaching the International Student Diaspora in North America," Global Missiology, July, 2014.

41) KOSTA website: https://www.facebook.com/kostausa.

외국인을 '*통한*' 선교와 관련해서 캠퍼스 내 외국 그리스도인이 고국에 있는 자국인을 섬길 방법은 무엇일까? 그들이 고국을 방문할 때나 귀국할 때 집에서 섬길 방법은 무엇일까?

한 캠퍼스 사역 단체는 외국인 제자를 '여름 선교 여행'을 명분으로 귀국시킨다. 외국인이 현지와 고국에서 사역에 도움이 되는 은사를 개발하고 사용하도록 교회가 적극적으로 방법을 모색해야 한다. 귀국할 계획이 있는 학계 외국인은 준비 과정에서 자신의 국가적 또는 문화적 유산을 가진 교회에 가입하거나 방문해야만 한다. 소그룹과 가정 교회 모형이 어떤 외국인에게 보다 적절할까? 귀국하려는 외국인을 위한 제자화와 리더십의 발전을 어떻게 상황화 할 수 있을까?

기독교 유학생은 유학 중이나 해외 체류 중에 자국인에게 다가가도록 권장해야 한다. 날로 더 유학을 많이 보내는 매우 폐쇄적인 국가 출신 유학생이 그리스도인 호스트[역40] 가정의 영향을 받아 현재 예수님을 구주와 주님으로 따르고 있다. 그는 함께 유학 온 자국인에게 뜻있는 사역을 펼치고 있으며 타인에게도 똑같이 하도록 훈련하고 있다. 기독교 유학생에게 도움을 청하면 현지 교회 캠퍼스 사역을 도와 훈련하여 자신의 고국과 문화에서 온 사람을 섬기는 사역을 감당하게 할 수 있다.

1984년에 발행된 《*집을 생각하라 : 기독교 국제 학생을 위한 귀국 가이드*》[42]가 출간된 이후 귀국하는 학생에게 필요 적절한 준비와 상황화된 제자도의 인식과 그 필요는 날로 개발되고 있다. 《귀국 : 유학생이 모국에서 그리스도를 섬기기 위해 준비하기》는 귀국자를 여러 번 방문하고 인터뷰하여 얻은 통찰력이 돋보인다.[43] 일본 기독교공동체 네트워크(JCFN)는 일본 학생에 의해 1990년도 인터바시티 어바나 학생 콘퍼런스에서 탄생하였고, 현재 일본인 그리스도인 유학생의 귀국을 준비시키는데 특성화되었다. 또한 일본에 있는 교

---

42) Lisa Espineli Chinn, Think Home, (InterVarsity ISM Department, revised 2011); Think Home has been translated or adapted into several languages.]

43) Nate Mirza, Home Again, (Dawson Media, 2005).

회가 귀국자를 받아들이도록 준비시키고 있다. 귀국자가 경험할 토속신앙, 이단, 박해, 우상숭배의 전통적이고 현대적인 유형 등과 같은 잠재적 종교적, 영적 문제를 고려하여 제자훈련이 맥락화되었다.

귀국하여 교회의 성장과 성숙에 공헌한 예로 존 성(John Sung)을 들 수 있다. 그는 1920년대 중반 미국 유학 중 그리스도를 영접했다. 사도적 선교사처럼 중국과 동남아시아로 돌아온 존 성은 '중국 역사상 최고의 복음주의자'로 불렸다.[44] 상당수의 말레이시아 및 싱가포르 교단 지도자는 1950년대 후반부터 호주의 해외 기독교 친목회(OCF)를 통해 개종과 제자 훈련을 경험했다.

두 명의 자매는 유학을 마치고 중동 국가로 돌아와 자국민에게 뛰어난 사역을 했다. 두 번째 학위를 취득하기 위해 해외에 머무르며 다른 학생의 귀국 준비를 도와주었던 한 대학원 졸업생이 지금은 귀국하여 자신의 '닫힌' 나라에서 귀국 학생을 섬기기 위해 목회자와 캠퍼스 사역를 동원하고 있다.

귀국하지 않고 해외에 머무르는 기독교 유학생의 경우는 어떤가? 이들은 직업 훈련의 기회, 인턴십과 취직을 통해 현지에 머무르며 임시거주자에서 영주권자로 전환할 수 있다.

이들은 각종 매체와 전자도구를 활용하여 가족과 친구, 그리고 동료와 관계를 잘 유지할 수 있으며, 인터넷 사역을 통해 사역 훈련을 받을 수 있다. 전 세계적인 '스카이프 제자화' 훈련이 귀국자에게서 고무적인 결실을 보고 있다.

해외에 머무르면서도 의도적으로 모국을 섬기는 또 다른 사례로는 인도네시아 출신 무슬림 학생이 미국 유학 중 그리스도를 영접한 경우다. 필자들과 일정 기간 함께 살았던 그는 미국 시장에서 성공했으며, 인도네시아를 섬기기 위한 선교 단체의 창립 멤버로 지도자 중 한 명이다.

학원 디아스포라를 '*넘어선*' 선교에는 캠퍼스와 현지의 현지인과 외국인에게 **서로 다른 문화를 오가며 하는**(교차문화적) **복음 증거를 포함한다.** 현지

---

44) From the Foreword by J. R. Stott, Flame for God, Leslie T. Lyall (Overseas Missionary Fellowship, 1954).

에 머무르는 많은 기독교 유학생과 졸업생은 ISM 봉사자나 직원으로 섬기는 데 이들은 타국 출신, 타문화 출신 학생과 모국 출신의 유학생 선교에 효과적이었다.

아프리카 출신의 한 신학생이 한 미국 교회와 성직자를 변화시켰다. 이 성직자는 향후 교단의 갱신 운동에 촉매 역할을 하는 주교가 되었다.[45] 호주 OCF 졸업생 중 다수는 현재 선교사다. 그중 패트릭 펑(Patrick Fung) 박사가 있는데 그는 OMF의 국제 이사 중 최초의 유색인종이었다.

뉴질랜드 ISM의 현 이사는 ISMNZ를 통해 그리스도를 영접하고 제자가 되었다. 그는 말레이시아로 귀국하여 사역을 총괄한 후 다시 뉴질랜드로 돌아와 자신의 믿음을 자라게 한 ISM을 지도하도록 부르심을 받았다. 신학교 졸업 후 한 학생이 닫힌 모국으로 귀국하여 본인이 사는 도시에서 늘어나는 유학생들을 섬기기 위해 여러 사람에게 동기부여를 하고 있는 경우도 있다. 학원에 있는 그리스도인 외국인이 유학생을 상대로 선교하고 섬기도록 격려하는 일에 더욱 중점을 두어야 한다. ISMs, 교회, 캠퍼스 사역와 선교 단체는 가능한 ISM 직원으로 혹은 다른 선교 역할로 외국인 졸업생을 모집하는 데 더욱 관심을 가져야 한다.

유학생을 격려하여 지상명령과 관련한 비전을 받도록 하려면 어떻게 해야 하는가? 캠퍼스 외국인 사역에는 제자화 과정에 하나님의 세계 선교를 분명히 포함해야 하며 선교 콘퍼런스에 참석하도록 장려해야 한다. 어바나 학생 선교 콘퍼런스(USM)[역41]에는 유학생만을 위한 특별한 강의가 있다. 교회, 캠퍼스 사역 또는 다른 많은 선교 단체의 사역에 의해 제공되는 타문화 선교 실습과 참여는 선교 교육과 영감을 보충하는 데 도움을 줄 것이다. 여러 가지 이유로 그러한 교차 문화적 사역 경험은 유학생이 거주하는 국가에서 이루어질 수도 있다

45) 앵글리칸 주교인 Alden M. Hathaway와의 전화 인터뷰. 2014.8.

전략적 현실에 대한 반응

교회는 유학생이 귀국하여 모국에서 지상명령을 실천해 나가는데 학계의 디아스포라 선교가 최고의 전략적인 기회를 제공한다는 현실을 인식하며 이에 반응하고 있다. 이 전략에는 캠퍼스 외국인이 해외에 머무르든 귀국하든 간에 캠퍼스 외국인을 섬길 뿐만 아니라, 그들의 삶 속에서 하나님의 나라와 소명을 이루어 나가도록 섬기는 만큼 훈련시키는 것을 포함한다.

토의

1. 캠퍼스 근처에서 공부하거나 일하고 있는 외국인과 당신의 관계를 기술하라. 혹시 그중 알고 있는 외국인이 없다면 외국인을 만날 방법에는 무엇이 있는가?
2. 사는 지역에서 방문 가능한 ISM의 목록을 작성하라. 없다면, 그리고 당신이나 당신의 교회나 단체가 ISM을 개척하기 원한다면, 초기에 시작할만한 단계에는 무엇이 있는가?
3. 캠퍼스의 그리스도인 외국인으로 학교라는 상황에서 모든 민족을 제자 삼는 데 동참하도록 격려할 방법은 무엇인가?
4. 모국의 ISM 홈페이지 두 곳을 찾아보라. 그 ISM이 가지고 있는, 당신이 처한 상황에 유의미한 생각이나 정보를 간단하게 나누라.

참고문헌

ISM 웹사이트

ACMI (Association of Christians Ministering among Internationals): www.acmi-ism.org

Australia Fellowship of Evangelical Students/FOCUS: https://www.afes.org.au/page/focus

Bridges International (Cru): www.bridgesinternational.com

China Outreach Ministries: www.chinaoutreach.org

Friends International (UK): www.friendsinternational.org.uk

IFES Netherlands: http://www.ifes-ism.nl

InterFACE: www.iface.org

International Students Inc: www.isionline.org

ISM Canada: www.ismc.ca

ISM Inc (Lutheran Church Missouri Synod): www.isminc.org

ISM New Zealand: www.ismnz.org.nz

InterVarsity (USA): http://ism.intervarsity.org

The Lausanne Movement: http://conversation.lausanne.org/en/resources/detail/10785

For further reading and research, see Part VII: Resources; Supplemental Reading on Diaspora Missions in the Academic World.

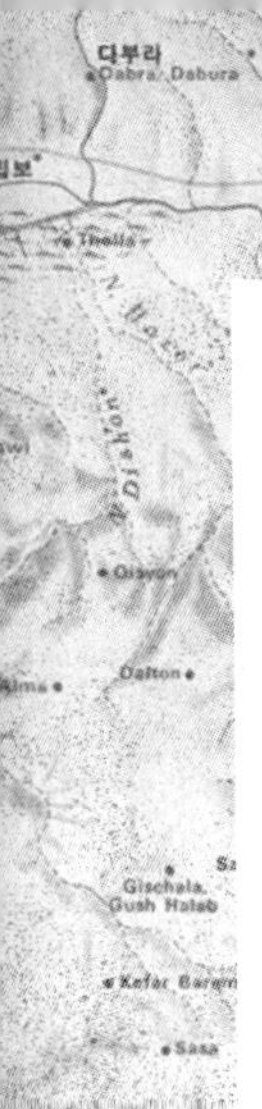

15장

디아스포라를 향한, 디아스포라 안에서, 디아스포라를 통한 Business as Mission(BAM)

요아오 모르도모(João Mordomo)

바벨탑(창11장) 이후, 인류는 중단 없이 '이동 중'이다. 그러나 에녹 완이 지적했듯 "공간을 가로지르는, 미증유의 속도로 움직이는 사람의 이동은 21세기 만의 특유의 세계적 현상이다(2011:3)." 완은 또 이렇게 관찰한다. "21세기의 변화하는 상황, 즉 대규모 디아스포라라는 세계적 현상과 기독교 무게 중심의 이동이라는 세계적 현상은 선교학적 개념화와 기독교 선교를 위한 전략에 대한 심각한 성찰을 요구한다(완 2011:3)."[1] 미전도 종족과 디아스포라 종족 가운데 교회 개척의 촉매 역할을 하는 것에 초점을 둔, 개발도상국을 섬기는 선교 단체의 지도자로서[2] 필자는 이 전략을 성찰하고 개발했다. 그중 하나인

---

1) 기독교 무게 중심의 이동에 대한 더 많은 정보는 위해서 Mordomo 2014a: 144~151을 보라,

2) 이 장에서 나는 인종 집단(ethnic groups)으로 정의된 미전도 종족 집단을 언급하는데 "이 집단 중에는 이 종족을 복음화 할 수 있는 적절한 인원과 자원을 가진 같은 종족의 그리스도인 공동체가 없다"(http:// joshuaproject.net/help/definitions 2015.10.30. 방문.). 우리의 목적을 이루기 위한 이 정의의 가치는 성경적으로 모든 민족이 위임받은 지상명령이다(마 28:19~20), 지상명령은 지리보다는 민족에 중점을 두기 때문에 UPGs도 포함되어 적용된다. 다른 말로, 미전도 종족 집단에 속한 디아스포라 집단은 미전도 족이다. 예를 들어, 종족 집단인 소말리족은 그 전부가 UPG로 여겨진다. 미국에 사는 소말리족은 보다 큰 규모의 미전도 종족 집단에 속한 디아스포라 집단이기에 전도를 위해, 성경적으로 우선적일 수 있다. 즉, 모국 땅 밖에서 사는 소말리족은 미전도 종족집단이다.

BAM이 이 장의 주제이다.

BAM

일반적으로 BAM은 "이익을 추구하는 상업적 사업으로 그리스도인이 운영한다. BAM은 성경적 원칙에 의해 운영되며 세계를 향한 하나님의 총체적 선교의 도구이다. BAM은 국내외의 두 개 이상의 문화가 교차하는 환경에서 운영된다(존슨Johnson 2009:27~28)."[3)]

대안적으로, 엄격히 접근이 제한된 상황에 있는 미전도 종족에 접근하기 위해 특별히 전략화된 적절함과 '4중의 목적(fourfold bottom line)'으로 - 단, BAM을 교차 문화적 활동으로만 *제한하는 것은 아니다*[4)] - 나는 하나님께 영광의 찬송을 올려드리기 위해 BAM을 다음과 같이 정의한다. BAM은 "하나님께 영광의 찬양을 올려드리기 위한 진정한 비즈니스 활동(특히 소규모에서부터 중간 규모까지, 또는 중소기업)의 전략적 개발과 활용으로 세상에서 접근이 가장 안 되는 사람들과 그 외의 사람들을 영적, 경제적, 사회적, 그리고 환경적으로 변화시키기 위한 진정한 사역 기회를 창출하는 것이다(모르도모 2014:235~236)."

위의 두 정의에서 알 수 있듯이, 'BAM의 포괄적 의미를 담는 집'은 크고 다양하며, BAM 방법론은 어떤 선교사/선교적 분야에서도 적용 가능하며 적절하다.[5)] 이해를 돕기 위하여 집 구조에 빗대어 <표 1>의 'BAM 집'에 '네 개의 방'을 제시한다.

---

3) 이는 Johnson의 정의를 개작한 버전이다. 이 개작은 2014년 9월 저자와의 스카이프 통화에서 존슨이 제안했다.

4) BAM을 '교차 문화적(cross-cultural)'으로 정의하는 것은 미전도 종족 집단에 왕왕 존재하는 자생적 신자의 소규모 공동체가 수행해야 할 BAM 활동에 진정으로 필요한 것은 불필요하게 배제한다. 이것은 특히 디아스포라 공동체에 해당한다.

5) 미전도 종족에 대한 보다 협소(내 마음으로는 적절한)한 활동은 지난 10년 동안 단일 문화

<표 1> BAM 스케일

	단일 문화 Monoculture	다문화 Cross-culture
복음을 접한	BAM 1	BAM 2
복음을 접하지 못한	BAM 3	BAM 4

각 '방'에 대한 간략한 설명은 아래와 같다:6)

1. BAM 1은 단일 문화적 상황에서 이미 복음을 접한 집단역42 안에서 활동하는 사람 또는 사람들에 의해 행해진다. 예를 들어, 25%가 넘는 그리스도인이 있는 브라질 동남부 지역에 사는 - 아랍인, 일본인, 혹은 동유럽 사람의 지역 공동체가 아닌 - 일반적인 브라질 국민 속에서 브라질 사람에 의해 운영되는 BAM 회사는 BAM 1 범주에 속한다.

2. BAM 2 역시 이미 복음을 접한 사람이나 종족 가운데 이루어지기는 하나 'BAMer'의 문화와 다른 문화권에서 발생한다. 외국의 환경에서 사업은 더 어려 울 수 있지만, 이미 복음이 접근된 상황이기 때문에 사역은 큰 문제가 되지 않을 것이다. 교차 문화적 사역에 대한 문제가 있기는 하나 이미 생명력 있는 교회가 존재하기 때문에 특히 교회 개척과 같은 개척 사역은 필요하지 않

활동과 상대적으로 전도된 종족 사이에서의 사역을 포함하고 있는 보다 광범위한 영역을 향해, 어떤 면에서, 지난 10년 이상 해왔던 방법이다. 스티브 런들이 지적했듯이 "BAM이라는 용어는 현재 선교 영역에서 거의 어디에나 존재하며, BAM을 지지하지 않거나 어떤 형태와 방식으로든 BAM에 참여를 주장하지 않는 사람을 찾기가 어렵다(Johnson 2009 : 15)."나는 이것을 내 정의(definition)와 BAM 스케일에서 고려했다.

6) BAM 스케일에 대한 더 많은 설명과 사례에 대해서는 Mordomo, 2014, 236~244 and 266~291을 보라. 명확하게 하려고 미전도 종족에 초점을 맞춘 원래의 BAM 정의의 본연과 정신을 유지하는 것에 대한 또 '킹덤 비즈니스사업' 또는 '변형적 비즈니스'와 같은 나의 스케일에 또 다른 명명법을 사용하는 것에 대한 논쟁이 있을 수 있다. 물론 '킹덤 비즈니스' 또는 '변형적 비즈니스'의 정의는 더 광범위하다. 나는 KB 스케일 또는 TB 스케일 그 어느 것으로도 기쁘다.

다. BAM 2의 예는 다음과 같다. 다수가 그리스도인인 브라질 동남부 출신 브라질인이 이끄는 BAM 사업으로 아마존 지역 혹은 – 동남부와는 뚜렷하게 다른 – 브라질 동북부, 그리고 서양의 많은 지역과 사하라사막 이남의 아프리카 지역에서 운영된다.

3. BAM 3은 성경적으로 보다 전략적이다. BAM 3은 미전도 종족 집단(UPG) 가운데 이루어지며 이에 따르는 사역 관련 문제가 상당하다. 그러나 BAM 운영자에게 문화적 상황이 모국과 같기 때문에 이질적인 문화권에서 경험했을 법한 추가적인 사업 관련 문제는 없을 것이다. 그 사례로 루이스 부시가 명명한 10/40창 가운데 핵심지역 중의 핵심지인 비하르 주 출신의 인도인이 비하르 주에서 BAM 회사를 운영하는 것을 들 수 있다.[7] 또 다른 사례로 동일한 역사적, 문화적, 국가적 상황에 속한 집단이 – 예를 들어, 브라질에서 브라질인이 – 미전도된 디아스포라 공동체에 초점을 둔 BAM 회사를 운영하는 것을 들 수 있다. 또 다른 사례로는 자신만의 역사적, 문화적, 국가적 상황에 속하는 그룹이, 예를 들어 브라질에서 브라질인이 미전도 브라질인 디아스포라 지역 공동체에서 BAM 사업을 운영하는 것을 들 수 있다.

4. BAM 4는 미전도 종족 속에서 운영되기 때문에 성경적인 관점에서 보자면 역시 보다 전략적인 선택이다. 그러나 이 역시 UPG 가운데서 이루어지는 사역이며 교차 문화적인 사역이기에, 사역과 관련한 문제가 크기 마련이다. 사업 운영자가 다문화적 상황에서 역할을 하기 때문이다.

---

7) 디아스포라 선교에 대한 더 많은 내용에 대해서는 Enoch Wan, Diaspora Missiology: Theory, Methodology, and Practice (Portland, OR: Institute of Diaspora Studies, Western Seminary, 2011); Sadiri E. S. B. Tira, Human Tidal Wave: Global Migration, Megacities, Multiculturalism, Diaspora Missiology (Manila, Philippines: LifeChange Pub, 2013); Payne, J. D. Payne, Strangers Next Door: Immigration, Migration, and Mission (Downers Grove, IL: IVP Books, 2012)을 보라.

디아스포라를 향한(to), 속에서(in), 통한(through)

BAM과 디아스포라 선교와의 관련성을 이해하기 위해 몇 가지 주요 용어를 살펴봐야 한다. '디아스포라'란 사람이 집단으로 이동하는 것을 일컬으며 특히 '한 민족이 모국에서 이산되는 현상'을 말한다(티라 2013:xxi). 그러나 '디아스포라 선교'는 이처럼 간결하게 정의하기는 어렵다. 디아스포라 선교는 세 종류가 있으며(완 2011:5), 각각의 역동성을 지니고 있다.[8)]

1. 디아스포라를 향한 선교란 호스트 문화[역43]에 속한 그리스도인과 타국에서 파송된 그리스도인(예를 들어, 선교사)이 함께 거주하는 미전도 디아스포라 집단에 복음의 메시지를 가지고 다가가는 것을 말한다. '디아스포라가 아닌' 사람이 '디아스포라 종족'에게 향하는 것이다. 예로 미국인, 브라질인, 혹은 유럽인 그리스도인이 최근에 호스트 국가에 도착한 시리아 출신 무슬림 난민에게 다가가는 것이 있고, 중국인 한족 그리스도인이 주요 중국 도시에 있는 후이족 또는 위구르족 무슬림에게 다가가는 것이 있다(표 2를 보라.).

< 표 2> 디아스포라를 향한 선교

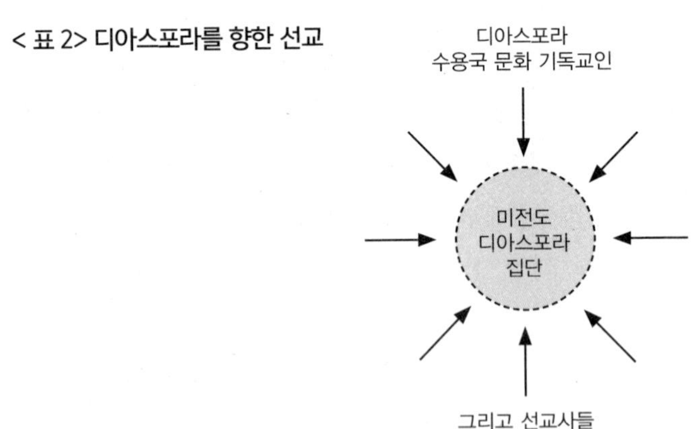

8) Wan의 범주들은 디아스포라를 '향한', '통한', 그리고 '의한', '넘어서는' 선교이다. 나의 정의와 유사하지만, 나는 목적을 보다 명확하게 이루기 위해 '향한, 속에서 그리고 통한'을 선택한다.

2. *디아스포라 속에서 이루어지는 선교*는 현지에 거주하는 디아스포라 집단 가운데, 자신이 속한 집단 중 아직 전도되지 않은 사람을 섬기거나, 다른 미전도 디아스포라 집단을 섬기는 것을 말한다. 즉 '디아스포라가' '디아스포라를' 섬기는 것이다. 전자의 예로는 영국에 거주하는 인도인 그리스도인이 인도인 힌두교도나 무슬림 교도에게 다가가는 것이다. 후자의 예로는 영국에 있는 브라질인이 쿠르드족에게 다가가는 것과 스페인에 있는 베네수엘라인이 모로코인에게 다가가는 것이 있다(표 3 참고). 우리 그룹을 포함하여 많은 단체의 경험에서 보자면, '부정적' 이슈(예, 이민자를 향한 호스트 문화에 대한 적대감 또는 분노)뿐만 아니라 '긍정적' 이슈(예, 디아스포라 그룹의 일부에 대한 친화성) 때문에 현지 문화권 단체보다는 하나의 디아스포라 그리스도인 집단이 다른 디아스포라 집단에 다가가는 게 보다 효과적이라는 사실에 주목하는 것이 중요하다(표 3을 보라).

< 표 3> 디아스포라 속에서 이루어 지는 선교

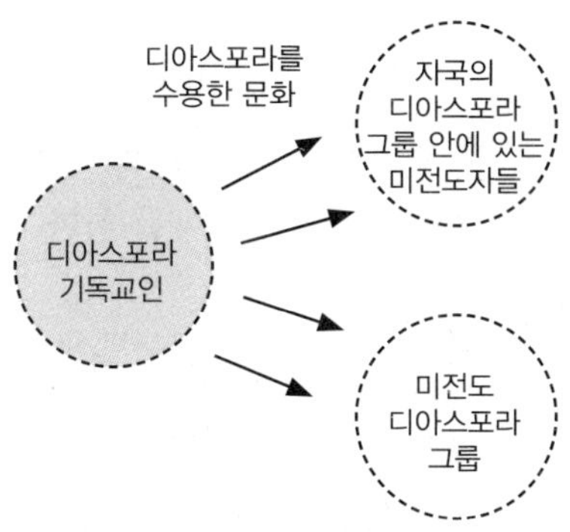

3. *디아스포라를 통한 선교*, 즉 디아스포라 집단을 통한 선교는 디아스포라 집단 구성원 중 그리스도인이 현지 문화권 사람 중 비그리스도인에게, 그리고 세계에 남아 있은 미전도 종족에게 다가가는 것을 말한다. '디아스포라가' '디아스포라를' 향해 가는 것이다. 예로 중동에 거주하는 필리핀 사람이 현지 문화권 아랍인에게 다가가는 것을 들 수 있다(표 4를 보라).

<표 4> 디아스포라를 통한 선교

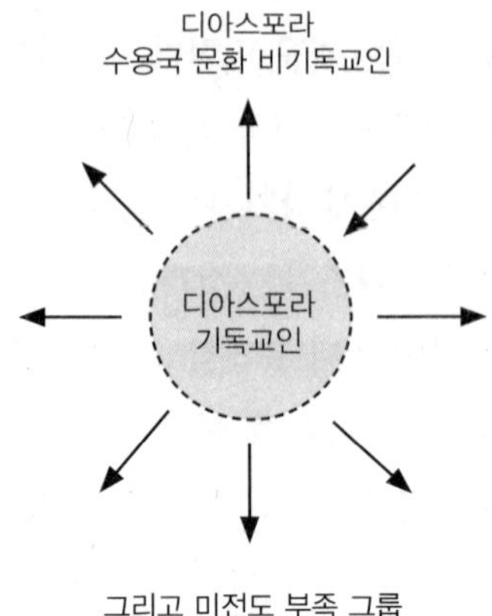

BAM과 디아스포라 선교의 통합

이 제한된 지면에서 디아스포라 선교의 3가지 차원과 관련한 BAM 방법론의 활용법을 분리하여 검토하자는 것은 아니다. 전체적으로 BAM과 디아스포라 선교의 관계를 살피며, 디아스포라 공동체를 향한, 그들 가운데 이루어지는, 그들을 통한 BAM의 함의를 살필 것이다.

먼저 디아스포라와 사업 간의 관계를 살펴봐야 한다. 조 샘은 이렇게 관찰했다. 세계화의 '소산' 중 두 가지는 국제적인 사업과 디아스포라의 급진적인 성장이다. "이 두 세계적 현상이 합쳐져 인류의 공통된 문화의 향상"을 유발한다(2011, 264). 국제적 사업 세계의 이런 공통된 문화는 국제적 비즈니스와 세계적 이주 운동 사이의 복잡하고 상호작용적인 관계에서 유래한다.

많은 디아스포라 구성원은 초국가적인 연결고리를 유지하며 나라와 나라, 공동체와 공동체, 그리고 비즈니스와 비즈니스를 연결시킨다. 여기서 비즈니스가 창출하는 공통된 문화는 디아스포라 종족을 향한, 그들 가운데 이루어지는, 그리고 그들을 통한 특유의 장을 제공한다. 따라서 BAM은 디아스포라 선교에 있어 전보다 더 중요한 전략적 역할을 한다. 테츄아노 야마모리는 이렇게 관찰했다. "글로벌 아웃리치에 있어 사업을 활용하는 선택은 21세기 선교의 상황에서 특별한 전략이다"(튜네헥(Tunehag) 편집. 2004, 7). 아래와 같은 여러 이유로 디아스포라 임무에도 똑같이 적용된다.

1) BAM과 디아스포라는 항상 하나님 선교의 구성요소가 되어 왔으며 둘 사이에 역동적인 관계가 존재해 왔다. 예를 들어 아브라함이 두 가지와 친숙했음은 어렵지 않게 알 수 있다. 아브라함은 유대 민족의, 그리고 디아스포라 종족의 아버지였다. 처음부터 유대인은 하나님으로부터 보내심 받은 민족이요 이동하는 민족이었다. "여호와께서 아브람에게 이르시되 '너는 너의 고향과 친척과 아버지의 집을 떠나 내가 네게 보여 줄 땅으로 가라(창12:1).'"

직업적으로 아브라함은 가축, 은, 금 관련 사업에 적극적으로 참여했던 듯하다(창 12:16, 13:2절). 또 그의 삶은 사업의 여정이었다. 아브라함은 모든 민족을 구속하고, 화해하게 하시며, 변화시키시는 하나님의 영광스러운 메시지를 선포할 목적으로(이런 목적은 구속사 가운데 규범적이었던 듯하다) 사업을 전략적으로 사용하는 디아스포라를 통한(모든 민족을 축복) 선교의 본보기 또는 그 전형이다.

사도 바울은 또 다른 본보기다. 바울은 '전통적인' 선교사 모델이 아니었다. 고린도에서 바울은 사역에서 직업의 중요성과 직업에 대한 자신의 확신을 보여 준다(사도행전 18:1~4). 그 확신은 하나님께서는 자녀 모두를 전문 사역자로 부르시지는 않으시지만, 하나님의 자녀는 자신의 직업을 활용하여 일터에서 사역해야 한다는 것이다. 이는 미전도 종족과 디아스포라로 향한 바울의 교회 개척 팀들이 사업 활동을 중심으로 사역했다는 것을 나타낸다.

로저 요더는 이렇게 관찰했다. "하나님 백성의 역사 가운데 복음은 세계 곳곳으로 전해졌는데 그 방법은 주로 재정적으로 독립한 그리스도인이 이산되어 이주한 경로를 통해서였다(2014, 23)." 디아스포라를 향한, 그들 속에서 이루어지는, 그리고 그들을 통한 BAM은 결국 새로운 것이 아니라 '과거로부터 다시 미래로 향하는' 선교의 모형이요 전략인 것이다.

2) 일반적으로 BAM은 복음으로 다가가지 못한 소수민족과 종족 집단에 다가가는 것을 우선해 왔다. UN에 의하면, 국제 이주민은 현재 2억 3,200만 명이 있다(UNDESA 2013, 1). 그들 중 1억 명은 여호수아 프로젝트(Joshua Project)[역44]가 미전도 종족이라 분류한 소수민족이 거주하는 나라 출신이다. 즉 세계 이주민의 42%는 역사적으로 미전도 종족 또는 그 나라 출신이며 BAM은 그들을 품는다.[9)]

3) 국제 이주민 가운데 반 이상(2억 3,200만 명 중 1억 2,300명)은 유럽과 북미에 거주하고 있다(UNDESA 2013, 1). 이 국가들은 경제적으로 개발된 나라이며 역사적으로 그리스도인이 다스린 나라요 종교적, 경제적 자유를 누리는 국가로 복음을 전하는 데 법적 제한이 거의 없다.

아시아, 아프리카, 그리고 라틴아메리카의 상대적으로 개방된 사회에 거주하는 수백만 명의 이주민을 포함하면, 모든 이주민의 3/4 이상이 복음이 자유롭게 선포되는 상황에 살고 있으며 사업 개발이 일반적으로, 때로 강하게 장려된다.[10)] 교회가 '이웃에 있는 세계에'[11)] 복음의 변화시키는 능력을 자유롭게 제시하는 엄청난 기회인 것이다. 사람과 친숙해지는 것뿐 아니라 그들을 BAM 활동에 참여시키고 킹덤컴퍼니(Kingdom Companies)[역45]에 고용함으

---

9) 9,725만 9,000명에 도달하기 위해 나는 나라별 미전도 종족의 Joshua Project 리스트와(http://joshuaproject.net/global_statistics) 목적지와 출발지 데이터베이스별로 UNDESA 이주민을 나란히 놓았다. (http://esa.un.org/unmigration/TIMSO2013/data/subsheets/UN_MigrantStockByOriginAndDestination_2013T10.xl s). 흥미롭게도 세계 이주민의 42%(2억 3,200만 명 중 9,725만 9,000명)가 미전도 종족이라는 나의 결론은 Joshua Project 세계 종족집단들의 42%(1만 6,761 종족 중 7,050 종족)와 인구의 42%(71억 7,682만 7,000 명 중 30억 155만 7,000명)가 미전도 상태라는 여호수아 프로젝트의 통계를 반영하고 있다.

10) 내가 이 점을 아무리 강조해도 지나치지 않다. 종교적, 경제적 자유의 줄은 뗄 수 없다. Fraser 연구소의 2015년 인간 자유지수(Human Freedom Index)에 따르면, 개인(종교 포함) 및 경제적 자유의 76가지 지표를 측정 한 결과, 상위 50개국 중 44개국이 역사적으로 그리스도인이며 디아스포라의 주요 수용국이다.

11) '이웃 세계'와 같은 문구는 종종 디아스포라 종족과 공동체와 관련하여 사용된다. 예를 들어, Hopler (1995), Phillips et. al. (1997), Houston et. al. (2004), and Payne (2012)을 보라.

로 말이다.[12)]

4) 미전도 종족을 향한/그들 가운데 행하는 하나님의 선교에 소위 평신도를 참여시키기 위한 비전이 세계 교회 안에서 자라고 있다(모르도모 2014, 208~218). 조는 이렇게 말한다. "이제는 선교사의 삶이 모든 그리스도인에게 해당된다. 선교사인 그리스도인과 선교사가 아닌 그리스도인의 차이가 더 이상 존재하지 않는 지금, 남아있는 차이는 선교사와 비그리스도인의 차이뿐이다(2011, 277)."

성경은 모든 그리스도인이 아버지의 영광을 위해 '소금과 빛'이 되라고 충고한다(마 5:13~16). 이 부르심은 몇몇 '종교적 전문인'에게만 해당되는 것이 아니다. BAM 선언문은 다음과 같이 선언한다. "전 세계 교회는 사업가와 기업가가 모든 민족 가운데, 또 전 세계 끝까지 가서 사업가로서의 부르심과 은사를 발휘하도록 확언하고 긍정하고 기도하고 위임하고 축복해야 한다(튜네헥 편집 2004, 62)."

BAM 활동이 – 즉 디아스포라 공동체를 향해, 그들 가운데 이루어지고, 그들을 통해 이루어지는 활동 – 있어야 하는 이유는 디아스포라 공동체 그 자체를 위해서 뿐만이 아니라, 로잔 운동의 좌우명을 빌려 말하자면, 온 *교회가* 온전한 복음을 온 세계에 전하게 하는 데에도 있다.[13)]

5) 기업가 정신은 BAM에 의해 매우 고무되고 중요시되고 있다. 많은 디아스포라가 선천적으로나 경험적으로 기업가적이다. 디아스포라 수용국의 BAM 기업가가 미전도 소수민족 디아스포라 공동체 구성원에게 다가가기 위해 기업을 세우는 것은 얼마든지 가능하다. 긴 안목으로 보면 "디아스포라 출

---

12) "영리 중심의 비즈니스는 이 땅에서 하나님의 나라의 진흥이다"(Mordomo 2014, 6).

13) "성경적 관점에서 소명, 일, 사역"에 더하여 나는 R. Paul Stevens' book entitled The Other Six Days (Grand Rapids, MI: William B. Eerdmans Publishing Company, 1999)을 강력히 추천한다.

신 기업가는 모국에서 기회를 포착하는데 특유의 지위를 가지고 있으며, '개척자'로서 그 기회를 활용하며 일자리 창출과 경제 성장에 기여할 지위를 가지고 있음"을 인식하는 것이 중요하다(뉴랜드/타나카, 2010, 1).

바꾸어 말해 이주민공동체에 다가가는 그리스도인이 BAM 활동을 한다 하더라도 있어야 할 일의 반밖에 안 된다는 것이다. 물론, 현지에서 이주민이 그리스도를 알게 되는 것에도 엄청나고 영원한 가치와 축복이 있다. 모국에서는 그럴 기회가 없었을 것이기 때문이다. 하지만 장기적으로 이들 그리스도를 따르는 이주민 스스로 모국의 상황에서 혹은 모국을 위해 기업가 정신을 발휘하여 자신의 고국과 민족과 사람을 축복하게 될 것이다.

이주민 정책연구소의 뉴랜드와 타나카에 의하면, "최근 연구 결과, 디아스포라 기업가 정신은 비즈니스와 일자리 창출, 혁신 촉진, 국경을 초월한 사회적 자본 창출, 출신 국가의 정치 및 금융 자본의 채널 전환을 통해 개발에 기여할 수 있다(2010: 1)." 디아스포라 공동체 BAMer는 경제적, 사회적 목적에 더하여 본질적인 영적인 목적에 집중한다.

6) 재산과 토지 소유를 통한 부의 축적에서 지적재산 소유를 통한 부의 축적으로 이동하는 세계적 흐름은 사업을 통한 디아스포라 공동체 사역에 직접적 의미가 있다.

거의 모든 문화에서 땅은 정체성에 결정적인 요소이다. 디아스포라 집단은 땅과의 연결을 잃어버려 어떤 경우에는 부를 축적할 수 있는 메커니즘에 접근할 수 없게 된다. 결과적으로 자신의 정체성까지 잃어버리게 될 수도 있지만, 그래서는 안 된다. 전 세계적으로 지적 자본이 창업의 기반이 되고 있다. 디아스포라 공동체를 위한, 그들 가운데 이루어지는, 그리고 그들을 통해 이루어지는 사업 개발은 부를 창출하고 그것에 접근하는 방법을 제공해 주며 자신의 참된 정체성을 찾거나 새로운 정체성을 확립하는 데 도움이 된다.

7) 일자리 창출(그리고 그 결과로 부의 창출)은 BAM의 주요 요소며 디아스포라 공동체의 우선적인 필요를 충족케 한다. 극단적으로 단순화 될 위험이 있

겠지만, 이주민 공동체 가운데는 기업가 정신과 일자리 창출과 직접 관련된 사회경제적 집단이 있다.

a. 이주민의 가난과 가난을 벗어나려는 열망과 관련된 추출-유입 요인[14]에서 추출 동기가 유입 동기보다 강한 이로 구성된 집단이 있다. 이들은 빈곤으로부터 또 일자리가 부족한 상황으로부터 일자리가 가능한 상황으로 밀려난다.[15] 이주민이 될 이들의 나라에서 일자리를 창출하는 - 그러므로 이주의 필요를 완화시키는 -BAM 기업가의 활동을 통하든(단일 문화적 또는 다문화적), 아니면 이주민의 새로운 집 또는 이주민을 받아들이는 나라의 그리스도인에 의한 또는 이주민이 될 이들에 의한 또는 다른 디아스포라에 의한 일자리 창출을 통하든 간에 교회는 이주민이 될 이들에게 혜택을 주고 축복하기 위한 일자리 창출의 본보기를 만들 잠재력이 있다.

b. 둘째 집단은 '추출' 요소보다는 '유입' 요소에 의해 동기부여가 된 사람들로 구성된다. 일반적으로 빈곤층에 속하지 않으며 무엇에 의해 쫓겨나기보다는 무언가를 향해 적극적으로 나서는 편이다. 조사에 의하면, 이 집단의 동기는 재정적이지 않지만, 첫째 집단처럼 일자리와 관련 있다. 예를 들어, 국제 이주민의 동기와 관련된 윈치와 카멧의 조사에 의하면, 이주 동기는 17개가 있다. 50%가 넘는 응답자가 두 가지 원인을 지목했다. 하나는 '진급 기회 부족'(72.7%)이고 다른 하나는 '적당한 일자리 부족'(51.6%)이었다. (1989: 99) BAM

14) "추출요인들은 이주하는 사람들을 (일반적으로 출생국에서) 추출하는 요인들이고, 유입요인은 이주민들을 목적국으로 끌어당기는 요인들이다(de Haan and Yaqub 2009, 1)."

15) 연구에 의하면 이주를 시도하는 가난한 자들 중에 최극빈자는 거의 없다(de Haan and Yaqub 2009, 5). 가장 작은 자 중에 가장 작은 자들에게 BAMers의 동원하여 파송하는 것은 하나님의 글로벌 선교와 지상명령에 순종하고 그리고 Prahalad의 연구가 보여주듯이, 가난한 자들 가운데에는 엄청난 비즈니스 기회들이 실용적으로 존재하기 때문에 항상 필요한 구성요소이다. 그 기회들이란 위엄과 가난을 근절로 이끄는 ("피라미드의 밑바닥에서 만들어지는 행운")이다(Prahalad 2006).

은 단순히 일자리 창출보다는 “사람이 품위, 자존감, 건강한 자부심, 그리고 현실적인 희망을 유지하도록 하는 것이다. 이것은 적당한 자리에 취직하여, 경제적으로 자족하며, 향상된 구매력으로 경제적 승수 효과를 촉발하여 공동체 전체로 경제적 혜택을 퍼지게 하는 것이다(존슨 2009, 34~35).”

권고사항

성경 말씀과 역사로 미루어 보아 하나님께서 그의 백성을 흩으심과[16] 사업을 활용하심을 통해, 그리고 이 두 가지 사이의 역동적인 상호작용을 통해 지상명령이 이루어지게 하실 것은 분명하다. 교회사를 통해 볼 때 하나님은 분명 이를 반복하신다. 그 몇 가지 권고가 있다.

1) 디아스포라 선교 지도자와 네트워크, BAM 지도자와 네트워크 간의 보다 많은 상호활동(기도, 보도, 계획, 자원 나눔)이 격려되어야 하고 그럴 경로와 기구를 만들어야 한다. 디아스포라 선교 지도자 그룹과 네트워크와 BAM 지도자 그룹은 로잔 운동과 타 운동에서 잘 대표되고 있다. 이들 두 그룹은 이미 수십 개 네트워크의 자원을 활용할 수 있다. (그것은 각 네트워크별로 지리적, 종족적, 특별 활동적 특징을 지니고 있다) 디아스포라 BAM 네트워크를 개발할 수도 있지만, 그 시작점은 GDN 같은 단체가 BAM 활용법을 탐구하는 것이 될 수도 있으며, BAM 글로벌 두뇌 집단이 디아스포라 공동체 내에서 BAM 응용 프로그램을 고안하는 것이 될 수도 있다.

2) 인큐베이터, 훈련 프로그램, 투자 펀드 등의 BAM 생태계가 개발되는

16) Ralph Winter는 흩어짐이 자발적이거나 비자발적 일지 몰라도 그럼에도 불구하고 그것은 하나님이 역사를 통해 반복적으로 또 효과적으로 사용해 온 성경적 선교 메커니즘이라는 사실에 주목한다(2009, 211).

동일한 방법으로 디아스포라 선교를 고려하여 BAM 생태계를 개발해야만 한다. <표 5>는 이런 생태계의 개념화를 보여주고 있다. 상하이 한인 비즈니스 포럼(SKBN)이 대표적인 예이다. 2007년 설립된 SKBN는 디아스포라 그리스도인들의 네트워크로 사업과 선교의 통합을 추구한다(조Cho 2011, 264). 보다 '세속적' 사례로 아프리칸 디아스포라 네트워크(ADN)가 있다. ADN은 "지속가능한 경제성장과 일자리 제공을 격려하기 위해 아프리카인 디아스포라 기업가를 지원하는 데 초점을 두고 있다."[17)]

a. 디아스포라 공동체를 향한 BAM과 관련해서 현지 문화의 킹덤 비즈니스 소유주와 이사들은 디아스포라 공동체 구성원을 주도적으로 고용하기 위해 참여하고 준비해야 한다. 즉 그들의 킹덤 비즈니스를[18)] 런들과 스테펀이 "복음을 접하지 못한 종족에게 그리스도를 드러내기 위해 세워진 회사"로 정의한(2003, 40)[19)] 지상명령컴퍼니[역46]로 변화시키는데 주목해야 한다. 필자의 조사에 따르면 그리스도인 회사 소유주는 이런 비전을 자동으로 가지게 되는 것이 아니라 누군가가 그들에게 주입시켜야 한다(모르도모 2014, 289).

b. 디아스포라 집단 안에서 이루어지고 또 그들을 통해 이루어지는 BAM과 관련해서는 위의 2번에서 주장한 바가 특히 적절하다. 이와 동일한 방법으로 ADN은 "아프리카인 디아스포라 기업인을 지원함으로써 지속가능한 경제성장과 일자리 창출을 목표로 한다." 이렇듯 세계적인 BAM 공동체는 BAM 인큐베이터와 투자펀드 같은 기구를 만들 잠재력이 있다. 세계적인 BAM 공동체는 미전도 디아스포라 공동체(자국의 것과 타국의 것)와 현지 문화공동체

---

17) http://www.diasporamarketplace.org/about-african-diaspora-marketplace, 2015.2.24. 방문.

18) "영리 중심의 비즈니스는 이 땅에서 하나님의 나라의 진흥이다."(Mordomo 2014, 6)로 모호하게 정의한다. 그리고 대략 위의 BAM 스케일의 BAM 1에 해당한다.

19) 대략 위의 BAM 스케일의 BAM 3 또는 BAM 4에 해당한다.

에 다가가는 BAMer가 되도록 디아스포라 그리스도인을 일깨우며 역량을 강화하기 위한 기구이다.

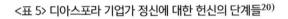

<표 5> 디아스포라 기업가 정신에 대한 헌신의 단계들[20)]

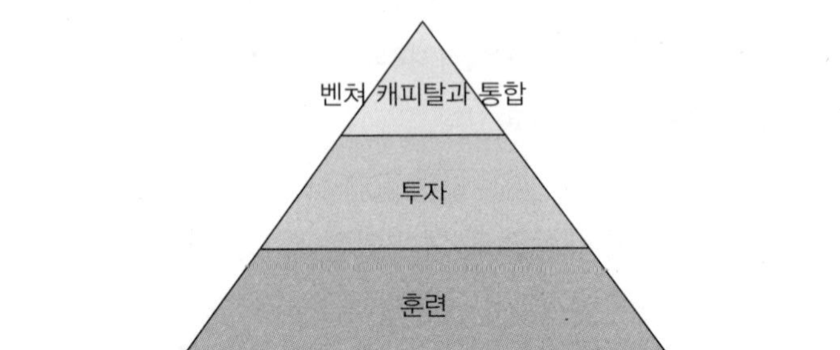

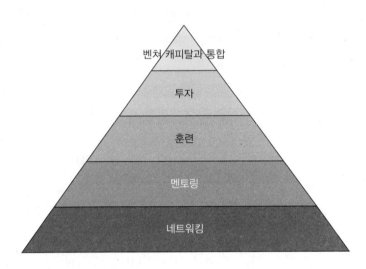

3) BAM과 디아스포라 선교 간의 집중성은 학계에서는 아직 탐구되지 않았다. 예를 들어 논문 제목들을 소장한 프로퀘스트(ProQuest) 데이터베이스에서 '디아스포라와 비즈니스', '디아스포라와 기업가 정신', '디아스포라와 빈곤' 등을 검색하면 그 결과가 0으로 나온다.[21)] 복음적 선교계간(Evangelical Missions Quarterly) 기록 보관소에도 이 분야에 적용 가능한 조사 결과가 없다. 이 기록 보관소에서 찾을 때는 디아스포라 선교와 직접 관련 있는 기사는 20

20) Newland, K. and Tanaka, H. (2010, 18).

21) 검색은 2015년 2월 26일에 실시되었다. 선교나 사역과 관련된 단어를 사용하지 않았기 때문에 결과가 놀랍다. (단순히 영적으로 동기를 부여받은 사람이 아니라) 전반적으로 학회는 이 영역(디아스포라와 비즈니스의 통합)을 엄격하게 다루지 않아왔다. 또한 놀랍게도 "디아스포라와 선교"에 대한 두 가지 수확만 있었는데, 이 두 가지 모두 한국인 디아스포라 선교와 관련이 있다.

개 정도가 발견되지만, 디아스포라 선교에 있어 BAM의 활용과 관련된 기사는 없다. 이는 독창성이 풍부한 학구적 조사에는 매력적인 분야가 될 것이며 현재 가능성이 활짝 열려 있는 상태다.

튜네헥의 BAM 관련 정의를 다른 말로 표현하여 디아스포라 선교 분야에 특별히 적용시키자면, "BAM은 디아스포라를 향한, 그들 안에서 이루어지고, 그들을 통해 이루어지는 실제적이며, 실행 가능하며, 지속 가능하게 이익을 창출하는 사업들을 의미한다. 이 사업은 '하나님 나라'라는 목적과 그 관점과 영향력으로 하나님께 더 큰 영광을 올려 드리기 위해 디아스포라 종족을, 그들 안에서 또 그들을 통하여 영적, 경제적, 사회적, 그리고 환경적으로 변화시키는 사업이다(2008, 5)." 전 세계 교회는 디아스포라 종족 가운데 엄청난 필요와 기회가 존재한다는 것을 깨닫고 이 문제를 해결하기 위해 나서고 BAM을 통해 다가가야 한다는 사실을 깨닫기를 필자는 소망한다!

토의

1. 'BAM 집'에 있는 네 개의 '방'이 가지는 사역과의 연관성을 논하라.
2. 세계화의 두 '자녀'는 무엇인가? 디아스포라 선교에서 보다 전략적인 역할을 BAM이 하도록 세계화의 두 자녀가 기여하고 있는 바는 무엇인가?
3. BAM 사역을 통해 디아스포라 공동체에게 다가가는, 현지 문화권의 그리스도인에게 오는 이중의 축복은 무엇인가?
4. 디아스포라를 향해, 그리고 디아스포라를 통해 BAM이 이룰 수 있는 변화의 가능성을 모두 열거하라.

참고문헌

Cho, S. (2011). "Business, Diaspora and the Future of Mission: Reflections on Shanghai Korean Business Forum." In Kim, S., and Ma, W. (2011). *Korean Diaspora and Christian Mission*. Eugene, Oregon: Wipf & Stock. 264-280.

de Haan A., and Yaqub S. (2009). "Migration and Poverty Linkages, Knowledge Gaps and Policy Implications." Social Policy and Development Programme Paper Number 40, United Nations Research Institute for Social Development. < http://www.unrisd.org/ 80256B3C005BCCF9/httpNetITFramePDF?ReadForm&parentunid=82DCDCF510459B3 6C12575F400474040&parentdoctype=paper&netitpath=80256B3C005BCCF9/(httpAuxPa ges)/82DCDCF510459B36C12575F400474040/$file/deHaanYaqub.pdf>. Accessed on 22 Feb. 2015.

Hopler, T. and M. (1995). *Reaching the World Next Door*. Downers Grove: IVP.

Houston, T., Thomson, R., Gidoomal, R., and Chinn, L. (2004). *Diasporas and International Students: Lausanne Occasional Paper no*. 55. Lausanne Committee for World Evangelization. < http://www.lausanne.org/docs/2004forum/LOP55_IG26.pdf>. Accessed on 21 February 2015.

Johnson, C. Neal. (2009). *Business As Mission: A Comprehensive Guide to Theory and Practice*. Downers Grove, IL: IVP Academic.

Joshua Project. < http://joshuaproject.net/global_statistics>. Accessed on 20 Feb. 2015. Kim, S., and Ma, W. (2011). Korean Diaspora and Christian Mission. Eugene, Oregon: Wipfand Stock.

Mordomo, J. (2014a). Dando um Jeito: *An Integrated Theological, Historical, Cultural and Strategic Study of Missio Dei to, in and through Brazil* (Ph.D. dissertation). Ramona, CA: Vision International University.

______. (2014b). *An Integrative Study of Doxological Metanarrative, Mission, Motivation and Mechanism* (Doctor of Intercultural Studies dissertation). Portland, OR: Western Seminary.

Newland, K. and Tanaka, H. (2010). "Mobilizing Diaspora Entrepreneurship for Development." Washington, DC: Migration Policy Institute.

Payne, J. (2012). *Strangers Next Door: Immigration, Migration and Mission*. Downers Grove, IL: InterVarsity Press.

Phillips, T., et al. (1997). *The World at Your Door: Reaching International Students in Your Home, Church, and School*. Minnesota: Bethany House.

Prahalad, C. K. (2006). *The Fortune at the Bottom of the Pyramid*. Upper Saddle River, N.J: Wharton School Pub.

Rundle, S. and Steffen, T. (2003). *Great Commission Companies: The Emerging Role of Business in Missions*. Downers Grove, IL: InterVarsity Press.

Stevens, R. Paul (1999). *The Other Six Days: Vocation, Work, and Ministry in Biblical Perspective*. Grand Rapids, MI: William B. Eerdmans Publishing Company.

Tira, S. E. S. B. (2013). *Human Tidal Wave: Global Migration, Megacities, Multiculturalism, Diaspora Missiology*. Manila, Philippines: LifeChange Pub.

Tunehag, M., McGee, W., and Plummer, J. (2004). Business as Mission: Lausanne Occasional Paper no. 59. Lausanne Committee for World Evangelization. <http://www. lausanne.org/docs/2004forum/LOP59_IG30.pdf>. Accessed on 20 February 2015.

Tunehag, M. (2008). "God Means Business! An Introduction to Business as Mission, BAM." Unpublished monograph.

United Nations Department of Economic and Social Affairs, Population Division. (2013). "The number of international migrants worldwide reaches 232 million." *Population Facts*, No. 2013/2, Sept. 2013. <http://esa.un.org/unmigration/documents/The_number_of_ international _migrants.pdf>. Accessed on 20 February 2015.

United Nations, Department of Economic and Social Affairs, Population Division (2013b). "Trends in International Migrant Stock: Migrants by Destination and Origin (United Nations database, POP/DB/MIG/Stock/Rev.2013)." < http://esa.un.org/unmigration/ TIMSO2013/data/subsheets/UN_MigrantStockByOriginAndD estination_2013T10.xls>. Accessed on 20 Feb. 2015.

United Nations Department of Economic and Social Affairs, Population Division. (2014). "International Migration 2013: Migrants by origin and destination." *Population Facts*, No. 2013/3, rev. 1, April 2014. <http://esa.un.org/unmigration/documents/The_number _of_international _migrants.pdf>. Accessed on 20 February 2015.

Wan, Enoch Y. (2011). *Diaspora Missiology: Theory, Methodology, and Practice*. Portland, Or:Institute of Diaspora Studies: Western Seminary. Kindle Edition.

Winchie, D., and Carment, D. (1989). "Migration and Motivation: The Migrant's Perspective." *International Migration Review* Vol. 23, No. 1 (Spring, 1989), 96–104.

Winter, R., & Hawthorne, S. (2009). *Perspectives on the World Christian Movement: A Reader*. 4th Ed. Pasadena, Calif: William Carey Library.

Yoder, J. H., & In Koontz, G. G. (2014). *Theology of Mission: A Believers Church Perspective*. Downers Grove, Illinois: InterVarsity Press.

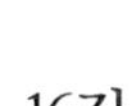

16장

디아스포라 어린이

세실리아 J. 카지뇨(Cecilia J. Casiño)

서론

이 장에서는 18세 미만 어린이가 이동하는 이유와 배경을 제시하려고 한다. 경제적으로 침체된 나라의 어린이든 풍요로운 나라의 어린이든 다 디아스포라 자녀로서의 문제와 도전, 그리고 제자 훈련의 기회에 직면할 수 있다. 디아스포라 어린이에게 주어진 사명은 성경에 기초한 것이기에 소홀히 여겨질 수 없으며 그렇게 해서는 안 된다. 이 장의 각 부분에서는 간략하게 논의되지만, 관련 토론과 향후 논의 확장을 위한 충분한 장을 제공한다.

어린이 이동의 상황과 원인

어린이가 이동하는 원인은 다양하다. 그 원인이 무엇이든, 개개인이 겪어야 할 필연적이거나 일반적인 상황이 항상 존재한다. (어린이의 이동과 관련된) 대부분 긍정적인 이야기는 흥분, 기대, 위대한 희망으로 표현되지만, 부정적인 이야기는 애도, 불평, 혐오와 반역으로 표현된다. 일반적으로 사회에서의 디아스포라 어린이의 능력은 환경 변화와 거주지를 이전하여 생기는 전환 경험(transition experiences)을 바탕으로 개인이 개발하고 내면에서 양육하는 태도와 세계관에 의해 결정된다.

A. 부모가 이동하면 자녀도 이동한다

부모의 직업 이전에 따른 초국가적인 이동은 새로운 현상이 아니다. 예술가, 운동선수, 교회 지도자, 선교사, 군인, 전문인, 그리고 전 세계적으로 수요가 많은 숙련공의 자녀에게 일어나는 일이다. 케빈 퀸(Kevin Quinn)에 의하면 미국 야구팀은 라틴 아메리카 출신이거나 일본 출신의 외국인 선수들로 가득 찼다. 전 세계적으로 다른 스포츠팀 역시 세계 곳곳에 있는 외국인 선수를 환영한다. 농구, 축구뿐만 아니라 올림픽 관련 스포츠 종목이 모두 그렇다.

운동선수가 이동하면 보통 가족도 함께 이동한다. 그중 결혼한 선수는 유치원, 초등학교, 중학교, 혹은 고등학교에 다니는 자녀와 함께 사는 경우가 많다.[1] 외교 분야에서도 18세 이하 자녀가 부모와 함께 해외에 체류하는 경우가 많다.

국경을 넘어서는 어린이의 숫자에 더하여, 수천 명의 장기 선교사 가족과 교회 지도자 역시 세계 곳곳에 있는 여러 선교 단체와 연관되어 있다. 고든 코넬 신학교의 글로벌 기독교연구센터에 의하면 2010년에 파송 받은 기독교 선교사는 40만 명 정도나 된다. 또 중요한 것은 도저히 선교사 파송국으로 여겨지지 않는 국가 출신의 선교사가 늘어나고 있다는 것이다.[2] 국제노동기구는 이주 노동자가 증가하고 있음도 보고했다. 늘어나는 경제 세계화의 수요와 속도에 맞추기 위해 전 세계적으로 2억 3,200만 명의 이주민이 있다고 보고했다.[3]

1) Kevin Quinn, 2003.
2) Steffan, Melissa. "The Surprising Countries Most Missionaries Are Sent From And Go To." Christianity Today (7/25/2013):. http://www.christianitytoday.com/gleanings/2013/july/missionariescountries-sent-received-csgc-gordon-conwell.html.
3) http://www.ilo.org/global/topics/labour-migration/lang--en/index.htm.

B. 부모가 새로운 관계를 맺음에 따라 자녀가 이동한다

부모가 별거하거나 이혼하는 경우, 자녀가 이주할 확률이 매우 높다. 편부모에게서 자라는 어린이도 있는데 부모가 사별하거나 가족부양의 책임을 외면해서 생긴 경우일 수도 있다. 성공적이지 못한 관계의 결과로 혼자된 부모는 자신과 자녀의 필요를 충족시킬 수 있는 일자리를 찾아 또는 새로운 환경을 찾아 자녀를 데리고 먼 곳으로 이사를 하기도 한다. 또한 경제적, 정서적 안정감을 위해 해외 파견근무를 모색하기도 한다.

이동하는 과정에서 많은 편부모는 취약하고 자포자기하게 하는 상황 속에서 새로운 관계를 맺음으로써 보호와 안전을 찾는다. 일부의 부모는 자신과 자녀에게 보다 안정적이고 호의적인 새로운 관계를 맺게 되지만, 그 반대의 상황에 처하는 부모도 있다.[4)]

세계적으로 부부 중 한 사람 또는 두 사람이 다 이전 결혼 상태에서 낳은 자녀와 함께 사는 혼합가족(blended families)의 숫자 역시 증가하고 있다. 연구 결과에 따르면 "미국 재혼의 60%는 법적 이혼으로 끝나며, 재혼의 65%는 이전 결혼 관계에서 생긴 자녀를 데리고 새로운 혼합가족을 형성하게 된다."[5)] 다른 조사에 의하면 매일 1,300 혼합가족이 생겨나며 혼합가족 아동이 1.800만 명이나 된다.[6)]

최근 들어 두드러지게 나타나고 있는 혼합가족의 모형으로는 재혼 부모 가운데 한 명이 지난 결혼으로 인해 생긴 자녀를 입양하는 형태가 있다. 이로 인해 자녀는 조부모나 근친의 양육 아래서 디아스포라 부모나 새 부모의 새로운 가족으로 이동해야 한다. 입양 부모의 성을 따라서 자녀의 성도 바꾸는지의 여부에 상관없이 새 가족제도를 따르는 것은, 특히 입양 부모의 다른 자

---

4) Banschick, "The High Failure Rate of Second and Third Marriages, Why are second and third Marriages more likely to fail?" Psychology Today, Feb 06, 2012, http://www.psychologytoday.com/blog/the-intelligent-divorce/201202/the-high-failure-r

5) 의붓가정 성공하기: 복합가정이 성공하도록 돕기.
http://www.winningstepfamilies.com/BlendedFamilyPatternofSuccess.html/.

6) http://www.2equal1.com/advice/facts-stats-about-blended-families/.

녀가 문화적으로나 지역적으로 다를 때 매우 힘들다.[7)]

C. 부모가 가족을 지원할 수 없을 때 자녀가 이동한다

개발도상국이나 '몽상가 국가(dreamer countries)'[역47]의 수많은 가족은 일상에 필요한 자원의 부족으로 고통을 당한다. 기본적인 필요를 해결할 기회를 찾아 이곳저곳으로 떠나는 가족이 많고, 자녀를 입양 보내는 가족도 있다.[8)]

그러나 입양을 최후의 방안으로 생각하는 부모 중 한 명 또는 둘 모두가 돈을 벌기 위해 집을 떠난다. 이 경우 어린 자녀는 보모나 조부모, 또는 친척이나 친구의 보살핌을 받게 된다.[9)] 새로운 양육자와 살기 위해 집을 떠나는 자녀도 있고, 부모를 따라 외국으로 이주해 부모와 함께 힘든 외국 생활을 하는 어린아이도 있다.

여기서 파생되는 두 가지 시나리오가 있다. 해외 근무 때문에 자녀를 모국에 두고 부모가 집을 떠나는 경우와 그 반대의 경우다. 국제노동기구(ILO)에 의하면 강제노동에 종사하는 어린이의 숫자는 줄어들었다. 전에는 2억 4,600만 명이었다가 2000년에는 1억 6,800만 명이 되었다는 것이다. 아직도 1억 6,800만 명의 어린이가 자신의 성장을 가로막는 어렵고 위험한 환경에서 구출 받기를 고대하고 있다.[10)]

D. 학교나 학문 혹은 기술훈련이 필요할 때 자녀가 이동한다

장학금, 학업 및 실기교육은 18세 미만의 어린이가 집을 떠나게 되는 가장

---

7) 재혼한 가정들과 의붓가정들이 성공적인 생활을 할 수 있도록 쓰여진 자료와 전문적 도움 리스트를 위해서는 Ron L. Deal, http://www.smartstepfamilies.com/view/aboutsmart-stepfamilies.을 방문하라.

8) http://travel.state.gov/content/dam/aa/pdfs/fy2014_annual_report.pdf.

9) Gamez 2012, 132~143.

10) http://www.ilo.org/global/topics/child-labour/lang--en/index.htm#a2, based on "Making Progress Against Child Labour—Global Estimates and Trends 2000-2012 (ILO-IPEC, 2013), http://www.ilo.org/ipec/Informationresources/WCMS_221513/lang--en/index.html.

큰 이유이다. 이런 기회를 원해서 이주하는 경우는 자발적인 이주이지만, 아무리 좋은 교육과 기회를 얻을 수 있더라도 자녀가 원하지 않는다면 비자발적인 이주이다.

자녀를 기숙학교로 보내는 것이 전 세계적으로 중상층과 디아스포라 가족 사이에서 인기를 얻고 있다. 많은 부모는 방과 후에 배움이 보다 유익하다고 생각하기 때문에 5세 이상의 자녀를 기숙학교로 보낸다. 한국 정부에 따르면, 2001년에는 8,000명에 불과했던 기숙학교 학생이[11] 2011년에는 1만 6,000명으로 늘어났다.[12]

학술적/기술적 훈련뿐만 아니라 언어와 문화에 집중함으로써 지구촌 시민이 되려는 도전은 대단히 매력적이어서 계속 활발할 것이다. 세계 여러 단체와 기구는 유학생 교환 프로그램을 진행하거나 어린이를 세계적 리더로 키우기 위한 훈련과 강의를 제공한다.[13]

E. 어른이 탐욕과 무책임을 이기지 못 할 때 자녀가 이동한다

탐욕 넘치고 무책임한 어른의 영향력 아래 있는 자녀는 큰 딜레마에 직면하게 된다. 이런 자녀는 선택권이 제한되거나 선택권이 아예 없기도 하다. 자급자족할 수 없는 부모는 가족의 생존을 위해 자녀를 돈벌이로 이용한다. 또 돈을 빨리 벌기 위해 자녀를 팔기도 한다. 중개인과 부모에게 이익이 되기에 자녀가 성노예로 팔려가기도 한다. 직접 받지도 못할 돈을 벌기 위해 아이가 노동수용소로 끌려가기도 한다. 어른이 사치스러운 생활과 권력을 누리려고 자녀를 팔기도 한다. 유엔 마약범죄사무소(UNODC)의 보고서에 따르면 세계 인신매매 피해자의 20%가 아이들이다.[14] 이런 상황이 자녀를 비자발적으로

---

11) http://ismk.org/mk-parents/schooling/boarding-schools.html.

12) Ang and Kwok, "Elite Boarding Schools Spreading through Asia," December 23, 2012, http://www.nytimes.com/2012/12/24/world/asia/elite-boarding-schools-spreading-through-asia.html?pagewanted=all&_r=0.

13) http://childrenofallnations.com/student-ambassador-exchange/?gclid=CKmDmeLI1sgCFdePHwodE6ME6g; http://pax.org/families?gclid=CPm3v5HJ1sgCFVMYHwod5NkDNw.

집을 떠나게 하고, 매우 드물지만 자발적으로 떠나게도 한다. 어떤 경우이든 인신매매를 당한 어린이의 이동 과정은 어렵고 지저분하며 위험하다.[15)]

F. 안전치 못한 환경이 생길 때 자녀가 이동한다

홍수/돌발 홍수, 가뭄, 지진해일(쓰나미), 지진, 허리케인 등의 자연재해는 어린이의 이동에 안전치 못한 환경이다. 인간이 통제할 수 없는 이런 상황에서 어린이는 가장 고통을 받는다.

세계 각지에서 보내오는 원조가 어린이를 편하게 할 수는 있지만, 많은 경우 탐욕과 부정부패 등 인간이 만들어 내는 재해가 원조를 지체시킨다. 이 재해로 어린이가 가장 큰 피해를 입는다. 다른 형태로는 학대, 착취, 억압, 박해, 정치적이거나 종교적인 갈등이 있다. 로버트 베쿠센(Robert Beckhusen)의 보고에 의하면, 멕시코 마약범죄 조직을 위해 살인까지 저지르도록 11세부터 병사로 모집되어 훈련받는다. 이들 중에는 중학교 중퇴자, 길거리 범죄 조직 구성원, 그리고 미숙련공이 있다.[16)] 어린이 병사 외에도 인신매매를 당해 장기거래,[역48] 노예, 그리고 성매매로 희생되는 아이가 있다.[17)]

어린이가 이동되는 위와 같은 상황을 기반으로 UN은, 인간이 만들어 낸 재해의 피해자를 위한 보호의 필요성을 강조한다. 여기에는 극심한 사회경제적 박탈과 여러 자원 – 식량, 물, 교육, 의료보건 서비스, 그리고 생계수단 – 의 부족에 시달리는 이들도 포함된다.[18)]

---

14) http://www.unodc.org/unodc/en/human-trafficking/global-report-on-trafficking-in-persons.html; Tira 2013, 39.

15) Forsyth, 2011.

16) "How Mexico's Drug Cartels Recruit Child Soldiers as Young as 11," 03.28.13, 6:30 AM, http://www.wired.com/2013/03/mexico-child-soldiers/; International Crisis Group: The International Conflict Prevention Organisation, http://crisisgroup.tumblr.com/post/46597828127/how-mexicos-drug-cartels-recruit-child-soldiers.

17) UN.GIFT.HUB, Global Initiative to Fight Human Trafficking, http://www.ungift.org/knowledgehub/en/about/trafficking-for-organ-trade.html.

18) http://www.kidsdata.org/topic; http://www.un.org/en/globalissues/briefingpapers/refugees/nextsteps..html.

세계 어린이의 이익을 최우선시하고 보호하는 다른 관련 기구에는 유엔 난민기구, 유니세프, 국제적십자, 국제 세이브더칠드런,역49 인간의 대지,역50 월드비전 인터내셔널, 어린이 권리를 위한 행동,역51 그리고 어린이 권리위원회가 있다.[19)]

성경적 틀

구약성경과 신약성경 보두 디아스포라 어린이의 성경적 모델을 보여주고 있다. 열왕기하 5:2은 시리아인이 이스라엘 출신의 '어린 소녀'/'어린 여종'을 사로잡아 나아만 아내의 노예로 삼았던 것을 보여준다. 창세기 37:27~28은 요셉이라는 한 '아이'/'남자아이'(30절)의 성공 이야기를 보여준다. 요셉의 형제들이 요셉을 미디안인과 이스마엘인 상인에게 팔았다. 상인들은 요셉을 애굽으로 이동시켰고, 애굽에서 요셉은 노예가 되어 주인을 섬겼다. 나중에는 최고위직 관료가 되어 나라를 섬겼다.

신약성경에서 하나님의 구속사를 이루기 위해 그리스도께서 어린이로 이 땅에 오심은 지상명령을 이행해 나가는 교회와 선교 단체에 어린이의 제자화를 우선시 하라는 도전이다(마 1:2; 2:11; 눅 2장). 그러나 어린이가 교회에서 가장 방치된 존재일 수 있다는 사실은 비극이다. 이것은 교회와 선교 단체가 교회가 속한 지역이나 외국에서 학대받고, 착취당하고, 억압당하고, 혜택을 못 받고, 피해당하는 아이를 돕는 것과는 모순적인 현실이다.

미니스트리 투데이(Ministry Today)의 인터뷰에 의하면 많은 목회자가 어린이보다 성인을 우선적으로 섬긴다(care). 이 보고에 의하면 이런 목회자는 어린이 사역을 기쁘게 감당할만한 것이라기보다는 어쩔 수 없이 해야만 하는 것으로 여긴다.[20)]

---

19) http://www.unhcr.org/pages/49c3646c1f4.html.

20) Barna, George. : America's Primary Mission Field." Ministry Today. (12/31/2017)http://ministrytodaymag.com/life/children/16473-americas-primary-mission-field/.

어린아이와 청소년을 대상으로 아웃리치와 제자화를 위한 성경적 틀을 개발하는 데 초점을 둔 두 가지 주목할 만한 기구는 4/14창[역52] 운동과 어린이전도협회이다. 4/14창 운동은 세계적 기구를 만들어 4/14창에 속한, 세계를 변화시킬 새로운 세대를 양성하기로 했다.[21] 어린이전도협회는 세계아동의 전체론적 필요를 충족시키는 사역 모델을 제시한다.[22] 이런 사역의 미래를 전망하기 위해 존 파이퍼는 마태복음 28:19에 내재된 특성을 강조한다. 즉 '*panta ta ethne*(모든 민족)를 제자로 삼으라'는 명령은 '모든 민족/이방인'을 포함하는 것이라는 점이다.[23] 이런 성경적인 세계관은 제자화의 범위에 영향을 끼친다. 즉 모든 연령대, 모든 인종, 모든 문화, 그리고 모든 인류를 포함한다는 것이다.

어린이 사역은 시간과 자원 낭비가 아니다. 디아스포라 아동은 부유하든 가난하든 간에 인생의 형성기를 통틀어 지도가 필요한 귀한 영혼이다.[24] 초국가적인 어린이에게는 건강한 자아발달을 도울 성숙한 성인 신앙인이 필요하다. 이 어린이들은 다음과 같은 질문을 놓고 씨름하기 때문이다. '나는 과연 좋은 사람인가, 별로 안 좋은 사람인가, 아니면 나쁜 사람인가?'[25]

어린이의 성격 형성기는 옳고 그름을 판단하는 능력을 습득하고 개발하기에 가장 좋은 시기로 개인의 중요성에 대한 긍정적, 부정적 관점이 형성되는 결정적인 시기다.[26] 제임스 답슨(James Dobson)은 어린이를 의기양양하게 만드는 '자신감'의 시기를 지나는 동안에는 진심으로 자신이 우주의 중심이 될 수 있으리라고 생각하지만, 곧 자기 자신에 대한 의심과 불안감이 밀려온

---

21) 4 to 14 Window Movement. http://www.4to14window.com/about/overview/

22) Child Evangelism Fellowship, Good News Clubs, Military Children's Ministries.http://www.cefonline.com/-military-ministries/.

23) http://www.desiringgod.org/articles/unreached-peoples#panta

24) Dobson 1995, 7~21.

25) Coles 1997, 3.

26) Cecilia Casiño, "Children on the Move: Missional Challenges and Opportunities, COMHINA, Miami Florida, Nov. 2~5, 2011.

다고 주장한다.[27] 답슨의 관찰은 디아스포라 어린이를 포함하여 모든 어린이의 가치관을 형성하고, 힘과 잠재력을 끌어내는 일이 당면 과제임을 강력하게 상기시킨다.

문제, 도전, 그리고 선교적 기회

어린이는 소중한 인생 기반이 뿌리째 뽑히게 되는 사건을 겪으면 불안감과 불안정감이 생긴다. 익숙한 곳을 떠나는 것만으로도 어린이의 정체성과 안정감은 위협받는다. 익숙한 것이 익숙하지 못한 것보다 잠재력이 적다고 할지라도 익숙하지 못한 것을 접하다 보면 아동은 두려움을 느끼고 미래에 무엇이 될지에 대한 생각이 정지되는 경험을 한다. 디아스포라 어린이가 씨름하는 문제와 도전에는 정체성 위기, 문화 충격, 현지국 문화로의 통합, 입양으로 맺어진 문화로의 문화적 유산의 통합, 사회적 대처법, 그리고 가족과 사회에서의 성 역할 등이 있다.

아버지의 직장 이전으로 조안(Joan)은 4학년 때 처음으로 살던 집을 떠났다. 지구 반대편으로 이사 가는 것이 어려웠고, 그보다 더 어려운 것은 학기 중간에 전학함으로써 영어에 대한 미숙함 때문에 고생하게 됐다는 것이다.

고국에서는 양육해 주는 친척과 교사와 친구로 둘러싸여 있었고, 또한 건강한 가정환경에서 살고 있었기 때문에 조안에게는 이사 가야 할 만한 이유가 없었다.

조안의 가족이 외국의 새집에 도착하자 공부를 제외한 모든 것이 제자리를 찾는 듯했다. 학교 첫날 조안은 매우 피곤했다. 완전히 길을 잃어 헤매는 듯한 느낌이었다. 날이 갈수록 하루가 길어지기만 했다. 조안은 자신이 왜 이사했어야만 하는지, 그리고 자신이 어떤 사람이 되어가고 있는지 알기가 힘들었다.

---

27) Dobson 1995, 53~54.

이사 후 셋째 주가 되면서 조안은 앓기 시작했다. 의사가 다녀간 후에도 부모는 조안이 아픈 원인을 찾아내지 못했다. 다행히도 디아스포라 자녀의 문제를 이해하는 이가 조안의 아픔과 증세 간의 연결고리를 찾는 데 도움을 주었다. 이 사람은 조안의 계속된 아픔이 탈진으로 인한 것임을 알아냈다. 긴 비행시간, 시차, 향수, 익숙하지 못한 것의 도전과 위협으로 인한 정서적 괴로움과 미지의 세계에 대한 긴장과 두려움 때문에 탈진한 것이었다.

빈곤한 환경 또는 풍족한 환경에서 태어난 것과 관계없이 많은 디아스포라 어린이가 조안과 같은 문제와 도전을 경험한다. 각 상황은 자녀가 자기 인생의 기반이 뿌리가 뽑힌 곳과 목적지와 그 과정의 역동성에 따라 달라질 수 있지만, 일반적으로 디아스포라 어린이는 제 자리에서 쫓겨나 자신이 잘못 자리잡고 있다는 느낌이 있다. 다행히도 조안은 성경적 세계관을 가르치고 그 모범을 보여주는 학교에 등록해서 곧 내・외적 문제를 극복하게 됐다. 이주지에서 생존에 적응하는 데는 많은 시간이 필요하지 않았지만, 성장을 위한 어려움을 이겨내는 데는 훨씬 더 오랜 기간이 필요했다.

빈곤한 환경 출신인 디아스포라 어린이 중 노예가 되거나 성매매 당하거나 강제노동에 임하게 되는 경우에는 성인도 감당하기 힘든 도전과 어려움에 직면한다. 난민 어린이에게는[역53]극히 제한된 선택권이 존재한다. 이 어린이들은 자신을 환영하고 자신을 보호할 준비된 국가를 원하지만, 극소수만 난민 수용소를 떠나는 기회를 얻는다.[28)]

수백만 명의 디아스포라 어린이는 신체적, 정서적, 정신적, 영적으로 피해를 본다. 이 어린이들은 매일매일 엄청난 위기를 겪고 고통을 당하는데, 정식적인 보호와 지원과 지도를 받으면 이런 어려움이 완화될 수 있다.[29)]

우리의 국경 안에, 국경 가까이, 그리고 국경을 넘어서 급속도로 늘어나고 있는 디아스포라 어린이에 대해 귀먹은 듯, 가슴이 얼어붙은 듯 대처하기가

---

28) http://globalfrontiermissions.org/refugee-work/

29) Find strategies in meeting needs of diaspora children in [+] GFM: Until All Have Heard, "Refugee Work," (http://globalfrontiermissions.org/refugee-work/).

이제는 불가능해졌다. 디아스포라 아이들은 이제 우리와 함께 살고 있다! 이 아이들은 마치 새롭게 성장할 환경 가운데 다시 심겨지거나 옮겨 심겨질 씨와 같다. J. D. 페인(Payne)에 의하면 우리의 시급한 임무는 "REPS, 즉 Reach(전도하여), Equip(무장시켜), Partner(파트너로), Send(파송하자)"이다.[30]

지상명령을 따르는 교회와 선교 단체는 우리 동네와 선교지에 있는 디아스포라 어린이를 구출하고 준비시켜야 한다는 도전을 받기만 하지 말고 이제는 행동을 취해야만 한다. 바로 우리 앞에 있는 디아스포라 어린이가 어떤 배경, 문화, 교육 수준, 가족 구조, 성별, 인종, 그리고 종교를 가졌든 간에 이들에게는 전환 능력과 대처 능력, 그리고 학문적, 정서적, 실용적, 영적 능력에 있어 성장하고 능숙하게 되는 데에 필요한 도움, 지도, 보호가 절실하다.[31]

교회와 선교 단체는 위와 같은 인류애적 노력을 기울이는 데 있어 디아스포라 어린이를 제자화 시켜야 한다는 점을 망각해서는 안 된다. 인류애적 노력과 제자화로 디아스포라 아동의 역량을 강화시킴으로써 디아스포라 어린이가 미래 지도자가 되게 하고, '입양' 국가의 법을 따르게 함으로써 그들이 사회의 부담이 되는 가능성을 줄이고, 사회로 돌아가서 하나님 나라 선교에 동참케 하는 것이다.[32] 2015년도 수치에 의하면 국제학교 네트워크NICS는 17개국에 12학년까지 아우르는 21개 학교를 세웠다. 이 학교에서 디아스포라 어린이는 평생 필요한 훈련, 준비, 그리고 제자화 과정을 경험한다.[33]

우리가 환영과 지혜의 마음을 유지함으로 차별, 편견, 개인적 선호, 율법주의와 변화에 대한 저항을 없애고 광범위한 결과를 낳을 수 있다. 테드 와드(Ted Ward)는 어떻게 자신이 '할 수 있다'는 태도를 발달시켜 어려운 때를 희망차고 당당하게 걷고 또 뛰기까지 할 수 있게 되었나를 증언한다.

---

30) Payne 2012, 139.

31) Raising Children in the Diaspora: Suggestions. http://www.angelfire.com/ar/arawelo/essays.html.

32) Harkavy 2007, 33~49.

33) http://www.nics.org/news/.

테드의 주장에 따르면 모든 것을 통해 하나님께서 앞서 나가셔서 길을 예비하시고 다리를 놓아주셨다고 한다. 테드는 그 다리를 통해 미래와 연결고리를 맺었다. 같은 방식으로 디아스포라 어린이에게 필요한 것은 어른이 '하나님의 은혜로 할 수 있다'는 태도를 어린 인생에 심는 것이다. 이로써 그들은 현재 이 땅 위의 삶과 이후의 삶과 연결될 수 있을 것이다.[34] 디아스포라 아동이 이 시점에 이르게 되면 그들의 성공 이야기와 간증 거리는 부모, 친척, 친구, 그리고 공동체에 중요한 영향력을 끼칠 수 있을 것이다.

디아스포라 어린이는 본래의 집과 사랑하는 이들과 떨어져 있어야 하는 남다른 경험을 가지고 있다. 그들 중 많은 이들은 문화적 다양성, 이질성, 다원주의, 거절, 자기희생, 감시, 차별 등의 물레방아에 던져져 휘둘리기도 했다. 때때로 다른 사람의 이익을 위한 진열품에 불과했던 경우도 있었을 것이다.

이와 같이 거친 삶의 터전에서 나오는 강인함을 보이는 디아스포라 아동들은 국경을 초월하여 두 개의 세계, 즉 보다 이른 시기에 떠나야만 했던 세계와 입양한 세계를 섬기는 지도자와 사역가 될 수 있을 것이다.

다음 그림은 성장에 적절한 환경이 제공되고, 성경적 세계관으로 준비되고, 학문적/기술적 훈련을 받은 후에[35] 디아스포라 어린이가 잠재적으로 끼칠 수 있는 영향력의 범위를 보여준다.

34) Elmer and McKinney 1996, 7~26.

35) 학술적 상황 속에 있는 디아스포라 어린이에게 접근하는 모델을 위해서는 http://www.nics.org을 방문하라; 디아스포라 어린이가 휴스턴에 있는 the Consulate General of India을 방문하도록 도와주는 하나의 사례로 http://www.cgihouston.org/news/display/58을 방문하라. 어린이가 십대를 넘어서서 믿음을 지키도록 돕기 위하여 자신들을 검사하는데 필요한 신학적 원칙을 위해서는 Coleman, 1977, 15~29; 103~112을 보라.

< 표 1> 디아스포라 어린이의 잠재적 영향력 범위

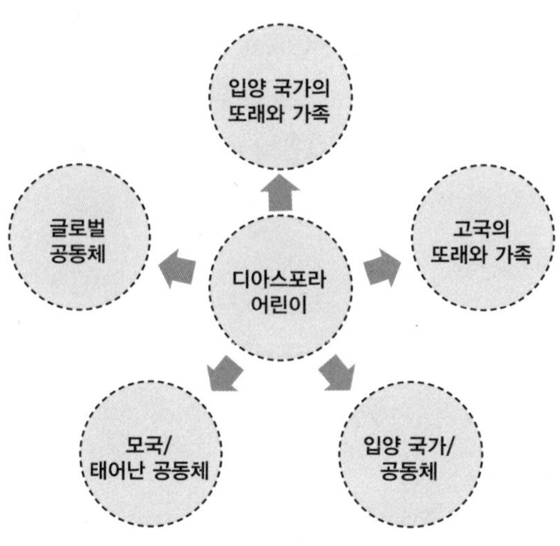

결론

이동하는 어린이들을 위한 사역은 중요한 과업이다. 글로벌 이주를 구성하는 어린이 수를 고려하면 미래 리더십과 문화적, 사회적 구조, 더불어 보다 다양하고 탁월한 인력(work force)을 개발해야 한다. 디아스포라 어린이 사역은 교회가 붙들고 동참해야만 하는 전례 없는 기회이다

토의

1. '디아스포라 자녀'가 글로벌 시민으로 자라는 것의 긍정적 차원을 토의하라.
2. 아동/자녀가 이동하는 타의적 원인은 무엇인가? 그 결과를 논하라.
3. 다음 주장을 성경적으로 해석하라. "이런 목회자는 어린이 사역을 기

뻐게 감당할만한 것이라기보다는 어쩔 수 없이 감당해야만 하는 것으로 여긴다."

4. 당신의 교회나 집 근처 지름 0.5km 범위의 디아스포라 아동의 국적은 무엇인가? 그들을 인식하고 그들을 위해 기도하라. 단체, 교회, 그리고 기구들을 어떻게 동참시켜 그들의 다양한 욕구를 실제로 충족시킬 수 있는가?

참고문헌

Books

Coleman, Robert E. ed. *Evangelism on the Cutting Edge*. Old Tappan, New Jersey:Fleming H. Revell Company, 1986.

Coles, Robert. *The Moral Intelligence of Children*. New York: Random House, Inc., 1997.

Dobson, James. *Life on the Edge*. Carol Stream, Illinois: Tyndale House Publishers, 2007.

Elmer, Duane and Lois McKinney, eds. *With an Eye on the Future*. Monrovia, California, MARC Publications, 1996. Ward, Ted. "With an Eye on the Future," In Elmer and McKinney.

Gamez, Ana M. *Blessing OFWs to Bless the Nations. Makati* City, Philippines: ChurchStrenthening Ministry, Inc. 2012.

Harkavy, Daniel with Steve Halliday. *Becoming a Coaching Leader*. Nashville, Tennessee: Thomas Nelson, Inc., 2007.

Payne, J. D. *Strangers Next Door*. Downers Grove, Illinois: InterVarsity Press, 2012.

Tira, Sadiri Joy. *The Human Tidal Wave*. Manila, Philippines: LifeChange Publishing, Inc. 2013.

Walton, John H., Victor H. Matthews, and Mark W. Chavalas. *Bible Background*

Commentary: Old Testament. Downers Grove, IL: InterVarsity Press, 2000.

URL Sources

[+] GFM: Until All Have Heard, "Refugee Work," <http://globalfrontiermissions.org/refugeework/> accessed October 28, 2014.

4/14 Window Movement. "They are the Largest People Group to Reach" <http://www.4to14window.com/about/overview/> accessed July 15, 2014.

Child Evangelism Fellowship. <http://www.cefonline.com/index.php?option=com_content&view=section&id=4&Itemid =100048> accessed July 16, 2014.

Children of All Nations. <http://childrenofallnations.com/student-ambassadorexchange/?gclid=CKmDmeLIlsgCFdePHwodE6ME6g> accessed October 22, 2015.

Consulate General of India, Houston. <http://www.cgihouston.org/news/display/58> accessed July 14-15, 2014.

George Barna, "America's Primary Mission Field" <http://ministrytodaymag.com/index.php/ministry-life/children/16473-americas-primarymission-field> accessed July 15, 2014.

Intercountry Adoption. Bureau of Consular Affairs, U.S. Department of State. <http://travel.state.gov/content/dam/aa/pdfs/fy2014_annual_report.pdf> accessed October 22, 2015.

International Labour Organization. <http://www.ilo.org/global/standards/subjects-covered-byinternational-labour-standards/migrant-workers/lang--en/index.htm> accessed July 14-15, 2014.

International Society of Missionary Kids (ISMK), "Boarding Schools," <http://ismk.org/mkparents/schooling/boarding-schools.html> accessed October 28, 2014.

John Piper. Unreached Peoples: The Unique and Primary Goal of Missions. <http://www.desiringgod.org/articles/unreached-peoples#panta> accessed July 15, 2014.

Kevin Quinn. "Foreign Invasion: International Athletes Taking Over American Games " in Marist News Watch. <http://www.academic.marist.edu/mwwatch/spring03/

articles/Sports/sports4.html> accessed October 28, 2014.

KIDSDATA.ORG. A Program of Lucille Packard Foundation for Children's Health. <http://www.kidsdata.org/topic> accessed July 16, 2014.

Kristiano Ang and Yenni Kwok, "Elite Boarding Schools Spreading through Asia," December 23, 2012, <http://www.nytimes.com/2012/12/24/world/asia/elite-boarding-schoolsspreading-through-asia.html?pagewanted=all&_r=0> accessed October 28, 2014.

Luc Forsyth. "3D Jobs: Dirty, Demeaning, and Dangerous" <http://lucforsyth.com/2011/12/3djobs/> accessed August 13, 2014.

"Making Progress Against Child Labor," <http://www.ilo.org/ipec/Informationresources/WCMS_221513/lang--en/index.htm> accessed October 28, 2014.

Marck Banschick. "The High Failure Rate of Second and Third Marriages" in Psychology Today <http://www.psychologytoday.com/blog/the-intelligent-divorce/201202/the-high-failurerate-second-and-third-marriages> accessed August 13, 2014.

Melissa Steffan. "The Surprising Countries Most Missionaries Are Sent From and Go To." Posted 7/25/2013 12:36PM <http://www.christianitytoday.com/gleanings/2013/july/missionaries-countries-sentreceived-csgc-gordon-conwell.html?paging=off> accessed October 28, 2014.

Network of International Schools. <http://www.nics.org/news/>accessed October 22, 2015.

P.A.P. Blog // Human Rights, etc. <http://filipspagnoli.wordpress.com/stats-on-humanrights/statistics-on-xenophobia-immigration-and-asylum/statistics-on-migration/> accessed July 15, 2014.

PAX Academic Exchange. <http://pax.org/families?gclid=CPm3v5HJ1sgCFVMYHwod5NkDNw> accessed October 22, 2015.

Pew Research: Social and Demographic Trends. <http://www.pewsocialtrends.

org/2013/12/17/changing-patterns-of-global-migration-andremittances/> accessed July 15, 2014.

Raising Children in the Diaspora: Suggestions. <http://www.angelfire.com/ar/arawelo/essays.html> accessed October 28, 2014.

Robert Beckhusen, "How Mexico's Drug Cartels Recruit Child Soldiers as Young as 11," 03.28.13, 6:30 AM, http://www.wired.com/2013/03/mexico-child-soldiers/ accessed October 28, 2014.

Ron L. Deal. http://www.smartstepfamilies.com/view/about-smart-stepfamilies accessed July 915, 2014.

The Combined Ministries of Nova Shalom Marriage Ministries International and University of the Family and 2=1 Discover the Power. <http://www.2equal1.com/advice/facts-statsabout-blended-families/> accessed July 11-15, 2014.

The International Crisis Group: The International Conflict Prevention Organisation, <http://crisisgroup.tumblr.com/post/46597828127/how-mexicos-drug-cartels-recruit-childsoldiers> accessed October 28, 2014.

The UN Department of Economic and Social Affairs. Population Division: International Migration. <http://esa.un.org/unmigration/wallchart2013.htm> accessed July 15, 2014.

United Nations Office on Drugs and Crime. <http://www.unodc.org/unodc/en/humantrafficking/global-report-on-trafficking-in-persons.html> accessed July 15, 2014.

UN.GIFT.HUB, Global Initiative to Fight Human Trafficking, <http://www.ungift.org/knowledgehub/en/about/trafficking-for-organ-trade.html> accessed October 28, 2014.

UN: Resources for Speakers on Global Issues. <http://www.un.org/en/globalissues/briefingpapers/refugees/nextsteps.html> accessed July 15, 2014.

UNCHR. <http://www.unhcr.org/pages/49c3646c1f4.html> accessed October 22, 2015.

U. S. Department of State. Office of the Historian. <https://history.state.gov/countries/

archives> accessed October 28, 2014.

Winning Step Families: Helping Blended Families Succeed. <http://www.winningstepfamilies.com/BlendedFamilyStatistics.html> accessed July 1115, 2014.

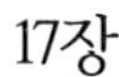

17장

기술과 디아스포라

조세프 비야얌(Joseph Vijayam)

서론

정보통신기술(ICT)은 전 세계 이주민의 경험, 관계, 생계 수단, 사회적 참여 및 종교적 동질성을 촉진하는 데 있어 가장 강력한 도구 중 하나가 되었다. 뉴 미디어는 이주한 곳에서 디아스포라가 받아들인 사회 문화적 환경이다. 디아스포라는 이민을 받아들이는 국가의 물리적 사회 문화적 현실보다 가상 경계 내에서 더 편하게 보인다. 도처의, 저비용 인터넷 및 휴대 전화 기반 통신은 커뮤니티 내에서의 '연결성'이 더 이상 물리적인 거리가 아니라 온라인 활동 수준에 의해 측정되는, 인간관계의 새로운 시대를 열었다.

일부 학자에 의하면 이 변화로 인해 이민(그리고 그것의 직접적 결과로써 디아스포라) 또한 대단히 변했다. 이 학자들은 새로운 모형의 '연결된(connected)' [1] 혹은 '상호 연결된(interconnected)'[2] 이민자를 언급한다. 기술은 '현지인' 공동체보다 디아스포라 가운데서 훨씬 더 많이 활용된다. 최근 미국에서의 한 연

---

1) Diminescu, Dana "The connected migrant: an epistemological manifesto," Social Science Information 47, no. 4 (2008): 565~79.

2) Ros, Adela "Interconnected immigrants in the information society" in Digital Diasporas, ed. Andoni Alonso and Pedro Oiarzabal (Reno: University of Nevada Press, 2008), 19~38.

구에 따르면, 이민자가 핸드폰과 인터넷 관련 기술을 미국 현지인보다 평균적으로 훨씬 더 친숙하게 활용한다.[3)] 영국에서 이루어진 비슷한 연구에 따르면 전체적으로 영국인보다 이민자와 소수민족이 인터넷과 의사소통 기술을 더 많아 받아들여 활용한다.[4)]

디아스포라 인구는 정보통신기술을 각각 다른 경제적 계층, 직업, 지리적 요건, 그리고 문화적 맥락 속에서 이용한다. 디아스포라 종족이 기술을 활용하고 소비하는 방식을 보다 깊이 이해하면 우리는 이를 이용해 우정을 쌓고 궁극적으로는 예수님을 소개할 수 있을 것이다.

새 이민자가 복음을 받아들이고, 인터넷이 모든 인구 집단에 대한 전도와 제자 훈련에 점점 더 많이 활용되고 있는 지금, 목표 그룹인 디아스포라와 전도 도구인 기술을 통합하는 것은 효과적이다.

디아스포라에게는 기술이란 상호작용에 있어 필수적인 도구

어제의 모토가 '이민하고 네 뿌리를 잘라내라'였다면, 오늘의 모토는 '부지런히 오가며 계속해서 연락하라'일 것이다.[5)] – 다나 디미네슈(Dana Diminescu)

---

3) Welcoming Center for New Pennsylvanians, Digital Diaspora: How immigrants are capitalizing on today's technology (Philadelphia: 2012). Available from http://www.immigrationresearch-info.org/report/other/digitaldiaspora-how-immigrants-are-capitalizing-todays-technology.

4) Kluzer, Stefano and Codagnone, Cristiano, "ICT adoption by immigrants and ethnic minorities in Europe: Overview of quantitative evidence and discussion of drivers," Migration, Diaspora and Information Technology in Global Societies, ed. Leopoldina Fortunati, Raul Pertierra and Jane Vincent (New York: Routledge, Taylor and Francis Group, 2012), 191.

5) Diminescu, 568.

전 세계적으로 이민자의 일상에 필수적인 것은 바로, 모든 형태의 새 매체로 대중 매체도 있고, 개인 매체도 있다. 대중 매체에는 텔레비전, 라디오, 그리고 인터넷이 있고, 개인 매체에는 핸드폰, 이메일, SNS, 문자가 있다. 이런 디지털 매체는 저비용이거나 24시간 무료로 사용 가능하며 요청에 따라 서비스가 제공되는 것도 있다. 이민하여 사는 나라에서든 고국에서든 거의 모든 지역에서 이용 가능하다. 이로 인해, 고국과 떨어져 살고 있을지라도 이민자는 고국에 있는 이와 실질적으로는 훨씬 더 가까이 있다. 또 이민지에서 동포와도 훨씬 더 깊은 관계를 맺고 있다.

사회학자들은 현재 이민자 세대를 매체에 흠뻑 젖어 사는 '매체화된 이민자(mediatized migrants)'라고 부른다.[6] 이제는 한 가지 매체가 아니라, 대중매체와 개인의 의사소통에 활용되는 스모가스보드(smorgasbord)[역54]식 매체의 혼합체로 이민자의 삶에 전방위적으로 영향을 끼치고 있다.

모든 20대는 '디지털 네이티브(Digital Natives)'[역55]라는 수식어가 붙는 첫 세대다. 1990년대 이후에 태어난 이들은 자라면서 인터넷으로 의사소통하고 정보를 수집해 왔다. 이런 이유로 젊은 이민자가 짐을 싸고 다른 나라로 보다 쉽게 이동하는 것은 놀랍지 않다. 젊은 세대는 이주할 때, 연장자 세대보다는 고립감을 덜 느끼기도 한다. 유엔정보서비스(UNIS)[역56]에 의하면, 2013년 9월에는 국제 이민자가 전 세계적으로 2억 3,200만 명에 달했는데[7] 이 중 상당수가 젊은이다. 유엔경제사회국(DESA)[역57] 인구분과에 의하면 새 이민자 5명 중 2명이 18세와 29세 사이에 있다. 이는 젊은이가 국제 이민자의 26%~57% 사이를 구성한다는 것을 뜻한다.[8]

---

6) Krotz, Friedrich "Mediatization: A concept with which to grasp media and societal change" in Mediatization: Concept, changes, consequences, ed Knut Lundby (New York: Peter Lang, 2009), 19-38.

7) United Nations Information Service, "232 Million International Migrants Living Abroad Worldwide – New UN Global Migration Statistics Reveal." (Vienna: UNIS, 2013). Available from http://www.unis.unvienna.org/unis/en/pressrels/2013/unisinf488.html. Last modified on September 11, 2013.

8) United Nations Department of Economic and Social Affairs Population Division,

이민의 원인은 많은 경우 교육, 직업, 결혼, 혹은 가족 통합과 인도주의적 문제와 관련된다. 이런 이주 원인은 젊은이에게 더 많이 해당되며 젊은 세대가 이동하는 이유를 설명해 주기도 한다. 동시에 새 매체는 이민의 부담감과 스트레스를 줄여주기에 젊은 세대가 이민을 더 많이 하게 된다. 따라서 한 나라에서 다른 나라로 이주하고 이민자의 매일의 일정을 정교화하는 이 기술이 (선교의) 전환점이다.

디아스포라 종족들은 기술을 여러 방식으로 활용한다

디아스포라 종족은 기술을 여러 방식으로 활용한다. 기술이 이주민의 재량과 시동 걸기에 사용되는 도구라는 의미에서 기술은 이민자를 운전석에 앉히고 이민자의 손에 힘을 실어주는 도구이다. 기술은 다음과 같은 곳에 가장 많이 활용된다. (1) 이민을 가능케 한다. (2) 모국과 의사소통 및 연결하는 역할을 한다. (3) 이민자의 동포 공동체를 합치게 한다. (4) 아이디어, 신념, 계획, 꿈을 교환하는 포럼 역할을 한다. (5) 구인, 교육 기회, 거주지, 공동체 이벤트, 데이팅, 결혼 동맹/중매 등을 광고하는 게시판 역할을 한다. (6) 공동 행동을 촉진한다. (7) 온라인 송금과 물건과 서비스의 교류와 교환을 통해 해외 금융 거래를 가능케 한다.

이민을 가능케 한다

이민은 사람의 네트워크를 통해 이루어진다. 21세기 사회학의 창시자라 불리는 찰스 틸리(Charles Tilly)는 이렇게 주장한다. "이민의 실질적인 단위는 개인도, 가족도 아닌 서로 아는 관계, 친척, 그리고 직업상의 관계로 엮인 사

"International Migration in a Globalized World: The Role of Youth" Technical Paper No. 2011/1. (New York: 2011). Available from http://www.un.org/en/development/desa/population/publications/technical/index.shtml.

9) Tilly, Charles "Transplanted Networks" in Immigration Reconsidered, ed. Virginia Yans-

람의 집단이었으며 현재도 그렇다."[9)]

개척자적인 이민자는 일찍이 지인 관계를 만들며 그 영향력 아래 모국에 있는 이웃이 자신을 따르게 한다. 이민자는 일반적으로 자신의 지인이 있는 곳으로 이민하며 새로운 나라에 입국할 자격을 얻기 위해 지인에 의존하곤 한다. 이런 형태의 연쇄 이동은 시간이 지남에 따라 자립적으로 변해 동일한 소수 민족에 속한 이민자 공동체를 형성하게 된다.

이민 네트워크 접근의 기본적인 가정은 모든 이민 과정의 근본에는 다양한 방향을 가진 정보의 흐름이 존재한다는 것이다.[10)] 사회 매체는 모국에 있는 가족, 그리고 친구와 관계를 유지할 수 있는 수단이며 과거에 대한 소속감과 연대감을 제공한다. 동시에 새로운 나라에서 새로운 관계를 찾는 통로가 되기도 한다. 페이스북, 마이스페이스, 유튜브, 트위터, 링크드인 등의 소셜 네트워크 사이트는 이익 집단을 중심으로 구축된다. 따라서 그들은 사람들이 다른 이주민과 연결하고, 가능성을 탐색하며, 과거 이주민과 사회 자본을 구축하여 궁극적으로 이민을 촉진 할 수 있는 비옥한 토양이다. 일단 이민 결정에 이르면 전자 메일, VoIP, 인스턴트 메시징 및 휴대폰 등의 통신 기술을 통해 그 과정이 활성화되고 신속해진다.

고국과의 의사소통과 연결성

전 세계적으로 스카이프 사용자가 3억 명이 넘는다. 2013년 2월에 일본에서 진행되었던 연구에 따르면,[11)] 해외에 있는 가족 중 75%가 타국에 있는 친척이나 가족과 의사소통하는 데 스카이프를 활용한다. 이용자의 반 이상이

MacLoughlin (New York: Oxford University Press, 1990), 84.

10) Dekker, Rianne and Engbersen, Godfried "How social media transform migrant networks and facilitate migration" International Migration Institute Working Papers Series 2012, no 64 (Oxford: Oxford University Press: 2012). Available at http://www.imi.ox.ac.uk/publications/ working-papers/wp-64. 2015.2.14. 방문.

11) http://www.slideshare.net/goc1126/skype-marketing-final-28623964 이용이 가능하다. 2013.11.26. 최종 수정.

해외에 있는 가족과 주당 1회 이상 연락한다. 주요 목적은 그들의 상황에 대해 알며 잘 지내고 있는지 확인하기 위함이다. 해외에 있는 가족이 스카이프를 이용한 통화의 94%는 무료였다(스카이프의 유료서비스를 활용하지 않았다.).

스카이프와 행아웃과 같은 서비스의 흥미로운 점은 화상 대화가 실시간으로 가능하다는 점이다. 이런 인기 있는 의사소통 기술 외에도 페이스북, 인스타그램, 왓스앱 등의 사회 매체 애플리케이션이 경험과 사진과 동영상을 함께 나눔으로 모국에 있는 가족과 소통하려는 디아스포라 종족에게 널리 사용되고 있다. 이런 기술은 가족 행사에 마치 '참석한' 듯한 느낌을 주며 서로의 인생에 관여하는 것을 가능케 한다. 업데이트를 자주 함으로써 10년 전에는 상상할 수 없었을 참여를 가능케 한다.

동포 디아스포라 공동체를 합친다

이민자는 동포 공동체와의 연결성을 높이 산다. 이는 이민자의 웰빙에 영향을 주는 중요 요인이다. 이전 세대에서는 새로운 관계 형성과 느슨한 관계를 강화하기 위해서는 동포 공동체의 종교적, 사회적, 그리고 문화적 행사에 참여해야만 했다. 이렇게 하려면 특정 장소와 특정 시간에 실제 출석해야만 했는데 거리상, 비용상, 직장 스케줄상 참석하지 못한 사람은 고립된 채 방치되어 새로운 환경에 상대적으로 적응이 어려울 수밖에 없었다.

오늘날, 이러한 연결 대부분은 기술사용을 통해 이루어진다. 관련된 모든 기술을 보유한 인터넷은 사람들이 자기 집에서 자신의 페이스대로 즉시 연결할 수 있게 한다. 소셜 미디어는 공통점이 있는 사람과 신속하고 선택적으로 사회적 자본을 구축할 기회를 창출함으로써 이주민 네트워크를 새로운 수준의 연결성으로 이끌었다. 느슨한 관계는 이타적인 동기로 연결된 사람을 매치시킴으로 강력한 유대 관계로 발전 할 수 있다.

아이디어를 교환하는 포럼 역할을 한다

가상공간은 자유롭고, 공개적이며 풍성한 정보의 광장이자 원천이다. 인터넷이 지식 민주화를 책임지고 있다고 주장하는 이들이 있다. 새로운 이민자는 이민 간 국가의 일반인이 찾는 정보와는 다른 새 이주민으로서 필요한 정보를 구한다. 인터넷 검색 기능은 가장 강력하고 유용한 특성 중 하나이다. 구글, 야후, 바이두 등의 검색 엔진의 가치를 높이 평가하는 이유가 여기에 있다.

검색 엔진이 등장한 이후 이민자처럼 틈새 요구가 필요한 이들은 인터넷이 공유하고 소비할 수 있는 정보 및 아이디어의 보물 창고임을 발견했다. 예를 들어, 브라질에서 네덜란드로 이민 간 36세 미구엘은 직업상 필요한 정보를 찾는데 인터넷이 무척 편리하다는 것에 대해 이야기한다. "그곳[오르쿳 그룹(Orkut group) - 네덜란드에 거주하는 브라질인]에서는 권리, 영사관, 언어 등 모든 것에 대한 정보교환을 찾을 수 있다."12)

공동체 게시판의 역할을 한다

위의 아이디어를 교환하는 포럼의 역할과 유사하게 인터넷에는 전문화와 집중력이 강화된 특정 이민자 또는 소수 민족 공동체 집단을 대상으로 하는 교육 및 고용 기회, 주거, 데이트, 심지어 결혼 중매에 관한 전문 웹 사이트 및 인터넷 포럼이 있다.

shaadi.com이 그 예다. 이 사이트에는 해외에 거주하는 인도인 이민자를 위한 중매 공간이 각 나라로 나누어져 있으며 한 나라 안에서도 구체적인 지역으로 구분되어 있기까지 하다.

이러한 웹 사이트는 출신 국가에서 통상적인 동맹 관계를 추구하는 사람들 사이의 중개인 역할을 하여 외국에 거주하는 인도인을 위한 결혼 준비를 용이하게 하는 인프라를 형성한다. 이러한 사이트를 시작하기 전에 중매는 매우 어려운 작업이었다.

공동 행위를 촉진한다

해외로 여행하는 국가 지도자는 보통 모국 출신의 디아스포라가 자신을 지원해 주거나 정치적 마일리지가 되기를 기대한다. 상당한 인구가 해외에

12) Dekker, 12.

거주하는 나라는 이민자가 고국에 재정적, 사회적 지원을 해주기를 바란다. 이들 이민자는 영향력 있는, 어떤 일이 일어나도 특정 정당을 위해 투표하기로 한 유권자 집단인 투표은행(vote bank)으로 간주된다.

사회 매체와 같은 기술은 특히나 디아스포라 종족이 모국에서의 성 평등, 그리고 교육과 종교의 자유와 같은 문제에 대해 공동 행동에 참여할 수 있도록 했다. 아랍의 봄이 일어날 당시에는 아랍 국가의 독재적이고 억압하는 정권에 맞서 싸우는 '저항세력'을 세상에 알리고 지원을 받기 위해 페이스북과 트위터를 활용한 이들이 많았는데, 이들은 서양 국가에 거주하는 수천 명의 아랍인 디아스포라였다.

금융 거래를 가능케 한다

세계은행의 마무스 모헤이딘(Mahmoud Moheildin)에 의하면 전 세계 송금액은 5,420억 달러인데 개발도상국 출신의 이민자는 정식 통로를 통해 4억 400만 달러를 모국으로 송금했다.[13]) 일부 가난한 국가에는 부국에 거주하는 이주민이 송금해 오는 돈이 경제를 좌지우지하는 작은 마을이 있다.

오프라인 은행의 높은 송금수수료 때문에 최근 몇 년 사이에 저가의 인터넷 요금으로 편의를 제공하는 이동전화 송금서비스가 시작되었다. 이 분야에는 트렌스퍼와이스(TransferWise), 드왈라(Dwolla), 트렌스퍼고(TransferGo), 줌(Xoom), 아지모(Azimo) 등이 있다.

기술은 디아스포라 종족을 제자화 하는 데 효과적인 도구이다

계시가 도착하는 것은 마치 전화가 오는 것과 같다. 메시지가 내게 온다. 내 마음

---

13) http://www.euractiv.com/sections/euro-finance/remittances-and-savings-diaspora-can-financedevelopment-303838. 2014.1.18. 최종 수정. 2015.2.14. 방문.

속에서 울리기 시작한다. 띠리링, 띠리링. 그러면 나는 긴장한다. 이어 그분의 목소리가 들린다. '너는 이렇게 하라. 내가 이 일이 지금 행해지기를 원하기 때문이다!' 하나님은 거룩하시다. 하나님은 바로 기술이시다. 당신이 지금 가지고 있는 모든 것은 하나님의 것이며 영적 존재이신 하나님께서 주신 것이다. 하나님과 좋은 관계에 있을 때는 주파수의 신호가 매우 좋고 강하다. 기도를 잘하면 의사소통이 잘 되는 것이다. 당신의 인생이 엉망이고 사람과 갈등에 휩싸여 있으면 수신 상태도 엉망이다. - 죠슈아(Joshua, 콩고인 오순절교회 목사, 애틀랜타, 미국)[14]

죠슈아 목사가 하나님의 음성을 듣는 수단을 전화 연결에 비유한 것은 그의 상상력이 뛰어남을 보여준다. 그러나 하나님이 기술이라는 언급은 신학적으로 옳지 않다. 하나님을 높이고 그분께 영광 돌리기 위해 거룩한 방식으로 기술을 탐구해야 한다. 즉, 디아스포라 가운데 하나님의 백성을 세우고 세계 방방곡곡의 잃어버린 영혼을 구원하는 것이 목적이다.

온라인에서는 관계를 구축하기가 쉽고, 특히 개인과 익명이 동시에 가능한 대화를 유도하므로 인터넷은 일대일 대화를 위한 강력한 도구이다. 새 매체는 디아스포라를 향한 복음화, 제자화, 그리고 사역에 필수적인 도구다. 디지털 메스미디어를 통해 방송되거나 팟캐스트 되는 메시지이거나 모바일 응용 프로그램을 통한 영성 형성 훈련 또는 인터넷을 통한 개인 상담이거나 소셜네트워킹을 통한 기도 지원 등을 통한 뉴미디어는 디아스포라에 대한 전도, 제자 훈련 및 사역을 위한 필수 도구이다.

호스트 국가에서는 사람과의 사회적 상호 작용이 제한되어 있기 때문에 디아스포라 종족은 영혼과 관련된 문제에 대해 새로운 미디어를 통해 그들과 상호작용 하고자 하는 사람과 신속하게 관계를 형성한다. 이것은 호스트 국가의 교회가 삶의 질문에 대한 답변을 새롭고 복잡한 상황에서 찾고, 디아스

---

14) Garbin, David and Vasquez, Manuel, "God is Technology, mediating the sacred in the Congolese diaspora" in Migration, Diaspora and Information Technology in Global Societies, ed. Leopoldina Fortunati, Raul Pertierra and Jane Vincent (New York: Routledge, Taylor and Francis Group, 2012) 157.

포라 그리스도인을 그들의 공동체 또는 가족 가운데서 복음 사역자를 준비시키는 놀라운 기회를 제공한다. 또 디아스포라 그리스도인이 모국으로 돌아갈 때 가족과 친구에게 복음의 사역자가 될 기회를 제공하기도 한다.

스카이프와 같은 인터넷 기반 통신 기술은 본국에서 복음을 나누고 가족과 친구를 제자화 하는 데 사용되고 있다. 중국을 대표하는 마이크로 블로그 회사인 시나 웨이보(Sina Weibo)는 중국 유학생을 포함해 사용자가 4억 명이 넘는다. 그들 중 일부는 마이크로 블로그를 사용하여 자신의 믿음을 온라인 팔로워와 공유하는 새로운 신자이다. 이들 중 많은 이가 귀국했다.[15)]

디아스포라 간의 인터넷 및 통신 기술의 친숙성과 사용으로 많은 사람이 그러한 기술을 사용하여 복음을 공유하는 선구자가 되었다. MahaJesus.com과 JesusCentral.com은 이민자가 교회 건물에 들어가거나 복음적 행사에 가는 것보다 웹 사이트를 탐색할 가능성이 있는 사람들에게 다가가기 위해 제작된 웹사이트의 예이다.

나는 미국에 사는 이민자인 나의 대가족[역58]과 친구 사이에서 돌고 있는 페이스북, 트위터, 인스타그램 및 핀터레스트(Pinterest)의 게시물 수와 기도요청, 영성 메시지, 하나님을 찬양하는 글을 공유하는 것에 깜짝 놀랐다. 이 게시물은 모국에 있는 사람에게 돌아가며 믿음의 여행에서 함께 걷고 있는 가상의 지원그룹을 만들기도 한다.

오늘날의 의사소통 기술은 즉각적이고 역사적이며, 개인적이며 대중적이며, 단어와 그림, 오디오와 비디오로 이루어져 그리스도인의 교제는 질적, 양적으로 새로운 차원에 도달했다. 이를 생각하면, 나는 이 순간 나를 지구에 보내 주신 하나님께 감사드릴 수밖에 없다.

---

15) Charisma News: "Chinese Christians use Internet to share faith, discuss persecution." Available from http://www.charismanews.com/world/35109-chinese-christians-use-internet-to-share-faith-discuss-persecution. 2015.10.25. 방문.

기술은 적절히 활용되어야 한다

기술은 디아스포라에 의해 보편적이고 열정적으로 받아 들여졌지만, 이러한 추세에 몇 가지 심각한 부정적인 면이 있음을 간과해서는 안 된다. 사회전체에도 기술이 광범위하게 사용되는 데에 따르는 단점이 있지만, 특별히 디아스포라에게 해당되는 단점이 있다. 연구결과에 따르면, 디아스포라가 인터넷 활용은 사랑과 애착/믿음과 가족생활과 밀접한 사회적 관계에 대한 생각을 변화시킨다.[16)]

사회 매체와 같은 기술을 통해 소속감이 향상되기는 하지만 물리적으로 다른 사람과 함께함으로 존재하는 풍성함을 심각하게 잃어버리기도 한다. '인터넷상의 디아스포라 종족의 공동체'라는 기사에서 미리아 조지우(Myria Georgiou)는 공동체라는 느낌을 유지하기 위해 일상생활에서 일어나는 경험을 나누는 것의 중요성을 강조한다.[17)]

현지 사회로 통합되려면 물리적 세계에서 다른 사람과 상호작용하는 것이 필수적이기 때문에 이것은 특히 디아스포라 종족에게 해당되는 것이다. 인생 모든 문제에서도 그렇듯 기술을 얼마나 활용해야 하는 가에는 신중해야 한다.

16) Miller, Daniel and Slater, Don. The Internet: An ethnographic approach (Oxford: Berg Publishers, 2000) 56. 410 Georgiou, Myria. "Diasporic communities online: A bottom up experience of transnationalism"in The Ideology of the Internet:Concepts, Policies, Uses, ed. K. Sarkasisand D. Thussu(New York: Hampton Press, 2006), 131.

17) Georgiou, Myria. "Diasporic communities online: A bottom up experience of transnationalism" in The Ideology of the Internet: Concepts, Policies, Uses, ed. K. Sarkasis and D.Thussu (NewYork: HamptonPress, 2006), 131.

토의

1. 디아스포라가 호스트 국가 출신과 비교했을 때 인터넷 및 통신 기술을 사용하는 것이 더 쉬운 이유는 무엇인가?
2. 서로의 연결성을 높이기 위해 이민자 공동체에서 사용한 것으로 보이는 기술 장치 또는 서비스의 예를 들어라. 웹 사이트, 모바일 앱 또는 지리적 영역의 특정 이민자 커뮤니티에서 사용하는 일반적인 기술 도구일 수 있다.
3. 영적 문제에 대한 답을 구하는데 디아스포라가 인터넷을 활용하는 주된 이유는 무엇인가?
4. 지역 교회가 그들 지역에 사는 디아스포라와 관계를 맺기 위해 어떻게 기술을 활용할 수 있는가?

4부

글로벌 디아스포라 시대에 교회의 사명

편집자

그랜트 맥클렁(Grant McClung)

코디 로렌스(Cody Lorance)

서론

글로벌 디아스포라 시대에 교회의 사명

편집자

그랜트 맥클렁 / 코디 로렌스

지금까지 디아스포라 선교학을 연구하며 현상학적, 신학적, 전략적으로 디아스포라를 살펴보았다. 특별히 전 세계 방방곡곡으로 이주하는 이가 계속 증가하는 현상을 보며, 우리 시대에 어떤 일이 일어나고 있는가를 관찰하고, 말씀을 통해 현실을 반추하고, 이 현실이 주는 의미가 무엇인지 생각해보기 시작했다.

이 모든 과정은 우리로 하여금 가장 실제적이면서도, 가장 영적인 선교학적 질문을 던질 수밖에 없게 했다. '그래서 어떻게 하란 말인가?' 21세기에 삼위일체 하나님을 섬기며, 그분을 위해 살아가는 그리스도의 몸인 우리는 이 모든 일에 어떻게 반응해야 하는가? 교회 본연의 사명은 무엇이며, 대량 이주의 현상과 빠른 도시화 그리고 숨 막히는 세계화의 위력 속에 처한 교회의 사명은 무엇인가?

4부가 이 막중한 질문에 대해 속속들이 답했다고는 말할 수 없다. 다만 계속해서 이어지는 장을 통해 자극받고 영감받아 셀 수 없이 새로운 질문과 글, 대화, 서적이 탄생하고, 지속해서 움직이는 세상 속에서 교회의 사명을 이해하고 설명하려는 우리의 작은 노력에 참여하길 바랄 뿐이다. 우리는 이제 막 이 질문에 답하기 시작했지만, 이 작업을 통해서 앞으로 일어날 모든 일을 제대로 이해하기 위해 두 가지 원리가 필수 기반으로 세워져야 한다고 믿게 되었다.

첫째, 오늘날 디아스포라 세상에서 교회의 사명이 무엇이든 간에 이 사명은 디아스포라 교회(이주민이 시작했고/했거나 이주민 위주로 구성된 교회)와 이주민 호스트 교회(비이주민이 시작했고/했거나 비이주민 위주로 구성된 교회) 모두에게 주어진 것이다. 이 중 한쪽을 더 강조한 필자도 있지만, 앞으로 이어질 글은 두 교회 모두에 시사점을 던져 준다.

둘째, 교회의 사명을 논의하면서 교회의 본질, 존재 목적, 관행, 구성원, 조직과 같이 명백하고 필수적인 교회론적 질문을 피할 수 없다. 4부는 선교학과 교회론에 똑같은 비중을 두고 쓰였으며, 저자들이 어떻게 디아스포라 현실이 우리가 교회를 이해하는데 영향력을 미치는지 심사숙고했다. 이주, 도시화, 세계화는 세계의 형세를 바꾸고, 지정학적 경계를 변형하며, 도시를 전복하고, 인종 집단 간에 새로운 혼합 민족문화 정체성을 형성하고 있다. 만일 이런 힘이 팽창해서 교회론의 경계마저 허물기 시작한다면 놀라운 일일까? 이 사실을 바탕으로 해서 4부의 9개 장은 앞에서 제기된 중심 질문을 차례로 다룰 것이다.

우리는 우선 주 예수님의 성육신과 십자가의 죽음을 모델로 한 영성을 기반으로 디아스포라 선교와 관련된 교회의 역할을 고찰할 것이다. 디아스포라 시대에 선교하는 교회는 교회의 머리이신, 이주민이셨던 구세주와 연결되어야 함을 인식해서 말이다(아드히카리(Adhikari), 로렌스(Lorance), 라젠드란(Rajendran)). 이런 관점에서 출발하면 선교하는 교회를 다양한 각도에서 살필 수 있다. 이에 우리는 소외된 또는 무시당하는 자들의 공동체(a marginalized community)인 한 흑인 교회가 디아스포라를 이웃으로 호스트하면서 생기는 도전과 소외된 변두리 선교를 하는 데 있어 이런 교회가 가진 독특한 역할을 고찰한다(맥레이시Mack-Lacey).

다음 두 장에서는 새로운 거주지에서 선교와 영적 갱생을 일으킬 주체로 한국인(임, 오)과 아프리카인(아사모아-갸두, Asamoah-Gyadu), 두 디아스포라 공동체를 제시한다. 분명히 한계와 갈등이 존재하긴 해도, 이들 디아스포라 교회는 주님께서 전 세계에 하나님 나라를 확장하도록 대다수 세계를 어떻게 동원하시는지 보여주는 희망적인 징후이기도 하다.

또 다른 장에서는 초국가주의가 이주 현상이 낳은 것임을 깨닫고, 이동하는 사람의 대리 가정으로써 교회의 역할을 살펴볼 것이다. 하나님의 사람은 이주하는 세계 속에서 사명을 완수하기 위해 현실을 이해하고 대처해야 한다(조지(George)).

또 다른 차원에서 이 현상을 보기 위해, 여섯째 장은 디아스포라 현상 때문에 하나님 안에 한 가족으로서 다양한 문화가 하나 되는 아름다움을 추구하고, 수용하고, 보여줄 수 있는 전례 없는 기회가 교회에 주어졌음을 제시한다(베이커(Baker), 임(Im), 토마스(Thomas)). 마지막으로 4부를 마무리하며 우리는 글로벌 도시의 부상을 인정하고 기대하는 동시에, 빠르게 성장하며 다변화하는 도시의 중심 정신을 형성할 사명을 가진 계시록적 공동체로써 교회의 역할을 생각해본다(고(Ko)).

물론 우리가 시작한 '그래서 어떻게 하란 말인가'라는 질문에 대한 답을 찾는 여정 속에서 이 글은 일시적 만족감을 줄 뿐이다. 아직도 생각해야 할 일이 산적해 있다. 우리는 인신매매 당한 여성이 설립한, 그리고 이 여성들을 위해 설립된 과도기적 그리스도 중심의 공동체에 대한 이야기를 들은 적이 있다. 이 여성들은 공동체로 생활하고 일하며 하나님을 경배한다.

아라비아반도에 있는 한 국제도시[역1] 외곽에서 들려오는 간증도 있다. 착취당하던 서아시아 출신 이주 노동자가 기도를 받고 복음을 듣기 위해 산기슭에 지어진 임시 거처를 드나든다고 한다. 놀라운 기적과 이사가 일어났다고 보고되었고, 수많은 힌두교인과 이슬람교도가 며칠 동안 머물며 삶을 그리스도께 바치고 또 다른 디아스포라 여정을 떠났다고 한다.

과도기적 신앙 공동체는 '교회'와 많이 닮았지만, 그런데도 우리로 하여금 전형적인 교회론적 전통의 구속 범위를 확장하고 선교에 대한 접근법을 재구상해 보게 한다. 여기 언급된 사례 외에도 많은 사례가 있다. 하지만 지금은 이에 대한 더 많은 연구와 조사가 필요하다는 사실을 강조하는 것으로 충분하다. 이 글을 연구하는 모든 사람이 부지런히 연구해서 이 노력이 확장되길 바랄 뿐이다.

우리는 디아스포라를 주제로 한 연구에 한계가 있음을 인정하며 다음 결론을 내린다. 디아스포라 시대에 교회 선교는 대부분 도시에서, 디아스포라 교회와 이주민 수용국 교회가 주체가 되어 이루어질 것이다. 이들은 사회의 변두리 또는 가장자리에서 일하기 편한 사람들이다.

또한 디아스포라 선교는, 하나님의 사람이 타문화와 연합하고, 하나님 안에서 서로를 위해 그리고 비그리스도인을 위해 한 가족임을 이해하게 되면서, 이들이 주체가 되어 행해질 것이다.

무엇보다 글로벌 디아스포라 시대에 교회 선교는 이주민이셨던 구세주 예수 그리스도와 교감하고 그리스도를 닮아가는 가운데 흘러나온다고 결론지을 수 있다. 여러분이 나머지 글을 읽어보길 진심으로 권하며, 각 장의 글이 여러분이 속한 교회와 선교적 상황에 어떤 시사점을 던지는지 기도하는 마음으로 신중하게 생각해보길 바란다.

18장

흩어진 자들을 위한 십자가 : 디아스포라 선교를 하는 교회를 위한 십자가 영성

라키 아드히카리(Lachi Adhikari) / 코디 로렌스(Cody Lorance) /
P. 라젠드란(P. Rajendran)

흩어진 자들의 이야기[1]

인류의 모든 족속을 한 혈통으로 만드사 온 땅에 살게 하시고 그들의 연대를 정하시며 거주의 경계를 한정하셨으니 이는 사람으로 혹 하나님을 더듬어 찾아 발견하게 하려 하심이로되(행 17:26~27a)

장면 1 : 매라(Mae La)를 통해 군인에서 선교사로

와소(Wa Soe)는[2] *코툴레이(Kawthoolei)*라는 '악이 없는 땅'에서 태어났다.

---

1) 다음의 이야기는 저자가 선교지에서 경험한 것이다. 이 이야기는 실제 인물과 사건의 기록이며 Trinity International Baptist Mission(Trinity International)이라는 작은 교회의 디아스포라 사역이 이룬 역사의 한 부분이다. 저자들은, 이 사역에 직접 참여해서 매우 익숙하지만, 탁월한 교회 차원의 디아스포라 선교 모델을 제공하는 전 세계 수많은, 뛰어난 사역을 자세히 관찰하라고 권한다.Withee Mission International (South Korea, http://withee.org), Calvary Charismatic Baptist Church (United Kingdom, http://www.ccbc.org.uk), and MoveIn (Canada, http://movein.to).Trinity International Baptist Mission에 대해 더 자세한 정보를 원하는 사람은 http://tibm.org를 방문하기 바란다.

2) 가명

카렌족(Karen)[역2]이 아닌데 스고어(S'gaw)[역3]를 쓰는 사람들 사이에서 이 지역은 버마 또는 미얀마로 불린다. 불교 승려 출신으로 청소년 시절 그리스도를 만나 마을의 리더로 성장한 와소는 1988년 민주항쟁[역4]에 참여한 이후 인생의 극적인 전환을 맞았다. 버마 정부의 난폭한 진압을 피해 와소는 고향과 가정, 익숙한 모든 것을 떠나야 했다. 수년 동안 정글에 숨어 살며 생존을 위해 투쟁하고 권총을 친구삼아 살던 와소는 안전한 곳을 찾아 태국의 난민 캠프로 향했다.

하지만 와소는 배급식량에 의존해 질식할 듯한 절망을 품고 임시 거처에 사는 안온한 삶에 만족할 수 없었다. 와소의 마음은 동료 카렌족에게 향해 있었다. 정글에서 식량, 의약품이 부족한 가운데 살며 태국으로 안전하게 건너올 수 없는 사람이 많았다. 와소는 이들에게 필요한 물품을 공급하기 위해 국경을 넘는 위험한 여정을 시작했다. 이때쯤 그는 생존을 위해 전사가 되었다. 어떻게 폭염 속에서 정글을 탐험하는지 알고, 군인 순찰대를 피하고, 불가피할 경우 총을 사용할 줄도 아는 거친 군인이 된 것이다.

얼마 지나지 않아 와소는 식량과 의료만으로는 흩어진 종족을 진정으로 만족시킬 수 없다는 것을 알았다. 이들은 와소에게 기도를 요청했고, 말씀을 읽고, 찬양을 인도하며, 심지어 설교도 요청했다. 오랫동안 버마의 폭력사태가 끝나길 기도하던 와소는 사람들에게 가장 절실한 것은 하나님의 평강이라는 사실을 깨닫기 시작했다. 와소는 권총을 버리고 십자가를 졌다. 하나님이 자신을 그리스도의 나라를 섬기도록 부르셨다는 사실을 확신했기 때문이다.

와소는 코퉅레이 난민캠프 안에 있는 카렌침례성경학교 및 대학에서 공부를 시작했다. 이 학교는 자신을 '추방된 신학교육 기관(a theological institution displaced)'이라 불렀다(역사 개요, 2010). 와소는 캠프 내에서 활발한 사역을 즐기기 시작했다. 복음 전도자, 교목, 목사, 성경 공부 교사가 되었다. 이상하게도 삶의 리듬이 정착하게 됨을 느꼈다. 즐거웠고, 열매 맺었으며, 평화롭고, 심지어 어떤 면에서 편안하기까지 했다.

하지만 2007년에 매라 캠프 난민이 정착지를 서구 국가로 옮기는 재정착이 시작됐다. 처음에는 사역 때문에 매라 캠프를 떠나기 싫었다. 그러나 성경

대학에서 가르치는 한국인 선교사들이 안수기도하며 미국에 가서 복음을 전하고 카렌족 난민을 위한 교회를 개척하라고 조언했을 때, 와소는 하나님의 부르심을 확신하게 되었다.

와소와 가족이 시카고 교외의 한 아파트에 도착한 첫날 트리니티 국제침례선교회(The Trinity International Baptist Mission, 이후 트리니티 인터내셔널) 팀이 이들을 맞았다. 이 아파트는 관리가 엉망인데도 월세가 터무니없이 비쌌다. 디아스포라를 대상으로 사역하는 선교사와 평신도로 구성된 작은 가정교회인 트리니티 인터내셔널의 팀은 그날 텅 빈 아파트에 살림살이를 나르느라 바빴다. 사람들이 냉장고, 스토브, 전등 스위치, 화장실 사용법을 알려주던 중 와소 가족과 이야기를 나누게 되었다. 그들은 곧 동일한 목적으로 시카고에 있음을 알게 됐다. 그 목적은 디아스포라 가운데 그리스도의 복음을 선포하고 전함으로 그리스도를 섬기는 것이었다.

시간이 지나자 가정 성경 공부가 교회가 되었고, 여러 교회가 세워지게 되었다. 와소는 트리니티 인터내셔널 팀의 지도자와의 첫 만남이 자신에게 어떤 의미였는지 나누었다. 와소는 낯설고 두려운 새 땅에 도착한 지 몇 시간도 채 지나지 않아 성령을 통해 하나님이 목적이 있어 자신을 미국으로 부르셨다는 확신을 받았다고 했다. 그 날 와소는 여러 나라에서 온 새 이웃을 섬기기 위해 시카고 정착을 결심했다.

장면 2 : 고집 센 로참파가 산스크리트의 구세주로

남부 부탄은 수 세대에 걸쳐 수천 명 네팔 종족 '로참파(Lhotshampa)'[역5]의 고향이었다. 시바 피타고테이(Siva Pithakotey)[3]가 자란 곳은 갈레푹(Galephug)이라는 작은 도시를 둘러싼 평원이었다. 시바는 간신히 고등학교를 마치고 피난 가기 전에 결혼했다. 그의 가정은 정부가 주도하는 네팔 사람에 대한 폭력과 억압을 피해 기름진 5에이커짜리 농장을 떠나 부탄에서 도망쳐야 했다. 시바를 비롯한 수천 명 부탄계 네팔인은 인도를 통과해 네팔 국경을 건너 유

---

3) 가명

엔이 세운 난민캠프로 향하게 됐다(포토 보이스(Photo Voice) : 부탄난민지원 그룹 2010).

교육 배경 덕분에 시바는 난민 아동을 위해 건축된 학교에서 교사로 일할 수 있었다. 10년 동안 시바는 과학과 수학을 가르쳤고 마침내 교장이 되어 2008년 캠프를 떠날 때까지 일했다. 2008년에 미국은 시바와 부인, 성인이 된 세 명의 아이에게 망명을 허가했다. 몇 개 안 되는 가방에 넣을 수 있는 물건을 다 넣고, 친지와 친구, 이웃에게 눈물로 작별인사를 한 후 미국을 향해 길고도 불확실한 여정을 떠났다.

시바가 시카고에 도착해서 아파트로 들어가자마자 세 아이는 이웃과 빠르게 친구가 되었다. 카렌 가정은 와소가 개척한 교회에서 활발히 활동하고 있었다. 낯설고 외로운 새 땅에서 친구의 정이 그리웠던 이들은 힌두교도임에도 불구하고 새 친구의 성경 공부 초대에 응했다.

그날 저녁 성경 공부는 여느 날과 다르지 않았다. 트리니티 인터내셔널의 담임목사 코디 로렌스가 새로 개척한 카렌침례교회를 와소와 함께 1년 동안 이끌기로 하고, 주중 성경 공부를 인도할 차례였다. 보통은 코디가 영어로 인도하면 와소가 카렌족 스고어로 통역했다. 하지만 부탄계 네팔인 손님이 있어 전략을 바꿀 수밖에 없었다. 시바의 아들 중 한 명이 그나마 영어를 할 수 있었지만, 영어로 된 종교 언어에는 도무지 익숙하지 않았다. 코디는 어쩔 수 없이 제한적이나마 트리니티 인터내셔널에서 인도 이주민을 대상으로 사역할 때 배웠던 산스크리트 종교 용어를 사용해서 시바의 아들에게 말해줬던 걸 다시 설명했고, 와소는 카렌어 사용자를 위해 이것을 통역했다.

시바의 아들은 네팔 힌두교도가 흔히 그렇듯 산스크리트 종교 용어에 어느 정도 익숙해서 이것을 네팔어로 통역해 누이들에게 들려줬다. 통역은 생각보다 덜 혼란스러웠고, 새로운 디아스포라 사람에게 복음의 문을 여는 계기가 되었다.

그날 밤 코디는 새 부탄계 네팔 친구를 집으로 바래다주고 그들의 아버지 시바를 만났다. 나중에 시바는 시카고에 정착하던 초기에 아내와 함께 기꺼이 아이들이 그리스도를 따르기 바랐다고 말했다. 자주 경련을 일으키며 오랫동안 고통받던 딸을 예수님이 치료할 수 있기를 바랐기 때문이다.

첫 만남 이후 두 달이 지나 딸이 세례를 받고 나서 경련이 떠났고, 시바는 그리스도를 알고 싶어졌다. 트리니티 인터내셔널과 인도에서 온 몇몇 디아스포라 선교사가 함께 개발한 상황화 된 예배(The contextualized worship)역6 때문에 그리스도에 대해 알기가 더 쉬웠다.

다른 부탄계 네팔인 공동체 사람도 마찬가지였다. 마침내 시바와 아내는 삶을 그리스도께 드렸다. 디아스포라 여정은 큰 어려움과 좌절의 연속이었지만 시바는 디아스포라 교회와 공동체의 지도자가 되었다.

장면 3 : 첫 열매 그리고 미래의 추수

라키 아드히카리(Lachi Adhikari)는 시카고의 '작은 인도'라 불리는 지역에 있는, 한때 서점이었던 성전 바닥에[4] 무릎을 꿇고 앉아, 방안 가득 흥미진진한 표정으로 앉아 있는 미국인들에게 자신의 이주 이야기와 신앙에 대해 들려주었다.

로참파 족인 라키의 이야기는 시바의 이야기와 매우 비슷하다. 라키는 부탄 정부의 핍박이 절정에 달하던 시기에 부탄에서 태어나서 걷기도 전에 부모님과 함께 고향을 떠나야 했다. 라키는 생의 첫 20년을 동부 네팔의 혼잡한 벨당기(Beldangi) 캠프에서 살았다. 난민캠프에서 자랐기 때문에 캠프 생활이 라키가 아는 전부였다. 세계에서 가장 국제적인 도시에 정착한 지 몇 년이 지난 현재 라키는 수용국의 그리스도인에게 디아스포라 선교가 얼마나 중요한지 이해시키고자 노력하고 있다.

"저는 브라만(Brahmins)[5] 가정 출신이고, 저희 가정은 엄격한 힌두교도입니다." 라키가 말했다. "난민캠프에서 자라며 그리스도인을 자주 봤고, 심지어 외국인 선교사도 봤습니다. 하지만 선교사들은 한 번도 우리와 시간을 보

4) 산스크리트어. '성전 또는 사원'

5) Brahmins은 전통 힌두 카스트 제도의 최상위 계급에 속하며 '제사장' 카스트라고도 불린다.

낸 적이 없습니다. 선교사들은 기독교 가정에서 머물며 교회에서 사역했어요. 18년 동안 아무도 나에게 주 예수 그리스도에 대해 말해주지 않았습니다. 한 사람도요."

라키가 복음을 처음 접한 것은 미국에 도착하고 며칠 후였다. 시바의 아이들이 라키와 자매들을 '상황화 된 네팔 예배'역7에 초대했다. 당시 예배는 트리니티 인터내셔널 선교사가 인도했다. 높은 카스트 계급 힌두교도였던 라키는 산스크리트 만트라와 종, 향, 담화식 설교, *바잔(bhajan)*[6]을 사용한 예배에 익숙함을 느꼈고 환영받는 듯한 느낌을 받아 그리스도의 메시지와 이를 전하는 설교자에게 진심으로 끌리게 되었다.

곧 라키는 주 예수님께 삶을 바쳤고, 교사이자 영적 지도자, 선교사가 되었다. 라키는 문화적으로 익숙하지 않아 낯설고 불편한 것에 대한 두려움을 버리고 이동하는 사람에게 가까이 가라고 호스트 교회에 도전을 가한다. 디아스포라 선교를 할 때 단순히 이주민에게 자선 물품을 주는 것보다 상호 나눔과 상호호혜성이 더 중요하다고 주장한다. "미국인이 기꺼이 우리 집에 머물러 함께 식사하고 제 이야기를 들어줄 때, 우리는 더 이상 외국인이 아니라고 느낍니다. 우리는 한 가족이 됩니다."

이렇게 추수하시는 주님을 묵상하며

위의 세 가지 이야기는 디아스포라를 향한, 디아스포라를 통한, 디아스포라를 넘어선 교회 선교의 역동성을 보여준다. 와소, 시바, 라키 그리고 그들의 가정은 '이동하는 사람들'을 대표한다. 기록에 따르면 출신국 바깥에서 거주하는 사람의 수가 2억 3,000만 명을 넘는다고 한다(유엔 : 경제 사회부, 2013).

---

6) 바잔은 남아시아 힌두 공동체에서 흔히 사용되는 찬가 스타일이다. 이 주제에 대해 더 알고 싶으면"Aradhna: From Comfort to Discomfort, from Church to Temple" by Chris Hale-http://www.ijfm.org/PDFs_IJFM/24_3_PDFs/147-150Hale.pdf (2007)을 읽어보라.

이주민 이야기는 21세기의 현실을 엿보게 한다. 21세기에 사람들은 전에 없이 옮겨 다니며, 특별히 도시로 이주하고, 동시에 전 세계적으로 연결되어 있다.

이 장의 목적은 이렇게 추수하시는 주님을 묵상하며 예수님이 이주와 고난의 예를 보여주신 것이 어떤 의미가 있는지 이끌어 내는 것이다. 이 작업을 통해 교회가 예수님의 형상을 따라 효과적으로 재형성되고, 디아스포라 가운데 선교하는 방법이 변화될 것이다. 선교에 참여하는 것은 무엇보다 영적인 일이다. 믿는 이들이 다 함께 삼위일체 하나님께 헌신하는 문제인 것이다. 사도 바울이 선언했던 대로, '그리스도의 사랑이' 우리를 '강권하여' 선교하게 된다(고후 5:14). 이것은 하나님이 디아스포라 세계에서 국가를 뒤흔드는 오늘날에도 변함없는 진리다. 이 문제를 논의하기에 앞서 디아스포라 선교에 관련된 주요 성경적 모티브를 소개하겠다.

<표 1> 바벨 콤플렉스(the Babel Complex)[역8]

'바벨 콤플렉스'[7] (창 11:1 ~ 9)	디아스포라적 움직임을 거부하는 구심적 경향은(수용국이든 이주민이든) '바벨탑'을 만들고 싶어 했던 사람들이 가지고 있던 지배적 태도와 일맥상통한다. 이들은 '하나님의 형상을 닮은 자로 땅을 충만케 하려는 하나님 목적에 반해서 자신들의 이름을 알리고 싶은' 과제를 우선시했다. 바벨의 불순종에 대해 하나님은 강제로 사람들을 흩으심으로 응답하셨다. 이것은 심판이기도 했지만, '땅에 충만하라'는 하나님의 명령에 순종하는 길로 인류를 되돌린 자비이기도 했다(LCWE 2010) (포콕, 반 리넨, 맥코넬Pocock, Van Rheenen, McConnell 2005) (카지노 2011) (정 2010) (조지 2011) (하우엘Howell 2011) (완 2010).

7) 'Babel Complex'라는 용어는 《모으시기 위한 흩으심 : 전 세계적 디아스포라 현상을 아우르며》라는 소책자에서 차용했다. 이 책에서 Babel Complex를 "구심적이고 싶은 욕구 : 결코 원심적이 될 수 없다"로 정의한다(LCWE 2010).

디아스포라 선교에 십자가 형상을 추구하며

또 말하되 "자, 성읍과 탑을 건설하여 그 탑 꼭대기를 하늘에 닿게 하여 우리 이름을 내고 온 지면에 흩어짐을 면하자" 하였더니(창 11:4).

디아스포라 선교의 바벨콤플렉스에 대한 이해

하나님이 첫 인류를 창조하셨을 때, 생육하고 '땅에 충만하라'는 명령을 주셨다(창 1:28). 하나님의 비전은 하나님의 형상을 품은 창조물의 면류관이 가득한 세상이었다. 타락 이후에 죄로 이 비전이 산산조각이 난 것처럼 보였을 때도 하나님은 노아에게 가서 '땅에 충만하라'고 다시 명령하셨다(창 9:1). 하나님의 계획은 좌절되지 않았다.

처음부터 하나님의 목적은 선교였다. 인류가 온 땅을 향해 움직이는 동안 하나님의 형상이 분명히 드러나지 않는 곳이 없어야 한다. 신약성경에서 이 움직임은 하나님의 대사, 곧 그리스도를 따르는 사람이 하나님을 떠난 사람과 어울려 살기를 장려한다는 점에서 특별히 중요하다. 이들을 통해 주 예수 그리스도를 아는 향기가 온 땅에 가득해진다(고후 2:14).

사람들의 흩어짐은 우연한 사건이 아니라 하나님의 주권으로 이루어진 일이다. 하나님은 구원사적 목적을 성취하기 위해 사람들이 살아가는 시간과 장소를 정하신다(행 17:26~27). "따라서 세상이 창조된 이래 디아스포라는 하나님이 예수 그리스도를 통해 구원의 목적을 성취하시기 위해 필수불가결한 수단이었다(LCWE 2010)."

우리는 디아스포라를 '하나님이 명령하시고 축복하신 선교적 수단'으로 보는 배경(LCWE 2010)에 반한다는 측면에서 바벨의 죄를 이해하려고 한다. 일반적으로 창세기 11:1~9은 인간의 교만, 즉 하나님을 영화롭게 하기보다 자신의 이름을 높이려는 시도를 하나님이 멸하신 예라고 본다. 하지만 이는 그 일부일 뿐이다. 전체적으로 바벨탑을 건설하던 사람들에게서 하나님의 디아스포라적 선교 명령에 대항하고, '땅에 충만하라'는 명령에 거역하도록 인류를 이끄는 복합적 태도가 보인다. 이 '바벨 콤플렉스'에는 적어도 네 가지 특징적 태도가 있다. 이제부터 이에 대해 살펴보자.

구심적 경향성

첫째, 바벨탑 건설자의 특징은 구심적 태도다. 이들은 '땅에 충만'하기 원하지 않는다. 탑을 건설하려던 동기의 저변에는 자신을 위해 '이름을 알리려는' 의도보다는 전 세계로 흩어지는 것을 막으려는 의도가 있었다(창 11:4). 그들은 흩어짐을 통해 안전과 안정성을 상실하고, 외로움과 연약함을 경험하길 두려워한다(왈케(Waltke) 2001).

강제 이주의 비극을 체험하고 고통받은 사람은 늘 거주와 이동의 자유를 누리는 사람보다 이 두려움을 훨씬 잘 이해한다. 사람은 피난, 이주를 통해 종종 소속감, 힘, 명예를 박탈당한다. 마침내 서구 사회에 정착한 난민이 마음속으로는 영원히 떠돈다고 느끼는 것도 이상한 일이 아니다. 이들은 이 아파트에서 저 아파트로, 이 일자리에서 저 일자리로, 이 도시를 떠나 저 도시로 다니며 고향에 있는 듯한 느낌을 붙잡기 위해 노력한다. 하지만 이 느낌이 들기는 어렵다.

경쟁적 의제(Agendas)와 우발성(Contingencies)

둘째, 이 이야기 속에 등장하는 사람은 하나님의 디아스포라 선교 비전이 주는 월등한 가치와 자신의 과제를 바꿨다. 하나님은 자신의 형상을 입은 사람이 땅에 충만하기 원하지만, 이들은 안정과 번영, 편안함, 여러 세대에 걸쳐 기억될 이름을 추구한다. 이주의 고통을 경험한(창 11:2) 바벨탑 건설자들은 디아스포라를 통해 좋은 것이 오리라 생각할 수 없는 것이다. 이들은 창조주이자 구원자, 주권자이신 하나님의 거대한 이야기와 접촉을 상실하고 벽돌을 구워 자신들만의 이야기를 쓰려 한다.

선교적 편이성

바벨탑 건설자들이 보인 세 번째 태도는 편안함을 추구하는 거의 범 우주적 경향이다. 죄의 특징은 하나님을 기쁘시게 하기보다 자신의 기쁨을 추구하는 것이며(창 3:6), 순종이라는 험한 길보다 가장 쉬운 길을 선택하는 것이다. 건설자들이 가진 짧은 이주 경험은 온 땅에 흩어지기보다 비옥한 시날평야에서 함께 거주하는 편이 쉽다는 사실을 각인시키기 충분했다. 일단 정착하면 벽돌 굽기, 도시 건설, 탑 짓기 등 진보된 기술을 사용해서 편안하고 번영하는 삶을 확고히 하고자 집단으로 머리를 짜냈다. 하나님의 디아스포라적 부르심에 대해 순종하고 싶은 생각은 눈곱만큼도 없었다.

문화적 집착

바벨 콤플렉스에 나타나는 마지막 태도는 자신의 문화가 어느 문화보다 우월하다는 생각에 사로잡혀 있는 것이다. 이 태도는 절대적 동화와 획일성을 요구하고 다양성을 거부한다. 이런 태도의 씨앗이 '한 언어'를 가진 '한 족속'으로 묘사되는(창 11:6) 바베탑 이야기에 등장하는 사람들 속에 분명히 보인다.

이 사람들에게 동일성(uniformity)은 너무도 큰 가치여서, 동일성이 제거되면 함께 살거나 일하기 어렵다고 생각했다. 바벨탑에서 뿌려진 씨앗이 오늘날 자민족 중심주의(ethnocentrism)로 비대하게 성장해서 두려움, 인종주의, 차별, 증오, 대량 학살을 부추긴다.

자민족중심주의는 위험하게도 다양한 문화를 가진 민족 가운데 명백히 드러나는 다채로운 하나님의 지혜를 보는 관점을 흐린다. 이 관점을 통해 예수 그리스도의 존재와 사역에서 다양성의 연합을 발견하게 됨에도 불구하고 말이다. 또한 자민족 중심주의는 소중한 문화적 동일성을 위협한다는 관점에서 디아스포라를 보게 한다.

바벨 콤플렉스 요약

오늘날 바벨 콤플렉스는 끊임없이 인류를 괴롭힌다. 교회가 디아스포라 선교에 참여하는데 가장 심각한 장애물이 바벨 콤플렉스다. 구심적 성향을 가진 교회나 그리스도인은 국경과 문화적 장벽을 넘도록 부르시는 하나님의 외향적 부르심에 저항해서 고향에서의 안전과 익숙함에 안주하려 한다. 디아스포라적으로 이주하는 믿는 사람이 있긴 해도, 교육, 경제적 이유로 또는 난민이 되어 어쩔 수 없이 그렇게 한다. 이주를 향한 하나님의 더 위대한 선교 목적은 알지 못한 채 말이다. 단지 익숙한 편안함을 많이 희생할 필요 없이 선교에 참여하는 편리한 방법으로 디아스포라를 보는 사람도 있다.

마지막으로 디아스포라 선교를 실천하지만, 그리스도의 몸에 해가 되는 자민족중심주의를 여전히 붙잡고 있는 교회도 있다. 이들은 이주민이 수용국 사회에 동화되기를 요구하고, 협력자보다 후원자가 되길 선호하며, 상황화에 필요한 인내심도 없다. 아래 그림은 바벨 콤플렉스의 특징인 네 가지 태도를 보여준다.

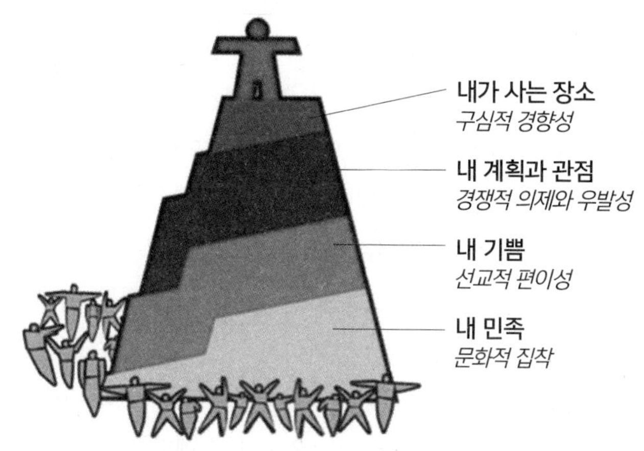

<그림 1>: 바벨 콤플렉스(빈센트 리, Vincent Lee 디자인)

위 그림에서 볼 수 있듯이 바벨 콤플렉스는 근본적으로 자기중심적이다. 바벨 콤플렉스는 본질적으로 소외를 촉진하는 태도를 기름으로써 복음 전파자 사이에 거리를 만들고(디아스포라든 아니든), 디아스포라 사이에 거리를 만든다. (그리스도인이든 아니든) 디아스포라 속에서 역사하는 하나님의 선교에 신실하게 동참하려면 이 탑을 내려가는 길을 찾아, 이동하는 사람에게 가까이 다가가야 한다. 이 일은 우리가 '이주민이신 하나님'(잭슨(Jackson) 2011, 베니에(Vanier) 1992)을 따르는 법을 배울 때 성취될 수 있다. 하나님은 제자들을 위해 갈보리 모델을 보이시려고 하늘을 떠나셨다. 우리가 디아스포라 선교를 할 때 이 태도를 닮아야 한다.

디아스포라 선교의 십자가 형상 이해

바벨 콤플렉스의 해독제는 십자가다. 예수님의 사명에 충실하게 디아스포라 선교에 참여하려면 그리스도의 성육신과 십자가에 못 박히심을 닮아가는 십자가 형상이 요구된다. 즉, 이주민이셨던 주 예수님을 새롭게 묵상하는 것이다. 예수님은 디아스포라의 선도자셨다.[8] 예수님은 "성육신의 삶을 사실 때 피난하셨고, 사회적으로 소외된 곳에서 사셨으며, 머리 둘 곳이 없으셨다(잭슨 2011)." 슬프게도 이런 예수님의 삶은 주류 기독교 사상에서 철저히 배제되고 있다. 주류적 사고는 '예수님을 아는' 방법으로 특정 신학적 입장과 명제를 받아들여 지적, 정서적으로 이것을 고수하도록 강조하는 경향이 있다.

하지만 주 예수의 이주와 고난은 신학적 의미를 지닌 단순한 역사적 사실 이상임을 기억할 필요가 있다. 이주와 고난은 그리스도가 경험한 삶이었고, 예수님을 설명하는 중요한 부분이다. 피난의 상실감과 사랑하는 사람과 갈라지는 아픔, 육체적 고문의 고통을 한 번도 경험해본 적이 없는, 항상 편안한 교회와 그리스도인은 주님의 정체성을 구성하는 이 중요한 단면을 이해하지 못하는 영적 가난을 고백해야 한다. 우리의 성만찬 탁자에 풍성한 이야기를 가져올 이주민이 필요하다는 사실을 겸손히 깨달아야 한다.

이주민이 예수님의 다른 면에 대해서 알지 못할 수 있지만, 이주민이셨던 구세주의 디아스포라 경험은 깊게 이해하고 있다. 자신이 직접 그 길을 걸었기 때문이다. 시리아 내전을 피해 도망친 이슬람 아이와 국제적으로 인신매매된 힌두 여성이 주 예수에 대해 충분히 안다고 말하는 게 아니다. 다만 다른

---

8) 여기서 우리가 염두에 두어야 하는 것은 성육신이 이주 여정의 궁극적 종착역이었다는 사실 뿐 아니라 예수님의 삶 역시 지속해서 한 도시에서 다른 도시로 이주하는 삶이었다는 사실이다. 예수님은 "머리둘 곳이 없으셨고" 난민으로서 이집트로 강제 피난을 간 경험도 있으셨다(마 2장).

사람은 모를 예수님의 매우 중요한 단면을 알고 있다는 점을 말하는 거다. 디아스포라 선교는 세상에서 선교하는 그리스도의 몸으로 온전히 만들어지기 위해 교회로 하여금 이동하는 사람들의 경험, 이야기, 지혜를 소중히 생각하고 이들과 깊은 교제를 추구할 것을 요청한다.

세계 선교와 전도 위원회는 이렇게 설명했다.

> 예수께서 우리가 사는 세상으로 이주하신 것은 단순한 여정이 아니라 하나님이 인류를 자신과 화목하게 하신 방법이다……. ……이 사건이 교회의 모든 선교 활동을 형성한다(2010).

더욱이 그리스도 자신이 예루살렘의 안정된 삶을 떠나 '성문 밖에서 고난을 받으셨던' 분이다(히 13:12). 교회는 예수님처럼 '여기에는 영구한 도성이 없으므로', '우리도 그의 치욕을 짊어지고 영문 밖으로 그에게 나아가야 함'을 인정하도록 부름을 받았다(히 13:14, 13). 빌립보서에 등장하는 그리스도의 찬송(Carmen Christi)을 디아스포라 선교 모델로 적용할 수 있다.

> 너희 안에 이 마음을 품으라. 곧 그리스도 예수의 마음이니 그는 근본 하나님의 본체시나 하나님과 동등함을 취할 것으로 여기지 아니하시고 오히려 자기를 비워 종의 형체를 가지사 사람들과 같이 되셨고 사람의 모양으로 나타나사 자기를 낮추시고 죽기까지 복종하셨으니 곧 십자가에 죽으심이라(빌 2:5~8).

여기서 그리스도는 아버지 하나님의 원심적 이동 명령에 복종하셔서 하늘을 떠나셨다. 예수님은 아버지의 구원 계획을 유일한 목적으로 삼아 이 땅에 오셨다. 예수님은 자기만족과 편안함을 버리시고, 종의 형체를 빌어 죽기까지 아버지의 부르심에 복종했다. 성육신하기 전 영광스러운 형체에 집착하는 대신 자신을 비워 사람과 같이 되셨다. 섬기도록 부름을 받은 사람을 위해 온전히 상황화 되신 것이다.

바벨 콤플렉스가 자기 유익과 관련된 네 가지 태도로 구성되어 있다면, 디아스포라 선교의 십자가 형상은 이 태도를 버릴 것을 요구한다. 우리는 예전에 그랬던 것처럼 바벨로부터 흩어져 우리보다 먼저 흩어진 자에게 다가가신 이주민이셨던 그리스도를 쫓아 십자가를 져야 한다. 십자가의 형상을 지며 흩어지는 것은 네 가지 움직임으로 구성되어 있다. 아래 그림을 보자.

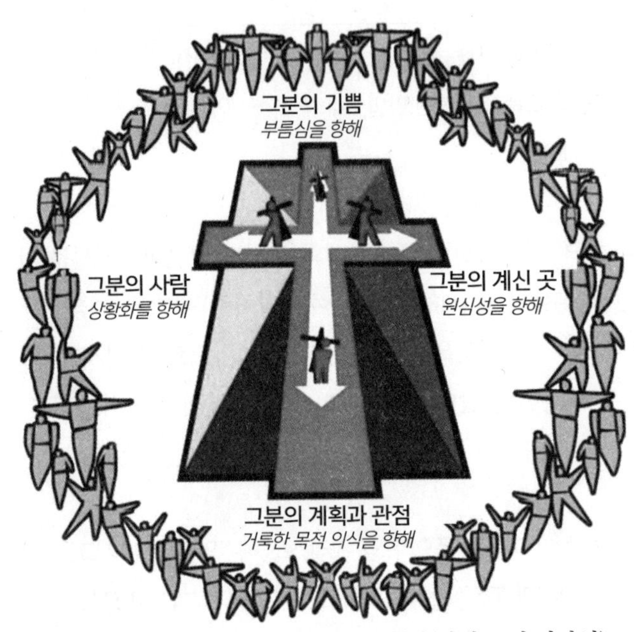

<그림 2> : 디아스포라 선교의 십자가 형상(빈센트 리 디자인)

이제 이 네 가지 움직임을 설명하는 쪽으로 관심을 돌려보자. 이렇게 함으로써 디아스포라 선교를 할 때 교회가 바벨탑을 떠나 갈보리로 향하게 될 것이다.

첫 번째 움직임 : 내가 사는 곳을 떠나 그 분이 사는 곳으로
구심적 경향을 버리고 원심성을 수용함

와소가 가족을 떠나 미국으로 이주할 기회를 얻었을 때, 매라 난민캠프에 머물고 싶은 것은 자연스러운 본능이었다. 태국에 정착한 와소는 꽤 편안하고 예측 가능한 삶을 살았고 열매 맺는 사역도 있었다. 열정적인 기도와 한국인 디아스포라 선교사의 현명한 조언을 통해 와소는 구심적 경향성을 극복하고 성령이 이끄시는 원심성을 수용할 수 있었다.

우리는 이미 세계적인 인류의 이동 뒤에 하나님이 계시며, 선교를 위해 이 일을 지휘하고 계심을 보았다. 우리는 원심적 디아스포라 움직임을 '수용하고 참여하며'(포콕(Pocock), 반리넨(Van Rheenen), 맥코넬(McConnell) 2005) '하나님과 함께 움직이도록' 부름을 받았다(완 2010). 하지만 우리의 타고난 본성은 구심적이다. 와소의 예전 생각에서 그리고 고향에서 디아스포라 선교에 참여하라는 하나님의 부르심을 이 모양 저 모양으로 거부하는 그리스도인에게서 이 경향성이 보인다. 구심적 태도는 다음과 같은 특징이 있다.

- **부동성**[역9] - 편안함, 안전, 예측 가능성, 고향의 익숙함이 좋아서 대규모/소규모의 지리적 이동을 꺼리는 교회나 사람이 있다.
- **불가변성** - 디아스포라 선교에 참여하기 위해 교회의 계획, 일상성, 전략, 구조, 전통, 관습, 정책 등을 기꺼이 바꾸려는 교회가 별로 없다.
- **건강하지 않은 '장기 성과주의'** - 이동하는 사람을 대상으로 선교하려면 본질상 '이동하는' 방법론이 요구될 때가 종종 있다. 상황에 따라 방법이 변해야 하므로 변하지 않는 방법을 선호하지 않는다. 예를 들어, 임시 이주 노동자나 국제 학생 가운데 세워진 교회나 사역은 교인이 다른 곳으로 이주하기 전 불과 몇 개월 또는 몇 년 동안만 지속될지 모르지만, 그래도 개척해야 한다.

디아스포라를 대상으로 사역하는 교회는 계속해서 진화하는 디아스포라에 맞춰 자주 정책을 조정하고 사역을 재계획해야 할지도 모른다. 이런 교회는 디아스포라 선교를 위해 늘 구체적이면서도 상황에 맞는 단기적인 방법을 개발하는 힘든 일을 해야 하는 것 때문에 지치지 말아야 한다(잭슨 2011).

디아스포라는 하나님의 구원 선교의 중심이지만 디아스포라 선교를 위해 교회와 그리스도인은 종종 성령의 원심적 이끄심에 순복해야 하는데, 이것은 일종의 죽음과 같다. 이렇게 함으로써 우리는 자기 십자가를 지고, 하늘 영광을 버리고 팔레스타인의 먼지 가득한 도로로 오셨던 이주민이신 구세주를 따르게 된다.

두 번째 움직임 : 나의 계획에서 그분의 계획으로
경쟁적 의제와 우발성을 떠나
하나님의 디아스포라 목적을 전적으로 의식함

시바가 처음 네팔을 떠나 미국으로 왔을 때, 시바의 머릿속은 '아메리칸 드림'뿐이었다. 자신을 위해선 미래의 경제적 번영을, 아이들을 위해선 교육의 기회를 그렸다. 하지만 그리스도를 따르게 되면서 디아스포라적 움직임의 목적을 바라보는 관점이 크게 바뀌었다. 점차 하나님이 이주를 도구로 쓰셔서 많은 가족과 친지들을 그리스도를 믿는 믿음으로 이끄시는 걸 보기 시작했고 본인도 이 과정에 참여했다. 이동하고 있는 사랑하는 사람을 독려하고, 그 과정을 도와주고, 예수님의 메시지를 나누었다. 디아스포라 현상이 엄청난 아픔과 인간적 고통을 수반함을 고백하기도 했지만, 하나님이 모든 사람을 향한 구원 계획을 이루시기 위해 사용하시는 신적 수단임을 이해하기 시작했다.

에녹 완은 사람이 자발적이든 비자발적이든 다양한 이유로 이주하는데, 이 사람들을 출생국에서 밀어내는 '추출'요소와 새 땅으로 이끄는 '유입'요소가 존재한다고 설명했다(2007). 여기에는 경제적, 교육적 기회, 전쟁, 인신매매, 가족 상봉, 자연재해 등 다양한 요소가 감지될 수 있다. 하지만 이 모든 요소는 본질적으로 하나님이 지휘하시는 디아스포라적 움직임에 무의식적으로 참여하게 됨을 의미한다.

시바의 이야기가 말해주듯, 디아스포라 선교에 신실하게 참여하는 일은 단순한 원심적 움직임 이상을 요구한다. 디아스포라와 호스트 국가의 교회 모두 디아스포라를 향한 하나님의 선교적 목적에 깨어있어야 한다. 사람을 이주하게 만드는 어떤 요소도 성령이 선교를 위해 이주를 명령하신 사실보다 중요하지 않다는 것을 명심해야 한다. 이런 의식이 개발되면 어떤 경쟁적 의제와 대응책도 사라진다. 다니엘과 요셉 같은 성경적 인물의 경우, 끔찍한 인신매매의 결과로 디아스포라 상황에 처했지만, 그 움직임 뒤에 하나님의 손을 볼 수 있었고 긍정적인 진리의 증인이 되었다(창 50:20). 테레소 카지뇨는 이렇게 썼다.

> 사역에 민감한 그리스도인이라면 선교적 사명의 한 몫을 완수하기 위한 전략적 통로로 이주를 바라볼 것이다. 강제로 이뤄진 일이든 비강제로 이뤄진 일이든, 자발적으로 이뤄진 일이든 비자발적으로 이뤄진 일이든, 지리적 이동은 복음을 전하기 위해 하나님이 주신 기회로 해석되어야 한다(2011).

특별히 디아스포라 교회는 '선교 역사상 가장 전략적인 선교사 역량'을 지닌 곳 중 하나이기 때문에 '동기가 부여되고 동원되어야' 한다(LCWE 2010). 최초에 미리암 애드니는 디아스포라의 경계인적 속성 때문에 '선교로 꽃필 수 있는' 어떤 타문화적 강점이 그 속에 창조된다고 주장했다(아데니 2011). '하이픈(hyphen)'으로 연결된 듯한, 경계적, 다중심적인, 다중 언어를 사용하는 그리스도인'은 다른 디아스포라 공동체를 향해 타문화 선교를 이끌 수 있는 '타고난 교량 건설자'다(2011). 김성훈은 디아스포라가 "비이주민들보다 다양한 종교에 더 잘 적응한다." 이 특징 때문에 "종교적 다원주의 속에서 효과적인 그리스도의 증인으로 유지될 수 있는 선교사적 역량이 높다."고 말한다(2011). 토마스 하비는 디아스포라 그리스도인이 전통 선교사의 입국을 허락하지 않는 국가에 비종교적 직업을 가지고 들어갈 수 있다고 덧붙였다(2011).

디아스포라의 설득력 있는 선교적 잠재력에도 불구하고, 교회는 디아스포라를 위한 하나님의 계획에 마땅한 관심을 주길 주저하곤 한다. 경쟁적 의제와 우발성에 대해 점검할 필요가 있다. 특별히 교회는 다음과 같은 것을 경계해야 한다.

- **무지** - 교회는 사람의 흩어짐 속에 숨겨진 하나님의 목적을 성경적으로 가르쳐서, 교인이 위대한 성경적 담화를 잘 숙지하고 있게 해야 한다. 말씀 속에서 하나님은 선교적 목적으로 인류의 모든 이동을 지휘하셨다.

· **부정적이기만 한 관점** – 사람의 이주를 부정적으로만 보는 경향을 바꿔 고통 중에도 희망이 있다는 관점에서 디아스포라를 봐야 한다.

· **자기 유익** – 이주를 고려할 때, 사사로운, 세상적 이익만을 염두에 두는 디아스포라가 대부분이다. 그리스도인이라면 자신의 목적보다 하나님의 목적을 먼저 선택하도록 권면해야 한다.

정민영은 이렇게 썼다. 디아스포라 그리스도인은 "우연히 그곳에 있는 것도, 세상의 꿈을 쫓는 인간의 계획으로 그곳에 있는 것도, 불운하게 뒤틀린 역사 때문에 어쩌다 그곳에 있는 것도 아니다. 그들이 그곳에 있는 이유, 더 큰 목적, 궁극적인 이유가 있다(2010)."

하지만 디아스포라 그리스도인과 그들을 수용하는 나라가 디아스포라 현상을 보는 관점은 '자신을 섬기는' 것에서 '선교적'으로 전환될 필요가 있다. 이것은 일종의 죽음이며, "아버지여 내 원대로 마시옵고 아버지의 원대로 되기를 원하나이다."라고 말씀하신 분을 따라 십자가의 형상으로 변화되는 움직임이다(눅 22:42).

세 번째 움직임 : 나의 기쁨에서 그분의 기쁨으로 편안한 선교를 떠나 부르심의 선교로

이 장은 트리니티 국제침례선교회라는 한 작은, 디아스포라 중심 사역을 하는 교회의 역사적 교차로에서 생긴 이야기로 시작했다. 트리니티 인터내셔널은 2004년, 전통적인 '해외' 선교를 준비하던 설립자가 '온 땅에 흩어진 사람들에게 그리스도의 희망과 완전함을 전하라'는 하나님의 분명한 부르심에 응답함으로 시작됐다(트리니티 국제침례선교회 2010). 후에 전 세계에서 팀원이 들어왔는데, 이전에 티벳, 인도네시아, 에티오피아, 네팔 등 여러 선교지에 마음을 두었던 사람들이다. 팀에 합류한 선교사에게 디아스포라 선교에 참여하는 일은 지리적, 경제적, 타문화적 편리성 때문이라기보다 하나님의 부르심에 순종하는 문제였다.

불행히도 디아스포라 선교가 '편리함의 언어'와 너무 자주 연결되어 쓰인

다. 디아스포라 선교는 언어나 문화적 경계를 넘는 일이 필요치 않은, '집 앞에서 하는 선교'라는 점에서 '쉽게' 실천할 수 있다고들 말한다(완 2011). 특별히 서구의 수용국 교회는 "더 이상 자국의 상황 이상을 볼 필요가 없다."라는 말을 듣곤 했다. '세상이 우리에게 오기 때문에' 세상으로 나갈 필요가 없다는 것이다(하우엘 2011).

이주란 모든 민족이 '쉽게 손에 닿는 곳에 있고', '상대적으로 적은 노력으로 이들의 즉각적인 필요를 채우고 가시적 결과가 산출되는' 것을 의미한다는 점을 강조하는 사람도 있다(백 외 2011). 서구 국가에서 디아스포라 선교에 참여하는 일은 '정치적 위험이 없기' 때문에 안전하다고 말하기도 한다(백 외 2011).

이런 종류의 언어 사용은 디아스포라 선교적 상황의 어떤 전략적 장점을 제시하긴 하지만 비용이 적게 들고, 쉽고, 가깝고, 안전하고, 시간 소비가 덜하기 때문에 디아스포라 선교에 참여하는 게 아니라는 관점을 흐린다.

많은 경우, 디아스포라 선교는 상당히 불편하다. 예를 들어 시카고, 파리, 두바이, 싱가포르같이 디아스포라 인구가 많은 지역에 거주하는 것이 상대적으로 균질적인 시골 지역에서 사는 것보다 일반적으로 비용이 훨씬 많이 든다. 이주민 교회는 또한 고국에서 목사를 초청해 회중을 섬기게 하려면 많은 시간과 큰 재정을 투자해야 한다는 점을 알게 됐다. 강제 이주, 인신매매, 세대 간 갈등, 인종 분쟁, 심리적 고통이 이주 사유인 곳에서 디아스포라 선교를 그리는 일이 결코 '쉽지' 않다는 점이 드러나고 있다.

진정으로 교회는 디아스포라 선교에 부르심을 받았다. T.V. 토마스는 이렇게 썼다. "규모가 어떻든 어디로 가든, 우리는 복음을 들고 그들에게 다가갈 책임이 있다…… 지상명령이 우리로 하여금 이동하는 사람에게 다가갈 것을 요구한다(2010)."

우선은 순종의 문제다. '선교적 편리성'의 태도를 경계하기 위해 디아스포라 선교에 참여하는 교회는 다음과 같은 점을 경계해야 한다.

- **편안함의 추구** – 그리스도인이 이주민 이웃에게 다가갈 때, 스케줄이 허락하고, 자신의 건강, 부, 행복을 해치지 않는 범위에서 그렇게 한다. 디아스포라 선교에 참여하는 게 어려워 보일 때는 회피하는 사람이 많다. 바퀴벌레와 빈대가 득실거리거나 범죄율이 높은 지역에 위치한 이주민의 집에 가기를 꺼리는 수용국 교회가 많다. 이주민도 이렇게 회피하는 것을 알아차린다. 이들은 기꺼이 자신과 함께하려 하지 않고, 자신은 참아낼 수밖에 없는 상황을 참아내려 하지 않는 사람은, 실제로 자신을 사랑하지 않는다는 걸 알고 있다.
- **'내가 원하는 것'을 얻고 싶어 함** – 적어도 무의식적으로 자신의 의제와 원하는 것을 충족시키려고 디아스포라 선교에 참여하는 교회가 많다. 청소년 그룹에 좋은 선교 여행 아이디어가 필요해서, 성경 공부 모임에 섬김 프로젝트가 필요해서 말이다. 이주민 가정과 이들이 속한 공동체를 향한 하나님의 보다 큰 계획에 무지해서 단기 목적으로 난민과 이주민 가정에 다가가는 것은 유익을 주기보다 해를 끼치는 경우가 종종 있다. 봉사자는 타문화 접촉을 통해 희열을 느낄지 모르지만, 하나님의 선교 목적은 충족되지 않는 경우가 있다.
- **편리함의 언어** – 디아스포라 선교에 참여하는 이유가 전통 선교보다 편리하기 때문이라고 설명하는 언어를 경계해야 한다. 그 대신 디아스포라 선교에 대해 이야기할 때 부르심과 순종의 언어를 써야 한다.

좋은 예로 트리니티 인터내셔널에 이런 일이 있었다. 디아스포라 선교를 이해할 때 편리함에서 부르심으로 언어가 바뀌었다. 몇 년 전에 미국인 선교사 한 명이 버마에서 온 로힝야족 난민 가족의 집에서 시간을 보내고 있었다. 선교사는 상호 신뢰, 존경, 사랑의 호혜적 관계를 쌓기 위해 상당한 시간을 할애했다. 그 날도 선교사는 가족들과 벌써 몇 시간째 함께 하고 있었다. 엉터리 영어를 이해하려고 애쓰며, 오렌지 환타 캔을 끝없이 들이키고, 매운 음식을 먹을 수 있는 양보다 더 먹으면서 말이다.

잠시 후 노크 소리가 들렸다. 가장인 무하마드[9]가 문을 열자 처음 본 미국 남자가 서 있었다. 그 방문자는 자신이 그리스도인이며 교회에서 도움이 필요한 가정에 무료로 음식을 기증하고 있다고 했다. 그 남자는 무하마드가 주차장에 가서 원하는 음식을 가져가면 된다고 초청했다. 무하마드는 불편함이 느껴질 만큼 꽤 긴 시간 그 남자를 멍하니 쳐다보았고 그 미국인 남자가 다시 이야기했다. 이번에는 더 천천히 '무료'와 '음식'이라는 단어를 강조했다. 마침내 무하마드는 퉁명스럽게 "알겠다."고 말하고 문을 쾅 닫았다. 선교사는 무하마드가 환타 캔이 있는 소파로 돌아오기 전 버마어로 꿍얼거리는 소리를 들었다.

이주민이셨던 구세주의 패턴을 따라 디아스포라 선교에 참여하기 원하는 교회는 어느 편에 서서 사역하기 원하는지 스스로 질문해야 한다. H. L. 리차드(Richard)는 "십자가에 상처를 입히는 사역이 있다"고 말했다(2010). 디아스포라 사람을 환영하고 그들에게 다가가려면 손님 접대를 할 뿐 아니라 받는 법도 배워야 한다. 15~30분 정도를 할애해 짧게 만나기보다 그들의 언어로 말하려는 당신의 노력과 당신의 언어를 말하려는 그들의 노력으로 지칠 때까지 함께 있을 필요가 있다. 차를 마시다 점심을 먹고, 점심을 먹고 나서 저녁을 먹을 때까지 있는 것이다. 빈대가 당신에게 옮을 때까지 있는 것이다. 하나님의 부르심을 충분히 느끼고 나서야 안전지대를 떠날 능력이 생긴다. 하늘 영광을 버리고 십자가의 부르심에 순종하신 그리스도가 이 일을 실천하신 분이다.

네 번째 움직임 : 나의 사람에서 그분의 사람으로
문화적 집착을 떠나 상황화로

라키가 처음 상황화 된, 그리스도 중심의 네팔어 예배를 접했을 때(후에 트리엑 팔메쉬어 만달리(TriEak Parmeshwar Mandali)라는[10] 정규 예배 모임이 되었다)

---

9)가명

10) Trinity International은 2009년에 네팔어를 쓰는 힌두교도 사역으로 TriEak Parmeshwar Mandali를시작했다.

깜짝 놀랐다. 라키가 속한 카스트의 힌두교도는 오래전에 기독교를 네팔 문화를 대적하는 외국 종교라고 치부해버렸다. 하지만 이곳에서 미국 그리스도인이 산스크리트어로 성경 구절을 외치고, 주 예수에 대한 바잔을 부르며, 환상적인 이야기로 영적 진리를 가르쳤다.

제단에서 타오르는 향과 초 때문에 라키는 비록 난민으로 피난을 왔지만, 지금이 성스러운 시간이고 이곳이 성스러운 장소라는 느낌을 받았다. 예배의식의 상황화 외에도 트리니티 인터내셔널 선교사는 관계적 상황화를 추구했다. 선교사는 부탄계 네팔 사람이 가깝다고 느끼는 관계로 발전하는 법을 배우려 열심히 노력했다. 이들은 난민의 삶 속으로 들어왔다. 새로 온 사람이 미국 사회에 통합되려 노력할 때 도울 뿐 아니라 역으로 동화되기도 했다. 부탄계 네팔 사람의 언어를 배우고 문화에 적응하려고 노력한 것이다. 점차 라키와 그리스도를 아는 지식 사이에 오랫동안 존재했던 문화적 장벽이 무너졌고 라키는 주인 되신 예수님께 항복했다.

디아스포라 선교에는 언어와 문화적 장벽을 넘는 일이 필요하지 않다고 했다(LCWE,2010). 브라이언 하우엘은 디아스포라 선교에서 상황화를 추구하는 것을 반대했다. "일반적으로 선교사역에 더 나은 접근법은 선교 전문가가 도입한 상황화 원리에 따른 사역이 아니라, 수용국 교회가 성경적인 미덕을 실천하는 것이다(하우엘, 2011)." 하우엘은 다음의 네 가지 주장에 근거해서 상황화를 반대했다.

1. 상황화 전략은 "사람들이 더 넓은 환경에 반응하기 시작하면서 빠르게 지지를 잃기" 시작했다(하우엘, 2011).
2. 상황화는 제한된 소수의 '선교 전문가'만이 디아스포라 선교에 참여하도록 제한한다(하우엘, 2011).
3. 상황화는 '세계화, 문화적 변화, 혼합이라는 복잡한 상황을 설명할' 힘이 없고 권력, 경제, 성, 인종, 불평등의 문제를 배제하는 경향이 있다(하우엘, 2011).
4. 긍휼, 손님 접대, 정의 같은 성경적 미덕을 강조하는 편이 낫다(하우엘, 2011).

이 모든 주장은 배척돼야 한다. 첫째, 우리는 이미 디아스포라 선교에 있어 유연한 방법론이 중요하다는 점을 역설했다. 이주민 2세대가 네팔어를 하느냐 마느냐는 새로 이주해 들어오는 사람이 지금 네팔어를 쓰고 있고 모국어를 쓸 때 복음을 보다 흔쾌히 받아들이는 사실과 아무 상관이 없다.

게다가 하우엘은 문화적 동화가 불가피하다는 점을 지나치게 역설한다. 샘 조지는 그 대신 이주, 실향, 소외의 경험 때문에 정체성과 공동체의 필요성이 강조된다고 주장했다(2011). 테레소 카지뇨는 디아스포라에게 "오랜 시간 지탱해 온 종족 집단의식이 강한" 경향이 있다고 덧붙여 말했다(2011). 독특한 문화적 정체성을 유지했을 뿐 아니라 강화하기까지 한 예로 유대인, 한국인, 중국인 디아스포라를 구체적으로 인용한 선교학자도 있다(오, 2011) (최 2011) (백 외 2011) (탄Tan 2011). 대럴 잭슨은 문화에 동화되기로 선택한 이주민이 있지만, 의식적으로 자신의 독특한 문화적 차별성을 유지하며 수용국 사회와 동화되려고 노력하는 이주민도 있고, 일부러 특정 문화 또는 종교에 대한 충성심을 지키는 방향으로 사는 사람도 있다고 설명했다(2011).

둘째, 상황화가 '선교사 전문가들'만 디아스포라 선교에 참여하도록 제한한다는 주장에는 '왜'라는 질문이 생긴다. 하우엘은 "선교학의 목적은 지역 교회가 선교에 참여하도록 힘을 불어넣는 것이어야 한다."고 말했고, 디아스포라 선교에 상황화 된 전략을 사용하면 "수용국 교회가 큰 역할을 하지 못하게 된다."고 말했다(2011). 하우엘이 왜 그런지 설명하지 않았지만, 아마 상황화를 추구하는 게 대부분 그리스도인에게 너무 어렵다고 생각한 것 같다.

이웃이 이해 가능한 방법으로 그리스도의 사랑을 잘 전하기 위해 타문화 역량을 개발하고, 새 언어를 배우고, 상대방의 종교를 존중하며 대화하고, 이주민 이웃을 이해하려는 일은 너무 어렵다. 여기서 우리는 디아스포라 선교로의 부르심은 '편리한 선교'라는 개념을 버리길 요구한다는 점을 상기할 필요가 있다. 하우엘의 말처럼 수용국 그리스도인이 상황화를 추구하도록 역량을 강화하는 것이 다소 비효율적일지 모르겠다. 하지만 하우엘이 다른 글에서 언급했듯이, "화용론(pragmatics)**역10**은 좋은 신학을 만들지 못하고, 좋은 선교학을 만들지 않는다고 주장하고 싶다(하우엘 2011)."

하우엘의 세 번째 주장은 상황화는 "세계화, 문화적 변화, 혼합이라는 복잡한 상황을 설명할" 힘이 없고 권력, 경제, 성, 인종, 불평등의 문제를 배제하는 경향이 있다는 것이다(하우엘 2011). 하지만 상황화를 성육신으로 추구할 때, 특히 디아스포라 가운데 역동화되는 방법으로 추구할 때, 타문화 사역자는 이주민의 살아있는 경험 속으로 들어간다. 선교사가 우정을 이해하는 방식으로 단순히 친구가 되는 것이 아니라 상황화 된 방법으로 친구가 되는 것이다. 즉, '다른 사람에게 정말 중요한 것을 알고 돌봐주는 것이다(정 2010).'

상황화를 성육신으로써 추구할 때, 권력, 불평등, 혼합의 문제가 조명된다. 선교사가 이런 경험을 이주민 친구와 나누기 때문이다. 긍휼과 손님 접대에 대한 주장과 사역이 사역하는 디아스포라에게 큰 반향을 일으킨다면 선교사가 좋은 뜻을 가진 외국인이 아니라 공동체의 심장부를 친밀하게 이해하는 내부자로 사역하기 때문이다.

마지막으로 하우엘은 상황화를 추구하기보다 긍휼, 손님 접대, 공의 같은 '성경적 미덕'을 강조하는 편이 낫다고 했다. 이 주장에는 두 가지 문제점이 있다.

첫째, 하우엘 자신도 손님 접대와 긍휼 같은 미덕은 "어떤 행동과 태도가 주어진 맥락에 어떤 의미가 있는지 보는 눈"을 가지고 실행해야 한다는 점을 인정했다(하우엘 2011). 교회의 '좋은 의도'가 항상 그 의도대로 이해되지는 않는다는 점을 볼 때, 이런 관점을 적당히 얼버무리고 넘어가서는 안 된다.

우리가 이주민에게 효과적으로 긍휼, 손님 접대, 사랑을 소통하려면 상황화가 필수다. 하지만 이보다 더한 문제점은 상황화는 분명한 성경적 원리를 기반으로 추구한다는 점을 하우엘이 간과했다는 사실이다. 예를 들어, 상황화는 각 사람의 다양성과 독특한 은사의 가치를 인정한다(엡 4:7, 계 21:26). 상황화는 문화적 차별성을 흐리는 동화보다 이를 보존하는 통합을 장려한다. 이렇게 함으로써 수용국의 교회는 다른 나라에서 온 그리스도인과 교류하며 더 풍성해지고 새롭게 될 수 있다. 이들이 문화적으로 상황화 된 제자화 표현 방식과 '그들의 신학'을 가져오면서 말이다(잭슨 2011).

따라서 상황화는 이주민을 '성자'로 바라본다(시드너 2011). 이주민은 자선 활동의 수혜자가 아니라 함께 나눌 이야기와 가치, 은사, 경험이 있는 사람이다. 무엇보다 상황화는 복음 선포라는 성경적 미덕을 고양한다. 상황화의 중심에는 성경의 진리를 조명하고 많은 사람에게 복음을 전하기 위해 여러 사람에게 여러 모습이 되는 마음이 있다(요 1:9; 고전 9:22).

사실 많은 선교학자가 디아스포라 선교에 상황화를 요구하고 있다(LCWE 2010) (로란스 2010) (리차드 2010) (코너 2006) (카지뇨 2011) (송 2010) (잭슨 2011) (탄 2011). 확실히 총체적으로 상황화를 추구하는 것은 어렵고 대가를 지불해야 한다. 자문화가 선호하는 것과 편견, 전통을 우선시하려는 자연스러운 충동에 반하기 때문이다. 만일 교회가 디아스포라 선교에 참여할 때 십자가의 형상을 추구하기 원한다면 다음과 같은 사실을 경계해야만 한다.

- **동화를 요구함** – 선교하는 교회는 비성경적 동화보다 연합을 조성하고, 다양성을 유지하는 통합을 주장해야 한다.
- **자민족 중심주의** – 자문화가 선호하는 것이 유일하게 적법한 일 처리 방식이라고 생각하는 대신 역동화를 급진적으로 실천하는 방향으로 가야 한다. 그리스도인은 디아스포라 이웃의 언어, 문화를 습득하고 총체적이고 성육신적인 상황화를 실천함으로써 그들의 문화적 상황 속으로 들어가려고 해야 한다.
- **후원자 의식** – 이주민을 자선의 대상으로만 보는 시각은 잘못된 것이다. 그 대신 우리는 호혜적 관계를 육성해야 한다. 이주민은 큰 잠재적 가치를 지닌, 지혜로운 선생이자 새로운 공동체에 공헌할 사람이다.

다시 한번 강조하는 것은 디아스포라 선교의 십자가 형상의 본질에는 대가가 따르며, 이것은 그리스도의 모델을 따르는 것이다. 그리스도는 하나님과 동등함을 '취할 것으로 여기지 않으시고' 인간의 몸으로 오셔서 종의 모양을 입으셨다(빌 2:7). 우리가 그리스도를 따르려면 우리의 문화적 선호도를 버리고 성육신이라는 어려운 길을 걸어야 한다.

결론

아마 우리는 열정을 품은 선교사가 자신의 관(coffins)에 소유물을 싸서 미지의 땅, 낯선 항구로 향하는 배에 오르던 시절에서 꽤 멀리 떨어져 나왔는지 모르겠다. 아내를 땅에 묻고 가혹한 박해를 견뎌냈던 저드슨(Judson)과 캐리(Carey)가 살던 시대, 결혼을 포기하고 고통, 가난, 정신적, 육체적 고통을 무시했던 문(Moon)과 아일워드(Aylward)의 시대, 너무나 철저하게 그리스도의 성육신 모델을 수용해서 자신의 문화를 먼 기억 속에 묻어버린 리치(Ricci) 와 데 노빌리(de Nobili)의 시대에서 너무 멀어졌다고 느낄 것이다.

하지만 이런 모델이 선교 역사의 단순한 유물이 되어서는 안 된다. 우리는 외국이든, 국내든, 디아스포라든, 그리스도 중심 선교에 내재된 십자가 형상을 다시 붙잡아야 한다. 예수님이 우리를 대사로 부르신 것은 복음을 위해 그 형상을 닮고, 성육신하고 십자가에 못 박히라고 부르신 것이다.

로잔 서약은 "십자가를 설교하는 교회는 십자가의 흔적이 있어야 한다."고 서술했다(로잔 운동 1974). 십자가의 흔적이 있는 선교에 대한 부르심은 디아스포라 선교 영역에서 특히 중요하다. 이 영역은 편리성과 자기 이익, 취미삼아 하는 일, 자원봉사에 대한 유혹이 강해서, 기술이 발달하고 세계화된 현대 사회에서 '십자가를 지는' 선교는 더 이상 필요하지 않다고 교묘하게 제시할 수 있기 때문이다. 그리스도를 주인으로 모신 우리는 이런 생각을 배격해야 한다. 사도 바울의 디아스포라 선교는 날마다 생명을 내려놓는 선교였다(고전 15:31). 우리의 선교라고 다르겠는가?

아마도 전례 없는 이주, 도시화, 세계화의 시대에 교회가 충실하게 선교에 참여할 수 있는 열쇠는 고통스럽지만, 즐겁게 우뚝 솟은 바벨탑의 사다리를 타고 내려와 이동하는 사람들과 교제하는 일일 것이다. 세상의 폭풍우에 시달린 나그네의 눈물 젖은 눈을 들여다보는 것, 그들과 함께 살고, 그들의 소리를 듣고, 그들 안에서 이주민이셨던 구세주의 형상을 보는 것이다. 예수님을 더 온전히 바라볼수록 커져가는 영광만큼 우리도 세상의 유일한 소망이신 예수님의 형상으로 변화될 것이다.

토의

1. 지금 시간을 내어 주 예수의 이주와 고난에 대한 성경 말씀을 기도하는 마음으로 묵상하라. 또한 이주민 친구를 찾아 그 사람의 이야기를 나눠 달라고 요청하라. 당신에게 익숙하지 않은 이야기를 들어보라. 하나님이 당신에게 무어라 말씀하시는가?
2. 당신이 사는 환경에서 바벨 콤플렉스가 디아스포라 선교를 방해하는 경우를 본 적이 있는가? 당신이 사는 환경의 디아스포라와 수용국 교회를 생각해 볼 때, 가장 중요하고 시급하게 변해야 할 점은 무엇인가?
3. 당신이 목격한, 디아스포라 선교를 실천하면서 이주민이신 그리스도의 형상을 닮아가는 교회와 사역의 가장 좋은 예는 무엇인가?
4. 많은 선교학자가 디아스포라 그리스도인이 서구 국가로 유입되는 현상을 하나님이 후기 기독교 사회에 부흥을 가져오기 위해 의도한 것이라 보고 있다. 만일 이것이 사실이라면 협력, 권력 나눔, 리더십 차원에서 이 점이 수용국의 선교 단체와 교단에게 어떤 시사점을 던져 주는가?

참고 문헌

Adeney, Miriam. "Colorful Initiatives: North American Diasporas in Mission." *Missiology: An International Review*, 39 (2011): 5–23.

Baeq, Daniel Shinjong, Myunghee Lee, Sokpyo Hong,, and Jonathan Ro. "Mission from Migrant Church to Ethnic Minorities: A Brief Assessment of the Korean American Church in Mission." *Missiology: An International Review*, 39 (2011): 25–37.

Casiño, Tereso. "Why People Move: A Prolegomenon to Diaspora Missiology." In *Korean Diaspora and Christian Mission*, edited by Hun Kim and Wonsuk Ma.

Oxford: Regnum Books, 2011.

Choi, Sungho "Identity Crisis for Diaspora Community." In *Korean Diaspora and Christian Mission*, edited by Hun Kim and Wonsuk Ma. Oxford: Regnum Books, 2011.

Chun, Do Myung. "Kingdom-centered Identity: The Case of Bicultural Korean-Brazilians." In *Korean Diaspora and Christian Mission*, edited by Hun Kim and Wonsuk Ma. Oxford: Regnum Books, 2011.

Commission on World Mission and Evangelism. "Mission Spirituality and Discipleship: Beyond and Through Contemporary Boundaries." *International Review of Mission*, (2010): 106124.

Connor, Phillip. *A Biblical Missiology for North American People Groups.* Alphretta, GA: North American Mission Board, 2006.

George, Sam. "Diaspora: A Hidden Link to 'From Everywhere to Everywhere' Missiology." *Missiology: An International Review*, 39 (2011): 45–56.

Hale, Chris. "Aradhna: From Comfort to Discomfort, from Church to Temple." *International Journal of Frontier Missions* 24:3 (2007): 147–50. http://www.ijfm.org/PDFs_IJFM/24_3_PDFs/147150Hale.pdf.

Harvey, Thomas A. "Diaspora: A Passage to Mission." *Transformation: An International Journal of Holistic Mission Studies*, 28 (2011): 42–50.

Howell, Brian M. "Multiculturalism, Immigration and the North American Church: Rethinking Contextualization." *Missiology: An International Review*, 39 (2011): 79–85.

Jackson, Darrell. "Europe and the Migrant Experience: Transforming Integration." Transformation: An International Journal of Holistic Mission Studies, 28 (2011): 14–28.

Jeong, Matthew and Chul Jeong. "Korean Evangelicals' Response Toward Muslim Neighbours." In *Korean Diaspora and Christian Mission*, edited by Hun Kim and Wonsuk Ma. Oxford: Regnum Books, 2011.

Jung, Min-young. “Diaspora and Timely Hit: Towards a Diaspora Missiology.” In *Korean Diaspora and Christian Mission* edited by Hun Kim and Wonsuk Ma. Oxford: Regnum Books, 2011.

Kawthoolei Karen Baptist Bible School & College. *Brief history*. Mae La Camp, Thailand: Kawthoolei Karen Baptist Bible School & College, 2009. https://sites.google.com/site/kkbbsc/home/brief-history.

Kim, S. Hun. “Receiving Mission: Reflection on Reversed Phenomena in Mission by Migrant Workers from Global Churches to Western Society.” *Transformation: An International Journal of Holistic Mission Studies*, 28 (2011): 62-67.

Kim, S. Hun. “Migrant Workers and ‘Reverse Mission’ in the West.” In K*orean Diaspora and Christian Mission*, edited by Hun Kim and Wonsuk Ma. Oxford: Regnum Books, 2011.

The Lausanne Committee for World Evangelization. *The Lausanne Covenant*. Lausanne, Switzerland: The Lausanne Movement, 1974. http://www.lausanne.org/covenant.

Lausanne Committee for World Evangelization. *Scattered to Gather: Embracing the Global Trend of Diaspora*. Manila, Philippines: LifeChange Publishing, Inc., 2010.

Lausanne Diaspora Educators Consultation. *The Seoul Declaration on Diaspora Missiology*. Seoul, South Korea: The Lausanne Movement, 2009. http://www.lausanne.org/documents/seoul-declaration-on-diaspora-missiology.html.

Lorance, Cody. "An Introduction to Contextualization Among Hindus." *Lausanne Global Conversation*, June 6, 2010, http://www.conversation.lausanne.org/en/conversations/detail/10373/.

Oh, Doug D. “History of the Korean Diaspora Movement.” *In Korean Diaspora and Christian Mission* edited by Hun Kim and Wonsuk Ma. Oxford: Regnum Books, 2011.

Photo Voice; Bhutanese Refugee Support Group. “Introduction.” *Bhutanese Refugees: The Story of a Forgotten People*. London: Photo Voice, 2010. http://www.

photovoice.org/bhutan/.

Pocock, Michael, Gailyn Van Rheenen, and Douglas McConnell. *The Changing Face of World Missions: Engaging Contemporary Issues and Trends*. Grand Rapids, MI: Baker Academic, 2005.

Richard, H. L. "Good News for Hindus in the Neighborhood." Rethinking Hindu Ministry II: *Papers from the Rethinking Forum*, Pasadena: William Carey Library, 2010: 32-35.

Song, Minho. "The Diaspora Experience for the Korean Church and its Implications for World Missions." In *Korean Diaspora and Christian Mission*, edited by Hun Kim and Wonsuk Ma. Oxford: Regnum Books, 2011.

Sydnor, Paul N. "Understanding the Forced Displacement of Refugees in Terms of the Person." *Transformation: An International Journal of Holistic Mission Studies*, 28 (2011): 51-61.

Tan, Kang-San. "In Search of Contextualized Training Models for Chinese Christian Diaspora in Britain." *Transformation: An International Journal of Holistic Mission Studies*, 28 (2011): 29-41.

Thomas, T.V. "Ministering to Scattered Peoples: Global Phenomenon of Diaspora." *Lausanne Global Conversation*. The Lausanne Movement, 2010. http://conversation.lausanne.org/en/conversations/detail/11660.

Trinity International Baptist Mission. "Our Story." Trinity International Baptist Mission, Aurora, IL: *Trinity International Baptist Mission*, 2010. http://www.tibm.org/our-story.html.

United Nations, Department of Economic and Social Affairs, Population Division. *Trends in International Migrant Stock: The 2013 Revision*. United Nations, 2013.

Vanier, Jean. *From Brokenness to Community*. Mahwah, NJ: Paulist Press, 1992.

Waltke, Bruce. K. Genesis: *A Commentary*. Grand Rapids, MI: Zondervan, 2001.

Wan, Enoch. "Diaspora Missiology." *Occasional Bulletin of Evangelical Missiological Society*, (2007): 3-7.

Wan, Enoch. "Diaspora Mission Strategy in the Context of the United Kingdom in the 21st Century." *Transformation: An International Journal of Holistic Mission Studies*, 28 (2011): 3–13.

Wan, Enoch. "Korean Diaspora: From Hermit Kingdom to Kingdom Ministry." In *Korean Diaspora and Christian Mission* edited by Hun Kim and Wonsuk Ma. Oxford: Regnum Books, 2011.

Wan, Enoch. "Ministering to Scattered Peoples – Moving to Reach the People on the Move." *Lausanne Global Conversation*. The Lausanne Movment, 2010. http://conversation.lausanne.org/en/resources/detail/11438.

19장

수지타산을 맞추다 : 소외된 교회가 디아스포라 선교 기회를 받아들이기

캐롤 A. 맥레이(Carol A. Mack-Lacey)

서론

마태복음 28:18~20에서 그리스도인은 지상명령에 부르심을 받았다. 하지만 소외된 자들 특히 권리를 박탈당해 소외된 취약계층을 섬기는 사역에는 우여곡절이 많다. 불평등과 이에 따른 빈곤 때문에 사역에 대한 열망도 복잡한 양상을 띤다.

어린 시절 대도시에서 성장한 필자는 불평등한 지역에서 살았다. 우리가 놀던 거리의 반대편 끝에는 치솟은 울타리가 감시병처럼 블록 끝을 지키고 있었고, 우리는 두려움과 호기심을 가지고 그 경계선에서 놀았다. 쓰레기장 쪽은 경비견과 녹슨 철판, 가시철조망이 경고했다. '출입금지!' 중산층이 사는 지역 쪽으로는 파도 모양으로 엮은 아연 철조망 사이로 잘 깎은 잔디가 보였고, 잘 차려입은 아이들이 우리를 조롱했다. 세계 어느 곳이든 도심지는 내가 어린 시절을 보낸 작은 도시 구역과 비슷할 거다.

힘없는 사람은 이 빈부격차의 상징을 보며 우리가 평등하지 않은 이웃이라는 점을 되새긴다. 적어도 인격이 형성되던 시절에 이런 상징은 세상에서 우리가 어떤 위치에 있는지 말해줬다. 지역에 사는 사람이 가지고 있는 고질적인 생각이 있다. 끊임없는 불운 때문에 생긴 것인데, 선교적 삶을 통해 사회적 행동을 해야 할 의무를 무시하는 생각이다. 자원이 한정된 환경에서 살아남으려는 투쟁 속에서 경쟁자로 비춰질 수 있는 디아스포라에 대해서는 특히 그렇다.

이 장에서는 권리를 박탈당한 이들이 사는 지역 교회들이 이사해 오는 디아스포라 이웃들에게 지상명령을 수행하는데 있어서 교회의 입장을 어떻게 정리해야 할지를 탐구한다.

필자는 가난이 자연 현상과 사람이 원인이 되어 생긴 딜레마라는 점을 간단히 기술한 후에, 유대인과 1세기를 살았던 그리스도인의 관점으로 이 현상을 이야기해 보고, 한정된 자원을 가지고 사는 그리스도인이 희생적인 삶을 사는데 어떤 장애물이 있는지 논의할 것이다. 그다음 교회가 성경적인 방법으로 다른 사람과 더불어 사는 법을 수용할 때 어떻게 사회의 변두리에서 디아스포라 선교에 참여할 수 있는지 생각해 볼 것이다. 마지막으로 소외계층 교회와 그리스도인이 어떻게 자신이 사는 공간을 변화시켜 새로운 이웃에게 사역할 수 있는지 예를 들어 보겠다.

가난 – 그 불편한 진실

사람의 필요에 대응할 수 없거나 원치 않을 때, 북적대는 장터에서 낯선 사람을 피하듯 긍휼 베풀기를 회피했던 경우가 얼마나 많았던가? 하지만 누가 가난처럼 큰 문제를 가지고 씨름할 수 있을까? 예수께서도 "가난한 자들은 항상 너희와 함께 있으니"(막 14:7)라 말씀하시지 않았던가? 물론 멀리 편안한 곳에서 사는 부자에게나 미끄러운 비탈길에 사는 노동자에게도 가난은 논의하기 불편한 주제다. 가난은 사회 프로그램, 정부 개혁, 과학적 돌파만으로 해결될 수 있는 문제가 아니다.

가난은 섬유가 염색되듯이 사회 구조 속으로 스며든다. 가난은 복잡한 세상에서 인간으로 사는 방식의 일부다. 가난에 대해 역사적으로 철저히 조사하지 않으면 전쟁과 자연재해가 땅을 황폐하게 만든 결과 가난이 번성한다고 말할 것이다. 내전으로 망가진 남수단 주바의 황폐한 땅(베리니(Verini) 2014)이나 허리케인 카트리나가 강타한 이후 뉴올리언스 9번 저지대 지역(알렌(Allen) 2015)이 중요한 예다.

가난과 불평등은 혈통, 인종, 장애, 종교를 이유로 사람을 거부하는 시스템 때문에 그들에게서 가정을 돌볼 존엄성을 박탈한다. 미국의 세인트루이스, 남아공의 소웨토, 콜롬비아의 보고타 지역이 바로 머리에 떠오른다. 가난은 힘없는 사람이 목소리를 내지 못하는 곳이며, 사람의 독창성, 창조성, 활력이 다른 사람의 관심을 받지 못하고 착취당하는 곳이다.

성경에서도 가난을 흔히 볼 수 있다. 이 때문에 하나님이 권력과 특권이 강성해지는 것을 경계하심을 하나님의 명령 속에서 발견할 수 있다(신 10:17~19; 15:7~11). 이 성경 구절에 쓰이는 히브리어 에브욘(*ebyôn*)은 극빈자, 최저 생계를 유지하지 못하고 구제책이 없이 사는 사람을 가리킨다. 하나님이 자신의 백성을 통해 이루시는 새로운 나라의 패러다임의 중심부에는 가난한 사람에 대한 관대함이 있다. 신약성경에서도 사회의 구호품에 의존해 사는 사람을 헬라어로 프토초스(*ptōchos*)라고, 한정된 재산으로 사는 가난한 사람을 페네스(*penēs*)라고 구분해서 부른다(막 14:7) (신약신학 뉴인터내셔널 사전 1986, 820).

갈보리로 오를 날이 다가올 때 예수께서는 가난한 자를 돌보는 일을 어떤 의무보다 높게 여겼다. 예수님은 다시 오기 전까지 자원하는 마음으로 기꺼이 친절을 베풀라고 했다. 마가복음 14:3~7절의 한 장면을 보자.

> 예수께서 베다니 나병 환자 시몬의 집에서 식사하실 때에 한 여자가 매우 값진 향유 곧 순전한 나드 한 옥합을 가지고 와서 그 옥합을 깨뜨려 예수의 머리에 부으니, 어떤 사람이 화를 내어 서로 말하되 '어찌하여 이 향유를 허비하는가? 이 향유를 삼백 데나리온 이상에 팔아 가난한 자에게 줄 수 있었겠다' 하며 그 여자를 책망하는지라. 예수께서 이르시되 '가만두라 너희가 어찌하여 그를 괴롭게 하느냐. 그가 내게 좋은 일을 하였느니라. 가난한 자는 항상 너희와 함께 있으니 아무 때라도 원하는 대로

도울 수 있거니와 나는 너희와 항상 함께 있지 아니하리라.'

희생적 삶의 장벽

지상명령에 응답하기 원하는 소외계층 교회는 디아스포라의 절박함에 처한 수많은 사람의 기도 응답과 축복이 될 능력을 무력하게 만드는 내적・외적 세력을 극복할 방법을 찾아야 한다.

할 수 있는 교회가 하지 않고, 하고 싶은 교회가 할 수 없을 때, 그냥 행동하지 않게 되기 쉽다. 하지만 우리는 어떤 자원과 생각을 통해 디아스포라에게 개입하고, 해결책을 제시하고, 축복할 수 있는지 질문해 봐야 한다. 당신이 그곳에 있는 이유는 물질적으로 가난하고 인종적으로 소외되기 쉬운 디아스포라를 위해서가 아닌가? 여기서 '당신'은 오랜 세월 불확실한 삶의 파란만장한 바다를 용감하게 헤쳐온, 그렇기 때문에 새 이주민 공동체에게 해 줄 말이 많은, 소외된 지역에 있는 교회의 교인이다.

나병 환자 시몬의 요청에 응답할 때 예수님은 가장 가난한 사람과 부유한 사람 모두에게 말씀하심으로 사회 활동의 문을 넓게 열어두었다. "너희가 어찌하여 그를 괴롭게 하느냐……. ……[가난한 이는] 아무 때라도 원하는 대로 도울 수 있거니와 나는 너희와 항상 함께 있지 아니하리라(막 14:3)."

이렇게 응대함으로 예수께서는 위선자와 증오를 품은 자가 쏟아내는 집중공격을 잠잠케 하셨다. 이들 중 누가 실제로 향유를 가져다 팔아서 가난한 자에게 나눠주었을지 궁금해 본 적이 있는가? 어떤 가난한 사람에게 주었을까? 친구나 같은 시민들, 한 핏줄에게 주었을까? 볼 때마다 불편했던 이웃에 사는 꼴 보기 싫은 사람이었을까? 자신을 편안하게 해주거나 부를 창출하게 해주는, 가장 천한 막노동을 하는 사람이었을까? 선물을 줘서 큰 칭찬을 받을 수 있는 사람이었을까?

G.A. 채드윅(Chadwick)이라는 주석가는 현명하게도 이렇게 말했다. "자비로운 충동이 올라와 아낌없이 베푸는 손을 내밀려 할 때마다, 심장이 없는 계

산가는 소비된 것의 가치와 이것이 '가난한 사람'에게 주는 가치를 따진다. 사랑의 본능이 꽁꽁 막히고 마음이 얼어붙을 때 누가 더 불행해질까?(채드윅 1893, 362)"

하나님 나라의 패러다임이 사회적 공간에 임하기 원한다면, 사회에 의존하는 사람 가운데서 우리가 어떻게 살아갈지에 대한 생각을 어지럽히는 신호를 감지해야 한다. 이 신호는 감지하기 어려운 경우도 있고, 별로 어렵지 않은 경우도 있다. 어떤 종류의 언어와 규범은, 비록 우울한 지역에 이것만 존재하는 건 아니지만, 인종차별, 성차별, 연령차별, 계급차별 같은 사회적 압력을 영속시킨다. 이런 것이 힘없는 사람이 풍성한 삶을 살지 못하도록 가로막는다(요 10:10).

《빈곤을 이해하는 틀(Framework for Understanding Poverty)》이라는 책에서 루비 페인(Ruby Payne 2003, 41~51)은 이렇게 말했다. "'특정 신호 체계'가 각 경제 계급의 말과 습관 속에 언어와 규범으로 감춰져 있다. 소유, 돈, 사회적 접근성, 가족 구성, 관계 속에서 분명히 드러나는 신호는 빈곤 계층, 중산 계층, 부유 계층에 따라 다르며, 오랜 세월 존재한 계층 간 분리를 영속화한다. 이런 분열적 규범이 소외계층 교회에도 분명히 존재해서 자신을 디아스포라 선교 기회로부터 소외시키는 결과를 양산한다. 한편으로 내가 속한 상태와 장소라는 가혹한 진실이 녹슨 강철 울타리처럼 현존해서, 소외계층이 그토록 피하고 싶어 하는 공포심을 불러일으킨다. 또 다른 한편으로 이웃에 쳐진 십자형 철조망을 통해 내다보이는 경제적 안정은 이들에게 갈 길이 아직 멀었다는 점을 상기시킨다. 하지만 교회는 할 수 있을 때마다 선을 행할 기회를 잡아야 한다. 하나님 나라를 위해 행동하고자 마음과 손을 자유롭게 하기 위해서, '우리'와 그들을 분리하는 생각 속에 서 있는 높이 솟은 장벽을 무너뜨려야 한다."

사무엘 로버츠(Samuel Roberts 2001, 137~149)는 미국 흑인교회가 성경을 해석할 때 문자적이고 자유로운 틀을 혼합해 독특한 도덕적 삶을 형성하는 경향이 있다고 지적했다. 자신이 겪는 투쟁에 맞춰 재단된 성경 읽기는 사회의 중심부에서 사는 그리스도인이 놓치기 쉬운 진리를 조명하는 능력이 있다.

하지만 말씀의 기준을 '하찮게 만들고' 이에 따라 '정경 안에 정경'을 창조하거나 '자신만의 세계' 속에서 해석하는 경향이 있다. 이런 견고한 신념이 우리를 둘러싼 세상과 관계하면서 성경적 가르침에 위배될 수 있다. 그래서 박탈당한 사람이 자신의 은사(지혜, 독창성, 긍휼 등)를 새로 온 디아스포라와 나누지 못하게 하여 이주민으로부터 중요한 자원을 받지 못하게 한다. 두 공동체 모두를 번영시킬 수 있을 문화 교류가 미처 시작되기도 전에 단절된다.

성경은 이웃사랑과 권리를 박탈당해 소외된 취약계층 사람을 보호하는 공동체를 형성하는 것에 대해 분명하게 가르친다(막 12:30~31; 눅 10:30~37; 행 6:4~8). 헨리 나우웬(Henri Nouwen 1979, 94)은 말했다. "기독교 공동체는 치유 공동체다. 상처가 치유되고 고통이 덜어져서가 아니라 상처와 고통이 공개되어 새로운 비전을 위한 장이 되기 때문이다." 말씀의 권위를 붙잡으면 권리를 박탈당해 소외된 그리스도인도 민족적 색채와 사회적 뉘앙스를 통해 '도시의 번영을 구하도록' 부름 받았다는 걸 알 수 있다(렘 29:7). 선교적 삶을 방해하는 장벽을 제거하면 디아스포라 가운데서 희생적 삶을 사는 새로운 방법이 필요해진다.

성경에 기초한 삶의 방식

성경은 사랑의 행동이 교회의 특별한 책임이라고 가르친다(라이트(Wright) 2004, 53~54). 이 말씀은 한 사람의 짐을 덜기 위해 다른 사람이 희생해야 한다는 의미인가? 하나님의 계획 속에 자기를 내어주고 짐을 지는 행위는 완전함을 가져온다(롱네커(Longnecker) 2010, 283~291).

따라서 자기희생을 통해 우리는 사회적 약자와 다른 인종과 연결되고, 이를 통해 하나님의 은혜와 능력으로 말미암아 그리스도에게 연결된다(마 25:35). 사도 바울이 예루살렘의 가난한 성도를 위한 연보에 대해 언급한 구절을 살펴보면, 상대적으로 가난했던 마게도냐 성도의 연보를 예로 들어 고린도 교회를 권면한 구절 속에 새로운 종류의 '마게도냐의 부르심'이 보인다(고후 8:1~15) (조지 1992, 41~140). 부르스 롱넥커(Bruce Longnecker 2010, 283~291)는 사도 바울이 각 믿음의 공동체에 동일한 분량의 연보를 요구했다고 주장한다. 가난한 사람을 위한 캠페인은 그리스도의 살아있는 몸이 모든 민족을 향해 나아가는 보다 큰 이야기 속에 존재한다. '관대함을 실천하는 작은 행동'은 하나님의 위대한 구조 개혁의 일부이며, 가난한 사람도 하나님의 주권적 계획 속에서 연보를 내는 자다.

하나님의 계획 속에서 이 행동은 영원한 변화를 불러일으킨다. 이렇게 이해하면 가난한 자도 주인의 상에서 부자와 동등한 자리와 목소리를 가지게 된다(눅 14:22~24). 물질적으로 관대하기 어려운 상황에 있는 사람도 경제적 관대함 외에 다른 면에 '은사'가 있다. '집단적 관대함'에 기여하는 사람이 됨으로써 가난한 사람도 부자와 함께 기억될 것이다(롱넥커2010, 285~289).

마게도냐 사람은 극심한 어려움과 가난 속에서도 넘치는 기쁨으로 헌금했다(고후 8:1~5). 어떻게 넘치는 기쁨과 극심한 가난이 관대함이라는 날개를 동시에 펼 수 있을까? 어떻게 쫓기고 박해받고 흩어진 사람이 자신을 둘러싼 잔해 속에서 위대함을 엿보았을까? 지극히 작은 자들이 축복이 되기 위해 용기를 꺼낼 수 있는 창고는 무엇인가? 어떻게 무시당하던 이방인이 유대인에게 친절한 사랑을 보일 수 있었을까?

그들은 먼저 자신을 하나님께 드렸다. 시간적으로 먼저 드렸다기보다 무엇보다 우선해서 드렸다는 말이다. 무엇보다 우선해서 자신을 드림으로 거룩한 단절이 일어났다. 더 이상 억압받고 연약한 사람이 아니라 하나님의 계획 속에 참여하는 사역자로 다시 태어난 거다. 오직 하나님의 은혜로만 이렇게 복종할 수 있다. 사도바울은 마게도냐 사람이 "힘대로 할 뿐 아니라 힘에 지나도록 자원하여" 냈다고 증언한다(고후 8:3). 사회적으로 어려운 사람이 자신의 한계를 넘는 발걸음을 내딛기 위해서는 하나님의 은혜가 필요하다. 하나님과 동행할 때 가능한 일이다.

《하나님과 관계하는 방식을 다시 생각해 보다(In With: Reimagining the Way We Relate to God)》라는 책에서 스카이 제서니(Skye Jethani 2011, 18~80)는 하나님과 함께 하는 삶은 보물과 같으며 하나님과 연합하는 것은 두려움과 고난을 줄이려고 사람이 선택한 자기중심적 패턴보다 위대하다는 점을 강조했다.

제서니는 네 가지 패턴을 제시했다. '하나님으로부터 사는 삶'은 물질적 욕구를 충족하기 위해 하나님을 이용하는 삶이고, '하나님 아래 사는 삶'은 축복을 받고 재앙을 피하고자 예식과 도덕을 실천하며 하나님께 복종하는 삶이고, '하나님 위에서 사는 삶'은 하나님을 축복을 받기 위한 원천이자 적용할만한 교훈으로 이용하는 것이고, 마지막으로 '하나님을 위한 삶'은 방향성과 목적을 가지기 위해 하나님과 그분의 선교를 이용하는 삶이다.

물론 하나님은 우리의 자원이시고 의지해야 할 대상이다. 하지만 위에 언급한 네 가지 입장은 목적을 달성하기 위한 수단으로 하나님을 이용하는 것이다(제서니 2011, 101). 반면에 그리스도를 통해 하나님과 연합하는 것은 삶을 다르게 경험하도록 부르는 초대다. 제서니(2011, 110~152)는 이렇게 썼다. "희망을 품으면 거친 바다에서 인내할 수 있다. 혼돈이 승리하는 것이 아니라 하나님의 목적이 승리할 것임을 믿는 거다."

가난하고 잊힌 지역에 있는 교회는 '하나님과 연합하는 보물'을 발견해야 한다(제서니 2011, 123~140). 기도와 새로운 생각을 통해, 그리고 자신이 처한 환경에서 하나님의 놀라운 섭리를 경험하고, 디아스포라에게 선한 일을 행할 가능성이 빛나고 있음을 알게 됨으로 말이다. 때로는 이런 일이 작은 신호로 찾아오고, 때로는 피할 수 없이 명백한 이유로 찾아온다. 크고 작은 신호가 만나는 교차로에서 오랜 세월 도시에 거주했던 소외된 사람과 새로 이사 온 디아스포라의 끝없는 필요가 채워질 것이다.

희망의 초상

다음은 어떻게 소외된 취약계층 그리스도인과 교회가 계층의 장벽을 무시하고 자기 편견을 극복하고 취약계층 가운데서 하나님 나라 중심, 그리스도 중심의 나눔을 실천함으로 지역을 새롭게 했는지에 대한 이야기다. 인터뷰는 비밀리에 이루어졌다. 요청에 따라 가명을 사용했으며 필자의 재량으로 고용처도 비밀로 한다.

· 부패에 대항해 싸움 미국인 선교사 사라(Sarah)는 1984년에 필리핀에서 쓰레기장 주변에 사는 사람을 섬겼다. 오늘날 필리핀 파야타스 쓰레기 매립지와 케냐 나이로비의 단도라(Dandora) 같은 지역에서 성인이고 아이고 할 것 없이 생존을 위해 쓰레기를 재생해서 판매한다.[1] 한 가정에서 신생아가 죽는 일이 있었다. 하지만 이들은 극빈자를 위한 무덤을 할당받기 위해 뇌물을 주어야 아이를 묻을 수 있었다. 다양한 인종으로 구성된 단일 공동체에 살던 사람은 당국에 집단으로 항의해서 무덤을 할당받을 수 있었다.[2]

· 교통편을 제공함 사라는 남수단에 위치한 중간규모 도시, 전쟁으로 폐허가 된 예이(Yei)에서 섬긴 적이 있다. 그곳에서 10대 고아들이 험난한 도로에서 외바퀴 손수레를 사용해 장애인 남성을 고아원에서 교회로 옮겼다.

· 시스템을 배움 콩고에서 미국에 도착한 지 얼마 되지 않아 프란츠(Frantz)와 마티나(Martina)의 다섯 살 난 아들이 낫적혈구증상(sickle cell crisis)[역11]을 집중 치료하는 세인트루이스 병원에서 치료를 받아야 했다. 도심지 교회의 친구가 조언을 해줘서 부부는 병원에서 보조금을 받아 아이가 다시 기력을 회복하게 할 수 있었다.[3]

· 생존을 위한 나눔 르완다 대량학살 생존자 블레싱(Blessing)은 케냐 카쿠마 난민 캠프에서 15년 동안 극심한 가난 속에 살았다고 한다. 그곳에서 이웃들이 도움이 필요한 사람에게 옷을 나눠주고 아픈 사람이 건강을 되찾도록 최고의 음식을 나눴다고 증언했다.[4]

---

1) 필리핀 이야기: 실제 현실. "Below the Poverty Line: Living on a Garbage Dump."http://www.unicef.org/philippines/reallives_12171.html 미디어 센터. "나이로비 단도라 지역에서 온갖 잡역에 대항해 살아남다. http://www.unicef.org/kenya/media_10454.html,

2) 2014년 5월 27일, Sarah와 저자의 인터뷰

3) 2014년 5월 31일. Frantz & Martina와 저자의 인터뷰.

4) 2014년 4월 1일. Blessing와 저자의 인터뷰.

· **함께 저축** 미주리주, 캔자스시티에서 제임스는 멕시코, 과테말라, 온두라스, 엘살바도르, 쿠바, 니카라과에서 온 저임금 공장 노동자가 극심한 가난에 시달리는 이웃을 위해 지역 예금통장을 개설하는 것을 목격했다. 50명이 정기적으로 돈을 모아 500불을 만들었고, 이 돈이 누군가의 기도 응답이 되었다. 이 헌금은 1인당 50불 손해가 아니라 사람을 다 함께 강하게 만드는 것이었다.[5)]

· **이웃이 됨** 보스니아 이주민 가정이 루스(Ruth)의 아파트로 들어왔다. 85년 인생 동안 세인트루이스의 난민 정착 과정에서 많은 변화를 목격했지만, 모(MO)는 빠르게 이웃의 삶을 변화시켰다. 특히, 미시시피에서 태어난 흑인 과부의 삶이 그랬다. 루스는 도움을 받을 수 없는 젊은 엄마의 삶이 어떤지 알았다. 아이를 좋아하는 루스는 이웃에 새로 태어날 아이를 위해 코바늘로 그래니 사각형 담요[역12]를 떠주었다. 벌써 20년째 교회 식구를 위해서도 이 일을 해왔다. 비록 서로 언어가 달라 대화를 할 수 없었지만, 루스는 아이들의 할머니와 강한 보스니아 커피 한 잔을 즐겼다.[6)]

결론

이 이야기들은 사도바울이 마게도냐 사람을 예로 들어 오늘날 권리를 박탈당해 소외된 취약계층 교회에 요구하는 희생적 삶이 어떤 것인지 보여준다. 취약계층 교회는 수많은 국가에서 온 이주민 이웃에게 둘러싸여 있다. 이런 지역에 있는 그리스도인이라고 해서 디아스포라 선교 활동에서 빠질 이유가 없다. 분명 이들은 하나님의 계획 안에 있는 활발한 협력가다. 교회가 하나님과 동행하고, 이웃에게 사랑을 보이고, 하나님 나라 중심의 삶과 행동으로 복음의 증인이 될 때, 계층, 인종, 성, 문화, 언어를 비롯한 여러 장벽을 극복할

5)2014년 2월 15일. James와 저자의 인터뷰.
6) 2014년 6월 11일. Ruth와 저자의 인터뷰.

것이다. 따라서 다른 사람의 필요 때문에 예전에는 상상도 못 했던 방법으로 그리스도의 삶을 표현할 자리가 만들어질 것이다.

토의

1. 도시 빈민이 도시로 유입되는 이주민을 위협적으로 보는 경우가 종종 있다. 일자리와 사회복지 같은 제한적 자원을 얻기 위한 투쟁에서 디아스포라가 경쟁자가 될 수 있기 때문이다. 소외된 지역에서 사역하는 교회는 어떻게 이런 관점(사실이든 상상이든)을 극복하고 디아스포라 선교에 활발히 참여할 수 있겠는가?
2. 당신이 사는 도시에 있는 취약계층 교회가 가진 독특한 은사는 무엇인가? 디아스포라는(그리스도인이든 아니든) 어떤 은사로 기여할 수 있는가? 복음을 전할 뿐만 아니라 도시를 번영시킬 수 있음에도 놓쳐 버린 소통의 기회(잠재적 공동체와 교회의 활동을 생각해보라)는 무엇인가?
3. 당신이 사는 환경에서 취약계층 교회가 이주민 이웃 속에서 지상명령을 성취하기 위한 역할을 감당하도록 깨울 수 있는 실질적인 과정을 나열해 보라.

참고문헌

Allen, Greg. "Ghosts of Katrina Still Haunt New Orleans' Shattered Lower Ninth Ward." NPR, August 3, 2015, updated August 18, 2015. Accessed December 23, 2015. http://www.npr.org/2015/08/03/42784417/ghosts-of-katrina-still-haunt-new-orleansshattered-lower-ninth-ward.html.

Bennett, Harold V. *Injustice Made Legal: Deuteronomic Law and the Plight of Widows, Strangers*, and Orphans in Ancient Israel. Grand Rapids: William B. Eerdmans Publishing Co., 2002.

Blomberg, Craig L. *Neither Poverty Nor Riches: A Biblical Theology of Material Possessions*. Grand Rapids: William B. Eerdmans Publishing Co. 1999.

New International Dictionary of New Testament Theology. s.v. "Poor." Grand Rapids: 1986.

Chadwick, G. A. "The Gospel According to St. Mark" in *The Expositor's Bible*. Edited by W. Robertson Nicoll, 5th ed. London: Hodder and Stoughton, 1893.

De La Torre, Miguel. *Doing Christian Ethics from the Margins*. Maryknoll: Orbis Books, 2004.

Georgi, Dieter. *Remembering the Poor: The History of Paul's Collection for Jerusalem*. Nashville: Abingdon Press, 1992.

Holman, Susan R. ed. *Wealth and Poverty in Early Church and Society*. Grand Rapids: Baker Academic, 2008.

Jethani, Skye Jethani. *With: Reimagining the Way You Relate to God*. Nashville: Thomas Nelson, Inc. 2011.

Longnecker, Bruce W. *Remembering the Poor: Paul, Poverty, and the Greco Roman World*. Grand Rapids: William. B. Eerdmans Publishing Co., 2010.

Martin, Ralph P. 2 *Corinthians*. World Biblical Commentary. vol. 40. Waco: Word Books, 1986. 248-291.

Media Centre. "Surviving Against All Odds in Nairobi's Dandora Area." http://www.unicef.org/kenya/media_10454.html, (accessed June 7, 2014).

Nouwen, Henri J. M. *The Wounded Healer: Ministry in Contemporary Society*. New York: Image Gooks, Doubleday, 1979.

Payne, Ruby K. *A Framework for Understanding Poverty*. Highlands, TX: Aha Process, Inc., 2003.

Philippines. *Real Lives*. "Below the Poverty Line: Living on a Garbage Dump." http://www.unicef.org/philippines/reallives_12171.html (accessed June 2, 2014).

Pohl, Christine. *Making Room: Recovering Hospitality as a Christian Tradition*. Grand Rapids: William B. Eerdsmans Publishing Co., 1999.

Roberts, Samuel K. *African American Christian Ethics*. Eugene: Wipf and Stock Publishers, 2001.

Verini, James. "How the World's Youngest Nation Descended into Bloody Civil War." *National Geographic*, September 30, 2014. Accessed December 23, 2015. http://news.nationalgeographic.com/news/special-features/2014/10/141001-south-sudandinka-nuer-ethiopia-juba-khartoum.html.

Wright, Christopher J. H. *Old Testament Ethics for the People of God*. Downers Grove: IVP Academic, 2004.

20장

미국 디아스포라 한인교회의 동향과 쟁점

챈들러 H. 임(Chandler H. Im) /
존 정호 오(John Jungho Oh)

새로운 이주민은 미국 사회의 비기독교화가 아니라 미국 기독교의 비유럽화를 상징한다. – R. Stephen Warner, 2004(시카고 일리노이 대학 사회학 교수)

20장은[1] 미국 전역에 있는 한인 디아스포라 공동체와 교회에[2] 초점을 두고 있다. 이 글을 통해 필자는 한인 이주민 유입의 역사를 간략히 살펴보고 한인 이민 교회를 개괄적으로 살펴보고자 한다. 또한 미국 내 한인 디아스포라 공동체에 대해 한인 디아스포라 교회(이후 KDCs)가 가진 네 가지 쟁점과 도전과제, 그리고 세 가지 강점과 기회를 설명할 것이다. 마지막으로 이 주제의 선교적 시사점을 다룰 것이다.

---

1) 이 글의 내용은 대부분 이전에 내놓은 두 글에서 발췌된 내용이다.Chandler H. Im, "The Korean Diaspora Churches: Their Concerns and Strengths" in Chandler H. Im and Amos Yong (eds.) Global Diasporas and Mission (Oxford, UK: Regnum, 2014); John Jungho Oh, "The Mission of God and the Korean Diaspora Churches in the USA" [in Korean], Mission Korea Review vol. 3 (August 2013): 2~6.

2) 이 글은 개신교회에 대해서만 논의했으며, 가톨릭 및 다른 비개신교 교회를 논의할 때는 별도로 명시했다.

한인 디아스포라 교회의 성장과 팽창

전 세계에 흩어진 한인 디아스포라에 대해 농담조로 하는 말이 있다. 중국인은 전 세계 어딜 가든 중국 식당을 열고, 한국인은 어딜 가든 교회를 개척한다는 것이다. 과장된 면도 있고 농담이기도 하지만, 이 문장이 현실에 주는 무게감이 있다.

1900년대에 첫 번째 한인 이주민 흐름이 하와이를 강타한 이래 많은 한인 디아스포라 교회가 세워지고 성장했으며, 특별히 1965년 이민개혁법안[역13]은 한국인 이민자가 미국으로 물밀듯 밀려드는 계기가 됐다. 그 결과 지난 50년간 북미에 한인 디아스포라 교회 수가 기하급수적으로 증가했다. 그 수치는 다음과 같다. 30교회(1967); 150교회(1972); 600교회(1980); 1,700교회(1989); 3,288교회(1994); 2,988교회(2000); 4,182교회(2006); 4,709교회(2013) (서Suh 2014).

미국 내 한인 디아스포라 교회의 역동적 변화

미국 국토안보국에 따르면(2012), 회계연도로 따져[3] 1940년부터 1949년 사이에 합법적 영주권을 취득한(LPRs) 한국인 수는 83명, 1950년부터 1959년 사이에는 4,845명, 1960년부터 1969년 사이에는 2만 7,048명, 1970년부터 1979년 사이에는 24만 1,192명이다(표 1 참조).

<표 1> 회계연도 1940~1999 사이에 합법적 영주권을 취득한 한국인

1940~1949	1950~1959	1960~1969	1970~1979	1980~1989	1990~1999	합계
83	4,845	27,048	241,192	322,708	179,770	775,646

자료: 미국 국토 안보국, 이민통계사무실

3) 이민 통계는 회계연도를 기준으로 한다. (10월 1일부터 그 다음 해 9월30일까지)

1970년대와 1980년대에 한인 디아스포라 교회의 대학, 청소년 예배는 점차 한국어에서 영어로 바뀌었다. 영어를 사용하는 초등학생이 졸업해서 청소년 모임으로 들어가자 청소년 예배의 언어가 한국어에서 영어로 바뀌기 시작하더니 1980년대 말에는 거의 모든 교회의 교육부 예배 언어는 영어가 되었다.

1980년대에도 한국인 이주민 수는 지속해서 증가했다(표 1 참조). 초등학교 나이대의 학생이 영어 예배에 잘 적응하며 빠르게 동화되었다. 하지만 1980년대 후반에 한인 디아스포라 교회가 영어로만 예배를 드리게 되자 중등학교와 대학에 다니는 좀 더 나이가 있는 자녀가 영어 예배에 적응하기 어려워했다. 그래서 1980년대 후반에 새로 이민 온 가정이 한국인 교회에 나이가 있는 청소년을 위해 한국어 예배를 개설해 달라고 간청했고, 몇몇 대형 교회가 한국어를 사용하는 청소년과 대학생을 위한 예배를 시작했지만, 이는 한국어 예배를 담당하는 사역에게 사례비를 지불할 재정 능력이 있는 교회에만 해당되었다.

1980년대 후반의 한인 디아스포라 교회의 정황을 정확히 말하자면, 영어를 사용하는 세대가 전부는 아니라도 교육부서 대다수를 구성했고, 한국어를 사용하는 사람은 소수에 불과했다.

첫 번째 영어 사역(EM)은[4] 1980년 후반에서 1990년대 초반에 시작됐다. 1980년대 전반에 걸쳐 한인 이민이 지속해서 증가했지만, 1990년대 전반에 걸쳐 영주권 소지자 한인 수는 줄어들었다(〈표 1〉 참조). 1990년대에 한국인 이민이 줄어듦에 따라, 청소년과 대학생을 위해 한국어 예배를 요청하는 일도 서서히 사라질 것으로 보였다. 하지만 한인 디아스포라 교회 지도자들이 합법적 영주권 소지자 통계만 고려해 분석했기 때문에 이 예측에는 오류가 있었다.

합법적 영주권 소지자가 된 한국인과 비이민 방문자를[5] 포함한 한국인 수

---

4) 여기서 말하는 영어사역(EM)은 대학졸업자 이상 나이대의 성인 교인들에게 제공되는 영어예배를 지칭한다. 교회가 영어예배를 제공하더라도 성인 교인들 뿐만 아니라 청소년, 대학생들에게도 제공한다면, 이 글에서는 EM으로 보지 않는다.

5) 다음을 보라. Randall Monger, Nonimmigrant Admissions to the United States: 2012, Office

치를 자세히 분석하면 미국 내 한인 디아스포라 교회의 역동적 변화의 시나리오를 더 정확히 볼 수 있다. 관광이나 비즈니스를 목적으로 여행하는 사람, 학생, 임시 노동자 및 그 가족이 비이주 방문자에 해당한다. 비이주민 비자 상태로 미국을 방문하는 외국 국적자는 입국할 때 I-94 비이주민 도착/출발 서류를 작성한다.[6)]

회계연도 1985년에 보고된 한국인 I-94 입국 수는 9만 1,000건에 불과했으나 1990년에 23만 5,000건으로 증가했고(USINS 2002), 1996년에는 84만 9,593건으로 증가했다(USDHS 2006). 1985년부터 1996년 사이 11년 동안 834%라는 엄청난 수가 증가한 것이다.[7)] 요약하자면 1990년대 초 이래 해마다 영주권을 취득한 한국인 수는 줄었지만, 미국에 입국한 비이민자는 폭발적으로 증가했다.

1990년대에 영주권 소지 이민자가 빠르게 감소하면서 1990년대에 북미 내 한인 디아스포라 교회의 기하급수적인 성장도 정체되어 1997년 최고수치 3,334개를 기록하는 데 그쳤다. 더욱이 2000년에 북미의 한인 디아스포라 교회가 346개 줄어서, 2,988개가 되었다(<표 2>, 참조). 영주권자의 이민이 줄어드는 추세에 따라 한인 디아스포라 교회의 수도 줄어들 거라는 두려운 예측이 현실이 된 것 같았다. 하지만 교회가 이 문제로 고민하는 사이 비이민자 수

---

of Immigration Statistics, Policy Directorate, U.S. Department of Homeland Security, 2012, 랜달 몽어, 비이민의 미국 입국: 2012, 이민 통계 사무소, 정책부, 미국 국토 안보국, 2012, http://www.dhs.gov/sites/default/files/publications/ois_ni_fr_2012.pdf, 2013.8. 방문. 이민 통계 사무소는 미국에 합법적으로 거주하는 외국 국적자를 합법적 영주권 소지자, 난민 및 망명자, 비이민 방문자 세 범주로 분류한다. 몽어는 비이민을 "미국에 임시 거주 허가를 받은 외국 국적자"라고 정의한다. 비이민 입국 승인은 비즈니스 및 여행을 위한 방문, 학문 또는 직업을 위한 공부, 임시 고용, 그리고 외국 정부나 국제기구의 대표로 방문하는 경우에 내려진다.

6) Randall Monger는 Nonimmigrant Admissions to the United States: 2012 라는 글에서 비이민 입국이란 "개개인의 수라기 보다 사건의 수(즉, 미국 입국)"를 지칭한다고 정의했다. 몽어의 정의에 따르면 한 회계연도에 한 개인이 일 년에 여러 차례 미국에 들어올 수 있기 때문에, 입국 수는 항상 입국한 개인의 수보다 많다.

7) 21세기에 I-94입국서류를 작성하는 한국인 수는 년 평균 100만이 넘는다.

가 빠르게 증가하면서 영주권 소지 이주민의 감소세로 생긴 공백을 메웠다.

<도표 1> 한인 이민 증가

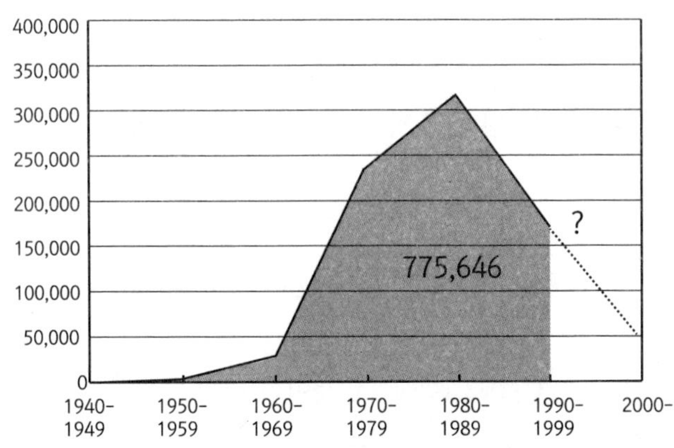

<도표 2> 북미의 한인 디아스포라 교회 증가

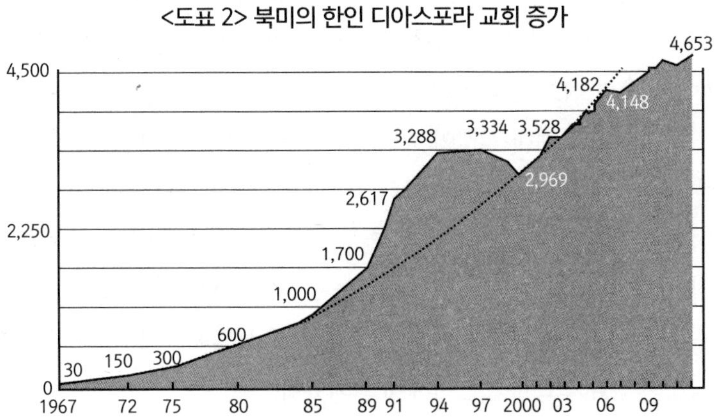

미국에 한국인 총인구수가 줄어들었지만, 단기간 머무는 이민 때문에 한국어를 사용하는 중년 세대의 수는 그대로였다. 따라서 1990년대에는 영주권 취득 이민자 수가 줄어들기 때문에 21세기에 이르면 한국어를 쓰는 중년 세대가 나이 들고 은퇴할 때가 될 거로 예측했다. 그러나 이것은 불충분한 자료

에 근거한 잘못된 예측이었다. 더욱이 한국어권 세대가 영어권 세대에게 한인 디아스포라 교회의 지도층이 한국어권 세대에서 영어권 세대로 바뀔 거로 전망했지만, 이것도 구체화되지 않았다. 대체로 영어권 세대는 한인 디아스포라 교회의 한 부서로 남아있었다. 하지만 21세기에 들어서 교회에 확실히 새로운 변화가 일어나고 있다. 교회 구성원이 영주권 소지자와 미국에서 태어난 시민권자에서 비이민 단기 거주자로 전환되고 있다.

미국 한인 디아스포라 교회의 현재와 미래

1970년대와 1980년대의 1.5세대가[8] 성인이 되어 영어권 사역(EM)을 처음 시작했듯이 21세기의 1.5세대도 성인이 되었을 때 계속해서 변하는 21세기에 맞춰 자신만의 예배구조를 만들어야 할 필요성을 깨닫게 될 것이다.

앞의 통계를 볼 때, 미국 한인 디아스포라 교회에 영어권 교인의 수가 늘어날 거라는 전망은 타당하나 현실은 그렇지 않다. 영어권 세대가 한인 디아스포라 교회를 떠나고 있다. 이런 일이 일어나는 근본적인 이유가 무엇일까? 이것을 제대로 설명해내는 것이 이 글의 목적이 아니지만, 나중에 간단히 설명하겠다. 이 때문에 한인 디아스포라 교회 안에 세대 간 단절이 일어났다.

한국어권 교회의 약점은 자민족 중심 구성원과 가치관이고, 영어권 교회의 약점은 지나친 '동료 중심'이다. 이제는 한국어권 세대와 영어권 세대 모두 신약성경의 초대교회 형상을 이루기 위해 함께 노력해야 할 때다. 신약시대의 교회는 다민족으로 구성된 다세대 교회였다.

8) '1.5세대'는 이민 가정의 자녀로서 한국에서 태어나 최소 1, 2년을 한국에서 초등학교를 다니고 미국에 이민 와서 고등학교를 졸업한 아이를 말한다.

미국 한인 디아스포라 교회의 문제와 도전 과제,[9]
한인 디아스포라 공동체와 교회의 '고립화'[10]

대체로 한인 디아스포라 공동체는, 특히 한인 디아스포라 교회는 아직도 미국이라는 대양에 떠 있는 흩어진 섬과 같다. 미국에서 가장 큰 '한국인 섬'은 로스앤젤레스, 뉴욕, 시카고, 워싱턴 D.C., 애틀랜타, 샌프란시스코, 시애틀 같은 대도시에 있다.

한인 디아스포라에게 문화적 편안함과 안전지대를 제공하면서 한인 공동체는 다른 종족 공동체와 주류 사회인 미국과 다소 거리를 둔 채, 상대적으로 고립되어 있다. '내 민족'에 집착하는 문화적 성향은 전 세계 한인 디아스포라에 공통적인 현상으로 보이는데, 이 현상은 미국과 전 세계의 다른 종족 디아스포라 공동체에서도 어느 정도 볼 수 있는 현상이기도 하다.

또한 미국에 있는 대다수 한인 디아스포라 교회와 그리스도인은 대체로 언어(영어) 장벽과 문화 차이 때문에 이웃 교회와 그리스도인을 포함, 한국인이 아닌 이웃과 의미 있는 관계를 못 맺는 것 같지만, 단일민족 문화에서 왔기 때문에 생긴 한국인의 자민족 중심 성향이 고립된 행동을 하는 데 중요한 역할을 했을 것이다.

문화적으로 미국에 있는 한인 디아스포라 교회는 한국에 있는 교회와도, 또 미국에 있는 교회와도 다른 경우가 많다.[11] 이 교회는 디아스포라 상황에 있는 교회만이 가질 수 있는 독특한 '제3의 문화' 환경을 가지고 있다. 성경적으로 그리고 신학적으로 많은 한인 디아스포라 교회의 분리된 성향과 지나치

---

9) 지면 관계상 이 글에서는 네 가지만 제시했지만, 다루지 않은 문제가 있다. 이 영역은 나중에 다시 논의하거나 다른 사람이 연구하도록 남겨두겠다.

10) Cf. Chandler H. Im, "Beyond the Korean Line: Toward the Multi-Ethnic Ministry in North America," Presentation at Korean Diaspora Forum in Fullerton, California, 5 May 2011.

11) 여기에 예외가 있다. 예를 들어 미국 및 전 세계에 있는 한인 디아스포라 교회 중에 아직도 한국에 있는 교단에 소속되어 지배를 받는 교회들이 있다.

게 한국인 공동체 중심적인, 그러니까 한국인이 아닌 타 인종 공동체와 교단, 그리고 교회와 분리되고 교류하지 않는 경향은 건강하지 않다. 한인 디아스포라 교회도 보편 교회에 속하기 때문이다.

한인 디아스포라 교회에서 '침묵의 탈출을 하는' 영어권 세대

한국계 미국인, 영어권 세대가 무더기로 한인 디아스포라 교회를 떠나고 있는데 이 현상을 '침묵의 탈출(The silent exodus)'이라고 부른다.[12] 최근 한국계 미국인 2세에 대한 조사에 따르면, 고등학교 졸업 후 한인 디아스포라 교회를 떠나는 수는 54.2%, 대학 재학 동안 떠나는 수는 26.1% 그리고 대학 졸업 후에 떠나는 수는 10.7%다. 교회를 떠난 사람 중 45.7%가 교회를 다니지 않는다(코리아 타임스 2012).

영어권 세대의 '침묵의 탈출'이 일어나는 다섯 가지 주요 원인은 한인 디아스포라 교회에 비전/희망이 보이지 않아서(40.9%), 언어 장벽(35.8%), 주인의식 부족(32.7%), 무신론자가 되어서(31.9%), 주류(미국인) 교회로 편입(30.7%)이다(코리아 타임스, 2012).[13] 이들 2세의 55%가 침묵의 탈출이 '대단히 심각한 상황'이다.

교회를 떠나는 침묵의 탈출 현상이 미국에서 태어난 한국계 미국인에게만 일어나는 현상은 아니다. 이 현상은 인종, 문화적 배경과 상관없이 포스트모던 시대를 사는 미국의 젊은 세대에게 이미 보편적이다.

한인 디아스포라 교회에 한국계 미국인 목회자 부족 현상

위에 언급한 침묵의 탈출을 야기하는 요소로 한인 디아스포라 교회에 미국에서 태어난 한국계 목회자가 부족한 것 또는 한국계 미국인(영어권) 목회

---

12) Peter Cha, Paul Kim., and Dihan Lee. "Multigenerational Households," in Viji Nakka-Cammauf and Timothy Tseng (eds.), Asian American Christianity Reader (Castro Valley, CA: The Institute for the Study of Asian American Christianity, 2009), 127~38을 보라.

13) 이 질문/범주의 경우 다양한 답을 쓸 수 있게 했다.

자의 침묵의 탈출을 들 수 있다. 한 60대 한국계 미국인 개척 목사는 이것은 미국에 있는 한인 이주민 교회의 '국가적 위기'이며, 1세대 목회자는 이 문제에 주의를 기울여야 한다고 역설했다.[14] 우리도 이 의견에 전적으로 동의한다.

EM 사역을 하는 한국계 미국인이 한인 디아스포라 교회를 떠나는 이유 여섯 가지는 다음과 같다. 1) 1세대 담임목사와 문화 충돌 및 차이(59%), 2) 1세대 담임목사와 리더십 갈등(40%), 3) 영어 사역에 분명한 부르심 부재(32%), 4) 다른 교회의 초청(29%), 5) 사역 경험 부족(24%), 6) 낮은 보수(22%)다(코리아 타임스, 2012). 이들이 한인 디아스포라 교회를 섬기는 평균 연수는 3~5년(51%), 1~2년(25%), 1년 미만(9%)이다.

덧붙여 미국 주류 신학교에 입학하는 한국계 미국인 학생의 숫자는 한국에서 유학 온 한국어권 학생과 비교해 매우 적고, 감소 추세라는 점이 안타깝다. 1.5세대 선교 지도자 존 오(John Oh)가 2007년 실시한 조사에 따르면 한국어권 신학생과 영어권(혹은 이중 언어 사용자) 한국계 미국인 신학생의 격차가 매우 크다는 점을 무시할 수 없다. 사우스웨스턴(370대 20), 골든게이트(100대 20), 일리노이 트리니티(100대 25), 고든콘웰(140대 60), 탈봇(200대 50), 풀러(1,700대 200)(오, 2012).

1903년 이래 한인 디아스포라 공동체에 미국에서 태어난 한국계 미국인 수가 늘어나고 있어 한인 디아스포라 교회에 영어권 목사를 고용하고 유지해야 할 필요성이 매우 높았고 앞으로도 높아질 전망이다. 하지만 한국계 미국인의 신학교 입학률이 낮은 점은 한국계 미국인 목사가 한인 디아스포라 교회를 침묵 탈출하는 현상과 맞물려 21세기 한인 디아스포라 교회의 큰 문제이다. 그러므로 미국에 한국계 미국인 목사가 매우 부족하고 앞으로도 부족할 것으로 전망된다.

---

14) 헨리 고, 미국 장로교 한인 사역 코디네이터, 개인적 대화(2008.7.30).

한인 디아스포라 교회의 세대 전환과 리더십 문제

1990년대에 몇몇 저명한, 크게 존경받는 한인 디아스포라 교회 한국인 담임목사들이[15] 21세기 한국어권 사역(KMs)은 작은 성전에서 모이고, (더 커진) 영어권 사역(EMs)은 본당에서 모이게 될 거라고 공공연하게 선언했다. 그러나 앞서 설명한 침묵의 탈출로 인하여 한인 디아스포라 교회에 한국어권 강세 추세에서 영어권 강세 추세로의 전환은 일어나지 않았다. 또한 1990년 이후 유학생, 노동자, 장기 방문자 등 비이민 방문자의 수가 한국에서 오는 이민자 수 감소를 보충하면서 한인 디아스포라 교회에 계속해서 한국어 예배가 필요했다.

두 번째로 21세기에 대형, 중형 교회에 1세대 담임목사와 리더가 1.5세대 담임목사와 리더로 전환될 거로 예측했지만, 실제로 매우 작은 규모로 전환되었다. 한국의 능력 있는 목회자가 미국 신학교에서 학위를 따려고 유학 오면서 생긴 일이다. 만일 다음 세대로 리더십 전환이 일어나지 않는, 혹은 거의 일어나지 않는 추세가 이대로 계속된다면, 이중 언어를 쓰며, 이중 문화를 가진 30~40대 1.5세대 목회자와 리더가 한인 디아스포라 교회에서 계속 맥 못 추고 좌절할 것이다.

한인 디아스포라 교회의 강점과 기회[16]

한인 디아스포라 교회가 2세대 교인을 잃고 있지만, 한국인 이민은 계속 진행되리라 예측되기 때문에 1세대 이민자에게 긍정적인 면을 논의하려고 한다.

---

15) 동양선교교회 임동선(LA), 영락장로교회 박희민(LA), 은혜교회 김광신(풀러톤, 캘리포니아) 등.

16) 지면 관계상 세 가지만 제시했지만 더 많은 요소가 존재하며, 이에 대해서 나중에 논의하거나 다른 사람이 연구하도록 남겨두겠다.

높은 교회 출석율

미국 인구조사 자료에 따르면 2010년 현재 142만 3,784명의 한인과 한국계 미국인이 미국에 살고 있다. 2010년 인구 조사에 참여하지 않아서 서류상에 기재되어 있지 않지만, 2010년에 미국에 거주한 유학생, 노동자를 더하면 약 200만 명까지 증가할 것이다. 이것이 사실이라면 2010년 미국에 한국인(한국계 미국인 포함) 거주민 417명당 평균 1개의 개신 교회가 존재했다.[17]

열정적인 기도의 삶

지난 몇십 년 동안 미국 내 한인 디아스포라 교회가 급성장하고 팽창한 몇 가지 이유가 있다. 그 주요 성공 요인 하나를 들라면 한인 디아스포라 교회 교인의 열정적인 기도이다. 선교 역사학자 테스나오 야마모리가 주장했듯이 "모든 중요한 운동은 기도로 시작하고 기도로 지탱된다."[18] 한국의 교회와 같이 대부분의 미국 한인 교회 역시 오전 5:30에서 6:00에 시작하는 새벽기도가 있다. 주에 다섯 번 혹은 여섯 번 모인다. 이 새벽 예배(새벽 기도) 전통은 자체 건물이 없어 건물을 빌려 사용하는 한인 교회에도 이어지고 있다. 보통 한인 교회는 주중에 수요 예배나 금요일 기도회로 모인다.

비그리스도인에게 복음 전도

미국 한인 디아스포라의 또 다른 부산물로 비그리스도인 한인이 복음에 접촉하며 열려 있다는 점을 들 수 있다. 한때 굉장히 높은 비율로, 하와이 초기 이민자의 약 40%가 그리스도인이었고, 하와이에 도착하기 전 또는 후에 기독교에 노출되는 사람은 더 많았다고 한다(장(Chang) 2003). 2002년에 미국의 한인 디아스포라 70%가 교회에 다녔으며(강 2002),[19] 2012년 종교와 공적

---

17) 2011년, 한인 한 명 당 한인이민 교회 비율이 높은 주는 알칸사스(175:1 교회)고, 비율이 가장 낮은 주는 미네소타(1,249:1 교회)다. 한국 교회 주소록(L.A.그리스도인 투데이, 2012), 93과 202.

18) Tetsunao Yamamori, 개인적 대화(2011.5.6).

19) 기사를 해석해보면 언급된 70% 수치는 개신교와 천주교를 합한 것으로 보인다.

삶에 대한 퓨 포럼의 조사에 따르면 미국 내 한인/한국계 미국인의 61%가 개신교, 10%가 천주교이다. 반면, 한국에서는 2005년 남한 인구의 1/3 미만이 개신교와 천주교를 합한[20] 그리스도인이었다.

미국에서 살게 되면, 외롭고 고향이 그리운 비그리스도인이 한인 디아스포라 교회를 찾게 된다. 자발적으로든 친구의 초청에 의해서든 교회에 출석하게 되면서 전에 종교가 없던 사람(23%)이나[21] 한국에서 불교 등[22] 다른 종교를 가지고 있던 사람(5%)이 그리스도인이 되었다(코리아 타임스, 2012).

선교학적 시사점

지난 몇십 년간 미국 주요 도시에 한국인이 다수를 이루는 공간 또는 공동체가 생겨나고, 팽창했다. 하지만 한인 디아스포라 공동체와 한인 디아스포라 교회는 다른 이웃 공동체나 교회와 잘 교류하지 않는 것으로 보인다. 문화적 고립 속에서 성장하는 추세는 미국 한인 디아스포라 공동체나 교회에서만 보이는 현상은 아니다.[23]

빠르게 변화하는 다인종, 다문화, 다종교 현실은 미국에 거주하는 한인 디아스포라 교회와 지도자, 선교 단체에 어떤 선교적 시사점을 던져주는가?[24]

---

20) 2005년 남한 인구조사 : 한국 인구 중18.3%가 개신교, 10.9%가 천주교다. 한국의 인구 조사는10년에 한 번씩 한다. (1995, 2005, 2015, etc.) http://pewresearch.org/pubs/657/south-koreas- coming-election-highlights-christian-community,2012.7.17 방문.

21) 2005년 남한인구조사 : 한국 인구 중46.9%가 종교가 없다고 했다. http://pewresearch.org/pubs/657/south-koreas-coming-election-highlights-christian-community.

22) 2005년 남한인구조사 : 한국인구 중 23.1%가 불교인이었다. http://pewresearch.org/pubs/657/south-koreas-coming-election-highlights-christian-community.

23) 간단히 말하면 동종 언어를 사용하는 문화권 사람과 어울리는 것이 안전하고 편안하다. 하지만 한인이 한 인종 그룹으로서 심각한 상실의 고통을 경험했던 1992년 L.A. 폭동이 역사적 터닝 포인트가 되어 미국에 사는 한인의 안주하고 싶어 하는 사고체계를 흔들어 놓았다. 1992년 폭동 이후, 기독교 목회자를 비롯한 L.A. 한인 지도자는 흑인을 비롯한 한국인이 아닌 다른 공동체와 의미 있는 관계를 맺을 필요성을 느끼게 되었다.

디아스포라 이웃을 간과함

미국에 있는 한인 교회, 기독교 지도자, 선교 단체는 해외 선교에 많은 중점을 두기 때문에 미국 내에 있는 다른 모든 소수민족(민족 언어학적 집단)을 선교할 필요성은 간과하거나 덜 중요시하는 편이었다. 미국의 한인 디아스포라 교회와 한인 기독교 지도자가 미국이 중요한, 전략적 선교지라는 점을 빨리 깨닫고 미국 내에서의 타문화 사역과 선교에 적극적으로 참여해야 한다.[25)]

즉 북미의 한인 교회, 기독교 지도자, 선교 단체는 '땅끝까지 가라!'는 지상명령은 지나치게 강조하고, 지상명령의 두 번째 측면(이웃을 네 몸과 같이 사랑하라)은 덜 강조했다. 미국에서 태어난 사람을 포함에서, 전 세계에서 미국으로 온 믿지 않는 이웃이 예수 그리스도를 얼마나 필요로 하는지를 그리스도인에게 가르치고 도전해야 한다.

인종 화합

미국의 한인교회와 교회 지도자, 선교 단체는 의도적으로 시간과 자원, 노력을 투자해 미국에 있는 그리스도의 몸인 다양한 인종 그룹과 더불어 인종 화합과 연합, 협력을 이룰 필요가 있다. 일본계 미국인, 아프리카 출신 미국인, 남미 출신 미국인, 백인 미국인을 포함해서 말이다.

다문화 협력

다른 디아스포라 교회와 지도자에게 더 다가가기 위해 미국의 한인교회, 기독교 지도자, 선교 단체는 한국인이 아닌 사람의 사역 및 선교 네트워크와 의도적으로, 열정적으로 협력할 필요가 있다. 특히 선교 아메리카 연합

---

24) 지면관계상 세 가지 시사점만 찾아 설명했다. 다른 시사점에 대해서는 다른 학자가 더 연구하고 논의하도록 남겨두겠다.

25) 한 가지 긍정적인 예를 들어보자. 미국에 있는 한국계 미국인 선교 단체인 시드 인터내셔널은 2010년 11월에 열린 연례 총회에서 미국이 전략적 선교지라는 점을 인식하고, 다인종 교회 개척과 타문화 선교를 미국에서 하도록 계획적으로 노력했다.

(Mission America Coalition, 미국 로잔)역14 및 소수민족 아메리카 네트워크(Ethnic America Network)역15 같이 영향력 있는 주류 네트워크와 접촉해 협력하며 노력과 자원을 극대화해야 한다.[26)]

대체로 한인 디아스포라 교회(그리고 공동체)는 미국 교회와 비교하거나 선교적으로 볼 때 아직도 고립된 '섬'과 같다. 한인 디아스포라 교회와 지도자가 다른 존경받는 공동체와 비그리스도인 공동체와 의미 있는 '교량'을 세우기 위해, 이들에게 의도적으로 다가가는 노력을 기울여야 한다. 그렇지 않으면 한인 디아스포라 교회의 기독교적, 선교적 영향력은 '한인 타운'의 경계를 넘지 못할 수 있다.

토의

1. 이 장에서 기술된 대로 디아스포라 교회는 대부분 세대 간 갈등을 겪을 수밖에 없다. 당신이 처한 환경에서 이런 도전 과제는 무엇인가? 당신의 나라에서 디아스포라 교회가 1.5세대와 2세대의 '침묵의 탈출'을 경험하고 있는가? 1세대는 어느 정도까지 수용국에 더 많이 동화돼 있을 젊은 지도자를 키우고 힘을 실어줄 수 있는가?
2. 인종 고립주의 경향이 당신이 사는 도시의 디아스포라 교회가 온전히 하나님의 선교에 동참해 다른 디아스포라 교회와 주변의 비그리스도인에게 다가가지 못하게 방해하는 경우를 본 적이 있는가? 선교를 위해 고립된 '섬' 정신을 버린 디아스포라 교회를 본 적이 있는가?
3. 당신이 처한 환경에서 교회, 교단, 단체의 지도자는 국가에 복음을 들고 나가기 위해 집단 비전을 형성하고 실행할 때 디아스포라 교회를 어느 정도 참여시키는가?

---

26) 주류 네트워크와 협력한 좋은 예는 2009년과 2010년 뉴욕, 언약교회(김남수 목사 담임)가 주최한 첫 번째, 그리고 두 번째 4/14창 운동모임이다.

참고문헌

Cha Peter, Paul Kim and Dihan Lee. "Multigenerational Households," in *Asian American Christianity Reader* edited by Viji Nakka-Cammauf and Timothy Tseng. Castro Valley, CA: The Institute for the Study of Asian American Christianity, 2009.

Chang, Roberta W. S. and Wayne Patterson. *The Koreans in Hawaii: A Pictorial History*, 19032003. Honolulu: University of Hawai'i Press, 2003.

Im, Chandler H. "Beyond the Korean Line: Toward the Multi-Ethnic Ministry in North America," Presentation at Korean Diaspora Forum in Fullerton, California, 5 May 2011.

Im, Chandler H. "The Korean Diaspora Churches: Their Concerns and Strengths" in *Global Diasporas and Mission* edited by Chandler H. Im and Amos Yong. Oxford: Regnum, 2014.

Kang, Connie K. "Church Takes a Monumental Shape." *Los Angeles Times*, October 26, 2002. http://articles.latimes.com/2002/oct/26/local/me-religkorean26.

"Korean Pastors' Work Period 3-5 Years at the Most", *Korea Times*, June 28, 2012. http://www.koreatimes.com/article/737519.

Lugo, Luis and Brian J. Grim. "Presidential Election in South Korea Highlights Influence of Christian Community." *Pew Research on Religion and Public Life Project*, December 12, 2007. http://pewresearch.org/pubs/657/south-koreas-coming-election-highlights-christiancommunity.

Monger, Randall. *Nonimmigrant Admissions to the United States: 2012*, Office of Immigration Statistics, Policy Directorate, U.S. Department of Homeland Security, 2012. http://www.dhs.gov/sites/default/files/publications/ois_ni_fr_2012.pdf.

Oh, John. "Korean Diaspora Churches for the Mission of God," [in Korean] *Mission Insight*, Vol. 2. Incheon, South Korea: The Juan International University Press, 2012.

Oh, John Jungho. "The Mission of God and the Korean Diaspora Churches in the

USA" [in Korean], *Mission Korea Review* vol. 3 (August 2013): 2–6.

"The Rise of Asian Americans." *Pew Research Social and Demographic Trends*, April 4, 2013. www.pewsocialtrends.org/2012/06/19/the-rise-of-asian-americans.

Suh, Insil. "5,929 Korean Churches abroad, 4,323 in the USA" [in Korean], *Christian Today*, (29 January 2014), http://christiantoday.us/sub_read.html?uid=21674§ion=sc154§ion2

U.S. Department of Homeland Security. *Yearbook of Immigration Statistics*: 2005, Washington, D.C.: U.S. Department of Homeland Security, Office of Immigration Statistics, 2006. http://www.dhs.gov/xlibrary/assets/statistics/yearbook/2005/OIS_2005_Yearbook.pdf.

U.S. Department of Homeland Security. *Yearbook of Immigration Statistics:* 2011, Washington, D.C. U.S. Department of Homeland Security, Office of Immigration Statistics, 2012. (http://www.dhs.gov/sites/default/files/publications/immigrationstatistics/yearbook/2011/ois_yb_2011.pdf).

U.S. Immigration and Naturalization Service. *Statistical Yearbook of the Immigration and Naturalization Service*, 2000, U.S. Government Printing Office: Washington, D.C., 2002. http://www.dhs.gov/xlibrary/assets/statistics/yearbook/2000/Yearbook2000.pdf

Warner, Stephen R. "Coming to America: Immigrants and the Faith They Bring," *Christian Century* 121 (10 February 2004), 20–23.

21장

남반구의 기도와 능력 : 아프리칸 디아스포라 교회의 선교

J. 크와나베 아사모아-갸두(J. Kwabena Asamoah-Gyadu)

서론 : 북반구는 예수 그리스도가 필요하다

고데이비드 바레트(David Barrett), 앤드류 월스(Andrew Walls), 라민 사네(Lamin Sanneh) 그리고 크와메 베디코(Kwame Bediako)가 말했듯이, 아프리칸 이주민 기독교는 기독교의 무게 중심이 북반구에서 남반구로 거대하게 이동하고 있음을 보여준다.[역16] 필립 젠킨스(Philip Jenkins 2011)는 이 전개 과정을 이렇게 표현했다. "우리 세대에 서구 기독교 시대가 끝나고 남반구 교회의 새벽이 밝아올 것이다." 북반구에 위치한 아프리칸 교회가 '종교적 타자'로 보일지 모르지만, 기독교가 비서구권 종교로 변화하고 있음을 예표하고 있다. 선교도 점차 남반구 교회가 주도하게 될 것이다.

그리스도인의 존재론적 의미에서 볼 때 신생 아프리칸 이주민 교회는 세속화되고 있는 서구 사회에서 고유의 선교적 사명이 있다. 궁극적으로 신생 디아스포라 교회의 중요성은 사도 요한이 '길이요, 진리요, 생명이다'라고 증언한(요 14:6) 주 예수 그리스도가 북반구에 필요하다는 인식 속에 자리한다. 망명 생활 속에서 예수님을 진리로 받아들이길 거부한 이스라엘과는 달리 아프리칸 디아스포라 그리스도인은 어려운 환경 속에서 기도함으로 복음이 역사하는 것을 깨닫고 성령의 능력을 받아 이방 땅에서 주의 노래를 부르려

한다.

21장에서 우리는 아프리칸 디아스포라 교회의 종교, 문화적 과거가 현재의 선교적 참여 형태에 영향을 미치고 있고, 오늘날 경쟁적인 종교적 관념과 세속화가 특징인 북반구 상황에서 이 교회가 예수 그리스도의 절대적 우위를 확인하는 독특한 위치에 있음을 살펴본다.

아프리칸 디아스포라 교회의 '타자성'

아시아, 라틴 아메리카, 아프리카 등의 남반구(그리고 동쪽) 대륙에서 새로운 인구학적, 선교적 강점이 부상하고 있다는 전제에서 이 글은 출발한다. 새로운 선교 세력이 극복해야 할 장애물이 있다. 남반구 교회는 북반구 교회와 다르다는 점이다.

아프리칸 디아스포라 교회는 초기 선교사가 자랐던 환경과 전혀 다른 환경에서 기독교를 받아들였기 때문에 특정 종교, 문화적 가치가 뚜렷한 기독교 형태를 띠고 있다. 특별히 아프리칸 디아스포라 교회는 고유의 성경적 경험과 해석 때문에 믿음의 지적인 면보다 영적인 면에 더 가치를 둔다. 이런 점에서 믿음의 지적인 면을 강조했던 '초기 선교사'와 다르다. 아프리칸 종교 전통에서는 영적인 것이 궁극적인 현실이다. 때문에 아프리칸 디아스포라 교회가 표현하는 영적인 것을 통해 아프리카 사람이 믿음에서 무엇을 중요하게 여기는 가를 알 수 있다.

이들은 예수 그리스도가 주님이라는 사실 뿐만 아니라 성령의 능력으로 예수님이 실제 삶에 간섭하셔서 악한 사탄의 세력을 파괴하고, 사람들에게 희망을 회복시키고 이루게 하신다고 믿는다.

물질적, 영적으로 위험한 디아스포라 환경에서 사는 아프리칸 디아스포라 성도는 믿음이 역사해야 살 수 있다. 영국에 사는 한 동료가 내게 이렇게 질문했다. "왜 우리나라에 사는 아프리칸 그리스도인은 그렇게 많은 시간을 기도합니까?" 내 대답은 간단했다. "하나님께 일용할 양식을 구할 때, 그들은 전심으로 기도하기 때문이죠!"

필립 젠킨스(2011)가 주장했듯이, 그 결과 아프리칸 교회의 종교적 행위와 의식에는 서구 신학적으로는 정통의 범주를 벗어나는 면이 존재한다. 때문에 아프리칸 이주민 교회는 서구에서 '종교적 타자'로 비춰지고, 비기독교 종교 전통에 속한다. 젠킨스가 주장하듯, 어떤 면에서 많은 급진적 작가가 여전히 기독교를 서구 제국주의와 연결시키고 기독교가 아프리카 사람의 손에서 변화된 것을 인지하지 못하기 때문이다. 수용국의 시선에서 바라보는 아프리칸 이주민 교회의 타자성은 서구인이 상상 속에 존재하는 유럽 선교사의 헤게모니가 붕괴되는 것에 고집스럽게 저항하기 때문에 생긴 것이다.

아프리칸 디아스포라 교회는 서유럽에서 기독교의 미래를 대표하는 것으로 묘사되어 왔지만, 항상 긍정적인 발전만을 의미하지 않는다. 대부분의 유럽 국가에서 전형적인 아프리칸 이주민 교회는 '종교적 타자'다. 수용국 입장에서 볼 때 아프리칸 디아스포라 교회는 성경적으로 의심스럽고 신학적으로 결함이 많은 기준 미달의 변종 기독교이다.

아프리칸 교회에 대한 조심스러운 태도의 하나로 독일 신학자 클라우디아 베리쉬-오블라우(Claudia Währisch-Oblau 2009)는 다음과 같이 말했다. 독일 복음주의 선교 연합회(UEM IN GERMANY)[역17]는 이주민 교회가 교인의 종교적, 문화적 배경에 걸맞은 종교 정체성을 추구하면서 형성되었고, 따라서 표현되는 기독교 형태에 의문스러운 점이 많기 때문에 이들에게 '더 나은' 방향성을 제시해야한다는 가정 아래서 활동했다. 역사적으로 독일 선교와 관계있는 이주민 교회는 독일 교회의 지도 아래서, 독일의 교회 구조 안에서 기능해야 한다고 여겨졌다. 베리쉬-오블라우가 묘사한 대로 이들 신생 교회에 대한 서구 교회의 태도는 일반적으로 오만했다.

> 런던, 암스테르담, 쾰른, 프라하의 교회 빌딩이 상점, 가정집, 심지어 술집으로 바뀌는 중에 이주민 그리스도인이 세운 새 교회는 버려진 공장 복도, 주차장, 심지어 개조한 극장에 예배 공간을 마련했다. 이들 그리스도인과 교회는 그 존재를 알아채지 못한다면, 대체로 낯설고, 일시적이며, 곧 흩어질, 한마디로 말해 보호와 지원이 필요

한 소수자 현상일 뿐, 주류 기독교에 영향을 줄 것은 없다(2009).

이런 태도로는 오늘날 북반구에 영적 부흥을 일으킬 선교의 대리자로서의 디아스포라 교회를 통해 성령이 행하시는 일을 볼 수가 없다.

마원석(2011)은 이제 남반구 교회가 서구 교회를 부흥시킬 차례라고 말했다. 세속화된 서구 사회에서 디아스포라의 역할이 매우 중요하다. 많은 이주민 교회와 지도자들은 "자국민에게 만이 아니라 [서구] 사회에 다가가…… 죽은 교회에 부흥을 가져올 계획을 세운 '선교사'라고 자신을 인식하고 있다(베리쉬 오블라우 2009)."

젠킨스는 인구학적 변화는 종교, 문화적 지형의 결과로 따라오는 것이라고 말했다. 신생 이주민 교회는 수용국 문화보다는 고향의 문화를 따르게 된다(젠킨스 2011). 이는 오늘날의 선교에 적합하다는 신호이기도 하다. 이슬람의 세계화와 이에 따른 공포에도 불구하고 오늘날 이주민의 상당수가 아프리칸 그리스도인이며, 필자는 젠킨스의 의견에 동의해 "이들이 북반구에 기독교를 다시 활성화시킬 것이다."라고 믿는다.

아프리칸 기독교와 서구 세속화의 만남

아프리칸 기독교(African Christianity)와 아프리카에 있는 기독교(Christianity in Africa)는 반드시 동일하지는 않다. 아프리카에 있는 기독교는 실제적인 면에서 주 예수 그리스도를 믿는 그들의 믿음에 의해 정의되는 공동체와 이들의 믿음이 아프리카 대륙에서 일반적으로 기독교를 증언하는 형태로 표현되는 방법을 지칭한다. 반면, 아프리칸 기독교는 아프리칸 문화에 자리 잡은 원초적인 세계관에 근거하고 또 전 세계 어느 곳에도 가능한 기독교 표현을 의미한다.

이렇게 표현하면 마치 남반구 기독교가 오랜 정통 기독교에서 벗어난 것처럼 보이지만, 젠킨스(2011)가 주장했듯 거의 모든 경우 순전한 기독교 전통의 범주에 확고히 뿌리박고 있다. "지역 문화에서 유래한 일부 아프리칸 신흥 종교 또는 한국 종교를 만들어 낸 것과는 거리가 멀다."고 젠킨스는 말했다. "신생 교회는 일반적으로 모든 경우, 강력한 초기 기독교의 메시지를 전한다(젠킨스 2011)." 이런 면에서 예수 그리스도의 주인 되심이 모든 기독교의 근간을 형성하지만, 믿음의 표현은 문화와 사람이 다양한 만큼 문화에 따라 다른 방식으로 표현된다.

새 나라로 이주해 와서 믿음을 굳건히 지키는 아프리칸 그리스도인이 많다. 아프리칸 디아스포라 그리스도인의 관점에서 서구의 세속화와의 만남에 대해 말하자면, 서구의 많은 곳에서의 기독교의 하향세가 반드시 서구인 개개인이 영성을 거부해서가 아니라는 사실을 깊이 이해하며 필자는 '세속화'라는 표현을 사용했다.

서구권에서 신흥 비기독교 종교 운동이 많이 부상하고 있을 뿐만 아니라 각종 미디어에서, 심지어 인터넷, 소셜 미디어에서도 새로운 영성의 행태가 각광받고 있다. 여러 종교가 발전하는 가운데 비서구권 기독교가 주목받는 점은 여전히 하나님이 역사 속에서 활발히 활동하시며 예수 그리스도를 주인으로 목적을 이루고 계신다는 사실을 가르쳐 준다.

어쩌면 하나님이 세상의 미련한 것들을 사용하셔서 지혜 있는 자들을 부끄럽게 하시기 위해 이 일을 행하시는지 모른다. 세상의 약한 것을 택하사 강한 것을 부끄럽게 하시고 세상의 천한 것과 멸시받는 것과 없는 것을 택하사 있는 것을 폐하려 하셔서 아무 육체도 하나님 앞에서 자랑하지 못하게 하시는지 모른다(고전 1:27~29).

사도적 몸인 아프리칸 디아스포라 교회

아프리칸 교회가 디아스포라에 존재한다는 점은, 기독교는 획일적 신앙이 아니라는 사실을 명확히 한다. 아프리칸 이주민 기독교 공동체는 선교적 관점에서 자신을 대단히 사도적이라 정의한다. 오늘날 북반구에 있는 아프리칸 교회 지도자는 그 신앙의 특징이 어떻든지 자신에게 처음 기독교를 전했던 이들에게 복음을 전하라는 하나님의 명령에 따르고 있다(하르(Haar) 1998). 이들은 기도를 통해 성령의 능력이 나타나고 능력을 받아 잃어버린 땅에서 다시 그리스도가 주인으로 선포될 수 있다고 생각한다.

핸드릭 크레머(Hendrik Kraemer)에 의하면 교회는 본질적으로 '사도적 몸'으로 부르심을 받았다. 교회는 특별한 사명을 가지고 전 세계에 보냄을 받는다는 것이다(크래머 1956).

> 사도적 몸으로써 교회는, 그리스도 안에서 하나님의 구원을 선포하고(케리그마), 평화와 선행으로 하나 된 새로운 공동체에서 교제하며(코이노니아), 세계와 인류를 위한 하나님의 메시지와 목적을 선포하도록 부름을 받았다. 이 메시지는 모든 사람에게, 온 땅에, 모든 상황과 문명 속에, 삶의 어떤 조건, 영역, 환경과 상관없이 전해져야 하며, 예수 그리스도 안에서 하나님의 구원 명령을 말과 행동으로 증언해야 한다(크래머 1956).

크래머의 글에서 가장 중요한 표현은 기독교 공동체를 '사도적 몸'이라고 언급한 부분이다. 역사적인 신조(the historic creeds)에도 이것이 교회의 기능이라고 명시되어 있다. 또 다른 중요한 표현은 그리스도 안에서 하나님의 구원 목적에 대한 메시지는 모든 사람에게, 온 땅에, 모든 상황과 문명 속에, 삶의 어떤 조건, 영역, 환경과 상관없이 전해져야 한다는 점이다. 크래머는 교회의 '사도적 활동'은 '주어진, 알만한 진리의 확실성'을 수용하는 것을 의미한다고 덧붙였다(크래머 1956).

진리는 인간의 철학을 포함해 그 어떤 것보다 우세하다. 나머지는 아무리 뛰어나 보여도 진리보다 못하다. 이런 사고에 기초해서 아프리칸 그리스도인은 비록 경제적 기회를 찾아 이주해왔지만, "하나님이 타락한 사람들에게 복음을 전하기 위해 자신에게 독특한 기회를 주셨다고 생각한다(하르 1998)."

다른 종교와 인간 철학에 대항한 변증법적 의제를 추구하며 교회는 "전체적으로 문화의 다양한 측면에 대한 관계를 정의해야 하며 교회의 선교적 특성의 동기와 기반을 나타내야만 한다(크래머 1956).” 이런 문제는 기독교가 교회의 삶과 신학을 통해 비기독교 종교인 및 신앙 전통과 어떤 관계를 맺어왔느냐는 맥락에서 제시돼 왔다. 하지만 현 상황에서 우리는 주 예수의 교회가 선교에 대해 이해한 내용을 디아스포라 상황에 적용하도록 노력해야 한다. 디아스포라는 문화적 간극과 소수 기독교 사회를 향한 인종 차별적 태도가 적지 않은 가운데서 세속주의, 고립, 성령에 대한 관념 거부에 직면해 있고, 북반구 기독 공동체에 잘 적응하지 못하고 있다.

빼앗긴 것을 되찾음 : 선교하는 아프리칸 디아스포라 교회

자본과 자원이 움직이는 곳을 찾거나 더 나은 조건과 기회를 찾는 등 사람은 다양한 이유로 이주한다. 이주 현상은 초국가적인 기업과 지적, 사회적, 정치적 조직이 수적으로 성장하고, 더 많은 초국가적인 인재가 활동하고 섬길 필요가 있는 곳에서 발생한다.

생존이 어려워 이주하는 사람도 많다. 많은 아프리카 사람이 들에 가뭄이 들어서, 수확에 실패해서, 또는 이런저런 박해 때문에 이주한다. 이주하는 이유가 무엇이든 아프리카 사람에게 이주 과정의 시작부터 끝까지 간편한 절차(rituals of facilitation)와 난관 돌파 그리고 생존을 포함하는 종교적 면이 중요하다. 예를 들어, 가나와 나이지리아의 기도 센터에서는 여권을 들고 찾아온 사람을 받아 비자를 신청할 때 기도를 하고 기름을 붓고, 만약 그가 비자를 받았다면 여정 중에 보호와 성공을 위한 기도를 하고 기름을 붓는다.

이들이 아프리칸 디아스포라 교회를 구성하는 사람들이다. 이 사람들은 이주를 하고 나서 한때 선교사의 땅에 기독교가 어떻게 되고 있는지 직접 목격할 기회가 생겼고, 이 상황을 위해 자신이 무언가 할 수 있는 능력을 받았다고 느낀다. 서류도 제대로 갖추지 않은 사람이 많지만, 역동적 믿음에 힘입어 불법 외국인으로서 겪어야할 어려움을 잊는다. 상황이 이렇기 때문에 인종적 결집과 다른 인종과의 경계선 창출이 불가피할 수 있다. 이런 이유로 이들이 종교를 게토화(the "ghettoization" of religion)하는 것으로 보이기도 한다. 그럼에도 아프리칸 디아스포라 기독교 공동체의 삶에 선교와 증거가 그다지 중요하지 않다고 말하는 것은 바르지 않다.

언젠가 함부르크에서 가나 감리교인이 예배를 드리려고 장소를 빌린 독일 감리교 교회에서 예배가 끝나기를 기다리고 있을 때, 한 가나 사람이 내게 말했다. "이 독일인의 마음을 마귀가 훔쳐 갔네요." 그 사람에게 이 말은, 하나님의 축복을 그토록 받은 나라가 등을 돌려 하나님을 의심하는 것에 대한 유일한 설명이다.

디아스포라 교회는 개인사에 대한 기도를 많이 한다. 특히 적법 서류, 고용, 건강, 가족, 고향을 떠나 잘 살려는 노력을 좌절시키는 사탄으로부터의 해방을 두고 기도한다. 물론 북반구에 있는 나라를 사탄의 발톱으로부터 구해 달라는 기도도 한다. 베드로는 이들이 우는 사자와 같이 삼킬 자를 찾아다닌다고 묘사했다(벧전 5:8).

요한복음 10:10은 예수님을 사탄을 "훔치고 죽이고 멸망시키려고" 온 자로 묘사했는데, 동시대를 사는 아프리칸 이주민들은 교회의 세속화, 동성연애자 성직 임명 그리고 아프리칸 교회의 눈에 도덕적으로 잘못된, 끔찍한 행동을 공공연하게 장려하는 것 등을 통해 사탄이 활동한다고 생각한다. 또 그들은 서구 유럽 사람의 마음과 생각을 훔친 마귀의 활동으로 우주의 존재 이유를 진화론으로 설명하고 공공장소에서 기도를 금지하고, 동성애를 성경이 규제하는 도덕적 쟁점으로 보지 않고 인권으로 다루는 것을 지적한다.

아프리카 디아스포라 교회를 위한 선교 모델로서 성육신

발전된 서구에 사는 비서구권 이주민이 교회를 세우는 데는 다른 이유가 있을 것이다. 하지만 북반구에 있는 기독교를 훔치고, 죽이고, 멸망시키는 사탄의 방법이 세속화라는 생각이 디아스포라 교회가 전도를 강하게 하는 동기다. 이는 일면 선교가 아프리카 사람이 성경을 보는 눈으로 해석되고 있는 것이다. 베리시-오블라우같은 학자들은 이주민 공동체 교인들이 북반구 나라를 향한 하나님의 구원 사역에 자신이 동참한다고 생각하고 있다고 했다. '그를 힘입어 살며 기동하며 존재하도록' 되어 있는 사람이 하나님께 돌아가도록 하는 구원 선교 말이다(행 17:28).

창조주 하나님이 첫째 아담인 인류에게 처음 자신을 드러내신 이후에 이주와 기독교 선교는 서로 밀접한 관련을 맺어 왔다. 하나님이 아담에게 주신 선교 명령은 분명했고, 이를 위해 하나님은 아담에게 능력을 부어주셨다.

> 하나님이 그들에게 복을 주시며 하나님이 그들에게 이르시되, "생육하고 번성하여 땅에 충만하라, 땅을 정복하라, 바다의 물고기와 하늘의 새와 땅에 움직이는 모든 생물을 다스리라" 하시니라(창 1:28).

타락 이후 이 명령은 노아와 아브라함으로부터 모세와 다윗에게 이르기까지 서로 다른 언약으로 갱신되다가, 하나님이 육신이 되어 인류 가운데 거하기로 작정하신 말씀 속에서 절정에 달했다. 사도 요한은 이렇게 표현했다. "말씀이 육신이 되어 우리 가운데 거하시매 우리가 그의 영광을 보니 아버지의 독생자의 영광이요 은혜와 진리가 충만하더라(요 1:14)." 디아스포라 선교는 하나님이 예수 그리스도를 통해 자신을 드러내신 선교 전략이라는 사실을 간과해서는 안 된다.

제후 H. 한실(Jehu H. Hanciles)은 선교를 성육신 모델을 통해 해석했다. 예리한 논쟁에서 한실(2003)은 마태복음 28:18~20절에 기록된 지상명령이 성장하는 비서구권 선교 운동에서는 우선성을 유지하지 못할 것이라고 말했다. 남반구에서 온 이민자가 디아스포라 선교에 참여할 때 사회의 주변부에서 일한다. 서구의 옛 선교사와 달리 이런 선교는 "정치적 권력이나 경제적 부의 중심에서 나오는 것이 아니라 주변부에서 나오는 것"이라고 한실은 말했다(2003).

따라서 디아스포라가 주도하는 선교에 맞는 모델은 성육신의 원리를 따르기 때문에 겸손한 섬김과 연약함을 내포한 요한의 모델이다. 한실은 디아스포라의 삶과 관련된 연약함을 수반하는 성육신 선교 모델의 의미를 다음과 같이 끌어냈다.

> 그리스도의 삶과 사역은 난민의 고통, 실향민의 아픔, 그리고 이방인이 됨으로써 생기는 소외를 수반했다. 심지어 종의 형체를 입기 위해 자신의 위치를 버린 행동은 이주민의 경험과 유사성이 있다…… 비서구권 기독교 이주민은 새로운 사람 속에서 거주하고, 다양한 적응 및 동화 과정 속으로 끼워 맞춰진다. 고유의 문화적 특징을 완전히 잃지 않은 상태에서 말이다. 이들의 경험은 상당 부분 순례자로, 이주민으로, 난민으로 살았던 하나님 백성의 성경적 패러다임의 이미지를 날카롭게 보여준다…… 인류를 향한 하나님의 계시는 세상의 권력 중심에서 나온 것이 아니라 사회의 그늘진 곳에서 나온다(2003).

이 모든 것을 집약하는 것은 '동방 박사'들이 구유에 누운 작고 연약한 아이가 사실은 창조물 가운데 성육신하신 하나님이라는 사실을 알아내기 위해 하늘의 별을 따라가야 했던 장면이다. 디아스포라 기독교와 연관해 말하자면, 우리 시대의 선교에 중대한 결과를 가져올 새로운 사실은 비서구권에 식민주의와 기독교를 가져갔던 대이주 현상이 이제 역방향으로 일어나고 있다는 것이다.

이제 이주민이 서구 기독 역사에 중요한 위치를 차지하기 시작했다. 적어도 어떤 서구권 지역에서는 '기독교와 이주민의 관련성이 점차 늘어날' 것이라는 의미다(월스(Walls) 2002). 따라서 세상 끝까지 향한 선교를 언급할 때, 상당한 수준의 국제협력(internationalism)이 현대 아프리카 성령 주의/은사 주의 운동의 선교 의제 속에 스며든 사실은 놀랍지 않다.

나이지리아의 능력이 우크라이나까지 :
아프리카 디아스포라 교회의 선교 사례

이주민 기독교가 세속화된 유럽과 어떻게 관련을 맺기 시작했는지 보기 위해 유럽에서 20년 동안 사역한 나이지리아 은사 주의파 목사 선데이 아데라자(Sunday Adelaja)의 삶과 주일 사역을 생각해보자.

선데이 아데라자 목사의 이야기가 지난 십 년 동안 특별히 필자의 관심을 끌었던 이유는 한 사람의 이주민 그리스도인이 동유럽 전반에, 특별히 우크라이나에 일으킨 변화가 눈에 띄기 때문이다. 유럽에서 가장 큰 교회 중 하나인 모든 민족을 위해 축복받은 하나님 나라 대사(Embassy of the Blessed Kingdom of God for All Nations)역18로 오랫동안 동방정교교회에 다니다 빠져나온 사람이 몰려들었다. 예전에 알코올중독자, 마약중독자, 매춘부였던 사람이 대거 아델라자의 교회로 몰려와서 구원받고 그리스도 안에서 변화된 이야기를 간증한다.

교회 개척자가 아프리카 사람인 점을 제외하고 이 교회에 특별히 아프리카적이거나 나이지리아적인 면은 거의 없다. 창립자가 아프리카 사람인 점이 큰 의미가 있긴 해도 이 사실은 적절한 맥락에서 다뤄져야 한다. 2만 5,000교인 대부분이 동부 유럽 백인인 점에서 하나님 나라의 대사 교회는 1990년대 이후 서구 유럽과 북미 지역 아프리카 디아스포라 안에서 급성장한 아프리카 이주민 교회와 같은 범주에 들지 않는다.

로고에서부터 예배에서의 깃발 사용 및 전시, 창립자의 국제적 마인드까지 교회에는 세 가지 주요 정체성이 있다. 첫째는 개척자의 이주민 신분이고, 둘째는 능력과 영적 전쟁을 강조하는 신학이 특징인 성령 주의/은사 주의적 교회 상태, 그리고 셋째는 선교에 있어 의도적으로 초국가적 의제를 추구하는 점이다. 이 세 가지 정체성은 교회의 자기 이해를 위해 필수적이다.

모든 민족을 위하여 축복받은 하나님 나라의 대사 교회를 연구한 캐서린 와너(Catherine Wanner)는 교회의 초국가적 중심성에 대해 이렇게 말했다(와너 2007). 세상의 타락한 요소 때문에 세상에서 떠나 살려 했거나, 세상에 있지만 세상에 속하지 않는다는 사실을 증명하려 힘썼던 다른 초기 복음주의 공동체와 달리 하나님의 대사 교회는 "세상을 원래의 형상대로 재형성하려는 목적으로 다시 한번 세속적이고, 신성 모독적인 문제에 대해 급진적으로 복음주의적인 감성과 반응을 보였다(와너 2007)." 초국주의적 의제는 교회 이름과 로고에도 분명히 드러난다. 와너는 로고의 의미를 짧게 요약했다.

> 교회의 상징은 아프리카를 정확히 중심에 둔 지구다. 지구는 십자가와 함께 금빛 면류관을 쓰고 있다. 면류관 아래에는 우크라이나에서 쏘는 빛이 있다. 이 빛이 아니면 우크라이나는 눈에 띄지 않을 것이다. 우크라이나에서 나오는 빛이 유럽과 중동을 관통한다. 아프리카가 눈에 확 띄지만 교회의 빛과 에너지가 우크라이나에서 전 세계로 발산되고 있다(와너 2007).

교회의 이름을 정하는 것도 선교에 대한 초국가적 이해를 반영했다. 교회는 이 땅에서 하나님을 대표하는 하나님의 '대사'다. 따라서 하나님의 자녀인 우리는 하나님 나라의 시민이지 이 세상의 시민이 아니다! 축복받은 하나님 나라는 저주를 파쇄하는 곳이다. 모든 왕국의 머리는 왕이다. 우리의 왕은 예수 그리스도다! 그리스도는 모든 민족의 주인이시다. 예수 그리스도는 나이, 피부색, 국적, 사회적 지위에 상관없이 만민의 구주시다.[1] 동유럽에서 사역한 아델라자의 간증은 능력 있었고, 선교하는 아프리카 디아스포라 교회가 무엇을 성취할 수 있는지 그 강력한 모범을 보여주었다.

결론 : 이방 땅에서 주의 노래를 부르다

성경은 '타자', 소외된 사람, 이방인, 취약계층을 다루며, 이민(immigration)

---

1) 모든 민족을 위해 축복받은 하나님 나라 대사 교회의 8주년 기념 브로슈어에 명시됨. (키에프, 2002), 5.

문제에 대해 많이 이야기한다. 사도 베드로는 이방인 개종자 가운데서도 성령의 강력한 역사하심을 받아들이도록 준비되었다(행 10장).

하나님의 영은 포용하는 영이시다. 성령 체험으로 이방인도 아브라함의 축복을 상속받게 된다(갈 3:14~15). 성육신은 동일시를 통해 구원을 이루는 것이다. 하나님이 사람으로 성육신하셨을 때, 그리스도 안에 계신 하나님은 두 번째 아담이 되셔서 타락한 인간 본성과 자신을 동일시하심으로 구원을 이루셨다. 하나님은 자신의 권한을 버리심으로 당신의 백성에게 사명을 완수할 능력을 부으셨다.

더욱이 구원자이신 분이 '사관에 묵을 곳이 없어' 궁핍한 환경에서 생을 시작하셨고 바로 난민이 되셨다. M. 다니엘 캐롤 로다스는 예수 탄생의 기쁨과 동방박사 방문의 기적이 곧 죄 없는 아이들이 무자비하게 죽임을 당하고 난민이 피난 가는 장면으로 바뀌었던 점을 상기시킨다. 로다스는 요셉, 마리아 그리고 아기 예수가 이주함으로써 "역사 전반에 걸쳐, 더 나은 삶을 위해 또는 죽음의 위협을 피하고자 움직이는 사람 속에 예수님의 이야기가 자리 잡았다."고 말했다(로다스 2008).

신약성경에서도 복음이 뿌리를 내린 것은 디아스포라 상황**역19** 속에서였다. 희망은 있다. 남반구에서 북반구로 기독교가 이동함에 따라 연약한 자에게 능력을 더하셔서 강한 자 사이에서 목적을 이루실 하나님의 움직임을 분별해야 한다. 교회의 머리이신 예수 그리스도의 삶에서도 이 진리가 분명히 드러난다. 이 때문에 북반구 그리스도인은 디아스포라 교회를 선교적 세력으로 보고 긍정적으로 반응하도록 도전받는다. 이들은 예수님이 경험하신 것과 유사한 소외된 환경에서 복음을 전하는 사람이다. 많은 아프리카 이주민이 이런 환경을 견뎌내고 있다.

디아스포라 이스라엘이 가졌던 "우리가 이방 땅에서 어떻게 여호와의 노래를 부를까?(시 137:4)"라는 질문이 오늘날 아프리카 이주민 그리스도인 사이에서 재창조되었다. 이들은 불가능보다는 가능성을 보는 사람들이다. 이스라엘 민족이 망명 시절에 부르짖었던 이 말씀이 이주민 기독교를 논의할 때 중요한 주제가 되었다.

원래 이야기에서는 망명 생활의 암울함 때문에 하나님의 백성이 예배를 져버렸다. 약속의 하나님으로부터 버림받았다고 느꼈기 때문이다. 대조적으로 아프리칸 디아스포라 교회는 선조와 다른 길을 선택했다. 이들은 역동적으로 예배드리고 북반구에서 남반구를 선교한다는 전통적 생각과 북반구에 진행 중인 세속화 과정에 맞서 싸우고 있다. 이들이 사도바울의 권면을 따르는 중이라고 말해도 좋겠다. “거류민과 나그네 같은 너희를 권하노니 …… 너희가 이방인 중에서 행실을 선하게 가져 너희를 악행 한다고 비방하는 자들로 하여금 너희 선한 일을 보고 오시는 날에 하나님께 영광을 돌리게 하려 함이라(벧전 2:11~12).”

토의

1. 이 글에서 아프리카 디아스포라 교회의 종교, 문화적 ‘타자성’은 선교의 방해물인 동시에 기회로 제시됐다. 당신이 처한 환경에서 디아스포라 교회와 수용국 교회가 가진 관점과 책임을 생각해보라. 이들이 어떻게 방해물을 극복하고 선교의 기회를 잡기 위해 함께 협력할 수 있겠는가?
2. 필자는 디아스포라 교회가 북반구의 영적 부흥을 위한 큰 희망이라고 주장한다. ‘북반구는 예수님이 필요하다’는 의견과 하나님께서 디아스포라 교회를 부흥의 주역으로 사용하려고 택하셨다는 의견에 당신은 동의하는가?
3. 본 장은 ‘소외계층의 선교’라는 주제와 성육신을 모델로 한 선교 영성이라는 주제로 돌아왔지만, 이 주제를 능력과 연관시킨다. 선교에 있어서 연약함과 능력이라는 주제와 관련해서 아프리카 디아스포라 교회에서 어떤 점을 배우기 원하는가? 당신이 속한 교회와 기관, 그리고 당신은 성령의 능력을 입기 위해 자기를 비우는 과정을 밟을 필요가 있는가?

4. 당신이 처한 환경에 수용국 교회와 교단은 디아스포라 교회가 선교 전략을 이끌어가도록 기꺼이 '자리를 마련해 줄' 것으로 생각하는가? 이 일은 어떤 형태를 띨까?

참고문헌

Bediako, K. (1993). John Mbiti's Contribution to African Theology. In J. K. Olupona, & S. S. Nyang, *Religious Plurality in Africa: Essays in Honor of John S. Mbiti* (367-396). Berlin: Mouton de Gruyter.

Bediako, K. (2000). *Jesus in Africa: The Christian Gospel in African History and Experience*. Akropong: Regnum Africa.

Carino, F. V. (2005). The Dynamics of Political Migrations as a Challenge to Religious Life. In J. d. Ana, *Religions Today: Their Challenge to the Ecumenical Movement* (86). Geneva: World Council of Churches.

Embassy of the Blessed Kingdom of God for All Nations. (2002). Embassy of the Blessed Kingdom of God for All Nations: 8th Anniversary. *Brochure*. Kiev, Ukraine.

Haar, G. t. (1998). *Halfway to Paradise: African Christian Presence in Europe*. Cardiff: Cardiff Academic Press.

Hanciles, J. H. (2003). Migration and Mission: Some Implications for the Twenty-First Century Church. *International Bulletin of Missionary* Research, 149-150.

Jenkins, P. (2011). *The Next Christendom: The Coming of Global Christianity*. Oxford: Oxford University Press.

Kim, S. H., & Ma, W. (2011). *Korean Diaspora and Christian Mission*. Oxford: Regnum Books International.

Kraemer, H. (1956). *Religion and the Christian Faith*. Cambridge: James Clarke.

Ma, W. (2011). A Millennial Shift of Global Christianity and Mission. In S. Hun Kim

& Wonsuk Ma, *Korean Diaspora and Christian Mission* (11–24). Oxford: Regnum Books International.

Olupona, J., & Gemignani, R. (2007). *African Immigrant Religions in America*. Washington D.C.: New York University Press.

Ott, C., Strauss, S. J., & Tennent, T. C. (2010). *Encountering Theology of Mission: Biblical Foundations, Historical Developments, and Contemporary Issues*. Grand Rapids: Baker Academic.

Rodas, M. Daniel Carroll (2008). *Christians at the Border: Immigration, the Church and the Bible*. Grand Rapids: Baker Academic.

Wahrisch-Oblau, C. (2009). *The Missionary Self-Perception of Pentecostal/ Charismatic Church Leaders from the Global South in Europe*. Leiden/Boston: E.J. Brill.

Walls, A. F. (2002). Mission and Migration: The Diaspora Factor in Christian History. *Journal of African Christian Thought*, 3–11.

Wanner, C. (2007). *Communities of the Converted: Ukrainians and Global Evangelism*. London: Cornell University Press.

22장

디아스포라 가족 : 가족으로서의 이민 교회와 디아스포라 속의 선교적 가족들

샘 조지(Sam George)

서론

분산은 가족생활의 파괴를 야기하며 디아스포라 생활의 어려움은 정체성과 소속감을 약화시켜 영적인 의지와 새로운 관계를 찾도록 한다. 충성도, 분열된 정체성, 문화 동화 및 손실과 외로움에 대한 많은 경험을 통해 관계의 역학을 이해하는 것이 디아스포라의 맥락에서 사명을 수행하는 데 중요하다. 가족의 측면에서 기독교 선교의 재개념화는 디아스포라 공동체에 전략적일 뿐만 아니라 선교 자체에도 전략적이다.

일반적으로 선교학은 가족을 선교학적으로 바라보는 시각을 간과했다. 가족과 선교에 대한 대부분의 언급은 선교사 가족(선교지로 가족을 옮기거나 다른 문화권에서 선교사 자녀를 양육하는 방법)이나 해외 선교사 가족을 돌보는 정도였다.

그러나 초기 기독교 선교에서 우리는 디아스포라와 오이코스(Oikos, 가족)의 전략적 중요성을 발견했다. 둘 다 기독교를 1세기에 놀라운 방식으로 발전시켰으며 21세기에도 계속 그렇게 했다. 오늘날에는 디아스포라 교회가 모든 곳에서 등장하고 있으며, 네트워크를 기반으로 구축되고 있다. 많은 사람이 역선교(reverse mission)[역20]와 이민자 기독교, 그리고 모든 곳에서 모든 곳으로의 선교(mission from everywhere to everywhere)와 같은 개념을 사용하여 기독교가 쇠퇴하고 있는 호스트 사회에 대한 반향과 비판적인 영향을 논했다(에스코바(Escobar) 2003; 한실(Hanciles) 2008; 나지르-알리(Nazir-Ali) 1991). 그러나 강력한 가족 의식과 공동체 의식은 디아스포라 교회를 매우 독특하고 영향력 있게 만든다.

이 장에서 필자는 신앙, 가족, 디아스포라의 교차점을 탐구한다. 장기간의 장거리 이주는 전통적인 가족의 감수성에 영향을 미치지만, 재생산과 적응을 통해 새로운 곳에서 이주민을 유지한다. 한편으로 가족은 신앙 형성, 양육 및 신앙 전수에 결정적이지만 신앙은 심리적 복지, 관계의 건강 및 안정성에 결정적이다. 다양성, 헌신과 혼란으로 구분되는 디아스포라 상황은 새로 이주한 거주지와 조상의 고향에 대한 기독교 선교에 엄청난 도전을 준다.

이 글은 이민 교회에서 가족 사역의 비판적 본질과 어떻게 건강한 가정이 참된 신앙 개발과 전승의 핵심이 되는지와 선교 개념을 가족에게 확대할 필요성에 대해 설명한다.

이 장은 1세대와 2세대 인도 이민자 목회자, 다른 교회 배경의 상담가 및 가족 사이의 민족지학역21 연구를 토대로 한 디아스포라 가족에 관한 나의 PhD 연구 454[1]에서 가져온 내용이다.

디아스포라 가족

역사적으로, 장거리 및 장기 이주는 남성의 독점적인 특권이었다. 육지와 바다를 가로 지르는 힘들고 위험한 여정은 여성에게는 너무 격렬한 것으로 여겨졌다(소웰(Sowell) 1996). 초기 식민지 노동자 이주 시기에 여성에 대한 이

1) Families in Diaspora: A Pastoral and Missiological Study fo Asian Indian Christians in Greater Chicago (1965~2010). PhD Dissertation at the Andrew F. Walls Center for the Study of Christianity at the Liverpool Hope University, Liverpool, UK 2013을 보라.

주 제약은 거대한 성비 불균형으로 이어져 가족생활의 붕괴를 초래했다(코헨(Cohen) 2008). 그러나 지난 10년 동안 글로벌 이주민 사이에 성비가 거의 동등해졌다. 세계 이주보고서(WMR)는 전 세계 이주민의 49%가 여성이라 밝혔다(International Organization for Migration 2013).2) 그러나 이주민은 같이 살지 않고 가족이 생계수단을 위해 초국가적 가족이 되어 "가족의 교육과 고용과 사회적 출세를 위한 기회를 극대화하기 위하여 두 개 이상의 나라에서 사는" 신중한 전략을 택했다(레빗 2004).

미국과 캐나다 같은 많은 국가에서 가족 상봉 및 가족 후원 규정은 이주민이 자신의 부모, 형제 및 기타 친척을 제외한 직계 가족(배우자 및 미성년 자녀)을 초청할 수 있게 한다. 호주와 뉴질랜드와 같은 일부 국가에서는 이산가족 상봉이 신규 거주자의 약 40%로 제한되었다(호(Ho), 베드포드(Bedford) 2008). 사우디아라비아와 일본을 비롯한 여러 나라도 노동자가 직계 가족을 데리고 오는 것을 허용하지 않는다.

이러한 제한으로 인해 거리적으로 흩어진 가족 간의 관계를 유지하기 위한 이주민 간의 새로운 전략이 개발되었다. 많은 국가에서 서로 다른 인종 간의 결혼이나 동거를 금하는 잡혼 금지법(miscegenation laws)을 폐지 한 이후에 인종 간 결혼과 자녀가 증가하고 있다. 핵가족화는 전통적인 결혼과 부모의 위치와 규범과 역할을 변화시키고, 전통적인 가족 체계가 제대로 작동하지 않도록 하며, 핵가족화에 적응(동화)케 하여 전통 가족을 구성하고 있는 세대를 분리시킨다.

왜 가족의 눈을 통해 디아스포라를 보는가? 과거에 이주민은 개별적으로 떠나거나(이민 가거나) 도착한(이민 온) 이주민으로만 취급되었다. 가족 이민을 충분치 못하게 이론화했거나 완전히 무시했던 학자들이 최근에 이르러서야 전 세계적인 이산의 가족적인 면을 면밀하게 검토하기 시작했다(클락(Clark) 편집 2009). 마시(Massey 1993)는 '가족, 가구 또는 다른 문화적으로 정의

2) http://publications.iom.int/bookstore/free/WMR2013_EN.pdf (2014.3.10. 방문)

된 생산, 소비 및 양육 단위'가 '자율적인 개인'에 비해 이주 연구 분석의 '적절한 단위'라고 주장했다. 라빌라(Rabila 2009)는 이주 연구가 "개인보다는 가족에게 더 많은 관심을 기울여야" 한다고 제안했다.

이민이 개별 웰빙에 주는 영향을 조사함으로써, WMR 2013은 개별 이민자의 정서적 그리고 관계적 복지를 사용하는 전통적 조사를 넘어서 가족과 관계적 네트워크가 이산 생활에서 핵심 역할을 하도록 유도한다. 베르토벡(Vertovec 2009)은 이민자와 난민이 확대 가족으로 살면 훨씬 더 빨리 적응할 것으로 보이며, 국가는 공동 네트워크를 존중하면 소수 민족을 통합할 가능성이 더 크다고 지적했다.

필자는 선교학자 드 누이(De Neui 2010)의 "아시아와 대부분의 비서구 지역 기독교 선교가 전진하기 위해서는 가족네트워크의 중요성을 진지하게 고려해야 한다."는 주장에 동의한다. 아더(Arthur 2010)는 자신의 아프리카 디아스포라 연구에서 가족 관계가 이주민에게 중요한 이유는 친척 관계로 이민에 대한 결정이 내려지고, 이행되고, 채워지고, 유지되는 기관으로 작용하기 때문이라는 사실을 발견했다. 이와 같이 골딘(Goldin 2011)은 개인이 아닌 가족이 '이민을 결정하는 가장 중요한 집단'이라고 추측했다.

아프리칸-캐러비안(Afro-Caribbeans)에 대해서 챔버레인(Chamberlain 2006)은 "가족은 자신의 역사와 문화를 가지고 자신의 역동성과 정신, 끊임없는 성장과 변화를 수용하기 위해 끊임없이 진화하는" 소규모 사회라고 주장했다. 포너(Foner 2001)에 따르면, 최근의 이주민은 국경을 넘어 가족, 경제, 문화, 종교 및 정치적 유대 관계를 유지함으로써 이주민 가정 및 호스트 사회를 하나의 사회적이며 문화적 장(field)으로 만든다.

결과적으로 최근의 이주민은 집을 떠난 것이 아니라 여러 사회적 공간과 문화적 현실에 양다리를 걸치고 있다. 집에서 멀리 떨어져있는 곳에서 가정 문화를 재현하는 가능성으로, 이주민은 고국[역22]과 새로운 나라 사이에 가교를 놓는다. 현대 교통, 통신 기술 및 도처에 있는 인터넷은 그러한 접근과 상호 작용을 가능하게 만들며 저렴하게 제공된다.

관계적 유대는 이들 상호 교류의 범위를 결정지어서 지식 이전, 권한 부여,

문화 교류, 선조의 고향 및 다른 곳에서 이산된 사람과 친척 간의 접근 기회가 생긴다. 또한 글로벌 네트워크는 친척 관계에 근거하여 유지되는, 공간 전위(spatial displacement)로 생긴 출생지와 목적지의 간격이 더욱 밀접해지는 사회적 접촉의 망(web)이다(포츠(Portes) 1997). 이러한 전례 없는 사람과 문화의 혼재는 관계적 네트워크를 재결속시키고 자아와 전 세계적 존재에 대한 새로운 인식을 결집시켜 '의식의 강화'를 초래한다(로버트슨(Robertson) 1992).

대부분 현대 경제학자는 이주민이 송금하는 돈이 국제 원조를 능가하게 됨에 따라 송금과 인간개발 사이의 연계성에 주목하고 있다(라다(Ratha) 편집, 2015). 일반적으로 송금은 이민자가 가족에게 보낸 돈이지만, 사회적, 기술적, 정치적, 문화적 송금을 포함하는 양방향성 흐름에 대한 보다 미묘한 이해가 필요하다(레빗(Levitt) 1998). 돈은 부모와 자식 간 보통의 배려와 지원이자 상호간 의무가 되어 이것이 시차와 국경을 넘어 장거리 관계를 세우고 지속케 한다. 싱(Singh 2007)은 송금을 "가장 눈에 잘 띄고 측정 가능한 초국가적 가족 유대"라고 부르며, 이것은 관계와 문화적 가치에 의해 형성된다고 설명한다. 송금은 송금자에게 가족에 대한 소속감과 결국 고향으로 돌아간다는 느낌을 주는데 특히 중동처럼 영원히 거주하는 것이 허락되지 않은 곳에서 그러하다.

사람들은 디아스포라 안에 교회와 친구로부터 가족을 위해 경제적으로 유리한 결혼동맹을 찾는다. 이주민은 고국의 친척으로부터 자국의 이국풍 제품과 서비스를 조달하여 지역 사회에서 돈을 모으고 있다. 이주민은 대학이나 직업훈련을 찾는 조카를 초청하여 해외에서 사는 방법을 알려 준다. 그들은 같은 이민자와 고향의 친척에게 융자나 외상을 제공한다.

촘촘하고 강하게 형성된 다이스포라 공동체의 일부인 가족과 친족 관계의 경제 거래는 보다 쉽고 안전하게 이루어진다. 사업이 성공하면 물질적 보상뿐만 아니라 소수 집단 내의 사회적 인정과 신망을 얻는다. 실패할 경우에도 사회적 제재는 법적 조치보다 더 저렴하고, 악성 부채를 모으기에 더 효과적인 수단을 제공한다. 그러므로 관계는 이산된 사람과 그들의 추구를 이해하는 핵심이다.

디아스포라의 가족생활

이주민은 부모 나라의 독특한 종교적 전통을 물려받는데, 이것은 부모와 자식 사이에 밀접한 관련이 있으며, 이주민은 호스트 사회에 이를 이식하려 한다. 아시아인과 아프리카인, 라틴 아메리카인에게 가족의 개념은 서양보다 그 의미가 더 광범위하다.

디아스포라 환경에서의 신앙 문제는 개인보다는 집단적 결정으로 남아 있다. 이주민은 또한 국내 및 종교 생활에서 수많은 장애물에 직면하고 있는데 그중 많은 부분을 정확히 이해하지 못하여 결정적으로 대처하지 못하고 있다. 핸드린(Handlin 1990)은 미국 이민에 대해 다음과 같이 설명했다. "소외의 역사와 그 결과 … 상처 난 가정과 익숙한 삶의 중단, 익숙한 환경에서의 분리, 외국인이 되는 것, 그리고 더 이상 속하지 않는 것." 이민이 어떤 가족에게는 도움이 되지만, "오래된 가족 전통과 억압적인 관습적 의무의 족쇄에서 탈출하게 되면서 갈등을 악화시키고 전통적인 가족 정서를 약화시킨다(베이컨Bacon 1996)."

이주민 가족은 디아스포라 환경에서 어쩔 수 없이 많은 변화를 겪는다. 핵가족화로 인해 가족 구성의 깨짐, 성 역할의 변화, 지원체계의 결여, 가족 규모의 축소, 성 계층구조의 평준화, 호스트 문화에 적응, 다른 가치관으로 인한 갈등, 새로운 이슈에 대한 소통과 협상, 대가족 구성원의 소외, 공동체 및 집단주의의 상실, 맞벌이 및 출근 교대 시간의 조정, 합법적 지위 및 고용과 법적 지위 등이 그렇다.

디아스포라 가족이 새 세상에 장막을 치고 현실에 적응해 나가는 과정에서 이들이 겪는 정신병으로 인한 고통, 결혼 생활의 스트레스, 학대, 이혼, 가정 폭력 등은 모국에서보다 더 흔하다.

문화적으로 적절한 간병인이 없거나 도움을 구하는 데 지장이 있으면 상황은 악화된다. 직면하는 새로운 딜레마에 대처할 능력이 없어 가족 복지가 약화되고 외부 간섭에 대한 수치심과 부정적 인식이 사회 전체의 관계를 악화시킨다.

디아스포라에게 고국에 남기고 온 사람, 옛 이웃과 친구, 사랑과 종교적 지체와 다른 이의 기대에 부응해야 한다는 생각은 실제로 존재하며 외국에 나온 사람이 부유하다고 인식하고 이민의 성공을 나눠야 한다고 생각한다. 먼 나라로 가는 것은 가족의 의무나 끈을 놓게 하는 것이 아니라 강화시켜서 이민자가 남겨둔 자를 물질적, 재정적으로 도와주도록 한다. 부모는 이민 간 자녀가 집으로 돈을 보내 집을 짓거나, 남아있는 자녀를 교육시키거나 결혼시키는 등의 의무를 다할 수 있기를 기대한다. 게다가 경제적 성공은 새로운 세계에서 신분을 결정짓는 요소이기에 다른 이민자와 경쟁하며 경제적 압박을 받을 수 있다.

디아스포라의 가족은 남다른 스트레스 요인으로 고통받는다. 쿠란지일(Kulanjiyil 2010)은 "사회적 규범, 문화적 가치 및 호스트 그룹의 행동에 대한 적응은 끊임없이 심리적 고통을 유발한다."고 지적했다. 인종 차별, 향수병, 문화 충격, 문화적 스트레스, 미래에 대한 두려움과 불확실성, 증오와 외로움은 모두 이주민 삶의 일부이다.

데이트, 성 그리고 배우자 선택에 대한 정반대의 가치 충돌은 서구의 많은 이민자 가정에서 흔히 볼 수 있는 싸움이다. 태어난 곳 근처에서 살다 죽어야 한다는 믿음과 바다를 건너면 저주받는다는 생각, 그리고 종교적 제한과 이민자가 종교 제도에 다시 들어가기 위해 거쳐야 하는 정화 의식은 사람들로 하여금 수 세기 동안 거주하는 땅을 못 떠나게 하였다.

이주민이 낡은 교리를 극복하기 위해서는 용기가 필요하고, 그 결과는 여러 세대 동안 지속될 수 있다. 카스트 구조, 식습관, 지역 신에 대한 개인적인 헌신과 충성은 지리적 이동의 결과로 타협되었다. 가정의 의무와 가족의 명예를 지키지 못하는 것, 다세대 간의 유대를 잇지 못하는 것, 전통 신앙이 끊기는 것, 성지순례와 공동체 의무를 버리는 것, 가족묘지 참배의 포기, 그리고 열등한 자들과 함께하는 모독에 대한 두려움은 사회적 지위를 즉각적으로 하락시킬 뿐만 아니라 영혼을 오염시킨다고 생각한다. 결혼동맹 관계를 찾는 것과 자녀가 신분, 언어, 인종이 다른 사람과 결혼하려는 것, 자녀가 부모의 전통을 무시하는 것, 능숙하던 모국어 구사 능력을 상실하는 것, 가족 모임에 빠지는 것, 자녀의 성적인 관계와 그 이상을 통제하는 것은 가족의 딜레마를 복잡하게 한다.

해외에서 자녀를 키우는 것이 벅차기에 디아스포라 가족은 다음 세대가 사회에 적응하는 데 중요한 역할을 한다. 호스트 나라에서 교육을 받은 적이 없는 이주민 부모는 이주민 언어를 구사하지도 못하고, 또 이주민 문화에 정통하지 못한 교사를 만나기를 두려워한다.

오랫동안 소중히 여겨진 가치관에 대한 공격과 호스트 사회의 반(反) 가족 태도는 이산된 이들을 더욱 고립시킨다. 부인 홀로 가족의 생계를 책임질 때와 자녀가 부모에게 새로운 환경에서 자신을 수행하는 방법을 가르칠 때 역할이 바뀐다. 아버지 또는 어머니의 장기간 부재는 그 기간 누적된 어린이의 불안, 슬픔, 분노 및 불안정을 초래한다. 이민자의 자녀는 방치되거나 유사학대 또는 부모 중 하나가 부재하는 징후를 보인다. 두 문화 속에 사는 자녀는 정체성 혼란과 사회 격리로 고생한다. 오해받는 존재라는 고통과 또 호스트 사회의 모든 사람에게 자신을 명확히 해야 한다는 고통은 이민자의 정신에 끝없이 영향을 준다.

이민자가 얼마나 노력하든 간에, 다른 이들이 이 노력을 이해할 수 없다. 디아스포라는 자녀를 위해 많이 희생하지만 결국 이는 무시되고, 자녀는 부모님의 노년을 돌봐드리지 못하는 것에 죄책감을 느낀다. 현재 많은 선진국의 이주민은 자신의 자녀가 사회 보장이나 은퇴 계획을 대신해 줄 것으로 여기지만, 현실적으로 이주민은 부모에게 사회적, 문화적, 종교적 의무를 이행하지 못한다.

디아스포라 종족은 또한 자녀가 부모나 조부모가 될 때까지 육아가 확장되는 전통 사회에서와 같이 불완전한 양육으로 고생하는데, 이는 호스트 문화에 대한 무지 이외에 역으로 외국 태생의 자녀를 양육하는 방식에 부정적인 영향을 미칠 수 있다.

선교적 가족[3)]

이민자 교회에는 강한 가족 의식이 존재한다. 출생지, 언어, 사회문화적, 종교적 배경, 그리고 호스트 사회에서의 투쟁의 공통성은 그들을 하나의 대가족으로서 심오한 방법으로 결합시키는 경향이 있다.

이민자들은 동질감을 느끼며 자신들의 꿈이 서로와 깊게 연결되어 있다는 것을 깨닫는다. 자신들과는 다른 사람들에 사이에 있을 때 다시 부상하는 민족정체성은 자신들과 같은 사람들을 찾으려는 노력으로 이어진다. 그들의 출생지에 남겨두고 온 공동체의 잃어버린 조각들을 재창조하는 데 함께할 사람들을 찾는 것이다. 종교 제사와 영성의 나눔은 디아스포라 삶의 조각난 부분들을 잇는 접착제와 같다.

디아스포라 교회들은 공동체적인 정신과 나눔의 가치들과 같은 특징이 있다. 여기서 사회적 정체성이 형성되고, 특정한 문화적 및 일반적 내용물이 주어지고 또 유지된다. 민족 중심 문화 및 종교성을 키우는 많은 이타주의 및 집단주의 정신의 노력들이 있고, 이는 새로운 세상에서 그들의 생존에 필수적이다. 디아스포라의 종교적 모임은 집단정체성에 필요한 사회적 동질감을 제공하며, 조상의 고향땅과 연결되는 문화와 기독교적 코드를 유지하는 경향이 있다.

디아스포라들의 영성과 소속을 나타냈었지만 현재는 디아스포라 개인과 공동체에 위기를 일으키는, 익숙한 관례들(rituals, 제사, 의식 등)로부터 장기간 분리되어 그들의 종교적 열망의 불이 붙는다. 민족적, 문화적으로 형성된 종교성을 되불러오는 새로운(ransplanted(이식된)) 신앙의 표현들 속에서 이 열망의 불은 끊이지 않고 다루어진다.

코헨(2008)은 종교가 "디아스포라 의식을 묶는 시멘트"를 제공한다고 주장했다. 윌리엄스(Williams 1988)는 이주민들이 "집을 떠나기 전보다 더 종교

3) 선교적 가족과 삼위일체 선교적 가족 신학에 대해 더 많은 정보는 나의 학위 논문인 Families in Diaspora(2013)을 보라.

적”이 됨으로써 종교 강화를 경험한다고 주장했다. 종교사학자인 마티(Marty 1972)는 민족성을 “지지 구조를 제공하기 때문에 미국에서 종교의 골격”으로 묘사했으며 사회학자인 풋남(Putnam)과 캠벨(Campbell 2010)은 미국 종교의 실질적 동시대 평가에서 “민족성과 종교가 상호보완적이기 때문에 미국이 이민자 국가이고 종교성이 높은 국가라는 사실은 우연이 아니다.”라고 결론지었다. 스미스(Smith 1978)는 “종교적 헌신에 대한 심령적 기초의 강화”로 인해 이주를 ‘신학 경험’이라고 불렀다. 조상의 고향에서 종교적이지 않은 아시아계 및 히스패닉계 이민자 중 상당수는 영적 인식이 높아지고 많은 사람이 디아스포라 교회에서 발견된 문화적 유사성 때문에 그리스도인이 되었다(코헨 2008; 크랜(Crane) 2003).

학자들은 이민 종교기관이 공동체를 만들어 고국의 문화를 전하며 아이들에게 가치 있기에 이민자가 적응하는 데 중요한 역할을 한다는 사실을 주시해 왔다. 종교기관은 회원 간의 정보 공유 및 네트워킹을 통해 경제적 이익을 제공하고 인종차별에 완충 역할을 한다(에바우(Ebaugh)와 샤페즈(Chafetz) 2000; 와너(Warner)와 위트너(Wittner) 1998).

디아스포라 신앙은 가족 관계가 뿌리 깊은 신앙의 기초가 되기에 효과적인 연결 고리이자 사회적 결속의 수단이다. 디아스포라 자녀 사이에는 독신자가 눈에 띄게 증가했지만, 독신 학생과 이민자는 신앙 그룹에서 가족을 찾는다. 배신자라는 낙인이 찍힐 수 있음에도 불구하고, 깨어진 가족, 편부모 및 고군분투하는 가정을 위해 디아스포라 신앙 모임은 위로를 제공한다. 가족의 문화를 유지하지 못하고 호스트 사회에서 가족과 소통하지 못하는 이주민은 애써 정착지에 자기 종족만의 교회를 세워 확고한 신앙을 실천하고, 성도를 위해 노력을 아끼지 않는 지원 체제를 형성한다.

고국의 문화적 영향을 받은 기독교를 이식하는 것은 흩어져 있는 사람에게 향수를 불러일으키는 편안함과 사교성을 제공하는데, 호스트 지역의 기존 기독교는 이 역할을 대체할 수 없다. 풋남(2000)은 미국 사회 자본의 감소와 그것이 도덕성과 가족생활을 유지하는 능력을 어떻게 약화시키는지 주목했다. 디아스포라 교회를 창립한 선교사의 열심은 깨어진 가족의 유대를 회복시켰지만, 민족적 특성에 국한되어 문화적 경계를 뛰어넘지 못했다.

디아스포라 교회의 구조를 보면 평신도 참여도가 높으며 소수의 가족이 주요한 책임을 지고 많은 희생을 하지만, 호스트 사회와의 관계는 미미한 경향이 있다.

대부분의 이주민 교회는 처음에 한 기독교 가정의 거실에서 시작된다. 이주민 교회는 유기적으로 탄생하여, 영적인 문제를 넘어서서 새로운 환경에서의 생존을 돕기 위한 사회적, 경제적 지원 네트워크의 창출로 이어지는 친목회 및 비공식 모임에서 아이의 생일과 졸업식을 축하하고 다른 축제에 동참하며 자연스럽게 성장한다.

이 그룹 내의 관계는 조상의 고향에서처럼 전통적으로 확장된 새로운 가족 네트워크로 재조정된다. 모든 성인은 다음 세대의 양육과 성공을 책임지는 친척 '아저씨'와 '아줌마'가 된다. 모두가 특정 가족이 겪는 손실이나 비극에 마음 아파하며, 공동체적 성향, 유사한 위기에 직면할 가능성에 대한 두려움 그리고 지역 사회 지원의 필요성을 드러낸다.

가족의 가족으로서 교회는[4] 다른 어느 곳에서보다 디아스포라의 맥락에서 더 진실하다. 디아스포라 교회는 서로에 대한 깊은 의무감으로 작은 마을처럼 된다. 디아스포라는 외국 땅에서 아이를 키우는 데 완전한 교회가 필요하다고 믿는다. 생물학적 가족이 서로를 위해 존재할 수 없고, 집에서 멀리 떨어져 살거나, 폭력적이거나, 정서적으로 억눌려 있거나, 은둔해 있을 때 이주민은 대리 가족의 역할을 하는 대인 관계를 발전시킨다.

디아스포라 담임 목사는 전체 회중의 대리 아버지가 되며 종종 외국인으로서 생존 투쟁에 빠져 있거나 정신병에 시달리고 있는 실제 아버지의 자리에 있기도 하다. 여성은 계속되는 종교 전통과 가사에 대한 책임감이 높은 것을 당연히 여긴다. 이 대체 가족은 조상의 문화를 재창조하여 자연적 가족 관계가 박탈된 사람의 가족 역할을 수행한다. 가족 내 관계적 건강과 안정은 디

4) 가족으로서의 교회에 대한 더 많은 정보는 'Hellerman 2009; Minear 1960; Christiano 1986; Osiek and Balch 1997; Stark 1996'을 보라.

아스포라 교회에서 효과적인 사역을 수행하는 데 중요한 역할을 한다.

또한 가족은 디아스포라의 삶 속에서 종교적 재생산과 생물학적 번식에 핵심적인 역할을 한다. 가정은 종교적 실행과 신앙 전달의 고귀한 중심적 공간으로 남아 있다. 디아스포라는 말할 수 없는 마음의 상처, 해결할 수 없는 긴장과 예상치 못한 이민 가정의 고통을 매일 목격한다.

이민자는 종종 종교적으로 뿌리 뽑힌 결과로 인한 소외와 혼란에 반응하기 때문에 신앙 환경에 대한 경험과 적응 과정이 매우 중요하다. 부모의 가정의식과 신앙은 외국 태생 어린이의 신앙 개발에 중요한 역할을 하지만, 이민자는 종교 기관에 과도하게 의존하여 자신이 원하는 문화 이데올로기를 강화하는 경향이 있다.

이민자 교회의 목회자는 관계 갈등과 위기를 해결하는데 많은 시간과 노력을 들여야 하며, 교회의 가정을 돕기 위해 자기 종족(민족)의 가치를 유지하는 경향이 있다. 배우자와 분리된 이들을 위한 목회적 돌봄은 세계 교회가 무시할 수 없는 사역이다. 난민, 불법 이민자 및 망명 신청자[역23]는 가족 관계에 어려움을 겪고 있으며 이주의 심리적 비용은 미래 세대를 계속 괴롭힐 수 있다.

가족이 같은 집에 살 때도 일하는 시간이 서로 다르거나 각각의 일정상 함께 있을 시간이 거의 없다. 문화적 불협화음은 이민자 부모와 자녀 사이를 멀게 한다. 많은 이들이 물질 남용이나 폭력적인 행동과 싸우는 디아스포라의 투쟁을 해결하고자 시도하고 있다.

기존 디아스포라 교회는 평신도의 역할이 증가하고, 모든 가정에서 더 높은 참여율을 보인다. 동료 이주민, 귀국하는 가족 및 호스트 국가 사람에 대한 선교의 열의가 높아졌다. 재정적 성공 여부와 관계없이, 그들은 가난한 이에게 베풀어야 한다는 의무감을 느낀다. 공동체 방향성과 교회의 가족적 특성은 일부 이주민이 이민 교회에서 계속해서 교회 청소년을 섬기거나 또는 교회에서 자녀를 키우고자 하는 주요 동기유발 요소이다.

인도 이주민 가정에 관한 나의 연구에 의하면, 이주가 가족에게 매우 혼란을 주었으며 핵가족으로의 전환은 많은 문제를 야기했다. 그러나 가족이 하나로 움직이게 하였던 유대감은 완전히 사라지지 않았다. 이 감각이 이민 종교기관 및 현대 기술 장치를 통해 새로운 방식으로 재창조되어 새로운 '기능적인 연결성'을 창출했다.

나는 교회가 가족 분열, 붕괴, 역할의 변이, 지원 시스템 부재, 학부모 자원 부족, 새로운 세상의 도전 등을 보완하기 위해 대리 제도를 육성함으로써 사회화를 촉진한다는 사실을 발견했다. 교회가 대가족이 될 때 위기상황에서 자원봉사 할 수 있는 더 많은 구성원을 공유함으로 더 큰 안보의식과 소속감과 같은 바람직한 혜택을 누릴 수 있을 뿐 아니라 원하는 행동과 다음 세대의 문화적 가치를 지속시키는 데 도움이 되는 더 많은 롤모델들 소유하게 된다. 새롭게 얻은 번영과 새로운 세상의 이상과 새로운 방식으로 옛 가치를 재창조하려고 한다.

연구에 참여한 가족 및 목사는 대부분 가정이 개인이 아닌 공동의 연대로 자신을 동일시한다는 것을 확인했다. 그러나 공동의 연대로 자신을 동일시하는 것은 또한 교회 모임이 어떤 부정적인 문화적 가치, 자기 팽창 및 경제적 이익을 증진하고 강화시키는 단계가 되기 때문에 몇 가지 단점을 가지고 있다. 동일시는 또한 자기 민족 중심주의와 호스트 국가에서 자신들이 직면하는 문화보다 자기 문화를 더 우월하게 여기게 하는 데, 이는 자기 보호본능과 생소한 것에 대한 두려움 때문이다.

인도 이주민 가정과 교회의 고통과 깨어짐은 상상을 초월하며, 종종 '모범적 소수 인종(model minority)' 이미지의 외관 뒤에 숨어 있기도 한다. 동료 이민자 앞에서 완벽함과 성공의 이미지를 드러내려는 내적인 충동으로 인해 많은 가족 문제가 오랜 기간 동안 해결되지 않고 있다. 그들은 다른 교회에서 익명의 위안을 찾기 위해 교인 앞에서 그들의 불안과 투쟁을 숨기거나 디아스포라 교회를 떠난다.

디아스포라 교회에서 가장 시급한 문제 중 하나는 '침묵의 탈출'(리(Lee) 1996)로 널리 알려진, 2세들이 교회를 떠나는 현상이다(리 1996). 많은 소수민족 공동체는 서로 생각이 다른 동화, 전망 및 영성으로 두 세대를 함께 유지하는 도전을 경험한다(엡(Yep)과 차(Cha) 1998; 조지 2006; 로드리게즈(Rodriguez) 2011). 이민 2세와 3세가 부모가 자신과 함께 출석한다는 이유로 이민 교회를 떠나기 때문에 많은 디아스포라 교회에서 대학생과 대학을 졸업한 청년은 보기 어렵다.

학자들은 이주민의 종교가 다음 세대의 인종적 가치를 재현 할 수 있는 네트워킹 메커니즘의 장소를 제공한다고 주장했고(크렌 2003, 쿠리엔(Kurien) 1999), 김(Kim 2010)은 2세대 한국계 미국인이 하이브리드 영성과 새로운 제도적 구조를 만든다고 주장했다. 민(Min 2002)과 나(2006)는 2세들이 호스트 나라에 귀화한 것도, 조상의 나라에 사는 것도 아니어서 그들의 하이브리드 정체성에 틈새가 존재하는데, 이민 교회는 그들의 필요를 적절히 다루지 못한다고 주장했다.

이민 교회가 동포에게 복음을 전하는 데 효과적이지 못하게 하는 이유가 바로 자신의 자녀를 포함한 다른 사람에게 다가가는 데 효과적이지 못하게 한다. 문화를 대하는 태도, 언어적 역량, 예배 및 리더십 스타일의 차이로 인해 디아스포라 교회에 세대 간 충돌은 넘쳐난다.

목회자를 모국에서 초청해 와 교체하는 것은 이민 교회가 자민족 고유의 문화를 유지하도록 하지만, 다음 세대와 다른 사람을 떨어져 나가게 한다. 세대 간 불연속성을 다루기 위해 디아스포라 교회는 이민 교회에 대한 생애주기(a life cycle approach)[역24] 접근법과 미래 세대에 대한 신실한 그리스도인 증언을 세우기 위한 세대 간 전환 계획을 이해해야 한다.

최근 수십 년 동안의 선교 문헌은 *하나님의 선교*와 삼위일체론에 기초한 교회의 선교적 본질을[5] 되찾았다. 필자는 '선교적'이라는 개념을 가족에게까지 확장시키기를 바란다. 현대 사회과학은 오랫동안 집념과 치료를 통해 가족에 많은 도움을 주었다. 이처럼 힘들어하는 가족을 돕기 위해 과학적 통찰에서 얻는 것이 많지만, 가족을 하나님의 영원한 목적에 부합시킬 긴급한 필요가 있다. 가족에 대한 이러한 이해의 중심은 삼위일체 하나님이 가정과 모든 관계를 위한 모델이며, 가족을 부르시고 세상을 향해 가족을 보내시는 하

---

5) 더 많은 선교적 교회에 대해서는 'Guder 1998; Van Gelder and Zscheile 2011; Hastings 2012'을 보라.

나님의 선교에 온전히 참여하는 것이다. 아브라함은 “땅의 모든 족속이(all the family, NASB 성경) 너로 말미암아 복을 얻을 것이라”(창 12:3)는 하나님의 부름에 따라 선교적 가족의 전형이 되었다.

선교적 가족을 위한 신학적 기반을 발전시키기 위해 나는 삼위일체 신학, 특히 하나님의 사회적 교리, 그리고 외부 지향성뿐만 아니라 내부 구조적 일관성을 제공하는 세상으로 하나님을 파송하심에 몰두했다.

인간이 된다는 것은 (하나님의 가족이 되기 위해) 하나님과의 관계 안에서와 하나님과의 관계를 위해서 또 다른 인간과의 관계 안에서와 그 관계를 위해서 창조되어 자신의 가족과 함께 시작하여, 교회의 가족(교회), 최종적으로 인간 가족(세계)과 함께 하는 것이다. 삼위일체적 개념은 종속, 권위주의, 착취와 전체주의 사상의 문제를 피하면서 현대 가족에게 단결, 평등, 상호성, 충실성 및 관계성을 위한 기초를 제공한다.

선교를 하나님으로부터 세상으로의 운동으로 이해한다면 가족과 교회는 세상에서 하나님의 통치를 확장시키는 사명의 도구가 된다. 선교적 가족은 교회를 선교적으로 만들고 개인에게 가족보다 더 큰 공동체의 일원으로서의 가족을 준다. 신성한 목적을 가진 가족은 목적에 따라 움직이는 개인과 교회 사이의 연결 고리이다. 이는 또한 가족으로서의 교회, 선교로서의 가족(가족을 향한, 가족을 통한, 가족을 넘어서는)과 같은 아이디어를 모으는 데 도움이 되며, 디아스포라 공동체에서 효과적인 세대 간 증거를 위한 틀을 제공한다. 삼위일체의 하나님은 선교 공동체이기 때문에 교회는 선교 공동체가 되어야 하며, 구성 가족 역시 세상에 계시는 하나님과 함께하는 선교 공동체로 이해되어야 한다.

결론

디아스포라에서 부모 자식 관계와 종교 의식이 높아지면서 디아스포라 교회의 건강과 활력을 위한 가족의 역할을 이해하는 것이 중요해졌다. 이주민 그리스도인은 자기들 종족(민족) 특유의 교회에 모여서 현지의 의식과 관행을 약간 수정하여 재현하지만, 교회 내의 관계적인 미묘함은 많은 특혜와 특이성을 가진 대리 가족 제도와 유사하다. 나는 디아스포라 교회를 이해하기 위한, 또 어느 곳에서는 선교적 교회와 공동체를 설립하는 데 중요한 미래 세대의 문제를 해결하기 위한 기본 틀로서 선교적 가족을 구성하려고 시도해 왔다.

토의

1. 디아스포라 현상은 가족의 시각으로 보았을 때 우리 교회의 교회법, 특히 교회의 사명에 대한 우리의 이해에 어떤 영향을 주는가?
2. 필자는 가족에 대한 초국가주의, 이민 및 세대 간 전환의 긴장을 기술한다. 당신이 처한 상황에서 이러한 어려움이 디아스포라 가족에게 어떤 영향을 주는가? 가족 투쟁과 파탄에 직면하여 교회(디아스포라와 비디아스포라)가 어떻게 좋은 소식을 전할 수 있는가?
3. 디아스포라에서의 신앙 문제가 개인적 결정보다는 집단의 결정에 따른다면 교회는 어떻게 가족 관계의 완전성을 보존하고 가족 간의 불필요한 갈등을 피하는 방식으로 선교에 접근할 수 있는가? 한 가족 중 한 사람이 가족 내의 다른 사람들보다 복음에 대한 관심과 개방성이 더 큰 경우를 생각해 보라.
4. 필자는 "이민 교회가 동포에게 다가가는 데 효과적이기 때문에 자신의 자녀를 포함한 다른 사람에게 다가갈 수 없다."고 주장했다. 당신은 이것을 얼마나 경험했는가? 이런 교회가 어떻게 장벽을 극복하고 모든 사람에게 더 넓은 선교 비전을 실현할 수 있는가?

참고문헌

Arthur, John A. *African Diaspora Identities: Negotiating Culture in Transnational Migration*. Lanham, Md.: Lexington Books, 2010.

Cao, Nanlai. "The Church as a Surrogate Family for Working Class Immigrant Chinese Youth: An Ethnography of Segmented Assimilation." *Sociology of Religion* 66, no. 2 (2005): 183.

Chamberlain, Mary. *Family Love in the Diaspora: Migration and the Anglo-Caribbean Experience*. New Brunswick, NJ: Transaction Publishers, 2006.

Chen, Carolyn. *Getting Saved in America: Taiwanese Immigration and Religious Experience*. Princeton, NJ: Princeton University Press, 2008.

Christiano, Kevin J. 1986. "Church as a Family Surrogate: Another Look at Family Ties, Anomie, and Church Involvement." *Journal for the Scientific Study of Religion* 25, no. 3 (1986): 339-54.

Chukwu, Donatus Oluwa. *The Church as the Extended Family of God: Toward a New Direction in African Ecclesiology*. Bloomington, IN: Xlibris Corp, 2011.

Clark, Rebecca, Glick Jennifer, and Bures Regina. "Immigrant Families over the Life Course: Research Directions and Needs." *Journal of Family Issues* 30, no. 6 (2009): 852-852- 872.

Cohen, Robin. *Global Diasporas: An Introduction*. 2nd ed. London: New York : Routledge, 2008.

Crane, Ken R. *Latino Churches: Faith, Family, and Ethnicity in the Second Generation*. New York: LFB Scholarly Pub, 2003.

De Neui, Paul. *Family and Faith in Asia: The Missional Impact of Social Networks*. Pasadena, CA: William Carey Library, 2010.

Ebaugh, Helen Rose and Janet S. Chafetz. *Religion and the New Immigrants: Continuities and Adaptations in Immigrant Congregations*. Walnut Creek, CA: AltaMira Press, 2000.

Escobar, Samuel. *The New Global Mission: The Gospel from Everywhere to Everyone*. Christian Doctrine in Global Perspective. Downers Grove, IL: InterVarsity Press, 2003.

Following Jesus Without Dishonoring Your Parents: Asian American Discipleship edited by Jeanette Yep and Peter Cha. Downers Grove, IL: InterVarsity Press, 1998.

Foner, Nancy. *New Immigrants in New York*. New York: Columbia University Press, 2001.

George, Sam. "Families in Diaspora: A Pastoral and Missiological Study of Asian Indian Christians in Greater Chicago (1965–2010)" (PhD dissertation, Andrew F. Walls Centre for the Study of Asian African Christianity, Liverpool Hope University, Liverpool, UK 2013).

George, Sam. *Understanding the Coconut Generation: Ministry to the Americanized Asian Indians*. Niles, IL.: Mall Publishing, 2006.

Goldin, Ian, Geoffrey Cameron, and Meera Balarajan. *Exceptional People: How Migration Shaped Our World and Will Define Our Future*. Princeton, NJ: Princeton University Press, 2011.

Guder, Darrell, editor. *Missional Church: A Vision for the Sending of the Church in North America*. Grand Rapids, MI: W. W. Eerdmans Publishing Co., 1998.

Hanciles, Jehu. *Beyond Christendom: Globalization, African Migration, and the Transformation of the West*. Maryknoll, NY: Orbis Books, 2008.

Handlin, Oscar. *The Uprooted: The Epic Story of the Great Migrations That Made the American People*. 2nd ed. Boston, MA: Little Brown, 1990.

Hastings, Ross. *Missional God, Missional Church: Hope for Re-Evangelizing the West*. Downers Grove, IL: IVP Academic, 2012.

Hellerman, Joseph. *When the Church Was a Family: Recapturing Jesus' Vision for Authentic Christian Community*. Nashville, TN: B & H Academic, 2009.

Ho, E. & Bedford, R. (2008). Asian transnational families in New Zealand: Dynamics and challenges. *International Migration*, 46(4), 41-62.

Kim, Sharon. *A Faith of Our Own: Second-Generation Spirituality in Korean American Churches*. New Brunswick, NJ: Rutgers University Press, 2010.

Kulanjiyil, Thomaskutty, and T. V Thomas. *Caring for the South Asian Soul: Counseling South Asians in the Western World*. Bangalore, India: Primalogue, 2010.

Kurien, Prema A. "Gendered Ethnicity: Creating a Hindu Indian Identity in the United States." *American Behavioral Scientist* 42, no. 4 (1999): 648-70.

Lee, Helen. "Silent Exodus." In *Asian American Christianity Reader*, edited by Timothy Tseng and Viji Nakka-Cammauf. Castro Valley, CA: Institute for the Study of Asian American Christianity, 2009.

Levitt, Peggy. "Social Remittances: Migration Driven, Local-Level Forms of Cultural Diffusion." *The International Migration Review*: IMR. 32, no. 4 (1998): 926.

Levitt, Peggy. "Transnational Migrants: When 'Home' Means More than One Country." *Migration Policy Institute* (October 1, 2004). http://www.migrationinformation.org/article/transnational-migrants-when-home-meansmore-one-country.

Marty, Martin. "Ethnicity: The Skeleton of Religion in America." *Church History* 41, no. 1 (1972): 5.

Massey, Douglas, Joaquin Arango, Graeme Hugo, and Adela Pellegrino. 1993. "Theories of International Migration" *Population and Development Review* 19, no. 3 (1993): 431.

Min, Pyong Gap. *The Second Generation: Ethnic Identity among Asian Americans*. Walnut Creek, CA: AltaMira Press, 2002.

Min, Pyong, and Jung Ha Kim. *Religions in Asian America: Building Faith Communities*. Walnut Creek, CA: AltaMira Press, 2002.

Minear, Paul S. *Images of the Church in the New Testament*. Philadelphia, PA: Westminster Press, 1960.

Missional Church: A Vision for the Sending of the Church in North America, edited by Darrell Guder. Grand Rapids, MI: W.B. Eerdmans Pub, 1998.

Nazir-Ali, Michael. *From Everywhere to Everywhere: A World View of Christian Witness*. London, UK: Collins/Flame, 1991.

Osiek, Carolyn, and David L Balch. *Families in the New Testament World: Households and House Churches*. Louisville, KY: Westminster John Knox Press, 1997.

Portes, A. (1997). Immigration theory for a new century: Some problems and opportunities. *International Migration Review* 31: 799–825.

Putnam, Robert, and David Campbell. American Grace: *How Religion Divides and Unites Us*. New York: Simon & Schuster, 2010.

Putnam, Robert D. *Bowling Alone: The Collapse and Revival of American Community*. New York: Simon & Schuster, 2000.

Rabila, Mahiela. "Integrating a Family Perspective in International Migration Policy." In *Ninth Coordination Meeting on International* Migration. New York, NY: United Nations Population Division, 2009.

Ratha, D., Supriyo, D., Dervisevic, E., Plaza, S., Schuettler, K., Shaw, W., ... Youseif, S. Migration And Development Brief 24. *Migration And Remittances: Recent Developments And Outlook*. Washington, DC: World Bank, 2015. https://siteresources.worldbank.org/INTPROSPECTS/Resources/334934128899076O745/MigrationandDevelopmentBrief24.pdf. Accessed 11 Feb. 2016.

Robertson, Roland. *Globalization: Social Theory and Global Culture*. London, UK: SAGE, 1992.

Rodriguez, Daniel A. *A Future for the Latino Church: Models for Multilingual, Multigenerational Hispanic Congregations*. Downers Grove, IL: IVP Academic, 2011.

Singh, Supriya. "Sending Money Home: Maintaining Family and Community." *International Journal of Asia Pacific Studies* 3, no. 2 (2007): 93–109.

Smith, Timothy. "Religion and Ethnicity in America." *The American Historical Review* 83, no. 5 (1978): 1155.

Sowell, Thomas. *Migrations and Cultures: A World View*. New York: BasicBooks, 1996.

Stark, Rodney. *The Rise of Christianity: A Sociologist Reconsiders History*. Princeton, NJ: Princeton University Press, 1996.

Sullivan, Kathleen. "Iglesia de Dios: An Extended Family." In *Religion and the New Immigrants*, edited by Helen Rose Ebaugh and Janet Saltzman Chafetz. Los Angeles: AltaMira, 2000.

Tanye, Gerald K. *The Church-As-Family and Ethnocentrism in Sub-Saharan Africa*. Münster: LIT Verlag, 2010.

Van Gelder, Craig, and Dwight J Zscheile. *The Missional Church in Perspective: Mapping Trends and Shaping the Conversation*. Grand Rapids: Baker Academic, 2011.

Vertovec, Steven. *Transnationalism*. London; New York: Routledge, 2009.

Warner, Stephen, and Judith G Wittner. *Gatherings in Diaspora: Religious Communities and the New Immigration*. Philadelphia, PA: Temple University Press, 1998.

Williams, Raymond. *Religions of Immigrants from India and Pakistan: New Threads in the American Tapestry.* Cambridge, UK; New York: Cambridge University Press, 1988.

World Migration Report 2013. Edited by Frank Laczko and Gervais Appave. Geneva: International Organization for Migration, 2013. http://publications.iom.int/bookstore/free/WMR2013_EN.pdf

Yep, Jeanette, Peter Cha, Paul Tokunaga, Greg Jao, and Susan Cho Van Riesen. *Following Jesus Without Dishonoring Your Parents*. Downers Grove, IL: InterVarsity Press, 1988.

23장

다문화 간 연합의 이해와 추구를 통한 교회의 선교

켄 베이커(Ken Baker) / 챈들러 H. 임(Chandler H. Im) /
T.V. 토마스(T.V. Thomas)

서론[1)]

다양성이 증가하고, 지구촌 방방곡곡을 오가며 유입되는 이주민이 늘어나는 세계에서 우리의 마음엔 소속감과 공동체를 향한 갈망이 전에 없이 뚜렷하다. 예수 그리스도의 복음만이 인간의 이러한 필요를 해결할 수 있는 유일한 처방이자 치료책이며 구원이다.

예수 그리스도 안에서 믿는 자는 새로운 인간관계의 역량과 교회 안에서 동료 신자들을 분리시키는 틈을 연결하는 독특한 가능성을 가지게 된다. 신자가 차이와 구별을 극복하고 인류 가족 전체에 걸쳐 풍부한 관계적 성취를 경험할 수 있게 하는 것은 성령의 초자연적 임재이다.

성경적으로 하나님 백성의 다문화 간의 연합은 구원의 결과라 할 수 있다. 그리스도 몸의 각 지체는 새로운 창조물이며, 따라서 새 이름과 새 가족이 주어진다. 이 하나님 나라의 가족은 세계 모든 문화에서 온 믿는 자로 구성되고, 다양성을 존중하는 동시에 연합의 기대를 가져온다. 바꾸어 말하면, 다문화

---

1) "Understanding and Embracing Intercultural Unity" http://ethnicamerica.com/understanding-and- embracing-intercultural-unity/ published 2014 by the Ethnic America Network.을 보라.

적 연합의 이해와 포용은 세상에 대한 교회 선교의 일부가 되어야 한다(다문화 간 연합을 핵심 가치/목표로 정의하는 전 세계에 흩어진 복음주의 기독교 네트워크의 목록을 본 장의 부록에서 찾아볼 수 있다).

하나님의 모든 백성과 교회의 모든 모임은 문화의 경계를 넘어서야 하고 그리스도에게 그리고 서로에게 다가가도록 의식적으로 노력해야 한다. 이것은 믿지 않는 사람에게는 완전히 이질적인 삶의 방식이고 구원받은 자에게도 굉장히 부자연스러운 것이다. 그런데도 연합 안에서 서로를 포용하고 서로와 관계하는 것이 하나님의 나라를 나타내는 것이기에 우리는 이것이 모든 성도의 목표가 되어야 함을 인정한다.

우리가 사용하는 용어의 의미를 분명히 하기 위해서는 먼저 우리가 '다문화적'이라는 말을 쓸 때, 둘 이상의 문화적 그룹 사이의 상호 간의, 양방향의 연결을 강조하는 것임을 설명하는 것이 중요하겠다. 다문화 간의 연합은 오직 그리스도께서 십자가에서 이루신 화목의 사역으로 인해 가능해진, 서로 다른 문화에서부터 온 성도 사이의 초자연적이고 상호의존적인 관계이다. 연합은 '모든 것이 같다'를 의미하지 않고(그것은 '획일성'이다), 서로 다른데도 함께하는 것을 의미한다.

다문화 간의 연합을 위한 신학적 구조

1. 우리가 예수님에게 속했다면 우리는 예수님에게 속한 다른 자에 속한 것이다.

단순하지만 심오한 이 문장을 뒷받침하기 위해 여러 성경적 주제가 집중된다. 첫째, 그리스도가 우리를 구속하시고 아버지와 평화로울 수 있게 하셨을 때 우리가 그리스도에 의해 함께하게 되었기 때문에 우리가 서로에게 속한다는 것이다. 이 화목의 일은 모든 성도를 그리스도 안에서 구별 없이 하나 되게 한다(갈 3:28).

압도적으로 놀라운 것은 창세 때 인간이 삼위일체 하나님과의 관계에 속한다는 사실이다. 하나님께서는 인간과 사귐을 열망하신다. 에덴동산의 타락이란 비극 속에서 사람이 창조자와 즐기던 관계를 죄가 부정하게 했다. 당시 인류는 하나님과 친밀한 매일의 교제를 잃었다. 그 결과 죄는 다른 인간과의 조화로운 관계도 타락시켰다.

하나님 구원의 의도나 목표가 다음을 향한다는 것은 명백하다. “그의 기뻐하심을 따라 그리스도 안에서…… 하늘에 있는 것이나 땅에 있는 것이 다 그리스도 안에서 통일되게 하려 하심이라. 모든 일을 그의 뜻대로 일하시는 이의 계획에 따라……(엡 1:9~11)” 하나님은 그리스도의 다스리심을 위해 만물을 원래 의도하셨던 대로 회복하실 것이다(엡 1:20~21).

2. 우리의 연합은 삼위일체 하나님의 사랑하는 관계를 반영한다.

십자가를 통한 속죄로 하나님은 죄를 다루셨고(엡 2:12), 수직적으로는 하나님의 분노를, 수평적으로는 사람의 적의를 제거하셨다(엡 2:13~14). 이것은 새로이 화목하게 된 공동체를 창조했다. 일컬어, 사랑의 본능을 타고난 새 인류인 것이다!

하나님과 사람 사이의 화목의 문을 하나님께서 기꺼이 열어 제공하셨기에 그리스도의 소명(화목의 사역)이 이제 우리의 소명임을 알 수 있다(고후 5:18~20). 그리스도 안에서 우린 그의 모범을 개인적으로 그리고 단체적으로 따라 함으로써 성부, 성자, 성령이 나누신 사랑을 우리의 인간관계에 반영해야 하는 것이다.

따라서 믿는 자들 사이의 구별과 분리는 그리스도가 죽음으로써 세우신 것에 대한 거절이다(고전 10:16~17). 문화에 상관없이 모든 이와 화목해야 하는 인간관계를 거절하는 것은 하나님이 온전하게 회복하시려는 모든 것을 거부하는 것이다.

3. 교회는 새 인류를 나타낸다.

그리스도의 성육신의 경이로움은 우리 연합의 두 가지 측면을 나타낸다(밀네 2007). 먼저, 성육신은 차이를 초월할 가능성을 확립했고, 둘째, 성육신은 새 인류 안에서 서로를 포용해야 될 필요를 입증한다. 영원하고, 무한하며, 스스로 계신, 초월하신 하나님이 시간의 제약을 받는, 한정되고, 창조된, 내재하는 인간이 되셨을 때 성육신은 지각할 수 있는 모든 차이를 연결하셨다(요 1:1~4, 14). 성육신하신 하나님께서 우리 개인의 삶과 공동체에 개입하시고 성령님께서 역사하심으로써 연합의 가능성은 증가한다.

우리가 하나님을 이해하고 그분에게 영광 돌리는 것을 도와주는 종족적, 문화적 차이를 우리는 포용하고 누려야 한다. 문제는 이러한 문화적 특징이 우리 자신을 이해하는데 너무 큰 부분을 차지함으로써 그러한 특징이 인간으로서의 우리 자신을 정의하는 진정한 방식으로 보기 시작할 때 발생한다.

우리의 진정한 정체성은 그리스도 안에 있다. 그리스도께서 우리의 완전한 정체성임을 우리가 잊을 때, 우리는 그리스도가 아닌 우리의 종족적 정체성을 우선되는 목적으로 삼게 되고 이로 인해 모든 갈등의 가능성이 생겨난다.

우린 사탄이 사람과 문화 사이의 분열, 분리, 격리, 소외, 적대감을 기뻐한다는 것을 절대 잊어서는 안 된다. 이것은 아담으로부터 물려받은 죄의 유산이다. 하지만 사랑, 구속, 용서, 화목, 공동체, 연합은 우리가 그리스도로부터 물려받은 생명의 유산이다. 그러므로 하나님은 본래 의도하신 인간 공동체의 모습을 회복하고 보이시려고 그리스도의 몸인 교회를 고안하셨다(엡 2:19~22).

그리스도 안에서의 연합은 다른 모든 정체성과 동질성 그리고 그들의 필연적인 차이와 분리됨을 초월한다. 하나님 나라의 놀라움은 단지 모든 문화에서 온 성도라는 것이 아니다. 진정한 놀라움은 이들이 모든 문화에서 교회로서 함께 모일 때 상호 간의 사랑이 분열을 막는다는 것이다(고후 5:14).

4. 연합은 분열된 사회에 대한 하나님 사랑의 간증이다.

요한복음 17장에서 예수님은 십자가 앞에서 그의 중재하시는 마음을 그때와 지금 그분을 따르는 각각의 사람에게 돌리셨다. 그분이 아버지와 하나이시듯(요 17:11, 20~23) 우리가 모두 삼위일체의 하나님 가운데 존재하는 것과 동일한 연합에 이르기를 바라신 것이다. 눈으로 볼 수 있는 이러한 성도 간의 연합은 하나님과 그분이 제공하시는 구원에 대한 증거이다.

세상은 같은 민족 및 문화의 사람이 서로를 사랑하는 것에 놀라지 않는다. 하지만 교회가 그리스도를 따르는 모든 자를 하나의 연합된 가족(행 13:1)으로서 포용하는 구별된 공동체로써 보이고 행동하고 살기를 선택할 때에 놀랄 것이다. 그리스도에 대한 우리 증언의 신빙성이 기독교적 사랑과 연합의 아름다움에 달려있다는 것이 정신을 들게 하지 않는가?

5. 다문화 간의 연합은 명령이다.

다문화 간 연합의 성격과 범위 그리고 최고의 본보기로서의 삼위일체 하나님과의 연결성을 생각했을 때, 우리는 의도적으로 이것을 매일의 삶 속에서 실천해야 한다. 예수님은 이 연합을 매일 효과적으로 담아내시고 나타내셨으나 교회가 연합을 나타내지 않으면, 우리는 하나님에 대한 잘못된 견해를 나타내게 된다.

불행히도 문화적 차이에 대한 일반적인 반응은, 그리스도 안에서든 아니든, '나/우리는 너에 대해 신경 쓰지 않는다.'라는 무관심이다. 결국 우리와 다른 이들은 고려되지 않는 대중, 즉 포괄적인 '그들'이 된다. 무관심은 그리스도 안의 우리 형제자매를 - 또는 이웃이나 원수마저 - 의도적으로 또 능동적으로 사랑하지 않겠다는 직접적인 거부이기 때문에 죄이다. 다문화 간 연합의 기쁨과 기회는 그리스도 안의 우리 공동체가 너무나 하나님의 사랑을 반영하여 더 이상 '그들'이 없고 '우리'만이 남은 그 날을 꿈꾼다.

다문화 간 연합의 실제적인 함의

하나님 나라 안의 이러한 다문화 간 연합의 목적을 감안했을 때, 의도적인 속함으로의 여정을 이해하는 데 도움이 되는 몇몇 문장이 있다.

1. 다양성이 있는 환경의 실제 인구 현황 및 회중의 역사는 그 환경 안의 사람과 대중에게 연합 안의 다양성이 중요한지 분리가 중요한지에 대한 무언의 메시지를 전달하는 경향이 있다.
2. 경제적, 문화적, 언어적, 민족적, 세대적, 또는 예배의 기호나 생활 방식의 차이에 따라 조직된 그리스도인의 교제는 하나님 나라의 현실에 대한 불완전한 반영이다. 동질적인 모임이 – 그것이 어떠한 형태로 나타나든지 간에 – 적절한 장소, 시간, 또는 방향성이 없다는 것은 아니나, 그것은 하나님 나라로의 여정에 잠시 머무는 경유지이지 목적지가 아니다. 물론 우리는 교회의 표현에 단 하나의 실행 가능한 성경적 형태가 있다고 슬며시 주장하는 것은 아니다. 외려 우리는 그리스도의 몸 안에서의 상호의존적인 속함의 본질이 우리로 하여금 다문화 간의 관계 속에서 서로에게 다가가도록 요구한다는 것을 주장하고 인정하는 것이다.
3. 문화적 차이는 그리스도의 몸에 구조와 깊이를 더할 뿐만 아니라 전체적인 기독교 경험에 구조와 깊이를 더한다. 언어와 문화 그리고 전통은 피해야 할 장벽이 아닌 풍부하게 하는 자산인 것이다.
4. 우리는 서로가 없이는 불완전하다. 교회는 그것의 필수적인 요소인 다문화 간의 연합 없이 '그리스도의 몸'이라 주장해서는 안 된다. 공동체가 자신의 언어, 민족, 그리고 익숙한 집단 안에 있으면서 자신이 완전하다고 생각한다는 것을 자신의 관계를 통해서 나타내는 것은 비극이다.
5. 문화 간의 관계와 연합은 하나님이 어떤 분이신가에 대한 새로운 이해를 가져오며 우리를 그분께 더욱 가까이 이끈다. 다른 문화의 우리 형제자매가 그들의 환경에 맞는 독특한 방법으로 하나님이 어떤 분이신지를 반영할 때, 그리스도의 몸은 더 강건해지며 세상에 그리스도를 더욱 잘 선포할 수 있세 된다.
6. 우리는 다른 사람의 문화, 역사, 관점, 심지어 약점에 대한 이야기를 듣고 공감하며 포용하기를 노력해야 한다.
7. 성도가 자신의 다문화 간 연합에 대한 필요를 인식하고 더욱 연합되기 위해 능동적으로 진보를 추구할 때에, 그들은 오래된 분열의 패턴을 이

겨낼 수 있도록 더욱 준비되는 것이다.

8. 모든 공동체는 다문화 간 관계의 기술을 익히고 두려움, 위협, 적대감, 그리고 원한의 파괴됨을 축하하는 가운데 문화 간의 유지되는 우정의 축복을 기대해야 한다. 도시 전역에 걸쳐 소수민족 공동체가 공존한다는 것만으로는 복음이 말하는 그리스도 몸의 연합을 충분히 나타낼 수 없다. 문화를 넘어서서 예수님을 함께 찬양하고 개인적인 관계 속에서 유대하는 것은 다양성 가운데 연합을 강력하게 나타낸다.
9. 언어와 전통은 종종 오래된 공동체의 다문화 간 연합의 부족함의 요인이 되지만, 연합은 다세대의 비전과 믿음을 통해야 현실적인 목표가 될 수 있다는 것을 인정해야 한다.

첫 세대가 사전에 대책을 마련하여 희망을 일구지 않으면서 "변화의 희망은 다음 세대 안에 있다."고 말하는 것은 의미가 없다. 첫 세대가 다문화 간의 유대에 큰 진전을 이루지 못한다고 하더라도, 그들은 자녀에게 다른 문화에서 온 동료 성도의 가치와 공헌에 대해 소통해야 한다. 이에 실패하는 것은 화해와 연합에 대한 믿음으로 가득 찬 열망 대신에 두려움을 유산으로 남기게 한다. 다음 세대가 앞으로 또 밖으로 나가도록 격려하는 것은 첫 세대 이민자 공동체의 책임이다. 믿음으로, 그리고 그들의 언어와 모든 관계의 화해를 위한 하나님 나라의 구상에 대한 증거를 통해서 그리스도 안의 하나 됨의 표현을 향한 이 여정은 계속될 것이다.

결론

분리, 격리, 그리고 분열은 오직 하나님에게서만 찾을 수 있는 의미의 상실을 보상하려는 인류의 비통한 이야기다. 이 슬픈 이야기는 그리스도가 아닌 아담의 주권 아래 있는 인류를 이야기한다. 그러나 다문화 간의 연합, 즉 의도적인 속함의 여정은 창조물에 대한 하나님의 본래 의도이자 계속되는 계획이다. 이는 그리스도라는 계시를 통해 '*어떻게 이럴 수 있을까*'하는 '신비'가 '알려진 것'이다. 십자가의 복음을 통해 믿는 모든 자는 "그리스도 예수 안에서 함께 상속자가 되고 함께 지체가 되고 함께 약속에 참여하는 자"가 된다(엡 3:2~6). 우리는 본래 창조되었던 대로 돌아가는 것이다. 그리스도의 예언적 부르심은 *우리가 하나가 될 것이며* 그 의미를 완전히 이해하고 받아들 수 있도록 그분 안에 있는 모두가 함께 여행하도록 초대하는 것이다.[2)]

토의

1. 디아스포라 현상은 어떻게 당신의 국가와 도시의 교회에 다문화 간 연합의 사명을 성취할 수 있게 하는 더 큰 기회를 창출하는가? 당신의 환경에 존재하는 가장 큰 장벽은 무엇인가? 이러한 장벽을 극복하기 위해 향후 6개월 안에 취할 방법은 무엇인가?
2. 죄와 사탄은 어떻게 당신의 도시에 불일치와 분열 그리고 차별을 심었는가? 현지의 디아스포라와 현지 국가 교회는 이러한 어둠 앞에 얼마나 대조되는 빛이 되고 있는가? 당신의 환경에서 목격한 다문화 간 연합의 가장 좋은 예로는 무엇이 있는가?
3. 필자는 "언어와 문화 그리고 전통은 피해야 할 장벽이 아닌 풍부하게 하는 자산"이라고 한다. 그러나 매우 자주 우리는 이것을 장벽으로써 취급한다. 여러분의 교회나 기관 또는 단체는 다양한 언어, 문화, 그리고 전통을 어떻게 풍부하게 하는 자산으로서 받아들였는가? 여러분은 개인적으로 어떻게 모범이 될 수 있는가?

2) 부록 F 참조.

참고문헌

Hofstede, Geert, Gert Jan Hofstede and Michael Minkov. *Cultures and Organizations: Software of the Mind*, 3rd Edition. New York: McGraw-Hill, 2010.

Law, Eric H. F. *The Wolf Shall Dwell With the Lamb*. St. Louis, MO: Chalice Press, 1993.

Lingenfelter, Sherwood G. *Leading Cross-Culturally: Covenant Relationships for Effective Christian Leadership.* Grand Rapids, MI: Baker Academic, 2008.

Livermore, David. *Leading with Cultural Intelligence: The New Secret to Success*. New York: AMACOM, 2010.

Milne, Bruce. *Dynamic Diversity: Bridging Class, Age, Race and Gender in the Church*. Downers Grove, IL: InterVarsity Press, 2007.

Peterson, Brooks. *Cultural Intelligence: A Guide to Working with People from Other Cultures*. London: Intercultural Press, 2004.

Pinkerton, Mary. "Understanding and Embracing Intercultural Unity," Ethnic America Network (EAN), released December 20, 2013, http://www.ethnicamerica.com/wpv1/wp-content/uploads/2015/11/Intercultural-Unity-EAN-paper-December-2013.pdf/.

Plueddemann, James. *Leading Across Cultures: Effective Ministry and Mission in the Global Church*. Downers Grove, IL: InterVarsity Press, 2009.

Sheffield, Dan. *The Multicultural Leader: Developing a Catholic Personality*. Toronto, ON: Clements Publishing, 2005.

Silzer, Sheryl Takagi. *Biblical Multicultural Teams: Applying Biblical Truth to Cultural Differences*. Pasadena, CA: William Carey International University Press, 2011.

Stevens, David, E. God's *New Humanity: A Biblical Theology of Multiethnicity for the Church*. Eugene, OR: Wipf & Stock, 2012.

24장

싱가포르의 교회와 영혼 : 세계 도시의 선교에 대한 종말론적 비전

로렌스 코(Lawrence Ko)

서론 : 세계 도시 싱가포르 / 글로벌 도시로서의 싱가포르

21세기의 세계는 도시화 될 것이다. 전문가들은 2050년까지 세계 인구의 66%가 도시 거주자가 될 것이라 하고(유엔 2014) 현재 매주 300만 명의 사람들이 도시로 이주하고 있다(국제이주기구 2015)! 사람들은 점차 세계 방방곡곡에서 모든 도시로 이주하고 있으며 이는 교회로 하여금 중대한 질문을 고찰하게 한다. 미래의 도시는 혼을 간직할 수 있을까? 아니면 무정하고 이름 없는 대중만 가득 찬 비정한 밀림 같은 곳으로 전락하고 말 것인가?

싱가포르는 그러한 도시 중 하나이다. 오늘날 국제무역과 사업의 중심지이자 아시아의 가장 중요한 기술 중심지로서 세계의 주요 도시로 인정되는 싱가포르의 시작은 소박한 어촌이었다.

싱가포르 수상인 리셴룽(Lee Hsien Loong)은 2014년 11월에 다음과 같이 발표하였다. “10년 안에 ‘스마드 국가’가 될 것이라는 비전이 가능할 것으로 여겨지는 것은 세계 최고 수준의 스마트폰 보급률과 광대역 커넥션이 90%의 가정에 있기 때문입니다(룽 2014). 교육받은 인구와 숙련된 노동력은 고도로 전문화되고 네트워크화 된 서비스를 개발할 수 있게 하였습니다. 그러나 이러한 기술의 편리성, 무선연결, 그리고 24시간 동안 멈추지 않는 생산성이 종래에는 영적 단절, 영혼을 상실한 도시를 만들지 않을까요?"

싱가포르는 또한 디아스포라의 중심지로서 풍부한 역사를 지닌 세계적인 도시이며 현재는 100개국 이상을 대표하는 외국인이 거주하고 있다(세계기도정보 2015). 그렇게 다양한 도시 인구가 한정된 공간에서 사는 것은 결국 다원주의로 정의될 것이다. 브레나 예와 테오도라 람은 "이 '새로운 다원주의'는 일상의 풍경에서 눈에 띌 정도가 되었다. 이는 초국가적 이주민이 머물고 경험하는 도시의 환경을 형성하는 계급, 인종, 국적, 및 국가의 지위의 복잡함을 반영하는 것이다."라고 지적한다(예(Yeoh)와 람(Lam) 2015). 사스키아 사센(Saskia Sassen)은 이에 대하여 "세계적인 도시는 다양한 세계화 현상이 구체적이고 현지화된 형태를 취하는 장소이다."라고 말한다. 그리고 계속해서 말한다.

> 이러한 현지화 된 형태야말로 전반적으로 세계화를 정의하는 것이다……. 오늘날의 대도시는 정치, 경제, 문화, 주관 등의 새로운 유형의 기능을 위한 전략적인 현장으로 부각되었다. 그것은 강자와 약자 모두에게서 비롯되는 새로운 주장이 구체화되고 실제적인 형태를 취하는 곳이다(사센 2005).

이러한 다원화, 지역화, 그리고 구체화의 힘은 도시의 영혼과 갈수록 다양해지는 사람에게 어떤 영향을 줄 것인가? 이방인을 환영하고 다양성을 축하하며 다민족 도시의 맥락에서 고유의 정체성을 재창조하려는 우리의 열망이 진실 될 수 있다. 그러나 영혼이 없는 도시에서는 현지인과 이주자 모두 중심을 찾지 못한다. 정체성은 방향 없이 변하고, 다양한 자민족 중심주의를 기점으로 고착화되고, 결국 풍성한 화합을 가로막고 소외를 촉진한다. 이로 인한 사회적 긴장과 충돌은 세계적 도시에서 피할 수 없는 것이 될 것인가? 그렇지 않다면 더 큰 환영과 넉넉함과 사회적 수용이 있을 수 있는 것인가? 디아스포라의 경향은 21세기에는 우리 모두가 결국 이 세계적인 도시 속에 있는 우리 자신을 발견하게 될 것이라고 한다. 그곳은 우리가 함께 나오는 곳이 될 수 있을까?

도시 문화와 뿌리내린 세계주의

콘(Conn)과 오르티즈(Ortiz)는 "집결하고, 심화하고, 조율하는 문화를 재창조하는 힘들의 상징적 중심지"로서 도시는 영향력과 권력의 통합적 중심지로서 역동성 있는 환경을 창조하려 한다고 말한다(콘(Conn)과 오르티즈(Ortiz) 2001). 싱가포르의 도시 경관은 세계무역과 문화적 다양성이라는 도시 국가의 야망을 반영하며, 싱가포르가 그중심이라 주장한다. 그러나 의도성을 가지고 도시의 영혼과 사람을 형성하는 것의 중요성을 절대 등한시해선 안 된다. 기술, 편리함, 상업, 영향력, 그리고 권력에 대한 염려보다도 영성, 가족, 사랑, 수용, 아름다움, 그리고 우정이 훨씬 더 중요한 문제이다.

한 도시로서 성장하려면 영적 초월성이 필요하다. 도시가 세계화의 세상에서 각자의 운명을 완수할 용기를 찾기 위해선 영혼을 키워 그들의 인류와 역사를 깊게 연결해야 한다. 이것은 우리 도시의 사회적 측면을 탐험하고 우리 자신의 공동의식을 더 깊게 들여다보는 것을 의미한다. 이것은 우리의 문화적 역사에 감사하고 현지와의 소통을 높이 평가한다는 의미다.

도시들은 현지의 환경에 아름다움을 가져다주고, 더 넓은 세계의 청중에게 그들의 독특한 공헌을 제공할, 그 도시에서 성장한 예술가를 격려하고 이들에 투자해야 한다. 릴리 콩은 말했다. "어떤 세계적 도시도 향토색과 국가적 정체성에 기반을 둔 고유의 일이 없다면 소금으로서의 가치가 없다(콩(Kong) 2013)."

콰메 아피아(Kwame Appiah)의 '뿌리내린 세계주의'의 개념은 우리에게 도시가 새 이주민들을 효과적으로 환영하는 방안을 제시한다(아피아 1997). 얼핏 보기에 모순되는 이 개념은 싱가포르와 같은 세계적인 도시에 적용되어 도시의 독특한 역사적, 문화적 그리고 민족/언어적 정체성을 강하게 좇는 것과 그 도시의 이야기를 자유롭게 발전시키는데 공헌할 새로운 사람을 온 마음으로 환영하는 것 사이의 관계를 조명할 수 있다.

한 나무가 깊게 뿌리내리면 가지는 더 길게 자라 결국 그 나무는 더 크게 성장한다. 이것은 우리가 현재와 미래를 인식하기 위해선 과거를 알아야 한다는 중국 격언을 확언한다. 여기 도시의 영혼이, 그 도시의 정체성에 깊게 뿌리내려 사랑과 환대로 뻗어 나가며 새로운 사람을 새 정체성과 공급으로 환영한다.

교회와 도시의 영혼

2001년 세기의 변환기에 레이몬드 바케는 세계가 도시로 왔으며 교회는 이 새로운 현실에서의 사역을 준비해야 한다고 주장했다(바케(Bakke) 2002). 매뉴얼 오르티즈(Manuel Ortiz)는 도시 성장이 사회문화적 현실 이상의 것이며 태초부터 하나님의 의도라 말한다(오르티즈 2002). 사람에게 주어진, 살아가며 이 땅을 가꾸라는 문화적 지시는 하나님께서 사람이 정착하며 시골 마을만이 아니라 도시도 개발하라는 의도를 가졌음을 보여준다. 많은 이들이 성경을 읽으며 가르쳤듯이 인류의 역사는 한 동산에서 시작했지만, 한 도시에서 끝날 것이다(코(Ko) 2010).

도시 주의, 우리는 이것을 어떤 도시와 그 사람들의 고유한 문화라고 이해하자. 이것은 흥미롭고 진화하는 것으로 창조적인 혁신자는 꾸준히 도시 안팎의 형태와 패턴 그리고 이야기를 변화시키고 전달하고 있다.

교회는 계속해서 떠오르는 도시 주의에서 중요한 역할을 갖는다. 도심에서 명확한 사명을 지닌 유기적이고 조직된 공동체로서 교회는 특정한 도시주의가 우리가 이미 설명한 종류의 세계주의에 뿌리를 둔 것일 수 있도록 하는 역할을 하기에 적합하다.

그러나 교회는 보다 넓은 비전을 가진 변형적인 도시 사역을 위해 전략적으로 연계되고 구조화되어야 하며 혁신적인 해결책과 대담한 응답을 요구할 기회를 위해 스스로를 새롭게 해야 한다(코 2010). 이것에는 더 많은 신자를 모으고 채비하여 세계적 도시의 필요를 채울 온갖 범위의 서비스를 제공하는 것과, 그 조직이 깊은 뿌리와 넓은 가지를 형성하는 것을 포함한다.

싱가포르의 교회는 단지 서양식 예배와 사역을 복제하는 것을 경계하고 대신 더 혁신적인 문화와 환경에 알맞게 되는 것을 추구해야 한다. 우리는 하나님 나라를 위해 긍정적인 열매를 맺을 수 있도록 이 세계적인 도시의 발전하는 정체성에 막대하게 기여해야 하고 또 기여할 수 있다. 이를 위해서는 교회가 안락한 공간에서 나와 현지의 상황 속에서 도시 사람과 문화를 만나도록 전념하는 것이 필요하다.

도시환경을 대하는 성경적 예

성경은 자기 도시를 염려하고 섬긴 인물로 가득하다. 아브라함은 퇴폐한 도시 소돔과 고모라를 위해 기도하고 중재했다. 요셉은 파라오 정부에서 훌륭히 섬기며 정의를 집행하고 기근을 완화하여 이집트의 수도에서부터 넓은 지역에 영향을 미쳤다. 페르시아 궁전에서 왕의 술을 따르는 자였던 느헤미야는 예루살렘의 도시 성벽을 재건하고 도시의 재산을 영적으로, 그리고 사회경제적으로 되살리려 했다. 예레미야는 예루살렘을 애도했고, 예언적으로 회개를 요구했다.

진실로 주 예수 본인께서 예루살렘을 위해 우셨고, 사람을 사랑하셨고, 정치와 종교 지도자의 부패에 이의를 제기하셨다. 성경적으로 말하면, 도시의 영혼을 아끼고 형성하는 것은 하나님 백성의 선교에 중요한 부분이며 대량의 도시 이민 시대에는 더욱 중요하다. 우리는 인간성의 말살, 소외와 억압, 민족중심주의, 그리고 적의와 싸우고 창조성, 역사, 다양성, 회개의 책임, 긍정적 변화, 그리고 그리스도를 통한 구속의 희망을 찬양해야 한다.

교회는 유대인의 다언어적, 포용적 공동체로서 오순절에 이루어진 예루살렘에서의 탄생부터 도시 참여의 긴 역사를 지니고 있다. 믿음의 새로운 공동체에서는 부자와 노예가 함께 예배하고 서로를 섬기었다. 안디옥교회는 다언어적인 것을 넘어 다민족의 다문화적인 공동체가 되었다. 성도의 문화적 다양성과 상호관계성에 대한 수용은 궁극적으로 로마제국 도처의 다른 도시에 확장된 도시 선교라는 더 큰 비전을 위해 안디옥교회를 준비시켰다.

도시의 지도자가 동남아시아 지역을 넘어 영향력을 끼치기를 원하는 지금, 현대의 안디옥교회가 되어 아시아와 세계의 다른 도시를 섬길 수 있는 차례와 기회가 싱가포르 교회에 왔다. 물론 이는 자신을 세계적 사명을 가진 세계적 교회로 인식하도록 싱가포르 교회가 더 큰 비전을 키워내는 것을 필요로 할 것이다.

종말론적 공동체로서의 교회의 비전

우리는 교회가 광범위한 도시 사역을 위한 전략을 개발하는데 필요한 토대가 성경의 종말론적 토대에 있다는 마누엘 오르티즈의 주장에서 분명 배울 것이 있다(오르티즈 2002). 먼저 신약성경의 교회는 언어, 문화, 사회경제적 지위, 국적 등의 세상의 모든 장벽을 초월한 그리스도 안에서의 새 공동체이자 새 창조물이었다. 신약성경의 교회는 서로를 아끼기 위해 그리고 전통의 구분이 없이 궁핍한 자를 섬기기 위해 존재하는 공동체였다. 둘째, 교회는 개별적으로나 단체적으로나 각 지체가 사역하고 섬기고 기도하고 축복하고 단순하게 살며 성육신의 삶을 살아가는 제사장이다. 셋째, 교회는 사람의 손이 아닌 하나님의 설계와 건축으로 창조된 순례자 공동체이자 이주민 공동체이자 하늘의 도시로 향하는 나그네인 것이다.

그리스도 안의 새 피조물, 순례자 공동체, 언제나 밖으로 나가 경계선을 넘고 언제나 다가가기 위해 자신을 내어주어 공동체를 세우고 변화시키려는 교회의 이미지는 강력한 것이다.

그러나 이 순례의 비전은 그 자체로는 불완전하다. 교회는 모든 나라, 민족, 경제, 문화적 분열이 마침내 사라지는 요한계시록 7:9~10의 미래 도시의 비전을 회복해야 한다. 이보다 완전한 관점으로 비추어보면 우린 교회의 다문화적 연합이 단지 지금만이 아닌 미래의 현실을 위한 이상적인 종말론적 공동체의 약속임을 깨닫는다.

국경 없는 세상의 경계 없는 순례자가 영원한 도시로 향하는 완전한 그림은 교회가 그 미래를 보았기에 희망을 품고 현재 도시의 현실을 섬길 수 있게 한다. 120개 이상의 민족이 모이는 영어를 사용하는 싱가포르의 국제침례교회는 이러한 종말론적인 비전이 도시 교회에 의해 받아들여졌을 때의 모습이 어떠한지를 보여주는 좋은 사례다.

바케(Bakke)는 목회자가 도시를 위한 통합적인 사역을 개발하기 위해서 선교학자가 되어야 한다고 주장한다(바케 2002). 선교학은 종종 길 위의 신학이라고 불렸다. 교회는 언제나 선교학적이며 혁신적이고 삶의 여정에서 변화되고 있어야 한다. 목회자는 그들의 교회가 경계선과 문화를 넘어 활발하게 도시를 마주하도록 채비시켜야 하고 이 채비는 단순히 특별한 때에 이따금 하는 아웃리치를 넘어서야만 한다. 로버트 솔로몬 명예 주교는(2015) 교회가 양심, 공동체, 그리고 연민으로 이루어진 도시의 영혼에 대한 척도가 될 수 있다고 주장했다.

싱가포르의 많은 교회가 어린이집에서부터 가족 서비스센터에 이르는 사회복지사업을 설립했다. 이들 중 일부는 지역 사회로의 진출 및 참여의 일부로서 주변의 지역 사회단체나 주민위원회와 정기적인 파트너십 프로그램을 맺어 지역을 섬긴다.

미국의 페어필드감리교회는 차이나타운 공동체를 수년간 활발히 섬겨온 교회 중 하나다. 오늘날 그들은 주일마다 중국에서 온 수백 명의 디아스포라 노동자에 계속해서 다가가고 있다. 아시아 복음주의 펠로우십(Asia Evangelistic Fellowship)은 리틀 인디아에 세워진 진료실과 함께 동남아시아 다이스포라에게 보조금을 지급받는 의료보건 서비스를 제공한다. 이주민 노동자와 여러 사회적 불의의 문제를 해결하기 위해 일하는 헬스 서브(HealthServe)[역25]에 감명을 받은 사람들이 공동시설에 사는 남아시아 건축노동자를 섬기기 시작했다. 몇몇 지역 교회는 다양한 새 이주민 그룹의 언어를 지원하는 디아스포라 교회를 세우기도 했다. 이러한 아웃리치는 고유한 도시 정체성과 새로운 거주민에 대한 환대에 깊이 뿌리를 둔 도시의 영성을 형성하고자 하는데 격려가 되는 노력이다.

도시의 개인들 : 다른 이를 만나다

우리와는 다른 사람, 즉 '타인'에게 다가가 관계하기를 선택하면 도시 생활은 우리 영혼을 풍성하게 하고 인간미를 깊게 할 수 있다. 도시는 우리에게 다른 이와 만날 기회를 풍부하게 제공하지만, 장애물을 넘어 그들의 세상으로 들어가는 것은 결코 쉽지 않다.

마틴 부버는 타인과 관계하는 것을 '나-당신'의 관계와 '나-그것'의 관계로 구분했다(부버 1958). 세계적 도시의 개인으로서 우리는 서로를 단지 대상이나 경멸, 두려워할 하등 존재로 대하는 경향이 있다. 우린 가게주인이 외국인 손님, 특히 외국인 노동자를 경시하는 것을 목격한다. 외국인 노동자는 필요하지만, 원치 않는다는 말이 있다. 타인을 단순한 사물로써 치부할 때 우리는 그들을 비인격화한다. 진정한 의미에서 다른 이를 무시하고 두려워하고 착취하는 것은 우리 자신을 비인격화시킨다. 그런 태도는 두려움과 혼란이 지배하는 무정한 도시에서 전염성이 크다.

교회는 외국인 노동자와 도시의 다른 새 디아스포라 그룹의 비인격화를 정정하기 위한 만남과 약속의 모범을 보일 수 있다. 그들의 필요를 이해하고 실질적인 도움을 제공하며 그들이 세계적 도시에 가져오는 가치를 인정하고 포용하기 위해서 우리는 교회 안에 더 큰 만남과 관계를 격려하고 공동체 안의 타인을 만나기 위해서 우리의 안전지대를 벗어날 수 있다.

싱가포르의 도시 교회는 단지 일요일에 외부인이 자동으로 올 것이란 헛된 희망으로 일반 대중에게 문을 여는 것 이상을 해야 한다. 도시 교회는 반드시 도시 안으로 들어가 사람과 그날의 문제를 마주해야 한다. 세계적 도시에서 선교하는 교회는 그 도시를 알아야 하고 또 그 도시에서 알려져야 한다.

싱가포르 글로벌선교센터(SCGM)[역26]는 민족과 문화를 넘어 예수 그리스도의 믿음, 희망, 사랑으로 사람과 접촉하기 위해 지역 교회와 제휴하여 도시에 연민과 돌봄의 공동체를 세우기 시작하였다. 싱가포르 교회지도자의 선교학적 사고를 자극하기 위한 간행물과 다문화콘서트 그리고 다른 이들을 받아들이고 이들과의 상호작용을 장려하는 행사와 특히 환경 책무와 선교적 사업과 같은 오늘날의 싱가포르의 현실적인 이슈에 집중하는 훈련과 콘퍼런스는 SCGM과 지역 교회가 도시의 영혼을 돌보고 키우려는 몇몇 방법들이다 (SCGM 2014).

싱가포르 교회는 일상에서 관계가 이루어지고 그 구속적 관계가 세워져 새로 온 사람이 소중한 친구가 되고 낯선 이들이 사랑하는 이웃이 되게 하는 데 더 많은 일을 할 수 있고 또 해야 한다(코 2015). 서로를 섬길 때 우리는 우리의 인류애를 확증하고 우리가 거주하는 도시의 영혼을 자라게 한다.

결론

오늘날 우리는 세계적인 도시의 부상에 날로 지배되고 있는 세상에서 살고 있다. 전 세계가 싱가포르, 마닐라, 파리, 캄팔라, 휴스턴, 두바이, 그리고 상파울루와 같은 도심지의 비좁은 장소에 살게 되었다. "우린 이제 모두 이웃이다"(웰리스(Wallis) 2013). 교회는 도시화의 디아스포라적 영향력에 과묵하거나 도시 선교에 대한 소명을 피하지 말아야 한다.

교회는 거리에서 찾아볼 수 있어야 하며, 부유한 자와 민족적으로나 경제적으로 그리고 이주상태에 있어 소외된 사람 모두와 관계하는 것이 눈에 띄어야 한다. 우리는 세계적 도시가 정체성의 뿌리를 더 깊이 내리고 환대의 가지를 더 넓게 자라도록 도와야 할 사명이 있다. 우리는 다가올 영원한 도시를 소망하며 사회 결합과 선한 이웃사랑으로 도시와 그 영혼을 연결하기 위해 섬기고 희생할 수 있는 자유를 누리는 순례자인 종말론적 공동체이다.

우리는 예루살렘과 안디옥 교회에 대한 기억과 다가올 도시에 대한 소망이 21세기의 싱가포르와 그 너머의 모든 도시를 변화시킬 선교 참여에 영감과 유익이 되기를 기도한다.

토의

1. 여러분의 도시나 여러분이 잘 아는 도시를 생각해보라. 도시가 새로운 이주민을 효과적으로 환영할 수 있는 고유의 도시 정체성을 형성하는 데 지역 교회를 어떻게 도울 수 있겠는가? 이미 이것을 실천하고 있는 교회를 아는가?
2. 도시가 세계화의 힘 앞에 변화될 때 그 결과는 자주 '다른 이'에 대한 두려움으로 나타난다. 이 두려움은 여러분의 환경에서 어떻게 나타나는가? 여러분이 아는 교회는 이에 어떠한 도움이 되는, 혹은 상처가 되는 대처를 하였는가?
3. 저자들은 교회가 '순례자'와 '영속되는 도시'의 정체성을 동시에 균형 있게 가질 수 있는 종말론적인 비전을 포용하는 것에 관해 이야기하고 있다. 어떻게 순례자 공동체로서의 교회에 대한 이해가 세계적인 도시의 정신을 형성하는 데 도움이 될 수 있는가? 어떻게 영속되는 도시를 향하는 교회에 대한 이해가 세계적인 도시의 정신을 형성하는 데 도움이 될 수 있는가?

참고문헌

Appiah, K. A. (1997). Cosmopolitan Patriots. *Critical Inquiry*, 617-639.

Adeney, Miriam. "Colorful initiatives: North American diasporas in mission." *Missiology: An International Review*, 2011: 5-23.

Appiah, Kwame Anthony. "Cosmopolitan Patriots." *Critical Inquiry*, 1997: 617-639.

Baeq, Daniel Shinjong, Myunghee Lee, Sokpyo Hong, and Jonathan Ro. "Mission from migrant church to ethnic minorities: A brief assessment of the Korean American Church in mission." *Missiology: An International Review*, 2011: 25-37.

Bakke, Raymond. "Urbanization and Evangelism: A Global View." In *The Urban Face of*

Mission: Ministering the Gospel in a Diverse and Changing World, edited by Manuel Ortiz and Susan Baker, 32. Phillipsburg, New Jersey: P&R Publishing, 2002.

Baxter, John. "The Local Church in Diaspora Missions." *Journal of Asian Mission* 11, no. 1-2 (2009): 113-119.

Bediako, Kwame. *Jesus in Africa: The Christian Gospel in African History and Experience*. Akropong: Regnum Africa, 2000.

Bediako, Kwame. "John Mbiti's Contribution to African Theology." In *Religious Plurality in Africa: Essays in Honor of John S. Mbiti*, by Jacob K. Olupona and Sulayman S. Nyang, 367-396. Berlin: Mouton de Gruyter, 1993.

Buber, Martin. *I and Thou*. New York: Charles Scribner & Sons, 1958.

Carino, Feliciano V. "The Dynamics of Political Migrations as a Challenge to Religious Life." In *Religions Today: Their Challenge to the Ecumenical Movement*, by Julio de Santa Ana, 86. Geneva: World Council of Churches, 2005.

Carmichael, Amy. "No Scar?" In *Toward Jerusalem*, by Amy Carmichael, 85. London: Holy Trinity Church, 1936.

Casiño, Tereso C. "Why people move: A prolegomenon to diaspora missiology." In *Korean Diaspora and Christian Mission*, edited by S. Hun Kim and Wonsuk Ma, 30-53. Oxford: Regnum Books, 2011.

Choi, Sungho. "Identity Crisis for Diaspora Community." In K*orean Diaspora and Christian Mission*, edited by S. Hun Kim and Wonsuk Ma, 20-29. Oxford: Regnum Books, 2011.

Chun, Do Myung. "Kingdom-centered identity: The case of bicultural Korea-Brazilians." In *Korean Diaspora and Christian Mission*, edited by S. Hun Kim and Wonsuk Ma, 115132. Oxford: Regnum Books, 2010.

Commission on World Mission and Evangelism. "Mission spirituality and discipleship: Beyond and through contemporary boundaries." *International Review of Mission*, 2010: 106-124.

Conn, Harvey M., and Manuel Ortiz. Urban Ministry: The *Kingdom, the City, and the*

People of God. Downers Grove, Illinois: IVP Academic, 2001.

Connor, Phillip. "A Biblical missiology for North American people groups." *North American Mission Board.* 2006. http://staging.namb.net/nambpb.aspx?pageid=8589967111 (accessed 2 16, 2011).

Cronin, Vincent. *A Pearl to India: The Life of Roberto de Nobili.* New York: E.P. Dutton & Co., 1959.

Embassy of the *Blessed Kingdom of God for All Nations.* "Embassy of the Blessed Kingdom of God for All Nations: 8th Anniversary." Brochure. Kiev, 2002.

Gamez, Ana. Blessing OFWs to Bless the Nations. Makati City: Church Strengthening Ministry, Inc., 2012.

George, Sam. "Diaspora: A hidden link to "From everywhere to everywhere" missiology." *Missiology: An International Review*, 2011: 45-56.

Haar, Gerrie ter. *Halfway to Paradise: African Christian Presence in Europe.* Cardiff: Cardiff Academic Press, 1998.

Hale, Chris. "Aradhna: From comfort to discomfort, from church to temple." *International Journal of Frontier Missions.* 2007. http://www.ijfm.org/PDFs_IJFM/24_3_PDFs/147150Hale.pdf (accessed 2 18, 2011).

Hanciles, Jehu H. "Migration and Mission: Some Implications for the Twenty-First Century Church." *International Bulletin of Missionary Research*, 2003: 149-150.

Harvey, Thomas Alan. "Diaspora: A passage to mission." *Transformation: An International Journal of Holistic Mission Studies*, 2011: 42-50.

Howell, Brian M. "Multiculturalism, immigration and the North American Church: Rethinking contextualization." *Missiology: An International Review*, 2011: 79-85.

International Organization for Migration. *World Migration Report.* Geneva: International Organization for Migration, 2013.

International Organziation for Migration. *World Migration Report.* Geneva: Internatioanl Organization for Migration, 2015.

Jackson, Darrell. "Europe and the migrant experience: Transforming integration."

Transformation: An International Journal of Holistic Mission Studies, 2011: 14-28.

Jenkins, Phillip. *The Next Christendom: The Coming of Global Christianity*. Oxford: Oxford University Press, 2011.

Jeong, Matthew. "Korean Evangelicals' response toward Muslim neighbours." In *Korean Diaspora and Christian Mission*, edited by S. Hun Kim and Wonsuk Ma, 157-173. Oxford: Regnum Books, 2010.

Jung, Min-young. "Diaspora and timely hit: Towards a diaspora missiology." In *Korean Diaspora and Christian Mission*, edited by S. Hun Kim and Wonsuk Ma, 54-63. Oxford: Regnum, 2010.

Kawthoolei Karen Baptist Bible School & College. "Brief history." *Kawthoolei Karen Baptist Bible School & College*. 2010. https://sites.google.com/site/kkbbsc/home/brief-history (accessed 2 15, 2011).

Kim, Hun. "Receiving mission: Reflection on reversed phenomena in mission by migrant workers from global churches to Western society." *Transformation: An International Journal of Holistic Mission Studies*, 2011: 62-67.

Kim, S. Hun. "Migrant workers and 'Reverse Mission' in the West." In *Korean Diaspora and Christian Mission*, edited by S. Hun Kim and Wonsuk Ma, 150-156. Oxford: Regnum Books, 2010.

Kim, S. Hun, and Wonsuk Ma. *Korean Diaspora and Christian Mission*. Oxford: Regnum Books International, 2011.

Ko, Lawrence. "Individuals in the City: Encountering the Other." In *Ethnic Rhythms: Life in the Global City,* edited by Lawrence Ko, 51-52. Singapore: Singapore Center for Global Missions, 2015.

Ko, Lawrence. "The Role of the Asian Church in Missions." In *Emerging Missions Movements: Voices of Asia*, 1-10. Compassion International and Asia Evangelical Alliance, 2010.

Kong, Lily. "Cultural Icons, Global City and National Identity." In *Engaging Society: The Christian in Tomorrow's Singapore*, edited by Michael Nai-Chiu Poon, 24-40.

Singapore: Trinity Theological College, 2013.

Kraemer, Hendrik. *Religion and the Christian Faith*. Cambridge: James Clarke, 1956.

Lausanne Committee for World Evangelization. *Scattered to gather: Embracing the global trend of diaspora*. Manila, Philippines: LifeChange Publishing, Inc., 2010.

Lausanne Diaspora Educators Consultation. "The Seoul Declaration on Diaspora Missiology." *The Lausanne Movement*. 11 14, 2009. http://www.lausanne.org/documents/seouldeclaration-on-diaspora-missiology.html (accessed 2 18, 2011).

LCWE. *Scattered to gather: Embracing the global trend of diaspora*. Manila, Philippines: LifeChange Publishing, Inc., 2010.

—. Scattered to gather: Embracing the global trend of diaspora. Manila, Philippines: LifeChange Publishing, Inc., 2010.

Lim, David S. "Seconnd lausannne Philippine Congress (2012)." *http://www.lausanne.org/en/blog/1921-second-lausanne-philippine-congress-2012report.html*. January 7, 2013. (accessed September 1, 2014).

Lisbe, Gerardo B. *Church-based OFW Family Care Ministry: An Ethnographic Study on the Structure and Activities that Filipino Create that Significantly Reduce OFW Family Dysfunction.* D. Min. Dissertation, Los Angeles, CA: International Theological Seminary, 2014.

Loong, Lee Hsien. "Smart Nation Initiative." November 24, 2014. https://www.youtube.com/watch?v=jGMbqpVRo9I.

Lorance, Cody "An Introduction to Contextualization Among Hindus." *Lausanne Global Conversation*. 6 6, 2010. http://conversation.lausanne.org/en/conversations/detail/10373 (accessed 2 14, 2011).

Ma, Wonsuk. "A Millenial Shift of Global Christianity and Mission: An Initial Reflection." In *Korean Diaspora and Christian Mission*, edited by S. Hun Kim and Wonsuk Ma, 11-24. Oxford: Regnum Books International, 2011.

Oh, Doug K. "History of the Korean Diaspora Movement." In *Korean Diaspora and Christian Mission*, edited by S. Hun Kim and Wonsuk Ma, 2-16. Oxford: Regnum

Books, 2011.

Olupona, Jacob, and Regina Gemignani. *African Immigrant Religions in America*. Washington D.C.: New York University Press, 2007.

Operation World. *Singapore*. 2015. http://www.operationworld.org/sing.

Ortiz, Manuel. "The Church and the City." In *The Urban Face of Mission: Ministering the Gospel in a Diverse and Changing World*, edited by Manuel Ortiz and Susan Baker, 43. Phillipsburg, New Jersey: P&R Publishing, 2002.

Ott, Craig, Stephen J. Strauss, and Timothy C. Tennent. *Encountering Theology of Mission: Biblical Foundations, Historical Developments, and Contemporary Issues*. Grand Rapids: Baker Academic, 2010.

Parreñas, Rachel S. *Servants of Globalization: Women, Migration, and Children*. Quezon City: Ateneo De manila University Press, 2003.

Photo Voice; Bhutanese Refugee Support Group. "Introduction." *Bhutanese Refugees: The Story of a Forgotten People*. March 12, 2010. http://www.photovoice.org/bhutan/ (accessed 2 17, 2011).

Pocock, Michael, Gailyn Van Rheenen, and Douglas McConnell. *The Changing Face of World Missions: Engaging Contemporary Issues and Trends*. Grand Rapids, MI: Baker Academic, 2005.

Programme, United Nations Development. *Human DevelopmentReport 2009 Overcoming Barriers: Human Mobility and Development*. New York: Macmillian, 2009.

Rajamanickam, S. "The Goa Conference of 1619 (A letter of Fr Robert de Nobili to Pope Paul V)." *Indian Church History Review*, 1968: 85.

Ratha, Dilip, et al. *Migration and Remittances: Recent Developments and Outlook*. Washington D.C.: The World Bank, 2015.

Richard, H.L. "Good news for Hindus in the neighborhood." *Rethinking Hindu Ministry II: Papers from the Rethinking Forum*, 2010: 32-35.

Rodas, M. Daniel Carroll. *Christians at the Border: Immigration, the Church and the*

Bible. Grand Rapids: Baker Academic, 2008.

Santamaria, Francis. "Problems regarding Family Relationns and Children of Migrant Workers." In *Filipino Women Overseas Contract Workers: At What Costs?*, by Mary Palma-Beltran and Aurora javate De Dios, 71. Quezon City: JMC Press, 1992.

Sassen, Saskia. "The Global City: Introducing a Concept." *Brown Journal of World Affairs*, 2005: 27~43.

Singapore Center for Global Missions. 2014. http://www.scgm.org.sg.

Solomon, Robert. "Soul of the Global City." *Speech at Singapore Centre for Global Missions*. Singapore, August 6, 2015.

Song, Minho. "The diaspora experience for the Korean Church and its implications for world missions." In *Korean Diaspora and Christian Mission*, edited by S. Hun Kim and Wonsuk Ma, 103-114. Oxford: Regnum Books, 2010.

Sydnor, Paul N. "Understanding the forced displacement of refugees in terms of the person." *Transformation: An International Journal of Holistic Mission Studies*, 2011: 51~61.

Tan, Kang-San. "In search of contextualized training models for Chinese Christian diaspora in Britain." *Transformation: An International Journal of Holistic Mission Studies*, 2011: 2941.

The Lausanne Movement. "The Lausanne Covenant." *The Lausanne Movement*. 1974. http://www.lausanne.org/covenant (accessed 2 18, 2011).

Thomas, T.V. "Ministering to Scattered Peoples: Global Phenomenon of Diaspora." *Lausanne Global Conversation*. 11 12, 2010. http://conversation.lausanne.org/en/conversations/detail/11660 (accessed 2 17, 2011).

Trinity International Baptist Mission. *Our Story*. 2010. http://www.tibm.org/our-story.html (accessed 2 25, 2011).

United Nations. World Urbanization Prospects. New York: United Nations, 2014. United Nations. *World Urbanization Prospects*. New York: United Nations, 2014.

United Nations: Department of Economic and Social Affairs. *Trends in International*

Migrant Stock: 2013 Revision. United Nations, 2013.

Vanier, Jean. *From Brokenness to Community*. Mahwah, NJ: Paulist Press, 1992.

Wahrisch-Oblau, Claudia. *The Missionary Self-Perception of Pentecostal/Charismatic Church Leaders from the Global South in Europe*. Leiden/Boston: E.J. Brill, 2009.

Wallis, Jim. *On God's Side: What Religion Forgets and Politics Hasn't Learned about Serving the Common Good*. Grand Rapids: Brazos Press, 2013.

Walls, Andrew F. "Mission and Migration: The Diaspora Factor in Christian History." *Journal of African Christian Thought*, 2002: 3~11.

Waltke, Bruce K. Genesis: *A Commentary*. Grand Rapids, MI: Zondervan, 2001.

Wan, Enoch. "Diaspora missiology." *Occasional Bulletin*, 2007: 3~7.

Wan, Enoch. "Diaspora mission strategy in the context of the United Kingdom in the 21st century." *Transformation: An International Journal of Holistic Mission Studies*, 2011: 313.

Wan, Enoch. "Korean diaspora: From hermit kingdom to Kingdom ministry." In *Korean Diaspora and Christian Mission*, edited by S. Hun Kim and Wonsuk Ma, 85-101. Oxford: Regnum, 2010.

Wan, Enoch. "Ministering to Scattered Peoples - Moving to Reach the People on the Move." *Lausanne Global Conversation*. 10 22, 2010. http://conversation.lausanne.org/en/resources/detail/11438 (accessed 2 17, 2011).

Wan, Enoch, and Sadiri Joy Tira. "Diaspora Missiology." In *Missions in Action in the 21st Century*, edited by Joy Sadiri Tira and Enoch Wan, 55. Quezon City: LifeChange Publishing, Inc., 2012.

Wanner, Catherine. *Communities of the Converted: Ukrainians and Global Evangelism*. London: Cornell University Press, 2007.

Yeoh, Brenda, and Theodora Lam. "Divercity Singapore." In *Ethnic Rhythms: Life in the Global City*, edited by Lawrence Ko. Singapore: Singapore Centre for Global Missions, 2015.

5부

디아스포라 선교의 지역적·국가적 사례 연구

편집자

미리암 애드니(Miriam Adeney)

투브야 자렛스키(Tuvya Zaretsky)

서론

디아스포라 선교의 지역적·국가적 사례 연구

편집자

미리맘 애드니 / 투브야 자렛스키

디아스포라 인류는 전 세계 방방곡곡에서 전 세계의 방방곡곡으로 흘러간다. 5부에서는 8개 지역의 사례 연구를 소개하는데 유대계, 중국계, 한국계, 인도계, 남미계, 브라질계, 아프리카계(아프리칸), 이란계 그룹이 등장한다. 중국계와 같이 포괄적인 통계가 넘치도록 있는 민족이 있고 아프리칸 교회와 이란계 교회 같이 특정한 교회만 관찰한 민족도 있다. 라틴계는 지역 사역에 집중하는 반면 브라질계는 세계 선교에 집중한다. 8개 장은 모두 어려운 환경 속에서 복음을 증거하고 섬기는데 창의적으로 접근하려는 이야기이다.

25장

유대인 디아스포라 사역

투브야 자렛스키(Tuvya Zaretsky)

이스라엘 역사학자 H. H. 벤-사썬(Ben-Sasson 1976: 182)에 의하면, 디아스포라는 지난 2,500년 이상 유대인의 삶의 방식이다. 25장에서는 과거와 현재의 유대인 디아스포라에 대하여 이야기하며, 오늘날 복음이 유대인 공동체에서 어떻게 축복 되어왔는지에 대하여 살펴본다.

용어의 정의

유대인(Jew)이라는 단어는 아브라함과 이삭, 야곱의 자손을 칭하는 용어로 핏줄로 이어진 특정 민족을 말한다. 유대인(계)의 또는 유대풍의(Jewish)는 유대인 공동체, 유대인의 문화, 혹은 유대인의 가치와 같은, 유대인 민족 안에 있는 어떤 특정한 것을 묘사할 때 쓰는 단어이다.

유대인(Jewry)은 모든 유대인을 통틀어 칭하며 세계에 흩어져 사는 *세계 유대인(World Jewry)*과 이스라엘에 사는 *이스라엘 유대인(Israeli Jewry)*으로 나눌 수 있다.

종교적인 단어인 *유대교(Judaism)*는 유대 문화의 한 요소이지만 문화는 다양하다. 유대교는 일부 유대인이 믿는 신앙일 뿐, 모든 유대인이 다 믿지는 않는다. 미국과 이스라엘에 사는 유대인의 1/3정도가 유대교를 받아들여 어느 정도 '종교적(*dati*)'이라고 평가되지만, 2/3는 세속적이다(또는 *chiloni*). 이 두 그룹 사이에 교집합으로 있는 유대인은 자신을 '전통적'이라고 부르며(*masorti*) 유대교를 믿는다고 하지만 그 신앙은 보다 세속적이다. 그러므로 유대교는 유대인을 어떤 민족으로 정의하는 요인이 아니다. 종교는 유대 문화의 한 부분일 뿐, 그 민족을 구별하지는 않는다. 유대 문화 내부자의 관점에서 유대 민족은 다양한 신앙 형태를 가질 수 있지만, 예수님을 믿는 신앙은 거부한다.

*이스라엘*이라는 단어는 많은 복음주의 기독교인을 혼란하게 한다. 1948년부터 *이스라엘(the State of Isreal)*은 중동에서 주권을 가진 공화국이 되었다. 또 성경은 한 족장과 그의 후손을 '이스라엘'이라고 부른다. 이런 이유로 '이스라엘'이라는 단어를 사용할 때 민족, 고대와 현대, 족장, 과거의 왕국 혹은 현재 중동에 있는 정치적 국가 사이에서 구별해야 한다(자렛스키 1998: 36~39).

*디아스포라*라는 용어는 이 책의 여러 곳에서 정의하고 있지만, 벤-사쏜이 말했듯, 디아스포라는 유대인만의 특별한 경험이다. 후에 아브라함이라고 불리는 족장 아브람은 자신의 본토와 밧단 아람(Padan-Aram)에 있는 친척과 우르Ur라는 대제국을 떠나 하나님을 따라갔다. 아브라함과 자녀는 가나안 족속과 나중에는 애굽인 사이에서 이방인으로 살았다. 오늘날까지 이를 기억하고 기념하는 유대인 예식이 있다. "너는 또 네 하나님 여호와 앞에 아뢰기를 내 조상은 방랑하는 아람 사람으로서 애굽에 내려가 거기에서 소수로 거류하였더니 거기에서 크고 강하고 번성한 민족이 되었다(신 26:5)."

이들이 이스라엘 자손으로서 성장하여 역사적으로 사울이 다스리는 왕국이 되었다가, 기원전 930년 즈음에 북이스라엘 혹은 사마리아와 남유다 왕국으로 나누어졌다. 기원전 722년에 앗수르 제국이 북이스라엘을 침입하여 백성을 강제 이주시켰고, 기원전 586년에는 바벨론 군대가 나머지 두 시파의 왕국인 남유다를 침공하여 포로로 잡아갔다. 그로부터 1948년까지 디아스포라는 유대인 역사에서 지속해서 자리를 지켜왔다. 이스라엘 건국은 세계에 흩어져 있는 유대인의 관점을 바꾸었다. 오늘날 이스라엘인은 디아스포라 유대인을 '망명 생활'을 선택한 이들로 여긴다.

세계 유대인 인구

유대 민족은 지속해서 사회 변화, 초국가적 이주, 문화 변화 등으로 널리 퍼져 성장하고 있다. 2010년, 이스라엘 인구통계학자 서지오 델라페고라(Sergio DellaPergola)는 세계에 흩어져 있는 유대인의 인구를 1,364만 7,500명으로 추정했다(겔트만(Geltman) 2012:26). 이스라엘에는 전체 유대인 중 43%를 조금 넘는 590만 명의 유대인이 거주한다. 2,000년 만에 처음으로 조상의 본토에서 세계에서 가장 큰 유대인 공동체가 살게 되었다.

미국에는 527만 5,000명의 유대인이 있다. 전체 유대인의 82%가 두 나라에 걸쳐 분포한다. 다음은 이스라엘과 미국 다음으로 많은 유대인이 사는 열두 나라이다.

캐나다 - 37만 5,000명
영국 - 29만 2,000명
러시아 - 20만 5,000명
아르헨티나 - 18만 2,300명
독일 - 11만 9,000명
호주 - 10만 7,500명
브라질 - 9만 5,600명
우크라이나 - 7만 1,500명
남아프리카공화국 - 7만 800명
헝가리 - 4만 8,600명
멕시코 - 3만 9,400명

1980년대 이래로, 유대인 이동의 주요한 외부 영향은 구소련(FSU)의 분열과 독일의 통일이었다. FSU 출신의 유대인 이민자는 이스라엘에서 빠르게 증가했다.

중요한 내부 추세 또한 유대인 인구 이동을 형성했다. 1990년과 2000년,

2001년에 실시한 북미 유대인 인구 조사에 따르면, 유대인의 출생률은 부부당 1.8명으로 평균출생률보다 낮았고, 유대인 종교 혹은 교육기관으로부터 탈퇴한 유대인은 63%가 넘었다. 2012년, '세계 유대인 선정 지표(Selected Indicators of World Jewry)'에 의하면 유대인-이방인 결혼이 54%이다. 러시아와 우크라이나 유대인이 다른 민족과 결혼한 비율은 80%이지만, 유럽의 유대인은 평균 45%였다(겔트만, 2012:26~27, 노트 b를 보라).

디아스포라 유대인의 선교 경향

1970년대 초반 디아스포라 유대인 사이에서 영적 각성 운동이 일어났다. 특히, 미국 유대인 공동체에서 특별한 두 가지가 발생했다. 이스라엘 학자이며 노스 캐롤리나 채플 힐 대학의 종교학 조교수인 야코프 아리엘(Yaakov Ariel)은 다음과 같이 말했다.

> 유대인을 향한 선교는 미국에서 19세기 초반부터 활발하게 일어났다. 하지만 예수를 위한 유대인[역1]과 1970년대 초반의 더 역동적이며 획기적인 전도 캠페인은 그 전보다 더 성공적이었다. 미국의 유대인 역사상 처음으로, 유대인을 향한 기독교 복음 전파가 성공적이었고 수만 명의 젊은 유대인 영혼을 얻을 수 있었다(아리엘 2000:211).

필자 개인의 영적 여정은 주께서 미국의 젊은 유대인 속에서 역사하셨던 전형적인 사례이다. 나는 1970년에 예수님을 믿게 되었다. 나의 부모님은 모두 벨라루스와 폴란드, 헝가리에서 이민 온 유대인 가족의 자녀들이었다. 아버지는 토론토에서 종교적으로 엄격하게 자랐으며, 어머니는 문화적으로 전통적 유대교를 신봉하는 뉴욕의 유대인 가정에서 자라났다. 결혼 후 두 분은 캘리포니아 북쪽에 자리 잡았고 산호세에 있는 엠마누엘 회당의 소속이 되었다. 그곳에서 나는 신앙적 훈련을 받았고 유대인 공동체의 정체성을 가지게 되었다. 그 환경에서 예수님과 복음은 무의미했다. 유대인 학교의 선생님은 수업 시간에 예수는 "기독교로 개종하기 전까지 유대인이었다. 그 말은 예수는 더 이상 유대인이 아니다."라고 가르쳤다. 그것이 우리에게 문화적 경계선을 만들었다. 우리에게 예수는 외부인이었다.

하지만 내게는 하나님과 유대 역사, 우리의 유산과 성경에 대한 사랑이 있었다. 아브라함과 모세와 다윗이 경험한 것처럼 나도 하나님을 알기 원했다. 나는 유대인 소년이 유대인 회당 공동체의 일원이 되기로 헌신하는 의식인 바-미쯔바(*Bar-Mitzvah*) 동안 하나님을 찾았다. 이사야 선지자처럼 나는 "내가 여기 있나이다. 나를 보내소서(사 6:8)."라고 말하며 하나님을 찾고자 하는 갈망이 시작되었다.

나는 그 후 10년간 나의 조상의 하나님이 내게 나타나시기를 기대하며 기다렸다. 나는 그 응답을, 홀로코스트**역2** 후 있었던 유대인 베이비붐 시대에 태어난 젊은이들이 1970년대 초 *메시아 예수아(Messiah Yeshua, 예수 그리스도)*를 믿게 되는 북미 유대인 공동체에서 일어난 영적 운동에서 얻으리라고는 전혀 생각 못 했다. 정치적 사회적 격변을 경험하면서, 우리 중 그 누구도 우리의 영적 각성 운동이 우리가 복음과 예수님을 섬기도록 인도할 줄은 상상도 하지 못했다. 하지만 역사가인 아리엘이 관찰한 것처럼, 하나님께서는 미국의 유대인 가운데 역사하고(on the move) 계셨다.

예수님의 메시지는 메시아닉 성서(Messianic Bible)**역3** 예언의 맥락에서 많은 사람에게 나타났다. 1967년 이스라엘은 예루살렘을 회복했다. 기독교인이 이에 대한 종말론적 가능성을 추측하고 있었지만, 우리 유대인은 본토에 정착하는 중요성에 대하여 숙고하고 있었다. 적어도 이 역사적인 사건은 하나님의 존재에 대해 질문하게 했다. 이때가 유대인의 삶 속에 영적 각성과 새로운 흥분을 주는 시간이었다. 우리 민족 안에 하나님의 영의 역사가 일어나고 있었다.

우리 중 많은 이가 상상하지 못했던 일을 했다. 바로 신약성경을 읽기 시작하였고, 결국 예수님을 믿게 된 것이다. 메시아닉 유대인(Messianic Jews)의 운동도 드러났다. 운동의 한 표출로써 통찰력 있고 독특한 유대인 선교 리더인 모세 로센(Moishe Rosen)의 리더십을 중심으로 북 캘리포니아에서 모임이 생겨났다. 이로써 나는 하나님께서 우리의 삶 속에 나타나셨고 우리가 '예수를 위한 유대인(Jews for Jesus)'이라고 선포하도록 담대하게 하셨음을 함께 발견하는 팀의 일원이 되는 특권을 누리게 되었다(튜커(Tucker) 1999).

야코프 아리엘은 - 기독교에 대하여 - 별로 호의적이지 않은 유대교인의 관점에서 이 운동에 대한 통찰력 있는 분석을 제공한다.

> 예수를 위한 유대인은 옛날 복음주의가 유대인을 전도하려고 했었던 노력을 재활성한 것이다. 여러 세대에 걸쳐 선교사가 미국 유대인에게 전파하려고 했던 메시지 속에는 참신함과 특이함이 없었다. 하지만 이 단체의 리더인 로젠은 처음으로 오늘날 미국 유대인 세대는 새로운 관심과 가치를 가지고 있다는 것을 깨닫고, 그들에게 다가가기 위한 새로운 방법을 제시하고자 했다. 로젠의 업적은 새로운 선교 아젠다 혹은 지침서를 만든 것이 아니라, 오히려 선교의 목표를 더 효과적으로 달성할 수 있게 하려고 새로운 전략과 방법을 사용한다는 데 있다(아리엘 2000:219).

아래에 효과적인 현대 사역의 네 가지 사례를 소개한다. 메시아닉 교회 운동과 무슬림과 유대인 배경을 가진 성도를 위한 캘리포니아 페르시안 교회, 이스라엘 군대 전역 후 여행을 다니는 이들을 향한 글로벌 아웃리치, 그리고 다른 종교 간의 결혼상담이다.

메시아닉 교회 사역

메시아닉 유대인 혹은 유대인 그리스도인이라 불리는, 예수님을 메시아로 믿고 따르는 이들은 다양한 지역 교회와 연계되어 왔고, 어떤 이들은 이스라엘과 전 세계 곳곳에 있는 메시아닉 유대인 교회를 양육해 왔다.

이러한 특별한 교회의 등장은 새로운 현상이 아니다. 1880년대 후반부터 종교에 상관없이 유대인의 땅이 있어야 한다고 주장하는 운동을 믿는 시온주의자이며 유대인 커뮤니티의 리더인 조셉 라비노위치(Joseph Rabinowitz)는 19세기 말 키시네프(Kishinev)에서 메시아닉 교회를 세웠다(케제-한센(Kjær-Hansen) 1995). 실제로 이런 모임은 예수께서 죽은 후 불과 1년 안에 다른 나라에서도 나타나기 시작했다.

예루살렘을 방문하면서 복음을 듣고 예수를 주라 시인한 디아스포라 유대인(행2)이 페르시아에서 북아프리카까지 퍼져있던 유대인 공동체로 돌아갔다. 그리고 디아스포라 유대인 공동체는 도서관을 개방하고 비판적인 토론 모임을 가지며 성경 해석을 연구했다. 이곳은 초대교회 성도의 설교와 토론 그리고 영성 형성을 위한 실력뿐 아니라 창조와 은혜, 죄, 속죄, 종말론에 대한 교리를 세우고 다듬을 수 있는 이상적인 공간이었다.

오늘날 메시아닉 성도에 관하여 야코프 아리엘은 다시 한번 도움이 되는 관점을 소개한다.

> 선민사역(Chosen People Ministries),**역4** 예수를 위한 유대인, 아리엘 사역(Ariel Ministries)**역5**과 같은 선교 단체와 하나님의 성회, 기독교 선교사 동맹, 그리고 최근에(유명한) 남침례회연맹과 같은 교단 소속 선교 단체에서 메시아닉 유대인 교회를 세우고 지원하기로 결의했다. 이러한 선교 단체에 메시아닉 유대인 교회는 복음주의 기독교 신앙의 영적 가치와 공동체 가치 모두를 보여주었고, 특히 유대인으로서의 정체성을 유지하고 그들과의 동질감을 가지고 싶어 하는 유대인에게 설득력 있는 것을 보여줌으로써 메시아닉 유대인 교회가 유대인을 전도하는 데 효과적이라는 것을 증명하였다. (아리엘 2000:243)

1999년 설문조사에 의하면 20세기 말에 이스라엘에 130개가 넘는 메시아닉 유대인 교회가 있었다(케제-한센/스코트 1999:30~31). 이 교회는 다양한 종족으로 구성되어 있다. 많은 예배가 히브리어로 진행되고, 러시아어나 영어통역을 제공한다. 완전히 러시아어만 하거나 암하릭어(Amharic)로 예배를 진행하는 교회도 있고, 예수님을 믿는 아랍인과 유대인으로 구성된 교회도 더러 있다.

미국에서는 수백 개의 메시아닉 유대인 교회가 성장하고 있다. 어느 곳에서든지 유대인이 모여 있는 곳에는 교회가 있다. 대부분은 작고 독립적이며, 이방인 성도도 꽤 많이 함께한다. 메시아닉 교회 사역은 공동체의 정체성, 인생 전반에 걸친 행사, 문화적으로 적절한 예배 형식을 제공하며, 예수님을 믿는 유대인들을 제자화 하는 데 중요한 역할을 한다.

예배에 어떤 유대교 의식 혹은 문화적 요소를 넣을 것인가? 모세오경의 율법에서 비롯된 관습이지만 전통 유대교에서 조금 더 엄격해진 관습 중 어떤 것을 따를 것인가? 성도는 모두 의견이 다를 것이다. 메시아닉 교회는 이것들에 대하여 토론한다. 비판적인 사고와 심사숙고한 선교적 분석, 섬세한 균형이 이러한 내부 논의 때 드러난다. 더 자세한 이야기는 이 문제와 메시아닉 유대인 교회 운동에 대해 소개하는 안내서를 구하여 참고하라(로빈슨(Robinson) 2005).

사례연구 : 캘리포니아의 페르시아 교회

다니엘, 에스더, 느헤미야 시대부터 유대인은 페르시아/이란 민족 사이에서 살아왔다. 기독교인이 복음을 들고 왔을 때, 어떤 유대인은 복음에 반응했다. 무슬림 배경을 가진 성도(MBB)와 메시아닉 유대인이 헌신한 교회를 포함한 27개의 페르시안 기독교 교회가 오늘날 캘리포니아에 있으며 www.farsinet.com에 소개되어 있다.

대부분 교회는 페르시아어를 사용하며, 영어나 다른 언어로 통역해준다. 많은 교회가 주변의 지역 교회와 협력한다. 교단과 연결된 교회가 있으며 "종교와 상관없이 페르시아어를 하는 사람에게 예배, 성경공부, 친교를 개방하는 것"이 그들의 자원이고 전략이라고 주장하는 교회도 많다.

이들 중 18개의 교회는 캘리포니아 남부에 산디에이고부터 위로는 샌퍼넌도 밸리까지 흩어져 있다. 한 교회는 프레스노의 센트럴 벨리 시에 있다. 이란 기독교 교회 인터넷 디렉토리(http://www.farsinet.com/icc/california.html)를 보면 다른 8개 교회는 캘리포니아 북부에 있으며, 실리콘 밸리로부터 북쪽으로 세크라멘토까지 걸쳐 분포한다.

사례 연구 :
이스라엘 군 복무 후 여행하는 사람을 향한 아웃리치

18세가 된 이스라엘 남성과 여성의 병역은 의무다. 남성은 3년, 여성은 2년 동안 군 복무를 한다. 군 복무를 마친 후, 대부분 세계 곳곳을 여행하며 스트레스를 풀고 인생의 다음 단계를 준비하곤 한다. 여행 일정에는 브라질의 카니발 축제, 미국의 도시들, 동남아, 인도의 고아 해변[역6] 혹은 북인도-네팔 하이킹 등이 있다.

1983년, 새부족선교회(New Tribes Mission)[역7] 소속의 선교사 밥(Bob)과 조이스 윌헴슨(Joyce Wilhelmson)은 볼리비아 코차밤바(Cochabamba)에서 이 이스라엘 사람에게 사역할 기회를 우연히 알게 되었다. 멀리 외진 곳을 여행하는 이스라엘 젊은이는 정기적으로 윌헴슨의 새부족선교회 본부를 거쳐 가게 되었다. 이곳에서 젊은 여행자들은 친절과 음식, 환대를 받았다. 또한 윌헴슨 선교사 부부는 이스라엘인에게 볼리비아 원주민에게 전했던 메시지를 전했다.

그 유대인들은 유대인 메시아 예수에 대하여, 그리고 성경에 나와 있는 그들의 '부족'에 대한 이야기를 들었고, 또한 히브리어로 된 신약성경을 받았다. 트레일[역8]을 돌아 내려가기 전, 젊은이들은 게스트 방명록에 자신의 이름을 서명하고 여행을 함께 했던 사람과 사진을 찍었다.

시간이 흐르면서 새부족선교회에는 11,000명이 넘는 사람이 거쳐서 갔고, '그들에게 사역을 하였다.'라는 기록이 있다(펙스(Pex) 2003:64~66). 윌헴슨 부부는 다른 선교사가 아시아에 있는 산속 트레일에도 이스라엘 사람이 있다는 것을 발견하기 20년 전에, 유대인 디아스포라를 향한 사역을 시작한 것이다.

2001년과 2002년, 덴마크 이스라엘 선교회는 '동쪽에 있는 유대인'이라는 프로젝트를 위하여 젊은 덴마크 크리스천을 훈련시켜 아웃리치 전도팀을 태국과 인도에 파송하였다. 덴마크 크리스천 젊은이들은 군 복무를 마치고 하이킹을 하러 온 이스라엘 출신 젊은이들을 찾고 그들과 함께 트레일을 걸으면서 대화를 통하여 복음을 제시하고, 히브리어로 된 문학책과 신약성경을 주었다(렌쯔(Renz) 2002:16).

2007년부터 예수 사역을 위한 유대인(Jews for Jesus Ministry)은 *맛사*(*Massah*, 히브리어로 '여정') 프로젝트를 위하여 미국 출신의 메시아닉 유대인 젊은이를 인도로 보냈다. 각 팀은 12명의 젊은 성도로 구성된다. 5주 동안 이스라엘에서 제자 훈련과 전도 훈련을 받는다. 그 후에, 북인도로 가서 군 복무를 마치고 하이킹하러 온 이스라엘인을 만난다. 그들은 3~5주 동안 이스라엘인과 유스호스텔에서 머물고, 낮에는 함께 걷고, 식사를 함께하고, 저녁마다 차이 숍(chai shops)에 가서 메시아 예수님에 대한 대화를 나눈다. 히브리어로 된 신약성경책을 전달해주고 페이스북 주소도 서로 교환한다. 지난 수년간 그들은 수백 명의 이스라엘 유대인과 관계를 쌓았다.

2012년, 처음으로 이스라엘인이며 히브리어를 하는 팀이 맛사 프로젝트 전도를 나갔다. 목적지는 라틴 아메리카였다. 이 전도 여행은 두 가지가 성공적이었다. 첫째, 전도에 대하여 꺼리는 이스라엘인에게 제자 훈련의 기회를 제공해주었다. 둘째, 전도 여행에 참가한 사람은 군 복무 경험이 있으며 히브리어 원어민이라는 것 자체로 인하여 디아스포라 유대인에게 높은 신뢰를 얻을 수 있다는 것을 발견했다.

그래서 2013년, 이스라엘인과 미국인이 연합으로 이스라엘에서 훈련받고 인도로 향하였다. 내가 이 글을 쓰는 동안, 우리 팀은 북인도에 있는 인도인 크리스천과 연합 사역을 하고 있다. 이 인도인들은 이스라엘인 여행자를 위한 유스호스텔과 이스라엘 메뉴가 있는 레스토랑을 운영한다. 여기에 군 복무를 마친 후 여행 온 이스라엘인과 섭촉하려는 미국인, 이스라엘 출신 메시아닉 유대인 그리고 그들과 연합하는 인도 크리스천 등 4개국이 힘을 합쳐 특별히 디아스포라 사역에 집중함으로써 서로 연결된다.

사례연구 : 유대인 이방인 부부가 영적 조화를 이루다.

유대인-이방인 부부는 글로벌 유대인의 커다란 부분을 차지하고 있으며, 가장 흥분되는 사역 기회를 제공하는 존재이다. 많은 이방인이 결혼으로 유대인 공동체에 들어왔지만, 유대교의 문화 혹은 종교는 굳이 받아들이지 않았다. 불행히도, 이러한 부부 중 많은 이들이 결혼 생활의 불만족을 느끼고 있다. 또한 해결되지 못한 문화 차로 결혼이 끝나기도 한다. 전통 유대교 기관은 격렬한 반응을 보였지만, 실질적이고 효과적인 도움의 손길은 없었다.

2004년, 인종지학[역9] 선교학 연구는 유대인-이방인 부부가 당면하는 어려움에 대하여 살펴보았다. 가장 중요한 문제는 부부가 서로 만족하는 영적 조화를 찾을 수 없는 것이었다. 유대인 배우자는 개종하기를 꺼렸고, 이방인 배우자는 예수님을 포기하고 유대교를 받아들이기를 원하지 않았다(자렛스키 2004 LCJE BULLETIN: 9~14).

만족할 만한 영적 조화를 이루기 위해 부부에게 메시아닉 유대인이 성경공부와 기도 그리고 소그룹 토론을 통하여 아브라함의 하나님을 함께 찾을 수 있도록 상담해주었다. 두 문화를 연결하는 교차 문화적 통역사라는 역할을 수행함으로써 사역자는 유대인-이방인 부부가 서로 이해의 폭을 넓히는 데 도움을 주었다. 이방인 배우자는 유대 문화의 신앙과 예민한 부분을 더 잘 이해할 수 있게 되었고, 유대인 배우자는 유대인 관점의 메시아 예수에 대하여 새로운 이해를 가지게 되었다. 그들은 메시아 예수 안에 있는 동일한 신앙을 통하여 유일하며 진실 된 하나님 안에서 영적 조화를 깨달을 수 있었다(요 14:6, 행 4:12).

몇몇 메시아닉 유대인 교회와 선교 단체는 유대인-이방인 부부를 위한 소그룹 토론 시간이 매우 효과적이라는 사실을 발견했다. 결혼과 가정생활에 대한 진리에 초점을 맞추는 말씀을 시작으로 토론은 점점 넓혀져 간다. 영적 불화에 대한 해결책은 아브라함의 하나님과 성경에 나와 있는 계시에서 찾게 된다.

토의

1. 당신은 이스라엘이라는 용어를 무슨 의미로 사용하는가? 몇 가지 정의로 내릴 수 있나?

   답변 :

   a. 이스라엘 혹은 야곱, 이삭의 아들.

   b. 야곱의 자식들 (예, 이스라엘의 아들들).

   c. 이스라엘의 자손으로서 야곱의 모든 자손.

   d. 이스라엘 땅.

   e. 사울왕과 다윗왕의 통치를 받던 연합된 이스라엘 왕국.

   f. BC. 930년 여로보암이 세운 사마리아라고도 불리는 북이스라엘 왕국.

   g. 1948년 5월 중동에 세운 정치적 자주국 이스라엘.

   h. 갈라디아서 6:15~16에 나오는 하나님의 이스라엘, 즉 신실한 유대인 출신의 남은 자들.

2. 유대인은 아브라함의 하나님과 구원의 관계를 이미 가지고 있지 않은가? 그들에게 예수님의 메시지를 제시할 수 있는 성경적 근거가 무엇이 있을까?

   답변 : 이것에 대한 토론을 자극하기 위한 말씀으로는 요한복음 14:6과 사도행전 4:12을 찾아보라.

3. 어떻게 여러분의 교회가 여러분 이웃에서 이미 사는 디아스포라 유대인을 더 환영하고 받아들일 수 있을까? 유대인 디아스포라 사역을 위한 훈련을 제공해 줄 수 있는 사람과 협력할 방법이 있는가? .

26장

중국 디아스포라 교회와 타 문화권 선교

폴 우즈(Paul Woods) /
알랜 예(Allan Yeh)

6,000만 명의 중국인이 중국을 떠나 살고 있다. 2,000만 명은 대만, 400만 명은 싱가포르, 그리고 600만 명은 말레이시아에 살고 있으며 그 외에도 많은 중국인이 북미, 호주, 그리고 뉴질랜드에 분포되어 있다. 이들 중국인 디아스포라를 섬기기 위하여 9,000여 개의 중국인 교회가 흩어져 분포하고 있는데 그중 80%의 교회는 개척된 지 20년이 안 된다(창(Chang) 2003).

한 민족이 여러 장소에 흩어져 있는 것이 디아스포라 인구의 특징이다(코헨 1997:26). 디아스포라 종족은 시간의 흐름에 따라 지리에서 문화로 바뀌지만, 모두 고국에 대한 헌신과 충성을 가지고 있다(사프란(Safran) 2004:17)

이 글은 중국인 디아스포라가 어떤 다른 문화권 선교를 하는지에 대하여 묻는다. 중국 기독교 리더의 통계와 성명서의 도움을 받아 쓴 이 글에서는 중국 본토의 교회가 진행하는 선교는 다루지 않는다. 그러나 홍콩의 교회는 디아스포라 교포에게 나눌 수 있는 것이 많기에 이글에 포함한다.

전 세계의 중국인 교회

서양의 중국인 교회

디아스포라는 한 사회에 정착하지만, 자신이 속한 동포 사회에 헌신하기 때문에 구성원의 정체성은 복잡하며 다른 종족 속에서 형성된다(코콧(Kokot) 편집. 2004:7) 미국에 사는 중국계 그리스도인은 중국 교회 안에서 복음주의 기독교로의 개종은 '변형되어 재해석된 중국 문화의 특정한 부분을 유지하기' 때문에 '서로 들러붙는 정체성(adhesive identities)'을 가진다(양(Yang) 1999:17, 133). 교회의 도덕적 보수주의는 유교 윤리와 잘 어우러져 도덕적으로 의심되는 미국 사회로부터 보호하고 미국 태생의 중국인 사이에서도 중국 정체성을 강화시킨다(113). 미국에 있는 자신의 교회를 대상으로 한 양의 연구에 중국인 그리스도인의 정체성에 대하여 특히 더 자세히 나와 있다. 필자는 영국에 있는 중국인 교회에서도 이와 비슷한 현상을 보았다.

'남의 케이크를 가지기 원하면서 동시에 그것을 먹으려 하는'(코헨 1997:195) 주류를 향한 이러한 양면성은 사람 간의 공간을 줄이면 종족의 연대가 증가하기 때문에 (민족을) 동질화시키려 하는 힘에 대항하는 부분적인 민족 정체성의 회복이다(코헨 1997:134). 양(Yang)은 스스로 각각 그들의 부모님과 백인 친구들과 다르다고 느끼는 중국계 미국인들 사이의 가까운 관계에 대하여 이야기했다. 다시 한번 말하지만, 나는 이러한 행동을 영국에서 본적이 있다.

양쪽에 대한 편견은 이러한 정체성에 영향을 준다. 메쯔거(Metzger 2012:6)는 미국의 1882년 중국인 배제법(Chinese Exclusion Act)**역10**이 중국인이 미국에 대한 거부감을 가지게 했다고 한다. 버나우(Bernau)는 뉴질랜드에서 중국인의 이민 초기에 그들을 향해 있었던 인종 차별이 중국인을 더 밖으로 나오지 못하게 했다고 본다. 게다가 중국인 스스로가 외형적 자아와 예절을 강조하며 외부인과 내부인을 분리하는 배타적인 습성이 있다.

서양화된 자녀의 태도는 아시아에서 태어난 부모와 상반된다. 자녀는 중국 전통문화에서 점차 서양의 주류문화로 이동해간다. 미국 내의 중국인 교회가 중국화를 유지하는데 일조하는 이들은 새롭게 이민 온 중국인이다(양

1999:107). 하지만 동아시아가 부유해지고 정치적으로 개방되면서 중국인 이민자가 줄어들고 있어 서양에 있는 중국인 교회의 미래는 불안하다. 예를 들어, 토론토에 있는 대형 중국인 교회와 한국 교회는 현재는 만원 상태이지만, 이 교회가 다민족을 수용하지 못한다면 20년 후 어떻게 될까?

다른 한편으로는, 어쩌면 서양에 있는 중국인 2세가 안정적인 디아스포라 정체성을 가짐으로써 선교에 대한 더 큰 관심을 가질지도 모른다. 룽(Loong 2012:1)은 중국계 미국인 그리스도인이라는 존재를 가능케 한 하나님의 섭리는 다른 문화에 쉽게 적응하는 젊은이에게서 '편견과 자존심'을 제거했다고 믿는다. 룽은 젊은이는 자율권이 있고, 독립적이고 성숙하기 때문에 부모는 그들이 선교에 헌신하도록 놔주라고 말한다.

동아시아에 있는 중국교회

서양의 중국인 그리스도인과는 반대로, 동아시아의 중국인 디아스포라는 교회를 통해서 정체성을 찾지 않는다. 이 지배적인 종족 집단에게는 더 이상 생존에 대한 절박함이 없고 세대 간 차이도 작기 때문에 이제는 그들의 시각이 자신의 문화와 환경을 넘어설 수 있도록 도와야 한다.

싱가포르와 홍콩, 대만에서는 교회를 중심으로 재건된 중국인 정체성도 없으며, 중국인이 주류가 아닌 곳에서 중국인의 가치를 굳이 유지하려는 모습도 찾기 어렵다. 양(1999:192)이 표현한 '스스로 분리하여 만든 종족 거주지'라는 것은 전혀 존재하지 않는다. 게다가 많은 동아시아 국가가 비교적 보수적이고 순응주의적이기 때문에 중국의 가치와 주류 문화 가치의 차이는 서양에 비해 작다. 동아시아가 빠르게 변화함에도 동아시아의 중국인 교회는 이 변화에 맞추려는 의식이 약하다.

서양의 중국인 교회는 작고 독립적이지만, 싱가포르와 같은 곳에 있는 많은 교회는 다민족 리더십과 다른 문화권 선교의 역사를 가진 대교단에 소속되어 있다(양 1999, 람 2008).

홍콩은 1997년 영국으로부터 중국령으로 바뀌면서 영토의 식민지 정체성이 불명확해질 수 있지만(친 2006), 자체 광둥 문화권의 정체성을 가진 안정된 디아스포라를 대표한다.

대만의 복잡한 정체성은 탈식민주의(일본의 통치와 국민당 통치)와 사실상의 독립(친 2006)에 의해 형성되었다. 홍콩과 마찬가지로 대만도 자신만의 혼합적 정체성을 개발했으며, 그리스도인은 북미 지역에 사는 그들의 사촌처럼 문화와 정체성을 극복하는 데 어려움을 겪지 않는다(친 2006:53).

싱가포르는 가장 다양한 민족이 사는 곳이다. 이곳에서는 중국인과 다른 민족이 이웃하여 산다. 혼합된 남쪽 중국인의 정체성은 말레이반도에서 생기는 혼합된 정체성 또한 포함한다.

홍콩이나 대만과 다르게, 싱가포르 정부는 싱가포르인의 정체성을 만들어 중국인과 인도인, 말레이인의 정체성보다 더 높게 여긴다(최소 대등하다). 홍콩이나 대만은 중국어 때문에 중국 본토의 정체성의 영향을 크게 받아 유지하지만, 싱가포르 중국인의 정체성과 문화는 중화 문화에 속하지 않는다(창 2005:105). 그래서 싱가포르에서 3시간 북쪽으로 올라가면 만날 수 있는 그 거대한 나라는 싱가포르 출신의 중국인에게는 마치 호주인이 영국인을 만났을 때 느끼는 것(외국)과 같은 느낌이다.

중국인 선교사에 대한 통계

타 문화권 선교에 대한 중국 교회의 관심은 1960년대 탄력을 받기 시작했다(창 2003). 1970년도에 있었던 CCCOWE의 세계 선교 세미나에서 4,000개의 중국 교회 중 110개가 선교를 하고 있었고, 50명에서 100명의 중국인 선교사를 후원하고 있었다(목 1996:196). 1980년대 말에는 300명을 넘었다. 몇 년 후에는, 7,000개 중 10%의 교회가 어떤 모양이든 선교 프로그램을 가지게 되었다.

1996년에 홍콩 기독교선교연합(HKACM)[역11]은 전 세계 중국인 선교사의 숫자가 760명이라고 발표했다(창 2003). 2007년, 9,000개의 디아스포라 교회는 1,600명의 선교사를 파송하였다. 그들 중 몇 명이나 타 문화권 선교를 감당하는지 정확한 수는 모른다(람(Lam) 2007).

다양한 나라에서 각각 다른 년도에 나온 보고서를 통해 디아스포라 중국인 선교를 한 눈에 볼 수 있다. 이 보고서는 2007년에 나온 중국 잡지 비홀드(Behold)에 있는 기사에 요약되어 있다(람).

싱가포르의 400개 교회는 2002년까지 450명의 선교사를 파송하였고, 이 교회는 대부분 영어를 사용하는 교회였다. 또한, 말레이시아의 중국인 교회 1,000개가 120명의 장기 선교사를 국제 복음주의 기독교 협회와 협력하여 파송하였다. 홍콩의 1,200개 교회는 350명의 선교사를 파송하였고, 그중 60%는 아시아에서 사역한다. 대만의 3,800개 교회는 2005년까지 250명의 선교사를 파송하였다.

서양에서는 미국에 있는 780개의 중국인 교회가 200명의 선교사를, 350개의 중국계 캐나다 교회가 50명의 선교사를 파송하였다. 호주에서는 시드니의 28개의 교회가 선교사를 후원하고 있고, 파송한 선교사는 거의 없다. 8개 교회가 중국인이 아닌 민족에게 복음 전하는 일에 힘쓰고 있다.

이러한 수는 <표 1>에 요약되어 있다.

<표 1> 2007년 전 세계에 파송된 중국인 선교사의 수

영토	선교사 수	교회 수	중국인 비율(%)	중국계 그리스도인 비율 (%)
싱가포르	454	400	80	16.8
홍콩	356	1,200	93.6	7.3
대만	250	3,800	97	1.1
미국	200	780	1.1	5.6
말레이시아	100	1,000	21.5	2.5
호주	100	200	2.8	4.8
캐나다	50	350	4.7	5.8
총	1,560			

(람 2007의 데이터를 근거로 함, 완 2003, A WSJ 2010, PRB 2010)

<표 2>는 지난 10년간 홍콩 선교사가 어느 정도의 비율로 중국인, 중국인 외의 다른 민족, 그리고 여러 민족에게 복음을 전하러 나갔는지를 보여준다. 선교사 숫자가 지속해서 증가하는 것이 보이고, 점진적으로 중국인 외의 다

른 민족 쪽으로 사역의 중심이 옮겨가는 것을 볼 수 있다.

<표 2> 전 세계 중국계와 비중국계를 섬기는 홍콩 선교사

연도	전도						총
	중국계		비중국계		혼합된 민족		
	No.	%	No.	%	No.	%	
2012	194	40.2	178	36.9	98	20.3	470
2011	195	39.5	175	35.4	107	21.7	477
2008	214	48.3	145	32.7	79	17.8	438
2006	174	46.3	127	33.8	63	16.5	376
2004	143	46	99	31.8	60	19.3	311

(자료: 웹사이트 HKACM에 있는 다양한 중국어로 된 파일)

중국 선교사의 사역 종류는 흥미롭다. <표 3>은 전통적 복음주의가 전도와 교회 개척에 집중하는 것을 홍콩 선교사의 노력을 통해 보여준다. 공동체 개발과 선교로써의 사업, 구호 활동의 점진적 성장은 로잔과 해외중국인복음중심(CCCOWE)의 폭넓은 선교에 대한 이해와 맞물린다. 발리에서의 CCOWE의 2011의 슬로건은 "모든 민족을 위한 *예수 그리스도의 총체적 복음*"이었다.

<표 3> 홍콩 선교들에 의한 사역(%)

사역 종류/연도	2004	2007	2012	사역 종류/연도	2004	2007	2012
전도	48	46	55	사업 선교	0	0	6
리더십 훈련	32	30	36	의료 선교	5	4	6
교회 목회	30	28	36	문학 활동	8	7	4
교회 개척	31	26	34	성경 번역	4	5	3
공동체 개발	12	10	20	문맹 퇴출 활동	3	2	3
학생 교육	15	13	20	구성원 돌봄	0	0	2
행정 및 개발	12	17	17	마약과 도박 사역	0	0	1
구호 활동	5	5	8	방송 사역	1	1	0
신학 교육	15	12	8				

홍콩 선교사의 실제적인 인원 배치를 나타내는 수치는 〈표 4〉에서 싱가포르 교회의 전략적인 우선순위를 나타내는 데이터와 비교해볼 수 있다. 싱가포르의 영어를 사용하는 교회와 홍콩의 중국어를 사용하는 교회를 주목하라. 또 9년의 간격이 있음을 주목하라.

싱가포르와 홍콩 모두 전도와 교회 개척을 중요하게 여긴다. 싱가포르는 의료 선교, 제자 훈련 그리고 성경 번역에 집중하지만, 홍콩은 교회 목회와 리더십 훈련을 선호한다.

<표 4> 1993년 싱가포르 교회의 전략적 사역 유형 (%)

사역 유형	%
교회 개척	75
전도	71
현지인 제자훈련	48
기독교 교육	38
성경 번역	30
의료 선교	25
구제활동 및 개발	12
문학 활동	11
노방 전도	10
텐트 메이킹	7

마지막 표들은 싱가포르와 홍콩의 선교사가 어디에서 사역하는지를 보여준다. 〈표 5〉는 두 지역을 비교하지만, 〈표 6〉은 시간에 따른 홍콩 선교사의 추세를 보여준다. 선교사의 분배는 비슷하지만 싱가포르 출신의 선교사는 아시아에, 그리고 홍콩 출신의 사역자는 유럽에 더 몰리는 편이다. 이는 싱가포르인 안에 아세안 정체성이 생겨 그 나라의 교파에 지리적 초점을 두는 것 때문이며, 홍콩 역시 유럽에 있는 광동어를 하는 중국인에게 헌신되었기 때문일 것이다. 지난 10년 이상을 홍콩 출신 선교사가 목표로 삼은 지역은 비교적 변동이 없었다.

<표 5> 싱가포르와 홍콩 출신 선교사의 위치 (%)

목적지	싱가포르1993	홍콩 2005
아시아	84	63
북미	4	2
유럽	5	17
남미	7	4
싱가포르	9	
아프리카	1 1	9
오세아니아		4
불특정지역	19	

<표 6> 홍콩 출신 선교사의 위치

홍콩(연도)	2005	2006	2009	2012
아시아	63	65	67	67
북미	2	1	1	2
유럽	17	16	12	10
남미	4	3	9	2
아프리카	9	9	9	9
오세아니아	4	2	2	2

강점과 어려운 점

중국 교회 선교의 강점

홍콩 기독교선교연합 연구부에 따르면 중국 문화가 좋은 선교사를 배출하는데 도움을 준다(1996:120). 중국인은 열심히 일하며, 적응을 잘하고, 어디에서나 환영받는다. 또한, 중국인 교회와 선교 단체는 서양의 교회와 선교 단체보다 더 간단하고 유연한 체제를 가지고 있으면서 재정적으로 더 튼튼하다. 어려움이나 가난을 알지 못하는 젊은 세대는 드릴 것이 많다(룽(Loong) 1996:127).

문화적으로 중국인은 악마와 악한 영에 익숙하다(룽 1996:131). 예를 들어,

람 시우-우엔(Lam Shiu-Yuen)은 중국의 조상 숭배와 다신론과 비슷한 문화적인 면이 가나에 있다는 것을 발견했다. 이는 회심한 아프리카인의 어려움을 이해하는 데 도움을 주었다(람 1991:49). 비서양인 대부분처럼, 중국인은 가족의 중요성과 어른 공경을 강조했다. 그 결과, 중국인은 서양인처럼 개인적 구원을 받은 성도가 믿지 않는 가족을 반대하지 않는다(홍(Hung) 1996).

사회적으로 중국인은 작은 모임에서 예배드리는 것에 익숙하다. 서양에 있는 중국인 교회가 이 영향을 받고 생겨났다. 이 모델은 창의적인 접근을 해야 하는 선교에 적합하다(룽 1996). 정치적으로 전 세계적인 반서양 정서는 중국인 선교사와는 무관하다(홍 1996:140).

중국인이 선교를 위해 가지고 있는 문화적 강점 외에도, 중국인 디아스포라가 전 세계에 흩어져 있는 이유가 하나님의 특별한 부르심과 무엇인가 맡기기 위한 섭리에 있다고 보는 이들이 있다. 사도행전 17:26의 틀 안에서, 홍은 왜 하나님께서 중국인과 중국 교회를 세계 모든 곳에 세우셨는지에 대해 묻는다(1996). 홍은 람처럼 이것이 복음을 위한 준비라고 믿으며(1985:15), 찬처럼 중국인 그리스도인이 비중국계 언어와 문화를 완전히 이해하는 것은 하나님께서 선교를 위해 그들을 준비시켰기 때문이라고 믿는다(1993:3). 중국인은 부르심에 응하기 위해서 더 많은 선교사를 파송해야 한다(홍 1996:138).

중국 교회 선교의 어려운 점

감사하게 중국인 선교 리더는 이러한 강점을 깨달으면서도 약점에 대하여 솔직하다.

내부 초점(Inward Focus)

홍콩과 북미에 거주하는 중국인 교회에는 고등교육을 받은 이들이 많고 생각보다 많은 사람이 신학대학원에 다니지만, 선교사의 숫자는 이에 비례하지 않는다.

2003년 전 세계적으로 43만 4,000명의 선교사가 있는데(바렛(Barrett), 존슨(Johnson) 2003:25), 미얀마와 필리핀에서 각각 3,000명의 선교사가 나온 것에 비하여 다른 문화권 중국인 선교사는 1,000명에 지나지 않는다. 1,000명의 선교사 중 75%는 동아시아(대부분 싱가포르와 홍콩) 출신이며, ¼ 보다 적은 숫자가 북미 출신이다(창). 그렇다면 중국인 선교사는 모두 어디에 있는가?

창(2003)과 웡(Wong 2009)에 의하면, 중국인 교회는 각 교회의 성장과 프로그램, 그리고 문제에만 너무 집중한 나머지 세계 선교에 대한 글로벌 비전을 심어주는 데 실패했다. 교회 리더가 선교사 파송을 자원 낭비라고 생각하고 지역 교회에 도움이 거의 안 된다고 생각하여 인사 및 재정 관리 등 교회 내에만 집중한다(람 2007). 이러한 유지 방식은 하나님의 전 세계적인 노력에서 그들의 역할이 무엇인지를 묻는 중국인 성도가 거의 없다는 것을 뜻한다(탕(Tsang) 1989:306, 린(Lin) 2013). 많은 교회의 '밀실 정책'은 겨우 10%의 교회만이 다른 문화권 선교에 참여하는 결과를 낳았다.

보다 광의적으로 보자면, 중국인 그리스도인은 서양인이 중국 교회를 세웠기 때문에 자신을 주기보다는 받는 사람으로 여전히 생각하고 있다(로(Lo) 1996:184). 중국 교회는 여전히 생존 본능을 따라 운영되고 있다. 중국인은 이주한 나라에서 열심히 일해 꽤 괜찮은 삶을 이루어냈지만, 하나님 나라에는 기여한 것이 거의 없다. 교회가 생존만을 위해서 존재한다면, 그렇다면 로는 묻는다. 교회는 무엇을 위해 생존하는가?

많은 사회적 기반 요소 또한 약할지도 모른다. 신학대학원은 선교 수업이 필요하지 않을 수도 있다(로 1996). 중국어로 쓰인 선교학 교과서는 너무나도 부족하다(람 2007). 매년 선교 집회에서 보여주는 진실 된 선교 헌신과 진정한 열정은 이제 행동으로 보여주어야만 한다(로 1996, 람 2007). 그중에서도 선교에 대한 교회 헌신의 기초는 목회자의 비전이다.

직장, 문화 그리고 가족

많은 중국 그리스도인 전문가는 선교한다는 것은 전도와 교회 개척, 그리고 훈련(람 2007)에 전적으로 헌신해야 하기에 직장을 그만둬야 한다고 생각한다. 이 사역이 '선택이 아니라'(웡 2009) 의무인 이들이 있다. 그 때문에라도 자비량 선교가 권장되어야 한다(목(Mok) 1996:205).

세속적 직업을 가진 이는 능력은 있으나 움츠려 숨어 있는 *와호장룡*역12일 수 있다(로 1996). 람은 중국인 선교사 가운데 문화 전문인, 사업가, 컴퓨터 전문가가 나오기를 바란다. 린(2013)은 의료 전문인, 교수, 도시 계획가, 그리고 요리사와 미용사 또한 선교사로 가야 한다고 생각한다.

모두가 이에 동의하는 것은 아니다. 나는 최근에 창의적인 접근 국가(CAN)에서의 프로젝트로 'BAM'에 지원받기 위해 교회를 설득하며 고군분투하는 재능 많은 부부를 보았다. 설득은 실패했다. 이 부부의 기획안은 매우 좋았지만, 그 국가에서 사역을 해보지 않은 선교 위원회에 강한 인상을 남기지 못한 것이다.

신학적으로도 다양한 의견이 있다. '영적인 것'과 '유한한 것'을 극대화하는 유해한 이분법을 비판하는 이들이 있지만(왕(Wang) 1989c:89), 총체적 선교가 유명론의 결과로 이어져 중국인 선교사가 선포하는 '더 순전한 복음'을 희석시킬까 두려워하는 이들도 있다(홍 1966).

직업에 대한 기대뿐 아니라 가족의 기대도 중국인 선교사를 제한한다. 전통적 중국인은 자녀가 부모에게 순종하기를 요구하기 때문에 젊은이가 선교사로 떠나는 것이 어렵다(람, 2007). 양은 교회 목사가 젊은이에게 전임 사역을 시작하라고 권장했을 때 생겼던 갈등을 기억한다. 자녀의 더 나은 미래를 찾아 미국으로 건너온 부모는 자녀가 해외 선교를 갈까 봐 심각하게 두려워하며 걱정했다(1999).

중년의 경우엔 아직 자녀가 학생이기 때문에 선교사로 나가려 하지 않는다(룽 1996). 이러한 인구학적 샌드위치역13는 부모가 세상을 떠나고 자녀가 대학에 들어갈 때까지 '집에 갇혀 사는' 사람을 만들어냈다.

선교사로 갈 준비가 되면, 선교사는 새로운 문제에 직면한다. 일단 언어를 배우기가 쉽지 않다. 게다가 중국 문화가 아닌 다른 문화를 배운다는 것은 그 문화의 대접 문화, 모르는 사람을 대하는 것, 개인 공간과 같은 어려움을 겪는다는 것이다(우(Wu) 2013). 비슷한 아시아인에게 다가가는 것조차 어렵다면, 아랍인에게 사역하는 것은 너무 많은 것을 요구하는 것이라고 람은 말한다(2007). 하지만 린은 문화적 차이가 크더라도 무슬림과 힌두교인에게 사역해야한다고 중국인에게 외친다(2013). 과거 서양 선교사는 자신과 중국인 사이의 문화적 격차에 간신히 다리를 놓았다. 오늘날 이민자는 자신과 가족의 꿈을 이루기 위하여 언어와 문화의 장애물을 극복하듯 선교사는 복음을 위하여 똑같이 할 수 있다.

현지 문화에 적응하는 것뿐 아니라, 선교사는 새로운 동료와 어떻게 시너지를 낼 것인지에 대하여 반드시 배워야 한다. 동료는 대개 다른 나라에서 온다. 따라서 선교팀은 다문화가 되지만, 실제 사역 스타일은 주로 서양에서 온 사역 중심이 되기도 한다. 기대치와 소통 방법 그리고 리더십 스타일의 차이점은 서로의 감정과 팀의 연합에 상처를 줄 수도 있다(우 2013).

일반적으로 선교팀의 공용어는 영어이다(린 2013). 중국인 선교사의 자녀가 중국어 실력을 유지하기가 쉽지는 않을 것이다. 중국어는 그들의 정체성과 고국으로 돌아갔을 때를 위해 중요하다(우 2013). 우는 사역을 할 때 영어나 사역 언어를 사용하는 것보다 중국어를 사용하는 것을 선호한다.

성별은 또 다른 문제이다. 전 세계에 많은 지역의 사람 중에는 중국인 선교사를 처음으로 보는 사람도 있다. 불행히도 여성 선교사를 하인이나 심지어 창녀로 보는 이들도 있다. 이 문제는 비중국인 팀 리더는 경험하지 못한 것이다. 반드시 동료 중국인 선교사가 이 문제를 다뤄야 한다(우 2013).

인종과 신분

중국인 선교사의 대부분이 자신의 문화권 안 혹은 비슷한 문화권에서 일한다(린, 2013). 양은 '중국인 우선'이라는 교회 방침을 이야기하면서, 남미와 아프리카에 집중하지만, 그곳에 있는 중국인만을 겨냥한다고 한다(1999:174, 193). 이에 대해 많은 중국인 선교학자는 만족해하지 않는다. 선교학자들은 중국이 아무리 크고 중국인이 아무리 많아도 그들만이 선교의 모든 초점이 될 수 없다고 말한다(람 2007). 1989년부터 얍 운한(1989:79)은 "중국인만 전도하는 것이 아니라 다른 민족도 전도하라"고 중국인 성도에게 도전하였고, 토마스 왕(Thomas Wang 1989:83)은 '인종 혹은 지리'의 차별을 공식적으로 부인했다.

그러나 이 문제는 여전히 남아있다. 로잔 3차 대회에서 제시한 하나님 사람의 다양성을 돌아보며, 프레다 체웅(Freda Cheung 2011)은 중국인이 중국인에게만 제한된 초점을 둔다는 것에 슬퍼하였다. 다른 문화권 사역과 선교에 헌신함으로써 예루살렘과 유대, 사마리아와 땅끝까지라는 사도행전 1:8의 지상명령을 중국인이 이룰 수 있다고 말한다(와우(Yau) 2013).

다른 해석도 있다. 어떤 이는 동족에게 먼저 복음을 전하는 책임을 다하고, 그 교회가 성숙하면 다른 문화권 선교를 감당해야 한다고 주장한다. 그러나 모든 무대(예루살렘, 사마리아, 땅끝)에서의 사역이 동시에 진행되어야 한다고 주장하는 이도 있다(로 1996).

민족을 바라보는 눈이 좁으면 사회를 바라보는 눈도 좁다(층 2011:7). 중국인 교회는 중독자, 범죄자, 혹은 학대당한 사람을 향한 사역을 주저한다. 어쩌면 자신의 문제는 자신이 해결하고 다른 사람의 삶에 개입하지 않는 유교의 영향 때문일 수도 있다.

그럼에도 진전이 있다. 중국인 교회가 과거에는 항상 동남아의 중국인을 위한 선교사를 보냈다면(로 1996), 오늘날은 문화와 국가의 경계를 넘어 들어가는 선교사가 있다. 휴스턴 중국인 교회와 같은 북미의 몇몇 중국인 교회는 비중국인 지역 교회를 개척한다. 인도네시아와 필리핀 일부의 중국인 교회는 현지에 사는 다른 민족에게 선교사를 파송하였다(람 2007). 과거에 홍콩 선교사의 대부분은 외국에 사는 중국인에게 선교했다면, 오늘날 파송된 선교사 중 절반 이상은 다른 민족을 섬긴다(로 1996). 영국 맨체스터에 있는 한 중국인 교회는 그곳에 있는 남아시아인에게 다가간다.

오늘날 국제적 이민의 관점에서 린(2013)은 중국인 교회가 주어진 지역의 외국인 가정부, 학생, 이민 노동자, 그리고 심지어 불법 이민자에게 다가감으로써 다른 문화권 선교사역을 감당해야 한다고 주장한다. 영국에 있는 한 나이지리아인 교회는 벌써 250개의 교회를 개척했다. 린은 묻는다. "중국인 선교사들, 당신들은 다 어디에 있는가?"

하나님의 섭리에 의한 흩어짐

재구성된 정체성에 초점을 맞추는 대신, 서구의 중국 교회는 그들의 디아스포라 정체성에 대한 성경적, 신학적 이해를 통해 이익을 얻을 것이다. 성경에는 이민자였던 많은 신앙의 영웅이 나온다. 복잡한 문화적, 종교적 정체성을 지닌 디아스포라 그리스도인 사도 바울보다 더 다른 문화에 적절한(cross cultural) 선교사는 없다. 디아스포라 그리스도인이 생존본능 또는 폐쇄적인 교회 정신의 수준에서 이민 경험을 통해 주님의 인도하심과 섭리가 있다는 것을 인정할 수 있다면, 다른 문화권 선교에 영향을 주는 세대 간의 갈등은 줄어들 것이며 다음 세대가 전임 사역을 할 수 있도록 할 것이다.

중국인 그리스도인의 다양성을 축하하고, 그 안의 다양한 정체성과 사역에 대한 이해를 주고받아야 한다. 모두가 같은 크기의 신발을 신지는 않는다. 지역별 집단과 주류 교회, 선교 단체, 신학교가 서로 소통하며 생각을 나눠야 한다. 중국 교회는 또한 한국 교회 선교 운동으로부터 강점과 약점을 배워야 한다. 또한, 많은 디아스포라 중국인 그리스도인이 종교적 배경이 없기 때문에 역사적 관점도 필요하다. 그들은 존 성과 R.A. 제프레이(Jaffray)-의 중국인 외국인선교사연합(CFMU)의 이야기와 최근의 숨겨져 있는 충성된 복음의 증인 간증을 통하여 선교에 대한 도전을 받아야 한다.

사도행전 17장의 정신으로, 디아스포라 중국인 그리스도인은 전 세계에 흩어진 디아스포라를 만나게 될 것이며, 그들의 복잡한 정체성도 하나님의 나라를 위한 하나님의 섭리라는 것을 깨닫게 될 것이다.

토의

1. 중국인 선교사에 대한 중요한 통계를 몇 가지 적어라.
2. 서양에 있는 중국인 교회는 동남아시아에 있는 중국인 교회와 어떻게 다른가?

3. 중국인이 선교하는 데 겪게 되는 어려움 3가지를 묘사하고 이 문제에 어떻게 대처할 것인가에 대하여 토의하라.

참고문헌

Barrett, David, and Johnson, Todd. "Annual Statistical Table on Global Mission: 2003," *International Bulletin of Missionary Research* 27, no.1 (2003): 24-25.

Bernau, Sharmila. "The Chinese and Indian Diasporas in New Zealand: An Oral History Project," *New Zealand Journal of Asian Studies* 7, no.1 (2005): 134-152.

Chan, Hay-him. "The Current State of Global Chinese Church Mission," *Go Unto All Nations* (Jun 1993) [in Chinese].

Chan, Kwok-bun. *Chinese Identities, Ethnicity and Cosmopolitanism* (London: Routledge, 2005).

Chang, John. "The 21st Chinese Mission Century," *Chinese Around the World* 184 (Nov 2003). http://www.cccowe.org/content_pub.php?id=catw200311-1.

Chen, Letty. *Writing Chinese: Reshaping Chinese Cultural Identity* (Basingstoke: Palgrave Macmillan, 2006).

Cheung, Freda. "Reflections on Lausanne III," Great Commission News (Winter 2011): 6-9.

Cohen, Robin. *Global diasporas: An Introduction* (London: Routledge, 1997).

Editorial Department. "Introduction to the Urbana Student Missions Conference," [in Chinese]. *Behold* 27 (2007): 19.

HKACM Research Department. "Maturing Chinese Mission Societies - Report on Questionnaires Given to Chinese Mission Societies," in *Chinese Missions - Towards the 21st century*, ed. Vanessa Hung (Hong Kong: Hong Kong Association of Christian Missions, 1996), 87-126 [in Chinese].

Hung, Vanessa. "The Characteristics and Advantages of Chinese Missionaries," in

Chinese Missions – Towards the 21st century, ed. Vanessa Hung (Hong Kong: Hong Kong Association of Christian Missions, 1996), 137–142 [in Chinese].

Kokot, W., K. Tölölyan, and C. Alfonso. "Introduction," in *Diaspora, Identity and Religion*, ed. Waltraud Kokot, Khachig Tölölyan, and Carolin Alfonso (London: Routledge, 2004), 1–8.

Lam, Cyrus. *Chinese Churches: A Bridge to World Mission* (Hong Kong: China Alliance Press, 1985) [in Chinese].

Lam, Cyrus. "Current Status of Missions in Global Chinese Churches," *Behold* 25 (Mar 2007):16–19 [in Chinese].

Lam, Cyrus. "Mobilising Small Churches for Missions," in *Chinese Missions Can Become True*, ed. Lin, Ching-chu (Burlingame, CA: Gospel Operation International, 2008), 12–18 [in Chinese].

Lam, Shiu-yuen. *Introduction to People Group Ministry* (Hong Kong: CCCOWE, 1991) [in Chinese].

Lin, Ching-chu. "Looking at the Need for Cross-Cultural Mission from the Trends of Our Time," *Go Unto All Nations* (Apr 2013):4–7 [in Chinese].http://www.hkacm.org.hk/News/2550/p4_7.pdf.

Lo, Ka-man. "Overcoming Obstacles to Missions by Chinese Churches," in Chinese Missions – *Towards the 21st century*, ed. Vanessa Hung (Hong Kong: Hong Kong Association of Christian Missions, 1996), 143–151 [in Chinese].

Loong, Helen. "The Top Ten List for Preparing our Next Generation for Missions," *Great Commission News* (Winter 2012):1–3.

Loong, Titus. "Looking at Chinese Missionaries Through the Characteristics of Chinese People," in Chinese Missions – *Towards the 21st century*, ed. Vanessa Hung (Hong Kong: Hong Kong Association of Christian Missions, 1996), 127–136 [in Chinese].

Mok, Kit-ching. "Appendix 1: Beautiful footprints – A Short History of Chinese Missions," in *Chinese Missions – Towards the 21st century*, ed. Vanessa Hung

(Hong Kong: Hong Kong Association of Christian Missions, 1996), 183–217 [in Chinese].

Population Reference Bureau 2010. Washington, DC: Population Reference Bureau. http://www.prb.org/pdf10/10wpds_eng.pdf.

Safran, William. "Deconstructing and Comparing Diasporas," in *Diaspora, Identity and Religion*, ed. Waltraud Kokot, Khachig Tölölyan, and Carolin Alfonso (London: Routledge, 2004), 9–29.

27장

아라비아만에 있는 초국가적 인도인 교회의 연합 : 쿠웨이트에 있는 케랄라[역15] 오순절 교회

스텐리 존(Stanley John)

디아스포라 교회는 세계의 모든 주요 도시에서 경관을 자랑한다. 실제로 이주민 공동체가 있는 모든 곳에서 디아스포라 교회를 찾을 수 있으며 '접근이 불가능할' 것 같은 지역에도 디아스포라 교회가 존재한다. 디아스포라 교회는 어떻게 시작이 되는가? 그리고 디아스포라 교회는 고국에 있는 교회와 어떤 관계를 맺는가?

인간 집단은 상황(context) 속에서만 이해될 수 있기 때문에 이 글은 인도 케랄라(Kerala)에서 쿠웨이트로 이주한 이들로 구성된 오순절 교회에 초점을 맞출 것이다. 이들 교회의 수가 결코 적지 않다. 다양한 종족을 포함한 쿠웨이트 복음주의 교회 소속 84개 교회 중 25개 교회가 케랄라에서 온 이주민이 세운 오순절파 교회이다.

케랄라 그리스도인의 선교는 지역 사회적 수준과 초국가적인 수준 모두에서 이루어진다. 쿠웨이트의 케랄라 그리스도인은 그들이 있는 지역의 다른 인도인 디아스포라와 다른 나라에서 온 이주민에게 사역할 뿐 아니라 현지인에게도 관계적 전도를 한다. 이들이 고국에 있는 사람이나 다른 외국의 디아스포라 지역에 있는 사람에게 사역할 경우 초국가적 선교[역16]를 하게 되는 것이다. 이번 장에서는 쿠웨이트에서 인도로 어떻게 선교하는지와 그 방법을 분별하기 위한 케랄라 오순절 교회의 초국가적 연합에 집중할 것이다.

아라비아만의 인도인 디아스포라와 그들의 이주에 대하여 간단히 소개한 후에 네 가지의 디아스포라 교회 연합을 알아본다. 그다음 오순절파의 다양성을 짚으면서 케랄라 오순절 교회의 초국가적 교회 연합에 대해 살펴볼 것이다. 네 가지의 연합은 교단 소속 교회, 독립/무소속 교회, 은사주의 연합, 사도적 네트워크 등이다. 마지막으로 이 네 가지 연합을 통하여 케랄라에서 온 이주민이 출석하는 쿠웨이트 신 오순절파 교회의 출현을 이해할 것이다.

쿠웨이트의 인도인 디아스포라 중 한 명인 필자는 신앙 성장을 하면서 케랄라 오순절 교회를 경험했다. 이 프로젝트를 위한 현장 연구는 참여 관찰한 민족지학상적 모델 35개와 인도와 디아스포라에 있는 35명의 케랄라 오순절파 교회 리더의 인터뷰를 인용했다.

아라비아만[역17]으로의 이민

석유가 발견되기 오래전, 인도인은 아라비아만을 왕래했다. 또한, 아라비아만의 상인과 항해자가 진주와 향신료를 교역하기 위하여 남인도로 왔었다. 인도의 루피는 20세기 중반까지만 해도 아라비아만 지역의 몇 개국에서 합법적인 화폐로 인정받았다.

석유의 발견은 이주민 세계를 크게 바꾸었다. 우선, 역사상 유례없는 숫자의 이주민이 아라비아만으로 밀려들어 왔다. 노동자의 필요와 현지인의 수가 매우 적은 이유로 아라비아만 국가는 남아시아, 동남아시아 그리고 다른 아랍 국가에 문을 열 수밖에 없었다. 둘째, 경제와 사회기반시설의 급성장은 인구밀도가 낮은 사막 지역을 거대한 주요 도시로 완전히 바꿔 놓았다. 석유 판매로 생기는 수익은 값싼 노동력과 함께 이러한 현상을 가속했다. 셋째, 전통적 아랍인과 이슬람교 지역 외에서 온 이민자는 아라비아만의 인종적, 종교적 인구학에 변화를 주었다. 오늘날 아라비아만은 가장 도시화되고, 경제적으로 발전하였으며, 다양한 지역 출신의 종족이 모여 사는 곳 중 하나이다. 이러한 성장은 이 지역에서 석유가 발견되었기 때문에 시작된 경제적 이민 덕분에 가능했다.

아라비아만의 인도인 디아스포라

2,000만~2,500만 명의 인도인 이민자 중, 19%의 인구가 석유가 풍부한 아라비아만 국가에 거주한다(카드리아(Khadria) 2006:5). 350만 명 이상의 인도인이 아라비아만에 살고 있다고 추측하기도 한다. *인도인 디아스포라에 대한 고위급 위원회 보고서(Report of the High Level Committee on the Indian Diaspora)*에 의하면, 150만 명 이상의 인도 이민자가 있는 사우디아라비아가 1등이다(ICWA 2011). 아랍 에미리트 연방에는 90만 명의 인도인이 살고 있으며, 이는 인구의 32%에 달하고 아라비아만 국가 중 가장 높은 수치이다. 오만, 쿠웨이트, 바레인, 그리고 카타르 인구의 15~20%가 인도 이주민이다.

케랄라에서 아라비아만으로

케랄라주는 인도 서남 지역 끝에 있으며, 동으로는 타밀 나부(Tamil Nadu), 북으로는 카나타카(Karnataka), 서로는 페르시아 바다를 보고 있다. 기원전 3,000년 케랄라의 향신료 무역은 중동, 아프리카 그리고 유럽까지 다리를 놓아주었다. 지역 전통에 의하면, 사도 도마가 서기 52년경에 케랄라 해변에 도착하기 위하여 유대인 디아스포라 순례를 따라왔다고 한다. 사도 도마는 타밀 나무에서 순교당하기 전에 케랄라에서 7개 교회를 개척했다. 그 결과로 나온 작은 그리스도인 무리는 19세기 선교사의 노력으로 크게 성장하였고, 20세기에는 현지 선교에 열정을 쏟아부었다.

경제 및 사회 발전의 면에서 보면, 케랄라는 보통 교육, 보건복지와 수입을 측정하는 인도 인간개발지수에서 높은 수치를 기록하고 있다. (수야나라야나(Suryanarayana) 2013) 역사 깊은 무역 관계와 함께 이러한 성과는 케랄라의 사람이 아라비아만의 급성장하는 경제 속에서 일자리를 구하는 데 많은 도움이 되었다.

케랄라에서 아라비아만으로 온 이민자는 인도의 다른 지역에서 온 이주민을 합친 수보다 더 많다. 케랄라를 떠난 이주민의 10명 중 9명은 아라비아만 지역의 국가를 그들의 목적지로 삼는다. 2008년 케랄라를 떠난 219만 3,412명의 이민자 중, 194만 1,422명이 아라비아만 지역으로 갔다. 아랍 에미리트 연방(47.29%)과 사우디아라비아(25.93%)가 케랄라 출신 이민자를 75% 가까이 받아들였다. 나머지 이민자는 오만(8.63%), 쿠웨이트(6.66%), 카타르(6.26), 그리고 바레인(5.22%)으로 흩어졌다(자차리아/라잔 2010).

카파라 스폰서십(Kafala Sponsorship) 시스템

이주의 주목적은 경제적 이유이다. 쿠웨이트에는 어떤 특정 국가에 있는 거주자를 카필(kafeel) 또는 스폰서라고도 불리는 특정한 고용주와 채용 계약서를 직접 맺을 수 있게 하는 카파라[역18] 혹은 스폰서십 시스템으로 경제 이주가 조직되어 있다. 카파라 시스템은 '임금을 받는 것 대신 이전에 진 빚을 일로 갚는 노동자'와 같이 계약에 묶인 노동관계의 전통에서 기원했다(HRW 2010:36). 이민자가 그 나라에 머물 수 있는 시간은 노동계약서에 적힌 기간에 따라 제한된다. 노동계약이 만료되면, 노동자는 계약서를 갱신하거나, 새로운 직장을 찾아야 하며 그렇지 않으면 그 나라를 떠나야 한다.

이 시스템에서는 이주민 중 특히 기술이 없는 이들이 취약한 위치에 놓인다. 스폰서십 시스템 폐지를 위한 대안이 제시되었지만, 여권 압수와 같은 이주민의 권리침해는 멈추지 않고 계속된다. 아직 아라비아만 국가에 있는 이주민 노동자를 귀화시키기 위한 포괄적인 방법은 존재하지 않는다.[1] 아라비아만으로 가는 이주의 가장 중요한 특징은 분명 비영구성이다. 일시성이라는 특징은 디아스포라 이주민의 삶, 특히 종교적인 활동을 이해하고 해석하는데 중요한 열쇠를 제공한다.

종교 구조

여러 보고서가 높게 잡아 쿠웨이트 인구의 85%가 무슬림이라고 추산하지만(퓨 포럼 2012), 퓨 포럼 글로벌 종교전망(PFGRL)은 쿠웨이트 인구의 74.1% 가까이가 무슬림이라고 추측한다. 200개의 그리스도인 가정과 몇 되지 않는 바하이교 신도를 빼면 쿠웨이트 국민은 다 무슬림이다. 쿠웨이트 왕족을 포함한

---

1) 아랍계 무슬림 이주자를 드물게 귀화시키는 예외가 있다.

무슬림 중 대략 2/3는 수니파이며, 나머지 1/3은 시아파이다. 일시적인 노동자를 포함한 기독교 인구는 전체의 14.3%이다(퓨 포럼 2012). 이 수에는 로마 가톨릭교회(30만 명), 콥틱 정교회(7만 명), 쿠웨이트 복음주의 교회(4만 명), 그리고 다른 기독교 교단(3만 명), 힌두교(30만 명), 불교(10만 명), 시크교(1만 명), 바하이교(400명) 등의 신자를 포함하며, 전체 인구의 11.6%이다(IRFR 0210).

디아스포라 교회와 이주민 기독교

이주민이 새로운 곳으로 이동할 때 자신의 신앙도 함께 이동한다. 종교적 신앙, 상징, 활동을 초과한 짐처럼 뒤에 두고 오지 않는다. 오히려 낯선 곳에 터전 삼을 때 사람들은 더 열심으로 신앙과 종교 활동을 하게 된다. 다른 이주민과 모여 예배드리고 친교 하면서 새로운 교회를 개척하거나, 외국에 이미 존재하는 교회에 들어가게 된다.

디아스포라에 있는 교회의 종류

민족교회[역19](National Churches), 국제/다문화 교회, 그리고 디아스포라 중 특정 종족으로 구성된/특정 언어를 사용하는 교회가 디아스포라를 섬기는 세 가지 종류의 교회이다. 첫 번째 범주에서는, 교회 구성원이 거의 다 호스트 국가의 국민이고, 그 나라 언어로 예배를 진행한다. 이 민족 교회의 리더는 그 나라 혹은 지역에 있는 교단 리더십과 결속되어 있다. 이러한 교회는 이민자를 적극적으로 초대하지 않을 수도 있다.[2)]

국제 교회 혹은 다문화 교회는 다양한 나라 혹은 문화에서 온 사람으로 구성된다. 인도 한 나라만 하더라도 다양한 종족, 문화가 있고 다양한 언어를 사

---

2) 아라비아만 국가 중 여러 국가에 현지인 그리스도인이 거의 없어서 현지인 교회가 없다. Ammanuel B. Ghareeb 목사가 쿠웨이트의 유일한 현지인 성직자이다. 그는 쿠웨이트 복음주의 교회의 아랍어 교회에서 목회를 한다. 이 교회는 중동의 아랍어를 사용하는 다양한 나라에서 온 경제 이민자로 이루어져 있다.

용한다. 그러므로 한 나라에서 오는 사람만 모여도 다문화 예배가 드려진다. 어떤 교회가 다문화 교회인지 아니면 현지인 중심의 교회인지를 결정하는 몇 가지 요인이 있다. 교인의 다양성, 리더십 안에 있는 다양성, 그리고 문화적 정체성을 보존하고 기념하려고 하는 적극성이 바로 그 요인이다.

*디아스포라 종족 그리고/혹은 특정 언어를 사용하는 교회*는 같은 민족의 유산을 공유하는 이주민을 아우른다. 일반적으로 그들은 그들의 언어로 예배드린다. 처음 두 종류의 교회는 호스트 나라 국민 중심이거나 교회에 두드러지게 많은 민족 집단 중심, 혹은 영어처럼 다수가 이해할 수 있는 언어를 사용하는 국제화된 양식을 택하는 교회이기에 이주민이 자신의 문화와 언어가 아닌 것에 참여하게 된다. 하지만 디아스포라 종족 교회에서는 같은 민족의 정체성과 문화를 공유하는 성도와 함께 그들의 언어로 예배드린다. 이 세 번째 종류의 교회가 우리가 집중할 사례연구이다.

쿠웨이트의 케랄라 그리스도인

1953년 케랄라 그리스도인 이주민은 쿠웨이트 타운 말라얄리 그리스도인 교회(KTMCC)를 구성하기 위해 쿠웨이트 복음주의 교회(NECK)라고 불리는 AMC(Arabian Mission compound)의 의 채플에 모였다. 케랄라 출신의 모든 그리스도인은 자신의 교파에 개의치 않고 연합하여 함께 예배드렸다. 이 교회는 오늘날도 계속한다.

아라비아만 나라의 국민과 함께 사회적, 문화적, 그리고 종교적 참여를 하는 기회가 제한되는 어려움 속에서 이주민은 함께 모여 그들의 공동체 안에서 자신의 소속감을 다질 것이다. 그 중심이 교회다. 주중 거의 매일 교회는 예배드린다. 신앙적 소속감과 사회적, 문화적 소속감도 성장한다. 교회 구성원은 가족이 되어 고국을 떠나 온 이주민의 지지공동체가 되어준다. 교회 활동을 통하여 이민자는 문화적, 사회적 그리고 종교적 지식과 실력, 활동 리더십 역할을 발전시키고, 더 나아가 사회에서 그들이 느꼈던 소외감을 완화하게 된다.

계속해서 새로운 이주민이 쿠웨이트에 도착하면서 다양한 교단을 대표하는 새 교회가 생겨났다. 말라얄리(Malayalees, 케랄라에서 온 사람들)는 마르 토마스 교회, 남인도 교회, 말란카라 정통 교회, 형제 펠로우십, 오순절 교회에 모였다. 케랄라에서 온 모든 오순절 신자는 이 시기에 쿠웨이트 오순절 교회(PCK)에 모여서 함께 예배드렸다.

쿠웨이트에서 발발했던 걸프전 이전인 1980년대 후반까지 케랄라의 다양한 오순절파를 대표하는 모임이 NECK 관할지에 속해 있었다. 걸프 전쟁 후 케랄라 이민자가 기록적인 수치로 늘어남에 따라 고국의 다양한 교단 소속과 함께 더 많은 모임이 생겨났다. 쿠웨이트시의 NECK 관할지에서 그들은 다른 독립 교회와 함께 모여 규칙적으로 기도와 예배, 교제와 사역을 했다. 21세기의 첫 10년 동안 오순절 교회와 신 오순절 교회의 급성장은 전통교회에서 일어난 회복과 개혁에 반응하여 멈추지 않고 지속되었다.

초국가적 교회의 연결고리

이주민은 그들의 새로운 지리적 맥락에서 예배 공동체로 조직되고 모든 것이 고국과의 유대 관계를 유지하면서 디아스포라 교회가 유기적으로 형성된다. 이것은 고국의 사회와 정착한 사회를 함께 연결시켜주어야 하지만 여러 방면으로 좌초되었던 사회적 관계를 이주민이 구축하고 유지하는 과정이 뒤따른다. 우리는 오늘날 많은 이민자가 지리적, 문화적, 정치적 국경을 넘나드는 사회적 영역을 형성하고 있음을 강조하기 위해 이러한 과정을 초국가주의라고 부른다(바슈(Basch) 편집 1994:7).

이주민 교회가 고국에 있는 각 교회 및 교단과 유대 관계를 만들고 유지하는 방법을 *초국가적 교회 유대 관계(transnational ecclesial ties)*라고 할 수 있겠다. 고국과 디아스포라 그리고 다른 곳을 넘나드는 여러 단체 그리고 오늘날 여러 가지 소통 방안과 네트워크는 국경을 무색하게 만들었다. 예를 들어, 교회 혹은 교단 대표자가 고국과 디아스포라를 다니며, 고국에서의 사역에 대하여 디아스포라 구성원에게 알려주고 그들이 이러한 사역에 동참할 기회를 제공해 준다.

초국가주의는 대개 이주민이 그들의 사회문화적 그리고 언어적 정체성을 호스트 국가의 우세한 집단 안에서 잃어버리는 동화 혹은 흡수와는 대비가 되지만, 호스트 국가에 동화되는 것과 초국가적 삶의 방식은 서로 배타적일 필요가 없다. 오히려 이주민은 정착한 나라에 통합되면서도 자신이 태어난 곳과 밀접하게 연결될 방법을 찾을 수 있다(레빗(Levitt) 2001:4) 국가와 국경이라는 울타리의 범위를 넘어섬으로써, 이주민은 한계를 초월한 사회관계를 만들 수 있다.

초국가적 종교단체 조직의 이론화

레빗의 분류에 의하면 로마 가톨릭교회는 어쩌면 확대된 초국가적 종교단체 조직이라고 볼 수 있다(2001:11). 이런 가톨릭 이민자들은 "정당하고, 강력하고, 조직이 잘 되어있으며," "어디서든지 사용할 수 있는 신분"을 가진 국제적 종교 조직의 일원이다."

개신교회는 "이미 정착된 관계를 확장하고 심화하는" 방식으로 상호 협상된 초국가적 종교단체를 활용한다(15). 고도의 계급적이고 중앙집권화 되어있는 가톨릭교회와는 달리 개신교 교회들은 제도화된 규칙에 얽매이지 않고 끊임없이 돌아가는 유연한 관계를 가지고 있다(15). 전통적 가톨릭과 대조적으로 개신교는 디아스포라 상황 속의 이민자들이 시작한 새로운 교회로서 초국가적 종교단체로 재탄생하게 된다(17).

이 두 가지 유형이 아라비안 만에서 모두 발견된다. 가톨릭교회는 쿠웨이트의 각 지역에서 네 교구를 관리하고 있다. 쿠웨이트시내 중앙 성당에서는 34번의 미사가 집전되고 다양한 이민 공동체를 섬기고 있다. 미사는 영어, 이탈리아어, 프랑스어, 아랍어, 필리핀어, 신할라어, 벵갈리어, 콘카니어, 타밀어, 그리고 말라얄람어로 진행된다. 쿠웨이트교구는 교황 베네틱트 16세(Benedict XVI)가 임명한 북부 아라비아의 주교인 발린(H.L. Bishop Ballin)이 감독하고 있다.

인도인을 향한 마음을 가진 개신교 교회들은 남인도 교회(C.S.I), 형제단

(the Brethren Assembly) 그리고 여러 오순절파 교회 연합들이다. 이 교회들은 어떤 한 세계적인 행정부를 통해서 서로 연결되기보다는 각각 고국에 있는 교단의 소속이다. 그 외 다른 교회들은 어떠한 교단에도 연결되지 않고 단순히 이민자들이 독립적으로 운영한다. 하지만 가끔 이들은 초국가적인 유기체적 네트워크를 만들기도 한다.

레빗에 의하면 '종교 조직 상황'에는 3가지 유형이 있다. 첫 번째 유형은 이주민 교회가 고국에 있는 '자매 교회'와 유대 관계를 맺는 것이다. 두 번째 유형은 감독할 사람을 보내주고 심지어 다른 디아스포라 교회에 재정적 지원을 해주는 가맹점 역할을 하는 이주민 교회이다. 세 번째 유형은 이주민 교회가 전 세계적인 교파의 일원이다(레빗 2003:851).

레빗의 세 가지 범주는 디아스포라 교회와 고국에 있는 교단 사이의 연대 그리고/혹은 세계적인 교파의 소속 유형을 제시해준다. 하지만 디아스포라에 있는 모든 교단이 이 유형에 속하지는 않는다. 여전히 많은 교회가 어떠한 교단에도 소속되지 않은 상태로 남아있다. 그래서 나는 쿠웨이트의 케랄라 오순절 교회를 위한 또 다른 유형을 만들었다. 이 유형은 교단 소속 교회, 독립 교회, 은사주의 모임, 그리고 사도적 네트워크이다.

교단 소속 교회는 고국 교단에 공식적으로 소속되어 있고 교회로서의 정체성 확인과 경제적 지원을 지속해서 받고 있다. 고국 교단은 디아스포라 교회로부터 고국에서 하는 여러 가지 선교 프로젝트를 위한 후원을 받으면서 디아스포라 교회의 필요를 지원해 주고 디아스포라 교회의 성직자를 파송시켜준다. 이러한 초국가적 소속은 상호의 번영을 도모해주며 교회의 사역을 지원해준다.

고국 교단의 총회는 3년 계약의 성직자를 디아스포라 교회에 파송하여 섬기게 한다. 3년 계약이 끝나면, 성직자는 반드시 떠나야 하고, 고국에서 다른 성직자가 와서 그 자리를 대신한다. 현지에서 다른 일반 직업을 가진 이중직 목회자는 일반 직장의 계약 기간이 갱신될 수 있는 기간만 목회할 수 있다.

독립교회는 디아스포라 상황에서 생성되었으며 고국이나 다른 교단에 소속되지 않는다.

은사주의 단체는 처음에 교회로서 시작하지 않는다. 여기 참여하는 사람은 여러 교단의 활동적인 사람이다. 그들이 섬기고 있는 교회에서 사역 기회가 제한되면, 이 모임은 평신도에게 사역 기회를 열어준다. 이 모임은 교단 간의 교제 기회도 제공하며 전도의 길도 열어준다. 시간이 지남에 따라 이러한 모임의 일부가 교회가 된다.

사도적 네트워크는 어떤 공식적인 소속 없이 독립적이다. 그러나 적극적으로 고국뿐 아니라 다양한 디아스포라 지역과 다른 문화권에 교회를 개척하는 경제 이주민에 의하여 시작되었다.

쿠웨이트의 오순절 교회

84개의 교회가 다양한 언어와 민족 집단을 섬기며 쿠웨이트 NECK 관할지에서 예배드린다. 이들 중 25개 교회가 케랄라에서 온 오순절 혹은 신 오순절파 교회이다. 케랄라 오순절 교회는 아하마디(Ahmadi)의 성 바울 성공회 교회와 이주민이 상당히 많이 모여 사는 지역의 다목적 건물에서 예배드린다. 이 교회는 위에서 이야기했던 네 가지 유형에 포함된다.

케랄라 오순절파에서 정통 오순절 교회와 신(neo) 오순절 교회 구별하기

오순절파 교회는 전형적 오순절 교회와 신 오순절 교회로 나뉜다. 케랄라의 하나님 성회, 인도 오순절 교회, 하나님의 교회, 오순절 선교와 같은 전형적 오순절 교단은 20세기 초반으로 그 역사를 되짚어갈 수 있다. 초반에 서양의 선교사가 하나님의 성회(AG)와 하나님의 교회(COG)를 이끌었다면, 인도 현지의 리더를 통하여 인도 오순절 교회(IPC)와 오순절 선교(TPM)가 탄생했다. 20세기 중반 이후에는 샤론 펠로우십 교회(SFC), 하나님의 새 인디언 교회(NICOG), 그리고 오순절 마라나타 복음교회(PMGC)와 같은 더 많은 현지 오순절 교회 조직이 일어나기 시작하였다. 이 모든 교회는 인도 오순절 신학과 활동의 교리를 옹호하며, 특히 성령의 은사와 물세례의 중요성, 장신구 착용 금지, 그리고 오순절 전통 안에서의 올바른 자기 정체성 확립을 강조한다.

신 오순절 교회는 전형적인 오순절 교단의 초기 선교사나 초기 현지 리더와 같은 과거와 상관이 없다. 지난 20년 동안 신앙의 회심뿐 아니라, 천주교, 정교회, 야곱파 교회(Jacobite Church), 마르 도마교회(Mar Thomas Church), 그리고 다른 인도의 주류 교회와 교단 내의 개혁에 부응하여 천상의 축제(Heavenly Feast), 데바시아 물라카라(Devasia Mullakara) 그리고 다른 교회가 일어나기 시작했다.

사람들은 육체의 치유, 귀신으로부터 축사의 경험을 하거나 혹은 여러 방송을 통하여 복음을 듣고 이러한 교회를 다니기 시작한다. 성령 운동 텔레비전 전도사를 보여주는 글로벌 방송은 이러한 움직임에 더 큰 힘을 실어주었다. 사회학적으로 이러한 교회는 전통적인 오순절 교회의 장신구 착용 금지와 극명한 차이를 보이지만, 이들도 방언, 신유, 축사, 그리고 성도의 세례와 같은 성령의 은사를 중요하게 여긴다.

전통 오순절파와 신 오순절파를 구별하는 중요한 기준은 그들이 자신에 대해 내리는 정의이다. 신 오순절파는 그들이 위선이라고 여기는 전통 오순절 교회 안에서의 마찰과 분열 때문에 전통 오순절파와 접촉하는 것을 꺼린다. 신 오순절 교회는 전통 오순절 교회가 너무 정치적이고 제도화되어 있음에 안타까워한다. 더 나아가, 신 오순절 교회는 어떠한 공식적인 신학적 교육은 없지만, 사역을 위한 부르심에 반응하여 두 가지 직업을 가진 목회자가 이끈다. 반면, 전통 오순절 교회는 '새로운 세대의 교회' 즉 신 오순절교회를 제자훈련이 없어서 '얕은' 교회로 취급한다. 이 글은 신 오순절 교회에 집중할 것이다.

신 오순절 소속 교회

천상의 축제는 탕구 형제(Brother Thangu)라고 사랑스럽게 알려져 있는 매튜 쿠루빌라(Mathew Kuruvilla) 박사가 인도한다. 사업가였던 그는 기적적인 치료를 경험한 후 전도자가 되었다. 1998년 그의 사무실에서 기도 모임으로 시작한 것이 오늘날 국제적 운동이 되었다. 인도 전역과 아라비아만의 인도인, 유럽에 있는 인도인, 그리고 북미에 있는 인도인 사이에 200개 이상의 교회가 개척되었다. 이러한 부흥 운동은 규칙적인 텔레비전 영상을 통해서 전 세계의 인도인에게 전달될 뿐 아니라 아라비아만에서 경제 이주민의 개인적 만남을 통하여 디아스포라에까지 영향을 미친다. 천상의 축제 관리를 받는 교회는 디아스포라에서 탄생하여 성장하고, 국제 리더의 규칙적인 방문을 통하여 더욱 굳건해진다. 현재 아라비아만의 6국가 중 5국가에 천상의 축제 소속 교회가 있다.

또 다른 '소속' 단체는 영원의 교회(the Church of the Eternity)이다. 이 단체를 세운 데바시아 물라카라는 신유와 축사 사역을 시작하기 전에 가톨릭 수련회장의 영적 감독으로 섬겼었다. 2007년, 그는 성모 신학과 성인 숭배, 죽은 자를 위한 기도, 묵주 기도에 반대하며 가르치다가 가톨릭교회로부터 파문당하였다.

파워비전(PowerVision)과 같은 기독교 방송 네트워크를 통하여 물라카라의 가르침은 디아스포라의 어느 곳이든지 찾아간다. 어떤 성도는 정기적으로 특별한 모임을 주최한다. 이 모임에는 여러 교단과 노선에 있는 다양한 교회에서 온 이민자가 믿지 않는 친구를 데리고 와서 복음을 듣게 하고 치유의 기도를 받게 한다. 어느 정도 모임을 한 후에 쿠웨이트에 있는 이민자가 영원의 교회 지교회를 이곳에서 시작해달라고 부탁하였다.

오늘날 쿠웨이트, 바레인, UAE 그리고 아라비아만의 다른 여러 곳에 지교회가 있다. 이 교회는 디아스포라의 다른 교회로부터 존경받을 뿐만 아니라 고국의 교회로부터 상당한 감독과 관심을 받는 것으로 유명하다. 리더는 1년에 3~4차례 교회를 방문하여 격려하고 결혼식을 주례하며 물 세례식과 전도 사역을 함께 하기도 한다.

신 오순절 성령운동 모임

성령운동 기도 모임은 동방교회와 주류교회의 전통적 틀 안에서 영적 활력이 채워지지 않을 때 드러나기 시작한다. 성령운동 기도 모임은 교회가 아니라 모임으로 유지되고 있으나, 여전히 이전 교회 뿌리에 연관되어 있으며, 성령운동 모임이라고 명명할 수 있겠다.

가끔은 기존 교회에서 이러한 비공식적 기도 모임이 파생되어 나와 또 다른 교회가 된다. 라이프 펠로우십(Life Fellowship)은 1983년 기도 모임으로 시작되었고, 마르 도마교회에서 오는 리더와 성도가 주류를 이루었다. 초기에는 물세례 혹은 성령세례에 대해서 강조하지 않고, 영적 활력을 위한 장소로 간단한 기능만 감당했다. 하지만 시간이 지남에 따라 물세례를 베풀었고, 그때 기존 교회는 이것에 대하여 문제를 제기하였다. 결국 이 모임은 독립적인 초교파 교회가 되었다.

신 오순절 독립 교회

독립교회들은 고국이나 디아스포라에 있는 교회 교단에 소속되어 있지 않다. 영적 부흥이 일어난 후 사역에 대한 부르심에 응답한 카리스마가 있는 평신도 리더의 리더십 아래 머물러 있다. NOFC(The Nations Outreach for Christ)는 마르 도마교회의 회원이었던 성공적인 비지니스맨이 신 오순절 기도 모임을 통해 영적 각성을 체험한 후 시작되었다. 그 교회를 떠나 독자적인 사역을 하면서 다른 이민자들을 전도하기 시작했다. 이 모임이 점점 자라서 예배공동체로 변하고 창시자의 개인적인 네트워크를 통해 전통 오순절 교회와 신 오순절 교회와 연결되게 된다. 그러나 본국의 어떤 감독도 받지 않고 독자적인 입장을 유지했다. 지도자는 인도의 다양한 지역의 교회 개척, 목회 지원, 그리고 고아원 사역들을 지원하였다.

신 오순절 사도적 네트워크

사도 네트워크는 디아스포라 상황에 있는 신 오순절 교회로부터 파생되었다. 사도적 양태는 유사한 디아스포라 공동체가 존재하는 다른 국가에서 교회 형태로 시작되었다. 이 사역은 본국도 포함되지만 종족의 경계를 넘어 타문화 지역의 교회를 개척하는 일을 한다.

지방회 펠로우십(Little Flock Fellowship)은 성령사역 기도 모임으로 시작되었다가 독립 교회로 발전하고 결국에는 교회들의 사도적 네트워크가 되었다. 그들의 비전, 지도자들의 관계 그리고 디아스포라 교회들로부터 오는 재정적 지원을 통해 다른 국가에서 사역하는 목회자들의 네크워크를 지원하고 있다. 비교적 복음이 전해지지 않은 인디아 북부 지역에서 지방회 펠로우십은 안드라 프라데쉬, 차티스가 그리고 오리사 주에 45명의 선교사들을 지원하고 있다.

결론

디아스포라들의 흔적을 따라 교회들도 전 세계로 퍼져나갔다. 이 글은 인도의 케랄라 주에서 쿠웨이트로 경제적 이주를 한 사람들의 여정과 그들이 시작한 교회들에 대해서 요약 발제하였다. 쿠웨이트에 있는 케랄라 오순절 교회는 디아스포라 속의 수많은 유형의 교회 중에 종족적으로 그리고 언어적으로 아주 특정한 예이다. 영적 쇄신이 본국과 케랄라 디아스포라들 간에 일어나서 신 오순절 교회들이 이에 반응하며 생겨나기 시작했다. 일부는 교단 교회로, 다른 일부 교회는 독립적으로 혹은 무소속으로 시작했고 또 다른 부류는 성령운동 단체로, 혹은 사도적 네트워크로 발전했다.

토의

1. 카필 스폰서 시스템의 위험은 무엇인가?
2. 디아스포라 교회가 이민자에게 어떤 다양한 기능을 제공하는가?
3. 디아스포라 인구가 증가할 때 교회는 어떻게 다양해지는가?
4. 쿠웨이트에 있는 인도인 디아스포라 교회의 종류는 무엇을 기준으로 나누는가?
5. 외국에 있는 인도인 교회는 인도에 있는 교회를 어떻게 재활성화시키는가?

참고문헌

Basch, Linda G., Nina Glick Schiller, and Cristina Szanton Blanc. *Nations Unbound: Transnational Projects, Postcolonial Predicaments, and Deterritorialized Nation-States*. [S.l.]: Gordon and Breach, 1994.

Human Rights Watch. *Walls At Every Turn: Abuse of Migrant Domestic Workers Through Kuwait's Sponsorship System*. New York: Human Rights Watch, 2010.

ICWA. 2011. *Report of the High Level Committee on the Indian Diaspora*. Indian Council of World Affairs. Electronic Media. <http://indiandiaspora.nic.in/contents.htm> Accessed December 1, 2011.

Khadria, Binod. "India: Skilled Migration to Developed Countries, Labour Migration to the Gulf" in *Migracion Y Desarrollo*. Zacatecas, Mexico: International Network on Migration and Development, 2006.

Levitt, Peggy. "'You Know, Abraham Was Really the First Immigrant': Religion and Transnational Migration," *International Migration Review* 37, no. 3: 847-873, 2003.

Levitt, Peggy. "Between God, Ethnicity, and Country: An Approach to the Study of Transnational Religion." Oxford: University of Oxford. Transnational Communities Programme, 2001.

Pew Forum. *Global Religious Landscape*. 2012. http://features.pewforum.org/grl/populationpercentage.php (accessed April 1, 2013).

Suryanarayana, M.H. 'Human Development in India: Costs of Inequality,' No. 198. Brasília, International Policy Centre for Inclusive Growth, 2013.

U.S. Department of State. *International Religious Freedom Report for 2010*. Bureau of Democracy, Human Rights and Labor. http://www.state.gov/j/drl/rls/irf/2010/148828.htm (accessed April 1, 2013)

Zachariah, K.C. and Rajan, S Irudaya. "Migration Monitoring Study, 2008 Emigration and Remittance in the Context of Surge in Oil Prices" Working Paper 424. Thiruvananthapuram: Center for Development Studies, 2010.

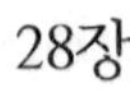

28장

한국인 디아스포라 사역

김성훈 / 수지 허쉬버거(Susie Hershberger)

* 김성훈/마원석이 편집한 《한국인 디아스포라와 기독교 선교》에 기초하여 요약 정리한 글임.

운동의 시작

한국 교회 역사 전체와 디아스포라는 떼려야 뗄 수 없다. 처음으로 그리스도를 주로 고백한 한국인은 한국 밖에서 살던 이민자였다. 그들은 외국 종교를 한국에서 가르치는 것을 강력하게 막았음에도 불구하고 신앙을 나누고자 하는 열망에 고국으로 돌아와 비밀리에 복음을 전하였다.

성경을 한국어로 번역하는 작업이 일본과 만주에서 동시에 시작되었다. 1887년에 《예수선교전서》라는 첫 성경이 출판되었다. 초기 성경 번역가 중 한 명이었던 서상윤은 한국으로 들어와 성경을 널리 배포했다. 이런 이유로 외국 선교사가 한국에 들어왔을 때, 이미 수천 명의 그리스도인이 성경을 알고 있었다. 성경을 기초로 한 유산은 한국 교회에 단단한 토대를 만들어주었다.

고종이 현대화 문물을 받아들이는 시작하는 1897년 이전까지 이민 가는 것은 공식적으로 금지되어 있었다. 19세기 중반의 자연재해와 기근, 정치적 불안정 등의 이유는 많은 농부가 비밀리에 이웃 나라인 중국으로 피난하게 했다. 이 탈출은 이내 대이동으로 바뀌었다.

1858년 러시아가 시베리아에서 바다에 인접한 지역을 개발하며 새로운 정착민과 사업가들을 모집할 때 더 많은 한국인이 새로운 운명을 찾기 위하여 그곳으로 향했다. 중국의 만주와 러시아의 해안 지역으로 새로운 기회의 모험을 떠난 사람은 모두 번창하였다.

1901년 이민 가는 것이 합법화된 후, 고종은 5명의 한국인을 하와이로 보내어 사탕수수 농장에서 일하게 하였다. 곧이어서 많은 사람이 배를 타고 태평양을 건너 미대륙으로 갔다. 하와이의 첫 번째 한국인 교회는 첫 한국인 노동자가 간 지 6개월 만에 세워졌다. 이것이 본이 되어, 한국인은 이민을 가는 곳마다 한국어를 사용하는 교회와 학교를 제일 먼저 세웠다.

한국의 1910년부터 1945년까지는 일제강점기다. 일본의 식민지 정책 때문에 심각해지는 억압과 가난을 피하여 더 많은 한국인이 고국을 떠났다. 목회자는 이민 사회를 섬기기 위해 함께 갔다. 교회는 문화와 종교의 중심지 역할을 해냈다. 한국어 학교와 함께 교회는 이주민이 민족과 그리스도인의 정체성을 유지하게 도와주었다. 한국 디아스포라 교회는 일본으로부터 나라를 되찾기 위한 독립운동의 주된 지원군이었다.

1945년 광복 후, 많은 한국인이 고국으로 돌아왔지만, 여전히 더 많은 사람이 부와 새로운 기회를 찾아 외국으로 이동하였다. 오늘날 한국인은 180개 나라에 흩어져 살고 있다. 이 글을 쓰고 있는 현재 UN의 총장과 세계은행의 총재가 한국계이다.

이처럼 한국인이 글로벌하다는 것에는 의심할 여지가 없다. 이렇게 광대한 디아스포라 가운데 그리스도인은 두드러진다. 한국 밖에 5,000개의 한국인 교회가 있다.

전 세계의 한국 기독교

기독교는 한국에서 놀라운 성장을 하였다. 한국인의 20%가 그리스도인이다. 일제강점기 때 교회는 가혹한 핍박을 당했지만, 신앙이 사라지기보다는 오히려 불난 집에 부채질한 것과 같이 되었다. 전 세계에서 가장 큰 몇몇 교회가 한국에 있다. 여의도순복음교회와 세계에서 가장 큰 장로교회인 명성교회, 세계에서 가장 큰 감리교회인 광림교회 등이다. 기도와 열정적인 헌신과 선교, 그리고 경제계와 정치계의 그리스도인은 한국 교회의 뛰어난 모습을 보여주었다.

하지만 이러한 성장은 유명론과 윤리적인 일탈, 사회 필요에 대한 무관심으로 인한 사회 비판을 받으며 정체기를 맞게 되었다. 그리스도인에게 '첫사랑'을 회복하여 돌아가자고 부르짖는 목회자에 의한 개혁 운동이 많은 교단에서 크게 일어나고 있다(민Min 2009).

한국은 전 세계에서 두 번째로 많은 선교사를 파송한다. 약 2만 명의 한국인이 전임 사역자로 해외에서 선교한다. 그중 반은 남자이고 반은 여자이다. 거의 모두 전도와 제자 훈련, 교회 개척, 성경 번역 그리고 신학 교육에 집중한다. 2012년 선교 단체를 통한 선교비는 미화로 3억 6,300만 5,083달러로 추정된다(문Moon 2013:96).

이렇게 헌신 된 선교사의 힘을 능가하는 것이 있다. 바로 전 세계에 퍼져 있는 5,000개의 한국 디아스포라 교회이다. 많은 이들은 이 흩어짐이 하나님의 계획의 일부라고 본다. 고국에서는 뼈아픈 역사가 있었지만, 그런데도 하나님께서는 주권적으로 "복음을 전하게 하시려는 그의 계획의 일부분으로써…… 비극적인 일(들)을 허락하셨다(송 2011:118)."

전 세계에 한국의 이민을 통한 흩어짐은 자발적인 복음의 확산도 일어나게 하였다. 마치 아브라함, 다니엘, 그리고 에스더가 민족들의 등대 역할을 하듯 한국인도 180개국에 흩어져 증인의 씨를 뿌렸다. 하지만 불행히도 수십 년이 지나며 꽤 많은 한국인 디아스포라 교회가 내부로 시선을 돌렸다. 교회 수가 줄어들었다. 초기의 해외 한국 이민 교회는 새로운 이민자가 공동체를 찾고 실질적인 도움을 받으며 익숙한 언어와 문화를 나눌 수 있는 곳이었다. 여전히 이것은 중요하지만, 이것이 교회의 부르심의 우선은 아니다. 오히려 디아스포라 교회는 그들의 공동체 안에서 사도적인 삶과 성육신의 삶을 살아야 한다.

디아스포라 교회는 교회라는 안전한 울타리 안에서 친목을 즐기는 것이 아니라 그 도시와 주변 이웃의 필요를 채우기 위하여 노력하는 선교적 교회가 되어야한다. 이러한 사도적 본질을 회복하는 것이 건강한 교회가 되기 위하여 꼭 필요하다.

서로 다른 문화의 다리가 되어주며 '다문화 중재자'로 성장하는 리더를 키우는 것은 필수적이다. 교회 사람과 세상 사람 사이의 장벽이 너무 높아져 사역할 기회가 사라진다면, 그 장벽은 반드시 무너져야 한다(송(Song) 2011:126~127).

밖으로 향하여 실천할 기회와 창의적인 도전을 제공하면 젊은 층의 상상력을 잡을 수 있다. 현재 많은 이민 2세가 정체성 혼란을 겪는다. 이 때문에 정말 많은 수의 미국 이민 2세가 '침묵의 탈출'을 한다(H. 리(Lee)1996). 그러나 어떤 한인 2세들은 교회를 떠나지 않고 한국계, 중국계, 일본계와 함께 더 크고 여전히 아시아계 공동체인 '범아시아' 디아스포라 교회를 시작했다.

문상철은 모범적 모델이 되는 4개의 디아스포라 교회에 대하여 설명했다(2011:84~100). 이 교회는 교회 내부뿐 아니라 외부 사회에서도 주목받을만한 사역을 하였기 때문에 선택되었다. 요한 도쿄 그리스도인교회와 태국 한인장로교회, 상하이 한인연합교회, 그리고 베이징 21세기 한인교회가 이들이다.

이 4개의 교회 모두가 교회의 위계 조직에 대한 강조가 다르면서 유연성을 가지고 있다. 결정권은 보통 최고 리더십에 있지 않고 분권화되어 있다. 다양한 그룹의 교인이 자체적으로 활동한다. 수평적인 팀워크는 많은 일을 할 수 있게 한다. 도쿄 교회에서는 "많은 사람이 이런저런 모양으로 교회 활동에 성실히 임한다." 약간 더 유연한 구조를 가진 태국 교회의 성도는 대단히 열정적으로 자원하고 헌신한다.

선교와 사역을 개인적으로 하는 것이 아니라 연합하여 하게 하는 화합에 대한 관심과 공동체에 대한 강조 또한 이 교회가 성공할 수 있도록 한 열쇠이다. 이 교회는 또한 선교적 교회**역20**의 특징인 '끌어당김보다 삶으로 파고드는 성육신적'이 되는 것을 목표로 삼았다. 그들은 교인이 지역 사회로 데리고 나갈 수 있는 프로그램을 계획하고 교인이 교회 밖에 있는 사람과 직접 소통할 수 있도록 유도한다. 가스펠 콘서트가 한 예이다.

문상철은 추가로 건강하게 선교와 아웃리치를 할 수 있도록 리더십 팀을 지켜주는 핵심가치뿐 아니라 영적인 진리와 신앙의 유산을 다음 세대에게 넘겨주는 것에 대하여 강조하는 유기적인 학습 구조 때문에 이 교회를 추천한다.

디아스포라 교회 아웃리치의 한 가지 추가적인 예는 몽골인이다. 2010년 미국에 있는 한국계 미국인 교회는 13개의 몽골 이민 교회 중 11개 교회에 (1) 교회 건물을 세우고 사역할 수 있도록 해주었고, (2) 교회가 모임을 할 수 있는 장소를 제공하며, (3) 또 다른 곳에서 모일 수 있도록 임대료를 내주고, (4) 몽골 본토나 미국에서 몽골인 사역를 양성하는데 필요한 재정적 후원을 해주고, (5) 마지막으로 몽골에 있는 성도를 섬기기 위하여 미국에서 몽골로 돌아가는 몽골인 사역의 정착을 경제적으로 도와주었다(M. 리(Lee)2011:29).

특별한 인구

한국으로 일하러 오는 외국인 노동자가 한국에 적응하기는 쉽지 않다. 단일 문화로 살아온 한국인은 평범한 외국인 노동자를 품는 연습이 되어 있지 않다. "한국 사회에 외국인 노동자가 적응하는 데 겪는 가장 큰 장애물은 한국인의 외국인 노동자에 대한 선입견이다(전(Jun) 2011:211)."

교회와 선교 단체는 이들의 인권을 지지하고, 이들과 한국인 사이의 긴장을 누그러뜨리며, '황금률'인 사랑을 표현하고, 필요를 채워주며, 복음을 전하여 고국으로 돌아가는 성도가 선교사가 되도록 훈련시켜야 한다. 전은 특히 외국인 노동자가 고국으로 돌아가 복음을 전할 수 있는 사람이 되기에 "그들은 한국 그리스도인에게 하나님이 보내신 선물이다."라고 주장한다. 한국외국인선교회(Friends of All Nations)**역21**는 이러한 사람을 섬기는 한국 기독교 단체이다.

다문화 기독교 학교는 다문화 학생을 섬긴다. 부모 중 한 명이 한국인인 다문화 가정에서 태어난 아이는 차별받을 수 있지만, 기독교 대안 학교가 이 문제를 도울 수 있다. 예를 들어, 새날학교역22는 다문화를 수용하며 하나님에 대한 경외를 심어주고 나눔과 섬김을 하도록 격려한다. 이 학교는 어린이가 기독교 관점에서 넓게는 세계적 리더가 되기 위한 준비를 시키며, 동시에 한국 국민으로서 어떻게 살아가야 하는지를 가르치기 위하여 세워졌다. 이 학교에서는 그들의 국제적 배경이 자산이 된다. 학생은 이것을 선교적 관점으로 보는 방법을 배운다.

강한 선교 훈련 프로그램은 대학원, 기관, 선교 단체와 연결되어 혹은 독립적으로 풍부하다. 한국인 선교사 중 1/4 이상이 이슬람이 다수인 나라에서 사역하기 때문에 이슬람권 사람은 이 훈련 기간에 특별한 관심을 받을만한 집단으로 여겨진다. 북한 사람 또한 마찬가지이다.

물론 다른 문화권 선교 훈련은 먼저 한국 문화의 가치를 이해하는 것으로부터 시작해야 한다. 많은 이들은 유교 문화의 영향을 받았다. 에녹 완은 유교의 가치를 교육, 가정, 공동체 협력, 명예와 체면, 충성, 효도, 권위적 사회구조, 상호 간 의무 등이라고 말한다. 관례상, "조직의 배열은 상당히 중앙집권적이고, 권위와 결정권은 고위급에게 집중되어 있다. 인맥이 직장에서의 직급이나 다른 요인보다 우선순위이다(예, 실적과 생산성) (완 2011:102-103)."

줄리 마는 선교사를 위한 '성육신적인 삶'이라는 탁월하고 구체적인 제안을 하면서 "'가진 자'로부터 '가지지 못한 자'에게로 가는…… 십자군 선교 모델"을 아쉬워한다. 줄리 마는 묻는다. "한국 선교사와의 접촉에는 김치 냄새가 나나요? 우리가 큰 형님이라는 태도로 현지인에게 다가가나요? 생색을 내거나 계급적 관계는…… '동역'이 아닙니다."라고 말한다(마 2011:143).

대학생은 또 하나의 '특별한 집단의 인구'를 구성한다. UBF는 학생이 평신도 선교사이며 자족할 수 있는 전문인으로서 세계 선교로 나아가게 한다. 이러한 의사와 사업가, IT 기술자, 외교관 그리고 음악가는 러시아에서 인도, 독일과 인도네시아 그리고 세계 많은 다른 나라에서 전도하고 제자 삼았다.

예를 들어, 닥터 유Dr. Yoo는 "의과대학 첫 학기에 예수님을 만났고 제자 훈련을 받았다(창 2011:234)." 의사와 교수로 섬긴 후에 그는 아프리카 선교사가 되었다. 부족한 보급과 불안한 치안 속에서 그는 에이즈와 말라리아와 싸웠다. 그는 또한 학생을 그 나라의 희망으로 보고 "대학 캠퍼스 선교와 제자 훈련에 헌신하였다." 그의 선교 병원은 한국에서 오는 단기 의료 선교팀의 베이스캠프가 되었다.

이(Mr. Lee)는 멕시코에서 양말을 만드는 매우 성공한 회사의 사장이다. 그의 직원은 약 200명쯤 된다. 그들 중 100명은 헌신 된 예수의 제자가 되었다. 이 씨 역시 멕시코에 기독교 집회 장소를 열었다.

신(Shin)과 임(Lim)의 가족은 몽골에 있는 한국 대사관에서 일하였다. 그들은 시간이 날 때마다 몽골 대학에서 몽골어를 배웠고, 결국 여러 단체가 연합하여 성경 전체를 몽골어로 완전히 번역할 팀을 만드는데 일조하였다. 그들은 200명이나 되는 몽골인이 성경 공부를 하고 몽골어로 주일 예배를 드릴 수 있도록 도와주었다.

또 다른 이(Mr. Lee)는 파라과이로 이민 가서, 언어를 배우고, 결국엔 농장을 세우고 전자 사업을 시작하였다. 그 모든 과정 속에 그는 학생에게 복음을 전하였고 제자 양육을 하였다.

안(Mr. Ahn)은 엔지니어로서 스리랑카로 갔다. 그도 학생과 성경 공부를 하며 기독교 신앙이 성숙해지도록 양육한다.

이 모든 디아스포라 증인은 한국에 있는 UBF에서 훈련받은 사람이다. 이러한 훈련에 무엇이 들어가나? 새벽기도와 함께 깊은 성경 공부가 필수적이다. 이 훈련에 참여하는 학생은 매주 성경 공부 묵상을 적는다. 그리고 친구, 멘토와의 일대일 만남 혹은 모임에서 묵상을 나눈다. 성경 암송 또한 기본이다. 공통된 삶을 함께 살아감으로써 학생들은 자기 부인과 서로 돕는 법을 배운다. 선교를 위한 특정한 준비 또한 받게 된다.

다방면의 사역

"한국의 기독교 초기부터 한국교회의 선교 활동은 진행되어왔다. 한국교회는 일본의 잔인한 강점기 시대(1910~1945)와 6.25전쟁(1950~1953)의 폐허 속에서도 흔들리지 않았다. 오히려, 교회는 1960년대와 1970년대 사이 산업화와 민주화를 이루는 사회적 혼란과 불안정한 시대에 더 성장하였다. 그 후 선교에 대한 더 많은 인식과 서울올림픽(1988) 이후에 생긴 여행에 대한 자유가 합쳐져 생긴 시너지 효과로 인하여 한국교회 선교는 깨어나기 시작하였다. 그 이후로 한국교회의 선교는 폭발적인 성장을 경험하게 되었다(백(Baeq) 편집 2011:26)."

이렇게 불안정한 환경에서 전문인과 평신도 사역들은 한국 디아스포라 포럼을 조직하였다. 이 포럼의 목표는 "한국에 있는 특별한 교회들과 한인 디아스포라 교회들, 선교지에 있는 지역 교회들이 다방면으로 서로 협력하는 것이 선교를 위한 효과적인 전략이라고 믿으며, 다음 세대들이 계속해서 세계 선교에 기여할 수 있는 건강한 교회 사역을 양육하는 것이다."

토의

1. 어떻게 한국 역사가 디아스포라 교회 발전에 기여하는가?
2. 디아스포라 선교에 참여하는 한국 기관과 네트워크를 적어라.
3. 두드러진 한국 디아스포라 교회 4곳을 묘사하라.
4. 어떻게 대학교 사역이 디아스포라 아웃리치를 양성했는가?

참고문헌

Baeq, Daniel Shinjong; Myunghcc Lee; Sokpyo Hong; and Jonathan Ro. "Mission from Migrant Church to Ethnic Minorities: A Brief Assessment of the Korean American Church in Mission." *Missiology*, Vol. 39, No. 1, January 2011, 25–37.

Chang, Peter. "International Evangelical Student Mission Movement: UBF Case Study," *Korean Diaspora and Christian Mission* eds. S. Hun Kim and Wonsuk Ma.

Eugene, OR: Wipf and Stock Publishers, 2011, 223-241.

Jun, Chul Han David. "A South Korean Case Study of Migrant Ministries," *Korean Diaspora and Christian Mission*, 207-222.

Lee, Helen. "Silent Exodus," Christianity Today. Vol. 60, No.12, August 12, 1996.

Lee, Myunghee in Baeq et.al.

Lee, Soon Keun. "The Founding and Development of the Korean Diaspora Forum," *Korean Diaspora and Christian Mission*, 197-206.

Min, Pil Won. "The Contemporary Church Renewal Movement in Korea," paper presented at the American Society of Missiology annual meeting, 2009.

Moon, Steve Sang-cheol. "The Korean Diaspora Models of a Missional Church," *Korean Diaspora and Christian Mission*, 84-101.

Moon, Steve San-cheol. "Missions from Korea 2013: Microtrends and Finance," International Bulletin of Mission Research, Vol. 37, No. 2, April 2013.

Song, Minho. "The Diaspora Experience of the Korean Church and is Implications for World Missions," *Korean Diaspora and Christian Mission*, 117-13.

Wan, Enoch. "Korean diaspora: From hermit kingdom to Kingdom ministry." In *Korean Diaspora and Christian Mission*, eds. S. Hun Kim and Wonsuk Ma. Oxford: Regnum, 2011. 101-116.

29장

상파울로에서 알-알람 아랍까지(아랍권 세계) : 브라질 복음주의 선교 운동

에드 스미더(Ed Smither)

포르투갈어 성경을 나눠주기 위하여 1816년 브라질에 첫발을 내디뎠을 당시 미국성서공회(American Bible Society) 대표단은 나머지 라틴 아메리카 국가와 함께 브라질을 선교지로 보았다. 19세기 북미 감리교, 장로교, 침례교 선교사도 이에 공감하였으며, 20세기에 브라질에 온 오순절교회, 파라처치 그리고 다른 사역 단체도 동의하였다(스미더 2012:22~35).

그러나 변화가 있었다. 외국인 그리스도인과 브라질 그리스도인의 신실한 증거로 브라질 복음주의 인구는 1890년 14만 3,000명에서 3,000만 명으로 성장하였다(프라도(Prado) 2000; 프라도 2005:54). 성장의 모델을 보여줄 뿐 아니라 브라질 그리스도인은 새로운 선교 운동을 탄생시켰다. 1987년 상파울루에서 있었던 남아메리카 선교사(COMIBAM) 대회에서 선교학자 루이스 부시가 이러한 변화에 대하여 언급하였다. "라틴 아메리카는 선교지에서 선교 동력원으로 바뀌있다(프라도 2005:52)." 이베로-아메리카[역23]에서 가장 오래되고 큰 복음주의 선교 운동을 지지하면서 브라질 교회는 이 활발한 추진력을 훌륭하게 보여준다.

이 글에서 브라질인이 아랍인과 그 주변 지역의 다른 무슬림과 함께 살며 섬기는 이야기를 나눌 것이다. 여기의 데이터는 과거와 현재 아랍인에게 사역해 온 브라질인과 브라질 선교 리더와의 인터뷰를 분석한 것이다. 인터뷰는 2009년과 2010년 사이에 진행되었다. 이 이야기는 *《아랍권 세계에서의 브라질 복음주의 선교 : 역사, 문화, 사역 활동, 신학》*이라는 책에 더 자세하게 소개되어 있다.

브라질 선교에 대한 간략한 소개

브라질 복음주의 선교 운동은 1970년대까지 눈에 띄게 나타나지 않았지만, 여러 명의 브라질 선교사는 20세기 초반에 파송 받았다(스미더 2012:54~55). 20세기 중반이 지나가며 브라질에 상주하던 국제 선교 단체는 브라질인에게 세계 선교를 위하여 일어나라고 독려하였다(에크스트룀(Ekström) 1998:8~10). 1974년 로잔대회에서 쉐드(Shedd)와 란드리(Landry)는 브라질 선교사가 21개 나라에서 사역하고 있다고 보고하였다. 그들 중 9개 국가는 남아메리카에 있었고, 다른 4개 국가는 포르투갈어를 사용하는 나라였다(더글라스(Douglass) 1974:1344).

1970년대 중반부터 브라질 교회의 선교 참여는 가속화되었다. 1975년, 파나마 남부에 있는 한 신학교에서 부흥이 일어난 후 안디옥 선교(Missao Antioquia)라는 첫 현지 브라질 선교 단체가 생겼다(번스 2000:515~17; 스미더 2012:55~56). 이러한 움직임은 500명의 중남미 학생 대표자가 IFES(국제 복음주의 학생협회) 주최로 쿠루찌바(Curutiba)에 있는 파라나 대학에서 열리는 선교 집회에 참석했던 다음 해에도 계속되었다. 이 중에 450명이 브라질 학생이었다. 이 집회는 마지막 순서에서 "선교적 교회가 아니면, 교회가 아니다."라고 단호히 선포하였다(사리나스(Salinas) 2008:147; 에스코바(Escobar) 2002:157).

그로부터 10년 뒤인 1987년 라틴아메리카 선교공동체(COMIBAM)는 상파울루에서 처음으로 집회를 열었다. 이곳에서 3,100명의 라틴 아메리카 참석자는 "남미에 있는 모든 형제자매가 예수께서 우리에게 부탁하신 사명을 신실하게 완성하는데 모두 함께하기를" 촉구했다(루이즈(Ruiz) 2007:9).

브라질인을 동원하는 브라질의 국제선교 단체(예, 오엠선교회)와 브라질인을 선교사로 파송하는 현지 교단(예, 브라질 침례회)뿐 아니라, 새로운 선교 단체가 1980년대와 1990년대에 생겨나기 시작하였다. PMI(Muslim People's International)는 1984년에 세워진 단체이다. 이 단체는 처음으로 라틴 아메리카에서 무슬림 선교에 집중한 선교 단체이다. 브라질 사무실은 1998년에 열었다.

1992년 브라질의 데이비즈 보델로 목사는 월드 호라이존스(World Horizons)라는 웨일즈 선교 단체와 협력하여 미샤오 호리존테스(Missao Horizontes)역24라는 선교 단체를 시작하였다. 이 선교 단체는 '10/40 창' 즉 위도 10도와 40도 사이의 지역으로 선교사를 파송하기 위해 노력한다. 지구상에서 복음을 한 번도 듣지 못한 사람의 대부분이 이 지역에 산다. 1998년과 1999년 두 번에 걸쳐 미샤오 호리존테스는 아프리카의 사헬 지역을 섬길 100명이 넘는 브라질 선교사를 동원하였다. 그들 대부분 전통 오순절파 교회 출신이었다(덱커(Decker)와 키팅(Keating) 2003). 1996년 브라질 협력 선교 단체의 초청에 의하여 크로스오버 커뮤니케이션 인터내셔널(Crossover Communication International)역25은 '미전도 종족' 특히, 무슬림에게 가서 교회를 세울 선교사 파송을 위한 본부(CCI-Brasil)를 브라질에 세웠다(스미더 2012:186~88).

이 단체가 발전하면서 브라질 선교사의 수도 함께 증가하였다. 에크스트롬이 그 성장을 조사하였다.

연도와 브라질 선교사의 수

1972	595
1980	791
1988	2,040
1992	2,755
2000	4,754

“오늘날 브라질 선교사는 모든 대륙에서 사역하고 있습니다.”라며 에크스트룀은 이 도표를 보여준다(2009a:372).

현재 5,000명이 넘는 브라질 복음주의자는 적어도 115개의 선교 단체를 통하여 다른 문화권 사역에서 사역을 감당하고 있다(에크스트룀 2009b:369). 이들 중 2,000명 가까이는 라틴 아메리카 내의 다른 문화권 사역을 하고 있지만, 아프리카, 아시아 그리고 중동에서 사역하는 선교사의 수도 증가하고 있다. 무슬림 세계로 가고자 하는 열망이 있다(림픽(Limpic) 2005).

지원 네트워크에는 남미의 모든 나라 선교 단체에 선교사 파송을 격려하는 대륙적 협회인 COMIBAM이 포함된다. 국내에서는 초문화 선교 단체 협회(*Assaciacao de Missoes Transculturais Brasileiras*, AMTB)가 40여 개의 브라질 선교 단체를 연결하며 섬긴다. AMTB는 브라질 복음주의 교회가 선교에 더 많이 동참할 수 있도록 동원하고, 선교 단체 간의 대화와 협력을 장려하며, 세계선교에 대하여 브라질 교회를 가르칠 자료를 만들고, 브라질 선교사를 위한 훈련을 제공하는 것을 목표 삼는다. 1990년부터 AMTB는 매년 전략 회의를 열어왔다(에크스트룀 1998:55~112; 스미더 2012:60~61).

브라질 선교 사역

브라질 복음주의 선교의 넓은 사역지에서, 어떻게 브라질 사역자는 아랍계 무슬림 세계에 사역하는가? 이 지역에 있는 45명의 브라질 선교사를 인터뷰하는 중 ⅔ 이상이 우선순위로 둔 사역은 바로 개인 전도였다. 이것은 관계 형성에 탁월한 브라질인이기에 가능하였다. 브라질인은 우정을 가장 중요하게 여기고, 자신의 지역 일상생활에 열정적으로 참여한다. 바로 이것이 전도의 기회를 열어주었다(스미더 2012:123~34).

“지난 수년간, 이곳에 있는 친구가 하나님의 형상으로 창조되었으며 인간의 가치와 존엄을 가진 사람으로 보는 것을 배웠습니다.”라고 한 선교사가 말하였다. “주요 종교(무슬림)를 가진 나의 친구를 사랑하는 것은 바로 복음을 전하게 하는 기초가 됩니다(스미더 2012:167)."이 관계적 토대를 바탕으로, 브라질인은 넉넉한 환대를 통하여 복음을 증거하고, 영상 매체를 통한 선교에 반응한 사람을 방문하고, 성경 공부를 이끌고, 구두로 배우는 사람에게 복음의 이야기를 들려준다.

또한 설문조사에 응한 사람 중 1/3은 교회 개척을 강조하는 반면 2/3는 제자 훈련이 사역의 가장 중요한 부분이었다고 지적하였다. 아랍인이 복음을 받아들인 후 전도 관계는 제자 훈련 관계로 바뀌었다. 성경 공부와 심지어 조금 더 공식적인 훈련 수업을 포함하는 제자 훈련 전략이 있으며. 가정 교회 모임을 시작하는 제자 양육자도 있다.

> "남편은 다른 사역자와 함께 작은 모임의 현지 성도를 목양하는 것을 도왔습니다."라고 한 선교사가 보고하였다. "이 작은 모임에서 역동적인 젊은 리더의 열매가 있었고, 그들은 교회를 이끌고 개척하기 위하여 나갔습니다. 그 젊은 리더는 조국을 향한 복음 전도에 대하여 나름의 비전이 있고, 그것을 위하여 국가적 체제를 만들고 있습니다. 그들을 통하여 이 땅에 교회가 뿌리내리고 있습니다(스미더 2012:171).

관계를 우선으로 여기는 것뿐 아니라, 브라질인도 아랍인처럼 가족에 대하여 강조한다. 교회 개척이 보통 가정을 중심으로 이루어질 뿐 아니라, 아랍 가족과 그들의 사회적 네트워크가 참여하기 때문에 이러한 문화적 유사성이 교회 개척을 하는데 많은 도움이 되었다.

전도와 제자 훈련과 더불어 아랍인 사이에서 브라질 선교사의 주목할 만한 면은 인도주의적 활동에 대한 헌신이었다. 설문에 참여한 브라질 선교사의 반 정도는 인도주의 활동이 그들 사역의 일부분이었다고 하였다. 넓게는 NGO를 통하여 혹은 그들과 협력하여, 어떤 선교사는 난민을 돌보고 다른 선교사는 여성과 장애인을 위한 센터에서 섬겼다. 간호사는 지역 사회 복지 전도(CHE)라고 알려진 개발 전략에 참여했다. 다른 브라질인은 소액 금융을 통하여 사업과 일자리를 창출했다. 또 다른 브라질인은 어디를 가든 유용한 영어를 가르쳤다.

어떤 아랍인/무슬림 국가는 부유하지만, 여전히 그곳에도 궁핍한 인구가 상당히 많다. 여기에 위기가 나온다. 이러한 문제는 그리스도인으로부터 인도주의적 지원 형태의 반응을 요구한다. 특히 브라질인은 이러한 필요에 민감한 것 같다. 브라질의 경제사 때문에 많은 브라질인은 육체적으로 고통받거나 가난을 경험하는 사람과 공감할 수 있다. 게다가 다른 남미인과 함께 브라질인들은 반드시 총체적 사역이 이루어져야 한다는 확신 때문에 전도와 긍휼 사역을 직관적으로 통합시키는 신학을 키워왔다(참조, 스미더 2012:211~30). 이러한 배경을 가지고 한 브라질 사역자가 말했다. "하나님께서 난민과 일할 수 있는 문을 열어주셨고, 우리는 사람들이 치유 받고 하나님을 따르고자 열망하는 모습을 보았다(스미더 2012:173)."

마지막으로 중요한 브라질 선교사의 사역은 스포츠 사역이다. 어떤 선교사는 개인 트레이너 혹은 피트니스 강사로 일하고 그들의 고객과의 관계 속에서 복음을 전한다. 많은 브라질 선교사가 축구를 그들의 사역에 포함시킨 것은 별로 놀라운 일이 아니다. 브라질의 국민스포츠인 축구는 대부분 아랍 국가에서도 인기가 높다. 비공식 길거리 축구경기를 통하여 친분을 쌓는 선교사가 있고, 학교나 클럽에 감독으로 고용되어 일하는 선교사도 있으며, 아이들을 위한 축구캠프를 조직하는 선교사도 있다.

한 예로, 중동에 매우 제한된 지역에서 두 명의 브라질 축구 감독은 축구를 통하여 다른 곳으로 이주된 무리를 만날 수 있었다. 그 지역 리더의 축복으로 말미암아, 이 축구 감독들은 온종일 별로 할 일이 없고 미래에 대한 소망이 거의 없는 아이들을 위한 축구 학교를 만들 수 있었다. 감독들은 드러내놓고 복음을 전할 수는 없었지만, 코칭 교육 과정에 성경적 원리를 기반으로 하는 삶을 살아가는 방법에 대한 수업을 넣었다. 요약하자면, "축구공과 유니폼을 가지고 감독은 [서양의] 의사나 선생님이 절대로 들어갈 수 없었던 곳에 들어갔으며" 축구가 아니라면 긴장감이 흘러넘칠 수밖에 없는 곳에서 사역한다(스미더 2012:177).

브라질 침례회와 같은 단체는 축구와 전도 전략을 묶어서 이것을 세계 어디서든지 시행할 수 있도록 훈련시킨다. 하지만 많은 브라질 선교사에게 축구는 일상적인 운동이고, 이것을 통하여 관계를 만들고 복음을 전한다. "내가 정말 즐기는 스포츠를 사역하는 데 사용할 수 있다는 것이 제일 좋다."라고 한 사역자는 말했다. 이는 많은 선교사에게도 마찬가지이다(스미더 2012:178).

강점과 약점

아랍인/무슬림과 연관된 선교를 하는 브라질인의 강점은 무엇이며, 약점은 무엇일까? 브라질인은 아랍에서 복음을 전하는 환경에서 관계 맺기에 강점이 있다. 북아프리카로 간 베테랑 브라질 선교사이며 PMI의 이전 대표였던 마르코스 아마도(Marcos Amado)가 이를 간략히 소개했다.

> 내가 정의하는 [사역에서의] 성공은 나의 나다운 모습, 나의 삶, 나의 신앙에 대하여 무슬림이 신뢰할 수 있고, 말과 행동을 통하여 하나님의 사랑을 전달할 수 있는 것이다. 그것 때문에 사람들이 주님께로 오고, 그들을 제자 삼고, 결국 지역 교회의 일원이 되는 것을 본다. 이러한 목표의 관점에서 본다면, 대부분의 브라질 선교사는 무슬림과 친분을 쌓고 그들의 신뢰를 얻어내는 데 매우 성공하였다(스미더 2012:189~90).

두 번째 강점은 끈끈한 관계를 만드는 것 이상으로, 브라질인이 아랍 세계의 문화에 잘 적응하는 것이다. 브라질 PMI의 대표인 대니얼 칼즈(Daniel Calze)는 다음과 같은 관점을 내놓았다. "나는 [사역에서의] 이러한 성공이 어떠한 문화 특히 무슬림 문화에 잘 적응할 줄 아는 [브라질인]의 타고난 재능의 결과라고 생각한다."

어쩌면 이것은 브라질과 아랍의 문화가 같은 가치를 공유하기 때문에 가능할 수도 있다. 하지만 브라질인의 문화 적응력은 더 많은 것을 수반한다. 종합적으로 브라질인은 특히 어려움을 잘 극복하고, 타 문화권 사역 중에 겪을 수 있는 문제를 포함한 어려운 상황과 고난에 대하여 절충점을 찾을 줄 안다

(참조. 스미더 2012:161~63).

세 번째 강점은 브라질인이 사역할 때 말(선포)과 행동(섬김) 모두에 많은 가치를 둔다는 것이다. 브라질 선교사는 사람의 마음을 얻게 하는 인도주의적 활동을 통한 가난한 자, 소외자, 난민 등을 돌보면서 말씀 선포에 대한 헌신을 유지해왔다.

마지막으로, 브라질인은 '민속 이슬람' 문화에서 만날 수 있는 영적 전쟁의 실체에 대하여 준비한 것 같다. 브라질에서는 심령술이 매우 일반적이기 때문에 복음주의적인 사역도 영적인 갈등에 대하여 별로 놀라지 않는 눈치다. 사실 많은 사역자가 이랍세계로 가기 전에 축사 사역 경험이 있기 때문에 '민속 무슬림'과 관련하여 서양 사역보다 더 준비되었을 것이다.

만약 이것이 브라질 선교사의 강점이라면, 아랍 세계에서의 브라질 선교 운동의 어떤 영역에서 더 성장이 필요할 것인가? 첫 번째 약점은 브라질 교회가 일반적으로 선교사에 대한 후원을 더 잘할 수 있다는 것이다. 이는 아랍 선교에만 특별히 해당되는 것이 아니다. 세계의 많은 교회처럼, 브라질 교회는 그들 자신의 지역 사회 사역에만 빠져있다. 더 큰 세계에 대한 시선을 잃어버린다.

비록 교회가 기쁜 마음으로 선교사를 세계 곳곳으로 보내지만, 대부분 교회가 선교사와의 소통과 그들을 돌봄에 있어서 무계획적이다(스미더 2012:193~97). 브라질 선교사의 대부분이 제대로 된 경제적 지원을 받지 못하는 것은 놀라운 일이 아닐지 모른다. 복음주의 교회는 선교비에 대하여 반드시 다시 생각해야 한다. 동시에 CCI-브라질과 인터서브와 같은 그룹의 사람은 텐트메이킹과 선교적 사업의 패러다임을 탐구하고 있다.

브라질인이 아랍 지역에 잘 적응하지만, 두 가지 문화적 영역에 있어서 발전이 필요하다. 첫 번째, 많은 브라질 선교사가 아랍어 배우는 것을 어려워한다. 아랍어 수업에 등록할 재정이 없는 선교사도 있고, 언어를 배우는 데 걸리는 고된 시간에 대하여 조급해하는 선교사도 있다. 이런 이유로 영어나 포르투갈어를 사용하는 곳에서의 사역을 찾는 선교사가 있다.

두 번째, 많은 브라질 여성이 아랍 문화에 적응하여 살기가 어렵다고 말한다. 아랍 문화는 남성주의 문화이기 때문에 여성은 개인의 자유가 많이 제한된다고 느낀다. 두려움 때문에 관계를 회피하는 여성이 있고 브라질에서 그들이 평범하게 즐길 수 있는 권리를 요구하는 여성이 있어 사역에서의 영향력이 약화되었다.

복음주의란 무엇인가?

브라질이 본격적으로 선교사를 파송한 지 한 세대 만에 오늘날 브라질 복음주의자가 아랍 세계에서 전진하고 있다. 이 시점에 글로벌 교회는 그들로부터 배울 것이 참 많다.

그리고 더 있다. 이 글에서 우리는 브라질 복음주의 선교에서 부분적인 이야기, 특히 교회에서 파송 받거나 선교 단체를 통하여 파송된 이야기만 나누었다. 하지만 더 많은 브라질 사역자가 세상으로 나아가고 있다. 독립 선교사도 있다. 또 브라질 그리스도인으로 직장 때문에 세계 이곳저곳에 옮겨 다녀야 하는 외국 거주자도 있다.

이러한 브라질 디아스포라 그리스도인이 있다는 것에 기뻐하고 감사함과 동시에 여러 가지 질문을 하게 된다. 이런 직장인에게 성경, 신학, 선교학과 다른 문화권에서 사는데 필요한 기본적인 것을 어떻게 가르칠 수 있을까? 지난 첫 40년 동안의 사역에서 선교사는 무엇을 배우고 얻었나? 그들을 섬기기 위하여 어떤 구체적인 전략 네트워크(지역별, 전문/직업별/문제별)를 만들어야 하는가?

브라질 복음주의 선교에 대한 한 무리의 질문이 더 있다. 복음주의란 무엇인가? *Evangel은 무엇인가? evangel*이라는 단어는 '복음'이라는 뜻이다. 복음이란 무엇인가? 이것이 가장 근본적인 질문이다.

독립 교회와 신 오순절파 교회가 폭발적으로 증가하면서 어떤 교회는 오순절, 로마 가톨릭, 심지어 브라질 무속신앙까지 섞이면서 브라질 복음적 정통주의의 범위를 한정하기가 더 어려워지고 있다(참조. 로페즈Lopes 2012). '복음주의'로부터 거리를 두는 브라질 목회자와 선교 단체 리더가 오늘날 브라질 복음주의 그리스도인의 숫자를 정확히 알기는 어렵다.

이 책을 쓰기 위해 얼마나 많은 브라질 복음주의 선교사가 전 세계에서 사역하고 있는지 조사했지만, 추산하기가 쉽지 않았다. 하지만 조사할 때 겪는 어려움보다 더 중요한 것은 복음에 대한 어려움이다. 브라질 복음주의 선교가 가까운 미래에 당면한 문제와 앞으로 겪어야 할 가장 큰 어려움은 주로 신학적인 면이 될 것이다.

토의

1. 1890년도와 2010년에는 각각 몇 명의 복음주의자가 브라질에 있었는가?
2. 1972년과 2010년 각각 몇 명의 브라질 선교사가 있었는가?
3. 브라질의 문화적 가치가 아랍 세계에서 선교 사역을 하는데 어떻게 힘이 되었는가?
4. 브라질 선교사가 겪게 되는 특정한 어려움은 무엇인가?

참고문헌

Associação de Missões Transculturais Brasileiras (web site) http://www.amtb.org.br/ (accessed June 28, 2013).

Burns, Barbara, "Brazilian Antioch, Community, Spirituality, and Mission." In *Global Missiology for the 21st Century: The Iguassu Dialogue*, edited by William D. Taylor, 51517, Grand Rapids: Baker, 2000.

Decker, Murray and Keating, Ryan, "The Radical Project: A Revolutionary Latin American Model for Mission Mobilization." *Evangelical Missions Quarterly* 39:3

(2003) Online: www.emqonline.com.

Ekström, Bertil, "Brazilian Sending." In *Perspectives on the World Christian Movement: A Reader*. 4th ed., edited by Ralph Winter and Steve Hawthorne, 371-72, Pasadena, CA: William Carey Library, 2009.

Ekström, Bertil, "Missões a Partir do Brasil." In *Perspectivas No Movimento Cristao Mundial*, edited by Kevin D. Bradford et al., 367-69, São Paulo: Vida Nova, 2009.

Ekström, Bertil, "Uma Análise Histórica dos Objetivos da Associação de Missões Transculturais Brasilerias e o seu Cumprimento," MTh thesis, Faculdade Teológica Batista de São Paulo, June 1998.

Escobar, Samuel. Changing Tides: *Latin America & World Mission Today*. Maryknoll, NY: Orbis, 2002.

Limpic, Ted, "O Movimento Missionário Brasilerio (2005)." No pages. Online: http://www.comibam.org/transpar/_menus/por/09jogo-mb.htm

Lopes, Augustus Nicodemus Gomes, "The Growing Crisis Behind Brazil's Evangelical Success Story," *The Gospel Coalition* (blog) August 1, 2012, Online: http://thegospelcoalition.org/blogs/tgc/2012/08/01/the-growing-crisis-behind-brazilsevangelical-success-story/

Prado, Oswaldo, "A New Way of Sending Missionaries: Lessons from Brazil," *Missiology: An International Review* 33:1 (2005): 48-60.

Prado, Oswaldo, "The Brazil Model," *AD 2000* (web site) http://www.ad2000.org/gcowe95/prado.html.

Ruiz, David, "COMIBAM as a process leading to a Congress," *Connections* (April-May 2007), 8-10.

Salinas, J. Daniel, "The Great Commission in Latin America." In *The Great Commission: Evangelicals and the History of World Missions*, edited by Martin I. Klauber et al., 134-48, Nashville, TN: B & H Academic, 2008.

Smither, Edward L. *Brazilian Evangelical Missions in the Arab World: History, Culture, Practice, Theology*. Eugene, OR: Pickwick, 2012.

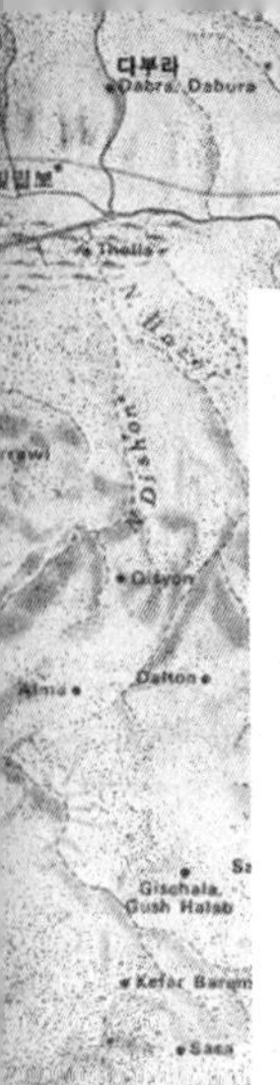

30장

미국에서의 라틴계 디아스포라 사역

미리암 애드니(Miriam Adeney)

"떠나고 싶은가? 그 유일한 방법은 당신이 관에 들어가는 것이다."

이것은 서양에서 가장 난폭하기로 유명한 M-13과 M-18 같은 갱의 신조이다. 이 두 갱단은 모두 로스앤젤레스에서 시작되었다. 1990년대 초, 미국 정부는 범죄 조직에 연루되었다는 이유를 들어 많은 라티노(Latino)[역26] 젊은이를 추방했다. 중앙아메리카와 멕시코 남부에 자리 잡은 이 범죄 조직은 재조직되었고, 바로 북아메리카로 가는 이주 루트를 통하여 그들의 촉수를 초국가적으로 확장하였다.

사실 위의 신조는 정확하지 않다. 난폭한 라티노 갱단을 벗어날는 방법이 또 하나 있다. 진정으로 기독교로 개종한 것을 보여준다면, 누구라도 갱단을 떠날 수 있다. 갱단은 개종자를 지켜본다. 이들은 엄격한 기독교적 행동을 기대한다. 욕을 안 한다거나, 술을 흥청망청 마시지 않는 것, 혼외 섹스하지 않는 것, 보복하지 않기, 교회에 지속해서 출석하고 초자연적인 만남을 통한 변화되는 간증 등이 계속된다면, 이를 관찰하던 갱은 어깨를 한 번 으쓱하며 떠난다. 천하의 갱도 하나님을 방해하고 싶지는 않기 때문이다(브레네만(Brenneman) 2012:3).

히스패닉이라고도 불리는 라티노는 오늘날 미국에 거의 5,000만 명 정도가 산다. 하나님께서는 이들의 많은 영역에서 극적으로 역사하신다. 범죄 조직은 작은 부분에 불과하다. 히스패닉의 대부분은 미합중국이 존재하기도 전부터 북미를 거주지로 선택한, 스페인어를 구사하는 정착민과 후에 도착한 멕시코인, 중미인, 푸에르토리코인, 쿠바인, 그리고 다른 이주민이다.

10세대

미국 땅에 10세대가 넘는 세월을 살아온 라티노가 있다. 미국이 1848년 멕시코와의 전쟁에서 승리하여 텍사스에서 캘리포니아까지 영토를 얻었을 때 그곳의 라티노는 농업과 사업에 종사하고 있었다. 너무나도 오래전부터 정착한 나머지, 이들은 청교도 후예보다 덜 '이질적'이었다.

그때부터 멕시코인의 물결은 여러 차례 국경을 넘었다. 1900년대 초 멕시코 혁명 중에는 100만 명의 멕시코인이 북쪽으로 도망쳤다. 미국의 합법적 거주자를 포함한 많은 멕시코인이 경제공황 때 다시 강제 추방당했다. 세계 2차 대전 때 미국은 멕시코 농부를 불러들여 전쟁을 치르러 나간 미국인의 자리를 채우게 하였다. 이 '브라세로 프로그램(bracero program)'역27은 1960년대까지 계속되었다.

여전히 인력이 필요한 채소와 과일 농장을 채워줄 멕시코인이 계속해서 국경을 넘어온다. 고기 포장 공장, 어업, 건축, 경마장, 서비스 사업은 특별한 기술이 없는 이주민을 받아들였다.

시간이 지남에 따라 많은 이가 더 나은 직장으로 옮기고, 영어를 배우고, 결혼하여 아이를 낳고, 집과 땅을 구입한다. 몇몇은 고국에 남겨 둔 배우자와 아이들을 포기한다. 고국에 돌아가 작은 사업을 시작하거나 집을 짓거나 가족과 지역 공동체에서 더 나은 삶을 살 수 있을 만큼의 충분한 돈을 가지고 돌아가는 이도 있다.

푸에르토리코인의 역사는 다르다. 그들의 섬은 1898년 스페인-미국 전쟁으로 미국으로 흡수되었다. 2차 대전 이후 뉴욕시가 확장될 당시 많은 푸에르토리코인이 일자리를 찾아 미국 북동부로 이주했다. 푸에르토리코가 독립된 국가가 아니라 미연방에 속했기 때문에 합법적 거주 서류를 얻는 것은 어렵지 않았다. 오늘날 푸에르토리코에 있는 주요 신학대학원이 두 대륙(남미와 북미)의 스페인어권 사람을 섬긴다.

쿠바계 미국인의 역사 또한 특별하다. 1959년에 있었던 쿠바혁명은 쿠바를 마르크스주의(사회주의) 국가로 만들었다. 반마르크스주의 사상가와 함께 핍박받고 심지어 감옥에 갇히는 그리스도인이 있었다. 이때 생긴 난민은 빠르게 플로리다로 유입되었으며, 오늘날 플로리다에는 쿠바계 미국인 교회가 무척 많다. 이들 쿠바인 중 많은 이들이 지성인이었고, 히스패닉 사회에서는 계속해서 교사와 작가를 배출했다.

중미인 중 특히 과테말라, 엘살바도르와 온두라스 사람은 1970년대와 1980년대에 끔찍한 내전을 겪었다. 폭력을 피하거나 단순히 생존을 위하여 많은 사람이 북쪽으로 도망쳤다. 멕시코로 몰래 넘어가서 미국으로 밀입국했다. 어떤 미국 교회는 그런 합법적 거주 문서가 없는 난민을 정부로부터 보호하여 난민을 위한 '피난처'를 제공했다. 니카라과인 또한 중요한 존재이다.

스페인어는 미국에 있는 수백만 명의 모국어일 뿐 아니라 사업, 방송, 이웃 간에서도 사용되는 언어이다. 미국과 라틴 아메리카를 왔다 갔다 하고 인터넷을 통하여 서로 연락을 주고받으면서 라티노는 그 어느 때보다 초국가적이 되었다.

하지만 미국에 있는 이들은 열악한 환경 때문에 힘들어한다. 다니엘 로드리게즈(Daniel Rodriguez)는 그의 책 《라틴계 교회의 미래(The Future of the Latino Church)》에서 빈곤, 열악한 복지와 학교, 높은 자퇴율, 실업, 10대 임신, 갱단과 범죄, 치안이 불안한 동네와 상황 파악하지 못하는 경찰, 깨어진 가정, 그리고 사라진 소망과 같은 '오늘날 도시 안에 있는 골리앗'을 열거한다. 많은 라티노 2세는 하층민 수준을 벗어날 가망이 거의 없다. 그들은 빈곤 속에 살아갈 가능성이 가장 높은 미국인에 포함될 것이다.

골리앗을 맞서서

이러한 골리앗에게 맞서기 위하여 하나님은 그의 영으로 무장된 다윗을 보내신다. 가장 작은 히스패닉 교회조차도 누구든지 집으로 가져가거나 필요한 주변 사람에게 나누어줄 수 있는 빵을 제공한다. 대형 교회들은 이것을 기하급수적으로 늘린다. 시카고에 있는 윌프레도 데 예수(Wilfredo De Jesus)가 목회하는 새 생명 언약 사역(New Life Covenant Ministries)을 예로 들 수 있다.

예전에 템플로 크리스찬노 팔레스티나(Templo Cristiano Palestina, Christian Temple Palestine)라고 불렸던 이 새 생명 교회는 주말마다 5천 명 이상의 예배자를 섬긴다. 그들은 교회 벽에 새겨진 그림처럼 '상처받은 자를 위한 교회'가 되길 원한다. 다음은 그들의 사역이다(로드리게즈 2011:120~121).

- 기초가족사역(Foundation Family Ministry)은 지혜로운 금전에 관한 결정, 소통 그리고 우선순위를 만드는 것에 대하여 교육하고 도와준다.
- 하나님 나라의 경제(Kingdom Economics)는 성경적 세계관의 틀 안에서 경제 계획을 어떻게 세울 것인가에 대하여 장기적으로 도와준다.
- 여성을 위한 드림 센터(Dream Center for Women)는 범죄 조직과 중독 때문에 만신창이가 된 거리의 여성을 섬긴다. 여기서는 마약 중독, 알코올 중독 그리고 다른 중독 문제로 고통당하는 여성을 위한 주거 돌봄과 희망을 제공하는, 신앙을 기반으로 한 15개월 프로그램을 연다. 이 프로그램은 성경 안에서 인생을 변화시키는 그리스도의 능력과 성령의 능력을 통해 여성에게 삶의 변화가 일어나도록 보호와 양육을 받을 수 있는 환경을 제공한다.
- 전투(Battle)는 위험하고 학대당하는 관계에 있는 여성에게 안식처, 합법적 도움, 그리고 그리스도 안에 있는 소망을 준다.
- 갱에서 은혜로(Gangs to Grace)는 범죄 조직 일원에게 그리스도 안에서의 새로운 방향을 제시해준다.

빅토리 아웃리치(VO)[역28]는 중독자, 범죄 조직 일원, 매춘부, 전과자 등 인생 낙오자를 섬기는 또 다른 사역이다. VO의 설립자 소니 아구인조니(Sonny Arguinzoni)[역29]는 헤로인과 갱단 생활로 인하여 투옥되었다. 그는 틴 챌린지(Teen Challenge)[역30]를 통하여 그리스도를 알게 되었다. 대부분의 갱단은 일반적인 히스패닉 교회에 잘 적응하지 못한다는 것을 알고 VO는 교회와 함께 중독 치료 수용소와 성경 공부 센터를 세웠다. 이 사역의 수혜자는 대부분 라티노이지만, 24개국에 이 사역이 퍼졌다. VO의 도시 훈련 센터는 젊은이를 6~12개월 동안 강도 있는 성경 공부를 시키고 지역 교회 목회자와 사모의 안내를 받아 직접 사역하는 리더로 세운다.

히스패닉이 맞서야 할 모든 사회적 '거인' 중에 합법적 거주권이 제일 거대하다. 미국에는 1,100만 명의 사람이 불법으로 살고 있다. 대부분은 라티노이다. 이 문제에 대하여 깊은 관심을 가져야 한다. 이 문제는 이 글의 마지막에서 집중적으로 다룰 것이다.

이렇게 지역에서 가지고 있는 어려움에도 불구하고 라틴계 사람은 교회 중심의 아웃리치뿐 아니라 무슬림 민족(Pueblos Musulmanes)과 COMHINA(Cooperacion Misionera de los Hispanos de Norteamerica)와 같은 네트워크를 통하여 외국 선교 또한 감당한다. 아프리카, 아시아 그리고 중동에 걸쳐 이러한 네트워크 프로젝트는 영어 혹은 스페인어 수업부터 소액 금융과 장애지원 프로그램까지 복음 증거, 제자 양육 그리고 교회 개척을 든든히 뒷받침해주는 사역들이다.

라틴계 신학

복음주의 협회[역31]와 연맹 관계에 있는 히스패닉 그리스도인 리더십 연합[역32]에는 4만 개가 넘는 개신교 교회가 속해있다. 가장 큰 라틴계 교단은 하나님의 성회, 침례교, 제칠일안식교, 하나님의 교회(클리브랜드), 예수 그리스도를 믿는 사도회, 연합감리교회이다 지역 사회의 많은 상처에도 불구하고, 라티노 교인은 부활의 기쁨 특히 오순절파의 느낌을 물씬 풍긴다. 확실한 회심의 경험, 성령의 따듯한 임재, 기적 같은 영적인 자유, 그리고 말씀의 권위는 일반적이며 최소한 훈련받은 전도자가 지역 사회에 나가 간증한다. 모일 때마다 모두 그 주에 하나님이 하신 일에 대하여 나눌 준비가 되어있다.

교회 역사가인 주앙 마티네즈(Juan Martinez)는 *공동체 안에서의 신학*(theology in community)과 *일상 속의 신학*(theology in everyday life)을 강조한다(2011). 공동체, 영성, 혼혈 인종(*mestizaje*), 망명자/소외계층은 히스패닉 신학자에 의하여 자주 언급되는 주제이다. (*Mestizaje*는 원주민, 유럽인, 아프리카인 등이 섞인 인종을 이야기하며 한 저자가 '우주적 인종(*la raza cosmica*)'이라고 찬사한 혼혈 인종을 일컫는 단어이다).

신학자 엘딘 빌라파네(Eldin Villafane)는 히스패닉 그리스도인에 대한 책에 '*자유케하는 영*'이라는 제목을 붙였다(1993). 교회 역사가 유스토 곤잘레스(Justo Gonzalez)는 라틴계 신학에 대한 그의 책에 미래를 위한 새로운 가능성을 강조하기 위하여 '*내일*'이라는 제목을 붙였다(1990). 존경받는 선구적 신학자인 올란도 코스타스(Orlando Costas)는 "미국에서의 복음 전도란 하나님께서 그리스도 안에 약속하신 새로운 세상에 대하여 성령의 능력으로 증거 한다는 의미이다. 그리고 복음 전도가 다른(OTHER) 미국 교회에서 일어나고 있는데 이 교회는 미국 역사 속의 그늘에서 증인의 삶을 살아왔으나, 제대로 권리를 인정받지 못한 다른 소수 인종의 미국 교회이다."라며 라티노가 신앙을 삶으로 살아낼 때 생기는 어려움에 대하여 목소리를 내었다(1982:185).

이것에 덧붙여 다니엘 로드리게즈는 라틴계 신학은 "하이픈(hyphen) 속에 있는 우리의 투쟁(*la lucha*)을 본능적으로 이해해야 한다."라고 주장한다(2011:13). ('하이픈'은 일반적인 단어인 '미국인(Ameircan)'에 스페니쉬-미국인(Spanish-Ameircan)과 같이 스페인어를 사용하는 미국인과 같은 특정한 인종과 연결시킨다.)

사회적 문제와 관련하여 NHCLC 대표 사무엘 로드리게즈(Samuel Rodriguez)는 라틴계가 "수직 및 수평의 십자가를 모두 화해시켜야 한다."라고 하며 백인 복음주의처럼 '언약과 믿음, 의로움'만 강조하는 것이 아니라, 많은 흑인 복음주의자처럼 '지역 사회와 사회적 정책, 사회 정의'를 강조해야 한다고 말했다. 예를 들어, 복음주의자는 100% 낙태 합법화에 반대함과 동시에 100% 빈곤을 줄이는데 헌신해야 한다(S. 로드리게즈 2009).

이러한 라틴계 사람에게 적절한 신학 교육은 무엇일까? 분명한 것은 그들의 환경에 맞게 신학 교육이 이루어져야 한다는 것이다. 교단은 스페인어로 구성된 성경 학교와 신학대학원 여러 곳을 지원한다. 그러나 많은 잠재적 학생이 돈과 교육 기관 수료증(졸업증), 그리고 직장과 사역 활동 때문에 시간이 없어서 그러한 교육 기관으로부터 멀리 떨어져 있다. 교회 중심의 훈련은 인기 있는 대안이다. 수업과 견습을 함께하여 단시간에 많은 교회를 개척하였고 2세대와 3세대에게 리더십을 성공적으로 넘겨주었다.

히스패닉 대형 교회에서 영어는 인기를 얻고 있다. 스페인어와 영어로 따로 예배를 드리는 교회가 늘어나고 있다. (이중 언어 예배는 영어 설교자에게 너무 느리게 진행된다!). 영어 설교자와 스페인어 설교자를 각각 둠으로써 비록 서로 다른 예배에 참석하더라도 같은 교회에 여러 세대를 모두 포함할 수 있다. 이런 교회가 라틴계의 정체성을 잃어버릴까? (1) 라틴계 목회자, (2) 스페인어로 된 예배, (3) 예배자의 대부분이 히스패닉계로 구성되는 한, 교회는 라틴계 교회로써 명맥을 이어갈 것이다(마르티네즈 2011:14). 마르티네즈는 더 근본적인 질문을 한다. 히스패닉이 더 부유해진다면 과연 가난한 자를 돌보았던 고난의 종인 예수님의 편에 설 수 있을까?

이민과 법

많은 라티노의 마음 그리고 결과적으로 신앙을 건드리는 것은 이민이다. 이 글을 쓰고 있는 지금도 1,100만 명의 사람이 미국에 불법 거주하고 있다. 그 대다수가 스페인어를 사용하며, 대부분 멕시코인이다. 이들이 합법적 거주인이 되기는 대단히 어렵다. 계속되는 추방은 가족을 갈라놓았다. 라티노 그리스도인은 법에 대한 존중과 긍휼을 조화시킬 수 있는 이민법의 개혁을 강하게 지지해왔다. 감사하게도 하나님의 섭리로 입법이 될 것 같다. 그러나

> 대부분의 라틴계 개신교 목회자는 정기적으로 불법 이민자를 돕는다. 많은 라틴계 개신교 목회자 또한 불법 이민자이다. 어떤 이들은 보통 국경을 초월하여 자매 교단에서 받아주는 사역자 신분 혹은 이력을 가지고 고국을 떠나 미국으로 들어온다. 미국의 교단은 미국에 있는 교회를 섬기고 싶어 하지만, 그렇다고 불법 이민을 온 목회자를 인정해 주어야 할까? 특히 목회자가 종교 비자를 받을 자격이 되지 않는데 미국 교단은 불법 이민 목회자에게 목사 안수를 주어야 할까? 미국의 신학교와 신학대학원은 특히 미국에 수년간 있었던 불법이민자를 목회 사역을 위하여 받아주어야 할까? (2011:44).

다니엘 캐롤-로다스가 쓴 《국경의 그리스도인(Christians at the Border)》은 이주에 대한 성경적 가르침에 대하여 다룬다. 태초에 모든 사람은 하나님의 형상으로 창조되었다. 이 말씀은 인권뿐 아니라 이주민의 자존감에 영향을 미친다. 중동의 환대 문화 속에서 캐롤-로다스는 유대 율법 중 가난한 자를 위한 자비와 사람이 세운 정부에 대한 한계에 대해 특별히 강조한다. 두 가지 모두 '외국인을 사랑하라'(레 19:34과 신 10:19)는 명령을 적용한다.

성경의 많은 인물은 고국을 떠났다. 우리는 구약시대에 아브라함, 야곱과 아들들, 모세, 룻, 블레셋에서 살았던 다윗, 다니엘과 바벨론과 바사시대의 예레미야, 에스더 그리고 느헤미야와 같이 고국을 떠나 난민이 된 유대인을 안다.

> 곰곰이 생각해볼 만한 매우 흥미로운 점은 약속의 땅 밖에서 사는 사람에 의하여 만들어진 성경의 여러 장르가 가진 가치이다. 익숙한 것으로부터 떨어져 있는 것은 하나님과 인생, 역사의 방향성 그리고 소망의 본질에 대하여 창의적으로 생각할 수 있게 하였다(캐롤-로다스 2008:87).

신약시대에 빌립과 다른 그리스도인들은 흩어졌다. 바울과 바나바, 누가, 브리스길라와 아굴라까지 바울의 동행 선교사는 전도 여행을 하는 부르심을 받았다. 요한은 밧모섬으로 유배당했다. 베드로는 고향을 떠나 흩어진 성도에게 편지를 썼다.

이 '외국인과 낯선 사람'(벧전 1:1, 17; 2:11)은 그들이 거주하는 지역의 시민이 아니었다. 그들은 분명히 거주허가증과 관련하여 시달리는 것이 어떤 것인지 충분히 이해했을 것이다. 가끔은 억울하게 고소를 당했다. 하지만 거절이 마지막이 아니었다. 이 외국인은 하나님의 집으로 세워지는 '산 돌'(벧전 2:2~4)로서 능력을 받았다. 다니엘 로드리게즈(2003)가 생각하기에 높은 자퇴율, 불법 이민 근로자, 복지를 받는 편부모, 마약 중독이나 매춘의 과거가 있는 성도인 가난하고 혼혈인(mestizo) 최하층 계급의 그리스도인에게 베드로의 메시지는 어떤 의미가 있을까?

예수님과 그의 가족조차도 애굽으로 피신 갔었다. 후에 예수님은 사마리아인과 같은 소외계층에 특별한 관심을 가졌다. 마태복음 25장에서 나오는 양과 염소에 대한 비유를 들어 케롤-로다스는 다음과 같이 말한다.

> 이민을 오게 된 많은 히스패닉 성도들은 도움이 필요하다. 호스트 국가의 교회가 그리스도의 이름으로 '이 형제 중 가장 작은 자'를 도울 어느 정도의 책임은 있지 않은가? 그들 중에도 그리스도가 함께 거하시지 않는가? 미국에도 영향이 있다는 것을 모르는가? 인자와 하나님 아버지가 히스패닉 그리스도인을 향한 이 나라의 행동을 요구하지 않겠는가? …… 우리는 그리스도가 가졌던 총체적인 윤리를 가지고 있는가? …… 직장에서의 정직함, 배우자에 대한 신의, 물질에 대한 청지기적 삶은 소외계층을 향한 긍휼과 함께 간다. (2008: 124, 126)

법은 반드시 존중받아야 한다. 하지만 이민법은 혼란스럽고, 모순되며, 어떨 때는 확실히 불공평하다. 미국 정부는 이민법의 이러한 부분이 바뀌어야 한다는 것을 인식하고 있다. 일반 국민 역시 자신의 의견을 표현하고 변화를 위한 압력을 넣을 권리가 있다.

많은 라틴계 그리스도인에게 이것이 신앙과 삶이 연결되는 부분이다.

아메리카 활성화

예수님을 믿기 때문에 새로운 삶을 얻은 갱은 거듭났다는 것이 무슨 의미인지 잘 안다. 라티노 때문에 가난한 자와 편안함을 즐기는 자 사이에서 새로운 생명에 대한 증거가 미국 도시 곳곳마다 풀뿌리 같이 퍼져나간다. 미국의 신앙을 다시 회복하기 위하여 라티노를 미국으로 인도하셨다고 믿는 이들이 있다.

토의

1. 히스패닉 교회는 그 지역 사회의 필요를 어떻게 섬기는가? 국제적 선교 차원에서는 무엇을 하는가?
2. 히스패닉 인종학의 주요 주제는 무엇인가?
3. 이민에 대한 성경의 기본 가르침은 무엇인가? 성경에서 이민한 사람의 예는 누가 있는가?

참고문헌

Brenneman, Robert. *Homies and Hermanos: God and Gangs in Central America*. Oxford: Oxford University Press, 2012.

Carroll-Rodas, Daniel. *Christians at the Border*. Grand Rapids, MI: Baker, 2008.

Costas, Orlando. *Christ Outside the Gate: Mission Beyond Christendom*.Maryknoll,

NY: Orbis, 1982.

Gonzalez, Justo. *Manana: Christian Theology from Hispanic Perspective*. Nashville, TN: Abingdon, 1990.

Martinez, Juan. *Los Protestantes: An Introduction to Latino Protestantism in the US.* Santa Barbara, CA: Praeger, 2011.

Rodriguez, Daniel. “No Longer Foreigners and Aliens: Toward a Missional Christology for Hispanics in the United States,” *Missiology*, Vol. 31, No. 1, 51–69.

Rodriguez, Daniel. *A Future for the Latino Church*. Downers Grove, IL: InterVarsity Press, 2011.

Rodriguez, Samuel. Quoted in “Separated Brothers: Latinos are Changing the Nature of American Religion,” *Economist* online, July 16, 2009.

Villafane, Eldin. *The Liberating Spirit: Toward an Hispanic American Pentecostal Social Ethic*. Grand Rapids, MI: Eerdmans, 1993.

31장

아프리칸 디아스포라 기독교 : 쿠퍼 수녀와 뉴욕시

마크 R. 고닉(Mark Gornik) /
앨리슨 노턴(Allison Norton)

1984년, 마리 쿠퍼(Marie Cooper)는 여행 가방 2개를 끌고 라이베리아의 수도인 몬로비아에서 뉴욕 존 케네디 공항으로 건너왔다. 대서양을 건너는 동안 그녀는 하얀 수녀복을 입고 작은 나무 십자가와 성경을 가지고 있었다. 그것은 개인적으로 중요할 뿐만 아니라 종교적인 신념과 삶, 그리고 알라두라(Aladura)역33라는 주님의 교회로 아프리카 독립 교회의 대표성을 지니고 있었다.

처음으로 쿠퍼 수녀가 뉴욕에 있는 흑인 교회 예배에 참석하였을 때 그녀는 영적으로 허전함을 느꼈다. 그래서 주님의 교회(알라두라)의 딸은 먼저 나서서 기도 모임을 시작했다. 10년이 못 되어 이 모임은 공식적으로 미주 흑인 교회 교단의 인정을 받는 모임이 되었다. 브롱크스(Bronx)에 있는 알라두라 교회는 나이지리아 오게레(Ogere)에 본부를 두고 있다.

'알라두라'는 '기도의 교회'라는 뜻을 담고 있다. 주의 교회라고도 하는 이 교회는 요루바(Yoruba) 부족의 독립 교회이기도 하다. 요루바 말로 알라두라는 '기도의 사람', 또는 '기도하는 사람'으로 번역 가능하며, 2007년으로 알라두라 교회에는 2,124개의 지교회가 있었고 그중 1,000개의 교회가 나이지리아에, 500개의 교회가 라이베리아에 속해있다. 그리고 마리를 통해 세워진 뉴욕 교회가 미국의 첫 알라두라 교회가 되었다.

쿠퍼 수녀의 삶은 하나의 창문으로써 우리가 아프리칸 교회를 들여다볼 수 있도록 도와준다. 이러한 운동이 일어나는 무렵 교회가 함께 시작되었다. 선교는 국제적이기도 하지만, 지역 사회와 기본적인 현실 속에서, 그리고 보수적인 기독교 사회에서도 필요하다.

마리의 대서양 횡단 여정은 마치 2세기의 이레니우스(Irenaeus)의 논평을 떠올리게 한다. 기독교 전통은 단순히 종이에 적혀 있는 글을 통해서 전파되는 것이 아니라 사람을 통해서 전파된다. 믿음의 전파는 그저 난잡한 아이디어를 통해 이루어지는 것이 아니라 역사와 행동, 목적, 그리고 국제적인 운동을 포함한 영적인 사람을 통해서 이루어진다.

한 사람과 교회 공동체를 통해 드러나는 믿음은 뉴욕과 같은 새로운 영적 공간에 다시 자리를 잡게 되는 것이다. 글쓴이들은 이 공동체에 큰 관심을 가지고 빠져들었다. 마리와 교회에 대하여 마크 고닉(Mark Gornik)은 7년 동안 직접적인 참여와 인터뷰 그리고 다른 교회, 리더와의 관계 등을 살폈고 이 모든 연구는 그의 책인 *《말씀으로 창조된 세상 : 뉴욕시에서 아프리칸 기독교의 이야기》*[1]에서 풀어내었다. 엘리슨 노턴(Allison Norton) 또한 7년간의 사역과 가나인이 주도하는 오순절 교회의 연구를 통해서 많은 관련 지식을 얻었다.

쿠퍼 수녀의 이야기에 더하여 이번 장에서는 미국에 있는 다른 사하라 아프리칸 기독교에 대하여 조금 소개할 것이다. 아프리칸 디아스포라 그리스도인 사이에서의 제도, 형식, 그리고 신학에서의 이질성이 드러날 것이지만, 공통된 주제가 이 장을 마무리할 것이다.

---

1) 최근의 문헌을 보며 나는 디아스포라란 그냥 흩어진 것뿐 아니라 고국을 떠났지만 여전히 고국과 호스트 국가 사이의 관계 사이에서 생긴 정체성을 유지하는 것이라고 이해하게 되었다. 아프리카계 기독교(복수)라는 용어는 비전과 활동 그리고 신앙의 신학적 표현의 다양성을 인지하게 함과 동시에 아프리카계 기독교(단수)는 전통과 발전에 대한 공통된 정체성을 강조한다. 두 용어 모두 유용하다.

뉴욕시의 기도의 집

마리 쿠퍼는 라이베리아의 수도인 몬로비아(Monrovia)에서 1938년 6월 15일 출생했다. 1953년, 마리는 라이베리아에 교회를 세우러 온 나이지리아 선교사인 오두로웨(Odulowe)를 만나게 되었다. 마리의 어머니는 은사주의적 교인이었는데 1955년 그녀가 세상을 떠났을 때 오두로웨의 아내인 마더 델리샤(Mother Delitia)가 쿠퍼를 위로하고 그 뒤로 돌보아주기 시작하였다. 이 사건을 통하여 쿠퍼는 주의 교회, 알라두라 교회와 가까워졌고, 1955년에 알라두라 교회의 일원이 되었다.

교회의 모임과 예배 등에 더 깊이 들어갈수록 그녀는 영적으로 큰 성장을 경험하였다. "성령이 저를 쓰시려 하셨습니다. 그 사랑이 제 마음을 가득 채웠어요." 덧붙여서 그녀는 강조하기를 "알라두라 교회가 저를 하나님께 이끈 것이 아니라 하나님이 저를 그분께 이끄셨어요."라고 고백하였다.

어느 날 밤 마리는 꿈속에서 하나님이 그녀에게 소명 주심을 확신하는 시간을 가졌다. 그녀는 고백하기를 "하늘에서 하나의 눈이 저를 내려다보고 있었습니다. 그리고 주와 같으신 분이 하늘에서 동쪽으로 움직이고 계셨습니다. 저는 꿈에서 '예수님이시다! 예수님이시다!'라고 외쳤습니다." 그녀는 꿈에서 깬 후에 마치 "하나님께서 저에게 직접 말씀하시는 놀라운 경험"이었다고 고백하였다.

꿈에 대하여 들은 오두로웨는 "주님의 눈이 너를 지켜보고 계신다. 그분이 너를 쓰기 원하신다."라고 말해주었고 그 꿈은 마리 쿠퍼가 알라두라 교회와 함께 사역하는 데 헌신하는 계기가 되었다(알라루라).

알라두라 공동체에서의 직위나 직함은 상당히 조직화 되어 있으며 상급자의 의견 등으로 승격되지 않고 철저히 그 사람의 성장에 따라서 이루어진다. 마리는 이 기준에 대하여 교회에 대한 한 사람의 헌신과 그 사람이 섬기는 모습, 그리고 그리스도를 닮아가려 하는 자신의 모습을 언급했다. 한 사람이 승격되는 데에는 "주의 영이 그 사람을 통해서 일하고 계신지를 본다."라고 밝혔다.

알라두라 교회에서 가장 낮은 직함은 '십자가를 진 자(Cross-Bearer)'이다. 마리 쿠퍼는 1965년 이 직함을 가지게 되었는데 '십자가를 진 자'는 작은 나무 십자가를 늘 몸에 지니고 다니며 훈련 과정 중 하루에 7명의 사람을 위해 기도하는 일과가 포함되었다. 훈련된 사람은 최대 21명까지 감당하게 된다. "영적인 성장을 위해서 그 훈련은 꼭 필요합니다." 마리는 이렇게 고백했다.

마리 쿠퍼는 1989년 집사가 되었으며 1993년 알라두라 교회의 여선지자로 임명되었다. 그녀가 뉴욕으로 1984년 이민을 떠난 후이지만, 이 모든 임명은 라이베리안 감독을 통해서 이루어졌다. 2000년에 그녀는 모든 집사를 감독하는 집사장이 되었고 이 임명은 브롱크스에서 전 세계 알라두라 교회를 관리하는 수석 대주교의 방문과 함께 이루어졌다(알라루라).

마리 수녀가 뉴욕으로 건너왔을 때 그녀는 두 곳의 흑인 대형 교회를 방문해보았다. 엡웥스연합감리 교회(Epworth United Methodist)와 성마태 교회(St. Matthew's A.M.E)가 바로 그 교회였는데 그곳에서 마리는 자신이 알라두라 교회에서 경험해 온 신앙과 영성을 찾을 수가 없음을 느꼈다. 그래서 그 해에 마리는 브롱크스에 있는 리버파크타워(River Park Towers)에서 기도모임을 시작하여 매주 수요일과 금요일에 종종 자리를 옮겨 다니며 계속하여 모임을 했다.

결국 마리 쿠퍼의 기도 모임은 알라두라 교회에서 정식으로 인증하는 북미 내의 첫 모임이 되었다. 그 비슷한 시기에 마리는 몬로가(Monroe Street)에 있는 집 한 채를 구매할 수 있었고, 후에 그곳은 정식으로 '기도의 집(house of prayer)'으로 불리게 되었으며 지금은 전통적으로 알라두라 교회에 가장 중요한 곳이 되었다. 알라두라 교회 본부에서 어떠한 재정 지원을 받지 못했던 마리는 스스로 교회를 개척해나가야 하는 상황이었다. 예를 들어, 화장실조차 재정이 모일 때까지 만들 수 없었다.

기도의 집은 브롱크스 지역에 있었다. 그 지역은 스페인어를 사용하는 민족이 많이 거주하고 있었고, 뉴욕 양키스 스타디움이 있는 지역이었다. 이 지역 주변에서는 알라두라 교인이 하얀 예복에 다채로운 색의 띠를 매고 거니는 모습을 종종 볼 수 있다.

그들은 금식 기도를 때론 하루, 때론 한 주 내내 하며 서로의 힘듦과 고난을 돕는 것이 일상이었다. 그들은 믿음으로 알라두라 문화의 예배와 리더십, 그리고 신앙의 삶을 살아내었으며 한 주, 한 주가 지날 때마다 지하 성전에서 다양한 예배의 모습, 즉흥적인 간증과 치유의 역사, 기도와 예언 그리고 다양한 사역이 성령의 역사 안에서 이루어짐을 볼 수 있었다. 지난 몇 년 동안 뉴욕의 허드슨 강을 중심으로 교회가 세워지기 시작하였고, 브루클린 지역에도 소그룹 모임이 열매를 맺기 시작했다.

신앙의 여정 : 산과 선교

매년 8월 알라두라 교회는 타보라(Taborrar)라는 절기를 기념한다. 타보라는 알라두라 교회의 특별한 행사로써 다시 한번 영적 회복과 부흥을 도모하는 날이다. 1937년 알라두라 창립자는 이스라엘 타보르 산에서 특별한 계시를 경험하게 되었는데 이 일은 후대 알라두라 교회의 전통이 되었다.

그때부터 알라두라 교회의 리더는 매년 이스라엘에 위치한 타보라산에 오른다. 그때마다 그들은 회복과 새로운 비전을 받는다. 행사가 진행되는 동안 리더는 금식 기도를 하며 13가지의 예식을 진행하는데 그 예식은 능력과 치유, 물질적인 축복과 영적인 회복을 기대하게 한다.

핸드벨과 드럼을 울리며 열광적인 기도와 통성기도로 "주님 감사합니다."를 반복하여 외친다. 13개의 예배 의식은 성경 봉독과 찬송 그리고 설교를 동반한다. 이 행사는 단순히 나이지리아 교회 리더뿐 아니라 뉴욕 브롱크스에 있는 기도의 집에도 해당된다.

마리는 라이베리아를 주기적으로 방문한다. 브롱크스에 건물을 샀던 그해에 마리의 남편, 제임스 쿠퍼가 죽었다. 마리는 남편의 시신과 함께 라이베리아로 가서 그곳에서 장례를 치르고 다시 사역을 위해 뉴욕으로 돌아왔다.

한편, 그녀는 라이베리아에서 학교와 고아원을 설립하고 지속해서 후원하였다. 라이베리아 아이들을 후원하기 위하여 브롱크스 교회는 천장을 박스와

테이프로 겨우 비를 막으면서 예배드렸다. 그녀는 학교와 고아원이 제대로 운영되는지 확인차 라이베리아에 자주 방문하였다. 그녀가 미국과 라이베리아 중간에 살고 있다는 농담이 나올 정도였다.

아프라카 이민자들과 아프리칸 미국인들

뉴욕 타임스는 뉴욕에 사는 열 명 중 한 명은 오순절파 그리스도인일 것으로 추측한다. 그리고 도시 신학교(City Seminary)의 연구는 1980년대부터 대략 2,000개의 교회가 이민자를 통해 세워졌다고 보고한다. 그리고 그중에 200개의 교회는 아프리카 이민자가 설립하였고 전통 가톨릭교회, 개신교 교회, 그리고 알라두라와 같은 독립 교회와 은사주의 교회 등 다양한 교회로 구성되었다. 아프리칸 교회는 현재 댈러스(Dallas)부터 캄보디아의 프놈펜, 아일랜드의 더블린(Dublin) 등, 세계 곳곳으로 퍼져나가고 있다.

아프리카 디아스포라는 사실 강제로 대서양을 건너 끌려와 노예 생활을 하던 아프리카인 후손을 가리킨다. 하지만 지금 이 장에서는 미국의 '새로운' 아프리칸 디아스포라에 집중하는데, 이들은 1960년도부터 미국에 이민한 아프리카인이고 1990년도부터 그 수가 엄청나게 불어났다. 그들이 세운 아프리칸 교회는 기존에 미국에 있던 흑인 교회와는 달랐다. 기존에 있던 흑인 교회 교인은 200년 전에 건너온 사람으로서 대략 8세대 정도의 차이가 존재하며, 그동안 미국 문화에 동화되었고 그들만의 새로운 문화, 그중에 일부는 미국의 문화를 만들어내었다.

변화가 많이 있었다고는 하지만 미국에 거주하고 있는 흑인의 삶은 새로운 아프리칸 이민자 삶의 모습과 너무나도 큰 차이가 있었다. 제후 한실이 《*기독교 세계를 넘어서*》에서 말하기를 새로 넘어온 아프리칸 이주민은 아프리칸 미국인의 언어, 행실, 표현, 일, 성에 대한 관념 그리고 자아성에 대하여 너무나도 놀랐고, 아프리칸 미국인(흑인)은 새로 넘어온 이민자의 모습에서 가난, 질병, 고난과 후진성을 보고 최대한 거리를 두려고 하였다.

그런 서로 간의 차이에도 불구하고 이들은 많은 공통점이 있다. 이들은 조상과 영적인 문화, 이민의 삶, 연장자에 대한 존중과 예배에서의 음악의 중요성, 그리고 치유와 해방, 고난에 대한 인지, 성경에 대한 존중 등을 공유할 수 있었다. 양쪽 공동체에서 무신론자는 거의 찾아보기 힘들었다(한실 2006:319~321).

아프리칸 기독교 : 글로벌 현상

아프리카에서 기독교는 폭발적인 성장을 이루었고, 1970년도부터 세계적으로 영향을 끼치기 시작했다. 많은 아프리카 사람이 국제적으로 이주하면서 아프리카 기독교 문화도 자연스럽게 전달되어 이제는 모든 나라에서 아프리카 기독교 문화를 엿볼 수 있다. 지난 수십 년 동안 이민자의 존재는 아프리카 선교사의 진취적인 모습을 만들어내는 촉매제가 되었다.

서부권에서 아프리카인의 교회는 그 도시와 나라의 전반적인 전도와 선교 활동에 뿌리내리고 있다. 흥미롭게도 현재 유럽에서 가장 큰 두 교회에서 아프리칸 목사가 목회하고 있는데 키에브에 있는 '모든 민족을 위한 하나님 나라의 축복받은 대사 교회'와 런던에 있는 '킹스웨이 국제 중앙교회'[역34]이다.

대부분의 아프리칸 그리스도인에게 이민의 삶은 선교를 위한 거룩한 부르심과 통한다. 비록 경제적인 부분에 힘듦이 있을지라도 이 소명을 막을 수는 없다. 물론 더 나은 삶을 꿈꾸지만, 그들에게 소망이란 전혀 다른 문맥의 소망을 뜻한다. 그들은 봉바가 말한 기독교 신앙의 '휴대성'과 '기독교 전통의 국제적 신교'를 구현하고자 한다(2007:102). 제러프는 아프리카 기독교 이민자에 대해서 기존에 가지고 있던 '식민지적인 선교' 모델을 탈피하고 "현대적 기독교, 아프리카만의 신학을 '재탄생'시키며 그들은 이민의 삶과 신념을 통해서 어느 나라보다 국제적인 영향을 끼친다."고 말하였다(2009:16).

아프리카 이민자의 기독교는 다양한 교파를 포함한다. 아프리칸 교회

(AICS), 정교회, 로마가톨릭, 개신교, 은사주의와 오순절까지 포함하고 있으며 그들의 교회 구조 또한 다양하다. 한실은 아프리카 이민 교회의 다양한 구조를 4가지로 정리하였다. 첫 번째는 아브라함 유형으로 이민자의 독단적인 진행으로 세워진 교회다. 두 번째는 마케도니아 유형으로 한 공동체가 교회를 시작하고 다른 교단이나 선교사가 그 공동체로 파송된 유형이다. 세 번째는 예루살렘 유형으로 한 아프리카 교회가 이미 존재하는 서부의 한 교단과 함께 연합한 유형으로 아프리카 이민자도 중요한 리더십에 포함되는 구조다. 마지막으로 사무엘과 엘리 유형으로써 많은 아프리카 이민자가 몰려드는 교회다(한슬 2008:326~328). 여기서 두 개의 마케도니아 유형의 교회인 '오순절 교회(CoP)'와 '하나님의 구원받은 그리스도인 교회(RCCG)'에 대하여 간단히 살펴보겠다.

오순절 교회

가나인이 섬기는 오순절 코프 교회역35는 미국 전역에 퍼져있다. 2014년을 기준으로 152개의 회중과 1만 8,000명의 교인이 있으며, 미국에 있는 코프 교회는 대부분 적은 수의 가나 이민자의 기도 모임으로 시작하여 세워졌다. 종종 정식으로 목회자 파송을 요청하기도 하는데, 그 필요에 의하여 목회자가 파송되기도 하고 혹은 안수받은 공동체의 리더가 공동체를 이끌기도 한다.

오멘요(Omenyo)에 따르면 "코프 교회는 국제적으로 가장 많은 공동체 수를 가지고 있는 듯 보인다(오멘요 2013, 50)." 원래 이런 국제적인 확산을 의도한 것은 전혀 아니었지만, 성도의 이민과 이민자의 초국가적인 네트워크를 통하여 폭발적인 성장을 하였다. 더 나은 삶을 위하여 많은 가나 사람은 1980년 이민을 택하여 조국을 떠났고 코프 교회는 국제 선교 감독을 중심으로 공식적으로 선교 조직을 설립하였다. 담당자는 외국에 존재하는 모든 교회를 방문 및 시찰한다. 이런 중앙 집권 체제에서 선교사는 외국에서 일하는 모든 목사를 의미한다.

투명한 교회의 권위와 함께 체계적인 교회 조직의 모습은 가나인의 문화와 상충되고 가나인은 이를 통하여 신앙적인 안전과 의무, 그리고 교육을 받게 된다(온이나(Onyinah) 2004, 223). 평신도 리더의 강조와 창의적인 도약으로 인하여 코프 교회는 전 세계적으로 퍼졌고 또한 사역을 감당하고 있다. 현재 코프 교회는 83개 나라에 190만 명의 성도를 이끌고 있다(오순절 교회 2011).

코프 교회의 비전과 사명은 "복음 선포를 통하여 모든 사람이 주 예수 그리스도를 아는 데까지 인도하는 것과 교회를 세우며 성도를 훈련시켜 매번 모든 영광을 올려드리는 예배를 드리는 것이다." 비전의 성취와 교회 선교의 이해는 1940년도에 선포된 예언, 하나님께서 아프리카를 세우셔서 모든 민족에 빛을 비추게 하며 모든 민족에게 선교사를 보내실 것이라는 예언에 기초하고 있다(존슨 2000, 149). 이 예언은 코프 교회가 세상에서 코프교회 만이 감당할 수 있는 공헌을 할 것이라는 믿음에 기초하여 세계에 퍼져있는 가나인 디아스포라에게 선교하고 있다(온이나 2004,235).

교회의 전도 사역을 강조하기 위해 국제 선교 센터와 함께 하는 주기적인 제도가 있다. 전도 주간, 내부 선교 주간, 그리고 맥퀸(mcKeown)선교 주간이라고 불리는 이 제도에서 코프 교회는 선교 후원 모금과 함께 기도와 설교 등 모든 것을 선교에 초점을 맞춘다. 또한 매달 선교사를 위한 헌금 시간이 따로 있으며, 단순히 국제 선교뿐 아니라 지역, 도시, 나라 그리고 국외에 대한 체계적인 선교 전략을 가지고 있다.

모든 성도는 증거자로 불리게 되는데, 특별히 미국에서는 이들이 지역으로 나아가서 여러 가지 사회봉사와 함께 선교를 한다. 이주 생활을 통해서, 문화에 맞추어서 다듬어졌다곤 하지만, 형식적으로 제도화된 활동은 오순절 교회의 모습이 아니다. 오히려 매순간 삶속에서 선교사로서 살아가는 것이 그들의 중심이자 신학이다. 모든 성도는 복음을 전하는 자로써 직장이나 학교 어디든 그곳의 선교사로 부르심을 받은 것이다.

하나님의 구원받은 그리스도인 교회역36

하나님의 구원받은 그리스도인 교회(RCCG)는 나이지리아에서 시작된 교회로 또 하나의 아프리카 문화 교회가 세계적으로 어떤 영향력을 끼치는지 보여준다. 몇몇 아프리카 이민자 교회가 RCCG로 조직되었는데, 그들은 전 세계 모든 도시에 5분 거리마다 교구를 설립하는 것을 목표로 하는 대단히 인상적인 교회 개척 운동을 시작하였다.

RCCG 성도는 이주하는 지역에 교회가 존재하지 않는다면, 먼저 나서서 교회를 세워야 한다고 교육받는다. 그들의 선교 비전은 천국을 보여주는 것이며, 가능한 한 많은 사람을 데려와 모든 민족 모든 곳에 RCCG 성도가 일어나길 갈망한다(RCCG 2013).

1952년을 시작으로 RCCG는 147개 나라에 교회를 세웠고 현재 5백만 명의 성도가 RCCG의 성도로 출석하고 있다. 오순절파 교회답게 그들의 교리와 예언은 교회와 복음이 땅끝까지 나아갈 것을 가르치고 있다. 현재 750개의 공동체가 북미에 있으며, 매년 100개의 새로운 교회가 새롭게 세워지는 것을 목표로 하고 있다(버넷(Burnett) 2014).

댈러스의 포트워스는 미주 내에서 가장 많은 RCCG 지지자가 모여 있는 지역이다. 2013년, 대략 1,550만 달러로 텍사스에 센터를 설립하였고, 1만 개가 넘는 좌석을 가진 이곳에서 리뎀션 캠프를 진행한다. 이것은 감독 겸 목사인 E.A. 아드보예(Adeboye)가 25년을 넘게 꿈꿔왔던 모습이다. RCCG가 아직 미국에 생기기도 전, 아드보예 목사는 하나님께서 댈러스-포트 지역이 훗날 미주 내에서 중심지가 될 것이라는 계시를 주셨다고 한다. 현재 RCCG는 북댈러스 지역에만 50개의 교회가 있다(블레어(Blair) 2013). 아드보예 목사는 이러한 부흥의 역사를 이렇게 말한다. "하늘에서 창조되고, 나이지리아에서 결속되어 세계로 수출한다(라이스Rice 2009)."

아프리카인과 에베소인의 시간

마리 쿠퍼의 이야기와 방금 앞에서 짧게나마 나눈 두 교회 이야기를 통하여 우리는 아프리카 이주민이 현재 기독교 선교에 어떠한 영향을 끼치는지 단편적으로나마 보았다. 첫 번째로 사람들이 이주할 때마다 단순히 그들의 신앙만 가지고 떠나는 것이 아니라 그들의 교파적 역사와 헌신이 따른다. 그리스도 안에서 서로를 사랑하는 공동체의 이동이기에 우리는 교회를 선교적으로 이해하면서 보아야 한다.

두 번째로 국외로 떠나는 경우 보통은 선교의 확장을 의미한다. 토마스 오두로가 말했듯이 소수의 AIC만이 주류 선교 보습과 범주를 따르고 있었다. 그들은 선교 주간이나 선교 대회 같은 조직적인 모습은 보여주지 못했지만, AIC는 세계 모든 대륙에서 사도행전 1:8에 근거하여 문화를 넘어서는 선교 사역을 감당하고 있었다.

마리의 공동체는 그저 치유만이 아니라 모든 민족을 위해서 기도한다. 그들은 특정 교파의 재정 협력에 의지하지 않고 성령 하나님을 의지하고 지역 사회의 리더와 협력한다. 그들의 사역은 뉴욕과 라이베리아에서 매 순간 만나는 사람과의 관계에 얽혀있다. 그에 비하여 오순절 교회(CoP)와 구원받은 성도의 교회(RCCG)는 더 조직적인 선교 전략을 보여준다. 결국 이 모든 모습이 이민자의 삶이 어떻게 선교 확장의 시발점이 되었는지를 우리에게 보여준다.

세 번째로 마리 쿠퍼의 이야기는 아프리카 안팎으로 여성이 아프리카 교회에 얼마나 중요한 역할을 하고 있는지를 보여준다. 그들의 사역이 비록 많이 알려지지 않아도 여성의 리더십 역할은 두드러지게 나타나며, 선교사역과 교회에 큰 헌신을 하고 있음을 알 수 있다. 나나 로버트(Robert)가 말하듯 세계 기독교는 여성 성도가 주류이며 또한 여성의 힘으로 움직여 간다(로버트 2006).

네 번째로, 등록 신자는 출석 신자보다 전혀 중요하게 여겨지지 않는다. "우리는 비록 작을지라도 우리에게 귀한 선물이 바로 이곳에 있습니다." 마리가 종종 하는 말이다. 이 선물은 바로 예수 그리스도의 이름과 성령의 힘으로 일어나는 치유이다. 그녀는 늘 "우리 노력의 결실을 지금, 혹은 마지막까지 다 볼 수 없을지라도 우리의 신앙을 통하여 우리는 하나님께서 이 모든 일을 선하게 주님의 나라를 위해 사용하실 것을 압니다."라고 주장한다. 서부 아프리카 기독교의 한 가지 중요한 특징은 하나님께서는 어느 신자에게든지 선교를 위해 은사를 주셔서 쓰임 받도록 하신다고 믿는 것이다.

정리하자면, 아프리카 이민자 교회는 선교 역사에 중요한 한 획을 그었다. 그리고 이 교회는 사람의 가장 기본적인 영적인 욕구를 충족시켜주었다. 그들은 모일 때 아프리카 기독교 문화를 그대로 답습하였고, 이를 통하여 그들의 삶과 신앙을 유지하고 성장할 수 있었다. 또한 그 결과 많은 열매를 맺었고 신앙은 퍼져나가게 되었다.

기독교 역사는 유대주의와 헬라주의 문화에서 볼 수 있듯이 늘 이민과 번역, 그리고 부흥을 통하여 자라왔다. 그리고 현재, 이 글로벌 세대에서 뉴욕과 댈러스-포트 같은 곳은 다시 한번 새로운 모습을 보여준다. 이 두 도시는 아프리카 기독교의 강한 영향을 받았으며, 새로운 문화를 접하기 쉬운 장소가 되었다. 선교학자 엔드류 월스가 표현했던 에베소의 시간, 즉 서로 다른 문화의 그리스도인이 모여서 함께 예수님을 경험하는 순간을 이 두 도시가 보여주고 있다. 말씀이 육신이 되신 그분은 지금도 여러 곳을 다니시면서 일하고 계신다. 육신이 말씀으로 나타났고 영이 육신으로 나타났다.

아프리카 그리스도인과 함께 예배를 드리면서 확실하게 알게 된 부분은 무엇일까? 바로 기도다. 그들은 서서 기도하며 움직이면서 기도한다. 무릎 꿇고 기도하며 큰 소리로 밤새도록 기도한다. 아프리카 그리스도인은 기도의 힘을 믿고 주기적으로 금식하면서 기도하고 지금도 듣고 역사하시는 하나님께 자기의 삶을 드리고자 한다. 그들에게 기도란 살아있는 신학이다.

토의

1. 아프리카 이민자 교회의 국제 본부는 어디에 있는가?
2. 교단에서 리더십은 어떻게 성장하는가?
3. 이 회중의 예배의 모습은 어떠한가?
4. 타보르산 축제에 대하여 설명해보라
5, 아프리카 미국인과 아프리카 이민자의 차이점을 설명해보라.

참고문헌

2000. "God's first covenant promises with the Church of Pentecost." In *The Church of Pentecost Songs*, edited by Johnson Agyemang Baduh, 149-151. Accra: Pentecost Press.

2015 National Council Meeting Report. Elizabeth, New Jersey: The Church of Pentecost USA, Inc, 2015.

Baduh, Johnson Agyemang editor, "God's first covenant promises with the Church of Pentecost," *The Church of Pentecost Songs*, 149-151. Accra: Pentacost Press, 2000.

Bateye, Bolaj Olukemi. "Forging Identities: Women as Participants and Leaders in the Church among the Yoruba," *Studies in World Christianity*, Vol. 13, No.1, 2007, 1-12.

Blair, Leonardo. "Nigeria's Redeemed Christian Church of God Dedicates $15.5m Pavilion Center in Texas." *Christian Post* June 20 2013.

Bongmba, Elias K. "Portable Faith: The Global Mission of African Initiated Churches (AICS)." *African Immigrant Religions in America*. Eds. Olupona, Jacob K. and Regina Gemignani. New York and London: New York University Press, 2007.

Burnett, John. "Nigerian Church Spreads African-Style Zeal across North America." NPR 2014. Web. August 4 2015.

Connor, Phillip, D'Vera Cohn, and Ana Gonzalez-Barrerra. Changing Patterns of

Global Migration and Remittances: More Migrants in U.S. And Other Welathy Countries; More Money to Middle-Income Countries: Pew Research Center, 2013.

D'Alisera, JoAnn. 2009. "Images of a Wounded Homeland: Sierra Leonean Children and the New Heart of Darkness." In *Across Generations: Immigrant Families in America*, edited by Nancy Foner. New York and London: New York University Press.

Gerloff, Roswith. "The African Diaspora and the Shaping of Christianity in Africa: Perspectives on Religion, Migration, Identity and Collaboration." *Ecumenical Theological Education (ETE) and Partners in Africa.* World Council of Churches, 2009.

Gornik, Mark. *Word Made Global: Stories of African Christianity in New York City.* Grand Rapids, MI: Eerdmans Publishing Co., 2011.

Hanciles, Jehu. *Beyond Christendom: Globalization, African Migration, and the Transformation of the West*. Maryknoll, NY: Orbis Books, 2006.

Handbook of Liturgy of the Church of the Lord (Aladura). Lagos: The Publication Committee, n.d.

Horton, Robin, "African Conversion," *Africa*, Vol.41, No.2, 1971.

Knott, Kim and Sean McLoughlin, eds. *Diasporas: Concepts, Intersections, Identities.* London: Zed Books, 2010.

Kwiyani, Harvey C. Sent Forth: African Missionary Work in the West. Maryknoll, NY: Orbis Books, 2014.

Larbi, Emmanuel Kingsley. *Pentecostalism: The Eddies of Ghanaian Christianity.* Sapc. Eds. Gifford, Paul, Ogbu U. Kalu and E. Kingsley Larbi. Accra: Centre for Pentecostal and Charismatic Studies, 2001.

Mackendrick, Karmen. *Word Made Skin: Figuring Language at the Surface of Flesh.* New York: Fordham University Press, 2004.

Miles, Margaret. *The Word Made Flesh: A History of Christian Thought*. Malden, MA: Blackwell, 2005.

Mwaura, Philomena. “Unsung Bearers of Good News: AIC Women and the Transformation of Society in Africa,” *Journal of African Christian Thought*, Vol. 7, No.1, 2004, 38-44.

Oduro, Thomas A. 2014. "'Arise, walk through the length and breadth of the land': Missionary concepts and strategies of African independent churches." *International Bulletin of Missionary Research* 38 (2):86-89.

Omenyo, Cephas N. "Agenda for a Discussion of African Initiatives in Christianity: The West African/Ghanaian Case." Missiology: An International Review 39.3 (2011): 373-90.

Omenyo, Cephas N. "Trans-National Protestant Missions: The Ghanaian Story." Swedish Missiological Themes 101.1 (2013): 41-66.

Onyinah, Opoku. "Pentecostalism and the African Diaspora: An Examination of the Missions Activities of the Church of Pentecost." Pneuma 26.2 (2004): 216-41.

Ositelu, Rufus. *African Instituted Churches: Diversities, Growth, Gifts, Spirituality and Ecumenical Understanding*. Munster: LIT Verlag, 2002.

Quayson, Ato and Girish Daswani, eds. *A Companion to Diaspora and Transnationalism*. WileyBlackwell, 2013.

Rice, Andrew. “Mission from Africa.” New York Times 2009. Web. August 4 2015.

Robert, Dana L. 2006. "World Christianity as a women's movement." *International Bulletin of Missionary Research* 30 (4):180-182.

Sanneh, Lamin. *Disciples of All Nations: Pillars of World Christianity*. New York: Oxford University Press, 2008.

Sundkler, Bengt. *The Christian Ministry in Africa*. Uppsala: Swedish Institute of Missionary Research, 1960.

Taylor, Charles. *A Secular Age*. Cambridge, MA: The Belknap Press of Harvard University, 2007.

Ukah, Asonzeh. "Reverse Mission or Asylum Christianity?" *Africans and the Politics of Popular Culture*. Eds. Falola, Toyin and Augustine Agwuele. Rochester:

University of Rochester Press, 2009. 104–26.

Walls, Andrew. *The Cross-Cultural Process in Christian history: Studies in the Transmission and Appropriation of Faith*. Maryknoll, NY: Orbis Books, 2002

Williams, Ritva. *Stewards, Prophets, Keepers of the Word: Leadership in the Early Church*. Peabody, MA: Hendrickson, 2006.

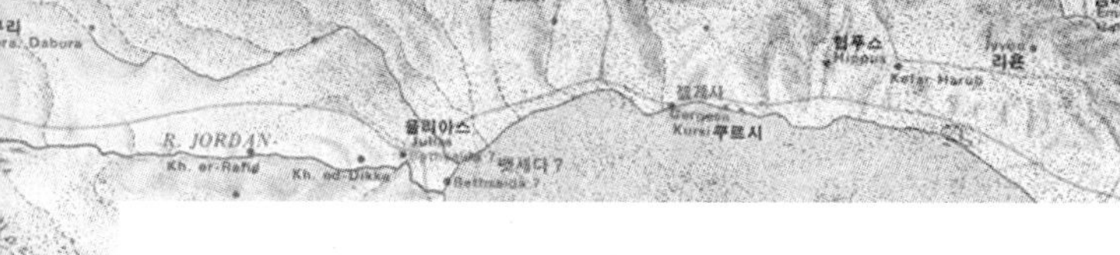

32장

이란 디아스포라 사역

피터 본 카흐너(Peter von Kaehne)

내 가족은 지난 12년 동안 스코틀랜드 글라스고(Glasgow)에 있는 이란 교회에 출석하고 있다. 현재 주일 오후마다 30~40명 정도가 모이며 주중 다른 날에는 수업, 기도 모임, 그리고 가정 목장 모임을 한다. 주일 예배는 어느 정도 전통적이지 않으며, 찬양 시간, 통성 기도 시간, 매주 길이가 다른 설교, 그리고 기도와 찬양으로 이루어져 있다. 일반적으로 중보 기도는 특정한 몇몇 사람의 필요에 초점을 맞춘다. 예를 들어 기도 제목은 망명 신청에 대한 판결 준비, 이란의 아픈 친척, 특히 고국에 있는 가정의 문제 등이다.

이란에 있는 꽤 많은 그리스도인이 신앙 때문에 감옥에 갇혀 있지만 복음은 여전히 이란 안팎의 이란인 사이에서 흘러넘치고 있다. 1979년, 이란의 근본주의 이슬람에 의한 혁명이 일어나기 직전 이슬람 배경에서 기독교로 개종한 이란 그리스도인이 약 500명 정도 되었다고 추산된다. 이 추산은 이란 국내뿐 아니라 전 세계 다른 곳에 있는 이란인을 모두 포함한 통계이다. (게다가, 아르메니아인, 아시리아인, 메시아닉, 그리고 다른 그리스도인도 이란 국적을 가지고 있었으나, 그들은 무슬림 배경은 아니었다.)

오늘날 그림이 바뀌었다. 무슬림 성장 배경을 가졌었으나 예수 그리스도를 주로 고백하는 수만 아니 수십만의 이란인이 있다. 여러 명의 학자는 100만 명의 이란 그리스도인이 있다고 신중히 주장한다. 이란 국내에 무슬림 배경을 가졌던 페르시아 교회가 있다. 국외에도 많다. 이번 글에 소개될 교회가 그중 하나이다.

이란의 영적 각성

이란은 시아파 이슬람의 중심지이다. 1979년 이슬람 혁명 이후부터 이란은 전 세계 이슬람 재발흥의 숨어 있는 강한 힘으로 알려져 있다. 이란은 또한 오래된 기독교 진통을 가지고 있다. 아기 예수를 찾아 동방에서 온 박사들은 아마도 비유대인으로서 예수님의 탄생을 처음으로 목격한 페르시아 인일 것이다. 나중에는 사도행전 2장에 기록된 것과 같이 오순절에 성령이 제자들에게 임하고 복음이 많은 언어로 선포될 때 그것을 들은 무리 중에 페르시아와 메데 사람이 있었고, 그들이 반응하여 예수님을 믿게 되었다. 그들은 바벨론 포로로서 페르시아 지역으로 옮겨와 그곳에서 공동체를 만들고 정착하였던 유대인의 후손이었다. 다니엘과 에스더, 느헤미야, 그리고 포로에게 고국으로 돌아갈 기회를 주었던 인도적인 페르시아 고레스왕이 그때의 사람이다.

예루살렘에 있는 사도와 오순절을 기념한 후, 이란 성도는 고국으로 돌아가 교회를 세웠다. 그들은 광범위하게 공부하고 발표했다. 그리스도인 모임 네트워크를 만들고 헤랏과 메세드와 같은 도시에 주교를 세웠다. 역사상 가장 대단했던 선교사 이동은 이란을 통하여 중국으로 가는 비단길을 따라 일어났다. 이 움직임에는 페르시아 그리스도인의 강력한 지원이 있었다.

하지만 가장 좋은 시기에도 그리스도인은 이곳에서 소수였고, 세상과 종교적 권위로부터 핍박받아 완전히 받아들여지거나 평화로웠던 날이 한 번도 없었다. 지난 1,000년 동안 이란 그리스도인들은 아르메니안 인과 아시리아인 거의 두 민족뿐이었다. 1979년 근본주의 이슬람에 의한 혁명은 새로운 핍박을 촉발시켰다. 그때부터 35년간 복음은 이란의 이슬람이었던 다수에게 들어가기 시작하였다. 오늘날 성도의 수는 폭발적으로 증가하였다. 지난 수 세기 중 처음으로 페르시아 배경을 가진 이란 국내와 국외의 교회는 다시 든든히 섰다.

이러한 성장 중 많은 부분은 디아스포라에서 일어났다. 매년 20만 명 정도의 이란인이 이주한다. 4만 명 정도는 학생이며, 말레이시아, 미국, 캐나다, 독일 그리고 영국이 그들을 받아주는 주된 다섯 나라이다. 많은 이란 이민자가 높은 수준의 교육을 받았다. 그리고 보통 서양 국가로 망명하기를 원한다. 현재 영국에는 약 7만 5,000명의 이란 출신 사람이 있다. 이들 중 수백 명 아니, 아마도 수천 명은 망명 기간 중에 그리스도인이 되었을 것이다.

오늘날 영국의 주요 도시뿐 아니라 많은 작은 도시에는 이란 교회와 모임이 있다. 대부분의 이러한 교회와 조금 더 작은 모임은 서유럽 이란 교회 협의회(the Council of Iranian Churches in Western Europe)의 일원이다. 영국에 있는 어떤 이란 교회는 독립 교회이다. 다른 교회는 영국 교회와 관련된 이란 교회이다. 소수의 목회자만이 신학 교육을 받고 목사안수를 받았다. 소수의 목회자는 좀 더 큰 교회에서 목회하며 작은 여러 교회와 모임을 돌보게 되어있다.

몇몇 주요 리더는 주류 교회나 이란 출판 사역과 같은 다양한 곳으로부터 재정적 지원을 받겠지만, 대부분 리더는 사례를 받지 않는다. 교인이 자주 바뀐다. 사람이 다른 지역에 정착하기 때문에 유동성이 많다. 그렇게 이동한 사람은 이란 교회와 다시 연결될 수도, 되지 못할 수도 있다. 교회의 어려운 고비와 분열도 빈번하다.

이번 글은 글라스고우에 있는 한 교회에 초점을 맞춘다. 몇몇 선교학 문헌이 북미에 있는 이란인 사역에 대하여 초점을 맞추었지만, 유럽에서의 사역에 관해 기록된 것은 적다. 이 글이 균형을 이루는 데 도움이 될 것이다.

리더와 교인

스코틀랜드 글라스고우에 있는 이란 교회는 한 목회자와 여러 명의 장로가 이끈다. 우리 목사는 런던에 거주하며 주말마다 글라스고우로 온다. 교회가 개척된 후 첫 10년 동안 목사는 주말마다 방문했다. 지금은 한 달에 한두 번 오고 대신 더 오랫동안 머문다. 이러한 방식은 종종 어려울 때도 있지만, 여러 가지 이유로 어쩔 수 없는 상황이다.

대부분 장로는 교회의 이사 역할을 하고 목회 활동에는 별로 관여하지 않는다. 하지만 장로들이 예배 시간에 대표 기도하기를 기대하고 중요하게 여긴다. 장로 중에 나는 그래도 설교를 자주 하는 편이다. 이란인은 아니지만, 1987년 예수님을 믿고 페르시아어를 배워 유창하게 하려고 노력했다. 장로들은 교회에서 매우 중요한 역할을 감당하며 교회에 위기가 있을 때마다 함께 교회를 지켜왔다. 장로들 사이의 대화는 대부분 비공식적이다. 우리는 장로들 사이에서의 큰 분열을 두 번이나 겪었다. 그 결과 두 번 모두 교회가 어려움을 겪었다.

장로들 외에도 교회의 기둥과 같은 성숙한 성도가 있다. 그중 많은 이들은 신앙을 가진지 8년 이상 되었으며, 대부분 우리 교회에서 예수님을 처음 믿게 되었다. 장로로서 우리의 사역은 대부분 이 사람들에게 집중되어 있다. 차례로 이 그룹 사람의 전도와 새로운 사람의 비공식 제자 훈련의 대부분을 책임진다. 이 그룹의 사람은 칭호보다는 실제적 사역 활동으로 알려져 있으며, 그들의 헌신 수준에 따라 변동이 많다. 많은 이들은 우리 교회에서 이정도 수준에서 교회 사역에 참여했지만, 다른 도시로 이사한 후 지금은 그곳의 이란 교회 혹은 영국 교회의 리더십에서 섬긴다.

우리 교회에는 성숙한 성도와 새 신자가 섞여 있다. 사실상 모든 사람에게 망명 신청의 배경이 있다. 많은 사람이 무직이고, 연세가 많은 분 중 언어가 안 되어서 직장을 구할 수 없는 분도 있다. 따라서 교인은 매우 가난하지만, 이를 숨기려고 한다. 대부분 몸은 건강하지만 우울증, 가치가 없다는 생각, 걱정 때문에 힘들어한다. 결혼 생활은 대부분 심각한 중압감에 시달린다. 잘 이해하지 못하는 문화에서 십대 자녀를 키우고 지도하려는 것은 여러 어려움을 야기한다. 이러한 압박 가운데, 교회의 아라메쉬(aramesh) 평화 혹은 고요함은 자주 사람이 첫 방문 이후 계속 오고 싶어 하는 이유가 된다. 이러한 삶의 어려움은 목회자의 중재와 기도가 필요하다.

우리 교인은 매우 유동적이다. 원래 이란 난민은 모두 정부의 망명 제도에 의하여 지정된 지역인 이곳 글라스고우에서 살게 되어 있었다. 하지만 망명이 허락되면 이들은 몇 달 안에 조금 더 햇빛이 많고 살기 좋은 런던이나 영국의 동남부 지역으로 이사 갔다.

유동성이라는 것은 우리 교인이 변동을 거듭한다는 말이다. 교인의 수는 많을 때는 100명까지 될 때도 있지만, 30명만 모일 때도 있다. 교인의 증가는 새로 세례받는 사람 때문에 생기고, 감소는 이동 때문에 생긴다.

예배와 기도

주일 예배는 여러 명이 함께 팀을 이루어서 인도한다. 오래된 교인 몇 명이 순서대로 예배 사회와 대표 기도를 맡는다. 목사나 장로 중 한 명 혹은 초대된 외부 강사가 설교한다. 다른 예배 참석자는 사람들과 인사하고, 예배 파워포인트 슬라이드와 음향 시스템을 운영하고, 차를 준비한다. 설교는 보통 페르시아어다. 만약 다른 언어라면 페르시아어로 반드시 통역한다.

성찬식을 하는 날이거나 특별히 열정이 넘치는 설교자가 설교하는 날이면 예배는 3시간 동안이나 드린다. 하지만 보통 공식적인 예배 순서는 2시간 안에 끝난다. 그 후에 비공식적인 친교가 시작된다. 평범한 대화로 시작될 수도 있지만, 언제든지 기도 혹은 상담의 시간으로 돌아갈 수도 있다. 사람들은 그들이 가지고 있는 기도 제목에 구체적이고 명확한 응답을 기대하며, 기도의 능력에 놀라운 신뢰를 가지고 있다. 그리고 실제로 응답을 받는다. 이러한 기도 응답을 구하는 것이 대부분 교회에 오는 첫 번째 이유이다. 사람들은 능력을 보기에 교회로 오고, 진리를 보기에 교회에 남는다.

기도가 주일예배를 활력 있게 만든다면, 교회 기도 생활의 중심은 토요일 저녁에 있는 기도 모임이다. 이때 기도는 지극히 개인적으로 되며, 이 기도는 놀라운 믿음의 분위기 속에서 드린다.

세례와 망명

영국에서 종교적 회심을 문서로 만들면 망명 요청에 도움이 될 수도 있다. 자연스럽게 이것은 거짓 회심으로의 문을 열었다. 과거 무슬림이었다가 기독교로 개종했다고 주장하는 사람은 보통 정부 인사가 의심스럽게 본다. 반면, 많은 서양 목회자는 - 보통 허사가 되지만 - 성령의 커다란 역사의 도구가 되기를 소망하며, 심지어 기독교를 핍박하고 학대한 과거가 있는 사람의 회심에 대한 주장을 열정적으로 지지한다. 한편으로는 신앙 생활한 지 오래된 많은 이란 성도와 몇몇 목회자는 망명 신청자를 냉소적으로 바라본다. 이 사람이 망명 신청을 할 때 도움을 구하면, 목회자는 회심을 문서로 만들어 달라고 하는 요청은 매우 세속적이며 거짓이라고 선포한다.

우리는 이러한 긴장을 우리 교회와 우리를 돌봐주는 영국 교회에서 경험했다. 어떤 경우에서는 새롭게 교회에 등록한 사람을 '가짜'라고 일축하는 중직자를 꾸짖어야 했다. 또 다른 경우에는 우리를 돌봐주는 호스트 영국 교회가 새로운 사람 중에 그들의 성품보다는 매력 있는 사람을 더 세워주는 모습을 보았다.

이것을 통하여 우리가 애초에 가지던 방침이 검증의 시간을 맞이했다는 것을 알았다. 세례받기를 신청한 사람에게는 그가 기초 과정을 마치고 삶의 변화된 모습을 보여준 후에 세례를 받게 할 것이다. 이 기초 과정은 런던의 홀리 트리니티 브롬튼(Holy Trinity Brompton)[역37]의 알파와 베타 코스와 비슷하다.

이들이 세례를 받은 후, 우리는 이 새로운 그리스도인의 망명 신청 서류를 지원할 것이다. 우리의 지원은 그의 어떠한 과거의 이야기가 아니라 실제로 우리가 직접 보아온 것에 대한 법원에서의 증언이 될 것이다. 우리는 일반적으로 우리 교회에서 새로운 신자에게 이란의 교회에서 있었던 핍박이나 신앙 생활에 대해서 공개적으로 발언하도록 하지 않는다. 이것은 효과가 있었다. 법정에서의 우리의 증언은 신빙성이 있다고 간주되었다. (후에는 도움도 되었다.)

또한 우리는 신앙에 대해 거짓 주장하는 사람이 자백하고 죄를 용서받을 수 있는 문도 계속해서 열어놓았다. 또한 우리는 사람들이 이란의 핍박과 순교에 대해 공개적으로 엉터리 주장을 하지 않도록 하여 그들이 체면을 잃어버리는 일이 없도록 각별히 신경 썼다.

이슬람이 초점이 아니다

우리는 가끔씩 질문을 유도하기 위한 이유가 아니면 이슬람에 대해서 가르치지 않는다. 내가 느끼기에는 이슬람이라는 종교가 대부분의 이란인들의 개인의 신앙에 별로 큰 역할을 하는 것 같지는 않다. 내가 이란 국내와 국외에서 만난 수많은 무슬림 중 신앙이 있는 무슬림은 손가락에 꼽는다. 하지만, 우리는 행위 대(對) 은혜, 교회에 대한 이해 대(對) 모스크에 대한 이해, 리더십, 결혼과 교제를 포함한 관계, 진실과 정직, 교만과 분노에 대한 이슬람의 사고 및 행동양식과 직접적으로 연관되어있다.

교만과 화해

어느 정도의 관심을 보인 후, 누가 교회에 헌신하는 사역자로 성장할지 또 누가 성장하지 않을지를 내 나름으로 자신 있게 예측하는 것이 불가능하다는 것을 알았다. 정말 일을 잘하는 것 같던 사역자가 갑자기 '탈진'되어 사라지는 것을 보면서 좌절하고 실망했다. 처음에는 목사가 예상할 수 있는 눈이 있을 거로 생각했지만, 이제는 과거에 있었던 실망에 더 익숙해졌다. 어쩌면 그나마 유용한 일반화는, 공개적이고 폭발적인 분노 문제가 위장한 숨은 분노보다 장기간을 보았을 때 감정적으로 더 낫다는 것이다. 또한, 교만은 치명적이며 그것을 없애는 데 매우 오랜 시간이 걸릴 수 있다.

교회 내부의 위기는 사람이 교회를 떠나게도 했다. 작년에 심각한 위기가 있을 때는 채 10명도 출석하지 않았다. 일반적으로 교회의 위기는 성숙하고 헌신 된 성도 사이에서 시작된다. 교만과 자만 그리고 조절하지 못한 분노를 중심으로 문제가 야기되어 관계가 깨어지는 일까지 일어나게 된다. 하지만 진정한 사과와 겸손을 동반한 화해가 보편적이다. 여기서 보여주는 사랑은 매우 강력한 증거가 된다.

토의

1. 이글에 등장하는 이란 교회의 예배에서 어떤 일이 일어나는가?
2. 이 교회로 사람이 모이는 첫 번째 이유는 무엇인가?
3. 망명 신청자를 교회는 어떻게 지원하는가? 교회는 어떤 한계에 부딪치는가?
4. 교회는 어떻게 치리(治理)하는가?
5. 이 인구의 이동과 그것이 교회에 미치는 영향에 대하여 묘사하시오.

참고문헌

Mandryk, Jason. *Operation World: The Definitive Prayer Guide to Every Nation*. Biblica, 2010.

Moffat, Samuel. *A History of Christianity in Asia: Beginnings to 1500*.Maryknoll, NY: Orbis Books, 1998.

Stewart, E. "UK Dispersal Policy and Onward Migration: Mapping the Current State of Knowledge," *Journal of Refugee Studies*, Vol. 25, No.1, 25–49.

6부

글로벌 디아스포라 선교학의 이슈들

편집자

폴 시드너(Paul Sydnor)

라리 칼드웰(Larry Caldwell)

서론

글로벌 집단이주 선교학의 이슈

편집자

폴 시드너 / 라리 칼드웰

오늘날의 글로벌 디아스포라는 인류 역사상 독보적이다. 이러한 사람들의 움직임은 21세기 세계화의 경제적, 정치적, 사회적 현실에 완전히 통합되어 있다. 변화된 것은 이동의 양뿐만 아니라 이동 환경에 대한 상황(context)을 만드는 경제적 · 정치적 조건 및 이동 중인 사람을 위한 새로운 정체성의 선택들을 만들어내는 통신 및 통신 기술의 발전들이다. 6부의 사례연구는 이러한 글로벌 현실을 고려하여 디아스포라 선교 전략이 얼마나 필요한지를 보여준다.

지구촌을 움직이는 수백만 명에게 영향을 미치는 경제적, 사회적, 심리적 요인이 너무 다양하여 한 장(chapter)에 기록하기엔 부족하게 보인다.

그러나 이러한 사례 연구들은 사역이 특별한 이슈를 어떻게 파악해왔는지를 잘 보여준다. 그 결과가 정답은 아니겠지만 다른 문제점에도 적용할 수 있는 접근법을 제안할 것이다. 우리가 모든 연구에서 관찰한 공통점은 지형과 문화적 변화의 정도가 상대적으로 정적인 종족에 적합한 오래된 사역 패러다임이, 디아스포라 선교의 적용 가능성을 감소시켜 왔다는 것이다.

글로벌 디아스포라는 대부분 전 세계의 이야기이며, 이 사실만으로도 위대한 글로벌 드라마에 참가하고 있는 이들을 경청해야 한다. 디아스포라에게서 우리는 빈곤한 지역에서 온 난민, 이주민 및 이주 노동자를 찾을 수 있다. 우리는 그들이 더 부유한 사회의 견고한 경제적, 정치적, 사회적 시스템과 충돌하는 것을 알게 된다. 우리가 디아스포라 사이에서 효과적으로 일하기를 원한다면, 상대적인 약점과 고통이라는 맥락을 무시할 수 없다.

다음 페이지에서는 끔찍한 위험으로부터 도피한 난민, 더 나은 경제적 기회를 모색하는 합법적 또는 불법적인 이민자, 그리고 오래된 편견과 싸우고 최근에 도착한 이들을 흡수하기 위해 고심하고 있는 교회의 실제 이야기를 접하게 된다.

이제 자신의 가족을 보호하기 위해 애쓰며, 옛 문화와 새로운 문화의 갈등 사이에서 자신의 정체성을 고민해야 하는 이민자의 이야기로 당신을 초대한다. 무력한 이민자가 겪는 적대적인 법 시스템, 성과 노동력 착취에 대한 트라우마, 난민으로 억류되어 산 몇 년의 세월에 대한 낙심에 대해 당신은 간접적으로나마 경험하기를 바란다.

이 이야기를 보면 특히 총체적인 참여가 요구되는 이주의 부정적인 영향에 대해 어떻게 답해야 할지 교회와 선교 기관이 계속 씨름하고 있다는 것을 알 수 있다. 복음을 알지 못한 자들에게 복음은 환대와 돌봄의 좋은 소식이 되어야 한다. 이동 중인 기독교인이 복음의 전달자가 되게 하기 위해 지속적인 목회적 돌봄, 사회적 지위의 대변 및 실질적인 도움이 필수이다. 이러한 이야기는 우리가, 새로운 초국가적의 정체성을 가지려 하는 사람, 또는 한동안 떠나있던 고국으로 돌아와 문화에 이질감을 느끼는 사람, 또는 새로운 문화나 구조가 전혀 다른 곳에서 사역하기 위해 배우는 사람의 삶을 들여다보게 한다.

편집자로서 우리는 당신이 이 연구 사례를 읽으면서 이주의 흐름을 형성하는 경제적, 정치적 그리고 사회적 요인의 세계적인 맥락이 중요하다는 사실을 알게 되고, 잠깐이라도 이동하는 자의 개인적 삶에 공감하기를 바란다.

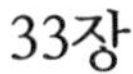

낯선 이들을 환영하기 : 몰타에 있는 국제 교회 사례연구

폴 시드너(Paul Sydnor)

이민 교회의 사례

지중해의 인구 약 50만 명의 작은 섬 몰타(Malta)는 인구밀도가 가장 높은 나라 중 하나이다. 현재 2만 명의 외국인[역1]이 몰타에 살고 있고 그중 60%는 유럽연합에 있는 나라에서 온 이주민이다. 나머지는 유럽연합 밖의 나라에서 온 이주민과 망명 신청자 그리고 난민이다(UNHCR Malta 2014).[1]

몰타는 유럽에서 수도(capital)당 망명 신청자의 비율이 가장 높은 나라 중 하나이다(UNHCR Malta 2014, 15).[2] 특히 주변국에서 강제 추방된 난민이 늘어

---

1) 이주민들에 대해 내릴 수 있는 단 하나의 정의는 없다. 나는 그저 외국인 이주 노동자나 이민자처럼 다른 나라로 이주한 사람을 예로 들었다. 반면에 망명 신청자와 난민은 강제적으로 이동해야만 하는 사람이고 그들은 정말 평범하지 않은 방법으로 몰타에 오게 된다. (가령 필요 서류도 가지고 있지 않거나 보트로 오지 않는 경우도 있다) 대략 80%의 망명 신청자가 몰타에 남아서 일 할 수 있는 권한을 받게 된다. 망명 신청자의 5% 미만이 난민이다. 더 많은 정보를 위해 몰타 웹사이트를 찾아보길 권한다. http://www.unhcr.org.mt/statistics.

2) 보호소의 동향은(UNHCR 2014,15) 2013년 기준으로 유럽이 2.9일 때, 몰타는 주민 1,000명당 20명의 망명신청자가 있다고 보고한다.2014년부터 지중해를 넘은 많은 난민이 구조되어 바로 유럽으로 보내졌다. 이 많은 난민이 유럽으로 가게 되어 이 지표는 바뀌었으나 유럽이 지금 직면하고 있는 망명자의 상황은 몰타와 다를 바 없다.

나고 있는 상황에서 몰타가 맞이하는 이주 문제는 실로 엄청나기에 인권보호 측면에 의문의 여지가 있다(데보노(DeBono) 2012, 269; 피사니(Pisani) 2012, 219). 유럽의 남쪽 국경에만 해도 다양한 이주민이 섞여 있어서 문제가 상당히 복잡하다(스윙 2012).[3] 몰타의 수도 근처에 있는 영어를 쓰는 어떤 국제 교회는 다양한 이주민을 사랑으로 환영했다.[4]

이 교회의 목회자는 아프리카 출신의 몰타 시민권자인 다니엘(Daniel)과 몰타인 마르다(Martha) 부부이다. 다니엘은 유럽에서 목회자로, 변호사로 훈련받았다. 복음주의와 오순절 성령의 전통적인 교회에 뿌리를 둔 이 교회엔 서아프리카의 다양한 나라에서 온 이주민으로 대부분 구성되어 있으며, 필리핀 이주 노동자와 유럽에서 온 사람, 그리고 몇 명의 몰타 사람이 함께 한다. 40~60명의 사람이 매주 주일에 만나 예배드리고 어떤 사람은 주 중에 만나 기도 모임이나 성경 공부, 찬양 음악 리허설 등을 한다.

처음에 이 교회는 몰타 사람만을 위한 교회였다. 그런데 한때 힘든 과도기를 겪던 교회는 다니엘이 신학 대학을 졸업하자 바로 목회자가 되어 줄 것을 제안했다. 다니엘과 마르다는 이후 낯선 사람을 환영하고 교회의 모든 사람에게 지원과 교제를 제공하는 사역을 시작했다.

필리핀 이주 노동자인 줄리는 이렇게 말했다. “평생의 절반을 이주민으로 살아온 내게 가족과 떨어져 지내는 것이 가장 어려웠는데, 교회가 나를 가족처럼 도와주었습니다.” 다니엘과 마르다의 사역은 외국인을 사랑하는 것이었다. 교회는 이주민의 많은 필요를 충족시켜 주었고, 다니엘과 마르다의 외국인으로서 또 선교에 부르심을 받은 자로서의 정체성이 자연스럽게 전개되었다.

---

3) 국제이주기구(IOM, International organization for migration)의 디렉터는 많은 폭력사태가 이주민을 급증하게 만들고 있으며, 또한 이주하지 못하고 갇혀 있는 사람의 인권은 보호가 어렵다고 말한다.

4) 나는 2011년에 만들어진 이 교회에 있던 사람의 인터뷰 내용을 토대로 이 연구를 했고 모든 이름은 바꿨다.

그즈음 많은 불법 이민자가 보트로 몰타에 대거 도착하기 시작했다.[5] 몰타 당국은 이들을 강제 억류 시켰다.[6] 다니엘은 수용소에 있는 이민자를 찾아가 음식과 필요한 물품을 공급 해 주고 이들이 예배를 드리고 성경공부를 할 수 있는 기회를 제공했다. 이들을 섬기기 위한 다른 사역도 시작되었다. 이미 많은 이주민을 수용하느라 어려운 상황에 처해 있던 수용소는 설상가상으로 더 어려움에 처하게 되었다(페이스Pace 2012, 250).[7]

프랭클린(Franklin)은 몰타에 도착하자마자 수용소로 보내졌다. 감금으로 고립된 동안 교인이 프랭클린을 방문해 주어 큰 용기를 얻었다. "그분들이 나를 방문했을 때, 나는 수용소에 보내졌을 때와는 달리 환영받는다는 것을 느꼈습니다. 방문은 내가 하나님께 집중할 수 있게 도와 주었고 하나님께서 내가 어려울 때 도와주실 것을 상기시켜 주었습니다. 지금 나는 다른 사람에게 우리가 교회이며 우리가 힘든 시간을 보내고 있는 사람에게 그들이 잘 이겨낼 수 있도록 도움의 손길을 주어야 한다고 말하고 있습니다." 수용소에 있는 사람은 도움의 손길과 영적인 유대감과 공정한 치료가 필요한 이들이기에 그들을 방문하고 환영해주는 노력은 인간으로서의 배려라고 할 수 있다.

다니엘과 마르다는 이 교회가 국제 교회가 되어야 할지 몰타인만을 위한

5) '불법' 이민자는 국가의 허가 없이 그 국가에 들어가거나 남아있는 경우를 말한다. 몰타의 상황은 대부분의 불법 이민자가 바다에서 구조된 이후, 보트를 타고 왔다(Suban 2012, 163). 2002년부터 몰타는 더 많은 불법 이민자를 수용하게 되었다. 예를 들어, 2012년1월에 리비아에서 일어난 폭력사태가 700,000명의 사람들을 그 나라에서 도망치게 하였고 그중 5만 명은 곧 부서질 듯한 보트에 올라타 바다를 넘어 가려 하였다. 그러나 그 전에 보았듯이 유럽연합 구조 기구가 2014년부터 대부분의 이주민을 유럽 국가로 보내고 있다.

6) Debono(2012, 264~265)에 따르면 이 정책에 많은 비판이 있어 왔는데 이를테면 과잉수용, 성범죄, 비위생적 상태, 부족한 의료, 정신건강 우려 등이다. 정부는 정보를 공유하지 않았다.

7) 몰타에 필요한 서류없이 들어온 이주민들을 수용하고 있는 의무 수용소에 있는 사람들은 정신적 건강에 문제가 생길 수 있는데 특히 대부분의 수용자들이 어느 정도의 트라우마를 겪은 것으로 나타난다. MSF (2009), 예를 들면, 몰타에 있는 수용소에 있는 이주민들에게서 외상 후 스트레스 장애가 늘어났다는 보고가 있다.

교회가 되어야 할지에 대해 한 번도 생각하지 않았다. 이 교회는 낯선 이들을 거부하지 않고 그냥 환영해 주는 교회라고만 생각했다. 그러나 이는 몰타인만을 대상으로 하는 대부분의 몰타 교회에 새로운 방식이었다. 몰타 사람의 모임에서 다른 사람이 누구인지를 정의하고, 자신이 할 수 있고, 어떻게 해야 하는가를 가르치는 것이 중요했다. 불행히도 이런 태도는 그룹을 나누고 일부 유력자를 위해 다른 사람을 희생시켰다.

반대로 다니엘과 마르다는 더 많은 기대감을 가지고 오는 사람들에게 멍에를 씌우지 않도록 했다. 다니엘과 마르다는 모든 그리스도인의 공통된 부분과 제자 됨, 설교, 가르침에 더 중점을 두기로 했다. 이 부부는 다른 어떤 민족 교회[역2] 보다 그리스도의 교회로서의 정체성이 더 드러나야 할 필요가 있다고 보았다. 낯선 이를 환영하는 것은 교회가 특정 인종 중심에서 벗어나 세계를 대상으로 하게 될 것이라고 생각했다. 이렇게 환영하는 자세는 이주민을 대단히 강화했지만, 이로 인해 분노한 많은 몰타인은 교회를 떠났다.[8)]

그러나 이주민은 이 환영이 얼마나 중요한 것인지 쉽게 증명했다. 이주민인 조지(George)는 가끔 믿음이 흔들린다며 말했다. "내 믿음이 약해질 때 나에게 용기를 주는 말을 들을 수 있는 곳이 교회입니다." 볼드윈(Baldwin)은 이렇게 말했다. "교회에서 내 믿음이 더 굳건해졌기에 나는 행복합니다. 바다를 건널 때 하나님께서 날 구해주신 것을 기억합니다. 잠깐 사는 이 세상에서의 어려움을 이겨 낼 굳건한 믿음을 달라고 기도합니다."

자신의 삶에 대해 좋게 느끼지 않을 때, 에스더(Esther)가 집이라고 느끼는 곳은 교회이다. 교회는 그녀가 잃었던 가족이 되어주기 때문이다. 몰타에서 자신을 원하지 않는다는 느낌을 받았다는 한 이주민 성도는 자신의 제한된 신분 때문에 억류되었지만 그 어려움 속에서도 믿음은 더 자라났다. 그는 말했다. "이곳에 나를 보내신 하나님께서 나의 필요를 채우실 것이며 언젠가 나

---

8) Debono(2012)는 몰타는 그들의 해안에서 전 세계가 멈춘 것처럼 세계화에 뒤처져 있음을 설명한다. 중요한 사실로 그들은 이주민들의 권리와 존엄성을 존중하는데 있어서 어려워 했다.

를 집으로 보내주실 것입니다."

오늘날 다른 사람을 환영하기 위해 몰타 국제 교회는 몇 가지 방법으로 강력한 지원을 하고, 펠로우십 공동체가 되기 위해 노력한다. 첫째, 함께 나눌 수 있는 가치를 지닌 가족, 기도, 관계에 관한 활동을 한다. 이것은 더 큰 사회에서 이주민이 느끼는 고립감을 없앨 수 있다. 지역 사회에 대한 교회의 참여는 이민자로서 생활하고 일하는 데 필요한 지원을 제공한다.

둘째, 교회가 이런 환영을 받는 사람들의 문제에 최선을 다하고 있다. 예를 들어, 이주 여성은 돈을 벌기 위해 가족을 떠나와 더 큰 희생을 하게 된다. 교회는 이주 여성을 격려하여 죄책감을 덜어주고, 희생의 대가를 얻을 수 있도록 도와준다.

셋째, 교회는 이 사람들이 공동체를 위해 책임감을 느끼고 도와줄 방법을 찾았다. 이는 쉽지 않았다. 가령, 여성은 다른 리더십과 사역의 책임을 나누기보다는 커피 심부름을 하고 청소와 요리를 하는 등 그들의 나라에서와 똑같은 문제가 지금의 교회에 스며있다는 것을 마르다는 인지했다. 이런 문제를 극복하기 위해 교회는 리더십 팀에 여성을 참여시켜 여러 책임을 지고 자신의 목소리를 낼 수 있도록 도왔다.

하지만, 공동체가 이런 국제 교회의 흐름을 아무리 강조해도 리더는 자신에게 다른 이들을 환영하는 진정한 의미를 상기시켜야 한다. 예를 들면, 가끔 아프리카 리더는 자기만의 예배 스타일을 고수하여 결과적으로 다른 이들을 예배에서 배제시키려 한다. 다니엘은 그들에게 이렇게 말한다. "이건 아프리카 교회가 아니라 하나님의 교회입니다. 하나님께서는 우리 모두를 수용하시는데 우리도 다른 사람을 다르게 대해서는 안 됩니다."라고 말한다. 이 관심은 개인적인 인정이나 이익을 위한 것이 아니라 공동체의 삶을 위한 것이다.

낯선 사람[역3]의 관점에서, 환영받는 것은 지역 사회와 관련된 사역의 접근방식을 통해 일어난다. 그것이 처음 받았던 환영부터 마지막 인사까지 우리 전체 삶을 지속해서 보듬어준다. 이것을 통해 우리는 그리스도의 이름으로 다른 사람이 하나님께서 그들을 이끄시는 대로 그 믿음 안에 살아갈 수 있도록 용기를 북돋아 준다.

세계 선교에 미치는 시사점

몰타에 있는 이 작은 국제 교회의 사례는 이주민에게뿐만 아니라 이들을 환영하는 지역 교회 모두에게 세계선교의 몇 가지 시사점을 던져준다.

첫째, 지역 교회의 돌봄과 관심으로 많은 이주민이 삶을 재건하고 새로운 땅에서 터전을 세울 수 있는데 필요한 힘과 안정감을 얻게 된다. 이주민은 일자리가 필요하거나 안전한 장소에서 보호받기 위해 그 나라에 있는 경우가 많다.

이주민은 자신이 몰타에 있는 이유가 하나님 때문임을 보지 못할 수 있다. 지역 교회가 이주민을 환영할 때, 하나님이 삶을 주관하신다는 사실과 지역 교회에 영향력을 미치기 위해 그들이 그곳에 있음을 상기시켜줄 필요가 있다.

둘째, 이주민은 보다 나은 기회를 찾기도 하고, 대부분 언젠가는 고향으로 돌아갈 계획이다. 이 때문에 지역 교회가 환영 인사를 할 때 이미 작별인사가 예견되어 있다. 작은 교회에 매년 4~5명씩 유동인구가 생기는 건 특별한 일이 아니다. 이는 교회에 도전 거리다. 이 상황 속에서 사역의 연속성을 찾고, 언제 떠날지 모르는 이들 중에 리더십을 키우고, 이주민이 새로운 환경에서 다시 지역 교회를 섬기도록 준비시키는 일이 도전 과제인 것이다.

셋째, 낯선 이를 환영하는 일은 현상 유지에 도전을 가한다. 하나님을 의지하게 만든다는 점에서는 좋은 일이다. 하지만, 문제를 제대로 다루지 않으면 장기적으로 지역 교회에 남을 구성원을 소외시킬 수 있다. 자신의 사역을 돌아보며 마르다는 이렇게 말했다. "저희는 다양한 이주민 집단에 잘 적응했지만, 몰타 사람을 대상으로도 사역해야 했습니다. 교회는 이주민을 환영해야 하지만, 지역 상황에 적합한 방법으로 해야 하지요." 새로운 사람을 환영하며 교회에서 중요한 역할을 감당하는 사람을 소외시키지 않는 것이 도전과제다.

이방인을 환영하는 것은 모든 영역에서 도전 거리다. 하지만 이 현실이 세상에서 믿음의 본질을 반영하기도 한다. 즉 이 일에 관계된 모든 자에게 하나님에 대한 신뢰의 관점에서 본다면, 잠재적인 유익은 잃어버릴 것보다 훨씬 크다. 이 글의 나머지는 외국인을 환영함이 던져주는 세 가지 시사점을 다루는데, 모든 사람이 생각해봐야 할 중요한 문제이다.

하나님의 선교 초점

첫째, 하나님의 선교 초점이 있다.[9] 구속적 관점에서 보면 모든 시대에 걸쳐 일하시는 하나님은 언제나 모든 민족을 환영하셨다(베반스Bevans 2013, 160). 실용적인 관점에서 보면 하나님의 선교 초점은 그리스도를 교회의 중심에 두는 것이다. 환영하는 교회의 목적은 아버지의 일을 하러 오신 그리스도의 본을 따르는 것이다.[10] 교회가 타인을 환영할 때, '하나님은 언제나 선하시다.'는 유명한 글귀를 인정하게 된다.

낯선 사람을 환영함에 있어 다니엘과 마르다의 사역 패러다임은 몰타 종족이든, 여타 종족이든, 자민족 중심주의를 의식적으로 배제하는 것이고, 다른 종족 이주민에게 이것을 상기시켰다. 그리스도의 몸으로 교회에 오신 하나님의 선하심에 초점을 맞추고, 선호하는 스타일이나 환경에 초점을 두지 않았다. 많은 문화가 뒤섞인 배경 속에서 이렇게 하는 것은 어려우며, 몰타에서도 적지않은 어려움이 있었다.

하나님의 선교는 외국인을 환영하는 데 있어 중요한 개념이다. 태초부터 마지막까지 하나님의 역사 전체가 한 민족이 아니라 전 세계를 구원하는 것임을 깨우치기 때문이다. 이 사실은 환영받지 못한 이주민에게는 중요한 의미가 있다. 이주민이 하나님의 역사 안에서 자신을 보기 때문이다(그루디

9) Missio Dei는 라틴어로써 '하나님의 선교'로 번역된다. 하나님의 선교라는 용어는 이 세상에서 하나님의 사역이 모든 시대에 걸쳐 확장되었기에 어떤 한 가지 표현이나 접근법이 줄 수 있는 것보다 위대하다는 점을 상기시킨다. 또한, 그리스도의 순종은 이 선교의 집약체이다. 그리스도의 몸을 입으신 하나님이 인간과 같이 되셔서 우리도 그리스도를 닮게 하셨다(Placher, 2009, 27).

10) 요 5:17; 10:37~38. 요 5:17; 10:37~38.을 참조하라.

(Groody) 2013, 150). 이주민은 자신의 상황을 예수님의 상황에 빗대어 이해한다. 예수님은 사람의 역사 속에 들어오셨고, 사역을 마치실 때 이렇게 말씀하셨다. "……나그네 되었을 때 영접하였고…… 옥에 갇혔을 때 와서 보았느니라(마 25:35~36)." 낯선 자를 하나님으로 환영하면 통합이 촉진되지만, 역사적으로 이 일이 쉽지 않았다.[11)] 외부의 적군이 나라와 문화를 위협한다는 피해의식(a siege mentality)을 가지기는 쉽다. 그러나 교회가 외부인을 환영할 때 구원은 오직 하나님 한 분에게서 온다는 메시지를 세상에 전하게 된다.

하나님의 선교는 하나님의 사람을 위한 하나님의 일이다. 하나님의 선교는 국경을 초월해서 외국인과 내국인의 마음속에 일어나는 변화에서 드러난다. 하나님의 선교는 우리 방식대로 일이 되어야 한다는 고집스러운 생각과 자신을 내려놓을 때 분명해진다.

자기 비움의 태도

둘째, 그리스도의 자기 비움의 태도를 통해서 외국인을 환영할 수 있다. 빌립보서 2:5~8는 이 의미를 요약한다. 자기 비움은 자아를 없애는 실천이다.

> 너희 안에 이 마음을 품으라. 곧 그리스도 예수의 마음이니 그는 근본 하나님의 본체시나 하나님과 동등 됨을 취할 것으로 여기지 아니하시고 오히려 자기를 비워 종의 형체를 가지사 사람과 같이 되셨고 사람의 모양으로 나타나사 자기를 낮추시고 죽기까지 복종하셨으니 곧 십자가에 죽으심이라.

---

11) 이러한 통합은 섬나라에서 특히 이루어지기가 어렵다(라고네시 2012, 204). 예를 들어 몰타는 포위의 역사를 가지고 있다. 몰타 사람은 1565년에 적의 엄청난 포위에 대항해서 Ottoman Turks의 유럽 침략을 물리친 적이 있다. 이들은 2차 세계대전의 폭격과 봉쇄를 견뎌냈다. 많은 몰타 사람에게 있어서 변칙적인 이민자의 유입은 또 다른 적의 포위처럼 여겨진다.

환영하는 교회이든 환영받는 이방인이든 그리스도인으로서 이주 문제에 참여하는 일에는 자기희생과 그리스도가 보여주신 내려놓음이 요구된다. 그루디에 의하면 이주민의 영적 여정의 뿌리를 그리스도에게서 찾을 수 있다. 그리스도처럼 이주민은 모든 것을 포기했기 때문이다. 이를 통해 이주민은 하나님께서 자신의 연약함에 동참하신 걸 안다(그루디 2013, 152).

본 사례 연구에서 볼 때, 이주민의 여정은 그 과정에서 맞닥뜨리는 거절, 연약함, 고난으로 인해 그리스도와 같이 자기 비움을 요구한다. '환영'은 우리에게 자기 부인과 자기 비움의 태도를 요구한다. 이 태도는 그리스도인 모두에게 중요하다.

하지만 이 여정은 자기희생을 요구하는 만큼, 자기 보존을 결단토록 한다. 믿음의 문제에 있어 자기 보호는 겸손과 함께 단련될 필요가 있다. 이주민 지도자들은 스스로 믿음의 영역에서 뿐만 아니라 그들이 이주한 주류 사회에 대해서도 그들 동료 이민자들의 생각과 의견에 도전적 영향을 미친다.

지역사회가 자신의 단일 문화적 태도를 완화할 필요가 있는 것같이, 이주민도 사회를 판단하는 잣대를 낮출 필요가 있다. 이주민은 그들 주변에 피드백을 나누고, 믿음과 삶과 관계된 중요한 조정과 결정을 하도록 돕는 공동체가 필요하다. 교회는 문화의 자민족 중심주의뿐만 아니라 동일한 강도의 자아중심성에 대해서도 경계해야 한다. 이민 시대에 한 국가의 교만과 한 개인의 교만은 섞이지 못하는 물과 기름과 같다. 양측 모두 겸손이 필요하다.

자기 비움의 태도는 이민의 여정에서 치르는 대가를 상기시킨다. 대가는 겸손을 요구하고, 이 길을 수용하면 관련된 모든 사람에게 도전이 주어진다. 이 길은 종종 표지판이 없다. 이 길을 걷는 사람은 자신과 자신의 가족들을 부양하기 위해 단순한 신분보장, 일자리, 돈뿐만 아니라 더 나아가 믿음 안에서 멘토링과 양육이 필요하다.

호혜의 실천

셋째, 타인을 환영하는 일에는 주는 자와 받는 자가 존재한다. 이주민이 도움을 받는 대상이라면, 교회 안에서 이들은 선교를 이끄는 주체이기도 하다. 한실은 기독교 자체가 본질상 이주적 요소를 가지고 있을 뿐 아니라, 모든 기독교 이주민은 잠재적 선교사라는 점을 상기시킨다(한실 2004, 99). 서로 다른 문화와 사람 간의 관계는 쌍방향 도로와 같다. 다니엘이 말한 것처럼, "교회는 자선 단체가 아니다. 우리는 기꺼이 나누기 원하지만, 당신도 우리와 나누기를 바란다."

호혜를 통해 문제를 균형 있게 다룰 수 있도록 서로 나누고 배우는 일의 기초가 세워진다. 호혜는 서로 다른 집단과 사람 사이에 공통의 토대를 세운다. 교회 내 많은 사람의 공통 관심사가 가난과 가정의 문제다. 이 영역에서 믿음과 삶이 통합되려면 기도와 가르침으로 끝나지 않고, 매일의 삶 속에서 호혜적 상호작용이 지속되어야 한다.

이주민은 그리스도의 이야기 속에서 자신을 발견하는 만큼, 자신의 이야기 속에서 그리스도를 볼 필요가 있다. 이 일은 마술처럼 순간적으로 일어나는 게 아니라 호혜 관계 속에서 일어난다. 하나님과 관계 속에서 그리고 공동체와 관계 속에서 서로 주고받을 때, 자기희생과 겸손이 우선시 될 때, 그리고 건전한 도전과 비판을 통해 통합될 때 이런 일이 일어나는 것이다. 이것이 제자화다.

결론

이방인을 환영함은 이주민, 망명 신청자, 난민이 새로운 땅에서 삶을 재건하고 세우도록 돕기 위한 첫 번째 과정이다. 몰타에 있는 다니엘과 마르다, 그리고 국제 교회의 이야기가 이 사역의 중요성을 깨닫게 해준다. 하지만 낯선 사람을 환영함은 우리가 하나님을 의지하고 있음을 깨닫게 하고, 우리로 하여금 하나님의 선교, 자기 비움, 호혜의 관점을 재고해보도록 한다. 이 관점을 통해 본 환영하는 교회의 특징은 이렇다.

- 교회는 그리스도의 이름으로 타인을 환영하며 한 특정 집단을 다른 집단 보다 우선시하지 않는다.
- 외국인을 환영하는 일은 외부인에게 관심과 주의를 기울이는 것이지만, 동시에 지역적 상황과 연관되어야 한다.
- 환영하는 교회는 자기희생과 겸손을 통해 타인의 번영을 추구한다.
- 타인을 환영하는 일은 상호 배움, 공통의 리더십, 그리고 다른 목소리에 대한 인정과 공동체에 헌신함을 통해 호혜적 환경을 만드는 것이다.
- 이곳에서 논의된 쟁점은 국제 교회에만 국한되는 것이 아니다. 하나님의 사람이 무엇보다 먼저 복잡한 글로벌 공동체에 속해있고, 하나님 나라의 시민이 있는 곳이라면 어떤 교회든지 다 해당된다.

토의

1. 우리 지역 사회에 사는 많은 외국인의 장기적 필요는 삶을 재건하고 세우는 일이다. 이들은 삶을 재건하는 과업 속에서 어떤 장애물에 부딪히게 되는가?
2. 당신의 교회가 외국인을 환영하는 사역을 고려하고 있거나 실시하고 있다면 어떤 도전에 직면하게 될까?
3. 외국인을 환영하는 데 있어 개인적으로 어려운 영역은 무엇인가? 그 영역을 개선하기 위해 어떤 일을 하고 있는가?

참고문헌

Bevans, Stephen B. 2013. "Migration and Mission: Pastoral Challenges, Theological Insights." In *Contemporary Issues of Migration and Theology*, edited by Elaine Padilla and Peter C. Phan, 157–177. New York: Palgrave Macmillan.

DeBono, Daniela. 2012. "Human Rights for the Maltese First: Irregular Migration and Human Rights in Malta." In *Migration and Asylum in Malta and the European Union: Rights and Realities 2002 to 2011*, edited by Peter G. Xuereb. Msida: Malta University Press.

Groody, Daniel G. 2013. "The Spirituality of Migrants." In *Contemporary Issues of Migration and Theology*, edited by Elaine Padilla and Peter C. Phan, 143–156. New York: Palgrave Macmillan.

Hanciles, Jehu. 2004. "Beyond Christendom: African Migration and Transformations in Global Christianity." *Studies in World Christianity* 10(1):93–113.

Médecins sans Frontières (MSF). 2009. Not Criminals. http://www.medicisenzafrontiere.it/sites/italy/files/allegati/Immagini/file/pubblicazioni/Re port_Malta_04_2009.pdf

Pace, Paul. 2012. "Health Care for Migrants in Malta." In *Migration and Asylum in Malta and the European Union: Rights and Realities 2002 to 2011*, edited by Peter G. Xuereb, 237256. Msida: Malta University Press.

Pisani, Maria. 2012. "The Elephant in the Room: A look at How Policies Impact the Lives of Female Sub-Saharan Afrian Rejcted Asylum Seekers Living in Malta." In *Migration and Asylum in Malta and the European Union: Rights and Realities 2002 to 2011*, edited by Peter G. Xuereb, 217–236. Msida: Malta University Press.

Placher, William C. 2009. "How Does Jesus Save?" The Christian Century 2009 (June 2):23–27.

Ragonesi, Isabelle Calleja. 2012. "The Politics of Integration in a Small Island Peripheral State: The Case of Malta." In *Migration and Asylum in Malta and the*

European Union: Rights and Realities 2002 to 2011, edited by Peter G. Xuereb, 191–212. Msida: Malta University Press.

Suban, Robert. 2012. "Irregular Immigrants in the Maltese Labour Market: Current Situation and Problems." In *Migration and Asylum in Malta and the European Union: Rights and Realities 2002 to 2011*, edited by Peter G. Xuereb, 163–189. Msida: Malta University Press.

Swing, William Lacy. 2012. "Broadening our perspective." *Forced Migration Review* 39:3.

United Nations High Commissioner for Refugees (UNHCR). 2014. *Asylum Trends 2013: Levels and Trends in Industrialized Countries*. UNHCR. http://www.unhcr.org/5329b15a9.html

United Nations High Commissioner for Refugees (UNHCR) Malta. 2014. *Know the Facts: A Toolkit on Asylum and Migraton for Maltese MEP Candidates*. UNHCR. Accessed September 9, 2014. http://www.unhcr.org.mt/statistics

34장

선교 : 이민자 구금에서 나타난 정치적, 예언적 행동의 복합성에 대한 사례연구

마리아 호세 쏘렌스(Maria-Jose Soerens)

우리가 사는 땅에 거주하는 지극히 작은 자와[1] 이방인을 돌보라는 성경의 명령은 우리에게 긴박한 선교적 참여를 요구한다. 하지만 정책, 옹호, 사회 정의가 혼재하는 이 어두운 영역에서 교회의 역할은 무엇인가? 선교를 자유주의 정책이나 종교 행위로 축소하지 않고 세상에 성령이 일하실 수 있는 공간을 만들면서, 정치적 행동에의 요구를 존중하기 위해 그리스도인은 특별히 어떻게 대응하는가? 어떻게 하면 한편으로는 옹호 사역에 대한 필요를 무시하는 이원론적 영성과 또 한편으로는 선교를 정치적 도구로 축소하는 자유주의의 오류에 빠지는 잘못된, 하지만 일반적으로 자행되는 이분법을 넘어설 수 있는가?

글을 전개하며 나는 이주민 구금에 바르게 반응하기 위해 두 가지 차원의 참여가 필요하다는 점을 역설할 것이다. 기독교의 자기 비움의 원칙에 따른 예언적 참여와 정치적 참여가 그것이다. 케노시스는 코클리(Coakley 2002)의 정의에 따르면, '삼위일체의 제 2격이신 분의 자발적 자기 비움'(3)이며, 예수

1) 마 25:39~40.

님을 따르는 자들에게 '생명을 잃음으로 오히려 구원받는 삶'을 실천하도록 초청하는 것이다. 코클리는 이것을 '약할 때 강해지는 역설'이라고 불렀다. 코클리는 두 가지 측면에서 자기 비움을 정의한다. 그것은 기독론적 측면에서 예수님이 행하신 일이고, 영적인 측면에서 움켜쥐지 않는 태도,[2] 혹은 하나님 앞에 자신을 비우는 태도를[3] 취하도록 그리스도인을 초청하는 일이다.

코클리의 정의를 출발점으로, 나는 자기 비움이 선교의 종교적 신념과 정치적 참여를 이어주는 실로써 양자가 어느 한 편으로 치우치지 않도록 한다고 주장할 것이다. 나아가 어떻게 억압적인 환경에서 사는 사람에게 하나님께 복종하기 위해 자신의 힘을 박탈당함이 자신의 사람됨을 드러내는 수단이 되는지 증명할 것이다.

이 같은 복종에는 예언적이고 정치적인 면이 있다. 이 글은 미국 워싱턴주 타코마에 위치한 북서 구금 센터(NWDC)에 구금된 이민자의 관점에서 쓰였다. 이 이민자들은 자기 비움의 태도를 수용함으로 성령이 일하실 수 있는 공간을 열었다. 자기를 비우는 태도는 정치적 활동을 하는 동시에 자신에게 능력을 부여하는 새로운 차원의 역설적 현실을 가져왔다.

이 시설에 사는 구금자는 종교적 활동으로 악명이 높다. 날마다 갇혀 지내는 끔찍하게 고립된 삶 속에서, 그리고 지속적인 폭력적 보복의 위협 속에서 구금자는 하루 세 번 자발적으로 성경 공부를 하고 기도하는 모임을 조직했다.

이런 모임이 시설 내 이곳저곳에서 우후죽순처럼 생겨났다. 지난 7년 동안 월드 릴리프(World Relief)[역4]같은 종교 기관에서 러시아어에서부터 스페인어에 이르기까지 다양한 언어로 매주 예배를 드렸다. 하지만 이 종교 운동의 강점은 풀뿌리식 접근법과 유기적 발전에 있다. 이를 통해 조직된 강력한 믿음

2) 고후 12:9.

3) Kēnosis 는 이중적 의미가 있는 용어이다. Coakley는 전통 기독교가 케노시스를 이해하는 여섯 가지 방식을 기술한 후 세 번째 정의를 선택한다. Coakley가 선택한 정의는 적어도 부분적으로는 바울이 예수님을 두 번째 아담이라고 해석한 것에 기초한다. 아담은 하나님과 같이 되려했던 죄를 지었다.

의 공동체가 상호 지원 속에 예언적 저항을 하는 동시에 비공식적 네트워크를 통해 정치적 참여를 하고 있다.

글을 전개하면서 나는 우선 구금 상황을 전반적으로 간략히 설명한 후,[4] 케노시스의 원리 아래 하나로 연합된 예언적이고 정치적인 활동을 살펴보도록 할 것이다. 구금하고 있는 세 명의 이주민 이야기를 연결실로 활용해 완전히 정치적이지도, 배타적으로 종교적이지도 않게 만드는 예언적 활동의 본질을 역설할 것이다.

상황 : 이민자 구금의 본질적 문제

플린(Flynn 2012)은 이민자 구금을 '신분을 이유로 비시민권자의 자유를 박탈하는 행위'라고 정의한다(42). 이 정의는 여러 면에서 이민자 구금의 본질적 문제를 강조한다. 첫째, 구금은 범죄 행위에 입각한 것도,[5] 법원이 명령한 것도 아니다. 이주민 구금은 오히려 행정적인 절차이다. 이주민은 자신의 케이스에 대해 결과가 나오기까지 무기한으로 구금되어 있다. 주로 망명 요청 시에 그렇다. 구금의 근거는 그 사람의 신분 문제로 인한 것이며, 행정적 편의 외에 다른 목적이 없다. 이민자는 진술할 권리를 박탈당한 채 결과를 기다리며 두 달에서 넉 달이 넘도록 구금될 수 있다.

둘째, 이주민은 '보호소'라는 이름에 맞지 않게 거의 감옥 수준의 보호시설에 구금되는데(플린 2012), 민간이 운영하고 있고, 책임이나 감독이 거의 없다(윌셔 2012). 시설은 국제표준에 미달되게 운영되고, 인권 침해의 사례도 보고

---

4) 지면 관계상 이민자 구금에 대해 포괄적으로 기술하기는 어렵다. 이 문제는 국제법 뿐만 아니라 각 나라의 이민법이 관련되어 매우 복잡하다(Wilsher 2012). Global Detention Project나 International Detention Coalition에서 제공하는 특화된 웹사이트나 Michael Flynn(2012), Daniel Wilsher(2004, 2012)와 같은 저자들의 글을 통해 독자가 정보를 취득하길 권한다.

5) 대부분 국가에서 불법 입국은 형법이 아니라 민법상 범죄이다. Flynn(2012)을 참조하라.

되었다.[6] 국제구금프로젝트GDP의 추정에 따르면 전 세계에 일일 구금자가 10만 명이 넘는다(플린 2010).

더지오 그룹(GEO)**역5**은 이주 관세청(ICE)과 대규모 계약을 체결해 미국에 100개 이상의 시설을 운영하고 있다. GEO는 구금자 한 명당 매일 미화 150불을 받아 2013년 매출액 15억 불 이상을 달성했다. 연방 달러를 지원받아 지나치게 불필요한 서비스를 제공함으로 개인적 이익을 취하는 것이 분명 문제가 됨에도 이러한 관행이 2009년 '침대할당제'에 따라 의회에서 합법화되었다.

이 제도는 2014년 9월 30일까지 국토안보부(DHS)가 '3만4천 개 이상의 구금용 침대를 유지하도록' 규정하고 있다.[7] 2009년에 대중의 의견 수렴도 없이(피게로아(Figueroa) 2014) 버드 상원의원이 도입한 침대할당제는 국회의원,

---

6) 인권침해 사례에는 성적 학대, 의료행위 거부로 인한 구금자의 죽음, 임신한 여성의 행정편의구금 등이 포함되며, 이 행위는 명백히 미국 법에 저촉된다. 구금 위치에 대해 가족에게 정보를 주지 않는 사례, 구금자의 합리적인 요구에 대한 벌로 독방 감금을 하는 등의 불법 보복 사례도 있다. 참조문헌 : NILC 및 ACLU 남캘리포니아, 이주민 인권에 대한 유엔 특별 조사위를 위한 보고, 미국 이주민 구금 시스템: 열악한 감금 환경과 비능률적 감독 시스템, 2007년 5월,http://www.nilc.org/immlawpolicy/arrestdetUNspecialrapporteur_presentation_2007-05-03.pdf; 난민 여성과 아동을 위한 여성위원회 및 루터교 이주민과 난민 서비스, 가족 가치의 폐쇄: 이주민 가정의 구금, 2007년 2월 http://www.womenscommission.org/pdf/famdeten.pdf; 국제 앰네스티 미국 사무소, 이주민 구금과 비동반 아동, 2003년 6월, http://www.amnestyusa.org/refugee/pdfs/children_detention.pdf; 유엔 위원회에 제출한 권리실무위원회의 인종 차별 금지에 대한 그림자 보고서, 2008년 미국 이민 집행 정책의 동등대우 거부http://65.36.162.162/files/RWG_ICERDShadowReport_2008.pdf; 미 인권 네트워크에 제출한 이민실무위원회의 CERD 그림자 보고서, 미국 이주민과 이민자의 권리: 미국의 협약 준수에 대한 비판적 시각, 2007 http://huachen.org/english/bodies/cerd/docs/ngos/usa/USHRN3.doc; ACLU, 이주민 구금 시설의 감금 환경, 2007년 6월, www.aclu.org/pdfs/prisonunsr_briefing_materials.pdf; 이주민 인권에 대해 UN 특별조사위에 제출된 추가 자료, 인권 제반에 대한 증진과 보호, 민간, 정치, 경제, 사회, 문화적 권리, 개발에 대한 권리 포함, 2008년 3월 http://huachen.org/english/issues/migration/rapporteur/docs/A-HRC-7-CRP-3.doc; 미인권국제연방 - 멕시코 장벽, 국경에서의 학대와 죽음, 2008년 3월 http://www.fidh.org/IMG/pdf/USAMexiquemigran488ang.pdf

7) "Consolidated and Further Continuing Appropriations Act, 2013." H.R.933http://www.gpo.gov/fdsys/pkg/BILLS-113hr933eas/pdf/BILLS-113hr933eas.pdf

이민 기관, 행정당국의 노력에도 불구하고 없어지지 않았다. 침대할당제의 결과 공공안전에 위협이 되지 않음에도 불구하고 수천 명의 이주민이 가족과 분리되어 감금됨으로 이민 생활에 꼬리표를 달게 되었다.

NWDC[역6]는 1,500명까지 수용 가능한 미국 전역에서 가장 큰 시설이다. 이주민은 사람이 득실득실한 시설에 수용되어 비인간적인 환경을 견디고 있다.[8] NWDC의 특징은 구금자를 사회적으로 고립시키는 힘이다. 가족과 전화하려면 시간당 2달러를 내야 한다. 방문자 접촉 불가로 인해 창문 밖 방문자 방에서 아이들이 우는 광경을 흔히 볼 수 있다.

민간단체가 구금자를 풍요롭게 하는 활동도 할 수 없게 되어 있다. 종교단체는 잠시 예배를 드릴 수 있도록 허가를 받지만, 바로 떠나야하기 때문에 교제할 시간이 없다. 각 구역 감독관은 정오 전 소음 금지 등 자의적인 규칙을 만들어 지나치게 규제한다. 라몬 멘도사는 러시아 동료와 한 번 인사했다는 이유로 독방에 갇혔고, 변호사 참석이 불허된 가운데 내부 절차를 밟아 '선동' 혐의를 받았다. 구금자는 침대가 없어진다거나, 다른 구역이나 비밀장소로 옮겨지는 수단으로 보복 위협을 받는다.

종교적 표현으로써의 자기 비움 자세(kenotic posture)

이렇게 사회적 고립, 진술 권리 박탈, 완전한 불확실성 속에서 많은 구금자가 성경 공부와 기도 모임 같은 종교 활동을 선택하게 된다. 자기 비움의 태도가 이 활동의 특징이다.[9] 고린도후서 12:9는 구금자가 일상 대화 중 계속해서

---

8) 구금자들의 보고에 따르면 비인간적 환경요소는 다음과 같다: 감염된 상처를 치료할 기초 위생 서비스 부족,의료서비스 요청에 대한 늦장대응으로 응급실 방문, 개인당 불균형한 목욕시설 공급(80 명이 4 개 목욕실 사용)

9) 사회적 고립을 피해 사람이 모이는 것이 당연하지만, 이 자체만으로 모임의 종교적 성격을 설명하기 부족하다. 감옥 내 종교 활동에 대한 조사에 따르면, 종교는 친 사회적 행동을 촉진함으로써 사람의 정체성을 유지하고 제소자가 구금 상황에 대처하도록 돕는

언급하는 구절이다. '내 은혜가 네게 족하도다 이는 내 능력이 약한 데서 온전하여짐이라.' 이렇게 힘을 빼는 사건이 예배에 중요한 의미를 갖게 된다. ICE가 새로 구금된 사람의 소유물을 다 제거하는 과정인 입소가 갱생으로 거듭나는 사건으로 다시 태어난다. 하나님께서 그 사람의 삶에서 역사하실 수 있는 공간을 만드는 새로운 시작의 기회로써 말이다.

새로운 시작의 한 부분으로 구금자는 자신이 구금 센터에서 추방이 될 경우 가게 되는 곳에 파송된 선교사로 이해하게 된다.[10] 세실리아 우에야마레스(Cecilia Huayamares)의 경우가 그랬다.[11] 세실리아는 14살에 미국으로 건너온 페루 출신 준법률가다. 세실리아는 추방되기 전에 3개월간 구금되었는데, 이때 수백 명 여성이 망명 신청서를 작성하도록 도왔다. 세실리아는 말했다.

> 이곳에 오기 전에 많은 사람을 돕게 해달라고 하나님께 기도했어요., "아 미노 메 임뽀르따 엘 깜비오 아운케 쎄아 운 깜비오 브루스코 (스페인어)" 불편한 변화를 겪게 되더라도 상관없었어요.…… 일주일 후에 이곳에 오게 됐죠……[웃음].

구금된 동안 세실리아는 영어를 못 해서 진술을 할 수 없는 여성을 도왔다. 사람들이 이렇게 말했다고 한다. "당신 같은 사람이 와서 서류 작업을 도와달라고 기도했어요."

온두라스 출신 망명 신청자이자 노스캐롤라이나주의 목사인 또 다른 여

다. (Kerley, Matthews, and Blanchard 2005, Kerley and Copes 2009, Thomas and Zaitzow 2006) 하지만, 이 조사는 대부분 형사 고발되어 특정형을 선고받은 개인을 대상으로 실시되었기 때문에 이주민 구금자의 상황과 다른 역동성을 보여준다. 소위'The New Jim Crow' (Alexander 2012) 과 'The Juan Crow' (Pavey 2013) 사이에 약간의 유사성이 돌출된다 해도, 진술이나 보석의 가능성도 없이 신분 문제만으로 끝을 알 수 없이 구금된 사람의 주관적 경험은, 비록 미국의 시스템적 부조리를 표현한다는 공통점이 있다 해도, 연방 감옥에서 갖는 주관적 경험과 질적으로 다르다.

10) World Relief 직원이 NWDC에서 개종한 후 추방되어 고국으로 돌아가 교회를 세운 구금자 이야기를 나누곤 한다.

11) 구금자에게 본명을 쓰도록 허가받았다.

성 로레나(Lorena)는 8개월 동안 구금되고 나서 이렇게 말했다. "평생 여성을 제자 양육하고 싶었는데 여기서 하게 되네요."

멕시코 이주민 글로리아(Gloria)는 구금 중에 2년 넘게 성경공부를 인도했다. 글로리아의 말에 따르면 여성은 NWDC에서 비록 어렵지만 *띠엠뽀스 데 레프리헤리오(tiempos de refrigerio)*[12](행 3:19), 즉 하나님을 위해 구별된 시간을 경험했다고 한다.

"저는…… 가족을 떠나 자신만의 삶을 살고 싶다고 주님께 말씀드렸는데 이곳에 있게 되었어요. 가족은 제가 어디 있는지 몰라요. 하지만 하나님에 대해 배우고, 준비되고 있어요…… 말씀을 읽고 하나님을 더욱 신뢰해요." 이 사람들은 구금이 구별된 시간이라고 설명한다. 하나님이 그들의 삶에 말씀하시고 회복될 수 있는 최선의 길이라고 믿고 있다. "띠엠뽀스 데 레프리헤리오."

루이스(Luis)가 NWDC에 도착했을 때 사람들이 이렇게 말했다고 한다. "형제님, 이곳은 감옥이 아닙니다. 하나님의 말씀으로 단련되는 훈련소입니다."

끔찍한 상황을 의미 있게 대처하는 방법으로 이런 표현을 한 게 아니다. 구금자의 반응은 이들이 성령이 운행하시기 위한 열린 공간으로써 선교에 헌신했음을 보여준다. 예를 들어, 글로리아만 해도 처음부터 성경 공부를 가르칠 계획을 한 건 아니었다. 다른 수감자가 이렇게 말했다고 한다. "하나님이 당신을 향한 계획이 있는데, 무시하고 있군요." 글로리아가 인도하심을 구했더니 "주님이 삶 가운데 역사하셨다."고 했다. "하나님께서 설교를 향한 커다란 굶주림과 갈망을 주셨어요." 글로리아는 열일곱 명의 여성이 모이는 모임에서 '예술을 가르치며 생각이 맑아지도록 했고', 할 수 있는 모든 방법을 동원해서 여성을 도왔다.

---

12) 새롭게 되는 시간.

정치적 활동 : 일상을 전복하는 힘

글로리아의 성경공부 모임은 제자 양육만 하는 곳이 아니었다. 동료 구금자에게 물질적, 영적, 심리적 자원을 조달하는 장소이기도 했다. 새로운 여성이 구금소에 들어오면 글로리아를 비롯한 구금자가 자신을 소개하고 자원을 제공해 준다. 매점에서 비싼 가격에 판매하는 식기 도구, 접시, 여성용품을 가지고 있는 사람은 새로 온 사람에게 이것을 빌려준다. 세실리아의 준법률가 활동도 조달 활동의 일환이다.

전통적으로 정치적이라는 단어는 공식적으로 단체에 참여하거나 투표를 하는 등(참고. 에륄(Ellul) 1977), 참여의 현장에서 발생하는 권력 관계에 초점을 맞춰 이해되었다(존티니(Zontini) 2008). 존티니(2008)가 주장했듯이 정치적 활동에 대해 좁은 견해를 가지면 이주민, 특히 여성이 일상의 삶을 조직하고 비공식적 네트워크에 참여하면서 권력 구조에 도전을 가하는 면을 간과하게 된다. 존티니는 날마다 삶의 현장에서 발생하는 권력의 역동성에 초점을 맞춰 보면 이주민을 수동적이고 배타적으로 보는 일반적 관점에서 벗어나 적극적으로 자신의 힘을 활용하는 측면에 주목하게 된다고 한다.

하지만 글로리아(Gloria)와 세실리아(Cecilia)의 행동주의는 정치적이라 해도 그리스도의 종이라는 정체성을 빼고서는 이해할 수 없다.[13] 여기에 역설이 존재한다. 억압적인 환경에 사는 사람에게 하나님께 복종하기 위해 자신이 가진 힘을 박탈당하는 것이 자신의 개인적 힘을 적극적으로 사용하는 수단이 된다.

이 복종은 예언적이고 정치적인 함의를 가진다. 정치적 힘을 획득하는 것이 복종의 결과는 아니다. 비록 정치적인 힘이 그러한 복종의 결과는 아니지

13) 글로리아는 분명하게 말했다, '제 인생에 가장 큰 열망은 주님을 계속 섬기는 것입니다. 성경은 말합니다. 예수님은 섬기기 위해 이 땅에 오셨고, 그분의 상속자인 우리도 예수님과 그분의 자녀를 섬기게 됩니다. 잃어버린 영혼, 갈급한 영혼을 찾게 됩니다. 가끔 제 스스로에게 말합니다, '이 상황이 참 절망스럽다.' 그러면 이렇게 답합니다, '그래, 하지만 나는 섬기러 왔어. 섬기기 위해 존재하고, 이 일이 날마다 나를 살아가게 해.'

만, 즉 다른 말로, 하나님께 복종하는 것이 정치적 힘을 획득하는 실질적 수단은 아니라는 말이다. 복종이라는 종교적 행위는 세상에서 변혁의 힘을 발휘하는 예언적 행동의 천명이고, 정치적이 될 수 있는 잠재력이 있다.

브루그만(2001)의 말을 빌리면, 여기서 말하는 정치적 행동이란 우리를 둘러싼 지배문화에 대한 대안으로 의식과 지각에 양분을 주고, 키우며, 촉진하는 행위이다(3). 즉, 비인간적이고 전제적인 상황에 대응하는 방법으로 '새로움의 언어'를 창출하는 행위인 것이다(브루그만 2001, xxiii). 예언적 행동은 전제적 시스템의 힘으로 지탱하는 억압적인 환경에서 현실을 직시하며 가장 눈에 띄게 자라나는 경향이 있다. (허먼Herman 1997) 그런 환경에서는 저항이 곧 새로움을 창출하는 행위이며, 제약이 극심할수록 종교적 활동을 통해 복음에 자신을 복종하는 행위로 새로움이 창출된다(참고. 카바노(Cavanaugh) 1998). 그렇기 때문에 기도 모임과 조직적 행동, 단식투쟁과 금식, 선교사와 선교지를 구분하는 경계가 모호해진다.

예언적 행동 : 비인간적 전제주의와 인간적 저항

때때로 예언적 행동은 전통적인 정치 행동의 형태를 띠기도 한다. 2014년 봄, NWDC에서 일어난 단식투쟁이 그 기회였다. 행동가의 정치적 요구가 뉴스거리가 되었지만, 자세히 들여다보면 그들 중 상당수에게 투쟁은, 혹은 금식은, 인간다움을 박탈하는 전제주의적 시스템 속에서 새로움을 구현하는 예언적 활동이었다. 그들에게 투쟁은 곧 하나님께 복종하는 행위였다. 또한, 인간의 존엄성이 유지될 수 있는 대안적 현실을 요구하는 예언적 천명이었고, 더 넓은 사회로부터 정치적 행동을 요구하는 행위였다.

투쟁의 주도자 중 한 명이었던 라몬 멘도사(Ramón Mendoza)는 금식 중 30일이 넘게 독방에 감금되었다(쏘렌스(Soerens) 2014). 라몬은 이 시간에 성경을 통독했다. 말씀이 그에게 용기를 주었을 뿐 아니라 매일의 수감 생활에 반향을 불러일으켰다고 한다. 라몬은 매일 밤 다음 날의 분별력을 위해 기도했다. 어느 금요일, 의사는 라몬에게 단식투쟁 때문에 신장 기능이 망가지고 있다고 거짓 정보를 주었다. 의사는 자주 수감자에게 그렇게 한다. 이 소식에 라몬은 불안해졌고 단식을 그만두어야 하나 생각했다. 하지만 성령의 감동으로 계속해야겠다고 느꼈다고 한다. 월요일에 ACLU역7 변호사가 GEO가 거짓 정보를 주며 투쟁가를 설득하려 했음을 알아냈고, 라몬은 투쟁을 계속하기로 했다.

비록 투쟁을 통해 정치적 변화에 대한 희망이 움트긴 했지만, 라몬의 행동의 중심에 정치적 행동주의만 존재하는 것은 아니다. 오히려 '잘못된 순간에 맞서 영적 진실을 확인하는' 예언적 태도를 발견할 수 있다(에릴 1989, 29). 진실이란 이주민 구금자가 인간적으로 비천한 존재가 아니라 *하나님의 형상*으로 창조되었고 예수의 회복 능력으로 인해 자유롭게 된 존재라는 것이다. 아무리 사람의 연약함을 통해 이익을 얻으려는 사람이 있어도, 한 사람의 존엄성은 하나님의 사랑으로 정의된다는 사실이 복음이다. 라몬은 선포했다. "나는 대상이기를 거부하겠습니다."

이런 종교적 표현에 대해 의심의 눈길을 보내는 사람도 있다. 교회 안에 많은 사람에게 약할 때 강해지는 역설은 논쟁의 여지가 되는 개념이다. 사회정의에 대해 관심 있는 사람은 약함을 저항의 실천으로 보기 꺼려한다. 이것이 반드시 사회적 해방으로 귀결되지는 않기 때문이다.

예를 들어, 2012년 미국종교학회(AAR)역8의 세린 존스(Serene Jones)는 사라 코클리(Sarah Coakley)의 약함에 대한 제안을, '이미 사회적 부조리의 바다에 가라앉고 있는 사람들을 더 깊이 밀어 넣는' 길로 사람들을 초청하는 것과 같다고 말했다.

억압받는 사람에게 복종이 바람직하다고 강조하는 것은 언어도단처럼 들린다. 이 개념은 설명이 필요하다. 억압받는 사람에게 자기 비움의 태도가 자유의 표상으로 부상하고 있다. 누구도 이렇게 하도록 강요받을 수 없으며, 여기서 말하는 복종은 사람에게가 아니라 하나님에게 하는 것이다.

하나님은 가장 어두운 시간에 억압받는 자들을 찾아오시는 분이다. 물질적으로 취약한 사람이 영적인 약함의 개념에 거부 반응을 보이는 것은 이해할만하다. 왜냐하면 약함은 엘륄(1977, 197)이 말한 수단, 목표, 성과물에 집착하는 '우리 시대의 강박 관념'에 맞지 않는다. 이런 집착은 복음주의 계열 기득권층 사이에 비교적 최근에 일어나는 '사회 정의' 추세에서 특별히 두드러진다.

어떤 것이든 기술을 요하는 일에 의심의 눈길을 보내며, 엘륄(1989)은 그리스도인에게 계속해서 사회 변화 활동에 참여하되 성령이 역사하실 수 있는 공간을 열어 두고 우리의 처방전과 거대한 목표는 내려놓으라고 촉구한다. 엘륄(1977)은 우리가 소유한 모든 것이 하나님의 사랑과 은혜의 출발점이며, 우리의 사역은 특정 목표를 구하지 않고 열려 있어야 한다고 한다. 외견상 무용지물로 보이는 예언적 행동 속에서 우리가 진정한 자유를 발견할 수 있다는 것이다.

결과를 성취하기 원한다고 반드시 하나님이 거저 주신 선물에 대한 증인이 되는 것은 아니다. 우리가 자격이 없고 무익한 종이 될 준비가 되면, 물론 동시에 부지런하고 활동적이어야 하지만, 우리의 사역은 아무 대가를 바라지 않고 우리를 먼저 사랑하신 하나님께 영광이 되는 결과를 낳을 것이다.

따라서 분명 무익해 보이는 금식이나 구금 장소에서 선교사가 되라는 부르심에 응답하는 행위는, 결과에 열려 있고 성령이 일하실 공간을 만들기 위해 행해진다는 점에서 자유의 행동이다. 이렇게 쓸모없어 보이는 종교적 행위 속에서 행정 편의를 위한 전제주의적 구금 상황에 대항하는 예언적이고 정치적인 행동이 부상하는 것이다.

기독교의 전통은 자신의 능력을 비움으로 하나님이 일하실 공간을 만드는 자기 비움의 태도에 있다. 예언적 행동과 정치적 행동의 관계는 이주민이 이런 기독교 전통에 참여하는 종교적 활동 속에서 역사하는 능력의 역동성이 가지는 역설적 본질에 주목할 때 제대로 이해된다.

토의

1. 일반적으로 이주민 구금과 같은 사회적 쟁점이 교회에서 문제가 되는 이유는 무엇인가?
2. 예언적이고 정치적인 행동의 예는 어떤 것이 있는가? 선교 사역에 이 둘이 왜 중요한가?
3. 그리스도를 따르는 정체성은 정치적이고 사회적인 쟁점과 어떤 관계가 있는가? 선교에 있어 이런 쟁점에 반응하려고 노력할 때 직면하는 긴장 관계는 무엇인가?

참고문헌

Alexander, Michelle. 2012. The new Jim Crow : mass incarceration in the age of colorblindness. Rev. ed.. ed, Mass incarceration in the age of colorblindness. New York : New Press. Jackson, TN: Distributed by Perseus Distribution.

Brueggemann, Walter. 2001. The prophetic imagination. 2nd ed. Minneapolis, MN: Fortress Press.

Cavanaugh, William T. 1998. Torture and Eucharist : theology, politics, and the body of Christ. Oxford: Blackwell.

Coakley, Sarah. 2002. "Kenōsis and subversion: On the repression of 'vulnerability' in Christian feminist writing." In Powers and submissions : spirituality, philosophy and gender, 3-39 Oxford: Blackwell.

Ellul, Jacques. 1989. The presence of the Kingdom. Colorado Springs: Helmers & Howard.

Ellul, Jacques , and Bromiley, Geoffrey (trans). 1977. The politics of God and the politics of man. Grand Rapids, Mich.: Eerdmans.

Flynn, Michael. 2010. Immigration Detention and the Aesthetics of Incarceration. In The Theory and Practice of Immigration Detention Workshop. Oxford: University of Oxford Podcasts—Audio and Video Lectures.

Flynn, Michael. 2012. "Who must be Detained? Proportionality as a Tool for Critiquing Immigration Detention Policy." *Refugee Survey Quarterly* 31 (3):40-68.

Hamilton, Kimberly R. 2011. "Immigrant detention centers in the United States and international human rights law." *Berkeley La Raza Law Journal* 21:93-132.

Herman, Judith, M.D. 1997. Trauma and Recovery: The Aftermath of Violence--from Domestic Abuse to Political Terror. 14th ed. New York: Basic Books.

Human Rights Watch. 2010. Costly and unfair : flaws in US immigration detention policy. New York, NY: Human Rights Watch.

Itamar, Mann. 2011. The EU's dirty hands : Frontex involvement in ill-treatment of migrant detainees in Greece. New York, NY: Human Rights Watch.

Kerley, Kent R., and Copes, H. 2009. "'Keepin' my mind right': identity maintenance and religious social support in the prison context." *International journal of offender therapy and comparative criminology* 53 (2):228-44.

Kerley, Kent R., Matthews, Todd L., and Blanchard, Troy C. 2005. "Religiosity, Religious Participation, and Negative Prison Behaviors." *Journal for the Scientific Study of Religion* 44 (4):443-457.

Pavey, Steve. 2013. "America, you must be born again! Does the US have an immigrant rights problem or a freedom and justice problem?" *Prism*, Mar/Apr 2013, 9.

Seattle University School of Law, and One America. 2008. Voices from detention: a report on human rights violations at the Northwest Detention Center in Tacoma, Washington. Seattle: Seattle University School of Law.

Silverman, Stephanie J. 2012. "'Regrettable but Necessary?' A Historical and Theoretical Study of the Rise of the U.K. Immigration Detention Estate and Its Opposition." *Politics & Policy* 40 (6):1131-1157.

Soerens, Maria-Jose. 2014. "What is good news: a hunger strike, detention, and the bread of life" Missio Alliance, June 11, 2014. http://www.missioalliance.org/what-is-the-good-news-ahunger-strike-detention-the-bread-of-life/.

The GEO Group, Inc. 2014. 2013 Annual Report. Boca Raton, Florida: Geo Group.

Thomas, Jim, and Zaitzow, Barbara. 2006. "Conning or Conversion? The Role of Religion in Prison Coping." *The Prison Journal* 86 (2):242-259.

Wilsher, Daniel. 2004. "The Administrative Detention of Non-Nationals Pursuant to Immigration Control: International and Constitutional Law Perspectives." *International and Comparative Law Quarterly* 53 (4):897-934.

Wilsher, Daniel. 2012. Immigration detention : law, history, politics. New York : Cambridge University Press.

Zontini, Elisabetta. 2008. "Resisting Fortress Europe: The everyday politics of female transnational migrants." *Focaal* 2008 (51):13-27.

35장

트라우마 선교 : 성매매 재앙에 대한 사례연구

다이앤 랜드버그(Diane Langberg)
필립 G. 먼로(Philip G. Monroe)

서론

19살의 사라(Sarah)는 나이지리아 라고스(Lagos)의 빈민 지역에 살았다. 우연히 만난 먼 친척이 사라에게 유럽에 일할 기회가 있다고 말해 주었다. 극심한 가난에서 탈출하고 싶은 마음에, 사라는 친척을 따라 한 작은 상점으로 사장을 만나러 갔다. 당시 사라는 자신도 모르는 사이 유럽에 강제 성매매를 하도록 팔린 것이다. 옷도, 전화기도 신분도 빼앗긴 채 혹독한 훈련을 받았고, 매를 맞으며 강제로 소매치기와 성매매 하는 법을 배웠다. 사라는 반복적으로 강간당했다. 오스트리아로 불법 이민을 가기 직전, 사라는 절대로 성매매업자의 신분을 밝히지 않겠다고 강제로 주술사에게 맹세했다. 만일 신분을 밝히면 부모님이 저주를 받거나 죽을 거로 믿었다. 비엔나의 한 거리로 보내진 사라는 외로웠고, 도망갈 수도 살 수도 없어 죽기만을 바랐다.[1)]

1) 저널리스트인Tobore Ovuorie는 비밀 취재 중 이런 상황을 경험했다. 이 참혹한 이야기를 읽어보기 바란다: https://www.premiumtimesng.com/news/153844-investigation-inside-nigerias-ruthless-human- trafficking-mafia.html#sthash.GXv8uO1d.dpbs

사라만이 아니다. 이 세상은 위험한 곳이다. 인신매매범은 당신이 방어능력이 없다고 여긴다. 320억 달러 산업을 지탱할 상품이 존재하는 한은 특히 그렇다.

유엔 보고서에 따르면 240만 명이 한순간에 노예가 되어 팔려간다고 한다(USA 투데이 인용 2012). 인신매매의 8%가 성적 노예가 된 희생자이다. 유니세프는 한 해 강제 매춘 대상인 여성이 70만 명에서 400만 명에 이른다고 추정한다(블라코브드(Vlachovd)과 비아손(Biason) 2005). 동 보고서에 따르면 12만 명에서 50만 명에 이르는 여성이 매년 유럽의 사창가와 매춘알선업체에 팔린다.

성매매는 노예 산업 중에서도 가장 수익 좋은 산업 중 하나인데, 희생자를 재활용이 가능한 상품으로 여기기 때문이다. HIV에 걸려 버려지기 전까지 하루에 10회에서 30회까지 팔린다고 한다.[2] 성매매는 여성만을 대상으로 일어난다고 생각하지만, 희생자의 25%가 소년과 남성이다(UNODC 2012, 28). 성매매 희생자가 수백만 명에 이른다고 추정되지만, 법적으로 처벌받는 경우는 거의 없다(국무부 2013, 46).[3]

얼굴 없는 희생자가 상처 입는 경험의 시작이 인신매매가 아님은 안다. 가난, 가정 폭력, 근친상간이 사람을 인신매매의 위험 속으로 몰아넣고 있다. 우리가 한때 그랬듯이, 가정폭력이 '문화의 일부일 뿐'인 국가에서 여성 인신매매 건수가 높다.

만일 우리가 세상을 돌아보고 전 세계가 겪는 크나큰 고통을 안다면, 트라우마가 현세기의 주요 선교 분야임을 깨닫게 될 것이다. 어떻게 하면 전 세계 교회를 효과적이고 치유적인 방식으로 트라우마와 인신매매의 악함에 대응하도록 무장시킬 것인가?

---

2) 성매매 사업에 대해 자세히 저술한 Siddarth Kara의 2009년 책을 보라.

3) 인신매매는 비밀리에 행해지기 때문에 희생자 수를 알아내기가 쉽지 않다. 매년 희생자가 240만 명이든 2,700만 명이든 각 개인에게 적절한 보살핌을 제공하는 일은 심각한 도전과제로 남아있다. 정말 말씀대로, "무릇 땅의 어두운 곳에 포악한 자의 처소가 가득하나이다"(시 74:20).

사례 요약

사라의 비인간적인 성노예 경험은 대부분 사람에게 이해하기 어려운 사건이다. 이 경험이 사라의 자존감, 세상에서의 위치, 미래에 대한 희망에 끼친 해악은 상상을 초월한다. 그런 경험은 인간을 깊은 상처를 가진 존재로 만든다.

트라우마는 자신이 목격했거나 직접 경험한 잔혹 행위가 반복해서 떠오르고, 고문하는 기억과 더불어 사는 것을 의미한다. 그 기억으로 인해 희생자는 끔찍한 악몽에 시달리고, 관계가 파괴되고, 일하거나 공부할 능력이 떨어지며, 감정적으로 고문당하고, 믿음이 흔들리고, 희망을 잃어버리게 된다. 트라우마는 매우 특이하다. 잘 발생하지 않기 때문이 아니라, 정상적인 사람의 사고와 삶을 집어삼켜 파괴하기 때문이다.

상처 입은 사람에게 변화와 치유를 가져다주기 희망하는 기독교 사역이 지역적으로도 국제적으로도 늘어나고 있다. 하지만 지역 단위로 일하는 조력자는 교회 지도자의 지원을 받기 어려운 경우가 자주 있고, 믿음과 트라우마의 세계를 통합할 훈련을 거의 혹은 전혀 받지 못했다. 게다가 보고에 따르면 평신도 조력자는 가장 기본적인 조력 기술조차 훈련받지 못하고, 성폭력 상처에 시달리는 사람을 돕고자 하는 열망도 부족하다고 한다.

외상 후 스트레스 장애의 징후를 사단이 활동하는 증거로 돌리려는 경향성도 보인다. 안타깝게도 선한 의도를 가지고 훈련과 도움을 제공하는 국제 정신 건강 전문가도 실패하는 경우가 종종 있는데, 지역의 문화적 상황이나 기존의 권력 구조 및 관계 체계를 이해하지 못해서이다. 이 두 가지 문제로 인해(지역 전문가 부재와 정신 건강 전문가의 문화 능력 부재) 피해자는 위험한 개입을 통해서 혹은 남겨진 트라우마 징후로 희망을 상실함으로써 위험에 처하게 된다.

이 상황에 필요한 것은 양방향 훈련(bi-directional training) 모델이다. 지역 조력자와 선교 마인드를 가진 전 세계 정신 건강 전문가를 함께 모아 어떻게 하면 국제 성매매 피해자의 상황에 가장 잘 개입해서 섬길 수 있을지 배우게 하는 것이다.

지역 및 국제 조력자에게 훈련이 필요하다

그리스도인에게 인신매매를 당한 사람을 탁월하게 섬길 필요성을 인지시키는 일은 어렵지 않다. 오히려 선한 마음을 가진 조력자가 그 탁월한 섬김을 제공하기 위해 무엇을 알아야 하는지 이해하도록 돕는 게 어려울 수 있다. 국제 조력자는 사라 같은 여성을 도와줄 재정적 기반과 지식을 가지고 있을지 모르지만, 그들이 정말로 돕기 원하는 사람의 문화를 깊이 있게 이해하는 능력이 결여되어 있는 경우가 종종 있다. (예를 들어, 관계, 믿음, 종교적 관례, 성, 결혼, 출생, 죽음, 애도, 감정, 일, 성년, 가족, 고난, 치료 등이 가지는 의미)

예를 들어, 정신 건강 전문가가 쿠르드족 이라크인에게 유명한 트라우마 상담 기법을 도입하려 했는데, 지역의 가치 체계 때문에 대화 요법 및 이성간 대화 치료법을 쓸 수 없고, 사후 평가가 쉽지 않음을 발견한 경우가 있다(케이센(Kaysen) 2013). 게다가 인도주의적 조력자 중에는 이미 상황에 개입한 이후에도 지속 가능성과 출구 전략을 고려하지 않는 경우가 많다. 이 점을 고려하지 않으면 희생자의 권리를 박탈하고, 지역 조력자에게 적절한 지원 없이 기술 제공만 약속하게 될지도 모른다.

이 문제를 바로잡고자 성경신학대학(Greater Philadelphia, 펜실베니아, 미국, www.biblical.edu)에서 새로운 트라우마 회복 훈련 모델이 개발되고 있다. 이 모델은 지역 조력자와 국제 조력자가 가지고 있는 단점, 두 가지 문제점에 대한 대응책이다.[4] 이 모델의 토대가 되는 기본 전제는 다음과 같다.

첫째, 이것은 국제적인 문제이기 때문에 국경을 넘어 사역할 수 있도록 트라우마 회복 훈련을 받은 믿는 자가 많이 필요하다.

둘째, 하나님께서 그분의 교회를 이 세상에 고통받고 억압받는 사람에게 빛과 생명이 되도록 부르셨다.

---

4) www.globaltraumarecovery.org/what-is-gtri-all-about/를 참조하라. GTRI는 미국성경협회로 부터 초기자금을 지원받아 공동집필자들이 주도적으로 운영한다. Dr. Monroe의 사역에 대한 보다 자세한 정보는www.wisecounsel.wordpress.comd에,Dr. Langberg의 사역에 대한 정보 및 간행물은 www.dianelangberg.com에 있다.

셋째, 교회는 타문화 사역에 대한 지식과 더불어 악과 고난의 신학, 공의의 신학에 뿌리를 둘 필요가 있다.

넷째, 상처 입은 개인과 공동체를 돌보기 위해서는 트라우마의 본질에 대한 깊은 이해와 트라우마가 인간의 삶에 미치는 엄청난 영향력, 그리고 최선의 실천이 필요하다.

다섯째, 국제적 트라우마 회복 노력이 가장 효과적이 되려면, 지역의 사역 및 자격을 갖춘 재능 있는 지역 사람을 활용해야 하며, 지역 사회에서 이미 행하고 있는 사역을 지원함으로써 기존 사역과 효과적으로 협력하고 이를 강화해야 한다. 동일한 문화권에 살면서 같은 언어를 쓰고 자신의 독특한 환경 속에서 인신매매를 이해하는 사람을 훈련하고 멘토링하는 데 투자하는 편이 훨씬 효과적이기 때문이다.

여섯째, 전문 정신 건강 의사와 교사는 이들 재능 있는 지역 조력자에게 배움으로써 유용한 훈련을 제공할 수 있다.

신학교에 있는 국제 트라우마 회복협회(GTRI, www.globaltraumarecovery.org)는 미국의 정신 건강 전문가, 목회자, 평신도 조력자, NGO 종사자를 훈련하기 위해 세워졌다. (a) 인신매매 피해자와 트라우마 사역을 하는 지역, 국제 지도자들에게 투자하고, (b) 지역/국제간 배움과 대화를 장려하는 것이 목적이다. 훈련 내용은 심리적 트라우마의 생물학적, 심리적, 영적, 관계적 영향력과 고난과 공의의 신학, 조력의 윤리, 문화적 역량을 위한 기술, 기초 및 상급 경청 기술, 믿음, 공동체 지향적인 정신 건강 트라우마 개입, 성인 대화 교육 실습이다.

교육 방법으로 강의, 토의, 읽기, 문화 간 대화 실습, 타문화 경험이 있다. 예를 들어, 수강자는 각자가 속한 공동체의 트라우마 개입 전략에 대한 개인적 지식을 논하면서 상호 지식의 기반을 넓힌다. 가장 최근 토의 그룹에서는 오스트리아, 그리스, 우간다, 미국의 수강생이 각자가 속한 지역의 인신매매 문제와 개입 방법 및 지속적인 돌봄의 필요성에 대해 나누었다.

정신 건강 수강자는 더 제대로 배우기 위해 GTRI 스테프와 국제 트라우마 상담가가 이끄는 국제적 현장 경험을 할 수 있다. 이 프로그램은 지역 조력자를 훈련시키는 동시에 특정 공동체와 문화 상황 속에서 트라우마의 영향과 회복 활동을 탐험하는 동안 경청 기술을 증진할 수 있게 한다.

이 경험을 통해 피해자를 대상으로 사역하는 다양한 기관의 사람과 교류할 뿐 아니라 문화를 주의 깊게 경청하고 연구할 수 있다. 독자는 위에 언급된 체험 학습이 지역 조력자보다 서구 상담가 훈련에 초점을 두고 있음을 눈치 챘을지 모른다. 경험으로 볼 때 훈련이 덜 된 지역 조력자보다 선한 의도를 가진 외부인이 가하는 피해가 더 크다. 예를 들어, 앤드류 솔로몬(Andrew Solomon 2008)은 대량학살 이후 르완다의 정신 건강 의사가 입힌 피해에 대해 다음과 같이 말했다. (지역 후원자가 이렇게 말했다고 한다.)

> 대량학살 직후 르완다로 달려온 서구 정신 건강 전문가와 문제가 너무 많이 생겨서 어떤 사람에게는 떠나 달라고 부탁해야 했습니다. 그분은 바깥 태양 아래서 치료하지 않았습니다. 그렇게 하면 훨씬 기분이 좋아지는데 말이죠. 다시 피가 돌게 하는 음악도 북소리도 없었습니다. 모든 사람이 하루 놀면서 지역 사회 전체가 함께 모이면 기분이 나아지고 기쁨이 회복된다는 걸 알지 못했습니다. 우울증은 외부에서 침략한 것이기에 다시 쫓아낼 수 있다는 사실을 인정하지도 않았습니다. 그 대신 한 번에 한 사람씩 작고 침침한 방에 데리고 와서 한 시간 정도 앉아 사람들에게 일어난 안 좋은 경험을 이야기하게 했습니다. 그 사람들을 내쫓을 수밖에 없었죠.

체험 여행 중 경청을 통해 개인의 이야기를 넘어 지역 사회의 문화, 규범, 의식, 전통을 공부하게 된다. 문화적 역량은 그 지역에서 외부인이 행사했던 역할 뿐 아니라 지리 정치적, 역사적 상황을 이해하게 한다. 예를 들어, 르완다의 상황에서 이러한 경청이 매우 중요하다. 실패한 국제 사회의 개입뿐 아니라 현 사회의 복잡다단함과 대량학살의 여운을 이해하려면 말이다. 학생이 이런 문제에 참여하면서 고난의 맥락과 그 가운데 교회의 역할을 이해하게 된다.

훈련에 대한 반응, 지속적인 필요

현재까지 미국이 아닌 외부에서 참가한 GTRI 수강자는 인신매매와 학대를 받은 사람에게 헌신 되어 교육을 더 받고 기술을 습득하고자 하는 사람들이다. 이들은 자국 내에 어떻게 인신매매가 일어나는지 알고 있고, 어디에서 이미 효과적인 사역과 필요가 존재하는지 안다. 훈련을 마무리할 때, 이렇게 말한다. "저희는 지역민으로서 사역을 잘할 수 있게 무장되었습니다. 하지만 보다 깊은 신학 훈련과 좀 더 포괄적인 트라우마 훈련을 저희 동료와 지도자에게 전하고 싶습니다."

실례로 5년간 공통 훈련 끝에 올해 르완다에 그들이 직접 운영하는 그리스도인 상담 협회가 문을 열었다. 협회는 국가로 들어오는 국제 조력자에게 훈련을 제공할 뿐 아니라, 지속해서 자체 훈련을 제공하는 것을 목적으로 한다. 지역 안에 자체 주도 훈련의 목적을 유지하는 가운데, 세계개혁주의협의회가 제공하는 콘퍼런스 비디오 같은 무료 자원도 보조적으로 지원된다.[5)]

미국 측 수강생은 트라우마 회복과 타문화 역량과 관련해 상급 훈련을 받기 원하는 인도주의 사업가나 정신 건강 전문가이다. 이들은 프로그램을 통해 문화 경청 기술을 확장하고 양방향 배움을 실천했을 뿐 아니라 협력하여 역량을 강화하는 분야에서 자신의 역할을 재조정했다고 한다.[6)] 수강생은 또한, 지역 문화를 해석하고 설명할 수 있는 지역 사회 조정가와 계속해서 협력하는 일과 지역 교회 지도자가 사용할 수 있도록 보다 자세한 트라우마 개입

5) 세계 개혁주의 협의회는 인신매매와 성폭력을 주요 계획 중 하나로 채택했다.

6) 수강생인 헤더 에반스는 훈련을 이렇게 묘사했다. "타문화 경험은 겸손하게 참여하고 듣고 증거 할 사람을 필요로 합니다. 전 세계 인신매매에 대한 개인적 관심으로 훈련을 시작했지만, 이 훈련이 뒷마당에 사는 인신매매 생존자에 대한 나의 사역에 큰 영향을 미쳤습니다. 여러 개념이 있었지만, 트라우마의 본질을 이해하는 것의 가치와 트라우마가 다양한 문화적 상황에서 어떤 모양을 띠는지 배웠습니다. 트라우마 치유 사역에 있어 경청이 얼마나 중요한지 배웠습니다. 연약함, 문제, 병리 현상에 안주하기보다 한 개인과 그룹의 역량, 그리고 회복력을 이용할 필요가 있음을 배웠습니다." (개인 대화 2014년 8월 27일)

책이 필요하다고 말했다.

결론

사라의 이야기로 돌아가자. 사라는 여전히 거리를 떠돌았지만, 도움을 받아 속박에서 벗어나라고 설득하는 오스트리아인 그리스도인을 만났다. 사라는 이야기를 경청하고 선물에 감사했지만, 가족에게 저주가 내려질까봐 두려워 인신매매범의 이름을 밝히지 않았다. 게다가 사라는 상담 해주려는 사람의 물건을 도둑질하기도 했다. 사라의 이야기를 들은 사람들이 그녀의 삶이 속한 사회와 문화의 복잡성에 대해 많이 이해하게 되어 사라의 양면성을 더 인내하게 되었다.

사라를 돕는 조력자는 희생자를 구출하는 사역 목표를 유지하면서 자신의 사역에 지속적인 자비가 수반된다는 점과 상처 입은 사람을 향한 하나님의 마음과 사회 안으로 지속해서 유입되는 사라 같은 희생자의 필요에 대해서 오스트리아 사람을 교육할 필요를 깨닫는다.

국제적 트라우마 회복에, 특별히 성매매 영역에 참여함으로 배울 수 있는 교훈이 많다. 이는 다음과 같다.

1. 취약계층 사람에게 가차 없이 자행되는 악이 존재한다. 서구 사회 많은 곳에서 안락과 안전이 우리로 하여금 무지로 인한 공범자가 되게 한다.

2. 수요와 경제 가치로 인해, 인신매매는 결코 자발적으로 없어지지 않을 것이다. 멈추게 하려면 끝을 내야만 한다. 그리스도를 따르는 사람은 *하나님의 형상*을 따라 창조된 사람에게 자행되는 악에 대항하여 목소리를 높여야 한다.

3. 잔혹한 폭력과 수치, 굴욕으로부터 회복되려면 구조 사역과 교육, 또는 고용 기술 훈련만으로는 부족하다. 인신매매의 상처가 한 사람의 사고와 마음, 영혼에 자리 잡고 있기 때문에 이에 대한 이해와 특화된 훈련이 필요하다.

4. 전 세계적으로 인신매매 희생자를 구출하고 돌보는 일에 헌신 된 그리스도인이 많다. 희생적으로 피해자를 돌보는 가운데, 이들은 믿을 수 없는 악과 고난에 직면해서 더 깊은 말씀에 대한 이해와 트라우마 회복 개입에 대한 지속적인 교육을 요청하고 있다.

5. 이러한 사역에 협력하여 사역하고 다른 사람이 이 일을 잘하도록 훈련시키려면, 이미 시행되는 사역의 강점을 이해해서 양육 받고, 경청하는 태도를 통해 진정한 필요에 맞게 대응하며 보다 잘 무장될 필요가 있다. 세계적으로 사역자들을 멘토링하고 사역하는 사람은 타문화 사역, 트라우마의 심리, 사회적 측면에 대한 지식, 치유의 요소에 대해 훈련받은 사람인 동시에 겸손의 영을 가지고 다른 사람에게서 기꺼이 듣고자 하는 사람이어야 한다.

6. 인신매매 대상자를 위한 사역에 교회가 개입하지 않으면, 그 인간다움의 상실은 말로 다 할 수 없을 것이다. 소녀와 소년이, 그리고 여성이 죽어갈 것이며 너무나 잔혹하게 취급되어 회복이 거의 불가능할 것이다. 하나님이 만드시고 성장하여 세상에 받은 것을 선물로 주도록 지음 받은 소중한 사람이 쓰레기 더미에 던져질 것이며, 우리는 이로 인해 더 비참해질 것이다.

7. 고통 중에 있는 사람 속에서 일한다는 것은 성육신적이며 구원론적이다. 성폭력의 희생자를 위해서도 그렇지만, 교회를 위해서도 그렇다. 교회가 파괴된 피조물의 삶에 개입하여 다른 사람을 사랑하고 힘을 주고 빛과 생명 가운데로 부르는 사역에 겸손하게 고개 숙일 때, 교회는 자신을 위해 그 일을 행하신 분의 형상을 따라 더욱 성장하고 있음을 발견하게 될 것이다.

8. 트라우마는 진정 21세기의 주요 선교 영역 중 하나이다. 고통은 사람을 약하게 하고 도움을 갈망하게 한다. 교회가 세상의 어두운 곳에서 진정 하나님의 선하심을 살아내려면, 하나님의 은혜와 자비에 마음이 열리고, 결코 그런 은혜와 자비를 맛보지 못한 사람을 향해 친절함이 생길 것이다. 우리 하나님의 영광이 잔혹한 땅을 덮기 시작할 것이다.

토의

1. 지역의 성적 인신매매와 트라우마의 사회적, 정치적, 역사적 및 기타 요인들은 무엇인가?

2. 괴로움은 어떻게 정의되는가? 심리적인 문제들은 어떻게 다루어지는가? 감정은 어떻게 이해되고 경험되는가? 이러한 부분들에 대한 치료는 어떤 모습을 가지고 있는가?

3. 지역의 삶과 건강에 대한 교회의 역할은 무엇인가?

참고문헌

Amnesty International. 2005. *Facts and Figures: Women and Violence*. http://www.amnesty.org.au/svaw/comments/2370/ (Accessed September 1, 2014)

Department of State. 2013. *Trafficking In Persons Report, June 2013*. http://www.state.gov/documents/organization/210737.pdf (Accessed September 1, 2014)

Kara, Siddarth. 2009. *Sex Trafficking: Inside the Business of Modern Day Slavery*. New York: Columbia University Press.

Kaysen, Debra, Kristen Lindgren, Goran A. Zangana, Laura Murray Sabir, Judy Bass & Paul Bolten. 2013. "Adapation of Cognitive Processing Therapy for Treatment of Torture Victims: Experience in Kurdistan, Iraq." *Psychological Trauma: Theory, Research, Practice, and Policy* 5: 184-192.

Solomon, Andrew. 2008. "Notes on an Exorcism." *The Moth: True Stories Told Live*. http://themoth.org/posts/stories/notes-on-an-exorcism (Accessed September 1, 2014)

The Economist. 2010. "Gendercide: The Worldwide War on Baby Girls". March 4.

http://www.economist.com/world/international/displaystory.cfm?story_id=15636231 (Accessed September 1, 2014)

USA Today. 2012. "U.N.: 2.4 Million Human Trafficking Victims." April 4. http://usatoday30.usatoday.com/news/world/story/2012-04-03/human-trafficking-sexUN/53982026/1 (Accessed September 1, 2014)

United Nations Office on Drugs and Crime (UNODC). 2012. *Global Report on Trafficking in Persons*. United Nations. http://www.unodc.org/documents/data-andanalysis/glotip/Trafficking_in_Persons_2012_web.pdf (Accessed September 1, 2014)

Vlachovd, Marie & Lea Biason, Eds. 2005. *Women in an Insecure World: Violence against Women Facts, Figures, and Analysis*. Geneva: Geneva Centre for the Democratic Control of Armed Forces. http://www.unicef.org/emerg/files/women_insecure_world.pdf (Accessed September 1, 2014).

36장

이주, 물질주의, 두뇌 유출 : 가나 교회와 이주에 대한 연구

J. 크와베나 아마모아 갸두(J. Kwabena Asamoah-Gyadu)

이주와 세계의 기독교

최근에 웨슬리 그랜버그 마이클슨(Wesley Granberg-Michaelson)은 "오늘날 세계는 '기독교의 후기 서구 사회의 대각성'이 일어나고 있어 '후기 서구 사회라고 명명하는 것이 적절할 만한 믿음의 고백이 비서구권 탈식민 사회에 번지고 있음'"을 지적했다(2013, 3).

오늘날 믿음을 고백하는 사람 대다수가 실제로 남반구에 살고 있음을 인식한 많은 학술서적이 있는데, 그랜버그 마이클슨의 서적도 여기에 중요한 기여를 한 책이다.[1] 단순히 지구의 남반구 지역에서 기독교가 숫자상으로 증가하고 있을 뿐 아니라, 옛적 믿음의 본거지였던 지역에서도 비서구권 그리스도인이 믿음을 생생히 지키고 있다. 아프리카, 아시아, 라틴 아메리카 이주민으로 구성된 교회가 북반구 지역에서 믿음을 재활성하고 있다.

이 문제를 다룬 초창기 글에서, 게리 테르 하르는 오늘날 유럽의 아프리카 교회 지도자가 최초에 복음을 전했던 사람에게 복음을 다시 가져가는 것이

1) 예를 들어, 아도가메의 2013년 글을 보라.

아프리카의 사명이라 확신하고 있다고 썼다. 이들 이주민 교회 지도자는 하나님께서 '타락한 그들'에게 복음을 전하라고 명령하셨다고 생각한다(테르 하르(Ter Haar) 1998, 1~2).

클라우디아 베리쉬-오블라우(Claudia Währisch-Oblau)도 하르와 비슷한 결론을 내리며, 어떻게 이주민 교회가 북대서양 기독교 형성에 근본적인 변화를 일으키고 있는지에 주목했다(2009, 4). 디아스포라에는 역사적으로 선교 교단에 뿌리를 둔 이주민으로 구성된 아프리카 교회가 있다.

하지만 아프리카의 종교적 지형은 전 세계적으로 열정 갈망과 주권 운동인 신사도 운동과 연결되어 있음 통치 신학(Dominion theology)을 표방하는 현대의 오순절파/은사적 교회의 형성과 더불어 변화되었다.[2)] 이 교회의 다른 주요 특징은 성령의 은사에 대한 강조와 역동적이고 표현이 풍부한 현대 예배 음악 형식, 광범위한 현대적 미디어의 사용 및 물질을 하나님의 호의의 주요 지표로 바라보는 번영의 메시지를 전하는 것이다.

이런 새로운 일이 디아스포라 교회에서 일어나고 있다. 디아스포라 교회는 아프리카 이주민이 영적인 권능을 부여받고 공동체적 유대를 생성할 장소를 찾아 예배로 모이는 곳이며, 예배는 아프리카의 종교적 체험이 소중히 남아있는 영역이다. 그 결과 대부분의 아프리카 이주민 교회는 오순절파나 은사주의 계통이고, 부흥적 예배 형식, 길고 뜨거운 기도 문화, 간섭주의 번영 신학이 특징이다.

오순절파/은사주의적 이주민 교회는 새로운 선교 교회로 보이기를 주장한다. 이것이 이민 교회에 유익하다. 베리쉬-오블라우의 설명에 따르면, 이 명칭이 이들 기독교 공동체의 외래적 특성과 무관한 정체성을 강조하는 특정 신학적 자기 정의보다는 오히려 그 출현의 이유를 강조하기 때문이다. 아프리카 이주민 기독 공동체는 오순절파이든 아니든 서구 세속주의를 전복시킬 선교사적 부르심을 주장하는 경우가 많다(베리쉬-오블라우(Währisch-Oblau) 2009, 35).

---

2) 위의 글을 참고하라.

이주, 물질주의, 두뇌유출

아프리카 디아스포라 교회가 전 세계 기독교 부흥에 기여하고 있을지도 모른다. 하지만 번영의 도구인 이주와 두뇌 유출 사이에는 모종의 관계가 있다. 그리스도인 아프리카 전문인이 유럽이나 다른 선진국으로 이주하면서 그것을 물질적 의미에서 신적 돌파의 수단이라고 믿는 것은 특별한 일이 아니다. 빈곤의 수준을 고려해볼 때, 아프리카 이주민은 고국의 가정을 부양하는 데 굉장히 크게 기여한다. 이주민이 이들의 학비, 병원비를 대고, 국내 경제가 돌아가도록 돈을 보낸다. 하지만 서구 사회에 현존하는 광대한 아프리카 그리스도인은, 그랜버그 마이클슨 및 다른 학자가 저술한 대로 세계 기독교에 일종의 변화를 일으키기도 하지만, 아프리카 대륙의 전반적인 경제 발전에도 영향을 미친다. 두뇌 유출은 선교, 이주, 물질주의와 함께 부상한 몇 가지 문제 중 하나이다.

최초의 이주민 교회가 어떤 전통에서 유래되었든 우연히 지어진 경우가 많았다. 직업과 공부, 또는 단순히 또 다른 거주지를 찾아 아프리카인이 다른 국가로 이주하는 일은 계속 반복되는 현상이다. 후기 아프리카 독립 정책에 따른 군사 개입으로 정치적 정적에 대한 박해가 일어났다. 많은 부유한 사람과 그들이 소유한 산업, 사업체가 공격받으며 경제가 붕괴되었다. 사람들, 특히 전문가들이, 좌절하며 고국을 떠났다. 민주화된 아프리카에서 사람들은 고등교육과 더 나은 경제 기회를 찾아 해외로 이주했다.

아프리카 대륙을 떠난 이유와 상관없이 특별히 더 나은 경제적 부요를 찾아, 1970년에서 1990년 사이 수많은 아프리카 지성인이 서구로 이주했다. 통계를 내기는 어렵지만, 일반적으로 1970년대의 경제적 어려움으로 인해 유학을 떠난 사람 중 많은 수가 되돌아오지 않은 것으로 알려져 있다. 이 시기는 오순절파와 은사주의 기독교가 역동적 영성으로 아프리카의 종교적 풍경 속에 폭발하던 때다. 비서구권 국가의 풍성하고 역동적인 기독교 전통은 이주한 아프리카 그리스도인으로 하여금 기독교 인구 감소로 인한 사회를 집어삼키는 영적 공허를 느끼게 했다.

특별히 번영 신학은 사람이 이주하는 경제적 이유와 잘 맞아떨어진다. 역사적으로 복음주의자는 물질적 부요의 위험성을 경고하고 보물을 하늘에 쌓아두도록 신자를 독려했지만, 현대의 오순절파는 돈과 세상에 속한 물질에 대해 다른 태도를 취한다. 아프리카 오순절파와 은사주의 기독교 전통은 북미에 존재하는 믿음의 언어 버전의 번영적 사고방식을 공유한다. 나이지리아 목사 프레데릭 C. 프라이스(Frederick Price)는 이런 믿음의 근저에 대해 이렇게 말했다.

> 말하라. 그리고 요청하라! 믿어라! 나는 말하고 요청하는 사람이다! 지난 20년 동안(이 책을 저술하기 전) 내가 진정으로 바라던 모든 것을 나는 말했고, 요청했고, 가졌다. 아마 나를 위해 역사한 것 같다. 나는 하나님의 특별한 자녀인가 보다! 보다!(프라이스 1992, 27).

프라이스와 같은 번영 설교가는 아프리카의 현대 오순절파를 형성하는 데 큰 영향을 미쳤다. 프라이스가 앞에서 묘사한 대로, 말하고 주장하는 종교적 철학에 기초한 번영 복음은 아프리카의 전통적 구원 개념에 잘 맞는 신학적 세계관을 촉진한다. 아프리카의 종교는 생존 전략에 가까워서, 힘, 보호, 향상, 성공, 영적, 물질적 번영의 원천이다. 여기서 복과 저주를 내리는 능력은 성경적 개념일지라도 아프리카 세계관의 일부이다.

프라이스에 따르면 사람은 긍정적 고백의 능력을 행사함으로써 하나님이 성경 속에서 말씀하시는 것을 경험해야 한다. 프라이스는 빌 4:19절을 인용해 번영 복음을 설명한다. "나의 하나님이 그리스도 예수 안에서 영광 가운데 그 풍성한 대로 너희 모든 쓸 것을 채우시리라." 우리의 필요와 갈망을 함께 묶을 방법이 있다. 프라이스는 이렇게 말한다.

> 하나님이 당신에게 캐딜락, 메르세데스 벤츠, 롤스로이스나 폭스바겐을 줄 것이라는 구체적인 말씀을 찾을 수는 없다. 하지만 하나님이 네 모든 필요를 채울 것이라고 말씀하셨다. 내 생각에 롤스로이스가 최고였다. 그래서 나는 롤스로이스를 주실

하나님을 믿었고 하나님이 나에게 롤스로이스를 주셨다. 내가 달라고 요청했기 때문에 주신 것이다. 믿음의 고백이 역사한다!(프라이스 1992, 35).

현대의 오순절파 성도가 신적 돌파(divine breakthrough)라고 명명하는 것이 이런 것일지 모른다. 이것은 건강과 육체적 활기에 대해 암시하지만, 삶에서 물질적인 획득이 측정 기준이기도 하다. 사람이 경제적 부요를 구할 때, 긍정과 가능성의 기독교가 그들의 갈망에 부합한다. 물질적 부와 믿음의 관계에 대해 강조하다 보면 긍정적 고백으로 시작해 십일조 의무의 충실한 이행까지 확장된다. 번영 복음에 따르면 일단 사람이 하나님을 믿고 교회에 경제적 의무를 다하면, 성공이 실질적으로 보장되는 것이다.

이주와 두뇌 유출이 연결된 이유는 아프리카 대부분 땅에서 국제적 이동이 물질적 성공과 경제적 돌파의 기회를 제공한다는 사실 때문이다. 오늘날 은사주의 교회에서 비자를 구하는 기도가 치유 기도 다음의 비중을 차지한다. 교회는 보다 큰 물질을 열망하는 전문가, 직장이 없는 대학 졸업자, 젊은이로 가득하고, 서구 국가로 이주하는 것이 큰 기도 제목이다.

나는 예언하는 모임에 여러 번 참여한 적이 있다. 그곳에서 은사를 받은 지도자는 사람들이 런던, 함부르크, 뉴욕 같은 해외의 어떤 곳에 가서 돌파를 이루는 비전을 받았다. 사람들은 "내가 받았습니다. 내가 받았습니다. 내가 받았습니다."라고 외치며, 열정을 다해 예언을 받았다.

현대 오순절파가 가지고 있는 신적 번영 사상 속에는 국제적 이동이 중요한 기도 제목이기 때문에 이런 일이 생긴다. 이런 교회에 젊은 전문가와 졸업자가 가득하다는 사실을 생각해보면, 왜 수많은 아프리카 국가가 의사와 간호사 같은 의료 전문가를 서구 국가에 잃어버리고 있는지 알 수 있다.

국제 라이트하우스 채플의 예

가나와 여타 아프리카 국가의 은사주의 교회 중에는 매년 해외에 사는 교인을 불러 모으는 '홈커밍' 모임을 개최하는 곳이 많다. 홈커밍 세미나와 부흥 집회는 교회가 이런 발전을 얼마나 자랑스러워하는지 보여주는 지표다. 댁 헤워드 밀즈(Dag Heward-Mills) 주교가 이끄는 국제 라이트하우스 채플(LCI)역9이 좋은 예다. 이 교회는 여러 아프리카 국가와 유럽, 미국에 캠퍼스를 둔 가나의 유명한 은사주의 교회 중 하나다.

헤워드 밀즈는 가나에 있는 가나의료대학에서 교육을 받은 의사로서 1980년대 후반에 의료 전문가로 구성된 기독교 모임을 시작했고, 이 모임이 1991년에 은사주의 교회로 거듭났다. LCI는 의사, 건축가, 변호사 같은 전문가를 목회자로 유치해서 그런 사람이 교회에 많이 모이는 데 도움이 되었다. 국제 캠퍼스 리더는 거의 그 지역에서 전문적 배경을 가진 가나 이주민으로만 구성되어 있다. 런던, 제네바, 바젤, 암스텔담, 함부르크의 LCI 캠퍼스는 유럽 아프리카 이민 교회 중에서도 가장 크고 활동이 활발한 교회 중 하나다. 교회가 위치한 북미 여러 교회도 비슷하다. 거의 모든 LCI 캠퍼스를 최근 20년 이내에 해외에서 교육을 받았거나 유학 또는 보다 나은 경제적 돌파구를 찾기 위해 가나를 떠난 전문가가 이끈다.

LCI 같은 은사주의 교회가 특별히 신분 상승을 지향하는 젊은이에게 매력적인 이유가 더 있다. 해외에서의 삶은 서구 정부의 지속적인 이민법 강화로 인해 매우 위태위태하다. 하르가 명명한 '유럽 요새'의 창출은 이민법 강화를 통해 가나 이주민의 실업률을 높이는 결과를 낳았고, 그 결과 이민자에게 '종교는 현실에 대처하는 뛰어난 방법이다'(테르 하르 1998, iv).

하지만 미디어를 통해 끊임없이 보도되는 정보에 따르면, 이주에 대한 열정적 갈망과 이에 따른 위험천만한 여정이 끊이지 않고 있다. 수백만 명의 잠재적 이주민이 더 나은 삶을 찾아 유럽을 가려는 필사적 시도로 보트에 오르거나 사하라 사막을 통과하며 목숨을 내놓는다. 이렇게 위험한 행동을 하는 사람 대부분이 아프리카 사회의 낮은 사회 계급에 속해 있다. 그런데도 이런 필사적 시도를 하는 것은 선진국을 신적 돌파와 번영의 안식처로 보는 시각에 대해 많은 것을 말해준다.

선교적 시사점

디아스포라 사람을 파송하는 비서구권 교회와 서구권에 교회를 세우는 디아스포라 사람에게는 몇 가지 선교적 시사점이 있다. 여기서 두 가지를 언급하겠다.

이민 윤리와 번영

합법적이든, 불법적이든 이주에 성공하고 나면 빠르게 깨닫는 사실이 있다. 일자리를 찾고, 거주에 필요한 서류를 받고, 심지어 가족과 상봉하는 일조차 평생 걸리는 장애물이 될지 모른다는 사실이다. 은사주의적 경향을 띠는 교회는 간섭주의 신학을 가지고 있어서 실존적 문제를 다루는데 종교적 의식을 사용한다. 그렇기 때문에 여기서 연구한 아프리카 디아스포라 교회의 경우, 이주민이 문제 해결을 위한 기도와 예언 의식을 제공하는 종교적 환경을 찾아 영적 공동체로 발길을 옮긴다.

아담 모어(Adam Mohr 2013)의 책에 따르면 가나의 은사 받은 예언가가 기도 예배와 부흥 집회를 인도하도록 유럽이나 북미로 초대받는다고 한다. 이 종교 활동의 목적에는 일자리, 이민 서류, 가족을 찾는 경향이 짙다. 적절한 이민 서류 없이 20년 혹은 그 이상을 살게 되는 어떤 디아스포라 상황은 어렵고 가슴 아프기도 하다.

사람이 일자리를 찾기 위해 가짜 신분증을 사용하고 합법적인 신분을 취득하는 데 필요한 서류를 가진 사람과 중매결혼을 하게 되면서, 많은 경우 그리스도인의 윤리와 도덕은 타협한다. 몇몇 이민 교회에 참석한 적이 있는데, 그곳에서 어떤 교인이 일자리를 얻을 수 있는 서류를 가지고 있으니 서류가 필요한 사람은 한 교회 장로를 찾아가 상담하라는 내용을 가나어로 광고하는 것을 보았다.

더욱 안타까운 것은 의료, 간호, 약학, 건축, 법 등 수준 높은 직업 배경을 가진 사람이 거주 서류가 없어 생존을 위해 그저 그런 일을 하는 상황이다. 이런 환경에 처한 사람은 고국에 돌아가기를 원하지 않는다. 그들이 추구하던 물질적 성공을 이루지 못하고 너무 오랜 세월 떠나 있었기 때문일지도 모른다. 대부분의 아프리카 문화적 상황에서는 해외에서 거주하다 부동산조차 갖지 못하고 귀국하는 것은 실패한 인생으로 간주되기 때문에 단순히 이런 수치를 피하고자 귀국하지 않는 사람도 많다.

그 결과, 아프리카 교회 지도자는 현재 그리고 미래의 이주민을 신적 돌파와 번영 이상의 것에 대비시키고 준비시켜야 할 필요가 있다. 아프리카 교회는 이주민이 겪을 수 있는 어려움과 고생에 대비하게 해야 하고, 타협하지 않는 기독교 윤리를 개발하도록 도와야 한다. 더욱이 아프리카 이주민은 이주한 나라 민족에게만 아니라 자민족과 다른 디아스포라 종족에게도 하나님 나라의 복된 소식을 전해야 하는 전략적 중요성을 깨달아야 한다. 이주 상황이 갖는 전략적 선교의 중요성에 더욱 중점을 둘 필요가 있다.

이주민 기독교와 목양

테르 하르(1998, 7)가 묘사한 대로 이주민 기독교의 주요 특징은 성령의 능력에 대한 믿음, 믿는 자의 공동체로 구성된 교회 개념, 축제 형태 예배의 중요성, 성경의 중심적 역할, 사랑에 대한 강조, 치유에 부여한 의미 등이다.

믿는 자의 공동체, 사랑, 치유는 앞의 글에서 묘사된 아프리카 이주민의 삶에서 종교가 차지하는 개인주의적 역할에 중요한 요소다. 따라서 흑인 이주민 교회가 성도와 후견인의 삶 속에 갖는 중요한 역할은 영적으로, 육적으로 힘든 환경에 처한 사람을 영적, 감정적으로 지원하는 것이다. 이 환경이 영적으로 위험한 이유는 먼저 세속주의 때문이고 더 중요하게는 악한 세력이 불우한 삶의 원인이라는 세계관 때문이다. 이런 환경은 서류 없는 이민자로 해외에서 사는 데서 발생하는 이민 문제 때문에 육적으로도 위험하다.

헤워드 밀과 같은 총감독이나 대표는 가나 이민자를 다양한 방법으로 목양하기 위해 자주 지교회를 방문한다. 그들의 관계는 호혜적이다. 한 사람의 삶의 성공은 부분적으로 하나님의 기름부음 받은 자들의 삶과 사역에 씨앗을 뿌림으로 거두는 번영의 법칙에 달려있다는 가르침 때문이다. 내가 보기에 교회지도자가 이주민과 그들이 이주해 나온 국가를 위해서 이민 사회, 경제적 효과에 대해 건설적으로 참여하려는 시도가 거의, 또는 전혀 보이지 않는다. 이미 살펴보았듯이 해외에서의 삶이 너무나 명망 있는 삶으로 인식되어서 고향으로 돌아가 고국을 건설하는 데 도움이 되기보다 자신의 전문 기술이 필요 없는 곳에서 일하기를 원하는 사람이 많았다.

그 결과 아프리카 교회는 해외에서의 삶을 마치 어떤 신적인 종착역인 것처럼 신격화하지 않는 동시에, 해외에 거주하는 그리스도인이 합법적으로 필요한 목양을 받도록 하는 이민 신학을 개발해서, 은사와 은혜를 전적으로 하나님의 손에 맡겨 사역에 사용할 필요가 있다.

물질적 번영에 대한 소망이 어떤 이주민에게는 효과가 있었을지 모른다. 하지만 나머지 많은 사람에게 그들의 갈망은 어떤 초자연적 개입으로 현세적 관점에서 이해되는 하나님 나라가 그분의 백성 가운에 일어나도록 계속해서 하나님을 우러러보게 만드는 희망으로만 남아 있을 뿐이다.

토의

1. 해외에 사역자를 파송하거나 그런 사람을 알고 있는 교회를 위해, 사역자가 새로운 땅에서 실질적으로 직면하게 되는 환경을 뒷받침할 건전한 신학을 개발하도록 돕기 위해 당신의 교회는 무엇을 할 수 있는가?
2. 해외에 사역자를 파송하거나 그런 사람을 알고 있는 교회를 위해, 해외에 거주하는 사람과 관계 속에서 교인이 가지고 있는 재정에 대한 기대를 낮추기 위해 당신의 교회는 무엇을 할 수 있는가?
3. 목회자는 어떻게 교인이 더욱 선교적으로 전략화되도록 도울 수 있는가?

참고문헌

Adogame, Afe. 2013. *The African Christian Diaspora: New Currents and Emerging Trends in World Christianity*. London: Bloomsbury.

Asamoah-Gyadu, J. Kwabena. 2013. Contemporary Pentecostal Christianity: Interpretations from an African Context. Oxford: Regnum.

Granberg-Michaelson, Wesley. 2013. *From Time Square to Timbuktu: The Post-Christian West Meets the Non-Western Church*. Grand Rapids: Wm. B. Eerdmans.

Mohr, Adam. 2013. *Enchanted Calvinism: Labor Migration, Afflicting Spirits, and Christian Therapy in the Presbyterian*

Church of Ghana. Rochester: University of Rochester Press.

Price, Frederick K.C. 1992. Name and Claim It! The Power of Positive Confession. Benin City, Nigeria: Marvelous Publications.

Ter Haar, Gerrie. 1998. *Halfway to Paradise: African Christians in Europe*. Cardiff: Cardiff Academic Press.

Währisch-Oblau, Claudia. 2009. *The Missionary Self-Perception of Pentecostal Charismatic Church Leaders from the Global South in Europe: Bringing Back the Gospel*. Leiden/Boston: E.J. Brill.

37장

초국가주의, 정체성 그리고 가상공간 : 두 개의 세상을 사는 한 여성에 대한 사례연구

트레버 카스트로(Trevor Castor)

미리암의 이야기

미리암(Miriam)은 1990년 4월 10일, 파키스탄 북서부에 있는 와지리스탄(Waziristan)의 한 작은 진흙집에서 태어났다. 적어도 출생증명서에 기재된 생년월일이 그렇다. 사실 미리암은 생일이 언제인지, 심지어 몇 년도에 태어났는지도 모른다. 2008년에 미리암이 가족과 미국으로 망명할 때 미리암의 출생증명서가 만들어졌다.

그 역사적 사건이 일어나기 전, 아버지가 미국에서 일하는 동안 미리암은 어머니와 세 명의 자매와 함께 삼촌 집에서 살았다. 미리암의 아버지는 와지리스탄 지역의 유일한 재정 공급자여서 대가족을 포함해 스무 명 이상이 아버지의 송금에 의존해 생존하고 있었다.

아버지는 네 아이가 태어날 때 함께 있지 않았다. 미리암은 회상한다. "아버지는 항상 일했고 저희와 시간을 보내신 적이 거의 없어요. 아버지는 1년 혹은 2년에 한 번씩 와지리스탄에 와서 가족과 머물곤 하셨어요. 가장 오래 머문 기간이 6개월이에요."

삶은 힘겨웠다. 아버지가 어쩌면 마을에서 가장 부유한 사람이었을지 모르지만, 아내와 아이들은 어렵게 살았다. 아버지가 자주 보내주는 돈이 정확히 얼마인지 거의 본 적이 없다. 미리암은 그 과정이 얼마나 절망스러웠는지 회상한다. "아버지가 어머니에게 돈을 보내곤 했는데, 여자가 은행에 가서 직접 돈을 가져올 방법이 없었어요. 일만 루피 정도 보내셨을 텐데 어머니가 받는 돈은 이천 루피 정도였습니다. 며칠 동안 아무것도 먹지 못하기도 했어요." 미리암은 친척 남성이 부끄러워서 그 사람들이 얼마나 많이 빼돌렸는지 아버지에게 말하지 않았다.

그리고 몇 년 동안 해외에 살면서 미리암의 아버지는 미국인 부인을 맞았다. "그게 그렇게 괴롭지도 않았던 것이 우리는 파키스탄에 살고 아버지는 이곳에 있었으니까요. 아버지가 아는 사람이 하나도 없으니 행복하길 바랐습니다."

미리암의 아버지와 새 아내는 곧 직계 가족을 미국으로 데려올 준비를 했다. 아버지는 아이들에게 서류 작업을 하고 있다고 자주 말했지만, 아이들은 이것을 심각하게 받아들이지 않았다. 미리암은 이렇게 생각했다. '아빠가 그렇게 말하지만, 거기는 절대 가지 못할 걸.' 아버지는 아이들이, 특별히 딸들이 대학 교육받기를 원했다. 고향에서는 결코 있을 수 없는 일이었다. 아이들은 이슬라마바드에서 수없이 망명 인터뷰를 했고, 아버지에게 갈 희망 따위는 품지 않고 집으로 돌아가곤 했다고 회상한다. 그리고 2007년, 어차피 안 될 거라 생각했던 인터뷰 끝에 미리암은 놀랍게도 이런 말을 들었다. "축하합니다. 미국으로 가게 되셨습니다!" 미리암의 말에 따르면 대가족, 특별히 함께 살았던 삼촌이 비난을 퍼부었다고 한다.

> 얘네가 미국에 가면 변해버릴 거야. 네가 미국에 가는 순간 이슬람 문화도 잊게 될 걸. 해서는 안 될 일을 할 거야. 옷차림도 바뀔 거고 아무하고나 원하는 사람과 결혼하겠지. 사촌과 결혼해야 하는데 몇 년 지나면 "싫어요. 사촌과 결혼하고 싶지 않아요."라고 할 거야. 더 이상 기도도 하지 않겠지. 금식도 하지 않을 테고. 그곳에 가면 바로 그곳 사람과 동화돼서 완전히 변해버릴 거다.

삼촌의 반대와 비난에도 불구하고, 마지막 인터뷰 후 4일이 지나서 미리암과 가족은 뉴욕행 비행기에 올랐다. 축하를 받아야 할 순간 임에도 여러 감정이 교차했다고 미리암은 회상한다.

> 평생을 한마을에서 살면서 한 번도 바깥세상을 본 적 없고, 모르는 남자에게 둘러싸여 본 적이 없는 삶을 상상할 수 없을 거예요. 그런데 다음 날 도착했죠. 저는 무서웠습니다. 친구와 가족을 떠나야 했으니까요. 비행기에서 나와 아버지와 아버지의 아내를 보았을 때 눈물이 주르륵주르륵 흘러 눈을 뜰 수 없었어요.

한 달이 채 안 돼서, 아이들은 모두 공립학교에 입학했다. 와지리스탄에서 미리암은 여자아이만 다니는 이슬람 학교에 다녔고, 망명 허가가 났을 때 졸업을 한 달 남겨둔 마지막 학기였다. 영어를 하지 못했기 때문에 미리암은 미국에서 9학년으로 학교에 들어갔다. 유일하게 18세 신입생인 미리암은 불편한 감정을 느꼈다.

하지만 훨씬 심각한 문제는 문화적 차이였다. "정말 충격적이었어요. 내가 자라난 곳에서 부르카[역10]를 입었는데, 이곳에서는 부르카를 입지 않고 남자아이 가까이에 앉아서, 여자아이가 반바지를 입고 있는 것을 봐야 했습니다. '난 절대로 저렇게 하지 않을 거야'라고 생각하며 2년 동안 누구와도 말하지 않았습니다."

언어 장벽과 문화 차이에도 불구하고 미리암은 명예 졸업을 했다. 그 결과 주 장학금을 받고 주립대에 입학했다. 하지만 영주권 진행 절차가 느려서 미리암은 다른 주 학생이 내는 학비를 내야 했고 장학금을 쓸 수 없었기 때문에 전문학교를 다닐 형편이 안 되었다. 게다가 파키스탄에 있는 대가족을 모두 돌봐야한다는 부담은 미리암 아버지 혼자 지기 너무 버거웠고, 딸들을 교육시키고 싶었던 꿈은 급속도로 희미해져 갔다.

미리암은 그래도 대학을 가기로 하고 등록금을 벌기 위해 시간제 일자리를 찾았다. 첫 번째 일자리는 할랄 식품점에서 일하는 것이었다. 하지만 곧 아버지가 미리암에게 일을 그만두라고 충고했다. 지역 모스크의 누군가가 미리암을 알아보고 마을에 일자리를 가졌다고 말할까 봐 두려웠던 거다. 결국, 미리암 역시 대학에 대한 꿈은 꿈으로 남아야 한다는 사실을 깨달았다. "어느 날 희망이 사라졌고……대학에 가고 싶어 했던 사실이 늘 마음에 남겠죠. 그리고 평생 후회할 겁니다."

대학 진학이 불가능해 보이자 미리암은 상상도 못 할 일을 했다. 아버지에게 태어날 때부터 정혼 관계였던 첫째 사촌과 더 이상 결혼하고 싶지 않다고 말씀드렸다. 가정의 평화를 유지하기 위해 기꺼이 사촌과 결혼할 생각을 품어왔지만, 고국을 떠난 이후 친척과 불화가 심해졌다. 미리암은 친척이 이 사실을 이용해서 자신의 가족을 조종할까봐 두려웠다. 하지만 놀랍게도 아버지는 이렇게 말했다. "네가 사촌과 결혼하고 싶지 않다면, 네 삶이니까 할 필요가 없다." 약혼을 취소하자 아버지의 형제는 돈을 지불하고 자산을 균등히 분배하라며 바로 아버지를 법정으로 데려갔다. 그 후, 아버지는 또 다른 파슈툰족(Pashtun)**역11**미국 이민자와 딸을 약혼시키려 했다. 빠르게 약혼 조건에 동의하고 결혼식이 준비되었다. 그리고 사흘 후 갑자기 모든 게 취소되었다. 미리암의 미래 시아버지의 친구가 미리암이 파키스탄에서 약혼을 취소한 사실을 전하고, 예전 약혼자가 복수할 것 같으니 결혼시키지 말라고 충고한 것이다.

미리암과 자매들은 돌아가며 어머니를 방문해서 혼자 계시지 않도록 한다. 내일 미리암은 어머니를 만나고 오빠의 결혼 준비를 돕기 위해 떠난다. 오빠는 방문 허가를 받지 못해서 결혼식에 참석조차 할 수 없을 것이다. 사실, 가까운 미래에 아내를 볼 가능성도 거의 없다. 현재로써는 두 사람의 관계는 컴퓨터와 전화로 유지될 것이다. 이 결혼은 두 개인을 위한 것이 아니라 가족을 위한 것이다. 오빠의 결혼으로 여동생들의 약혼이 확정되고 아마 6개월 후에 미리암도 약혼하거나 결혼해서 돌아올 것이다.

미리암의 이야기가 주는 선교적 시사점

미리암의 이야기는 디아스포라 사람들과 사역하는 사람들에게 몇 가지 선교적 시사점을 제시한다. 가장 중요한 세 가지는 아래와 같다.

초국가주의

미리암의 이야기는 이주민이 목적국에서 새로운 삶을 살기 위해 고향, 가족, 문화를 떠나 새로운 언어를 배우는 일이 더 이상 예전 같지 않음을 보여준다(바슈(Basch), 쉴러(Schiller), 블랑잔톤(Blanc-Szanton) 1994). 초국가적주의 또는 초국가적 이주는 "이주민이 출생 사회와 정착 사회를 연결하는 동시다발적이고 다연적인 사회적 관계를 형성하고 지탱하는 과정"을 말한다(쉴러, 바슈, 블랑잔톤 1995, 48). 오늘날 이주민은 "날마다 국경을 넘나들며 다면적이고 지속적인 상호연계를 맺고 있고, 한 국가 이상과 관계를 맺으며 공공 정체성이 형성된다."(1995, 48) 이민자는 보통 출생 사회와 정착 사회 안에서 광범위한 사회적 관계를 유지하는 경우가 많아 "구별된 두 세계 속에서 확실히 분리된 구획적 삶을 살기보다 유동적인 연속체를 형성"하게 된다(리마(Lima) 2001, 910).

미리암의 초국가적 정체성은 정말 유동적이다. 미리암은 출생 사회와 정착 사회에 동시에 뿌리를 두고 있다(쉴러, 바슈, 블랑잔톤 1992). 두 사회 영역과 정기적으로 상호작용을 하므로 "양문화적인 또는 통합적인 정체성을 가지고 있고, 한 사람이 두 개의 인종 그룹의 일부이자 더 큰 사회의 일부인 느낌"을 가지고 산다(피니(Phinney) 외 2001, 505) 미리암은 주로 온라인으로 파키스탄 친척과 매일 상호 작용한다. 미리암의 초국가적 정체성과 디지털 환경은 중요한 선교적 시사점을 던져준다.

정체성 형성

사회 문화 인류학에서 종종 사용되는 정체성 개념은 종족 정체성 개념이다(소크필드(Sokefield) 1999). 프레드릭 바르트(Fredrik Barth 1969)의 《종족 그룹과 경계》라는 위대한 책으로 인해 이런 경향이 생긴 게 분명하다. 바르트는 "지리적, 사회적 고립이 문화적 다양성을 유지하는 주요 요소라는 단순한 관점"에 도전했다(1989, 9). 바르트는 "종족을 구별하는 것은 사회적 상호작용과 수용의 부재가 아니라, 수용하는 사회적 시스템이 세워지는 바로 그 기반"이라고 주장했다(바르트 1998, 10). 즉, 종족 그룹 간의 상호 작용으로 인해 독특한 문화적 형태가 만들어지고, 경계표지가 더 분명해진다는 것이다. 이 관점에서 보면 개인 혹은 그룹은 가장 의미있게 종족 정체성을 정의하고 유지하는데 중요한 문화적 측면을 재조정하고 정의할 수 있다.

바르트의 종족 경계선과 떠오르는 초국가주의의 주요 차이점은 초국가주의는 출생 사회와 정착 사회 간의 지속적인 사회적 상호작용에 초점을 맞춘다는 점이다. 바르트의 주된 요점은 구별된 문화적 특징에 있다. 문화는 인종 경계선을 표시하고 다양성 속에서 스스로가 부여한 정체성을 확증한다. 이와 대조적으로 21세기의 초국가적 관행은 인종 경계선이 부여한 정체성을 정착 사회와 출생 사회에서 동시에 확인할 것을 요구한다.

미리암의 초국가주의적 정체성 형성은 파키스탄에서 어린 시절에 시작되었다. 미리암은 미국에 있는 아버지와 자주 전화 통화하며 마을의 문화적 관행을 재조정하게 되었다. 예를 들어, 소녀만 다니는 이슬람 학교에 다니기 전에 미리암은 소년 학교에 잠시 다녔던 몇 안 되는 소녀 중 하나였다. 분명 파슈툰족 소녀의 문화적 규범에 맞지 않는 행동이었다. 아버지의 초국가주의적 영향 때문에 생긴 일이다. 아버지처럼 미리암은 이제 파키스탄에 남아있는 친척과 매일 연락하며 그들의 일상에 영향 주고 또 영향 받는다.

사실 미리암의 가족 모두는 비공식적으로 미리암을 자주 경쟁하고 충돌하는 두 문화를 잇는 교량으로 삼았다. 미리암은 두 언어와 문화를 가장 잘 이해하기 때문에 두 문화 사이를 능숙하게 오갈 수 있다. 미리암이 가족 통합의 책임을 지고 가족이 두 세계를 잘 오갈 수 있도록 하는 것이다. 특별히, 미리암은 회의적인 파키스탄 가족에게 인종과 종교적 정체성을 유지하는 법을 증명해내야만 한다.

가상공간에서의 정체성

최근 미리암에게 있어 인터넷은 그녀의 두 세계를 연결하는 데 전화기보다 능률적인 수단이었다. 국제 전화는 비싸기 때문에, 파키스탄에 있는 가족과 인터넷에서 접속할 기회가 많아지고 있다. 인터넷은 "여러 지역에 사는 이민자가 서로 연결되어 정보를 교환하고 활동을 분석하고 조정하는데 이상적으로 적합한 필수적인 수단"이다(버널(Bernal) 2006, 175). 세계 곳곳에서 기술이 빠르게 일상생활의 주요 통신 수단이 되어가고 있다(무르티(Murthy) 2012) 미리암처럼 가상공간에서 정체성을 재조정하는 이민자에게는 특별히 더 그렇다(브링커호프(Brinkerhoff) 2009, 알론소(Alonso)와 오이아르자발(Oiarzabal) 2010) 미리암은 소셜미디어와 종족 포럼, 유튜브를 사용해 파슈툰족 정체성을 강화한다. 디지털 초국가적 사회 공간은 미리암이 날마다 가상공간 속에서 고국으로 돌아가 소속감을 가지도록 한다. 인터넷은 영토적 개념을 허물고 종종 비신체화 되지만, 미리암의 경우에는 그렇지 않다. 미리암의 가상공간은 "독립된, 비신체화된 우주라기보다는 오프라인 환경에 기반"되어 있다(반 덴 보스(Van den Boss)와 넬(Nell) 2006, 216) 다시 말해, 미리암은 가상 공간을 통해 두 사회 공간을 융합하면서 공동체 영역을 재편한다(부스타만테(Bustamante) 2010).

미리암은 미국에 도착했을 때, 파키스탄 가족이 자신이 종교와 문화를 버릴 거로 예상함을 알고 있었다. 가끔 그녀가 친척이 틀렸다는 점을 증명하려는 것처럼 보일 때가 있다. 미리암은 유튜브를 통해 파슈툰족의 결혼, 파티, 장례식, 음악 비디오를 보며 파슈툰족 정체성을 강화하는데 상당량의 시간과 에너지를 소비한다. 자주 파슈툰족 웹사이트에서 문학작품을 읽고 파슈툰족 잠언과 민속에 대해 새롭게 흥미가 생기기도 했다. 어떤 면에서 미리암은 그 어느 때보다 더 파슈툰족이고, 무슬림 신앙은 고향에 뿌리를 내리고 있다. 사실, 미국에 온 이후 미리암은 파키스탄에 있는 이맘(Imam)과 모스크 생활에 더 접촉했다.

미리암은 소셜미디어(특히 페이스북)를 통해 고국과 오프라인 관계를 강화하고, 가족과 자신이 여전히 파슈툰 무슬림에 헌신되어 있음을 확인시켰다. 온라인 프로필을 갖는 것이 문화적으로 금기시되었기 때문에 남동생의 계정을 사용하면서 말이다. 동생의 페이스북 친구 88명 중 4명을 제외하고 모두 파키스탄 친척이다. 미리암은 자주 동생의 페이스북에 파슈툰족 정체성과 이슬람에 대한 헌신을 확인하는 글을 올린다. 진실은 남동생은 파슈툰족이나 무슬림이 되는 것보다 농구에 더 관심이 많다는 것이다. 그래서 미리암의 페

이스북 포스트는 실제 정체성보다는 사회적으로 바람직한 정체성을 반영한다(즈하오(Zhao) 외 2008)

이런 이유로 미리암이 복음에 반응하는데 가장 큰 장벽은 온전히 파슈툰족으로, 충성된 무슬림으로 남고 싶은 갈망이다. 기독교로 개종하다는 것은 파키스탄에 있는 가족을 완전히 버린다는 사실을 의미할 것이다.

결론

파키스탄을 떠나기 전 삼촌이 한 말이 미리암을 유령처럼 따라다닌 것은 놀랄만한 일이 아니다. "미국에 가는 순간 너는 이슬람과 문화를 잊게 될 거다." 미리암은 고국에 있는 가족이 자신을 지켜보며 어떻게 미국이 자신을 변하게 하는지 기다리고 있다는 걸 알았다. 6개월간 파키스탄을 방문하기 위해 내일 떠나는 미리암은 친척이 무슨 질문을 할지 상상한다. "하루에 다섯 번 기도했니? 금식은 했니? 그 사람들이 너희가 이슬람 관행을 실천하도록 내버려 두었니?"

어떤 면에서 초국가주의가 미리암이 믿음을 가지기 어렵게 하는 요인일지 모르지만, 분명 유익한 점도 있다. 예를 들어, 미리암이 미국 스타일 기독교에 동화될 것 같지 않고, 오히려 파슈툰족 정체성을 유지할 수 있게 상황화된 기독교로 동화될 가능성이 높다. 게다가 초국가자의 삶은 지속적인 도전과 스트레스로 가득 차 있다. 이들은 두 개의 사회에 양다리를 걸치고 있지만, 어느 편에도 속하지 않는다고 느낄 때가 종종 있다. 하지만 이런 긴장감이 복음에 열린 마음을 창조한다.

또 다른 좋은 소식은 두 개의 충돌하는 사회에서 두 문화에 속한 정체성을 형성하면서 문화를 재조정하는 경험을 통해 미리암은 초국가적 네트워크에 효과적인 복음 전도자로 준비되었다는 점이다. 미리암에게는 소속감을 느낄 수 있는 곳에 대한 깊은 갈망이 있다. 그렇다면 하늘나라의 시민권자가 가진 소망은 얼마나 더 감미롭겠는가. 예수님이 자신을 위해 거할 처소를 예비하고 계신 곳, 소속감을 느낄 수 있는 곳(빌 3:20; 요 14:2) "그가 사랑하시는 자 안에서 받아들여지는"(엡 1:6) 곳에 대한 소망 말이다.

토의

1. 초국가적 정체성과 새로운 문화에 적응하면서도 옛 문화를 계속 붙잡고 있는 긴장감 속에 있는 미리암에게 복음이 어떻게 복된 소식이 되는가?
2. 세대 간 차이점이 초국가적 정체성을 형성하는 데 있어 어떤 역할을 하는가? 미리암의 자녀가 자신만의 종교적 정체성과 문화적 정체성을 어떻게 다룰까?
3. 선교사가 자신의 초국가적 정체성을 되짚어 볼 필요가 있는가? 이 정체성이 타문화 사역의 효과성에 어떤 영향을 미치겠는가?

참고 문헌

Alonso, Andoni, and Pedro J. Oiarzabal, eds. 2010. *Diasporas in the New Media Age: Identity, Politics, and Community*. Nevada: University of Nevada Press.

Barth, Fredrik, ed. 1998. "Ethnic Groups and Boundaries: The Social Organization of Cultural Difference." Long Grove, IL: Waveland Press.

Basch, Linda, Nina Glick Schiller, and Christina Blanc-Szanton, eds. 1994. *Nations Unbound: Transnational Projects, Postcolonial Predicaments, and Deterritorialized Nation-States*. New York: Routledge.

Bernal, Victoria. 2006. "Diaspora, Cyberspace and Political Imagination: the Eritrean Diaspora Online." *Global Networks* 6(2):161-179.

Brinkerhoff, Jennifer. 2009. *Digital Diasporas: Identity and Transnational Engagement*.

Cambridge: Cambridge University Press.

Bustamante, Javier. 2010. "Tidelike Diasporas in Brazil: From Slavery to Orkut." In *Diasporas in the New Media Age: Identity, Politics, and Community*, edited by Adoni Alonso and Pedro J. Oiarzabal, 170–189. Nevada: University of Nevada Press.

Lima, Fernando. 2001. "Transnational Families: Institutions of Transnational Social Space." In *New Transnational Social Spaces: International Migration and Transnational Companies in the Early Twenty-First Century*, edited by Ludger Pries, 77–93. New York: Routledge.

Murthy, Dhiraj. 2008. "Digital Ethnography: An Examination of the Use of New Technologies for Social Research." *Sociology* 42(5):837–855.

Phinney, Jean S., Gabriel Horenczyk, Karmela Liebkind, and Paul Vedder. 2001. "Ethnic Identity, Immigration, and Well--being: An Interactional Perspective." *Journal of Social Issues* 57(3):493–510.

Schiller, Nina, Linda Basch, and Cristina Blanc-Szanton. 1992. "Towards a Definition of Transnationalism." *Annals of the New York Academy of Sciences* 645(1):ix-xiv.

Schiller, Nina, Linda Basch, and Cristina Blanc-Szanton. 1995. "From Immigrant to Transmigrant: Theorizing Transnational Migration." *Anthropological Quarterly* 68(1):4863.

Sökefeld, Martin.1999. "Debating Self, Identity, and Culture in Anthropology." *Current Anthropology* 40(4):417–448.

Van den Bos, Matthijs, and Liza Nell. 2006. "Territorial Bounds to Virtual Space: Transnational Online and Offline Networks of Iranian and Turkish-Kurdish Immigrants in the Netherlands." *Global Networks* 6(2):201–220.

Zhao, Shanyang, Sherri Grasmuck, and Jason Martin. 2008. "Identity Construction on Facebook: Digital Empowerment in Anchored Relationships." *Computers in Human Behavior* 24(5):1816–1836..

38장

총체적 돌봄 : 시리아 난민 사태에 레바논의 심장(H4L)이 가진 독특한 역할에 대한 사례연구

케이티 E. 혼(Katie E. Horn) / 카밀 E. 멜키(Camille E. Melki)

서론

오늘날 세계는 그 어느 때보다 난민이 많다. 난민들은 디아스포라를 형성하며 위기 대처 이상을 요구하고 있다. 실향민이 삶을 재건하는데 필요한 안정성을 찾을 수 있게 하려고 총체적 사역은 광범위한 지원 토대를 제공한다. 레바논으로 유입되는 시리아 난민들로 인해 총체적인 방법으로 이 상황에 대처해야 할 과제가 복음주의 공동체에게 주어진 것이다. 영적, 육체적, 지적, 심리적 필요를 포함한 총체적 돌봄은 총체적 존재에 관심을 기울여야 한다. 레바논의 심장과 같은 기독교 기관의 예와 같이, 총체적으로 대처했던 교회 공동체는 자신의 편견에 직면했을 뿐 아니라, 선교에 대해 새로운 관점을 발견하게 되었다. 이를 통해 이들의 상처가 치유되었고 시리아 난민과 레바논 공동체 모두에게 유익이 되었다.

시리아 분쟁의 배경과 레바논의 시리아 난민 공동체

시리아 내전은 2011년 다마스커스(Damascus)와 데라(Deraa)의 남부 도시에서 시작되었다. 사회적 불안이 빠르게 대란으로 번졌고, 시리아에 첫 번째 국내 실향민이 생겨났다.[1)] 2012년 말에 난민이 되어 시리아를 도망친 사람의 수가 49만 7,965명을 넘었고, 이 수는 빠르게 증가했다. UNHCR는 2014년 9월 시리아 난민의 수가 301만 835명으로 증가했다고 추정한다. 시리아 인구의 17%가 난민으로 생활한다는 말이다(UN 난민 고등판무관 2014). 난민은 이집트(13만 9,430명), 이라크(21만 5,303명), 요르단(61만 5,546명), 터키(84만 217명), 레바논 (117만 6,971명) 등 여러 인근 국가로 피난 갔다.

레바논에 거주하는 난민이 100만 명이 넘음으로써 이제 레바논 인구 네 명 중의 한 명이 시리아 난민이다.[2)] 레바논 사람은 복음주의자까지 포함해서 일반적으로 시리아 난민에게 부정적인 태도를 취했다. 레바논 사람이 새로운 이웃을 향해 가지고 있는 잘못된 견해와 학대 행위가 미디어에 보도될 정도다. 2013년 11월에 BBC가 레바논 사람을 인터뷰한 내용을 보자.

> 사실 저는 두렵습니다. 전화기를 지켜야 하고, 지갑을 지켜야 하고, 자동차를 지켜야 하니까요. 최근에 자동차를 안에서 잠그기 시작했습니다. 사람들의 범죄 행위에 대해 듣고 나서 부터 그렇게 합니다.

이런 관점은 전혀 특별한 것이 아니다. 이런 종류의 뉴스는 레바논 사람이 시리아 난민에 대해 가지고 있는 뿌리 깊은 불신을 보여준다. 계속되는 레바논의 경제 위기와 오랜 세월 자행된 격동의 시리아군 레바논 점령 역사로 인

1) 국내 실향민(IDP)은 자국 내에서 피난을 간 사람이고, 난민은 국경을 넘어 피난을 간 사람이다.

2) 2014년 8월, UNHCR는 레바논에 거주하는 시리아 난민의 수가 117만 6,971 명이며, 이는 전체 시리아 난민 인구의 39%에 달한다고 발표했다.

해 이런 편견이 생긴 것이다.[3)]

시리아 군대가 최초로 레바논 영토에 들어온 것은 1975년, 기독교 마론 파와 극좌파 민족운동연합 간의 극심한 다툼과 더불어 4월에 레바논-팔레스타인 전쟁이 발발한 직후이다(니산Nisan 2000). 두려움에 찬 레바논 내의 그리스도인과 무슬림의 분단을 구실 삼아, 당시 하페즈 알아사드 대통령은 1975년 후반부에 레바논 북부로 군대를 보냈다. 다음 해 시리아인의 수는 2만 5,000명이 되었다. 군대가 들어옴에 따라 독립된 자유국 레바논의 정체성이 위협받았고, 31년 점령이 시작된 것이다(니산 2,000).

이 점령을 계기로 레바논 군대의 상당수가 즉각적으로 무장 해제당했으며, 점령군 시리아 군대의 12% 규모에 해당하는 3,000명으로 레바논 군대가 축소되었다.[4)] 이 사건은 동부 베이루트 기독교 지역의 폭격으로 끝이 났고, 많은 레바논 민간인이 처형당했으며, 30만 명이 피난 갔다. 레바논의 기독교 구역에서 여기저기 차량 절도와 방화가 있었고, 교회가 폭격을 맞기도 했다.

어떤 사람은 시리아 점령 때문에 약 10만 명의 레바논 사람이 죽임을 당했고 50만 명 정도가 이민 갔다고 말한다(사크르(Sakr) 1999). 레바논 시민의 납치와 체포, 고문은 시리아 점령에 중요한 역할을 했다. 시리아 관료는 트리폴리, 베이루트, 베카 벨리에 구금 시설을 설치해서 시리아에 대항해 정치적 활동한 혐의가 있는 레바논 사람을 감금했다(니산 2000).[5)]

이제 시리아 점령이 끝나고 7년이 지난 시점에 시리아 내전이 확산됨에 따라 레바논에 거주하는 난민 수가 늘어만 가고 있다. 레바논 사람은 여전히 고통과 분노에 사로잡혀 있고, 이로 인해 시리아 난민에 대한 차별과 폭력이 일어나고 있다. 부르즈 함모드 교외 동부 베이루트 같은 저임금 지역에 거주하는 시리아인의 이동을 제한하는 것이 한 예이다(알사디(al-Saadi) 2014, 2). 조

---

3) 20세기 후반부터 21세기 초반까지 발생했던 시리아 난민의 레바논 점령을 지칭한다.

4) 시리아 군대가 자행한 수적 감소는 상당 부분 그리스도인 레바논 병력을 특별 표적으로 한 것이다.

5) 강제 이주와 죽음의 결과로 기독교 인구가 약 50%에서 30~40%로 감소했음을 주목할 필요가 있다.

사에 의하면 90% 이상의 레바논 사람이 시리아 난민에게 부여하는 야간통행 금지와 여타 제약에 대해 지지하는 입장을 보인다(알사디 2014, 3).

편견은 또한 폭력으로 발전됐다. 2013년 12월에 베카벨리 레바논 주민이 인근 텐트에 거주하는 400명 난민 그룹을 위협한 적이 있다. 주민은 텐트 100장을 태우고 난민에게 다시 피난 가 새로운 보호소를 찾으라고 강요했다(알 아크바르 잉글리쉬(Al-Ahkbar English) 2013). 이 사건은 레바논 사람과 시리아 난민 공동체 사이에 존재하는 정신적, 사회적, 육체적 긴장감을 보여주는 작은 예일 뿐이다.

긴장 해소와 갈등 전환은 재정적, 물리적으로 가용 자원이 부족하기 때문에 종종 불가능하다. 난민은 자신의 사회, 경제적 상태에 따라 나라 전체에 흩어져 살고 있다. 시리아의 상류층, 또는 중류층 가정은 베이루트에 거주하며 평균에서 평균 이상 거처에서 지내고 있고 자신의 기본 필요를 채울 능력이 있다. 하층 계급 가정은 베카 벨리(Bekaa Valley) 지역에 위치한 안자르(Anjar)와 자흘레(Zahle)의 도시 중앙 그리고 남부에 사는 소수민 그룹과 함께 베이루트에 다 쓰러져 가는 집에 거주하거나, 벨카벨리에 위치한 레바논-시리아 접경 지역 변두리 천막촌에 산다.[6] 보호를 신청하는 방법상의 충돌로 영향을 받은 사람은 이미 그렇게 했지만, 수많은 사람은 보호 신청의 선택을 받지 못했다(Aid & Asylum Map, Migration Policy Centre).

총체적 난민 돌봄 요약

여기서 중점을 두는 총체적 접근 사역은 문제 가운데서 탄생했고, 처음에는 레바논에 있는 기독교 NGO에 의해 실행됐다. 갈등이 시작된 시점부터 이

---

6) 무슬림 시리아 난민은 대체로 시리아의 지방에서 살았기 때문에 텐트촌에 거주하고, 이 계층에 속한 그리스도인 시리아 난민은 소수민족 그룹과 살거나 베이루트의 가난한 집에서 산다. 지방 농부가 시리아에 있을 때 천막처럼 생긴 곳에서 거주하긴 했지만, 레바논에서의 환경은 훨씬 열악하며, 재정적으로 살아남으려는 몸부림 속에 악화되고 있다.

기관들은 최전방에 있었지만, 지역 교회는 처음에 전적으로 사역에서 빠져 있었다.

당시 레바논 사람이 대부분 그랬듯, 복음주의적 공동체에도 시리아 난민에 대한 차별 의식이 가득했다. 이 두 공동체 사이에 존재하는 편견으로 인해 교회가 도움의 손길을 내미는 것은 말도 되지 않았고, 그리스도의 사랑을 전하는 손으로써 교회의 역할을 수행하기란 불가능했다.

편견에 사로잡힌 교회는 처음에 하나님의 주된 부르심 중 하나에 응답할 중요한 기회를 놓쳤다. "선행을 배우며 정의를 구하며 학대받는 자를 도와주며 고아를 위하여 신원하며 과부를 위하여 변호하라 하셨느니라.(사 1:17)" 예수님도 주로 사회의 외각에서 가장 작은 자로 여기는 사람을 대상으로 사역을 하셨다. 복음주의 공동체에 분명 시리아 난민이 이런 사람이었다.

서서히 레바논의 복음주의 공동체는 케케묵은 편견과 분노에 맞서기 시작했다. 레바논의 심장(H4L)이 실행한 총체적 케어가 이 과정을 촉진시켰다. 총체적 사역을 통해 상처를 치유하고 관계 맺을 수 있는 토대를 세우며 소망을 불러일으킨 것이다. 이 사역은 잃어버리고 깨진 영혼을 향한, 평화와 공의와 평등을 전하는, 소외되고 거절당한 이에게 새 힘을 공급하는 예수 그리스도의 긍휼이 동기가 된다. 하나님의 능력과 은혜로 삶이 변화되고 공동체가 변화되는 것을 보는 것이 비전이다. 난민의 육체적 필요뿐 아니라, 지적, 심리적, 영적인 필요도 다루는 것이 관심사다. 이 방법은 천천히 지역 교회뿐 아니라 레바논 공동체 전체를 통합하며 영향을 미치기 시작했다.

시리아 난민에게 행한 총체적 사역은 회복에 필요한 네 가지 측면에서 이루어졌다. 육체적인 필요를 위해 필수 식량과 위생품이 제공되었다. 영적인 필요를 위해 남성, 여성, 아동을 대상으로 성경 공부 프로그램이 제공되었다. 지적인 필요를 위해 아랍어, 수학, 영어, 성품 개발 등의 기초 교육이 비공식적으로 주어졌다. 마지막으로 심리적이고 사회적인 필요를 위해 지역 교회 교인과 스태프가 방문과 기도를 통해 난민과 관계 맺었다.

이 접근법은 회복 과정 전체의 연속선상에서 사역하는 것이다. 각 기관 및 서비스 제공자와 밀접하게 협력하면서 안정성을 가져다주며, 이 회복 과정은 난민뿐 아니라 지역 교회와 공동체에도 영향력을 미친다.

디아스포라 총체적 사역의 선교적 영향력

시리아 난민을 대상으로 한 총체적 사역은 두 가지 중요한 결과를 낳았다. 첫째, 난민을 돌보는 사역에 교회가 참여함으로써 복음주의 교회와 교회가 속한 레바논 공동체 안에서 차별이 줄거나 심지어 없어지는 데 도움 되었다. 이미 진행 중인 사역에 참여하면서, 지역 교회는 매달 일정량의 음식을 제공하거나 전 가족을 대상으로 실시되는 영적 프로그램에 사람들을 초대함으로써 각 개인과 온전히 관계를 형성하게 되었다.

대표적인 예로 H4L과 협력 관계를 맺고 있는 교회가 자신이 속한 지역에서 시리아 난민에게 도움의 손길을 내민 사례가 있다.[7] 레바논에 난민 수가 폭발적으로 증가하고 끝이 보이지 않자, 레바논 사람은 도움을 주고 싶은 열망을 잃어버렸고, 두 문화 간 충돌 현상이 심각해졌다. 교인에게 위생 관념도 외모도 행동도 극명히 다른, 수니파 무슬림이 주를 이루는 공동체와 더불어 사는 것은 큰 고통이었다. 역사적 긴장감이 압도적으로 커서 극복이 어려울 것 같았다.

시리아 군대 점령을 직접 경험한 사람에게는 고통스러운 기억이 있다. 시리아 군대가 상점과 집을 털었고, 레바논인의 시리아 방문을 제한했다. 수치스럽고, 고통스럽고, 신체적 외상을 동반한 수많은 사건이 불신과 편견의 씨앗을 뿌려, 궁극적으로 용서할 수 없는 차별의 벽을 세운 것이다.

레바논 사람은 몰려드는 시리아 난민을 기억 속에 존재하는 시리아 군사와 연관 짓기 쉽다. 레바논 교회가 사역에 참여하지 않을 이유도 수없이 많다. 그들은 자신이 속한 지역 안에 어려움에 처한 레바논 사람을 먼저 돌볼 필요

---

7) 교인의(시리아 난민 포함) 신분을 보호하기 위해 사례 연구에 이 교회의 이름을 밝히지 않는다.

가 있다고 주장한다. 이런 변명으로 분노, 화, 쓴 뿌리 같은 진짜 감정을 직면하지 않기 위한 가면을 만들고 있다.

하지만 교회가 총체적 사역을 통해 타인과 동행하기 시작하면서 분노와 거절이 사라지기 시작했다. 지도자가 가정을 방문하고 음식을 전달하면서 벽이 허물어지기 시작했다. 교인과 난민 사이에 관계가 형성되기 시작했다. 그리스도를 구주로 알게 된 난민이 많아졌고, 상당수가 세례를 받아 리더가 되어 가르치며 교회 공동체 안에서 자신의 그룹을 이끌고 있다(말키(Malky) 인터뷰).

예수님은 제자들을 부르셔서 교회의 연장선으로 전 세계를 향한 하나님의 선교 계획에 참여하게 하신다(콜만(Coleman) 1999, 122~125). 총체적 참여를 통해, 하나님께서 예전의 적을 변화시키시고 이 일에 참여한 모든 사람의 마음을 변화시키심에 따라 화해의 기초가 다져졌다. 지역 교회가 자신에게 잘못을 행한 사람을 용서하고 적대 관계를 끝내면서, 그들을 억압자가 아니라 똑같은 사람이자 갈등의 희생자로 보기 시작했다.

주목할 만한 두 번째 결과는 하나님의 선교적 명령에 대한 인식이 증가한다는 점이다. 총체적 사역의 성공이 복음주의 공동체로 하여금 계속해서 다른 사람에게 손을 내밀도록 동기부여 했다. "너희는 세상의 빛이라 산 위에 있는 동네가 숨겨지지 못할 것이요. 사람이 등불을 켜서 말 아래에 두지 아니하고 등경 위에 두나니 이러므로 집 안 모든 사람에게 비치느니라. 이같이 너희 빛이 사람 앞에 비치게 하여 그들로 너희 착한 행실을 보고 하늘에 계신 너희 아버지께 영광을 돌리게 하라.(마 5:14~16)" 지역 교회가 예수님의 말씀이 진리임을 경험했다. 보다 넓은 범위로는 레바논 공동체가 마음이 변화되고 섬김이 커짐을 인식했다.

레바논 공동체가 호기심을 가지고 지켜보았고, 많은 지역 사람이 교회를 다니기 시작했다. 하나님의 사랑이 마음속에 뿌리를 내리기 시작하면서, 사람들이 차별을 멈추고 마음과 생각을 예수 그리스도의 구원을 향해 돌리는 원인이 되기도 했다. 복음주의 교회가 교만을 버리고 이전에 정죄했던 공동체와 사람을 섬기며 예수님을 따르면서, 소외되고 상처 입은 사람을 섬기기 시작한 것이다.

결론

총체적 사역을 통해 레바논의 어떤 지역 교회는 자신을 시리아 디아스포라를 섬기는 예수님의 손과 발로 바라보게 되었다. 예수께서 이방인과 사로잡힌 자 가운데를 다니시며 자신을 그들 중 하나로 보셨던 것처럼, 지역 교회도 자신을 하나님의 선교적 계획 속에서 보게 되었다. 우리 자신을 그리스도 안에서 바라보고 우리 안에서 그리스도를 바라보는 것이 변혁과 회복 사역의 열쇠이다.

토의

1. 디아스포라 그룹 가운데 총체적 사역을 하기 위해서 사회적, 정치적, 역사적 배경이 중요한 이유는 무엇인가?
2. 당신의 주변에 의도적이든 의도적이지 않든, 도움의 손길을 내밀지 않고 있는 공동체가 있는가? 총체적 사역을 전개하기 위해 어떤 절차를 밟겠는가?
3. 총체적인 접근법으로 사역하려 할 때 당신이나 당신이 속한 교회가 직면하게 되는 장벽은 무엇인가?

참고문헌

Al-Saadi, Yazan. "The Diversion Strategy: Lebanese racism, classism, and the refugees". *Al-Akhbar English*, 10 June 2014.

Coleman, Robert. 1999. "The Master's Plan". *Perspectives: On the World of Christian Movement* 3:122-125.

39장

빈곤을 극복하는 디아스포라 사역 : 희망은 있다 사례연구

데이빗 에일츠(David Aeilts)

희망은있다-말라위

희망은 있다-말라위[역12]는 2006년부터 아프리카 말라위[역13]에 있는 다짤레카(Dzaleka) 난민캠프[역14]와 그 주변에서 공동체와 개인을 섬겨왔다. 이 지역 기독교 NGO는 이재민에게 보호소와 물자를 지원하는 유엔의 업무를 보완하고 있다. 이 단체는 르완다, 부룬디, 콩고공화국에서 이주해 와서 UNHCR이 운영하는 캠프에 거주하는 1만 9,000명의 난민과 망명 신청자에게 생존 이상의 희망을 제공하고 있다(UNHCR)[1] (말라위 UNHCR 2014, 1~2). 개별 난민과 사역하는 것 외에도, **희망은 있다**는 캠프 안팎에 거주하는 사람의 삶과 미래를 개선하기 위해 다짤레카 지역 내 50개 난민 교회와 협력 관계를 맺으려 하고 있다(마감비(Magambi) 인터뷰 2013).

1950년에 설립된 이래 UNHCR과 협력 단체는 처음에는 유럽에서 - 2차

---

1) Malawi의 수도 Lilongwe에서 북서쪽으로 약 45분 걸리는 지역에 위치한 Dzaleka 난민 캠프에는 상당수의 소말리아, 에티오피아 난민과 망명자가 있다. Dzaleka 거주민 중에는 1979년대에 분쟁을 피해 피난 온 사람과 더 나은 기회를 찾아 말라위로 이주해오기 전에 다른 난민 캠프에서 살던 사람의 자녀와 손자도 있다.

세계대전 이후 - 그리고 근래에는 전 세계에 걸쳐 비명횡사할 위기에 처한 사람을 보호하고 매일의 필요를 제공하며[2] 그 간극을 메우는 일을 하고 있다(UNHCR 웹사이트 - About Us). 하지만 UNHCR 같은 기관이 할 수 없지만, 지역 교회나 **희망은 있다-말라위** 같은 지역 기독교 기관이 난민을 도울 수 있게 특화된 자원을 가진 분야가 있다. 영적 자양분의 원천인 난민의 믿음에 호소하며, 이들이 캠프의 벽을 넘어서 자신감을 가지고 개인의 미래를 그릴 수 있도록 도와주는 일이 그것이다.

유엔 난민 고등 판무관, 안토니오 구테헤스(António Guterres)는 기독교 기관이 난민의 장기적 생존과 번영을 위한 통합적 요소라고 주장한다. "실향민 대다수에게 믿음만큼 두려움과 상실, 고립, 가난에 대처할 힘을 주는 것은 별로 없다."라고 구테헤스는 말했다. "또한 믿음은 희망과 회복을 위해 필수적이다."라고 그는 덧붙였다[3](구테헤스 2012).

아무리 상상력의 나래를 펼쳐보아도 세계가 난민에게 제공하는 지속적인 해결책[역15]이 빠른 해결을 주지 않기 때문에, 희망과 회복력이 필수적이다. 수백만 명이 몇 년 동안 다짤레카같은 임시 보호처에 강제로 머물고 있다[4](마감비 인터뷰, 2013).

UNHCR와 파트너가 이미 하고 있는, 난민과 망명 신청자에게 물리적 보호소와 식량을 제공하는 일보다는, **희망은 있다-말라위**는 다짤레카 난민 캠프 안에 있는 난민과 교회, 그리고 캠프 밖의 취약계층과도 함께 사역하면서

---

2) 이재민에게 매일 필요한 것은 물리적 보호, 식량, 처소, 의료 서비스, 법적 도움, 그리고 기본 교육이다. UNHCR과 협력 단체가 잘 하는 일이다.

3) 이주민의 49%가(1년 이상 고국 바깥에서 산 사람) 그리스도인이고 27%가 무슬림이다. 세계의 난민 사태에서 믿음에 기초한 단체(기독교 단체)가 가지고 있는 가치이다(Heneghan 2012).

4) UNHCR는 이재민에게 세 가지 장기 해결책, 즉 자발적 귀환, 지역 통합과 정착을 제공한다. (UNHCR Framework, 2003, 5~6) 사람들이 피난 나오는 수많은 국가 내부에 여전히 분쟁이 지속되기 때문에 귀환은 선택 사항이 아니다. 세계 난민의 86%가 개발도상국으로 가기 때문에 지역 통합이 가져올 경제적 부담으로 인해 이 해결책 역시 실질적이지 않다. 더욱이 가장 최근에 선진국에 정착한 세계 난민은 1% 미만이다(IAFR Website, 2014, Ministry-Resources/Handouts).

이들이 어려운 상황을 넘어서 온전히 잠재력을 활용하도록 돕고 있다. **희망은 있다**의 목표는 각 개인이 캠프에 남아있든지 떠나든지 자립을 하고, 사회에 긍정적인 기여를 하도록 하는 것이다(*희망은있다* 말라위 웹사이트).

UNHCR가 주장하는 것 이상으로 기독교 기관은 난민의 장기적 성공에 필수불가결한 역할을 해야 한다. **희망은 있다**는 사명을 수행하는데 필요한 독특한 자격 요건을 보유하고 있다. 기관은 2006년에 한 난민이 설립했고, 이 사람이 지금까지 이 기관을 이끌고 있다. 34년 동안 27년을 난민으로 살아온 이노선트 마감비(Innocent Magambi)는 동부 아프리카 난민을 고양시키기 보다는 끌어내리는 빈곤과 부패, 억압의 사이클에 대해 알고 있다. 이들은 자질이 풍부하고 복원력이 있는 사람이다. 이제 더 이상 난민이 아니지만, 이노선트는 이재민의 장기적 도전 과제를 이해하는 유리한 위치에 있으며, 이런 위치에 있는 NGO 리더는 별로 없다(마감비 인터뷰, 2013).

본 사례 연구를 통해 우리는 어떻게 가난하고 어느 나라의 시민에게나 부여되는 분명한 지원 네트워크도 없던 한 난민이 이주한 나라에서 난민 사역을 할 수 있었는지 알아보고자 한다. 또한 이 사역이 난민의 장기적인 복지를 증진시키는데 차지하는 독특한 위치에 대해 생각해보고자 한다.

시작

이노선트 마감비는 태어날 때부터 난민이었다. 1972년 국가의 부족 살상(tribal killings)에서 도망쳐 나와 자이레(Zaire, 현재의 콩고 공화국)에 정착한 부룬디 부모에게서 태어난 나라 없는 이 아이는 어린 시절에 전쟁, 부모의 이혼, 난민에 대한 학대로 인해 '이노선트한(죄 없는)' 희생자가 되면서 이 이름을 얻었다.

27년 동안 이노선트는 자이레, 잠비아, 탄자니아, 말라위 네 개 나라의 다섯 개 난민 캠프와 정착촌에서 살았다. 어머니에게서 버려진 후 나중에 아버지에게도 버려져서 생명을 보존하기 위해 두 번 도망쳤고, 동료 난민과 거주국의 시민에게 자주 강도당하고, 사기당하고, 소외당했다[5](마감비 인터뷰 2013). 그런데도 이노선트를 돌봐줬던 사람들 때문에 그리고 개인적 가치를 높이고 배우기로 작정한 개인적 결단 때문에, 이노선트는 이런 모독을 극복해냈을 뿐 아니라 성공하기까지 했다.

어린 시절을 보냈던 자이레에서 일어난 내전을 피해서 도망친 16살 이노선트는 우선 탄자니아로 피했다가 잠비아의 메헤바 난민 정착촌(Meheba Refugee Settlement)으로 갔다. 그곳에서 이노선트는 가족과 지인들이 전쟁에서 살아남았는지 알지 못해 외로운 한 해를 보냈다. 인생의 어두운 날에도 소년에게 심어진 믿음 때문에 그리고 믿는 사람과 교제를 통해 이노선트는 여전히 위안을 받을 수 있었다(마감비 2014, *희망은있다*, 4장).

1997년에 지방 라디오 방송을 통해 메헤바에 거주하는 난민은 자이레의 수도 킨샤사를 반군에게 빼앗겼다는 청천벽력 같은 소식을 들었다. 이노선트를 비롯한 콩코, 부룬디 난민은 엄청난 실망과 좌절감을 느꼈다. 내가 태어난 나라, 가족이 사랑하는 부룬디로 돌아갈 수 있을까? 다음 주일날 이노선트가 다니는 교회는 하나님께 순복하는 노래를 불렀다. "하나님은 우리의 모든 두려움, 모든 눈물을 아신다. 하나님은 모든 곳을 보고 계신다. 하나님은 전능하시다."는 가사였다. 이노선트는 예배가 난민의 상황에 또 다른 관점을 제시했다는 점에서 생명력이 있다고 말했다. 하나님이 이 상황을 알고 계시고 여전히 희망과 탈출구를 가져다주실 수 있다는 관점 말이다. "매우 절망적인 순간에 희망과 위로가 부어졌습니다." 이노선트는 나중에 말했다. "교회가 없었다면 삶이 의미가 없다고 느끼는 사람으로 인해 그곳은 완전한 절망과 완전한 일탈 행동으로 덮였을 것입니다(*마감비 인터뷰* 2013)."

사업가의 아들인 이노선트는 메헤바에 사는 동안 기회를 잡아 비즈니스 기술을 연마하고 영어를 배웠다. 두 가지 모두 이노선트의 미래에 유익한 것

5) 다음에 등장하는 이노선트 마감비의 초창기 삶에 대한 정보는 인용구를 포함해서 2013년 11월 초에 저자가 실시한 몇 개의 인터뷰를 통해 수집된 것이다. 나는 이노선트 마감비의 회고록, 평생 난민의 공동 저술 준비를 위해 인터뷰 했다.

이었다. 이노선트는 17살에 탄자니아에 있는 난민 캠프로 이주해서 가족과 친구를 다시 만났다. 이들의 격려와 자유감리교회의 멘토링을 통해 이노선트는 미래를 준비했다. 하지만 이노선트가 중등학교에서 최종 공부를 하는 중요한 시기에 솔선수범해서 동료 친구를 이끌지 않았다면, 이 정도 성장을 이루지 못했을지 모른다(마감비 2015, *평생 난민*, 4~5장).

외부의 도움과 격려라는 이중주와 개인의 결단은 이노선트의 이야기 내내 반복된다. 이노선트는 두 요소가 난민으로서 성장하는데 탄력을 주었던 주요 요소라고 말한다.

"내 형제 하리가 강한 팔로 나를 감싸 안았을 때 잠비아에서 홀로 견뎌 낸 아픔의 순간이 떠올랐습니다."라고 이노선트는 탄자니아에 도착해서 가족과 상봉했던 경험을 나누었다. "마침내 안전하다고 느꼈습니다." **이것이 외부의 도움과 격려이다**(마감비 2015, *평생 난민*, 5장).

중등학교 자격증을 따는 과정을 재개하기로 한 결단에 대해, 이노선트는 다음 페이지에 이렇게 저술한다.

> 내 모든 꿈과 미래는 내가 취득할 수 있는 교육의 정도에 달려 있었습니다. 학교 문제에 가능한 많은 시간과 관심을 기울이기로 했습니다. 그렇게 해야 내가 삶에 대해 가지고 있던 목표가 실현될 가능성이 있으니까요. **이것이 개인의 결단이다.** (마감비 2015, 평생 난민, 5장)

중등학교 자격증을 취득하고 나서 이노선트는 다시 한번 불화와 폭력을 피해 도망쳤다. 이번에는 부룬디 난민 캠프 안에서 일어난 일이었다. 이노선트는 말라위로 건너가서 드짤레카 난민 캠프에서 살았다. 다시 한 번, 긍휼과 결단의 조합을 통해 이노선트는 성공했다. 예상치 못한 곳에서 대학 교육 자금을 받았고, 이노선트는 학력을 따야 했다. 난민의 경험을 공유하는 사람들을 도우라는 부르심을 받았고, 거기에 응답해야 했다(마감비 2015, *평생 난민*, 7~8장).

마침내 이노선트는 자비로 부룬디로 돌아갈 결단을 내렸고, 정부의 초청

없이 비자를 신청했다. 2007년 7월13일, 27살의 나이에, 이노선트는 세상에 부룬디 시민임을 선언하는 첫 번째 여권을 손에 쥐었다. 그는 더 이상 난민이 아니었다(*마감비 인터뷰*, 2013년 11월~현재).

부르심

자라면서 이노선트는 사랑하는 부룬디가 더 나아지도록 정책을 바꾸기 위해 음악가나[6] 언론인, 법률가, 입법가가 되기를 꿈꿨다. 심지어 언젠가 부룬디의 대통령이 되기 위해 선거판에 서 있는 모습을 꿈꾸기도 했다. 그렇다면 무엇이 이노선트로 하여금 마지막으로 살았던 난민 캠프에 도움의 손길을 내밀고, 뒤에 남기고 떠났던 사람에게 꿈과 희망을 주기 위한 NGO를 설립하고 이끌도록 했는지 물어볼 필요가 있다.

대학에서 첫 학기에 우선순위가 바뀌었다고 이노선트는 말했다. "수업 시간에 앉아 있는데…… 내가 이곳에 있는 이유는 궁극적으로 난민 캠프에 사는 사람들을 도울 도구를 습득하기 위해서라고 하나님께서 매우 분명하고 강한 감동을 마음속에 불어 넣어주셨습니다."

태어날 때부터 난민이었고, 아직도 사랑하는 부룬디 바깥에서 사는 이노선트는 하나님께서 다양한 민족 그룹인 난민에게 희망의 메시지를 전하기 위해 자신을 준비시키셨다고 믿는다(마감비 인터뷰, 2013).

메시지

이노선트가 설립한 기관의 이름에서 분명히 표현되듯이 메시지는 긍휼과 개인적 결단을 혼합한 것이다. 메시지에는 '당신은 혼자가 아닙니다.', '당신이

---

6) 이노선트 마감비는 재능이 뛰어난 가수이자 작곡가다.

해결책입니다.'라는 두 요소가 있다.

이 메시지는 부룬디 사람의 삶과 시간의 흐름 속에서 강화되었다. 그 자신이 자신을 사랑해주는 사람에게서 위로받고, 환경을 개선하고 성장하기 위해 개인적 결단을 내린 후 긍정적인 결과를 얻었기 때문이다. 가족과 떨어져 잠비아 난민 캠프에서 지낼 때, 사업에 실패했을 때, 감정적으로 가장 힘들었던 순간에도 하나님은 이노선트에게 말씀(노래)을 통해 혼자가 아니라는 확신을 주셨다. 하나님은 또한 이노선트를 횡령에서 구하시고 강도에게 탈탈 털렸을 때도 구해 주심으로 하나님을 따를 때 그를 축복할 거란 사실을 확인시켜주셨다(마감비 2015, *평생 난민*, 4~5장).

독특한 사명

희망은 있다는 설립자 자신이 지역 NGO의 섬김을 받던 동아프리카 난민, 남자, 여자, 아이와 같은 처지에서 자랐기 때문에 희망의 메시지를 전할 수 있게 특별히 무장되어 있다. 또한 난민의 일상적 필요를 제공하기보다(이것은 UNHCR와 협력 단체들의 영역이다) 그들과 함께 걸으며 현 상황을 넘어서 미래를 꿈꾸게 하므로 이 메시지를 전할 수 있게 최적화되어 있다.

이노선트의 말에 따르면, 난민 스스로가 미래에 대한 갈망과 희망을 성취하는 데 중요한 부분을 담당하고 있다고 한다. "수수방관하며 옛 생활로 돌아갈 날만 기다리는 사람이 가장 불행합니다," 이노선트는 말한다. "유엔 캠프에 사는 동안 교육을 더 받고 새로운 직업을 찾아 위험을 감수하는 사람이 안에서도 밖에서도 이를 성취할 것입니다(마감비 인터뷰, 2013)."

희망은 있다는 아래 기술된 다섯 가지 영역에 초점을 두고 특별한 사명을 감당한다(희망은있다 스태프, 2013).

1. 드짤레카 안팎에 사는 난민 교인과 협력한다.

희망은 있다는 망명 상태인 교회와 함께 걸으며 교회가 하나님의 말씀을 제대로 가르치고, 교인과 교회가 속한 공동체에 유익을 주는 작은 규모의 프로젝트를 지원하며, 미래의 기독교 지도자를 훈련시키도록 돕는다. 25명의 젊은 남성과 여성이(모두 난민임) 난민 교인의 지원을 받아 최근 중등과정 후 1년짜리 교육을 받아 졸업했다. **희망은 있다**가 수업 일부를 지원하고 NGO 스태프가 부교수로 섬겼다.

2. 난민들에게 대학 장학금을 제공한다.

드짤레카가 제공하는 중등학교 자격증 이상을 공부하면 난민은 더 나은 일자리 기회를 얻게 되고, 친척을 도울 수 있게 되며, 다음 세대에 긍정적인 역할 모델이 될 수 있다. 5년 전 장학금 프로그램을 시작한 이래, **희망은 있다**는 18명의 학생이 말라위에서 고등 교육을 받을 수 있도록 후원해주었다. 이 학생 중 상당수가 학업을 마치고 간호, IT, 경영, 지역 개발 등의 과정에서 디플로마(학위)를 땄다.

3. 소득 창출 활동을 개발하고 실시하도록 돕는다.

이 활동은 취약계층 여성(꼭 여성들에게만 제한되는 것은 아니다)이 주 대상이다. 드짤레카에 사는 사람의 상당수가 재정적으로 독립할 기술이 있음에도 창업 자본이 없거나 용기가 없어 못 하고 있다. **희망은 있다**는 소규모 사람을 도와 개인 사업체를 세우고 차리도록 한다. 축하카드 판매, 양계, 양복점, 채소 및 의류 판매가 성공 사업이다. 또 다른 예가 있다. 실직 상태인 콩고 난민 의사가 **희망은 있다**에서 대부받아 가족을 부양하며 6개월간 말라위 의료 체계 속에서 무임금 오리엔테이션을 마쳤다. 그 사람은 지역 병원에서 의사로 일자리를 얻어 대금을 다 갚았다.

4. 난민 수감자를 돌본다.

말라위 감옥에 수감된 난민은 재판을 기다리고 있거나 유죄 판결을 받은 사람들로서 시민이 가지고 있는 가족과 친지 같은 지원 네트워크가 없다. **희망은 있다**가 이 영역에서 하는 일은 고립 상태를 끊어주고, 매월 식량, 위생

용품, 영적-정신적 지도를 공급하며, 출감 후 난민 공동체에 재통합하도록 하고, 출감한 난민 수감자에게 소기업 자본 대부를 해주는 것이다.

5. 난민들의 창조적 예술 재능을 계발해준다.

희망은 있다는 난민에게 음악, 춤, 시, 그림, 미술 및 다른 창조적 형태로 예술적 재주를 표현할 수단과 기회를 제공하는 데 목표를 두고 있다. 한 예로 아마호로 부룬디 드러머라고 불리는 난민 그룹이 최근 릴롱궤에 있는 영국 영사관과 괴테 인스티튜트에서, 그리고 국가 행사에서 대통령을 앞에 두고 연주했다. 아마호로 부룬디 드러머는 **희망은 있다**의 지원을 받았다.

희망은 있다가 앞으로 할 프로그램은 말라위 정부와 협력해서 드짤레카 장벽 바깥 지역에 있는 유아 개발 센터에 투자하는 것이다[7](TIH 스텝 2013, 13).

다섯 가지 중점 영역과 기관이 실시하는 모든 일 속에서 **희망은 있다-말라위**는 기관의 이름에 담대하게 명시된 진리를 두 가지 메시지와 함께 전하고 있다.

1. 당신은 혼자가 아닙니다.

우리가 당신과 함께 서 있습니다. **희망은 있다**는 종교와 관계없이 난민을 섬기고 있지만, 이것은 기독교 신자에게 특별히 더 희망을 주는 메시지다. 하나님이 "내가 결코 너희를 버리지 아니하고 너희를 떠나지 아니하리라 하셨느니라(히 13:5)."라고 말씀하셨기 때문이다.

2. 당신이 해결책입니다.

---

7) 세계적 난민 사태 속에서 간과되는 현실은 난민 캠프의 토지 사용, 환경 파괴, 다양한 사회적 관계가 지역 주민에게 미치는 영향이다. 말라위에서 드짤레카 주변 지역 주민은 구호 개발, 교육, 기술 훈련, 지속가능한 농사를 위한 수자원 접근 및 주요 기술 제공 등의 영역에서 충분히 서비스를 받지 못하고 있다.

당신의 개인적 결단이 당신이 처한 현 상황과 주변 사람의 환경에 적용될 때 긍정적인 결과를 낳을 수 있다. 그리스도 안에서 믿음을 고백하는 많은 난민에게 이 메시지는 특별한 의미가 있다. 왜냐하면 사도 바울이 이렇게 말했기 때문이다. "내게 능력 주시는 자 안에서 내가 모든 것을 할 수 있느니(빌 4:13 NKJV)"

출발

희망은 있다-말라위의 역사는 아마 난민, 망명 신청자, 취약계층 사람이 어려운 환경을 딛고 날아오를 수 있도록 돕는 기관을 세우기 가장 적합한 사람은 그런 환경을 경험한 사람, 즉 난민 자신일 수 있음을 시사한다. 유럽, 미국에 걸쳐 수백 명의 개인, 단체가 **희망은 있다**를 돕고 있는 점도 이 생각이 일리가 있음을 말해준다.

27년 동안 동아프리카 난민 캠프에서 경험한 실패와 성공을 교훈 삼아 이노선트 마감비는 2006년에 단체를 설립했다. 이 단체는 일상의 필요를 채울 수 있게 된 난민 모두에게 가장 절실히 필요한 진리를 가르친다.

희망은 두 가지 중요한 원리에서 나온다. 이 원리는 이노선트가 배웠고, **희망은있다**가 모든 난민, 망명 신청자, 그리고 사역 대상인 가난한 말라위 사람에게 전하는 메시지다. 1) 당신은 혼자가 아닙니다. 2) 당신이 해결책입니다.

지역 NGO에 대한 주목은 대부분의 동아프리카 캠프에게 도움을 제공하는 UNHCR이 이재민의 장기적 성공을 위해서 **희망은 있다**와 같은 기관이 중요하다는 사실을 인지하는 시점에 찾아왔다. "기독교 기관, 특별히 지역 종교 공동체가 장기적인 해결책을 성취하는 데 보다 효과적으로 기여할 수 있는 커다란 잠재력이 있음을 봅니다."라고 안토니오 구테헤스는 말했다. "난민을 위해 영구적인 해결책을 찾는 일이 현재 우리가 직면한 가장 큰 보호에 대한 도전 과제 중 하나입니다……"(구테헤스 2012).

이제 8년밖에 안 된 단체지만, **희망은 있다-말라위**는 난민과 함께 걸으며 도전적 상황을 뛰어넘을 수 있는 수단을 제공하면서 괄목할만한 성공 기록을 축적하고 있다.

토의

1. 희망은 있다와 같은 단체는 난민의 장기적인 회복 과제를 어떻게 다루고 있으며, 어떤 장애물을 극복해야 하는가?
2. '당신은 혼자가 아닙니다.'와 '당신이 해결책입니다.'라는 두 메시지가 난민과 지역 공동체에 동시에 중요한 이유는 무엇인가?
3. 강제로 실향민이 된 사람에게 복리 후생과 개인적 결단 사이에 건강한 긴장 관계를 갖게 하려면 어떻게 해야 하겠는가?

참고문헌

Guterres, Antonio. "Opening remarks to the High Commissioners Dialogue on Protection Challenges—Theme: Faith and Protection" (Dec. 12, 2012). http://www.unhcr.org/pages/501a39ce6.html (accessed Aug. 25, 2014).

Heneghan.Tom. "Far more Christian than Muslim migrants worldwide" (March 8, 2012). http://www.reuters.com/article/2012/03/08/us-religion-migrationidUSBRE82716420120308 (accessed August 25, 2014).

International Association for Refugees (IAFR) Website. http://www.iafr.org.

Magambi, Innocent; Aeilts, David. *Refugee for Life* (Minneapolis, MN: International Association for Refugees, 2015).

Magambi, Innocent. Various interviews conducted in person and by e-mail in preparation for writing *Refugee for Lie*, starting Nov. 2013 and continuing to the present.

There is Hope – Malawi Web site. http://www.thereishopemalawi.com.

"UNHCR Operation in Malawi: Fact Sheet" (May 31. 2014). http://www.unhcr.org/pages/49e4856b6.html (accessed Aug. 23, 2014).

TIH Staff. *There is Hope: The First Seven Years*. Lilongwe, Malawi: (unpublished magazine, August 2013).

"UNHCR Framework for Durable Solutions for Refugees and Persons of Concern" (2013). http://www.unhcr.org/3f1408764.html (accessed Aug. 25, 2014).

UNHCR Web site –About Us. http://www.unhcr.org/pages/49c3646c2.html (accessed Aug. 25, 2015).

40장

앙떼를 돌보다 : 해외 필리핀 노동자를 파송하고 돌보는 일에 지역 교회가 하는 역할에 대한 사례연구

게랄도 B. 리스베 주니어(Gerardo B. Lisbe, Jr.)

1984년, 마리 엔젤(Angel)의 남편 라이언(Ryan)은[1] 결혼 전에 이미 해외 필리핀 노동자(OFW)였다. 엔젤은 필리핀 도시에서 그녀 가까이에 있으면서 일자리를 찾도록 라이언을 설득했지만, 그는 그 지역에서 일자리를 찾기 어렵다고 불평했다. 전직 OFW로 매달 고정 임금을 받는 데 익숙했던 라이언은 결혼 후 몇 개월 만에 실업의 불안을 느꼈다. 20개월 동안 일자리를 찾은 끝에, 라이언은 해외에 있는 일자리에 지원해서 사우디아라비아, 제다에 병원 유지 관리원 자리를 찾았다. 동시에 엔젤은 남편을 위해 기도하며 필리핀에서 임금을 잘 쳐주는 직업을 찾기 바랐다.

라이언은 해외에서 일하기로 결정하기 전에 교회 지도자 누구와도 상담하지 않았고, 다른 사람에게 자문을 구하지도 않았다. 그가 결정을 내렸고 엔젤은 주저하며 순종했다. 가족이 재정적으로 혜택받았고, 부부가 사는 동네

1) 비밀 준수 협정에 따라 부부의 실제 이름은 밝히지 않는다. 이 글의 작성자는 2014년 1월 6일 Angel과 심도 깊은 인터뷰를 했다.

와 그 근처에 있는 땅 몇 구획에 투자했다. 아직 자녀가 없었기 때문에 돈을 저축할 수도 있었고, 다른 가족을 도울 수 있었다.

하지만 엔젤은 - 해외 일자리의 부정적인 면 - 자주 아내로서 불완전함을 느꼈다. 남편이 매우 보고 싶었고 교제가 그리웠다. 남편이 물리적으로 옆에 있어 주기 바랐고, 어렵고 큰일이 생길 때 의지하고 싶었다. 이렇게 오래 떨어져 있고 싶지 않았다. 그녀가 느끼는 좌절감과 슬픔을 이해하고 도와줄 가족과 친한 친구가 없는 점이 감정적 고통을 심화시켰다.

먼 거리에도 불구하고 관계를 튼튼히 하기 위해 부부는 날마다 스카이프를 이용해 인터넷으로 통화했다. 두 명 다 정기적으로 통화를 하는 것이, 특히 라이언에게, 성적 유혹을 피하는 데 도움이 되는 걸 발견했다. 라이언은 제다에서의 삶이 대체로 지루하다고 했다. 라이언의 하루는 보통 집과 직장을 왔다 갔다 하고 혼자서 아파트에 있는 것이었다. 같이 사는 친구의 작업 스케줄이 다르기 때문이었다.

야간근무 시간은 종종 피곤함과 지루함이 더해서 성적 유혹에 더 취약하게 했다. 남편이 기꺼이 본인의 분투를 털어놓는 게 기쁘긴 했지만, 엔젤은 라이언이 성적 유혹에 넘어갈지도 모른다는 두려움이 커졌다. 게다가 결혼한 OFW 동료가 혼외관계에 빠졌다는 이야기를 듣고는 두려움이 더 커졌다.

엔젤은 남편을 위해 더욱 신실하게 기도했고 계속해서 연락하며 지냈다. 온종일 일해서 피곤할 때도 매일 밤 11시부터 3시까지 남편과 대화하고 인터넷으로 격려하기 위해 깨어있도록 힘썼다. 하지만 남편과 대화하다 잠이 들 때가 많았다.

계속해서 연락하며 지내려는 노력에도 불구하고, 라이언은 엔젤이 다른 남자와 부적절한 관계를 맺고 있다고 의심하게 됐다. 외로움에 빠진 라이언은 교회에서 일하는 엔젤이 다른 사람 - 남자와 여자 모두 - 과 함께 있을 때가 많기 때문에 사역하면서 부적절한 관계에 빠질 기회가 많다고 여겼다. 엔젤의 페이스북에서 잘 모르는 남자와 찍은 사진을 보고 의심은 커졌다.

엔젤에게 있어서 부부의 별거 생활이 주는 가장 큰 고통은 남편의 의심이었다. 엔젤은 비록 그 상황에서 심각한 외로움을 느꼈어도 본인이 마음속으로 남편에게 얼마나 헌신적이고 신실한지 알았다. 부적절한 관계를 맺고 있다고 의심받고 비난받으며 겪는 감정적 고통보다 더 나쁜 것은 없을 것 같았다.

엔젤은 또한 라이언이 해외에서 일하는 것이 영적인 생활에 미칠 나쁜 영향에 대해 걱정했다. 남편이 주님 안에서 성장하지 못하고 있다는 걸 느낄 수 있었다. 라이언은 잠깐 제다에 있는 필리핀 교회에 다녔지만, 목사의 부인이 불륜을 저지르고 있다는 걸 알고 발길을 끊었다. 교회에 실망하니 교회가 자신에게 가장 관심 있는 부분은 재정적 지원일 거라고 의심하게 되었다.

라이언과 엔젤의 경험이 갖는 주요 특징

라이언과 엔젤의 경험이 예외적 상황이 아님을 알 필요가 있다. 수백만은 아닐지 몰라도 수천 명의 필리핀 부부가(그리스도인과 비그리스도인 모두 포함) OFW 부부와 가정이라는 독특한 위치 때문에, 날마다 유사한 경험과 도전 과제에 직면해 있다. 아이가 이 그림에 더해지면 문제는 더 복잡해진다.

OFW 현상을 연구해 보면, OFW 부부 중 관계의 역기능 형태를 경험하는 비율이 높다(인간 개발, 2009, 72; 산타마리아(Santamaria) 1992, 71). 라이언과 엔젤의 경우, 남편과 아내 모두 오랜 별거 생활의 고통을 경험했다. 엔젤은 남편과 시간을 보내지 못하기 때문에 불완전한 아내로 느꼈다. 라이언이 성적인 유혹에 빠질지 모른다는 두려움은 남편이 처한 환경을 생각해볼 때 당연했다.

라이언은 아내와 떨어져 있는 동안 성적유혹이 온다는 사실을 인정했고 엔젤에 대한 불신은 어쩌면 아내에게 자신의 감정적 상태를 심리적으로 투영한 결과일지 모른다. 이런 경험이 불신의 환경과 배신감을 조장해서 별거의 감정적 고통을 증가시켰다.

라이언과 엔젤의 이야기가 디아스포라 선교에 주는 시사점

라이언과 엔젤의 이야기가 디아스포라 선교에 주는 주요 시사점이 있다. 세계적으로 기독교 OFW 텐트 메이킹 선교가 지닌 잠재력은 어마어마하며 필리핀 복음주의 교회가 촉진할 일이기도 하다. 이 잠재력은 2012년 마카티 도시에서 열린 로잔 필리핀 회의에서 인지되었다. 이 회의에서 필리핀의 71개 교회와 선교 단체는 수천 명의 OFW를 훈련시켜 세계에서 전도가 가장 덜 된 종족 가운데서 효과적인 타문화 증인과 제자 삼는 자가 되게 하겠다고 약속했다(림(Lim) 2013). 만일 이 목표가 달성된다면 세계 복음화에 지대한 공헌을 하게 된다. 수천 명의 라이언 같은 사람이 훈련되어 제다에서뿐만 아니라 여러 곳에서 효과적인 증인으로 임명받기를 바란다.

하지만 필리핀 교회가 이 목표를 수용하면서 현재의 동원 훈련 전략이 갖는 약점을 생각해 보아야 한다. OFW의 50%가 라이언과 엔젤처럼 결혼했다. 대부분 아이가 있다. 이 가정이 직면하게 될 무수한 가정 문제와 역기능이 어떨지 상상하기 어렵지 않다. 본 연구가 제의하는 것은 이들 OFW 가정의 역기능을 인정하고 돌아보지 않는다면 디아스포라 사역의 선교 잠재력을 심각하게 저하시킬 뿐 아니라, 세계 복음화를 위한 노력을 잠식할 거라는 사실이다.

디아스포라 선교학자 에녹 완과 사디리 조이 티라는 “어떻게 고국에 남겨진 디아스포라 사역의 가정을 효과적으로 목양할지”를 결정하기 위해 더 많은 연구를 할 것을 권했다(완, 티라 2012, 55). 고국에 남겨진 가족 뿐 아니라 실제로 해외에서 일하고 있는 사람도 목양해야 한다.

지역 교회는 OFW 가정의 역기능적 효과를 최소화하도록 돕는 데 중요한 역할을 감당한다. 존 벡스터(John Baxter)가 “지역 교회는 OFW와 가족을 적절히 도울 수 있는 관계적 자원을 보유하고 있다”고 말한 것은 맞는 말이다(벡스터, 2009, 118). 벡스터는 필리핀 디아스포라 선교의 중심에 있는 긴장감에 대해 다음과 같이 설명했다.

전통 선교와 달리, OFW 선교는 고질적인 모호함이 있다. 간단히 말하면 필리핀 노동자 유출은 가정생활에 심각한 상해를 입힌다는 점에서 국가의 사회적 구조에 위해를 가하는 결과를 낳았다. 내재적 위험이 하나님의 지상명령을 수행하는 계획에서 OFW 선교를 배제하지는 않는다. 하지만, 파송 훈련 기관 측에 선교를 장려하는 동안 가정을 위험에 빠뜨리지 않도록 세심한 주의를 요구한다. 필리핀 사람을 해외 업무와 사역에 적절히 준비되도록 훈련할 때, 반드시 필수불가결한 부정적 측면을 염두 해야 한다. 이런 현실 때문에 훈련은 세미나의 수준을 넘어서 교회의 장기적 사역 전략의 일부가 되어야 한다(118).

필리핀에 있는 모델 교회

기쁜 소식은 필리핀의 복음주의 교회 중에 벌써 장기적인 선교 전략으로 국제 OFW 가정 사역을 채택한 교회가 있다는 사실이다. 이 교회는 OFW의 출발 전, 출발 후, 재입국에 관련된 문제를 다루는 서비스를 제공한다. 아래 글은 복음주의 교회가 OFW 가정의 필요에 대응해서 창출한 OFW 사역, 서비스, 자원을 정리한 것이다.[2)]

출발 전 사역

상담과 기도는 현재 그리고 미래의 OFW와 그들의 가정에 제공하는 사전 서비스다. 대부분의 필리핀 그리스도인은 해외에서 일하기로 결정 내릴 때 교회에 자문하지 않는다. 하지만 상담을 제공할 수 있었던 교회가 몇 있다. 교회는 떠남이 가족 건강에 실질적인 위험이 되기 때문에 해외 고용보다는 대안을 찾도록 교인을 독려한다. 안타깝게도 가정문제로부터 탈출하는 수단으로 해외 고용을 찾을 때도 있다(파레나스, 2003, 68). 교회가 제공하는 출발 전

2) 더 자세한 내용은 저자의 조사자료를 참고하라(Lisbe 2014).

상담은 해외에서 일하려는 진짜 동기를 가려내도록 돕고 교인이 가정문제를 피하고자 해외에서 일하는 것보다 더 나은 해결책을 찾도록 도와준다.

잠재적 OFW가 몇 년 동안 가족을 떠날 결심을 하기 전에 자신의 선택에 무게를 실을 수 있도록 돕기 위해 고용 전 오리엔테이션 세미나(PEOS, 2014)를 실시하는 교회 숫자도 늘어나고 있다. PEOS는 일자리 응모 절차, 필요 서류 및 대금, 그리고 불법고용을 피하기 위한 보호 장치에 대해 주요 정보를 제공한다.

아나 가메즈가 'OFW 사역 데스크' 또는 OMD라고 명명한 사역을 하는 교회도 있다. 가메즈는 다음과 같이 말한다.

> 대부분 교회가 필리핀 방식 텐트 메이크 선교 전략에 대해 인지하지 못하고 텐트 메이커 선교사 프로그램이 없기 때문에, OFW 사역 데스크OMD는 이 일을 시작하게 하는 효과적인 진입로다. 첫째, OFW 사역은 지역 교회가 세계 선교를 향해 비전을 개발하도록 돕는다. 둘째, 구경꾼에서 멤버 케어 제공자로 교인의 역할을 확장한다. 셋째, 교회가 OFW 회원이 있는 나라와 사역하는 종족그룹을 위해 기도할 소중한 기회를 제공한다. (가메즈 2012, 50)

루손 지역에는 디아스포라 선교 전략의 일부로 OFW 가정에게 의도적으로 도움의 손길을 내밀어야 할 필요성 때문에 OMD를 채택한 복음주의 교회가 몇 있다. 해외에서 일하기로 결정 나면, 교회가 가정 증진 세미나를 제공하기도 한다.

어떤 대형 교회는 자녀 양육 및 기타 결혼 관련 문제에 대한 워크숍을 열기 위해 결혼 전문 상담가를 초청한다. 종종 가정 세미나에 재정 전문가를 포함시켜 OFW 가정이 힘들게 번 수입을 현명하게 소비, 저축, 투자할 수 있도록 돕기 위해 재정 관리 워크숍을 실시한다.

해외에서 일하는 노동자와 남겨진 가족 사이에 발생하는 분쟁의 원인은 보통 재정이다. 집으로 돌아왔을 때 몇 년간 송금한 돈을 현명하게 사용하지 않아, 가정이 여전히 예전과 똑같은 재정 상태인 것을 발견하게 되는 노동자가 많다. 해외에서 번 돈을 저축하고 투자할 능력이 없으면 해외 노동으로 별거하는 사이클을 반복하게 된다.

교회의 파송 전 훈련은 보통 복음 전파와 제자 양육에 대한 워크숍이다. 교회가 타문화 사역을 위해 OFW를 무장시킬 수 있도록 복음주의 선교 단체, 교회, 교단의 협력체인 필리핀 선교 연합(PMA, 2014)[역16]은 활자화된 선교 훈련 자료와 네 가지 워크숍을 제공해서 교회가 교인을 해외 타문화 선교를 위해 준비시키도록 돕는다.

출발 후 사역

OFW 교인이 필리핀을 떠나 새로운 고용 환경에 정착한 후에도 지속해서 훈련과 격려, 돌봄을 제공하고자 하는 교회가 늘고 있다. 자주 이용되는 방법은 휴대전화, 페이스북, 스카이프를 통해 해외에 있는 OFW 교인을 상담하는 것이다. 온라인 OFW 교인에게 필리핀에 있는 교회 지도자와 자신의 문제와 걱정거리를 나누고, 정기적으로 격려와 기도, 자문을 받는 장소가 주어진다. 정기적으로 지도자를 해외로 보내서 해외에 있는 교인을 개인적으로 만나게 하는 교회도 있다.

마닐라에 있는 한 대형 교회는 '스카이플쉽(Skypleship)'을 세워서 스카이프를 통해 온라인으로 제자 양육을 해왔다. 정기적으로 온라인상에서 교제하는 그룹의 일원이 되어 하나님의 말씀을 공부하고, 교제와 기도, 상호지지와 책무성을 지키고자 하는 OFW를 대상으로 사역하는 그들만의 방법이다. 온라인 그룹에 참여하는 사람은 필리핀에 사는 교인과 지구촌 다른 곳에서 일하고 있는 교인 모두이다.

OFW 가정에 대한 지속적인 케어

남겨진 가족을 위해서는 지역 교회가 방문, 상담, 기도 사역을 제공할 수 있다. 이 방법은 해외에서 일하는 남편 또는 아내와 떨어져 있는 가족에게 관심을 보여주는 실질적인 길이다. 이렇게 함으로써 교회 지도자가 OFW 가족 구성원의 문제에 대해 듣고, 현명하게 상담해주고, 함께 기도한다.

OFW 가족 구성원 간에 관계를 튼튼히 하도록 교회는 배우자와 아이들이 어떻게 장거리 관계를 지탱할 수 있는지 알려주는 가정 증진 세미나를 제공한다. 교회는 OFW 가족이 그들의 어려움을 돕기 위해 만들어진 OFW 셀 그룹(cell groups) 또는 케어써클(COC)에 가입해서 정기적으로 만나도록 독려한다. 어떤 교회는 OFW 가정의 청소년을 한데 모아 부모의 부재 때문에 발생하는 문제를 다루는 데 집중한다. 이런 행사를 통해 OFW 청소년은 자신이 가지고 있는 축복, 고통, 염려를 나눌 수 있고 OFW 가정에 속한 다른 청소년과 교회의 성인 지도자의 지원을 받는다.

재입국 사역

OFW들은 변화된 가족에게 돌아온다. 그들의 부재는 다른 가족이 부재 부모의 역할과 책임을 지게 했거나 또는 이 가족들의 기능이 정지했거나 가족들의 희생으로 남게 되었다. 오랜 별거 생활 동안 생성된 두려움, 의심, 상처, 좌절감이 해결을 기다리고 있다. 현재로는 재적응 기간에 가정을 돕는 경우가 거의 없다. 어떤 교회는 비공식적으로 정보 청취 시간을 제공한다. 교회 지도와 상담을 통해 OFW 교인은 좋았든지 나빴든지 해외에서의 경험을 나눌 수 있고 사역팀은 OFW가 해외에서 신실한 그리스도의 증인이었는지, 가정 문제를 해결하는지 파악할 수 있다. 해결되지 않은 가정 문제는 또 다른 - 수년의 해외 계약 형태로 이어지는 - 도피 사유가 될 수 있고, 가정의 역기능을 촉진한다.

선교학적 시사점

수백만 OFW를 해외 인력으로 내모는 사회, 경제적 압력은 종종 역경과 고난, 역기능 가정을 탄생시킨다. 하지만, OFW는 하나님이 세계의 미전도 종족을 위해 선택하신 바로 그 사람이다. 이들의 감정적, 영적, 관계적 건강이 선교 활동의 효과성과 직결된다. 디아스포라 선교 전략은 이동하는 사람에게 종종 수반되는 어려움의 원인과 해결책을 이해함으로 세워져야 한다.

해외에서 일하는 사람이 효과적으로 사역하는데 가장 심각한 장애물은 오랜 기간 별거로 인해 생기는 가정 문제다. 이 문제를 다룰 수 있는 최고의 장소는 지역 파송 교회다. 출발 전, 출발 후, 그리고 재입국 사역을 통해 교회는 해외 노동자가 해외 고용과 관련해 건강한 결정을 내리도록 돕고, 떠나는 사람에게 기본적인 제자 양육 기술을 준비시키고, 해외에 있을 때 지속해서 격려와 책무성을 제공하는 시스템을 창출하고, 남겨진 가족을 돌보고, 별거 과정에서 생기는 일반적인 가정 문제에 대해 상담과 실질적인 도움을 제공하고, 재입국 시 생기는 문제를 다룰 수 있도록 준비시킨다.

해외 노동자가 심각한 역기능 가정 문제를 겪으면, 선교에 비효율적인 것은 단순한 상식이다. 전 세계의 파송 기관, 교단, 교회는 수백만 그리스도인 해외 노동자를 파송하고 돌보는데 지역 교회가 차지하는 중대한 역할을 이해함으로써 디아스포라 선교를 도울 수 있다.

토의사항

1. 해외로 사역자를 파송하는 교회는 어떻게 사역자가 그리스도 안에 살고 다른 사람에게 증인이 되도록 도울 수 있는가?
2. 해외에서 노동자를 받는 국가는 어떻게 그들이 그리스도 안에 살고 다른 사람에게 증인이 되도록 도울 수 있는가?
3. 선교 파송 단체는 남반구에 있는 교회가 해외 노동자를 훈련시키고 돌볼 수 있도록 어떻게 자원을 제공할 수 있는가?

참고문헌

Adeney, Miriam. "Colorful initiatives: North American diasporas in mission."

Missiology: *An International Review*, 2011: 5–23.

Appiah, Kwame Anthony. "Cosmopolitan Patriots." *Critical Inquiry*, 1997: 617–639.

Baeq, Daniel Shinjong, Myunghee Lee, Sokpyo Hong, and Jonathan Ro. "Mission from migrant church to ethnic minorities: A brief assessment of the Korean American Church in mission." *Missiology: An International Review*, 2011: 25–37.

Bakke, Raymond. "Urbanization and Evangelism: A Global View." In *The Urban Face of Mission: Ministering the Gospel in a Diverse and Changing World*, edited by Manuel Ortiz and Susan Baker, 32. Phillipsburg, New Jersey: P&R Publishing, 2002.

Baxter, John. "The Local Church in Diaspora Missions." *Journal of Asian Mission* 11, no. 12 (2009): 113–119.

Bediako, Kwame. *Jesus in Africa: The Christian Gospel in African History and Experience*. Akropong: Regnum Africa, 2000.

Bediako, Kwame. "John Mbiti's Contribution to African Theology." In *Religious Plurality in Africa: Essays in Honor of John S. Mbiti*, by Jacob K. Olupona and Sulayman S. Nyang, 367–396. Berlin: Mouton de Gruyter, 1993.

Buber, Martin. *I and Thou*. New York: Charles Scribner & Sons, 1958.

Carino, Feliciano V. "The Dynamics of Political Migrations as a Challenge to Religious Life." In *Religions Today: Their Challenge to the Ecumenical Movement*, by Julio de Santa Ana, 86. Geneva: World Council of Churches, 2005.

Carmichael, Amy. "No Scar?" In *Toward Jerusalem*, by Amy Carmichael, 85. London: Holy Trinity Church, 1936.

Casiño, Tereso C. "Why people move: A prolegomenon to diaspora missiology." In *Korean Diaspora and Christian Mission*, edited by S. Hun Kim and Wonsuk Ma, 30–53. Oxford: Regnum Books, 2011.

Choi, Sungho. "Identity Crisis for Diaspora Community." In *Korean Diaspora and Christian Mission*, edited by S. Hun Kim and Wonsuk Ma, 20–29. Oxford: Regnum Books, 2011.

Chun, Do Myung. "Kingdom-centered identity: The case of bicultural Korea-Brazilians." In *Korean Diaspora and Christian Mission*, edited by S. Hun Kim and Wonsuk Ma, 115132. Oxford: Regnum Books, 2010.

Commission on World Mission and Evangelism. "Mission spirituality and discipleship: Beyond and through contemporary boundaries." *International Review of Mission*, 2010: 106-124.

Conn, Harvey M., and Manuel Ortiz. Urban Ministry: *The Kingdom, the City, and the People of God*. Downers Grove, Illinois: IVP Academic, 2001.

Connor, Phillip. "A Biblical missiology for North American people groups." *North American Mission Board*. 2006. http://staging.namb.net/nambpb.aspx?pageid=8589967111 (accessed 2 16, 2011).

Cronin, Vincent. *A Pearl to India: The Life of Roberto de Nobili*. New York: E.P. Dutton & Co., 1959.

Embassy of the Blessed Kingdom of God for All Nations. "Embassy of the Blessed Kingdom of God for All Nations: 8th Anniversary." Brochure. Kiev, 2002.

Gamez, Ana. *Blessing OFWs to Bless the Nations*. Makati City: Church Strengthening Ministry, Inc., 2012.

George, Sam. "Diaspora: A hidden link to "From everywhere to everywhere" missiology." *Missiology: An International Review*, 2011: 45-56.

Haar, Gerrie ter. *Halfway to Paradise: African Christian Presence in Europe*. Cardiff: Cardiff Academic Press, 1998.

Hale, Chris. "Aradhna: From comfort to discomfort, from church to temple." *International Journal of Frontier Missions*. 2007. http://www.ijfm.org/PDFs_IJFM/24_3_PDFs/147-150Hale.pdf (accessed 2 18, 2011).

Hanciles, Jehu H. "Migration and Mission: Some Implications for the Twenty-First Century Church." *International Bulletin of Missionary Research*, 2003: 149-150.

Harvey, Thomas Alan. "Diaspora: A passage to mission." *Transformation: An International Journal of Holistic Mission Studies,* 2011: 42-50.

Howell, Brian M. "Multiculturalism, immigration and the North American Church: Rethinking contextualization." *Missiology: An International Review*, 2011: 79-85.

International Organization for Migration. *World Migration Report*. Geneva: International Organization for Migration, 2013.

International Organization for Migration. World Migration Report. Geneva: International Organization for Migration, 2015.

Jackson, Darrell. "Europe and the migrant experience: Transforming integration." *Transformation: An International Journal of Holistic Mission Studies*, 2011: 14-28.

Jenkins, Phillip. *The Next Christendom: The Coming of Global Christianity*. Oxford: Oxford University Press, 2011.

Jeong, Matthew. "Korean Evangelicals' response toward Muslim neighbours." In *Korean Diaspora and Christian Mission*, edited by S. Hun Kim and Wonsuk Ma, 157-173. Oxford: Regnum Books, 2010.

Jung, Min-young. "Diaspora and timely hit: Towards a diaspora missiology." In *Korean Diaspora and Christian Mission*, edited by S. Hun Kim and Wonsuk Ma, 54-63. Oxford: Regnum, 2010.

Kawthoolei Karen Baptist Bible School & College. "Brief history." *Kawthoolei Karen Baptist Bible School & College*. 2010. https://sites.google.com/site/kkbbsc/home/brief-history (accessed 2 15, 2011).

Kim, Hun. "Receiving mission: Reflection on reversed phenomena in mission by migrant workers from global churches to Western society." *Transformation: An International Journal of Holistic Mission Studies*, 2011: 62-67.

Kim, S. Hun. "Migrant workers and 'Reverse Mission' in the West." In *Korean Diaspora and Christian Mission*, edited by S. Hun Kim and Wonsuk Ma, 150-156. Oxford: Regnum Books, 2010.

Kim, S. Hun, and Wonsuk Ma. *Korean Diaspora and Christian Mission*. Oxford: Regnum Books International, 2011.

Ko, Lawrence. "Individuals in the City: Encountering the Other." In *Ethnic Rhythms:*

Life in the Global City, edited by Lawrence Ko, 51-52. Singapore: Singapore Center for Global Missions, 2015.

Ko, Lawrence. "The Role of the Asian Church in Missions." In *Emerging Missions Movements: Voices of Asia*, 1-10. Compassion International and Asia Evangelical Alliance, 2010.

Kong, Lily. "Cultural Icons, Global City and National Identity." In *Engaging Society: The Christian in Tomorrow's Singapore*, edited by Michael Nai-Chiu Poon, 24-40. Singapore: Trinity Theological College, 2013.

Kraemer, Hendrik. *Religion and the Christian Faith*. Cambridge: James Clarke, 1956.

Lausanne Committee for World Evangelization. *Scattered to gather: Embracing the global trend of diaspora*. Manila, Philippines: LifeChange Publishing, Inc., 2010.

Lausanne Diaspora Educators Consultation. "The Seoul Declaration on Diaspora Missiology." *The Lausanne Movement*. 11 14, 2009. http://www.lausanne.org/documents/seoul-declaration-on-diaspora-missiology.html (accessed 2 18, 2011).

LCWE. *Scattered to gather: Embracing the global trend of diaspora*. Manila, Philippines: LifeChange Publishing, Inc., 2010.

—. Scattered to gather: Embracing the global trend of diaspora. Manila, Philippines: LifeChange Publishing, Inc., 2010.

Lim, David S. "Seconnd lausannne Philippine Congress (2012)." *http://www.lausanne.org/en/blog/1921-second-lausanne-philippine-congress-2012-report.htm*l. January 7, 2013. (accessed September 1, 2014).

Lisbe, Gerardo B. *Church-based OFW Family Care Ministry: An Ethnographic Study on the Structure and Activities that Filipino Create that Significantly Reduce OFW Family Dysfunction*. D. Min. Dissertation, Los Angeles, CA: International Theological Seminary, 2014.

Loong, Lee Hsien. "Smart Nation Initiative." November 24, 2014. https://www.youtube.com/watch?v=jGMbqpVRo9I.

Lorance, Cody "An Introduction to Contextualization Among Hindus." *Lausanne*

Global Conversation. 6 6, 2010. http://conversation.lausanne.org/en/conversations/detail/10373 (accessed 2 14, 2011).

Ma, Wonsuk. "A Millenial Shift of Global Christianity and Mission: An Initial Reflection." In *Korean Diaspora and Christian Mission*, edited by S. Hun Kim and Wonsuk Ma, 11–24. Oxford: Regnum Books International, 2011.

Oh, Doug K. "History of the Korean Diaspora Movement." In *Korean Diaspora and Christian Mission*, edited by S. Hun Kim and Wonsuk Ma, 2–16. Oxford: Regnum Books, 2011.

Olupona, Jacob, and Regina Gemignani. *African Immigrant Religions in America*. Washington D.C.: New York University Press, 2007.

Operation World. *Singapore*. 2015. http://www.operationworld.org/sing.

Ortiz, Manuel. "The Church and the City." In *The Urban Face of Mission: Ministering the Gospel in a Diverse and Changing World*, edited by Manuel Ortiz and Susan Baker, 43. Phillipsburg, New Jersey: P&R Publishing, 2002.

Ott, Craig, Stephen J. Strauss, and Timothy C. Tennent. *Encountering Theology of Mission: Biblical Foundations, Historical Developments, and Contemporary Issues*. Grand Rapids: Baker Academic, 2010.

Parreñas, Rachel S. *Servants of Globalization*: Women, Migration, and Children. Quezon City: Ateneo De manila University Press, 2003.

Photo Voice; Bhutanese Refugee Support Group. "Introduction." *Bhutanese Refugees*: The Story of a Forgotten People. March 12, 2010. http://www.photovoice.org/bhutan/ (accessed 2 17, 2011).

Pocock, Michael, Gailyn Van Rheenen, and Douglas McConnell. *The Changing Face of World Missions: Engaging Contemporary Issues and Trends*. Grand Rapids, MI: Baker Academic, 2005.

Programme, United Nations Development. *Human Development Report 2009 Overcoming Barriers: Human Mobility and Development*. New York: Macmillian, 2009.

Rajamanickam, S. "The Goa Conference of 1619 (A letter of Fr Robert de Nobili to Pope Paul V)." *Indian Church History Review*, 1968: 85.

Ratha, Dilip, et al. *Migration and Remittances: Recent Developments and Outlook*. Washington D.C.: The World Bank, 2015.

Richard, H.L. "Good news for Hindus in the neighborhood." *Rethinking Hindu Ministry II: Papers from the Rethinking Forum*, 2010: 32-35.

Rodas, M. Daniel Carroll. Christians at the Border: *Immigration, the Church and the Bible*. Grand Rapids: Baker Academic, 2008.

Santamaria, Francis. "Problems regarding Family Relationns and Children of Migrant Workers." In *Filipino Women Overseas Contract Workers: At What Costs?*, by Mary Palma-Beltran and Aurora javate De Dios, 71. Quezon City: JMC Press, 1992.

Sassen, Saskia. "The Global City: Introducing a Concept." *Brown Journal of World Affairs*, 2005: 27-43.

Singapore Center for Global Missions. 2014. http://www.scgm.org.sg.

Solomon, Robert. "Soul of the Global City." *Speech at Singapore Centre for Global Missions*. Singapore, August 6, 2015.

Song, Minho. "The diaspora experience for the Korean Church and its implications for world missions." In Korean Diaspora and Christian Mission, edited by S. Hun Kim and Wonsuk Ma, 103-114. Oxford: Regnum Books, 2010.

Sydnor, Paul N. "Understanding the forced displacement of refugees in terms of the person." *Transformation: An International Journal of Holistic Mission Studies*, 2011: 51-61.

Tan, Kang-San. "In search of contextualized training models for Chinese Christian diaspora in Britain." *Transformation: An International Journal of Holistic Mission Studies*, 2011: 29-41.

The Lausanne Movement. "The Lausanne Covenant." *The Lausanne Movement*. 1974. http://www.lausanne.org/covenant (accessed 2 18, 2011).

Thomas, T.V. "Ministering to Scattered Peoples: Global Phenomenon of Diaspora."

Lausanne Global Conversation. 11 12, 2010. http://conversation.lausanne.org/en/conversations/detail/11660 (accessed 2 17, 2011).

Trinity International Baptist Mission. Our Story. 2010. http://www.tibm.org/our-story.html (accessed 2 25, 2011).

United Nations. *World Urbanization Prospects*. New York: United Nations, 2014.

United Nations. *World Urbanization Prospects*. New York: United Nations, 2014.

United Nations: Department of Economic and Social Affairs. *Trends in International Migrant Stock*: 2013 Revision. United Nations, 2013.

Vanier, Jean. *From Brokenness to Community*. Mahwah, NJ: Paulist Press, 1992.

Wahrisch-Oblau, Claudia. *The Missionary Self-Perception of Pentecostal/Charismatic Church Leaders from the Global South in Europe*. Leiden/Boston: E.J. Brill, 2009.

Wallis, Jim. *On God's Side: What Religion Forgets and Politics Hasn't Learned about Serving the Common Good*. Grand Rapids: Brazos Press, 2013.

Walls, Andrew F. "Mission and Migration: The Diaspora Factor in Christian History." *Journal of African Christian Thought*, 2002: 3-11.

Waltke, Bruce K. Genesis: A Commentary. Grand Rapids, MI: Zondervan, 2001.

Wan, Enoch. "Diaspora missiology." *Occasional Bulletin*, 2007: 3-7.

Wan, Enoch. "Diaspora mission strategy in the context of the United Kingdom in the 21st century." *Transformation: An International Journal of Holistic Mission Studies*, 2011: 3-13.

Wan, Enoch. "Korean diaspora: From hermit kingdom to Kingdom ministry." In *Korean Diaspora and Christian Mission*, edited by S. Hun Kim and Wonsuk Ma, 85-101. Oxford: Regnum, 2010.

—. "Ministering to Scattered Peoples - Moving to Reach the People on the Move." *Lausanne Global Conversation*. 10 22, 2010. http://conversation.lausanne.org/en/resources/detail/11438 (accessed 2 17, 2011).

Wan, Enoch, and Sadiri Joy Tira. "Diaspora Missiology." In *Missions in Action in the 21st Century*, edited by Joy Sadiri Tira and Enoch Wan, 55. Quezon City: LifeChange Publishing, Inc., 2012.

Wanner, Catherine. *Communities of the Converted: Ukrainians and Global Evangelism*. London: Cornell University Press, 2007.

Yeoh, Brenda, and Theodora Lam. "Divercity Singapore." In *Ethnic Rhythms: Life in the Global City*, edited by Lawrence Ko. Singapore: Singapore Centre for Global Missions, 2015.

41장

새 신자가 귀국했을 때 : 중국의 기독교 귀환자에 대한 사례연구

캐롤린 캠프(Carolyn Kemp)

서론

해외에 일시적으로 거주하는 디아스포라를 사역하는 그리스도인은 학생이든, 사업가이든, 유동적 노동자이든 이들 디아스포라가 그리스도를 영접하고 고국으로 돌아가는 것을 보게 된다. 우리는 이에 대해 두 가지 중요한 질문을 해야만 한다. 1) 고국으로 돌아간 후에도 새로 개종한 이들이 믿음에 굳건히 설 것인가? 2) 결국은 고국으로 돌아갈 새 신자에게 문화적으로 적합한 제자 양육을 하려면 어떻게 해야 하는가?

다음의 사례 연구는 중국 본토인의 디아스포라 환경 속에서 이 질문들에 대한 답을 찾아, 언젠가 자국으로 돌아갈 디아스포라를 대상으로 사역하는 모든 이가 적용할 수 있는 통찰력을 제공하고자 한다.

존과 루시의 이야기

존(John)[1]은 영국에 유학 와서 그리스도인이 되었다. 남편과 아내, 모두 학문적인 성취를 이루고 중국의 대학교수가 되었다. 존은 농사짓는 아버지 밑에서 자랐다. 아버지는 존, 존의 여자 형제, 어머니에게 폭력적이고 공격적인 사람이었다. 존은 학문의 사다리를 오르기 시작하면서 중국에 있는 좋은 대학에 입학할 수 있었다. 결국 영국으로 갈 수 있는 장학금도 받았다. 2008년 11월 존은 아내와 함께 '잉글리시 코너(English Corner)'[2]에 와서 그리스도인과 접촉하게 되었다. 존은 이렇게 썼다:

> 그곳을 방문한 첫날부터 그곳이 좋아졌습니다. 선생님이 모두 친절하고 좋았기 때문입니다. 그날 이후 아내와 나는 기회가 될 때마다 잉글리시 코너에 갔습니다. 매주 목요일 더글라스와 피터의 설교와 찬양, 사비네와 그래함이 이끄는 글로벌 카페 활동, 교회가 주최하는 기독교 탐험 시간, 그리고 키스의 설교 덕분에 기독교에 대해 더 알게 되었습니다. 그리스도인에 대한 편견도 바뀌었습니다.

이것은 존이 주님을 알아가는 여정의 일부였다. 2009년 4월, 한 기독교 콘퍼런스에서 '마음의 언어'인[3] 중국 북경어로 제자의 도에 대해 듣고 그리스도인으로서 중국으로 돌아간다는 것이 어떤 의미인지 생각하며 존은 그리스도에게 남은 삶을 드렸다. 존은 본인의 개종을 이렇게 표현한다. "제가 하나님의 자녀가 되자마자 마음속에 평안과 기쁨을 느꼈고, 예수 그리스도는 제 가장 친한 친구가 되었습니다."

---

1) John은 가명이다. 이 책에 등장하는 이를 보호하기 위해 모든 이름을 변경했다. 이 사례연구에나오는 조직 역시 Love China Ministries(LCM)이란 가명을 사용했다. 이 사례에서 언급된 많은 그리스도인 리더는 LCM 디아스포라 사역이다.

2) 'English Corner'는 모국어 영어 강사와 '일일' 영어로 1대1 또는 1대2 대화를 통해 영어를 비공식적으로 가르치는 곳이다. 관계를 통해 자연스럽게 그리스도를 나눌 수 있는, 강요하지 않는 방식으로 공부할 때 우정을 쌓고 중국인을 섬기는 방법이다.

3) 주제에 대한 명확한 이해와 자신의 문화에 상황화된 이 새로운 세계관을 볼 수 있게 하려면 자신의 '마음' 또는 모국어로 하는 제자 훈련이 중요하다.

존과 루시가 직면한 현실

우리가 경험으로 알지만 잘 인정하지 않는 사실이 있다. 사람들을 제자화할 때 그리스도를 따르는 결정은 끝이 아니라 시작에 불과하다는 사실이다. LCM 내부 조사[역17]에 따르면 개종 이후 중국으로 돌아가는 중국 그리스도인에게 따르는 혹독한 현실이 있다:

> 2012년에 유학을 마치고 중국으로 돌아간 학생은 27만 2,000명이다. 2011년 대비 46.6% 증가한 수치다. 미국 내 중국인 교회의 추정에 따르면 귀환한 27만 2,000명 중 10~15%가 그리스도에 대한 믿음을 표현했다고 하니 최소 퍼센티지로 따져도 대략 2만 7,200명인 셈이다. 따라서 디아스포라 사역의 영향력을 전반적으로 평가하기 위해 기독교 귀환자가 고국에서 부흥하는 이유와 그렇지 못한 이유에 대해 질문을 던질 필요가 있다.

이들 2만 7,200명은 중국으로 돌아간 이후에 믿음의 여정을 걷고 있는가?

> 중국으로 귀국한 180명을 여러 차례 방문하고 60명 이상과 지속해서 대화한 결과 사역했던 한 사역자는 이렇게 말했다. "그중에 그리스도인으로 불릴 만한 표시가 있는 사람은 몇 명 되지 않았습니다. 분명하게 믿음을 고백하고 유학한 곳에서 세례를 받은 사람도 더 이상 주님과 함께하지 않는 경우가 있더군요!"

중국의 다른 사역자도 해외에서 그리스도를 믿는다고 고백한 사람들 중 15%에서 25%만이 정기적으로 다른 그리스도인과 교제하고 있다고 한다. 최소로 잡은 수치인 2만 7,200명을 기준 삼아 볼 때, 귀환한 중국인 그리스도인 중 2만 400명에서 2만 3,120명가량을 잃었다는 말이다. 딱 한 해 동안 잃어버린 숫자가 그렇다. 매년 귀환자의 수가 증가할수록, 잃어버리는 사람의 수도 증가할 것이다. 따라서 디아스포라 중국인 그리스도인이 귀환하기 전에 받는 제자 양육에 대해 긴급히 질문을 던져보아야 한다.[4)]

존과 부인 루시(Lucy)는 영국에서 그리스도를 만났다. 그들은 처음부터 언젠가 중국으로 돌아갈 것을 알고 있었다. 이 사람도 그리스도에 대한 믿음을 고백하고 돌아갔으나 믿음을 져버린 85% 중 하나가 될까?

존과 루시가 돌아갈 환경

유학생, 사업가, 유동 노동자의 대다수가 교육, 계약, 일자리가 종료되면 귀국한다. 존과 루시도 예외가 아니다. 다시 LCM 내부조사를 보면, 존과 루시가 돌아갈 중국은 아래와 같은 상황이다.

> 비록 추세가 바뀌고 있고 가끔 고향에 그리스도인이 있긴 하지만, 대체로 가족, 친구, 동료 누구도 그리스도인인 경우가 별로 없다. 해외에서는 공동체가 필요해서 중국인 유학생이 기독교 모임을 찾는다. 하지만 이제 상황이 반대가 되었다. 이들은 이제 변화된 가치와 충돌하게 될지 모를 관계의 네트워크로 돌아간다. 스트레스와 고립감이 증가한다. 이들이 그리스도인 모임에서 향유했던 타문화 우정은 사라졌다. 모든 사회 활동이 비그리스도인을 주체로 이루어지기 때문에, 선택의 상황이 주어진다. 매 순간 적응해야 한다. 다시 부모와 가족과 사는 것, 사생활과 독립성을 잃는 것, 떠나있는 동안 모든 것이 얼마나 많이 바뀌었는지 발견하는 것, 깊은 소속감의 부재와 어울리지 않는다는 느낌을 받는 것 등이 그렇다.
>
> 이런 배경 속에서 귀국 후 첫해에 삶을 바꿀만한 중대한 결정을 많이 내려야 한다. 중국에 관계 네트워크가 줄어든 상황에서 쉽지 않은 일자리 찾기부터 결혼에 이르기까지 말이다. 비그리스도인과 결혼해야 하는 부담도 있다. 그러면 자신을 그리스도인으로 정의 내려야 할지 말지를 결정하게 된다! 그리스도인이 됐던 건 단지 해외 경험 중 하나일 뿐일까? 그리고 질문이 생긴다. 도대체 교회는 어디에 있는가? 만일

4) 보다 많은 정보가 필요하면 저자에게 연락하라.

교회를 찾아 그리스도인으로서 성장하길 원해도, 새로 잡은 일자리가 아마 끔찍하게 긴 시간을 일하도록 요구할지 모른다. 장거리 출·퇴근 시간도 포함해서 말이다. 가정에서뿐만 아니라 직장에서도 다른 믿음과 신념 체계에서 오는 반대에 부딪힌다. 여러분의 가치가 재형성되었다. 이제 새로운 가치가 구축되었다. 더 이상 예전처럼 받아들일 수 없는 것이 있다.[5]

존과 루시가 귀국했을 때 무슨 일이 있었는가?

두 사람이 믿음을 고백하고 중국으로 돌아가기까지 18개월에서 24개월의 시간이 있었다. 그동안 여러 영역에서 삶에 자양분을 공급받았다.

존과 루시는 성경 공부로 양육을 잘하는 영국 교회에 출석했다. 교회에서 두 사람은 압박감을 느끼지 않으면서 천천히 자신의 은사를 찾고, 교회에서 사람들을 섬기는 게 무엇인지 배웠다. 개종 후 얼마 되지 않아 두 사람은 주일 아침 교회 현관에서 사람들에게 찬양집을 나눠주고 교회 안으로 들어오는 사람과 이야기를 나누었다. 그곳은 양육 받는 관계 속에서 사람들이 주 안에서 두 사람이 성장하는 모습을 기쁘게 지켜보는 안전한 장소였다. 교회는 또한 교회 밖 다른 사역에 참여해서 섬기는 사람이 되는 게 어떤 것인지 배울 수 있는 시간을 부부에게 주었다. 그들은 적어도 두 기독교 단체와 연락할 수 있었고, 단체로부터 공급을 받았다.

존과 루시는 피터(Peter)와 제인(Jane)이라는 잉글리시 코너를 운영하는 두 명의 LCM 디아스포라 사역자들과 가까운 관계로 발전했다. 잉글리시 코너는 두 사람이 기독교에 대해 처음 들은 곳이다. 이 부부가 바로 두 사람이 예수님께 삶을 드린 기독교 콘퍼런스로 그들을 이끈 사람이다. 피터와 제인은 존과 루시가 그리스도인이 되기 전부터, 그리고 이후에도 두 사람을 자주 만

5) 보다 많은 정보가 필요하면 저자에게 연락하라.

났다. 멘토링과 라이프 코칭을 했던 것이다. 피터와 제인은(제인이 조금 덜 유창하다) 북경어를 할 수 있어서 존과 루시와 다양한 주제에 대해 심도 있고 자유롭게 이야기를 나눌 수 있었다. 두 사람이 그리스도인이 되자, 두 부부의 관계는 제자화를 위해 깊은 담화를 나눌 수 있게 했다. 피터와 제인은 두 사람이 중국으로 돌아간 이후에도 예수님를 따르는 믿을 만하고 순종적인 제자로 준비시키는 데 초점을 맞췄다. 그렇게 상황화 된(중국 문화에 민감한) 제자화가 일어난 곳이 바로 여기였다.

존과 루시는 또한 잉글리시 코너를 도와서 때로는 나누고 말하며, 때로는 차와 커피를 대접했다. 피터와 제인과 함께 선교 집회에 참여하고 돕기도 하면서 선교에 참여하는 것이 어떤 것인지 경험했다. 피터와 제인은 두 사람을 다양한 교회로 데리고 가서 다양한 형식과 방법의 예배를 경험하게 하고 다양한 기독교 믿음의 표출 방식을 볼 수 있도록 도왔다. 지금도 피터와 제인은 여전히 존과 루시와 연락하며, 대화를 나누고, 멘토링을 한다.

잉글리시 코너에 어떤 사람을 통해서(비용을 대는) 존은 설교자 훈련 코스에 참여할 기회를 얻었다. 계속해서 존과 루시는 동료 학생을 위해 집에서 구도자의 성경 공부를 운영했다. 루시는 또한 다른 교회의 어린이 그룹을 대상으로 사역하면서 아이를 섬기고 사역하는 법을 배웠다. 두 사람은 다른 지역 기독교 디아스포라 사역과 좋은 관계를 맺었다. 이것을 계기로 글로브 카페에 가게 되었다(국제 학생을 위해 자원 봉사자가 저녁에 운영하는 카페). 이곳에서 두 사람은 자신과 같이 최근에 이 나라에 도착해서 우정을 쌓고 싶어 하고 삶과 선택에 대해 많은 질문을 가지고 있는 사람과 만나게 되었다. 이곳에서 섬김에 대해 배웠다. 존은 마침내 1년 동안 공식적으로 국제 학생과 친구가 되어 복음을 전하는 사역에 참여하게 되었다.

이렇게 존과 루시는 중국으로 돌아가기 전 18~24개월 동안 여러 사람과 교회로부터 엄청난 공급을 받았다. 정말 다면적이고, 관계적이고, 상황화 된 제자화였다.

존과 루시의 제자화 주요 요소

중국에서의 삶과 섬김을 위해 존과 루시를 준비시킨 영국에서의 제자화 방법에 어떤 주요 요소가 있는가? 몇 가지를 보도록 하자.

1. 첫째, 그리고 가장 중요하게, 존과 루시의 제자화는 제자화 프로그램의 획일화된 제자화가 아니라 하나님께서 존과 루시의 삶에 날마다 행하시는 일에 잘 맞는 제자화였다. 하나님이 하시는 일에 반응하고 제자화의 여정 속에서 차근차근 문제를 다루었다.

2. 존과 루시는 한 커플 또는 한 사람과 사역하면서 받을 수 있었을 예수님을 위해 사는 경험보다 더 풍부하고 광범위한 경험을 여러 사람에게서 받았다.

3. 존과 루시는 지역 교회뿐만 아니라 다른 기독교 단체에서도 다양한 방법으로 섬기는 경험을 했다. 그렇기 때문에 다양한 사람의 믿음 표현, 은사를 경험했고, 매일의 삶과 믿음의 공동체 조직에서 불가피하게 발생하는 다양한 도전 과제에 직면하고 해결하는 법을 배웠다.

4. 존과 루시는 섬길 기회와 책임을 부여받았다. 계속해서 관찰과 감독을 받으며 다른 사람에게 의존하지 않았다. 그보다 지역 교회의 환경에서뿐만 아니라 교회 밖보다 큰 공간에서 자양분을 공급받고 선교에 참여하도록 독려받았다. 글로브 카페, 학생에게 다가가고, 성경공부를 인도하는 일 등 말이다. 더욱이 섬길 수 있는 플랫폼이 주어졌고 실수를 하면서 배울 수 있는 자유가 주어졌다.

5. 존과 루시는 두 사람이 궁극적으로 되돌아가야 할 환경에 대해 알고 있는 사람을 만났다. 그 결과, 예수님의 제자로 중국에 돌아가는 일에 대해 성찰하고, 평가할 수 있도록 멘토링을 받았다. 이 사람이 중국의 일하는 환경, 가정생활, 사회, 교회, 관계 등에 대해 알았기에 어떻게 계획적으로 존과 루시를 제자화 할지 알았다.

6. 존과 루시가 피터와 제인, 그리고 다른 사람과 맺은 관계는 우정이었다.

관계는 삶을 나누며 이루어졌다. 느긋하게 몇 시간 동안 함께 식사하면서, 공원을 걸으면서, 앉아서 커피를 마시면서 말이다. 처음부터 함께 일상의 삶을 나누었다. 삶에서 제기되는 문제에 답을 주는 데 초점을 두기보다 함께 걷는 여정과 계획적으로 교훈을 배울 수 있도록 하는 데 초점을 두었다. 예수님의 제자가 되는 게 어떤 의미인지 모델링했고, 그리스도를 주인 삼고 그분을 신뢰하는 게 어떤 의미인지 함께 발견해 갔다. 제자화의 초점은 하나님의 성품과 본성을 나누는 것, 성경을 통해 그리고 하나님과의 관계를 통해 양육 받으며 하나님에 대해 알게 된 사실을, 우리를 향하신 교훈을 전하는 것이었다.

제자 양육은 하나님이 이미 만들어 놓으신 존재 위에 이루어진다. "내가 진리를 찾아 헤매다 이제 발견했다." 존은 진리를 알기 원했고 주님을 발견하면서 신뢰하며 성장할 대상을 발견했다.

이 요소로 인해 존과 루시는 제대로 만개한 제자 양육을 받았다. 그 결과 중국으로 돌아갈 때를 대비한 준비가 잘 되었다.

존과 루시는 지금 어떻게 지내는가?

존과 루시는 중국으로 돌아가 매우 힘든 시간을 보냈다. 아이러니하게도 가장 힘든 대상이 그리스도인이었다. 교제할, 좋은, 제대로 된 성경공부 모임을 찾기 위해 고군분투했다. 하지만 그 때문에 그리스도를 전하는 일을 멈추지는 않았다.

두 부부는 곧 집에서 학생 모임을 시작했다. 어느 날, 존이 외출한 사이, 루시가 집에서 모임을 하는 데 경찰이 급습했다. 학생들은 대가를 치러야 했다. 그 학기에 장학금을 줄 수 없다는 통보를 받았다. (실제로 주지 않았는지는 모른다.) 존은 승진 대상에서 제외됐다고 통지받았고, 루시는 대학에서 좌천됐다. 매우 힘든 시간이었지만, 과거에 배운 교훈으로 인해 하나님은 그분의 계획을 이루실 거라는 사실을 알았다. 재미있게도, 이 사건은 정말 최선의 결과를 낳는 일이 되었다. 존은 사실 승진해서 행정을 더 많이 하는 것보다 리서치팀의 일원으로 남는 것이 만족스럽다. 루시는 강등되어서 오히려 더 잘 맞는 일을 할 수 있게 되었다.

지금은 새로운 집에 살고 있지만, 이웃이 잘 알려진 밀고자이기 때문에 보안의 문제가 있다.

이 모든 일에도 불구하고, 존과 루시는 기꺼이 기회가 될 때마다 복음을 전한다. 지금은 주중에 성경 공부를 인도해서 두 개 대학 그룹이 격주로 집에서 모인다. 이 두 그룹은 한 달에 한 번 모여서 예배드린다. 존과 루시도 새로운 가정 교회에 출석해서 잘 정착하는 것 같다. 그룹이 놀랍도록 빠르게 성장하는 바람에 새로운 모임 장소를 결정해야 한다. 존은 세례를 주는 일에도 참여하고 있다.

존과 루시는 일터에서 그리스도로 인해 어려운 입장에 처했지만, 주님의 이름을 높이기 위해 부지런히 일하고, 어두운 곳에서 빛을 비추며, 교제하는 형제들을 축복하고, 학생을 위해 성경 공부를 인도하고, 그들에게 그리스도에 대해 나눈다. 이 젊은 부부를 하나님이 사용하셔서 중국 현장에 영향력을 주고 있다!

배워야할 교훈

그렇다면 존과 루시의 경험에서 배울 수 있는 교훈은 무엇인가? 이 교훈은 언젠가 고국으로 돌아갈 디아스포라 그리스도인을 제자 양육하는 사람에게 중요하다. 가장 중요한 네 가지 교훈은 다음과 같다:

1. **제자화는 숫자의 문제가 아니다**. 제자화는 사람, 관계, 양육에 많이 투자하는 것이다. 깊어지는 것이다. 고국으로 돌아가는 사람이 귀국 후 제자 훈련이 시작되는 것을 보고 싶다면, 우리는 집을 떠난 동안 자신의 삶에 투자해야 하며, 그리스도에게 순종하고 신뢰하는 것이 무엇을 의미하는지 깊이 생

각해야만 한다.

2. **제자는 하나님의 소유이지, 우리의 소유가 아니다.** 존과 루시를 양육하는 사람은 소유욕을 보이며 그들을 자신이 개종시킨 사람, 자신의 연결책으로 만드는 데 집착하지 않았다. 오히려 막 예수님과 사랑에 빠진 이 부부와 함께 걷기 위해 기꺼이 자신을 내주었다. 자신이 생각하는 성공이나 사역보다 제자에게 더 관심을 쏟았다.

3. **제자화는 하나님의 의제이다.** '내가 그 사람에게 무슨 말을 할 수 있을까?' 또는 '어떤 보석 같은 진리를 나눠야 하는가?'의 문제가 아니다. 오히려, '하나님은 지금 어떤 일을 하고 계시고, 나는 그 과정에서 어떻게 도울까?' 질문해야 한다.

우리는 주님께 귀를 기울이고, 새 신자의 삶 속에서 어떤 일을 하시는지 지켜보고, 그 일을 촉진하기 위해 함께 걸어갈 필요가 있다. 그들이 그리스도 안에서 새 삶을 탐험하는 동안 그 여정을 같이 가줄 필요가 있다. 가르침은 멘토링과 모델링을 통해 이루어질 필요가 있다.

4. **선교 DNA는 제자화에 필수적이다.** 존과 루시가 중국으로 돌아가기 전 18개월에서 24개월 동안 풍부하게 기독교에 대한 경험을 했다. 다양하고, 풍부하며, 도전적이고, 자양분이 공급되며, 흥미진진하고, 빚어지는 경험이었다.

두 사람에게는 계획적으로 섬김의 기회가 주어졌다. 이들이 중국으로 (또는 어떤 곳이든 본국으로) 돌아가고 나서 섬길 수 있는 모습을 보기 원한다면 이런 기회는 필수다.

제자화의 기본구조에 선교 DNA가 차지할 자리가 있어야 한다. 물고기를 잡으려면, 잡는 법을 배워야 한다. 선교 영역을 제자 양육에 포함시켜야 한다. 만일 선교에 중점을 두지 않으면(필수 불가결한 사명인) 제자화가 되기는 하겠는가?

통계자료와 리서치 결과는, 그리스도 안에서 믿음을 고백하고 중국으로 돌아가서 6개월에서 1년 후에 여전히 주님과 걷고 있는 사람의 수는 15 ~ 25%

에 지나지 않는다고 하지만 이 수치는 변할 수 있다.

제자들이 그리스도를 향한 열정과 신뢰를 가지고 본국으로 돌아가는 모습을 볼 수 있다. 제자들이 하는 모든 일에서 하나님께 돌아가 그 분을 높이는 모습을 볼 수 있다. 신실한 삶으로, 선교적 삶으로, 하나님께서 그들을 두신 곳을 변화시키는 삶으로 말이다. 하지만 이런 일이 일어나기 원한다면 제자화의 방법에 패러다임의 전환이 요구된다.

토의

1. 이주민이 그리스도인이 될 경우, 그곳의 교회와 사역 기관이 새 신자를 도와 자국으로 돌아가도 계속해서 믿음을 지킬 수 있도록 도울 수 있는 방법은 무엇인가?
2. 교회와 선교 단체는 - 해외에서 개종한 새 신자의 본국에서 사역하는 - 고향으로 돌아올 그리스도인을 맞을 준비를 하기 위해 무엇을 할 수 있는가?
3. 어떤 문화권에서는 해외에서 돌아온 그리스도인이 자국 내에서 재동화되는 데 큰 어려움을 겪는다. 이런 그리스도인이 자국민의 복음화를 위해 어떤 역할을 해야만 하는가?

42장

경계선을 넘어 : 서구 선교단체와 디아스포라 선교의 만남에 대한 사례연구

존 F. 벡스터(John Baxter)

서론

디아스포라 종족을 대상으로 하는 선교는 선교 단체 – 특히, 서양 선교 기관 – 이 어떻게 사역하느냐에 따라 변하고 있다. 선교 단체가 세계적인 디아스포라 현상에 대해 인지함에 따라 특별히 비공식적 선교사의 중요도 증가, 박해, 가난, 고난의 현실과 관련해서, 그리고 자신의 단체가 가지고 있는 편견을 기꺼이 찾는 쪽으로 이주민에 대한 사역 방법을 재평가해야 할 필요성을 느끼고 있다. 본 사례연구는 한 선교단체가 어떻게 변화했으며, 그 결과 어떻게 이동하는 사람에게서 선교기회를 찾기 위한 더 나은 방법을 개발했는지 관찰할 것이다.

2012년에 미국에 거주하는 한 아랍 이집트인 기독교 가정이 HBC라고 하는 미국 침례교 교단에 소속된 중간 규모 선교 단체에 선교사가 되겠다고 신청했다. 이 교단에는 1,000개 교회와 150명의 해외 선교사가 소속되어 있다.[1)]

---

1) 이 연구에 등장하는 모든 사람과 사역은 실제이나 이름은 가명이다.

이 이야기는 디아스포라 선교에 참여하는 교회와 선교 단체에 영향을 주는 주요 현실 상황과 쟁점을 보여준다.

사미르와 미리암은 이집트의 기독교 가정에서 태어났다. 대학 졸업 후 부부는 중동 전역에서 사역하는 커다란 미국 선교 단체에 간사로 들어갔다. 13년 동안 이집트에서 몇 가지 사역을 했다. 2013년에 사미르에게 미국에서 신학 공부를 할 기회가 주어졌다. 그다음 10년은 잘 알려진 복음주의 신학대학원에서 신학 석사를 수료하고, 미드웨스트 지역의 한 작은 기독교 대학에서 가르쳤다. 세 명의 어린 자녀를 포함, 전 가족이 미국의 기독교 문화에 잘 적응했다.

미국에서 거주하는 동안, 사미르와 미리암은 정기적으로 이집트와 다른 중동 국가를 방문해 사역할 기회가 있었다. 이 기간에 부부가 기독교와 무슬림 공동체에서 복음주의 캠페인, 신학 훈련 세미나, 긍휼 사역에 참여하는 횟수가 늘어났고, '아랍의 봄'이라고 불리는 분쟁 동안, 그리고 무슬림 형제단의 통치 아래 이집트 교회에 대한 핍박이 늘어나면서 더욱 가속화되었다. 사미르와 미리암은 돌아가서 이집트 사람을 위해 전인 사역을 하고 싶어 했지만, 이주민의 경험을 기초삼아 사역 초점을 중동과 북미에 분포한 이집트 디아스포라에게 옮기게 됐다. 이집트인 친구의 추천으로 HBC에 지원해서, 이집트와 이집트 디아스포라인을 위한 선교사가 되었다.

부부는 계속해서 미국을 주요 거점 지역으로 삼기로 했다. 이집트에 핍박이 증가하는 가운데 이전에 했던 이집트 사역을 계속하는 동시에 북미에 사는 이집트 디아스포라 사역을 사역 계획에 포함시킴으로써 이런 결정을 하게 된 것이다. 경제적이고 정서적인 면에서 가정의 안녕을 고려한 결정이기도 하다. 특별히, 이집트가 아니라 미국에서의 삶에 동화되고 있는 아이들 때문이었다.

사역 계획은 미국 내 HBC 구역과 교회와 사역하며 무슬림 이민자에게 접근하고, 중동에서 살거나 사역하는 이집트 그리스도인 사이에 네트워크를 형성하고 훈련하기 위해 방문하는 것이다. 사역 목표는 디아스포라 상태에 있는 이집트인이 자신이 살고 일하는 지역에서 다른 이집트 사람과 미전도 이주민에게 복음을 전할 수 있도록 준비시키는 것이다.

이 단계에서 보면, 두 부부의 이야기는 잘 알려진 디아스포라 현실을 보여준다. 사미르와 미리암은 가장 전형적인 글로벌 디아스포라 케이스다. 이주민은 보통 더 나은 기회를 주는 땅으로 이주하는데(골딘(Goldin) 외 2011, 4장), 두 사람의 경우는 교육과 일자리를 위해 이집트에서 미국으로 이주했다. 또한 이동하는 사람의 가장 큰 비율을 차지하는 그룹이 그리스도인이라는 사실을 보여준다(퓨(Pew) 2012, 11). 그들 또한 종교적 박해로 인해 일찍 이주하든지 해외에서 머무르라고 권유를 받은 사람들의 예이다. 가장 중요한 것은 그들의 초국주의 경험과 이 경험이 가족과 사역에 미치는 영향이다.

깊은 변화의 필요성

이민 가정인 사미르와 미리암의 개인 프로필과 사역 프로필은 전형적인 미국 HBC 선교사와는 많이 다르다. 이 단체는 디아스포라 선교에 참여하고자 기관 사역의 철학, 가치, 조직 구조에 대해 면밀히 조사했다. 단체의 리더 사이에는 글로벌 디아스포라에 효과적으로 참여하기 위해서 기관 전체에 큰 변화가 있어야 한다는 인식이 커지고 있다.

큰 변화의 필요성에 대응하기 위해, HBC 국제사역부 안에 디아스포라 사역 국장 자리가 만들어졌다. 국장에게는 HBC 국제사역 속에 이동하는 사람을 대상으로 사역하는 데 방해가 되는 개념적, 방법론적, 조직적 도전 과제를 찾아내어 변화를 위해 제안할 책임이 주어졌다.

유사성에 초점을 두다

첫째로 조직의 변화가 제안되었다. 다른 파송 기관이 이미 배웠듯이, 지리학적인 필드 구조에 의지하면 디아스포라 선교의 생산성에 방해가 된다. 전통적인 선교지에서는 사역, 자원, 책무성을 위한 조직 구조가 대상 민족의 문화적 본거지의 지리적 경계에 따라 구분되었다. 하지만 대상 민족 그룹이 자

국을 떠나 다른 지역으로 이주한 사람을 포함할 만큼 확대되면, 이 구조가 방해된다.[2)]

HBC는 사역 대상인 미전도 종족 집단 몇 개를 대상으로 유사성 초점 구조를 실험하기 시작했다. 의도적으로 정의를 모호하게 해서, HBC의 유사성 그룹은 비슷한 특징을 공유하는 사역 대상 민족의 집합체를 지칭한다. 예를 들어 아랍 무슬림이 있다. 유사성 초점을 통해, HCB는 비록 대상지역 UPG와 국가가 다르고 특정 UPG와 사역하더라도, 보다 큰 범위에서 동일한 유사 그룹과 사역하는 선교사라면 그들과 네트워킹 할 수 있다.

또한, 유사성 범위와 완전히 동떨어진 민족 그룹을 대상으로 사역하는 HCB 선교사라도 적용이 가능하다면 네트워크에 들어온다. 예를 들어, 필리핀에서 사역하는 선교사라 할지라도 많은 필리핀 기독교 해외 노동자가 중동과 유럽에서 사역하고 있기 때문에 아랍 무슬림 유사성 그룹과 연관이 될 수 있을지 모른다. 개별적인 지리적 필드 개념에서 벗어나 더 큰 지역적 구조를 기획, 감독, 자원화하는 것이다. 한 개 이상의 유사성 구획이 한 지역 국장의 감독 아래 들어올 수도 있다. 유사성 초점으로 인해, 똑같은 미전도 종족 그룹을 사역한다면, 미국에 기반을 둔 선교사와 해외에 기반을 둔 선교사의 구분이 없어진다.

사미르와 미리암의 사역 계획에도 새로운 구조가 반영된다. 두 사람은 이집트 사람을 대상으로 세 개의 구별된 지역에서 사역한다. 그곳은 미국, 중동, 이집트다. 현재 두 사람은 한 지리적 장소가 아니라 디아스포라 사역을 책임지고 있다.

---

2) International Mission Board는 전통적인 선교 구조에서 친화력 중심으로 옮겨온 선교 단체의 모범이다. IMB 유사성 구조와 그 채택 이유는 imb.org에서 제공되는 2009년에 발표된 두 개의 보고서에서 논의된다. 보고서는 To the Ends of the Earth에 있다. (http://media1.imbresources.org/files/103/10333/10333-55180.pdf), and Affinity Group Overview (http://www.imb.org/globalresearch/maps/AffinityGroupOverview.pdf).

다수 세계(Majority World)에 초점을 두다

앞서 언급한 두 가지 디아스포라 현실은 – 다수 세계 사람이 주를 이루는 글로벌 디아스포라와 이동 중인 다수 세계 그리스도인의 눈에 띄는 이주 현상 – 개념적이고 방법적인 면에서 HBC에게 도전을 가한다.

서구 선교 단체는 운전석에 앉아 있는데 익숙하다. 과거의 선교 단체는 선교 전략을 세워, 서구적인 모델을 기획하고, 서구 사람이 전략을 수행하도록 고용하고, 서구 자원으로 자금을 지원하는 전형적인 방법을 썼다. 이 모델이 글로벌 디아스포라 현상 속에서 무너지고 있다.

사미르와 미리암처럼 상당히 많은 수의 이동 중인 사람이 서구 출신이 아니다. 디아스포라 선교는 서구의 전략적 기획으로 탄생하지 않았다. 디아스포라 선교의 부상은 세계 선교 전반에 걸쳐 일어나는 거대한 변화와 맥락을 같이 한다. 대다수 세계의 교회가 세계의 미전도 종족을 복음화 하는데 주역으로 부상하고 있다. 그 어느 때보다도 전 세계에 일자리를 찾아 떠나는 평신도 그리스도인의 힘으로 지상명령의 성취가 힘을 받고 있다. 이들 비공식적인, 대다수 세계 선교사가 세계 선교에 떠오르는 얼굴이다.

디아스포라 선교의 가장 큰 잠재력이 공식 선교사 직분을 가진 사람에게서가 아니라 이동하고 있는 수백만의 대다수 평신도 그리스도인에게서 발견된다. 사미르(Samir)와 미리암(Miriam)처럼 디아스포라 선교를 하는 HBC 선교사의 사역 우선순위는 디아스포라 그리스도인을 동원하고 무장시키는 것이다.

HBC가 전 세계에 흩어진 대다수 세계 평신도 그리스도인의 선교적 잠재력에 초점을 맞추기 시작하면서 과거 사용했던 방법에 문제가 생겼다. HBC는 리더십 개발에 오랜 역사를 가지고 있다. 하지만 훈련 대상은 목사나 선교사 같은 전임 사역자였다. 이런 훈련의 우세성은 전 세계 성경대학과 신학교의 공식 교육 프로그램에서 나타났다. 하지만 글로벌 디아스포라의 대다수 그리스도인이 이런 학교에 다닐 리 없기 때문에 지역 교회가 동원과 훈련의 중심이 돼야 한다. 이렇게 교회에 기반을 둔 프로그램으로 동원, 훈련, 지속적 책무성과 해외노동자 케어가 있다. 우선 노동자의 본국에 있는 파송 교회에서 프로그램을 실시하고 해외의 새 교회에서 계속되어야 한다.

현 HBC 선교사의 목표가 홍콩에 있는 필리핀 사람을 훈련하는 것이든, 프랑스에 있는 서아프리카 사람을 훈련하는 것이든, 북아프리카에서 일자리를 찾는 브라질 사람을 훈련하는 것이든, 모든 디아스포라 그룹의 공통적인 필요는 제자 양육과 타문화 복음화 훈련이다. 하지만 이들은 선교 단체가 훈련을 제공하는 장소 대다수에 대해 접근성이 없다. 대부분의 해외 노동자는 HBC 학교가 현재 제공하는 직업적인 신학 교육이나 사역 교육을 받을 시간도 의지도 없다. 이 사람들은 가난, 자연재해, 본국의 박해를 피해 해외 노동으로 내몰린 경우가 많기 때문에 오랜 시간 신학 교육을 받을 재정이 없다.

가장 중요한 점은 이들 중 자신을 (잠재) 선교사로 보는 사람이 거의 없고, 따라서 공식 훈련을 받고자 하는 소망이나 능력이 거의 없다는 것이다. 선교 단체와 학교가 자료와 세미나, 온라인 자원을 제공할 수 있지만, 동원과 훈련은 대다수 세계의 지역 교회를 중심으로 이루어져야 한다.

HBC 선교사는 대다수 세계 평신도의 교육 수준과 관심에 맞게 조정된 새로운 훈련 자료와 교회에 기초한 훈련 제공 시스템을 창출하며 도울 수 있다. 이 일은 대다수 세계 교회 및 교단과 협력해서 이루어져야 한다. 사미르와 미리암에게는 HBC 선교사로서 이런 종류의 이집트 디아스포라 훈련 구조를 개발할 임무가 주어졌다. 이집트 디아스포라의 일원이라는 점이 확실한 자산이다.

협력에 초점을 두다

하지만, 특정 선교 방법을 변화시키는 것 이상의 질문이 있다. HBC와 다른 서구 선교 단체는 디아스포라 선교에 필요한 이런 종류의 큰 변화를 수용할 의지가 있는가? HBC 선교 동력으로 사미르와 미리암이 있다는 점이 아직 대답을 찾지 못한 이 질문을 제기하게 한다.

서구와 대다수 세계 선교 사이에 협력 관계에 대한 개념은 꽤 친숙하지만, 디아스포라 선교의 현실은 실제 협력의 증가를 요구한다. 글로벌 디아스포라는 주로 대다수 세계가 경험하기 때문에 서구 선교 단체는 이 영역에서 배우는 자의 위치에 있다.

HBC는 대다수 세계 선교 동력과 더 큰 협력을 하려는 열정을 주요하게 두 가지 차원에서 표현한다. 첫째, 사미르와 미리암 같은 사람을 국제 사역 스태프로 더 많이 고용하고자 한다. 둘째, 디아스포라 선교 동력을 배치함에 따라 대다수 세계 교회와 교단이 사역하는 데 있어 섬기는 자의 위치를 추구한다.

디아스포라 중에서 HBC 선교사 고용을 늘리려는 목적은 선교 협력 관계에 근본적으로 존재하는 어려움을 드러냈다. 사미르와 미리암의 경험으로 HBC의 조직 가치와 구조가 비서구권 국가의 선교사에게 방해가 됨이 드러났다. 그리고 HBC는 글로벌 디아스포라 선교사를 지원할 자금 모금에 성공하지 못했다. 또한, 이주민 출신의 국제 선교 스태프와 미국에 기반을 둔 교회 개척자는 기관의 자격 요건을 충족시킬 만큼 충분한 자금을 모을 수 없는 경우가 많았다.

이 현상은 기관의 가치와 조직적 구조에 대한 성찰을 불러일으켰다. HBC는 개인의 추진력과 기업가적 정신에 큰 가치를 둔다. 사역 협력 개발(MPD) 과정은 훗날 선교지에서 거둘 성공의 지표로 간주된다. 기관은 지원처를 개발하는 데 필요한 개인의 추진력과 인내 같은 특성이 선교지에서 사역 성공에 필수라고 믿고 있다. 하지만 이러한 기관의 가치가 때로는 고용된 비서구권 선교사의 협력 지향적이고 집단적인 문화적 규범과 충돌한다.

어쩌면 더 깊은 차원에서 비서구권 스태프를 영입한 HBC의 경험은 숨겨진 문화적 편견 – HBC와 북미의 다른 선교 기관이 사용하는 서구의 기획, 관리 패턴이 옳은 선교 방법이라고 보는 – 을 보여주는 것일지 모른다. HBC가 기꺼이 비서구권 스태프와 대다수 세계의 협력교회와 함께 새로운 운영 패러다임을 타진해보는 어려움을 경험하기로 할 때 디아스포라 미션을 위해 진정으로 협력하게 될 것이다. 이를 통해 다른 문화적 가치와 방법에도 개입 공간을 마련하게 된다.

자금 지원의 영역에서 HBC는 두 가지 해결책을 찾았다. 하나는 현 시스템을 유지하면서 글로벌 디아스포라 출신의 선교 인력이 서구의 가치와 방법에 적응하기를 기대하는 거다. 또 다른 하나는 현재 사용 중인 사역 협력 개발 패러다임의 숫자와 종류를 확장해서 다른 문화에 보다 수용적인 차별화된 보상 패키지를 허가하는 것이다. 변화보다는 안정 유지가 더 쉽기 때문에 기관은 첫 번째 해결책을 선호한다. 다행히 HBC 국제 사역팀은 쉬운 방법을 채택하지 않고, MPD 연구 그룹을 세워 대안적 자금지원 경로를 찾아보도록 하고 있다.

디아스포라 선교를 위해 대다수 세계의 교회와 진정한 협력 관계를 추구하는 두 번째 단계는 섬기는 자의 역할을 수용하는 것이다. 세계의 남부와 동부 지역에 위치한 지역 교회와 교단은 새로운 선교 드라마의 연출가다. 그리고 미전도 종족 가운데 흩어져 있는 비공식적 선교사는 배우다. HBC 선교 동력은 극장의 무대를 담당하는 스태프처럼 배우가 잘 연기하고 그 연기에 가치를 더할 공간을 마련해야 한다. 물론, 하나님이 극본을 쓰시고 민족의 초국가적 이동이 진행되게 하신다.

앞에서 토의한 대로, HBC 훈련 자원의 내용과 전달 방법을 지역 교회에 기반을 둔 디아스포라 선교 평신도 오리엔테이션에 맞게 재구성하는 것이 섬김의 역할을 눈에 띄게 표현하는 것이다. 훈련 교재는 디아스포라의 상황에 있는 사람과 협력해서 개발해야 한다. 왜냐하면 디아스포라 선교를 하는 이주민에게 공통으로 발견되는 주요 특징은 정주 인구를 대상으로 하는 선교의 특징과 다르기 때문이다. 예를 들어, 이주민은 종종 초국가적 정체성을 형성한다. 디아스포라 자녀가 특히 그러므로 사미르와 미리암 같이 문화적 관점의 혼재를 경험한 사람이 제자 훈련과 복음 전파에 필요한 자료를 만드는데 유리한 점이 있다.

고난에 초점을 두다

글로벌 이주의 또 다른 주요 특징은 이동 중인 사람에게 수반되는 고난의 강도가 종종 높다는 점이다. 사미르와 미리암이 경험한 박해처럼, 사람을 디아스포라로 내몰고 그 상태에 머물게 만드는 부정적 힘이 존재한다. 실업과 불완전 취업, 자연재해, 정치적 분쟁, 편견 또는 다양한 종류의 억압은 사람들이 고국을 떠나도록 내몬다.

새로운 땅에 도착해서는 사회, 경제적 사다리의 거의 맨 밑바닥에서 시작하는 경우가 흔하며, 취약계층인데다 학대를 당할 때도 많다. 사미르와 미리암처럼 가족을 데리고 이주할 수 있는 경우가 있기도 하지만, 몇 년 동안 가족과 떨어지게 되는 해외노동자가 수백만 명에 이른다.

어딘가에 소속되지 못했다는 끔찍한 느낌이 끊임없이 따라다니는 사람이 많고, 배우자와 가족을 두고 온 외로움과 죄책감에 시달리는 사람이 있다. 이런 해결되지 못한 갈등이 제자화 과정에 부정적인 영향을 미치는 파괴적인 행동을 촉발할 수 있다(벡스터 2009, 117). 설령 HBC가 총체적 선교의 적합성에 의혹을 품었다 해도 디아스포라 현실 앞에서 이런 의심은 사라질 수밖에 없다.

HBC는 이주민에게 총체적 케어가 필요함을 깨달았다. 디아스포라 그리스도인이 함께 이주하는 자국민과 앞으로 함께 살고 사역할 미전도 종족에게 효과적인 그리스도의 대사가 되려면 현재의 글로벌 이주 현상에 수반되는 사회적, 정서적 역기능 측면을 다뤄야 한다. HBC에게 주어진 과제는 사미르와 미리암 같이 디아스포라 상황에 있는 사람으로부터 배워서, 대다수 세계에 속한 교회의 현명한 파트너가 되어 이동하는 사람을 돌보는 것이다.

요약

HBC는 글로벌 디아스포라에 관련된 선교 활동과 관련해 변화를 체험하고 있다. 이 기관이 글로벌 디아스포라의 현실과 관련 쟁점을 인지하고, 사미르와 미리암같은 디아스포라 사람과 함께 일 하면서 성장함에 따라, HBC 국제 선교부는 이주민 선교 기회를 더 잘 활용하기 위해 아래와 같이 변하고 있다.

1. 기관 조직을 지리적 측면이 아닌 유사성 측면에 맞춰 재조정한다. 선교는 모든 곳에서 시작해 모든 곳으로 끝난다.

2. 지상명령 성취에 대다수 세계에 속한 교회가 차지하는 중요성을 확증한다.
3. 대다수 세계에 속한 교회, 교단, 선교 단체와 본격적으로 협력한다.
4. HBC의 선교 가치, 방법, 구조에 존재하는 문화적 편견의 근원을 평가한다.
5. 디아스포라에게 접근하기 위해 디아스포라에게 우선순위를 둔다.
6. 글로벌 디아스포라 내에서 HBC 선교사를 모집하고 지원할 길을 마련한다.
7. 신학, 사역 교육의 초점을 전문 사역를 위한 공식 프로그램에서 해외의 평신도 사역를 위한 교회 중심 훈련 프로그램으로 전환한다.
8. 총체적 케어를 디아스포라 선교의 필수요소로 제공한다.

토의

1. 당신이 속한 교회 또는 선교 단체에 대다수 세계와 협력 관계를 맺고 다른 인종을 선교사로 동원하는데 있어 문화적 편견이 존재하는 영역이 있는가?
2. 어떻게 당신이 속한 교회 또는 선교 단체는 지구의 남반구에 있는 교회가 해외 노동자를 동원하고, 훈련하고, 돌볼 수 있도록 도울 수 있는가?
3. 당신이 속한 교회 또는 선교 단체가 글로벌 디아스포라의 특징인 연약함과 고난이라는 정황을 더 잘 이해할 수 있는 방법은 어떤 것인지 토의하라.

참고문헌

Baxter, John F. 2009. "The Importance of the Local Church in Diaspora Missions." *Journal of Asian Mission* 11(1-2) (March-September):113-119.

Goldin, Ian, Geoffrey Cameron, and Meera Balarajan. 2011. *Exceptional People: How Migratioin Shaped Our World and Will Define Oue Future*. Princeton: Princeton University Press. Kindle edition.

The Pew Forum on Religion and Public Life. 2012. *Faith on the Move: the Religious Affiliation of International Migrants*. Washington: Pew Research Center. Accessed at http://www.pewforum.org/2012/03/08/religious-migration-exec/, September 12, 2014.

역 주

< 도입 >

1 7부 '용어해설'에서 Refugees를 참조하라.

2 7부 '용어해설'에서 Migrants를 참조하라.

3 7부 '용어해설'에서 Diaspora를 참조하라.

4 7부 '용어해설'에서 Diaspora missiology를 참조하라.

5 7부 '용어해설'에서 Global Diaspora Network을 참조하라.

6 7부 '용어해설'에서 Missions to the Diaspora, Missions through the Diasporas, Missions beyond the Diasporas를 각각 참조하라.

7 이 책에서 on the move는 '이동하는/이동 중인', '이주하는/ 이주 중인', '움직이는' 뜻이 있다.

8 7부 '용어해설'에서 Emigration을 참조하라.

9 7부 '용어해설'에서 Human Trafficking을 참조하라.

10 7부 '용어해설'에서 Migrant을 참조하라.

11 7부 '부록 F'에서 로잔 운동The Lausanne Movement을 참조하라.

12 7부 '용어해설'에서 Missiology을 참조하라.

13 7부 '용어해설'에서 Migration을 참조하라.

14 Chinese Coordination Centre of World Evangelism(http://www.cccowe.org)는 1806년에 설립된 해외 중국 교회의 국제 조직으로 동아시아와 동남아시아 전역에 지부를 두고 있으며, 로잔위원회의 회원 단체이다. CCOWE의 목표는 전 세계 중국인과 중국인에게 다가가는 것이다.

15 7부 '용어해설'에서 Diaspora People을 참조하라.

16 7부 '용어해설'에서 Diaspora Missions를 참조하라.

17 Robert Morrison(1782~1834)은 중국 교회사에서는 처음으로 활동한 영국 개신교 선교사이다. 1789년 런던 전도 학교를 졸업하고 1807년 중국으로 건너가 개척 선교사로 일하였다. 1813년《신약성경》을 한문으로 번역하였고, 1816년(순조) 영국인 바실 홀Basil Hal을 통하여 한국에 최초로 《성경》을 전해 주었다. 그가 처음에 중국에서 전도할 때 7년이나 걸려서 겨우 한 사람의 신자를 얻었다 한다. 그 후 《구약성경》과 《영한사전》을 출판하고, 일생을 중국에서 전도 사업에 바쳤다. (위키백과)

18 http://www.ocms.ac.uk

19 7부 '용어해설'에서 Diaspora Networks를 참조하라.

20 7부 '용어해설'에서 Borderless를 참조하라.

21 국제이주기구(International Organization for Migration, IOM)는 정부, 그리고 국내 실향민, 난민, 이주 노동자를 포함한 이주자의 인구 이동에 대해 논의하고 이에 관한 편의를 제공하는 정부 간 조직이다. 2016년 9월에는 유엔 관련 기구가 되었다. 국제이주기구는 제2차 세계 대전으로 강제 실향민이 된 사람의 재정착을 돕기 위해 1951년 당시 유럽 이주 정부 간 위원회(ICEM)로 출범하였

다. 2016년 6월 기준, 국제이주기구는 166개 회원국과 8개국의 옵서버 국가가 있다. IOM의 주 임무는 정부와 이주자에게 필요한 조언과 서비스를 제공함으로써 인간적이고 질서에 따른 이주를 돕는 것이다. (위키백과)

22 https://www.asmweb.org

23 http://www.aimi.ca

24 http://ags.edu.ph

25 http://www.ats.ph

26 https://asburyseminary.edu

27 http://btccgst.org

28 https://www.manta.com/ic/mtql5xq/ca/centre-for-evangelism-world-mission

29 https://www.emsweb.org

30 http://www.linkingglobalvoices.com/network/filipino-international-network-fin

31 http://www.pressreader.com/kuwait/arab-times/20150306/282617441213443

32 https://www.finishingthetask.com

33 http://www.ffaconline.com

34 http://www.freedomkw.com

35 http://www.gcf.org.ph

36 http://www.diasporaalliance.org

37 http://jaffrayglobal.com

38 https://www.facebook.com/pages/Koinonia-Theological-Seminary-Davao-City/106458762722991

39 https://www.facebook.com/KoreanDiasporaNetwork

40 https://www.facebook.com/KoreanDiasporaNetwork

41 https://www.facebook.com/OFMF-Ontario-Filipino-Ministerial-Fellowship-139132139431734

42 https://www.omusa.org

43 http://www.ocms.ac.uk

44 https://www.cmacan.org

45 http://www.allaboutgod.net/photo/the-great-commission-global

46 http://www.tlckuwait.com

47 https://chimp.net/charities/the-klemke-foundation

48 https://www.lausanne.org

49 http://www.taylor-edu.ca

50 https://www.tyndale.ca/tim

51 www.ttgu.ac.kr

52 https://www.twr.ca

53 http://uets.net/eng

54 https://www.multnomah.edu/blog/2017/11/10/multnomah-biblical-seminary

55 https://www.facebook.com/MigrantMission

56 7부 '용어해설'에서 Globalization을 참조하라.

57 7부 '용어해설'에서 Internal Migration을 참조하라.

58 이 문서는 한국 위디국제선교회가 2011년 《마지막 추수를 위한 흩어짐》라는 제목의 소책자로 출판했다.

<1부>

1 사회적, 인종적, 경제적, 지리적 요소와 연관 지어 출생률, 이주, 연령, 성별 등 인구의 세부 내용을 통계적으로 분석하고 연구하는 학문. (Daum)

2 7부 '용어해설'에서 Religious Diasporas를 참조하라.

3 정량 연구 또는 양적 연구는 숫자 형식으로 데이터를 수집하여 범주 또는 순위 순서로 입력하거나 측정 단위로 측정하며, 데이터를 그래프 또는 도표화 할 수 있다. 반면, 정성 연구 또는 질적 연구 Qualitative study는 주제에 대한 해석적이고 자연주의적인 접근법에 집중하는 다중 방법으로 데이터가 숫자 형태가 아닌 경험적 연구이다.

4 peoples in diaspora. 7부 '용어해설'에서 Diaspora People를 참조하라.

5 7부 '용어해설'에서 Economic Migrant를 참조하라.

6 일반적으로 나토에 가입한 선진국들.

7 Judeo-Christian은 두 종교 간의 공통된 가치 또는 공통성으로 인해 유대교와 기독교를 그룹화하는 용어로 인간 생활의 존엄성, 아브라함의 언약 준수, 일반적인 품위, 전통적인 가족 가치에 대한 지지와 같은 Judeo-Christian 윤리의 광범위한 원칙을 서로 연결하기 위해 미국에서 20세기 중반부터 퍼지기 시작했다.(Wikipedia)

8 7부 '용어해설'에서 International migrant를 참조하라.

9 7부 '용어해설'에서 Diasporic을 참조하라.

10 7부 '용어해설'에서 Forced Migration을 참조하라.

11 7부 '용어해설'에서 Displacement를 참조하라.

12 ethnic은 주로 인종(또는 인종적)으로 번역했으나(예, 인종집단ethnic groups, 인종청소ethnic cleansing), 문맥에 따라 종족(예, 종족 언어학ethnolinguistic), 민족(예, 소수민족ethnic minority, 다민족교회multi-ethnic churches) 등으로도 번역했다.

13 재조합형이나 양친형을 검색하기 위한 실험에서, 유전학적 해석을 위하여 표지로 사용하는 유전자. (Daum 사전)

14 아프리카로부터 노예를 수송하기 위하여 특수하게 개조된 대형 화물선인 노예선은 대서양을 가로질로 약 900만 명에서 2,000만 명에 이르는 아프리카 노예들을 수송했다. 이 배는 바닥에 족쇄가 달려 있고 450~500명 혹은 1,000명까지를 빽빽히 실을 수 있는 해상 감옥이었다. 본토에서 노예로 잡혀 육로로 아프리카 해변까지 끌려와 최악의 건강상태에서 잡힌 자들은 6명씩 긴 체인

으로 묶이고 다시 2명씩 족쇄에 채워진 상태에서 긴 감옥 항해를 해야 했다. 포획당해 아메리카에 도착해서 경매되어 새 주인을 만나기 까지의 중간항해(middle passage) 1~6개월 동안 10명 중 4명이 죽었다. 이 환경이야 말로 역사상 가장 끔직한 이동 환경이었다.

15 이주를 받아들이는.

16 가족 상봉은 특정 국가에 한 명 이상의 가족 구성원이 합법적으로 거주하는 이유로 그 국가로 나머지 가족의 이민을 인정하는 프로그램이다. 그러나 가족 상봉에 가족 중 누가 허락되는지는 국가마다 다르다.

17 7부 '용어해설'에서 International Migrants를 참조하라.

18 Pew Research Center(http://www.pewresearch.org)는 워싱턴 DC에 본부를 둔 초당파적인 미국의 사실 탱크(fact tank)이며, 미국과 세계를 형성하는 사회 문제, 여론 및 인구 통계학적 추세에 관한 정보를 제공한다. 또한 여론조사, 인구통계조사, 미디어 내용 분석 및 기타 실증적 사회과학 연구를 수행한다. (Wikipedia)

19 2010년 말 튀니지에서 시작되어 아랍 중동국가 및 북아프리카로 확산된 반정부 시위의 통칭.

20 7부 '용어해설'에서 Push and Pull factors를 참조하라.

21 신고전주의 경제학은 수요와 공급을 통해 시장에서 상품, 산출물, 수입 분배의 결정에 초점을 둔 경제학 접근법이다. 이 결정은 종종 소득이 제한된 개인에 의한 효용의 가설 최대화와 합리적인 선택 이론에 따라 생산 비용에 직면하고 이용 가능한 정보와 생산 요소를 사용하는 기업의 이익을 통해 매개된다. (Wikipedia)

22 저임금, 열악한 노동 조건, 높은 이직률, 적은 승진기회, 자의적 감독 등 열등한 조건의 직무로 구성된 노동시장을 의미한다. (인적자원관리용어사전)

23 한국 직업 능률 개발원 연구원 박영범의 짧은 시론인 '끌어안아야 할 저 숙련 이주노동자'는 한국의 저 숙련 이주노동자의 상황을 이해하는 데 도움을 준다. (http://krivet.re.kr/ku/ea/kuDFAVw.jsp?pgn=6&gk=&gv=&gn=G2-G200000210)

24 타인 또는 다른 집단과 자신이 처한 상황을 비교함으로써 박탈감을 느끼는 상대적 박탈감에서 기원하는 이론.

25 세계체제론(世界體制論) 또는 세계체제이론은 세계를 하나의 사회 체제로 파악하여 중심부와 주변부의 비대칭적 관계를 설명하는 이론이다. 1970년대 중반 뉴욕주립대학 교수인 Immanuel Maurice Wallerstein이 주창하였다. (위키백과)

26 작용 요소와 이주의 선택, 그리고 다섯 가지 방향 (Enoch Wan, Occasional Buletin 2007년 봄호에 수록된 "Diaspora Missionlogy" pp 3-4.)

방향 /이주자	자발적 선택의 폭이 넓다 주도적인 이주자	비자발적 선택이 폭이 좁다 ←·····················→	선택의 폭이 거의 없다 상황에 따를 수밖에 없는 수동적인 이주자
외부로	·여행객 ·방문객 ·학생 ·임시거주 전문인력 ·출장객	·경제적 ·노동 이주자 ·망명 희망자 ·이주하도록 ·유도된 자	·난민 ·추방자 ·내부적 추방자 ·개발에 의한 이주 ·재해에 의한 이주
내부로	·초기신규 이주자 ·가족상봉/가족구성	·망명을 희망하는 방문객, 학생 또는 여행객	·망명 희망자 ·난민 희망자

귀국 (귀환)	·귀환하는 이주자/난민 ·자발적 송환자 ·자발적 귀환자 ·장기해외거주 송환자	·귀환하는 이주자/난민 ·강요에 의한 ·유도와 선택에 의한	·강제 추방 이주자 ·송환될 난민 ·강제 귀환 ·장기 해외 거주 송환자
앞으로	·재정착 ·전략적 분산	·난민의 제3국에서의 재정착	·흩어짐 ·강제 해산
남아있음	·선택에 의한 거주 ·가정 분산 전략	·피난처에 갇혀있는 사람들	·필요에 의한 거주 ·억류

27 우리가 매일 소비하는 자원을 생산하고 배출하는 쓰레기를 처리하기 위해 필요한 모든 비용을 토지 면적으로 환산한 수치.

28 7부 '용어해설'에서 Chain Migration를 참조하라.

29 1994년 르완다 후투족 극단주의자가 정권을 장악한 후, 정부 차원에서 조직적으로 투치족과 후투족 중도파에 대한 학살을 고무, 방조했다. 이 대학살로 인해 약 50만 명의 사망자가 발생했고, 학살에 대한 보복을 두려워해 국외로 도망간 난민은 후투족을 중심으로 100만 명을 넘었다. (Daum)

30 1992년 4월 7일부터 1994년 1월까지 보스니아 내전 중에 세르비아인 군대와 경찰 등이 세르비아 내의 이슬람교도에게 자행한 대량 학살.

31 7부 '용어해설'에서 Integration을 참조하라.

32 현재 전 세계 영토의 절반 이상이 순이민감을 경험하고 있다. 일반적으로 순이주 국가는 이주 목적지 국가보다 가난하다.

33 7부 '용어해설'에서 Foreign Born을 참조하라.

34 멕시코인을 지칭하는 속어.

35 이주 노동자를 지칭하는 독일어.

36 7부 '용어해설'에서 IDPs을 참조하라.

37 7부 '용어해설'에서 Displaced People를 참조하라.

38 7부 '용어해설'에서 Asylum을 참조하라.

39 담보 노동은 실제로 채무 상환의 희망이 없는 채무 또는 채무 상환을 위한 담보로 노동 또는 서비스를 제공하는 노동이다.

40 다음 세대 유럽인에게 평화와 자유, 번영을 보장 할 수 있는 유럽을 건설하고자 이데올로기에 반대하며 정치적으로, 경제적으로 경쟁력을 유지하기를 바라는 유럽 조직.

41 요새(要塞) 유럽, 2차 세계대전의 양측이 사용한 군사선전용어로, 채널(the Channel, 영국 채널이라고도 불리며 영국 남부와 프랑스 북부를 구분하고 북해의 남쪽 부분과 대서양을 연결하는 수역으로 세계에서 가장 바쁜 운송 지역이다. 길이는 약 560km이며 가장 넓은 폭은 240km에 이른다)을 가로지르는 영국과는 대조적으로 나치 독일이 점령한 유럽 대륙 지역.

42 multiplier effect, 경제 현상에서 변수 하나가 바뀜으로써 경제 요인의 변화를 일으켜 파급 효과를 낳고 최종 결과가 기하급수적으로 증가하는 것을 말하는 경제용어.

43 Paul Woods가 쓴 이 책의 9장은 디아스포라 선교에 있어 이주민의 타자성을 어떻게 이해하고 선교화 해야 할지에 대한 큰 그림을 제시한다.

44 7부 '용어해설'에서 Religious Diasporas을 참조하라.

45 Snap Shot은 기술적 인 용어로, 특정 시간에 저장 장치의 상태를 나타낸다.

46 ethnolinguistic(종족 언어학 또는 문화 언어학(cultural linguistics) 이라고도 함)은 언어와 문화의 관계와 다양한 종족이 어떻게 세상을 인지하는 지를 연구하는 언어학 분야로 종족학과 언어학의 결합이다. (Wikipedia)

47 7부 '용어해설'에서 Diaspora Community를 참조하라.

48 민족 종교인이라고도 한다.

49 다른 종교인이 잘 어울려 사는

50 7부 '용어해설'에서 Migrant worker를 참조하라.

51 cross-cultural은 '다른 문화, 다른 국가와 관계하는 또는 다른 문화, 다른 국가와 비교하는'의 뜻을 지닌 복합 형용사이다. 선교는 다른 문화, 다른 국가와 접촉하는 사역이기 때문에 선교 그 자체가 cross-cultural한 사역이고, 선교사는 cross-cultural한 사역자이다. 다른 문화와 다른 국가의 경계를 넘어가는 이주민 역시 cross-cultural한 존재이고, 하나님은 이 존재를 들어 cross-cultural한 사역자로 사용하신다. 이주민을 총체적으로 섬기는 것이 이주민 선교이고, 이를 연구하는 학문이 디아스포라 선교학이다. 이 때문에 이주민 선교도, 디아스포라 선교학도, 다 cross-cultural한 상황 속에서 이루어진다.

52 7부 '용어해설'에서 non-refoulement를 참조하라.

53 여러 종족이 모여 하나의 국가를 이루고 있는 중국이나 구소련과 일부 이슬람 국가에서 흔히 발생할 수 있는 경우이다.

54 7부 '용어해설'에서 Irregular Migrants를 참조하라.

55 7부 '용어해설'에서 Migrant Workers를 참조하라.

56 7부 '용어해설'에서 Economic Migrants를 참조하라.

57 조약, 외교의례(儀禮)

58 2000년 12월, 이탈리아 Palermo에서 합의한 협약으로 조직범죄 척결을 위한 국제협력 등을 상세히 규정하고 있다. 불법 이민 방지 의정서, 인신매매 방지 의정서 등을 두어 조직범죄에 대한 처벌과 피해자 보호 등을 상세히 규정하고 있는데 적용 범위가 광범위하여 형사 일반법적 성격을 갖고 있다.

59 Frontex는 공식적으로 여권과 상호 국경에서 모든 다른 유형의 국경 통제를 폐지한 26개 유럽 국가로 구성된 Schengen 지역 회원국의 국경 및 해안 경비대와 협력하여 유럽 Schengen 지역의 국경 관리를 담당하는 유럽 국경 및 해안 경비대로 폴란드의 바르샤바에 본부를 둔 EU 기관이다. (https://frontex.europa.eu)

60 해외 고급 인력을 유치하기 위해 2007년부터 우수한 외국인 인력의 EU 내 진입 절차를 간소화하여 블루카드를 가진 외국인 취업자는 가족을 초청할 수 있다.

61 http://www.refworld.org/docid/4a54bc3fd.html

62 http://www.cmaj.ca

63 OFW에 대해서는 7부 '용어해설'을 참조하라.

64 2005년 5월 3일 유럽 평의회의 각료 회의에서 채택된 이 협약은 10번째 비준 이후 2008년 2월 1일 발효되었다. 자세한 내용에 대해서는 https://www.coe.int/en/web/conventions/full-

list/-/conventions/treaty/197 을 방문하라.

65 The North American Association of Christians in Social Work(NACSW)는 기독교 신앙과 전문 사회 사업을 통합하기 위해 회원을 준비시키는 것을 사명으로 하는 비영리단체이다. (https://www.nacsw.org)

66 Hague Adoption Convention(또는 헤이그 입양협약)은 국제 입양, 아동 세탁child laundering 및 아동 매매를 다루는 국제 협약이다. 이 협약은 협약에 따른 입양이 다른 당사국에서 인정되고 효력을 발휘할 수 있도록 하기 위해 국제 입양에 대한 공식적인 국제적 및 정부 간 인정을 제공하기 때문에 중요하다.

67 7부 '용어해설'에서 Diaspora In Mission을 참조하라.

68 7부 '용어해설'에서 Diaspora Agenda를 참조하라.

69 http://jaffrayglobal.com

70 이 센터에 대해서는 https://www.lausanne.org/news-releases/opening-of-the-eurasian-diaspora-study-center-in-kyiv을 참조하라.

71 7부 '용어해설'에서 Borderless를 참조하라.

< 2부 >

1 역 주. 그리고 7부 '용어해설'에서 Relocation를 참조하라.

2 7부 '용어해설'에서 Assimilation을 참조하라.

3 7부 '용어해설'에서 Transnationalism을 참조하라.

4 이 책에서는 추방자, 포로로 잡혀 온 자, 망명자 또는 난민(refugees) 등을 뜻하는 단어로 사용된다.

5 1쌍의 부부와 그 미혼 자녀로 구성된 핵가족과 달리 부부의 부모와 형제, 자매와 함께 어울려 사는 가족으로 확대가족이라고도 부른다.

6 홍익희에 의하면, 느브갓네살은 포로로 끌고 온 유대인에게 자유로운 경제활동을 허락했다. 유대인은 당시 동방무역의 중심지이자 세계 최고의 도시 바벨론과 고대 바벨론의 수도로 경제적으로 번영했던 니푸르에서 주로 활동했다, 유대인은 글자를 알았기에 계약서를 읽고 작성할 수 있어서 당시 세계 경제의 흐름을 읽고 세계로 흩어져서 부를 축적하는 시스템을 구축할 수 있었다. "약 50년간의 바벨론 유수기에 유대인은 바빌로니아의 무역로를 통해서 당시 세상에 알려진 곳곳에서 상인과 무역인이 되었다. 이때 많은 유대인이 이집트는 물론 중국까지 진출하게 된다." (《유대인 이야기》, 행성B, 131)

7 미국 최초의 고고학 조사단이 1889~1900년 4번, 1948년 이후 19번에 걸쳐 니푸르를 발굴했다. 이라크의 Al-Qādisiyyah Governorate인 Afak의 Nuffar에 있는 니푸르 발굴에 관한 보다 상세한 내용은 다음을 참조하라. https://en.wikipedia.org/wiki/Nippur

8 유대인 성경Jewish Scripture 즉, 타나크Tanakh는 기독교 구약과 거의 동일한 유대교의 기초적인 성경이다. 히브리 성경의 경전인 티나크는 모세오경과 느비임Nevi'im(예언자), 케투빔Ketuvim(성문서)로 이루어진 토라Torah(율법서)로 구성된다.

9 7부 '용어해설'에서 Diaspora Movement를 참조하라.

10 7부 '용어해설'에서 Diaspora Community를 참조하라.

11 낮아지심, 신성포기.

12 이 단어의 명사형은 Perrichoreisis이다, 상호 침투와 공재(共在)의 의미가 혼합된 개념으로 이종성은 상호통재로 번역했다.

13 Janak BC가 7부 '용어해설'에서 설명한 Attractive Force(인력)의 뜻과 다르지 않다. "성전과 성막이 하나님과 만나는 장소로써 사람들을 끌어당겼던 구약성경을 상징한다. 하나님 축복의 증거 때문에 다른 외국인도 이스라엘로 끌렸다는 기록이 성경에 있다."

14 Communitas는 일반적으로 사람들이 평등한 비체계적인 공동체 또는 공동체 정신을 뜻하는 라틴어 명사이다.

15 7부 '용어해설'에서 Irregular or Illegal Immigrants를 참조하라.

16 7부 '용어해설'에서 Absorption을 참조하라.

17 Illyricum은 Vespasian(69-79 AD) 황제의 통치 기간 중인 기원전 27년부터 존재했던 로마 지방이었다.

18 7부 '용어해설'에서 Alien을 참조하라.

19 다양성을 인정하고 다양한 의견을 존중하겠다는 입장을 말한다. 흥미, 관심, 문화, 신념의 다양성을 존중하는 것은 현대 민주주의의 철칙 중 하나이다. (위키백과) .

20 7부 '용어해설'에서 Expatriate을 참조하라.

21 공통된 가치관이 붕괴되고 목적의식이나 이상이 상실됨에 따라 사회나 개인에게 나타나는 혼돈 상태. (Daum)

22 Cape Town 2010. 2010년 10월 16일부터 25일까지 남아공의 케이프타운에서 개최되었던 제 3차 로잔선교대회.

23 Edinburgh 2010. 1910년 세계개신교대표 1,700명이 영국 애든버러에 모여 '세계선교대회'를 가진지 100년이 지난 2010년 6월 2일부터 6일까지 이를 기념하는 '에딘버러 2010 세계선교대회'가 같은 장소에서 개최되었다.

24 와이탕이Māori : Te Tiriti o Waitangi는 1840년 2월 6일 the British Crown의 대표와 뉴질랜드 북섬 출신의 마오리 족장이 서명한 조약으로 뉴질랜드주(州)의 역사와 정치 헌법에 있어 중요한 문서이자 뉴질랜드 정부와 마오리 주민 간의 정치적 관계를 구성하는 데 매우 중요하다.

25 1790경~1830년 영국에서 두드러지게 활동하면서 노예제도 폐지 운동을 벌였고, 국내외의 선교 사역을 촉진시켰던 이들의 모임이다. 런던 남부 클래펌의 교구 목사 존 벤의 교회를 거점으로 활동했고, 구성원 가운데는 윌리엄 윌버포스, 헨리 손턴, 제임스 스티븐, 재커리 매콜리 등이 있었다. 이들 가운데 많은 사람이 의회 의원이었는데, 이들은 의회에서 노예제도 폐지를 주장했으며, 교도소 개혁, 잔인한 운동 경기 금지, 수렵법 폐지, 복권 추첨 폐지를 위해 일했다. (Daum 사전)

26 7부 '용어해설'에서 Temporary Migrants을 참조하라.

27 고용을 목적으로 이주 노동자가 집과 주거 지역 사이에서 일시적으로 반복적으로 이동하는 것을 말한다.

28 Anglo-Celtic. 본토인 영국과 디아스포라로 미국, 캐나다, 호주, 뉴질랜드, 남아공에 살고 있는 영

국계 백인

29 "Finding Communities in Liminality: Invitations from the Margins in the New Testament and in Contemporary Mission"

30 문지방을 뜻하는 라틴어 līmen에서 유래한 Liminality은 인류학에서 의식의 중간 단계에서 발생하는 모호성 또는 방향 감각 상실의 정도를 의미한다. 경계성(입구, 비회원성)의 개념은 20세기 초 민중 학자 Arnold van Gennep에 의해 처음 개발되었으며, 후에 Victor Turner에 의해 채택되었다. 최근에는 이 용어의 사용이 정치적, 문화적 변화뿐 아니라 종교의식을 기술하기 위해 확대되었다. 경계성(입구, 비회원) 기간에 질서의 해체는 새로운 제도와 풍습을 수립 할 수 있는 유연하고 융통성 있는 상황을 만든다. (Wikipedia) 이런 의미에서 모든 이주민은 도착한 나라에 정착하기까지 liminalty 기간을 경험하는데 어쩌면 영원히 사회의 주변을 맴도는 Marginal한 존재로 liminalty의 턱을 넘어서지 못할 수도 있다.

31 Tikanga Pasifika의 또 다른 이름인 Anglican Taonga 교회의 주교. (http://www.anglicantaonga.org.nz/news/tikanga_pasifika)

< 3부 >

1 7부 '용어해설'에서 International Church, IC를 참조하라.

2 7부 '용어해설'에서 International Student Ministry, ISM를 참조하라.

3 이해하기 쉽게 '반드시'로 번역했지만, '씨네쿼넌(Sine qua non 또는 condicio sine qua non)'은 형법학 인과관계론의 조건설을 말한다. 절대적 제약공식이라고 번역한다." (위키백과)

4 https://www.capitalcitybaptistchurch.com

5 7부 '용어해설'에서 Diaspora Church Planting를 참조하라.

6 Hanoi International Fellowship(HIC) (http://www.hif.vn)

7 The Fellowship of European International Churches (https://www.feic.org)

8 The Chinese International Fellowship network (https://www.shanghaifellowship.org/china-international-fellowships)

9 The Global International Church Network (https://www.globalicn.com)

10 Global Church for a Global World (https://globalchurch.info)

11 7부 '용어해설'에서 Global Nomads를 참조하라.

12 Willow Creek's Global Leadership Summits. 윌로우 크릭 공동체 교회의 창립자 겸 담임 목사인 Bill Hybel은 1995년에 성령의 인도하심에 대한 응답으로 개척 교회에서 지도력의 가치를 높이기 위해 Global Leadership Summit를 시작했다. 2005년에도 전 세계 지도자로부터 동일한 교육 수준에 대한 요구로 Global Leadership Summit이 개최되어 현재 120개국 이상의 지도자에게 영향을 주고 있다. (https://global.willowcreek.com/pages/about/about.html#/the-gls)

13 Cairo Declaration of Human Rights. 1990년 8월 5일 이집트 카이로에서 채택된 이슬람 협력기구 회원국 선언인 이 선언문은 1948년에 채택된 유엔세계인권선언(UDHR)에 대한 이슬람의 반응

으로 널리 인정되고 있다. 이 선언은 UDHR과 같은 많은 권리를 보장하며, 모든 회원에게 규정된 인권 지침의 살아있는 문서 역할을 한다. (Wikipedia)

14 2018년 3월 9일 UNHCR는 "시리아 내전으로 610만 명의 실향민과 560만 명의 난민이 발생했다."고 발표했다. 발표 자료에 따르면 시리아 민간인 중 69%가 극심한 빈곤에 시달리고 있으며, 식량 가격 급등으로 시리아 가정의 90%가 연 수입 절반 이상을 식비로 사용한다. 난민은 인도적 지원이 시급한 상태다.

15 여성이기 때문에 난민이 되는 경우가 있다. 할례 때문이다. "매년 2만 명의 여성이 할례를 피해 피난길에 오른다." (UNHCR_Korea)

16 다인종 교회로도 불릴 수 있다.

17 International Maritime Organization은 UN의 전문기구 중의 하나로 "국제 해운에 영향을 미치는 모든 해사 기술 문제와 법률문제에 대한 정부 차원의 규정과 관행에 관하여 정부 간 협력을 꾀하고 해상 안전, 항해의 효율, 선박의 해양오염 방지·규제를 위한 최고의 실행 기준을 채택하도록 권장함을 주요 기능으로 하고 있다." (한국민족문화대백과사전)

18 Seamen's Christian Friend Society (http://www.scfs.org)

19 Sailor Society (https://www.sailors-society.org)

20 Korea International Maritime Mission. (http://www.2kimm.kr)

21 Port Ministry International (http://portchaplains.org)

22 이분에 대한 한글 기사를 참조하라. (http://manilaseoul.com/print_paper.cgi?action=print_paper&number=4144&title=프린트)

23 http://www.missionfrontiers.org/issue/article/the-global-international-student-ministry-movement-via-the-lausanne-movemen

24 7부 '용어해설'에서 IFES를 참조하라.

25 Australia Fellowship of Evangelical Students (https://www.afes.org.au)

26 InterVarsity USA (https://intervarsity.org)

27 International Student Fellowship의 목적은 "한국에 온 외국인 유학생과 그 가족에게 국가, 인종, 사상, 성별과 관계없이 기독교적 사랑으로 봉사하는 것이다." (www.isfkorea.org)

28 ISM New Zealand (https://www.facebook.com/ISMNZ.CO.NZ)

29 Bridges International (Cru/USA)

30 Overseas Christian Fellowship (http://ocfaustralia.org)

31 ISM Canada (https://www.ismcanada.com)

32 International Students Christian Services

33 Friends International. (https://friends-international.org)

34 World Evangelical Alliance Mission Commission (http://weamc.global)

35 7부 '용어해설'에서 Diaspora Ministry를 참조하라.

36 7부 '용어해설'에서 ISM in Reverse를 참조하라.

37 7부 '용어해설'에서 Returnees를 참조하라.

38 global/local. 7부 '용어해설'에서 Glocal를 참조하라.

39 http://kostaworld.org

40 7부 '용어해설'에서 Christian Host를 참조하라.

41 Urbana Student Missions Conference (https://urbana.org)

42 7부 '용어해설'에서 People Group을 참조하라.

43 7부 '용어해설'에서 Host Culture를 참조하라.

44 여호수아 프로젝트는 복음주의 기독교를 가장 적게 추종하는 인종 집단에 주목하며, 선교를 지원하기 위해 인종학적인 자료를 관리하는 단체로 미국 콜로라도 스프링스에 있다.

45 킹덤 컴퍼니, 킹덤 회사, 왕국 컴퍼니, 왕국 회사 등으로 불리는 Kingdom Companies는 닐 존슨에 의하면, 그리스도인이 이끄는 기업이고, 단일 문화적인 배경에서 그 지역과 문화를 섬기며 성경적 원칙과 그리스도의 가르침이 사업에 적용되고 통합된 회사로 일터 내부의 사역이다.

46 한국어로 지상명령 컴퍼니, 지상명령 회사, 대사명 컴퍼니, 대사명 회사 등으로 불리는 Great Commission Company(GCC)는 팀이 운영한다. 주변의 많은 BAM 컴퍼니가 카페, 제조업 등을 공동 운영하면서 또 다른 BAM 컴퍼니를 만들어 내는 것이다. BAM을 섬기기 위해서 BAM 컴퍼니를 세운 CEO가 모여서 GCC를 유지한다. 그러한 상태에서, 그들의 경험과 노하우를 전수해 주고, 또 맨 파워와 자본을 공급해 주면서 인큐베이팅하는 것이다. 이러한 방식으로 BAM사업을 키운다. GCC는 또 다른 GCC를 만들어 낼 수 있다.

47 현실적인 능력이 없는 몽상가들의 국가를 뜻하는데 구체적으로 개발도상국 보다 가난한 나라를 말한다.

48 organ trade. 어린이들의 장기(臟器)를 사고파는 행위.

49 International Save the Children Alliance (https://www.savethechildren.net)

50 Terre des Hommes (https://www.terredeshommes.nl)

51 http://www.unhcr.org/protection/children/3bb81bad4/action-rights-children-arc-foundations-child-adolescent-development.html

52 4/14 window. 4세에서 14세 사이의 어린이에게 복음을 전하는 글로벌 기독교 선교 운동이다.

53 많은 어린이가 난민이 되는 과정에서 정신적, 육체적 건강에 영향을 줄 수 있는 트라우마를 경험한다. 이러한 트라우마는 난민이 출신 국가에 있거나, 새 국가에 정착하는 과정에서 발생할 수 있다. 출신 국가에서 난민 아동은 증인, 희생자, 가해자로 폭력이나 전쟁을 경험했을 수 있다. 음식, 물, 피난처 또는 의료 부족, 고문, 강제 노동, 성폭행과 그로 인한 임신, 사랑하는 사람의 상실 등과 탈주 중에는 난민 아동이 종종 같은 유형의 트라우마나 고통 대부분을 겪을 뿐만 아니라 난민 캠프에서의 생활, 가족과의 이별, 지역 사회의 상실, 지방 당국의 괴롭힘 및 구금과 같은 새로운 경험에 직면한다. 새 국가에 정착한 난민은 새로운 학교 환경에서의 문화적 정체성과 재정적 어려움과 같은 재정착 스트레스, 차별과 같은 격리 트라우마에 계속 노출될 수 있다. 난민이 겪게 되는 자아 손상을 비롯한 총체적 충격은 일평생 부정적 영향을 준다.
(https://www.nctsn.org/what-is-child-trauma/trauma-types/refugee-trauma)

54 스웨덴에서 온갖 음식이 다양하게 나오는 뷔페식 식사.

55 태어나면서부터 디지털 기기에 둘러싸여 성장한 세대. 통상 1980년~2000년 사이에 태어난 세대를 일컫는다. 반면, 이전 세대는 아무리 노력해도 아날로그적 취향을 완전히 떨치지 못해 이주민

으로 전락한다는 의미에서 '디지털 이주민Digital Immigrants'으로 간주한다. 미국의 교육학자 마크 프렌스키가 2001년 발표한 논문 <Digital Natives, Digital Immigrants>에서 처음 사용했다. (해외투자용어사전)

56 UN Information Service (https://www.unov.org/unov/en/unis.html

57 UN Department Of Economic and Social Affairs (https://www.un.org/development/desa/en/)

58 핵가족으로 사는 미국인에게 대가족으로 사는 일부 이주민은 대단히 낯설 것이다.

< 4부 >

1 7부 '용어해설'에서 Global Cities를 참조하라.

2 카렌족은 카인 주(州)를 중심으로 미얀마의 남부와 남동부에 주로 사는 민족 집단이다. 카렌족의 수는 미얀마 전체 인구의 약 14%를 차지하는 약 1,000만 명이다. 많은 카렌족이 또한 태국(주로 태국-미얀마 국경)에도 살고 있다.

3 카렌족 중 가장 크고 넓게 분포하는 부족인 스고 카렌족의 언어.

4 1988년 8월 8일. 버마 국민은 군부독재 정권에 저항하는 시위를 벌였다. 당시 버마 군부독재정권의 무력 진압으로 2,000명 이상이 목숨을 잃었다. 버마 군부는 유혈의 기억을 지우고자 국호를 '미얀마'로 개칭했지만, 버마인에게 '버마'라는 국호는 민주화를 염원하는 버마인의 소망이라 할 수 있다. 버마인은 1988년 8월 8일 군부정권에 저항하는 대규모 민주화 운동을 벌이다 수많은 희생자를 낸 이 사건을 '8888 민중항쟁'이라 부른다.

5 이들은 남부 부탄계 네팔인이다. 2007년부터 로참파 난민의 대부분은 미국, 캐나다, 호주, 영국 및 기타 유럽 국가와 같은 제3국에 재정착했다. 이런 이유로 현재 네팔 내의 로참파족의 수는 타국에 이주한 수보다 현저히 적다.

6 시바와 같은 비기독교적 문화에서만 살던 이들이 문화적으로 큰 이질감을 못 느끼고 참석할 수 있도록 준비된 예배

7 네팔 문화에 친숙하게 진행되는 예배.

8 7부 '용어해설'에서 Babel Complex를 참조하라.

9 7부 '용어해설'에서 Immovability를 참조하라.

10 화용론(話用論)은 의사소통할 때의 발화에 대한 언어이론이다. 화자와 청자의 관계에 따라 언어 사용이 어떻게 바뀌는지, 화자의 의도와 발화의 의미는 어떻게 다를 수 있는지 등에 대한 연구도 다룬다. (위키백과)

11 겸상적혈구증상이라고도 한다.

12 Granny Square blankets. 중앙에서부터 바깥쪽으로 라운드로 작업하여 전통적인 크로셰crochet hook 손뜨개질 기법으로 짜 만든 사각형 담요로, 예전 영국 할머니는 이렇게 뜨개질로 담요를 만들었기 때문에 할머니granny 담요라고 부른다.

13 사실상 유럽 백인만 받아들이던 미국의 이민 문호가 아시아계, 라티노에게도 개방돼 오늘날 한인

을 포함한 아시아계와 라티노 이민 사회가 미국에서 형성되어 거대한 미국 내 이민 사회를 구성하게 된 것은 에드워드 케네디 상원의원의 1965년 이민개혁법the Immigration and Nationality Act of 1965이 결정적 역할을 한 것으로 평가되고 있다.

14 https://www.missionamerica.or

15 https://ethnicamerica.com

16 서기 33년 예루살렘을 중심으로 시작한 기독교 중심축은 1990년대 초 스페인 마드리드를 지나 1970년 서사하라의 El Aaiun에 진입했고, 2018년 현재는 말리의 Tessalit(2010)과 Essouk(2025) 사이를 지나고 있다. 서기 33년에서 서기 2,200년까지의 기독교 중심축 이동을 표시한 구글지도를 참조하라. (https://www.google.com/maps/d/viewer?mid=1XZvxxCp-ENEoKSvpH1lz24B4NtgBkGdx&ll=31.604485668482613%2C10.282202999999981&z=4)

17 https://www.vemission.org

18 '왕의 대사 교회'로 알려진 Embassy of the Blessed Kingdom of God for All Nations(http://godembassy.com)은 키예프, 우크라이나에 본부를 두고 있는 복음주의 기독교 카리스마 메가 처치, 교단 및 파라처치 조직이다. 수석 담임 목사는 Sunday Adelajadl 이다.

19 7부 '용어해설'에서 Diaspora Conditions 를 참조하라.

20 7부 '용어해설'에서 Mission in Reverse or Reverse Mission을 참조하라.

21 ethnographic. 민속지학(적) (民俗誌學, 문화기술지<文化記述誌> 또는 민족지학<民族誌學>)은 인간 사회와 문화의 다양한 현상을 정성적, 정량적 조사 기법을 사용한 현장 조사를 통해 기술하여 연구하는 학문 분야이다. (위키백과)

22 7부 '용어해설'에서 The Old Country를 참조하라.

23 7부 '용어해설'에서 Asylum Seekers를 참조하라.

24 인간은 태어나면서부터 생물학적으로 또 사회경제적으로 성장하고, 변화하는 과정을 거친다는 이론.

25 이주 노동자에게 치유와 희망을 제공하기 위해 헌신하는 비영리 단체다. (http://www.healthserve.org.sg)

26 www.scgm.org

< 5부 >

1 Jews for Jesus. 메시아닉 유대인 비영리 단체로, 예수님이 유대 민족의 약속된 메시야라는 믿음을 공유하고 한다. 1973년 샌프란시스코의 Moishe Rosen에 의해 시작되었다.

2 Holocaust는 제2차 세계 대전 중 나치당이 독일 제국과 독일군 점령지 전반에 걸쳐 계획적으로 유대인과 슬라브족, 집시, 동성애자, 장애인, 정치범 등 약 1,100만 명의 민간인과 전쟁 포로를 학살한 사건이다. 약 6백만 명의 유대인이 사망했으며, 이는 당시 유럽에 거주하던 유대인의 2/3에 해당한다. 유대인과 기타 피해자는 독일 전역과 독일 점령지의 약 4만여 개의 시설에 집단 수용, 구금되어 죽게 되었다. (위키백과)

3 https://play.google.com/store/apps/details?id=messianic.bible&hl=ko

4 Chosen People Ministries(CPM, https://chosenpeople.com/site/free-gift)는 유대인에게 전도하는 메시아닉 유대인 비영리 단체로 그 사명은 '유대인을 위해 중보하고, 복음화하고 제자 삼아 봉사하며 동료 신자가 같은 일을 할 수 있도록 돕는 것'이다. 뉴욕시에 본부를 두고 있다.

5 아리엘 사역(https://www.ariel.org)은 유대인 형제를 복음화하고 제자 삼기 위해 시작한 단체로 아리엘은 유대 사자인 예슈아를 상징하는 '하나님의 사자'를 의미하며 평화의 왕이 돌아오기를 기다리는 평화의 도시인 예루살렘의 다른 이름이다(사 29:1). 1966년 예루살렘에서 이 사역의 비전을 받는 Arnold Fruchtenbaum에 의해 1977년 12월 1일 텍사스주 샌 안토니오에서 시작되었다.

6 인도의 Goa 주에 있는 해변으로 주로 유럽 출신의 외국인 관광객이 겨울에 많이 찾으며 여름과 몬순 계절에는 인디언 관광객이 주류를 이룬다.

7 새부족선교회(NTM, http://uk.ntm.org). Ethnos360으로 알려진 NTM은 미국 플로리다주 샌포드에 본부를 둔 복음주의 선교 단체로 성경이 번역되지 않는 종족에게 성경을 번역하여 보급하는 데 집중한다. NTM은 20개국 이상의 나라에 약 3,300 명의 선교사를 파송하고 있다.

8 trail(track, byway)은 시골 여행길을 말하여, 트레킹 길이라고도 한다.

9 Ethnography는 사람과 문화에 대한 체계적인 연구로 연구자가 연구 주제의 관점에서 사회를 관찰하는 문화 현상을 탐구하기 위해 고안되었다. 민족지학이라고도 부른다.

10 1882년의 Immigration Act 중 특별히 중국인을 겨냥한 Chinese Exclusion Act는 1882년 5월 6일 Chester A. Arthur 대통령이 서명한 미국 연방법으로 중국인의 모든 이민을 금지하고 있다. 이 법안은 1880년의 Angell 조약을 따른 것으로, 1868년 Barblingame 조약의 개정으로 미국이 중국인 이민을 중단시킬 수 있었다. 이 법안은 10년간 지속되었지만, Geary Act를 통해 1892년에 갱신되었고 1902년에 영구화되었다. 중국인 제외법은 특정 종족(또는 소수민족)이 미국으로 이민하는 것을 방지하기 위해 시행된 최초의 법률이었지만, 1943년 12월 17일에 Magnuson Act에 의해 폐지되었다. (Wikipedia)

11 Hong Kong Association of Christian Missions (http://www.hkacm.org.hk)

12 홍콩 영화 제목으로 교회 내의 평신도 전문가를 비유함.

13 demographic sandwich. 부모에 대한 순종과 자녀에 대한 의무 사이에 끼어 선교에 헌신하지 못하는 현상.

14 Robert Alexander Jaffray, 1873~1945)는 중국, 인도네시아 및 몇몇 다른 나라의 선교사였으며, 홍콩에서 얼라이언스 성경 신학교를 설립하여 교장을 역임했다. The Christian &Missionary Alliance의 중국어 성경 매거진을 발행한 Jaffrey는 1929년에 'Chinese Foreign Missionary Union'이라고 불리는 최초의 중국 선교사회를 설립했다.

15 Kerala는 인도 남서부 해안에 위치한 연방주이다. 문화적, 인종적으로 드라비다족에 속하는 남인도 4개 주의 하나이며, 주도는 티루바난타푸람이다. (위키백과)

16 7부 '용어해설'에서 Transnational Missions를 참조하라.

17 페르시아 만으로도 부른다.

18 외국 근로자가 쿠웨이트에서 학대당하는 것은 중동 지역 고유의 '카팔라'(kafala) 시스템 때문이라는 기사가 있다. 2018년 4월 2일 자 KBS 인터넷 뉴스에 따르면, "카팔라 제도는 고용주가 이주 노

동자의 거주 비자 발급을 위해 인적 보증을 서도록 해 이직·이사·출국 등을 제한하는 데 악용되고 있으며 '노예 노동'수단이라는 비판을 받고 있다. AFP통신은 '카팔라 제도 때문에 현지 근로자는 고용주의 동의 없이 출국하거나 직업을 바꾸기가 어렵다'고 지적했다." 카팔라 제도는 전형적인 말라카Malakah 시스템이다. 가난한 자의 노동력을 착취하는 이 악한 시스템을 하나님이 원하시는 아보다Avodah 시스템으로 변화시키는 것은 총체적 선교 영역이다. (Harry Kim, 《아보다》, 더메이커, 67~71을 보라.)

19 7부 '용어해설'에서 National / Immigrant Churches를 참조하라.

20 7부 '용어해설'에서 Missional Church를 참조하라.

21 한국외국인선교회의 비전은 다음과 같다. "주님의 첫째 계명인 '네 이웃을 네 몸과 같이 사랑하라'는 명령에 순종하여 한국에 거주하는 외국인에게 그리스도의 사랑을 나누는 것입니다. 또한 주님의 지상명령인 '모든 민족으로 제자 삼으라'는 명령에 순종하여 그들을 그리스도의 제자로 삼는 것입니다." (http://www.fan.or.kr)

22 새날학교는 "국제결혼 자녀와, 유학생, 외국인 근로자, 새터민 자녀를 한국 내에서 공동체적인 삶을 살 수 있도록 교육하며 세계를 품은 지도자로 기르기 위해 광주CBS 후원으로 기업인, 의료인, 방송인, 종교인, 대학교수, 초·중·고 교사 단체인 교직자선교회와 외국인근로자문화센터, 새터민센터, 광주산업정보교류협회 등이 협력하여 설립한 학교로, 다양한 민족이 함께 살아가는 지구촌 시대에 국제결혼 가정과 외국인 유학생, 외국인 근로자, 새터민 자녀가 한국에서 한국인과 더불어 공동체적인 삶을 살 수 있도록 지원, 교육하여 온 인류에 기여하는 능력 있는 사람이 되도록 교육하는 것"이 설립 목적이다. (http://www.saenalschool.com)

23 이베로-아메리카(Ibero-America)는 20세기에 사용된 용어로, 스페인과 포르투갈의 식민지였던 아메리카 대륙의 나라를 가리킨다. '이베로'는 스페인, 포르투갈, 안도라, 지브롤터 등이 있는 유럽의 이베리아반도를 나타낸다. (위키백과)

24 영어로는 Misssion Horizons이다.

25 미전도 종족 전도와 선교지의 교회 개척 사역을 감당하는 선교 단체.

26 미국에 거주하는 라틴아메리카계 시민.

27 멕시코인 계절 농장 노동자 프로그램.

28 http://victoryoutreach.org

29 Sonny Arguinzoni 목사는 미국 복음주의 기독교 목사이자 세계 기독교 교회 네트워크인 Victory Outreach International의 설립자이다. 1967년 로스앤젤레스에서 그의 아내 Julie와 함께 교회를 창립한 이래, 교회는 미국 전역과 33개국에 걸쳐 여러 곳에서 성장했다. Arguinzoni는 조직의 목사로서 그리고 약물 남용으로 고통받는 도시와 갱들에 대한 교회의 봉사 활동에 여전히 참여하고 있다. Arguinzoni는 갱단 생활과 마약 남용, 그리고 구속에 관한 4권의 책을 저술했다. 2017년에 그의 일대기가 영화화되었다.

30 Teen Challenge(https://globaltc.org)는 십대, 성인 및 가족에게 약물 남용과 같은 문제를 제기하는 데 도움이 되는 기독교 신앙 기반 가족 네트워크로 1960년 David Wilkerson에 의해 설립되었다. (Wikipedia)

31 National Association of Evangelical(NAE)는 "1941년 데이비드와 에드윈 라이트가 시카고 무디

성경학교에 회집하여 복음주의 성격의 연합체를 구성하고, 1942년, 미국 34개 교단, 147명의 미국 복음주의자에 의해 설립된 단체다. NAE는 복음 전도, 교회 부흥과 확장, 지역의 구제, 공공 문제, 고등교육, 미션스쿨, 주일학교, 도서출판, 해외 선교, 평신도 사역, 라디오 및 텔레비전 방송, 정부 기관 목사, 국제 관계 협력, 사회봉사 활동, 청지기직, 영적 생활, 신학적 관심 등 기독교 전 분야에서 선교회와 전도를 위한 부속기관을 활용하고 회원단체의 유익을 위해 주도적인 역할을 하고 있다. (http://cafe.daum.net/okhananim/d7w4/4)

32 https://nhclc.org

33 Aladura (주님의 교회, http://aladura.net)는 성공회 교리문답 교사이며 학교 선생인 조시아 올루노워 오시텔루에 의해 시작되었다. 그는 유별난 환상, 금식, 독실한 신심이 문제되어 1926년 해임되었다. 1929년 그는 우상숭배와 토착 부적, 의약품의 사용을 심판하는 내용의 설교를 했고, 예언했으며, 기도·금식·성수를 통하여 질병을 치유했다. 1930년 그가 오게레에 세운 알라두라는 나이지리아 북부와 동부, 가나, 라이베리아, 시에라 레오네로 확산되었고, 아프리카를 넘어 뉴욕 시와 런던에서도 여러 알라두라 회중이 집회를 한다. 알라두라 운동은 계속 성장하고 있으며, 많은 소규모 분파와 일시적인 그룹, 1~2개의 교회를 이끌고 있는 예언자, 치유자가 이 운동에 관여하고 있다. (Daum 백과)

34 Kingsway International Christian Centre (KICC, https://www.kicc.org.uk)는 영국 런던에 소재하며 1992년 성인 200명과 어린이 100명으로 설립되었다. 현재 매주 일요일에 본 교회에 12,000명까지 출석하며 담임목사는 Matthew Ashimolowo 이다.

35 http://www.thecophq.org

36 The Redeemed Christian Church of God(RCCG, http://rccg.org)는 나이지리아의 라고스에 설립된 오순절 교회이다. 담임 목사는 1981년에 안수받은 Enoch Adeboye이다. 2017년 3월 현재 RCCG는 세계 196개 국가에 있으며 라고스(Lagos)에 있는 교회의 평균 출석 인원은 5만 명이다.

37 Holy Trinity Brompton(HTB)는 영국 런던의 성공회 교회로 알파 코스가 처음 개발된 곳이며 영국 교회에서 가장 영향력 있는 교회 중 하나이다.

< 6부 >

1 7부 '용어해설'에서 Foreign Nationals을 참조하라.

2 7부 '용어해설'에서 National Church를 참조하라.

3 동일한 표현의 반복을 피하기 위해 이방인으로도 번역함.

4 World Relief(https://www.worldrelief.org)는 국제 구호 및 개발 기관이다. 1944년에 World Association of Evangelicals의 인도주의 단체로 설립된 World Relief는 빈곤, 질병, 기아, 전쟁, 재해 및 박해의 희생자에게 도움을 제공한다. 메릴랜드주 볼티모어에 본사를 두고 있는 이 조직은 전 세계에 지사를 두고 있다. 이 단체에는 USAID 및 기타 기관의 미국 정부 보조금을 비롯하여 교회, 재단 및 개인 기부자가 지원한다. (Wikipedia)

5 GEO Group(https://www.geogroup.com)은 민영화된 교정, 구류 및 정신 건강 치료를 전문으로

하는 플로리다주 소재 회사이다. 북미, 호주, 남아프리카 및 영국의 시설을 유지 관리한다. 2015년 GEO 그룹과 미국 연방 정부와의 교도소 운영 계약은 매출의 약 45%를 창출했다. GEO 그룹 시설에는 세 가지 보안 수준의 교도소, 이민 구금 시설, 최소 보안 구금 시설 및 정신 건강 및 주거 시설 등 많은 시설을 소유하고 있으며 주 또는 연방 시설을 운영하기도 한다. (Wikipedia)

6 Northwest Detention Center는 미국 워싱턴주 타코마에 있는 Tacoma Port에 조석 아파트에 위치한 사설 이민 감옥이다. 교도소는 미국 이민 및 세관 집행을 대신하여 GEO 그룹이 운영한다. NWDC의 현재 수용력은 1,575명으로 미국에서 가장 큰 이민 감옥 중 하나이다.

7 미국의 자유를 수호하고 또 미국인 모두가 헌법이 보장하고 있는 기본권을 누릴 수 있도록 법원에서 입법기관에서 그리고 지역 사회에서 활동하고 있는 단체인 미국시민자유연맹(ACLU, (www.aclu.org)은 소송 및 로비 활동을 통해 활동하며 120만 명이 넘는 회원과 1억 달러가 넘는 연간 예산을 보유하고 있다. ACLU는 시민의 자유가 위험에 처할 경우 법적 지원을 제공한다.

8 American Academy of Religion(https://www.aarweb.org)은 종교학 및 관련 주제 분야에서 세계 최대 학자 협회로 종교 학술 연구에 종사하는 학자를 위해 전문적이고 학문적으로 봉사하는 비영리 법인 협회이다. 전 세계적으로 약 1만 명의 회원이 있다. AAR 회원은 대학 및 대학교 교수, 독립적인 학자, 중등 교사, 성직자, 신학생, 관심 있는 평신도 등이다.

9 Lighthouse Chapel International은 Dag Heward-Mills가 1988년에 설립했으며, 가나의 아크라에 본부를 두고 있는, 가나의 주요 카리스마 교회 중 하나로 아프리카, 유럽, 아시아, 카리브해, 호주, 중동 및 미주 지역 등 여러 나라에 2,000개 이상의 지회를 두고 있다. 교회는 학생 복음 전도 사역으로 시작되었으며, 국제 협회는 교회 개척과 평신도 지도력을 강조한다. 가나에서 고아원, 학교 및 병원을 운영하며 협회 본부의 'Qodesh'에는 2011년에 통계로 25,000명이 출석했다. LCI는 1970년대 후반부터 아프리카 도시에 나타난 가장 큰 오순절 교회 중 하나로 여러 나라에서 교단으로 성장했다.

10 burqa, 큰 천을 머리부터 뒤집어쓰고 온몸을 가리는, 무슬림 여성이 입는 전통 복장.

11 아프가니스탄 인구의 다수를 차지하는 파슈툰족은 아프가니스탄을 자신의 발원지로 믿으며, 모든 사람이 같은 조상의 후손이라고 생각한다. 13~16세기에 몇몇 파슈툰 부족이 아프가니스탄에서 파키스탄으로 이동한 것으로 알려져 있다. …… 부족의 혈통을 통해서 지위 계승과 상속, 부족의 땅을 이용할 권리나 부족 회의에서 발언할 권리 등이 정해진다. 개인적으로 모욕을 당하거나 재산 또는 여성에 관련된 분쟁이 일어나면, 가족은 물론이고 전체 씨족 간에 복수가 벌어진다. 씨족장이나 부족 회의에서 싸움을 중재하지 않을 때에는 대를 이어 복수하기도 한다. (Daum)

12 There is Hope - Malawi의 비전은 난민과 그들의 호스트 공동체가 빈곤에서 벗어나 자립하도록 하는 것이며, 사명은 난민과 그들의 호스트 공동체에 대한 교육 활동과 소득 창출 활동을 제공하고 영적 행복을 강화하는 것이다. (http://thereishopemalawi.org)

13 말라위는 동남아프리카에 있으며 세계에서 가장 가난한 나라 중 하나이다. 현재 콩고 민주 공화국, 부룬디, 르완다 및 최근 모잠비크에서 온 4만 명의 난민과 망명 신청자가 있다. 이 중 일부는 1970년대와 마찬가지로 갈등을 피한 다른 나라의 난민 캠프에 살면서 보다 나은 기회를 찾기 위해 말라위로 이주한 사람의 자녀와 손자들이다. (http://thereishopemalawi.org)

14 Dzaleka 난민 캠프는 말라위에서 가장 큰 난민 캠프이다. 말라위 수도인 릴롱궤 근처의 Dowa 지

역에 위치하고 있으며 약 2만 8,000명의 난민과 망명자가 있다. (http://thereishopemalawi.org)

15 7부 '용어해설'에서 Durable Solutions을 참조하라.

16 http://www.philippinemissionsassociation.org

17 https://www.lcm.at/en/category/lcm-internal

7부

용어 해설, 부록, 사역 자료들

편집자

테레소 카지뇨(Tereso Casiño)

챨스 쿡(Charles Cook)

용어 해설

A

Absorption(흡수) : 한 국가에서 사람이 떠나거나 이민을 가는 수보다 더 많은 이주민(즉, 비원주민(non-natives))을 받아들일 때 발생하는 사회적 현실. (Ernest George Ravenstein)

Activists for Diaspora(디아스포라 활동가) : 전 세계에 흩어져 있는 이들을 돌보며 그들의 기본적 인권을 위해 투쟁하는 사회복지사, 정치가, NGO 단체와 디아스포라를 지지하는 동료. (Grant McClung)

Adopted Land(이주한 땅) : 이주민과 실향민이 새 거처로 삼기 위해 정착하는 땅. (Chase Robinson)

Afro-Caribbean Diaspora(아프로-케리비안 디아스포라) : 유대인 디아스포라의 구성 요소와 모세와 아브라함의 디아스포라와 관련된 아프리칸 미국인 사회 운동의 상호 참조(상호 정보 교환). (Robert Cohen)

Age of Migration(이주의 시대) : 전 세계 이주의 규모와 범위 확대의 표현. (J. D. Payne)

Alien(외국인) : 자신이 현재 거주하는 나라의 출신이 아닌 자. (Paul Sydnor)

Ashkenazim(아슈케나짐) : 742~814년, 서로마제국의 황제였던 샤를마뉴(Charlemagne)의 통치 중 북유럽에 정착한 유대인. (Robin Cohen)

Assimilation(동화) : 한 개인(디아스포라)이 자신이 속하고 싶은 사회 계층의 생활 방식에 맞춰 적응하는 사회적 과정. (Darrell Jackson)

Asylum(망명) : 박해 또는 심각한 위험으로부터 도망친 다른 국가의 사람에게 자국 영역의 보호를 부여하는 것. 망명은 농 르풀망(강제소환금지) - 망명 국가 영토 에 머무를 수 있는 권리 그리고 인도적 대우를 포함하여 다양한 요소를 포함한다. (UN 난민기구, UNHCR)

Asylum Seeker(망명신청자) : '국제적 보호를 구하는' 개인. 개별화된 망명절차가 있는 나라에서의 망명 신청자란 그가 제출한 서류가 망명하려는 국가에 의해 아직 결정되지 않은 자이다. 모든 망명 신청자가 난민은 아니지만, 모든 난민은 망명자이다. (UNHCR)

Attractive Force(인력) : 성전과 성막이 하나님과 만나는 장소로써 사람들을 끌어당겼던 구약성경을 상징한다. 하나님 축복의 증거 때문에 다른 외국인도 이스라엘로 끌렸다는 기록이 성경에 있다. (Janak BC)

B

Babel Complex(바벨 콤플렉스) : 원심적(중심에서 멀어지는 것)이 아니라 구심적(중심이)이 되고 싶어 하는 욕망. (LDLT)

Battlefield Diasporas/Military Diaspora(전쟁터 디아스포라/군인 디아스포라) : 고국을 떠나 외국에 주둔하고 있는 군인. (Sadiri Joy Tira)

Benefactor Mentality(후원자 관점) : '이주민은 자선의 대상(object of charity)으로만 간주되어야한다' 는 거짓 전제. (Cody Lorance)

Borderless 1(국경이 없는 1) : 본래 한 지역에 국한되지 않고 국제적으로 활동하는 기관의 정치 경제 상태를 표현하기 위해 경제학자가 사용하는 용어. (Sadiri Joy Tira)

Borderless 2(국경이 없는 2) : 국가 간에 분리가 없음. (Thomas Hieber)

Borderless World 1(국경이 없는 세계 1) : 초국가주의, 인구 분산, 탈영토화로 인해 사람들이 고국에 더 이상 머물지 않는다. (Sadiri Joy Tira)

Borderless World 2(국경이 없는 세계 2) : 전 세계 사람들이 24시간, 일주일에 7 일간 '실시간'으로 연결되어 있고 여행 기술이 사람들로 하여금 수시간 내에 시간대들(time zones)을 넘게 하므로 기관들이 특정 장소에 고정되어 있지 않고 전 세계적으로 운영되는 정치적 경제 상태. (Sadiri Joy Tira)

Bridge Peoples 1(브리지 피플 1) : 두 문화 사이에서 자란, 특히 이중적 민족 정체성 때문에 고국과 새 정착지에 적합하게 적응하는 사람. (J. D. Payne)

Bridge Peoples 2(브리지 피플 2) : 두 문화 사이에서 자란, 특히 이중적 민족 정체성 때문에 고국과 새 정착지에 적합하게 적응하는 사람. (Winston Smith)

C

Center-margin(센터-마진) : 기독교 신앙이 그 중심에서 시들어갈 때 변두리에서 새롭게 시작된다. (Sam George)

Chain Migration(이주 사슬) : 도착 도시는 현금을 보내고 마을에 기본 신용 한도를 규정한다. 국경을 넘어 직장과 결혼 등을 주선해 주며, 이민 규제법을 피하는 방법을 제공한다. (Doug Saunders)

CHASTE(체이스트) : 유럽에서 성매매를 반대하는 교회.

Christian Hosts(그리스도인 호스트) : 이주민과 의도적으로 접촉하여 예수 그리스도의 복음을 전하는 사람, 기독교를 쉽게 받아들이는 나라에도 복음을 전파하는 호스트가 부족하다. (Sadiri Joy Tira)

Conservation Migration(보호 이주) : 이주민은 현재 삶의 기준을 유지하기 위하여 거주지를 바꾼다. 보호 이주는 삶의 질을 높이기 위한 획기적인 이주이다. (Kenneth C. W. Kammeyer)

Contrapuntal Perspective(대위법적 관점) : 망명자와 이주민이 국경을 넘어 생각과 경험의 장벽을 허물어 감에 따라 비전의 독창성을 가능하게 하는 동시 차원들(simultaneous dimensions)에 눈을 뜨게 된다. (Edward W. Said)

Cultural/Hybrid/Postmodern Diaspora(문화적/혼성적/포스트모던적 디아스포라) : 실제 이주뿐만 아니라 공중파에 의해 생겨난 디아스포라(예, 생각 혹은 음악의 이동). (Robin Cohen)

D

Decentralization(이산) : 중앙 집중 지역의 사람을 분산시킴. (Bob Roberts)

Demanding Assimilation(동화 강요) : 호스트의 문화적 선호에 모두가 순응하

기를 바라는 욕망. (Cody Lorance)

Deterritorialization(탈영토화) : 중심지역으로부터의 영토 분산. (Bob Roberts)

De-territorialized(탈-영토화) : 선교 전략에서 사회적 문화적 경계가 사라짐. (Enoch Wan and Sadiri Joy Tira)

Diaspora 1(디아스포라 1) : 신약성경에 나오는 헬라어 διασπορά는 구속사에 사용되는 성경적 단어와 필수적인 성경적 주제로서 '분산', '퍼짐', '흩어짐'으로 번역된다. (LDLT)

Diaspora 2(디아스포라 2) : 하나님 나라의 확장과 지상명령(마 24:14; 28:17~20)을 수행하기 위해 하나님이 명하시고 축복하신 선교적 매개체(창 1:28, 9:1, 12:3, 28:14). (LDLT)

Diaspora 3(디아스포라 3) : 집으로 돌아가려는 꿈은 있지만 망명생활을 하는 추방당한 자들의 집단 트라우마와 관련됨. (Robin Cohen)

Diaspora 4(디아스포라 4) : 이주민의 고향과 직장 그리고 새로운 정착지 사이에서 지속되는 긍정적인 관계. (Robin Cohen)

Diaspora 5(디아스포라 5) : 우선적으로 사람들이 다른 나라에 영구히 혹은 일시적으로 머물기 위하여 자신의 모국을 떠나는 대규모 이동을 묘사하는 '흩어짐'을 뜻한다. 기원전 6세기경 포로로 잡혀가면서 흩어진 유대인을 묘사하기 위하여 처음으로 쓰인 단어이다. 이 단어는 신약성경에 하나님의 새로운 사람 즉, 예수 그리스도의 제자들이 흩어져 있는 것에 대해서도 사용되었다(벧전 1:1, 약1:1). 수 세기 동안 많은 디아스포라가 있었다. 그러나 20세기와 21세기에는 대부분 전쟁, 기근, 경제적 필요와 기회로 인하여 이전에 없던 대이동이 있었다. 이주민은 그들의 모국과 이주하는 나라 그리고 디아스포라 공동체에 깊고 광범위한 영향을 주었다. (LOP #55: 새로운 이웃들)

Diaspora 6(디아스포라 6) : 새로운 지역에 정착하였지만 언어, 종교, 전통 등의 정체성을 공유하며 고국에 대한 향수 등이 감정적으로 연결된 공동체. (Robin Cohen)

Diaspora 7(디아스포라 7) : 하나님의 구속사적 계획 안에 있는 인류의 흩어짐. (LDLT)

Diaspora 8(디아스포라 8) : 개인 혹은 인종 집단의 흩어짐.

Diaspora 9(디아스포라 9) : 역사적으로 이 단어는 기원전 607년 바벨론 포로 생활과 서기 70년 로마제국에 의해 흩어진 유대인을 묘사하는 데 쓰였다. (Enoch Wan)

Diaspora 10(디아스포라 10) : 국경을 넘어 이동하는 사람, 특별히 세상에 흩어진 사람을 말함. (T. V. Thomas, Sadiri Joy Tira, and Enoch Wan)

Diaspora 11(디아스포라 11) : 디아스포라라는 단어를 처음 사용한 그리스인에게 디아스포라란 식민지화를 통해 흩어진 인구를 뜻했다. (Robin Cohen)

Diaspora 12(디아스포라 12) : 본래 유대인 포로가 추방당하면서 흩어진 것을 지칭하였지만, 지금은 사회・경제적 원인, 강압적 정부 정책, 종교 편협 혹은 문화의 변화로 고향을 잃고 현재 이동 중인 사람을 뜻한다. 무너진 삶과 미래에 대한 소망의 부재를 경험해 온 포스트모던 시대의 인류를 묘사하는 것이기도 하다. (Aniedi Abasiekong)

Diaspora 13(디아스포라 13) : 원래 팔레스타인 지역 밖의 유대인(레 26:33, 신 28:64; 겔 36:19)의 '분포'와 신약성경의 초대교회의 그리스도인(행 8:1, 4; 11:19)의 '확산'을 뜻하는 헬라어 단어이다. 수 세기 동안 디아스포라는 국경을 넘어 이동하는 사람, 즉 흩어진 사람이라는 현대적 의미도 가지게 되었다. 이주, 이민 같은 단어는 이동하는 사람을 가리킨다. (T. V. Thomas, Sadiri Joy Tira, and Enoch Wan)

Diaspora 14(디아스포라 14) : 어떠한 이유에서든 출생지를 떠나 새롭게 정착한 사람. (Sadiri Joy Tira)

Diaspora 15(디아스포라 15) : 출생지에서의 거주권을 포기한 사람. (Enoch Wan)

Diaspora 16(디아스포라 16) : 디아스포라가 단수로 쓰일 때는 모국을 떠나 이동하는(자발적인 혹은 강제적인 이주/이민) 한 개인 혹은 한 무리의 사람을 뜻한다. (LDLT)

Diaspora 17(디아스포라 17) : 20세기 후반에 있었던 거대한 이주, 특히 독립운동과 전쟁으로 쑥대밭이 된 과거의 식민지로부터 도망쳐 나온 난민 물결, 제2차 세계대전 이후 생긴 끊임없는 경제적 유동 인구를 가리킨다. (Jana Evans

Braziel and Anita Mannur)

Diaspora 18(디아스포라 18) : '디아스포라'라는 단어는 그리스어 동사인 *speiro*(씨를 뿌리다)와 전치사 *dia*(바깥에)로부터 파생되었다. 그리스인은 디아스포라라는 단어를 인류에게 쓸 때 이주 혹은 식민지를 생각했다. 반대로, 유대인, 아프리카인, 팔레스타인 그리고 아르메니아인을 대상으로 쓸 때, 이 단어는 불쾌하고 잔혹한 의미가 있다. 디아스포라란 꿈꾸던 집에서 살지 못하고 망명해 살아야 하는 집단적 트라우마와 추방을 의미했다. 최근 들어 식민지화의 적극적인 대리인도 핍박의 피해자도 아니면서 해외에서 강한 집단적 정체성을 가지고 있는 이들이 자신을 디아스포라라고 정의했다. (Robin Cohen)

Diaspora 19(디아스포라19) : '잠시 외국에 머물며 이 땅의 순례자로 살아가는 사람들' (LDLT)

Diasporas(디아스포라스) : 디아스포라가 복수로 사용될 때는 고국을 – 자발적 혹은 강제로 – 떠나는 이주민 전체를 뜻한다. (LDLT)

Diaspora Academies(디아스포라 아카데미) : 새롭게 생겨나는 선교 훈련인 '디아스포라 선교학'이 교육자의 컨설팅, 훈련, 세미나, 출판을 활동적으로 지향하도록 하는 교육 기관. (Grant McClung)

Diaspora Activists(디아스포라 활동가) : 사회복지사, 정치인 그리고 디아스포라 추종자와 친구인 디아스포라 선교 리더. (Grant McClung)

Diaspora Agencies(디아스포라 에이전시) : 국제적 디아스포라 활동을 자원과 합당한 리더를 가지고 이끄는 파라처치 선교 단체. (Grant McClung)

Diaspora Agenda(디아스포라 아젠다) : 로잔 운동의 우선순위와 비전에 근거한 디아스포라 아젠다는 전도, 제자 훈련 및 사람들을 동원하고자 하는 헌신과 의도적인 노력을 제안한다. 디아스포라 아젠다는 세계에 흩어진 사람에게 접근하는 것이다. (Sadiri Joy Tira)

Diaspora by Design(설계된 디아스포라) : 세계적 무대에서 영향력과 이점을 최대한 발휘하기 위한 선교 전략적 이동 및 배치. (J. Kottin)

Diaspora Champion(디아스포라 챔피온) : 디아스포라 선교를 위해 분투하는

하나님 나라의 사역자. (Sadiri Joy Tira)

Diaspora Church Planting(디아스포라 교회 개척) : 특히 디아스포라 인구를 목표로 한 교회 개척 과정. (Cody Lorance)

Diaspora Community(디아스포라 공동체) : 이 공동체는 영구적 이주민, 토착화된 시민, 이민 2세를 포함한다. (Christopher Lawrence)

Diaspora Conditions(디아스포라 신분) : 이 신분에는 전쟁이나 자연재해로 생기는 국내 실향민, 난민, 망명 신청자, 인종 청소 희생자, 종교적 폭력과 핍박을 피해 도망치는 사람, 가뭄, 홍수, 전쟁, 또는 가난을 면하려고 시골에서 도시로 이동함으로써 생기는 기아로 고통받는 사람, 그리고 직장을 찾아 움직이는 경제 이주민을 포함한다. (Sadiri Joy Tira)

Diaspora Dependencies(디아스포라 의존자) : 디아스포라 교인에 의해 주어진 디아스포라 기부금에 의존하게 되는 사람. (Sadiri Joy Tira)

Diaspora Dollar 1(디아스포라 달러 1) : 이주민 노동자가 고국에 있는 가족부양, 교육, 부동산, 지역 사회의 농업 발달 보조, 차량 구입, 사랑하는 사람을 위해 거주지 건축과 지역 학교와 의료 계획 등에 사용하고 투자하는 돈. 구제 활동과 비상 원조를 위해 집으로 송금되기도 한다. 고국에 송금된 돈은 가족의 필요를 해결하고 여가를 위해서도 사용된다. (Sadiri Joy Tira)

Diaspora Dollar 2(디아스포라 달러 2) : 이주민, 토착민, 심지어 2세가 번 돈으로 거주하는 지역에 투자하거나 고국에 송금하여 고국의 경제를 지원하여, 고국과 체류하는 나라의 경제에 큰 공헌을 한다. (Sadiri Joy Tira)

Diaspora Dollar 3(디아스포라 달러 3) : 디아스포라가 벌어서 고국으로 보내거나 거주국에서 쓰는 돈. (Sadiri Joy Tira)

Diaspora Dollar 4(디아스포라 달러 4) : 디아스포라 종족 집단과 선교를 위해 쓰이는 자금. (Sadiri Joy Tira)

Diaspora Factor(디아스포라 요인) : 비서구 세계에서 이동하는 사람을 포함하여 선교사의 증가로 생긴 인식 체계의 대전환. (Sam George)

Diaspora in Missions(선교하는 디아스포라) : 개인이 속한 직업이나 교단과 상관없이 지상명령을 이루기 위하여 사역에 깊이 참여하는 흩어진 '민족 집단

을 지칭. (Sadiri Joy Tira)

Diasporic(디아스포릭) : 추방에 대한 트라우마로부터 정치적 동원과 문화적 창의성까지 다양한 활동과 조건을 서술하는 데 쓰이는 용어. (Kevin Kenny)

Diaspora Ministries Field(디아스포라 사역 현장) : OMF 인터내셔널이 집중하는 5가지 선교 전략 중 하나로 국경 없는 선교 현장을 뜻한다. 여기에선 국경을 넘나들고 과거에는 전략적이지 못했던 것에 전략적인 방향성을 제시한다. (Carolyn Kemp)

Diaspora Ministry 1(디아스포라 사역1) : 디아스포라와 고국으로 돌아온 이들 속에서 이루어지는 사역. (Carolyn Kemp)

Diaspora Ministry 2(디아스포라 사역 2) : 예수 그리스도의 이름으로 그분을 위하여 디아스포라를 섬기며 사역하는 두 가지 방법. 첫째, 디아스포라에 대한 사역(디아스포라를 섬기기). 둘째, 디아스포라를 통하여 사역하기(디아스포라를 동원하여 다른 이들을 섬기기). (Enoch Wan)

Diaspora Ministry Facilitator(디아스포라 사역 조력자) : 한 종족 집단이 거주하는 다른 지역들을 연구하고 문서화하고, 종족 집단 구성원들에게 누가 접근하고 있는지 연구하고, 또 다른 종족집단과 관련되어 사람들과 네트워킹하며, 종족 집단에 다가가는 다른 교회들과 개인들에게 관심갖기를 모색하며. 네트워크하고 정보를 직접 습득하기 위해 디라스포라 내의 몇 곳을 방문하고, 전 종족 집단에서 이익이 될 수 는 프로젝트에 필요한 자금조달을 모색하는 크리스천. (Al Lee)

Diaspora Missiology 1(디아스포라 선교학 1) : 출생지를 떠난 사람을 향한 하나님의 구속적 선교를 이해하고 이에 참여하기 위한 선교적 틀. (LDLT)

Diaspora Missiology 2(디아스포라 선교학 2) : 디아스포라 집단에 대한 하나님의 구속적 선교를 이해하고 그것에 참여하기 위한 선교적 틀. 선교학과 인류 지리, 문화 인류학, 정치적 인구 통계학, 도시/인종적 연구, 통신 과학 등을 혼합하여 만든 학제 간의 학문 등. (Enoch Wan)

Diaspora Missiology 3(디아스포라 선교학 3) : 21세기의 디아스포라 현상에 대한 기독교의 반응. (Enoch Wan)

Diaspora Missiology 4(디아스포라 선교학 4) : 귀환하는 이민자와 함께 일할 다른 문화 선교사 파견을 포함한 통합적인 관점에서 교회의 선교 사업에 관해 생각하는 접근법. (J. D. Payne)

Diaspora Missiology 5(디아스포라 선교학 5) : 새로운 선교 전략인 디아스포라 선교는 디아스포라에 의하여, 디아스포라를 통하여 모든 민족을 선교하기 위한 하나님의 섭리와 사람의 전략이다. (Sadiri Joy Tira, Enoch Wan)

Diaspora Missiology 6(디아스포라선교학 6) : 선교 연구에 집중하기 위한 목적으로 이민에 관해 연구하는 통합 학문. (J. D. Payne)

Diaspora Missiology 7(디아스포라 선교학 7) : 선교학과 이민 신학의 전문화된 연구. 이전에 제안되었듯이, 이 데이터를 분석하여 선교 계획과 전략을 위한 선교학적 영향에 대한 결과를 내야 한다. (Sadiri Joy Tira)

Diaspora Missiology 8(디아스포라 선교학 8) : 하나님은 이스라엘과 교회를 움직이셔서 당신의 백성과 축복을 세상 사람에게 가져다주신다. (Michael Pocock)

Diaspora Missiology 9(디아스포라 선교학 9) : 누가, 무엇을, 언제, 어디서, 어떻게 이동하는지에 관한 학제 간 학문. 예) 인류학, 인구 통계학, 경제학, 지리학, 역사학, 법률학, 정치학, 사회학 그리고 전형적인 선교학. 예를 들어 신학, 선교학, 성경학, 전도학 등. (Sadiri Joy Tira)

Diaspora Missiology 10 (디아스포라 선교학 10) : 인종, 이주 패턴, 대중문화에 의하여 식별된 사회적 집단에 대한 연구. 이 집단의 대부분은 고향을 떠나있거나 이주하는 과도기에 있다. (Tuvya Zaretsky)

Diaspora Missiology 11(디아스포라 선교학 11) : 글로벌 디아스포라 집단에 다가가기 위한 선교적 사고와 전략적으로 다양한 측면을 연구하는, 최근에 떠오르는 선교 학문이다. 디아스포라 선교학은 교육가, 자문 위원, 세미나, 선교사, 파라처치, 출판사, 통계학자 등과 그 밖의 다른 사람의 협력을 포함한다. (Grant McClung)

Diaspora missions 1(디아스포라 선교 1) : 21세기 디아스포라 인구학의 현실적 추세에 따른 전략. 디아스포라 선교는 디아스포라를 향한 선교, 디아스포라

를 통한 선교, 디아스포라에 의한 선교와 디아스포라를 초월하는 선교를 포함한다. (LDLT)

Diaspora Missions 2(디아스포라 선교 2) : 그리스도인은 이동 중인 친인척을 복음화하고 그들의 고향과 그 너머에서 원주민에게 다가갈 수 있는 하나님의 구속 사명에 참여한다. (Enoch Wan)

Diaspora Missions 3(디아스포라 선교 3) : 디아스포라를 대상으로 사역(복음전도와 봉사에서)하고, 디아스포라 그룹을 통해 사역(동기 부여 및 동원)하고, 그들을 넘어서는(지상명령을 성취하고 있는 다른 그룹들에게) 사역을 포함하는 디아스포라 선교학의 실제적 적용. (T.V. Thomas, Sadiri Joy Tira, and Enoch Wan)

Diaspora Missions 4(디아스포라 선교 4) : 선교가 경제적으로 지속가능하며, 선교 대상에게 접근가능한 여행에서 혜택을 얻으며, 정치적 및 법적 제한이 적으며, 마음이 맞는 사람과 지상명령에 헌신된 단체 사이의 동역, 그리고 선교란 극소수의 전문가 혹은 국제적 활동가들에 의해서만은 되어지지지 않는다는 등의 전제를 바탕으로 하는 선교 활동. (Enoch Wan)

Diaspora Missions 5(디아스포라 선교 5) : 그리스도인으로서 하나님의 구원 선교에 동참하여 이동하는 친인척을 전도하고, 그들을 통하여 고국 사람과 그 이상을 구원하는 일. (T.V. Thomas, Sadiri Joy Tira, and Enoch Wan)

Diaspora Missions 6(디아스포라 선교 6) : 디아스포라를 대상으로 또 디아스포라를 통하여 사역함으로써 지상명령을 완성하는 방법. (LDLT)

Diaspora Movement(디아스포라 이동) : 20세기와 21세기에 전 세계 대부분의 나라에 영향을 준 국제적 추세. 2억 명 이상이 현재 자신의 고국을 떠나 일하며 살고 있다. (T.V. Thomas, Sadiri Joy Tira, and EnochWan)

Diaspora Networks(디아스포라 네트워크) : 공유된 문화적 공간과 현대의 교통 및 기술의 도움으로 거미줄처럼 서로 이어진 연결망. (Sam George)

Diaspora People(디아스포라 종족) : 하나 그 이상의 문화에 적응하는 법을 배운 종족. (LOP#55: 새로운 이웃)

Diaspora People Group(디아스포라 종족 집단) : 흩어지고 국경을 넘어선 집

단. (Christopher Lorance)

Diaspora Returnee(디아스포라 귀환자) : 해외에 흩어져 살다가 고국으로 귀국하는 사람. (Carolyn Kemp)

Diasporas of the Battle Field(전쟁터의 디아스포라) : 군 복무를 위하여 다른 나라로 파견 간 군인. (Sadiri Joy Tira)

Dichotomized Approach to Missions(선교에 대한 이분법적 접근) : 교단과 교회 안에서 해외 선교와 국내 선교에 차이를 두고 선교에 대해 분리된 접근 방법을 취하는 것을 말한다. 이 방식은 선교사를 모든 곳에 세워서 모든 곳으로 보내는 것보다는 한 지역에서 다른 지역으로 보내는 것에만 집중한다. 이분법은 평범한 이민자를 '하나님 나라의 사역자'로 동기부여하고, 멘토링하고, 동원하기보다는 국제 선교의 책임을 국제적 사역자에게만 떠넘긴다. (Sadiri Joy Tira)

Displaced People(난민) : 일시적 또는 영구적일 수 있는 난민과 망명신청자. (LOP #55: 새로운 이웃)

Displacement(추방) : 추방은 삶의 근거를 뿌리째 뽑힌 상태를 말한다. 강제 추방은 난민, 유배자, 그리고 인신매매 당한 사람들에 해당하지만, 추방은 많이 뒤섞인 이주민 그룹이 겪는 상황을 뜻한다. 그러므로 많은 디아스포라들에게 추방은 일반적인 상황이다. (Paul Sydnor)

Durable Solutions(지속적인 해결책) : 강제적으로 이동된 사람에 대하여 UNHCR가 제시한 세 가지 옵션을 말한다. (1) 고국으로 돌아가기. (2) 제3국으로 가서 새롭게 정착하기. (3) 피신한 나라에 적응하여 살기. (Paul Sydnor)

E

Economic Migrant(경제 이주민) : 삶의 질을 높이기 위하여 본국을 떠난 사람. "난민으로 여겨질 만한 이유가 아닌 순전히 경제적으로 더 향상된 삶을 살기 위하여 모국을 떠나는 사람. 경제 이주민은 난민 신분으로 분류되지 않으므로 난민이 받는 국제적 보호의 혜택은 해당 사항이 없다." (UNHCR)

Emigration(이민) : 다른 곳에 거주하기 위하여 한 나라를 떠나는 행위. (J. D. Payne)

Expatriate(외국인, 국외 거주자) : 본인이 자라난 국가 또는 문화가 아닌 다른 곳에서 일시적으로 또는 영구적으로 머무는 사람. (Sadiri Joy Tira)

F

Floating Communities(물 위에 떠도는 공동체) : 배를 타고 지구 이리저리 옮겨 다니는 집단. (Sadiri Joy Tira)

Floating Population(유동 인구) : 중국에서 이들은 '도시에 살지만 주민등록상 거주지가 시골인 사람'이다. 이들은 '도시의 거주, 복지, 의료 혜택, 혹은 도시에서 자녀를 학교에 보내는 등의 자격을 누리지 못한다.' (Doug Saunders)

Flying Communities(날아다니는 공동체) : 비행기를 타고 한 곳의 지리적/사회적/경제적/문화적 장소에서 다른 곳으로 이동하는 디아스포라 공동체. (Sadiri Joy Tira)

Forced Migration(강제이주 또는 강제적 이주) : 자연적이거나 또는 인위적인 요인으로 생명과 생활의 위협을 느껴 강제적으로 하는 이민 혹은 이동을 묘사하는 일반적인 표현. (난민과 국내 실향민뿐 아니라 자연 혹은 환경적 재해와 화학 혹은 원전 사고, 기근 혹은 개발 사업으로 인하여 불가피하게 생긴 이주를 말한다.) (International Organization of Migration)

Foreign Born(해외에서 태어난 또는 외국 태생) : 자신을 받아들여 준 나라의 국적(또는 시민권)을 취득하여 그 나라에 귀화한 사람. (J. D. Payne)

Foreign Nationals (외국인) : 시민권을 취득한 사람을 제외하고, 이주민의 자녀로서 부모의 국적을 유지하는 사람. (Stephen Castles and Mark J. Miller)

G

Gateway City(관문 도시) : 광범위하게 번창한 도착 도시(arrival city) : 이곳의

성공한 중산층과 상류 노동층 이주민은 가난한 지역을 떠나 더 부유한 지역으로 가고, 그 만큼의 속도로 새로운 주민이 가난한 동네로 유입된다. (Doug Saunders)

Globalization(세계화) : 전자 통신의 발전과 더 빠르고 편리한 교통편, 그리고 새로운 정치 구조로 인해 세계관, 상품, 아이디어, 그리고 다른 측면의 문화가 교류하며 일어나는 국제적인 과정. 세계화는 세계적 규모로 많은 사람을 움직이는 데 도움을 준다. (J. D. Payne)

Global Cities(국제도시, 글로벌 시티) : 금융 서비스, 산업 플랜트 및 세계 경제의 다른 구성 요소들의 위치가 세계적으로 변함에 따라 세계 권력의 패턴에 명확한 공간 그리드(spatial grid)을 강요한다. (Robin Cohen)

Global Diaspora Network(GDN, 글로벌 디아스포라 네트워크) : 로잔 III 기간 동안 남아프리카의 케이프 타운에서 조직되어 디아스포라 네트워크를 확대하고 로잔 III 대회 이벤트를 넘어서 디아스포라를 수행한다. GDN은 *디아스포라 그리스도인이 글로벌 임무 수행을 위해 파트너가 되도록 동기를 부여하고 동원하는 촉매 운동이다.* (Sadiri Joy Tira)

Global Human Diaspora(글로벌 휴먼 디아스포라) : 모든 백성, 나라, 족속, 방언으로부터 예수님의 제자들을 그분 자신에게 모으기 위하여 당신의 형상을 닮은 자를 목적을 가지고 퍼뜨리시는 하나님의 활동. (Cody Lorance)

Global Nomads(글로벌 노마드) : 이주민 또는 흩어진 사람을 칭한다. (Sadiri Joy Tira)

Glocal(글로컬) : 일반적으로 집에서 그 나라 주민이 다른 나라에서 온 사람에게 환대를 베풀며 하는 '자국에서의 세계 선교.' (Leiton Chinn)

H

Habiru(하비루) : 일반적으로 고대 근동의 광범위한 사회와 국가에서 발견되며, 사회의 변두리에 사는 경향이 있는 부족, 또는 특정 민족은 아니지만 사회 중심으로부터 소외된 계층. (Enoch Wan)

Hidden Generation(숨겨진 세대) : 자신의 정체성, 소속, 소명이 무엇인지를 정립하기 위해 내적 갈등하는 이민자의 자녀. 이들은 이중의 소외로 고통받는다. 첫째는 민족성, 둘째는 세대 차이 때문이다. 이들은 서구의 다민족 다문화 세계 속의 소수 민족 안에서도 소수 민족이 되며, 이 민감한 주변성은 내부에서부터 그들을 괴롭힌다. (Sam George)

Hollow Village(텅 빈 마을) : 부모가 도시로 떠나 있어 조부모가 손자/손녀를 키우는 농촌 소수민족 마을. (Doug Saunders)

Host Culture(호스트 문화, 현지 문화) : 떠나 온 고국의 문화가 아니라, 디아스포라로 거주하는 현지 문화. (Paul Haenze)

Human Trafficking(인신매매) : 유엔은 인신매매를 "위협 또는 강제, 다른 형태의 강요, 납치, 사기, 속임수, 권력 남용 또는 취약한 위치를 이용하여 사람을 모집, 운송, 이동, 사람을 숨기거나 수령하는 행위 또는 착취를 목적으로 다른 사람을 통제하는 자의 허가를 받기위해 지불금이나 수당을 주고받는 행위"로 정의한다. 이 착취는 매춘이나 다른 종류의 성 착취, 노동 또는 서비스, 노예와 유사한 노예제 또는 관행, 장기 제거 등이다. 인신매매 피해자는 인신매매에 결코 동의하지 않았지만, 인신 매매업자의 강제적인 기만적 또는 학대적 행동으로 인해 이 동의가 무의미해져 인신매매가 발생한다. (Paul Sydnor)

Hybridized Identities(혼합된 정체성) : 이는 포스트모더니즘의 분산되고, 파도치는 바다에서 산산조각 부서진 포스트 식민주의적 정체성을 말한다. (Robin Cohen)

I

I.F.E.S.(국제복음주의학생회) : International Fellowship of Evangelical Students의 약자로, 1947년에 시작된 이 단체는 150개국 이상의 나라에서 대학과 고등학교 그리고 직업학교 학생을 대상으로 학생 중심의 사역을 해오고 있다. (Leiton Chinn)

Illegal Immigrant(또는 Illegal Alien, 불법 이민자) : 많은 나라에서 '불법적으로' - 적절한 비자 혹은 신분증명서 없이 - 한 국가에 들어온 사람을 가리켜서 공식적으로 널리 사용하는 용어. 미국은 '불법 외국인'을 '미국 이민법을 따르지 않고 미국에 들어와 살면서 일을 하는 외국 태생의 사람들을 포함하는 포괄적인 용어'라고 정의 내린다(미국 국토안보부 2006). 많은 인권 운동가들이 비인격적 용어라고 주장하는 '불법 이민자'는 대부분의 나라에서 행정적인 이유로 이민자를 억류하거나 범죄를 저지른 것에 대해 벌금을 물리지 않기 때문에 합법적으로 호도된다.

Immigrant(이민자) : 대개 조국을 떠나 다른 나라에 가서 영구적으로 머무는 모든 사람을 아우르는 용어.(휴가를 즐기러 가는 사람과 다름) (Paul Sydnor)

Immigration(이민) : 정착하기 위하여 다른 나라로 가는 사람의 이동. (J. D. Payne)

Immovability(부동성) : 한 그리스도인 개인 혹은 기독교 안 그룹이 집의 안락함, 안전함, 익숙함, 친근함 때문에 크고 작은 규모의 지리적 이동을 거부하는 것. (Enoch Wan)

Imperial/Colonial Diaspora(제국적/식민적 디아스포라) : 자신의 나라가 정복한 나라에 가서 정복한 지배층과 같은 민족이라는 이유로 높은 지위를 즐기는 사람. 이들은 정복한 지역의 관습에 적응하지 않고, 현지인이 이들 디아스포라의 관습에 적응한다. (Robin Cohen)

Institute of Diaspora Studies(디아스포라 연구 기관) : 연구자와 사역자가 고국을 떠나 온 사람인 디아스포라를 이해하고 섬기기 위한 공동의 노력. (GDN)

Integration(통합) : 이주민과 비이주민 양쪽 모두 서로 존중하고 맞춰가며 긍정적이고 평화적인 소통 방식의 헌신을 요구하는 장기적이며 다차원적인 과정. (Darrell Jackson)

Intentional Diaspora Training(의도적 디아스포라 훈련) : 미래 목회자와 국제적 사역자(선교사)와 평신도 리더를 훈련시키고 공식-비공식적인 방법으로 디아스포라 선교학을 가르치기 위한 결연한 노력. 의도적 디아스포라 훈련은 사

역자가 국경 없는 세상에서의 사역을 준비할 수 있게 할 것이다. (Enoch Wan)

Interculturalism(문화상호주의) : 문화상호주의는 만남, 상호적 이해, 협력, 존중, 공존, 그리고 교환의 필요를 당연하게 여기지만, 문화상호적 대화의 실제가 무엇인지 분명히 알기에는 여전히 요원하다. (Darrell Jackson)

Internal Migration(국내 이주) : 국내의 다른 지역으로 이주. (J. D. Payne)

Internally Displaced People(IDPs, 국내 실향민 '피난민 또는 난민') : 여전히 국내에 머물지만, 살던 집을 강제적으로 떠나야만 했던 사람. 국내 실향민과 난민은 비슷한 이유로 자주 떠난다(예, 전쟁, 핍박, 인권침해 등). 자연재해로 터전을 잃는 국내 실향민도 있다(예, 쓰나미, 지진, 화산, 사이클론 등). 국내 실향민이 세계에서 강제적으로 터전을 떠나야만 했던 사람들 중 가장 큰 규모이다. (Paul Sydnor)

International or All Nations Churches(국제 혹은 모든 민족 교회) : 공개적이고 의도적으로 모든 언어와 민족의 사람을 환영하는 교회. (Chase Robinson)

International Church(국제 교회) : 고국을 떠나 사는 다양한 민족(국외 거주자)과 기독교 신자를 우선적으로 섬기는 교회이며, "그리스도가 그의 제자에게 명령하신 선교를 지향하고 그 중심으로 형태를 갖추는", '선교적' 교회이다. (Sadiri Joy Tira)

International Church Planting(국제 교회 개척) : 여러 나라에서 온 사람으로 구성된 교회. (LOP #55: 새로운 이웃)

International Migrant(국제 이주민) : 자신이 태어난 곳이 아닌 나라에서 1년 이상 산 사람. (Pew Forum's Faith on the Move)

International Migrants(국제 이주민) : 조국을 떠나 이동하는 사람. 국내 선교와 국외 선교에 대한 우리의 생각에 도전을 주는 이민자. (Sadiri Joy Tira)

International Student Ministries(ISM, 유학생 사역) : '역전도'의 매우 전략적인 유학생 사역인 ISM은 우선적으로 학부생과 대학원생에게 집중했으나, 늘어나는 중고생 유학생, 어학연수 학생, 직업 혹은 기술학교에서 자격증 공부하는 이, 연구원 혹은 교수, 행정 직원을 모두 품기 위하여 확장하는 중이다. 유학생 사역은 하나님이 우리의 이웃으로 인도하시는 외국인을 섬기고 사

랑하는 더 넓은 디아스포라 사역의 또 다른 모습이다. (Leiton Chinn)

Intra-Ethnic Group Church Planting(이민 교회 간 교회 개척) : 디아스포라 교회 간에 새로운 이민자를 위한 새로운 교회를 개척하기 위해 자원을 공유함으로써 함께 일하는 공동의 노력. (LOP #55: 새로운 이웃)

Irregular Migrant 1(불법 이민자 또는 비정규 이민자 1) : 외국에 임시로 머물거나 이민 가는 나라에서 합법적 신분 보장이 없는 사람을 지칭한다. 이들은 보통 합법적 서류가 없이 입국하거나, 대개 자신이 통제할 수 없는 상황으로 인한 최후 수단으로써 불법적으로 국경을 넘을 수밖에 없었다. (Paul Sydnor)

Irregular Migrant 2(불법 이민자 또는 비정규 이민자 2) : 한 국가의 행정법을 위반한 이주민 혹은 그 이민 국가에서 머물 수 있는 권한을 부여받지 못한 이에게 적용되는 용어이다(은밀한/불법/밀입국 이주민 혹은 불법 상황에 처한 이주민이라고도 불린다). (International Organization of Migration)

Irregular Migrants 1(불법 이주민들 1) : 난민들과 비슷한 이유로 고향을 도망쳤지만 조국 땅을 떠나지 않고 그 나라의 법의 적용을 받는 사람들. (Jojo Manzano)

Irregular or Illegal Immigrants 2(불법 이주민들 2) : 여권에 적절한 비자를 받는 '정상적인 방법'으로 오지 않는 사람들. (Thomas Hieber)

ISM in Reverse(역 유학생 사역) : 호스트 나라에 있는 다른 나라 유학생과 호스트 나라에서 공부하는 동포 유학생에게 사역하기 위하여 스스로 유학생이 되는, 각 국가의 유학생 선교에 속한 사람의 전략. 이는 '학계 자비량 사역자(academic tent-maker)'와 유사하며 해외에서 가르칠 기회를 열심히 찾는 교수에게도 동일하게 적용된다. (Leiton Chinn)

L

Labor Diaspora(근로 디아스포라) : 다른 나라에서 일하기 위하여 국경을 넘는 사람. (M. Weiner)

Labor/Service Diaspora(근로/서비스 디아스포라) : 계약 노동 또는 직장 때문

에 이사하는 개인 또는 단체. (Robin Cohen)

Language of Convenience(편리함의 언어) : 디아스포라 사역에 종사하는 이유가 저렴하고, 현명하고, 시간이 덜 소요되거나, 아니면 더 편리하다고 암시하는 듯한 용어. (Cody Lorance)

M

Macro-Migration(대규모 이주) : 경제적 발전 과정에서 생기는 근로 이민을 설명하기 위하여 생겨난 이론. (Douglas S. Massey et al.)

Micro-Migration(소규모 이주) : 국제적인 근로 추세에 따라 생기는 개인의 선택이 국제적 규모의 이동과 직접 연관된 것. (Andrew S. Rawls)

Migrant 1(이주민 1) : 외부의 강압적 요인이나 방해 없이 순전히 '개인의 편리성'을 위하여 자유롭게 이주를 결정한 개인. (International Organization of Migration)

Migrant 2(이주민 2) : 자신의 뿌리가 없어지는 것을 경험하며 새 세상을 경험할 마음의 준비가 되어 있는 변화 가운데 있는 사람. (Samuel Escobar)

Migrants(이주민들) : 장기간 근로자 혹은 단기간 근로자들, 학생들, 난민들, 국적이 없는 사람들, 망명 신청자들, 이민 과정 중에 있는 사람들, 다른 나라로 이민을 간 사람으로 분류되는 사람들. (J. D. Payne)

Migrant Worker 1(이주 노동자 1) : 보수를 받고 특정한 경제적 활동을 목적으로 입국이 허용된 사람. 그 나라에서 머무는 기간과 일자리 종류는 일반적으로 제한된다. (Paul Sydnor)

Migrant Worker 2(이주 노동자 2) : 타국에서 보수를 받는 활동에 종사할 예정이거나, 하고 있거나, 해온 사람. (Art. 2, InternationalConventionon the Protection of the Rights of All Migrant Workers and Members of Their Families, 1990).

Migration 1(이주 1) : 이주는 거주지의 영구적 또는 반영구적 변경으로 광범위하게 정의된다. 이동 거리 또는 행위의 자발적 또는 비자발적인 성격에 제한은 없으며 외부 및 내부 이주 간에 구별이 없다. (Everett Lee)

Migration 2(이주 2) : 사람들이 한 거주지에서 다른 거주지로 가는 것 (J. D.

Payne, 새로운 이웃들, 27)

Migration Industry(이주 산업) : 출발국과 목적국까지 연결을 유지하는 개인 변호사, 여행사, 모집자, 조직자, 매수자, 브로커로 이루어진 새롭게 떠오르는 동향. 이러한 중재자는 돈에 이끌려 일하며, 난민과 이주민, 전문적 혹은 비전문적, 불법 혹은 합법적 이민자 사이에 드는 차별적 비용 외에는 차별을 두지 않는다. (Robin Cohen)

Migration Theories(이주 이론) : 이주의 시작과 이주가 시작되면 이주 과정에 어떻게 가속도를 붙이는지에 대한 관찰과 연구를 지칭함. (International Migration Institute)

Missiology 1(선교학 1) : 성경적, 신학적, 역사적, 현대적, 실천적 반성과 연구를 포함한 선교 연구. (Christopher J. H. Wright)

Missiology 2(선교학 2) : 하나님의 사명을 실현하기 위하여 조직적이고 학문적으로 선교를 연구하는 학문. (Enoch Wan)

Missional Church(선교적 교회) : 그리스도가 그의 제자에게 명령하셨던 사명을 지향하고 그 중심으로 형태를 갖추는 교회. (Missional International Church Network)

Missional Transnationals(선교적 초국가인) : 국경을 넘나드는 사역 때문에 국경을 규칙적으로 초월하여 선교사역 하는 이민자. (Sadiri Joy Tira)

Mission Hospitality(환대 선교) : 환대의 사랑을 다시 불 피우는 일에 온 교회가 집중함으로 주변의 종교적(비종교적) 이웃에게 다가가는 것. (Gina A. Bellofatto for the Lausanne Movement)

Mission in Reverse or Reverse Mission(역 선교) : 비서구 세계의 교회들이 세계 선교의 역량을 키우기 위해 복음을 들고 복음에 크게 빚진 사회로 돌아가는(return) 것을 말하며 아프리카와 아시아, 남미와 같은 비서구 세계의 그리스도인들에 의해 자발적으로 시작되었다. (Hun Kim)

Missions Mathematics(선교 수학) : 디아스포라와 미전도 종족을 향한 접근 전략을 세우기 위하여 수학 문제 푸는 형식의 분석도를 쓰는 것을 묘사한 용어. (Sadiri Joy Tira)

Missions *beyond* the Diasporas 1(디아스포라를 *넘어선* 선교 1) : 디아스포라에 의하여 교차 문화적으로 호스트 사회의 사람과 또 자신과 가까이 사는 다른 민족에게 전도하는 선교. (LDLT)

Missions *beyond* the Diasporas 2(디아스포라를 *넘어선* 선교 2) : 자신의 동족을 향한 복음 전파에 대해서만 부름을 받은 것이 아니라 교차 문화적 선교 사역에 참여하는 디아스포라 성도. (J. D. Payne)

Missions *by* and *beyond* the Diaspora(디아스포라에 *의해* 디아스포라를 *넘어서서* 행하는 선교) : 디아스포라 그리스도인을 동기유발 시키고 동원시켜서 호스트 나라에 있는 다른 민족과 고국 그리고 해외에서 교차 문화적 선교를 하게 하는 것을 묘사하는 용어. (Enoch Wan)

Missions *through* the Diasporas 1(디아스포라를 *통한* 선교 1) : 고국에 있거나 다른 곳에 있는 자신의 동족에게 전도하는 디아스포라를 지칭. (LDLT)

Missions *through* the Diaspora 2(디아스포라를 *통한* 선교 2) : 디아스포라 그리스도인이 호스트국가, 고국, 그리고 해외에 있는 친구와 친인척 네트워크를 통하여 동족에게 다가가는 것을 지칭. (Enoch Wan)

Missions *through* the Diasporas 3(디아스포라를 *통한* 선교 3) : 디아스포라 성도가 동족에게 복음을 전하고 교회를 개척하기 위하여 고국으로 돌아가는 것을 지칭. (J. D. Payne)

Missions *to* the Diaspora 1(디아스포라를 *향한* 선교 1) : 디아스포라에게 다가갈 수 있도록 하나님이 그들을 지리적으로 옮기실 때 교회는 그들에게 복음을 전할 기회를 놓치면 안 되는 것을 뜻함. (LDLT)

Missions *to* the Diaspora 2(디아스포라를 *향한* 선교 2) : 전도 혹은 사회봉사를 통하여 디아스포라에게 접근 후 그들이 교회가 되고 예배하는 공동체가 되도록 제자로 삼는 것을 말함. (Enoch Wan)

Mixed Migration(혼합된 이주) : 난민, 망명 신청자, 경제 이민자, 혹은 여러 가지 이유로 자기의 출생지를 떠나 온 다른 사람을 포함한 복잡한 그룹. (Paul Sydnor)

Monoculturalism(단일문화주의) : 모든 사람이 우리와 같다고 생각하여 그 결

과 다른 사람의 행동과 태도를 우리 자신의 잣대를 가지고 판단하는 경향. (Van Rheenen)

Multiculturalism 1(다문화주의 1) : 여러 다양한 문화가 한 나라 안에서 평화롭고 동등하게 공존할 수 있다는 가정. (Darrell Jackson)

Multiculturalism 2(다문화주의 2) : 다양성을 증진하기 위해 인구학적으로 다양한 지역을 관장하는 정책과 규칙에 대한 언급. (Sadiri Joy Tira)

N

National/Immigrant Churches(민족/이민 교회) : 어떤 한 국가의 국민이 아닌 특정한 민족을 섬기는 교회. 보통 이런 교회에서는 그 민족의 언어로 예배드린다. (Peter Brierley)

Nation-People(민족) : 언어와 관습, 풍습, 종교의 표현 혹은 유지를 통하여 '민족성'을 표현하는 집단을 지칭. (Robin Cohen)

Non-Refoulement(농르풀망) : 어떤 난민이든지 그 이유를 불문하고 자유와 생명의 위협을 받았던 곳으로 다시 돌려보내는 것을 금지하는 국제 난민 법률의 핵심 원리. 농 르풀망의 원리는 국제법상 관습의 일부분으로 1951년 회의에 참석했든지 불참석했든지와 상관없이 모든 나라에 적용된다. (UNHCR)

Non-spatial(비공간적) : 디아스포라 선교학에서 비공간적이라는 표현은 '국내/국외, 지역적/세계적, 도시/시골 등, 지리적으로 나누어져 있지 않거나 이분화된 범주로 국한되지도 않는다.'라는 의미이다. 디아스포라 선교는 국경이 없다. (Enoch Wan)

O

Overseas Foreign Workers(해외 외국인 근로자) : 척박한 환경과 학대에 시달리면서도 외국에서 가족들과 함께 살면서 일하는 필리핀인을 지칭한다. (Sadiri Joy Tira)

Overstayer(또는 Overstay, 비자 기한 초과 체류자) : 많은 나라에서 쓰이는 용어로, 비자가 만료된 후에도 그 나라에 머무는 외국인을 칭하는 용어. (Paul Sydnor)

P

Parallel Expansion(평행 팽창) : 기독교의 다양한 중심을 말한다. (Sam George)

Paternalistic(가부장적인) : 디아스포라 사역에 관련하여, 이 용어는 관계적인 접촉이나 협력의 부재를 강조한다. (T. V. Thomas, Sadiri Joy Tira, and Enoch Wan)

People Blindnes(사람 무지) : 국내에 있는 다른 사람의 존재에 대한 무지. (Cody Lorance)

People Group(집단) : 서로 관련성이 있다고 생각하는 개인의 상당히 큰 사회적 모임. (Christopher Lorance)

People Movements(사람 운동) : 한 부족이나 계층의 상당한 숫자의 사람이 그리스도께 회심하는 현상. (David Hesselgrave)

Permanent Migrants(영구 이주민) : 노동 계약과 상관없이 외국에 체류하는 이민자 혹은 합법적 영주권자. (Jojo Manzano)

Prophetic Migrant(선지자적 이주민) : 편안함, 부유함, 문화 장벽 안에 갇혀 있는 현지인에게 선지자적 도전을 주는 데 있어 하나님이 문화적으로 외부인을 어떻게 사용하시는지를 가리키는 용어. (Craig Greenfield)

Protracted Refugee(장기화한 난민) : 25,000명 이상의 같은 나라 난민이 5년 이상 다른 나라로 피신하여 망명한 상황을 가리킨다. (UNHCR)

Psychological Alienation(심리적 소외 1) : 정치적, 종교적, 군사적, 무역적 움직임으로 인한 소외. 이주를 통해 새로운 곳으로 이동할 때나 이민자가 새로운 환경에 적응하지 못할 때 소외감을 느낄 수 있다. (Andrew S. Rawls))

Psychological Alienation(심리적 소외 2) : '새로운 환경에서의 결속' 부재를 뜻한다. (Robin Cohen)

Push and Pull Factors(추출과 유입 요인) : 사람들이 출생지를 떠나도록 '추출하고(밀고)' 어떤 특정한 호스트 국가로 그들이 오도록 '유입하는(잡아당기는)' 복

잡하게 묶인 요인의 조합으로 인하여 촉발되는 인류의 이동. (Enoch Wan)

Q

Quasi-Diaspora(유사 디아스포라) : 출생 지역에서 국내 어딘가로 일시적으로 이동하는 사람(학업을 위한 학생, 시골에서 도시로 직장 때문에 온 이주 직장인, 여행객, 항공사 직원, 국내 실향민)과 외국으로 잠시 떠나는 사람. (유학생, 대사관 관계자, 파병군인) (Enoch Wan)

R

Recreational Migrants(한정적 이주민) : 장기 여행자를 지칭. (Sadiri Joy Tira)

Reentry Shock(재입국 쇼크) : 귀국자가 경험하는 문화적 혼란. 이는 선교지에서의 사역 동안 그 사람과 모국의 문화가 상당히 변화되었음을 전제한다. (Gailyn Van Rheenen)

Refugees 1(난민 1) : 집에서 쫓겨나 외국에서 피난처를 찾아야만 하는 사람들을 난민이라고 한다. 일반적으로 강압적으로 집을 잃은 이들을 말한다. UNHCR는 난민을 다음과 같이 엄격히 정의한다. "난민이란 인종, 종교, 국적, 어떤 사회 그룹의 일원, 혹은 정치적 의견 때문에 받는 핍박의 두려움이 강한 사람을 뜻하며, 이들은 고국을 떠나 외국에서 살고 있으며, 이러한 두려움이 너무도 강하여 머무는 나라를 지키는 데 도움이 되지도 않고 도울 의향도 없다." (UNHCR)

Refugees 2(난민 2) : 모국으로부터 도망친 사람. 이 피난은 정치적, 종교적, 인종적 등 여러 가지 이유로 일어났을 수 있다. (J. D. Payne)

Refugees 3(난민 3) : 은신처, 보호, 식량 공급을 받을 수 있는 장소를 찾는 사람. (Peter Vimalasekaran)

Relational Paradigm(관계적 패러다임) : 미전도 종족 집단과의 관계와 관련하여 정성적 가치(qualitative values)를 통해 성공을 측정하는 선교 패러다임.

(Enoch Wan)

Religious Diasporas(종교적 디아스포라) : 특정 종교 행위를 하지만, 고국 혹은 조국을 떠난 사람. (Chase Robinson)

Relocation(재배치, 재정착) : 새롭게 정착하는 곳에 영구적으로 머물지 않는 개인 혹은 사람의 이동을 가리킨다. 해외 선교사 파송은 이에 포함되지 않는다. 의도치 않고 원치 않는 때에 큰 무리가 이동하는 것을 말한다. (Enoch Wan)

R.E.P.S. Strategy(R.E.P.S. 전략) : Reach(전도하여), Equip(무장시켜), Partner(파트너로), Send(파송하자)의 줄임 말로써, 모르는 이웃에게 다가가는 선교 전략이다. (J. D. Payne)

Resource Mobilization(자원 동원) : 단체가 기부자와 파트너로부터 자금을 얻는 조직적이고 계획된 과정. (Josias Conradie)

Returnees(귀환자) : 디아스포라였다가 고국으로 돌아오는 사람. 디아스포라 선교학에서는 귀환자를 복음 전파의 중심 역할을 하는 사람으로 본다. 사역지의 선교사와 연결되어 교회를 세우는데 도움 줄 수 있다. (Carolyn Kemp)

Return Migration(귀환 이주) : 최소 1년 동안 다른 나라에서 지내다가 모국으로 혹은 원래 살던 나라로 돌아온 사람의 이동을 의미한다. 이들은 자발적으로 또는 외국인에 대한 국회 퇴거 명령으로 귀환한다. (Paul Sydnor)

Reverse Mission(역선교) : 세계 선교를 함께 감당하기 위한 역량을 구축하기 위하여 비서양 교회가 복음에 크게 빚진 사회로 다시 복음을 가지고 돌아가는 것. (Hun Kim)

Reverse Missions(역선교) : 디아스포라 선교학에서 역선교는 포스트-그리스도인이 서양(post-Christian West)에서 선교를 위하여 디아스포라 그리스도인이나 디아스포라 종족을 고국이나 다른 나라로 보내는 것을 말한다. (Enoch Wan)

S

Seasonal Migrants(일시적 이주민) : 일시적인 계약직으로 일하는 사람. (Sadiri

Joy Tira)

Secondary Migration(이차적 이주) : 가족의 상봉 그리고/또는 경제적 요인 때문에 한 국가에서 다른 국가로 이동하는 난민. (Cody Lorance)

Settler Migration(거류자 이주) : 한 계절 이상 머물다가 원하는 시간에 집으로 돌아가는 사람을 지칭. (Janak BC)

Skype Discipleship(스카이프 제자훈련) : 스카이프와 비디오 채팅을 활용하여 귀국했거나 다른 나라로 이동한 유학생을 제자 훈련하는 것. (Leiton Chinn)

Smuggling of Migrants(이민 밀입국) : 직-간접적으로 경제적 또는 물질적 이익을 얻기 위해 국민이나 영주권자가 아닌 사람을 불법적으로 입국시키는 것. 이는 이민자의 동의와 이민자가 원하는 목적지에 닿는다는 것 때문에 인신매매와 다르다. (United Nations)

Sojourning(체류) : 떠남과 돌아옴의 주기적인 패턴. (Robin Cohen)

Solidarity Co-ethnic Members(민족 공존 연대 회원) : 자국이 아닌 타국에 사는 상황에서, 자국이 아닌 타국에서 거주하는 상황에서, 연대(결속)감은 이방인이 거주국에서 느끼는 불안한 이질감을 뜻하며, 타국에 흩어져 사는 동족들과 일치하려는 경향과 나란히 한다. (Robin Cohen)

Stranded Minority(오도 가도 못 하는 소수민족) : 소수민족 거주지에서 살다가 국경의 변화로 인하여 오갈 데가 없어지는 사람을 지칭. (Robin Cohen)

T

Temporary Migrants(일시적인 이주민) : 직장 때문에 일시적으로 해외에 나가 머물고 있으나 작업 계약이 만료되면 다시 귀국할 사람. (Jojo Manzano)

Terminal Churches(말기 교회) : 영적으로 활력을 가지고 있으나, 연산적으로 (2, 4, 6, 8, 10, 12 등)밖에 재생산하지 못하는 교회. 선교사가 다른 사람은 가르치지만, 새로운 회심자가 재생산적으로 되도록 훈련시키지 않는다. 선교사가 교회를 주도하지만 리더가 교회를 개척할 수 있도록 준비시키지 않는다. (Gailyn Van Rheenen)

The Old Country(고국) : 지역 사회에 대한 충성심이나 감정을 가지고 있는 고향땅에 실제적 또는 인지적으로 연결된 개념. (Ted Rubesh)

Trade Diasporas(교역 디아스포라) : 한 커뮤니티의 상인이 다른 동네에서 외부인으로 살면서 그곳의 언어나 관습, 그리고 상업적 관행을 배우고 그 후에 물건을 거래하기 시작한다. (Robin Cohen)

Trade Diasporas(교역 디아스포라스) : 장거리 수송, 구입, 판매에 적극적인 상인의 네트워크를 묘사하는 표현이며, 이 현상은 전 세계 여러 곳에 기록되어 왔다. (Robin Cohen)

Transmigrants(떠돌이 이주민) : 한 국가에서 다른 국가로 이주하여 평생 국경을 이리저리 건너다니며 살고, 한 개 이상의 국가와 동시다발적인 사회적 관계를 맺고 있는 사람. (Nina Glick-Schiller)

Trans-migration(떠돌이 이주) : 출생지를 떠나 외국으로 이동하는 행위로써, 이러한 이동에 내재되어 있는 불확실함과 위험 요소, 적응 등은 디아스포라에게서 쉽게 볼 수 있는 주제이다. (Eugene Merrill)

Transnational Migration(초국가적 이주) : 21세기에 더 많은 사람이 동시에 두 개 이상의 사회에 속해 있을 것이라는 개념. 직장을 다니기 위하여, 기도하기 위하여, 혹은 한 나라뿐 아니라 여러 곳에서 자신의 정치적 관심을 표현하기 위하여 이동한 사람을 초국가적 이민자로 분류한다. 어떤 이들은 호스트 국가에 자리 잡고 고국과는 여전히 끈끈한 관계를 유지하며 세계적으로 일어나는 종교적 그리고 정치적 운동에 속해 있을 것이다. (Peggy Levitt)

Transnational Missions(초국가적 선교) : 선교 전략을 이루기 위한 통합적인 접근. 지리적 제한 없이 모든 민족을 제자 삼기 위한 국제 이주민의 현실과 네트워크의 중요성, 여행과 통신 사용을 인정한다. (J. D. Payne)

Transnational Perspective(초국가적 관점) : 국제 이민자를 이상하다거나 이례적이라고 보지 않고, 오히려 점점 국제화 되어가는 세상에서 여러 곳에 적을 두고 여러 정체성을 가지는 가능성을 발견한 대변인으로 보는 관점. (Nadje Al-Ali and Khalid Koser)

Transnationalism(초국가주의) : 정의는 다양하지만, 일반적으로 국경 너머의 교류, 연결 및 관행에 중점을 두기 때문에 활동과 정체성을 위한 가장 중요한 기본점으로서의 국가 공간을 초월한다. 이민에 관하여, [초국가주의는] 한 번에 여러 장소와 연결되어 있거나 혹은 '여기도 저기도 없는 것'을 말한다. 초국가주의는 이민 경험의 특징이 되어왔다. IOM(Internaional Organization for Migration, 이주민을 위한 국제 단체), '이민과 초국가주의에 대한 국제적 대화와 워크샵 : 기회와 도전들' 2010년 3월 9일.

Traveling Cultures(유랑하는 문화) : 어떤 한 지역에 뿌리를 내리고 만들어갈 견고한 기초를 잃어버린 문화. (Robin Cohen)

U

Undocumented Asylum Seekers(이주 증명서 없는 망명 신청자) : 국경을 넘어 들어왔으나 망명자로서 등록되지 않은 사람이다. 이들은 비공식적인 망명 신청자이며 적절한 서류가 없다. 여기에 (a) 국경을 넘을 합법적인 서류는 없으나 비밀리에 입국을 간신히 해낸 사람과, (b) 가짜 서류를 통하여 입국한 사람, (c) 합법적인 서류를 가지고 입국했으나 허가받은 시간보다 더 머물렀거나 혹은 입국 심사 기준을 위반했음에도 불구하고 허가 없이 남아있던 사람도 포함된다. (IOM)

V

Victim Diaspora(디아스포라 피해자) : 추방, 정복, 핍박, 노예, 집단학살, 혹은 인종 청소 등의 이유로 출신지로부터 쫓겨난 사람. (Robin Cohen)

부록 A
바기오 과제(도전)

필리핀인 신학 교육자 컨설테이션, 필리핀인 국제 네트워크, 필리핀 침례신학대학원, 필리핀 바기오 시티, 2006년 1월 4~6일

1. 필리핀인 교회는 모든 그리스도인이 성장하고 증언하도록 준비시키고 세계 선교를 효과적으로 감당할 리더를 훈련하는 사역을 지속해서 향상시킬 것이다.

2. 신학 기관, 특히 필리핀에 있는 신학 기관은 필리핀인 디아스포라 선교의 현실을 품고, 목회자와 사역자를 위한 선교학 훈련을 제공할 것이다.

3. 필리핀인 디아스포라 그리스도인이 효과적으로 사역할 수 있도록 지역에 따른 맞춤형 커리큘럼을 개발할 것이다.

4. 창의적 접근 국가에 있는 디아스포라 필리핀인 성도에게 공식적 또는 비공식적 신학교육을 전달하기 위한 지속 가능한 복수 전송 체계를 세심하게 조직화하고 시행되도록 할 것이다.

5. 모든 그리스도인이 신학 교육에 접할 수 있도록 그 유용성을 향상시키고 확장하기 위하여 다른 디아스포라 그룹 및 네트워크들과의 협력과 네트워킹을 모색할 것이다.

부록 B
디아스포라 선교학에 대한 서울 성명

LCWE 디아스포라 교육 컨설테이션 2009, 횃불트리니티신학대학원대학교, 대한민국, 서울 2009년 11월 11~14일

2009년 5월 4일부터 8일에 필리핀 마닐라에서 개최되었던 로잔 디아스포라 전략 컨설테이션의 연장선으로 2009년 11월 11부터 14일에 대한민국 서울에서 로잔 디아스포라 교육자 컨설테이션은 디아스포라 영역의 선교 단체 리더, 동원가, 교육자와 왕국 사역자를 소집하였다.

우리가 인정하는 것은

1. 지구상에서 사람을 모으고 흩으시는 성부, 성자, 성령의 주권적인 사역은 세상을 향한 하나님의 사역과 구속적 목적의 핵심이다.

2. 그리스도의 몸인 교회는 지구상에서 다양한 방식으로 사역하시는 하나님의 주요한 수단이다. 우리는 각 개인과 문화의 특성, 존엄성, 그리고 아름다움을 존중하며 교회가 더 광범위한 사회와 협동하는 것을 환영한다.

3. '디아스포라 선교학'은 선교학의 성경적이고 전략적인 분야로 떠오르고 있으며 *조국과 고향을 떠나 사는 사람들 사이에서의 하나님의 구속적 선교를 이해하고 이에 참여하기 위한 선교학적* 틀로 정의한다.

우리가 확언하는 것은

1. 우리의 선교적 주안점과 사역은 로잔 언약과 마닐라 선언에 나와 있는 것과 같이 세계 복음화를 위한 로잔 운동의 사명과 비전과 통합하며 협력하는 것이다.

2. 다양한 학문의 도움을 받을지라도, 하나님의 선교에 대한 우리의 이해와 실천은 성경과 신학적 기반을 토대로 형성되고, 통합되고, 일치되어야 한다.

우리가 호소하는 것은

1. 지역 교회와 교회 운동, 선교 단체, 학문 기관, 그리고 사역지에서 하나님의 모든 백성이 디아스포라 필드의 무르익은 추수를 위해 '디아스포라 왕국 사역자'를 동원, 훈련, 배치, 지원, 동역하면서 힘을 실어 주자는 것이다.

2. 교회와 선교지도자가 지구촌 디아스포라의 현실에 의해 제공되는 세계 복음화의 기회에 대해 인식하고 반응해야 한다는 것이다.

3. 재정과 훈련에 있어 선교 리더와 교육가에게 전략적 우선순위를 주며 '디아스포라 선교학'의 훈련 시스템과 커리큘럼 개발을 위한 공간을 제공하자는 것이다.

4. 추수의 주인께서 추수지로 종들을 보내 전에 없던 성령의 움직임을 위해 세계적 중보기도를 일으켜 *온 교회*가 *온전한 복음을 온 세계*에 전하도록 하자는 것이다.

부록 C
극동 아시아 디아스포라 교육가들의 결정사항

극동아시아 디아스포라 교육가 컨설테이션
필리핀, 마닐라, 2011년 8월 12~13일

해결책

우리는 디아스포라 선교와 사역 정신을 성경에서 찾는다.

1. 우리는 모든 사람이 인종, 지위 그리고 성별에 구분 없이 하나님의 형상대로 창조되었다고 믿는다.

2. 우리는 전 세계에 걸친 운동이 하나님 나라를 위한 하나님의 창조적이며 구속사적인 목적을 반영한다고 믿는다. 특히 선교 운동이 더 빠르고 강화되어가는 이 세대는 교회에 새로운 대답과 반응을 요구한다.

3. 우리는 하나님의 선교는 창세기로부터 요한계시록까지 펼쳐져 있으며, 디아스포라를 향한, 그들을 통한 그리고 그들을 넘어서는 사역이 필수적이라고 믿는다.

그러므로, 우리는 신학 교육자가 디아스포라 선교와 사역의 근거를 발전시키도록 성경에 비추어 이 시대를 읽는 선지자적 부르심을 가지고 있다고 믿는다.

우리는 다음에 헌신한다

1. 고등 전문 수준의 선교 및 사역 교육을 위한 학제 간 교육 과정, 강좌, 프로그램, 연구 프로젝트, 출판, 원서 및 교과서 개발.

2. 적합하다고 간주되는 주변의 동료 학교, 선교 단체, NGO, 그리고 지역 교회와 협력하고 네트워킹하는 사역.

3. 선교에 대한 의식을 높이기 위한 프로그램과 미디어 개발과 훈련, 모델, 매뉴얼, 워크북, 사례 연구 책 등을 통하여 지역 교회를 준비시키는 사역.

2010년 케이프타운에서 열렸던 로잔 운동의 정신을 발전시킴으로써, 이 결정사항들은 온 교회가 온전한 복음을 온 세계에, 특히 이동하는 사람에게 전하도록 비전을 제시하고 권한을 부여하며 필요를 준비시켜 줄 것이다.

부록 D
북미 디아스포라 교육가들의 결정사항

미국 일리노이주, 시카고, 2012년 9월 20일

북미가 다문화 사회가 되었다는 것을 인식하고, 세계 끝에서부터 오고 가는 다민족 집단의 디아스포라가 지속해서 북미로 모여 북미 대륙은 다종교 사회가 확산되었다.

1. 우리는 하나님께서 모든 사람이 구원에 이르기를 원하신다고 믿는다.

2. 우리는 하나님께서 하나님 나라의 구원 목적에 맞게 전 세계 인류의 이동을 주권적으로 만들어 가신다는 것을 인지한다.

3. 우리는 성경에 나와 있는 하나님의 일관성 있는 디아스포라에게, 디아스포라를 통하여, 디아스포라를 넘어서는 선교를 인정한다.

그러므로 북미의 신학 교육자인 우리는 다음과 같이 함으로써 디아스포라 선교학과 사역 정신을 촉진시키는 데 헌신하고자 한다.

1. 교육가, 사역자, 단체와 교단 리더, 목회자, 교회 리더와 전략가를 동원한다.

2. 신학교와 선교 기관을 위한 다학제 커리큘럼, 프로그램 그리고 자료를 개발한다.

3. 디아스포라 선교학을 발전시키기 위하여 교육 기관과 선교 단체, 그리고 지역 교회에 컨설팅 서비스를 제공한다.

로잔 운동의 케이프타운 서약을 아우르는 이 결정사항들은 이동하는 사람을 은혜의 수혜자요 선교 참여자이자 온전한 복음을 북미와 온 세계에 들고 가는 촉진자로 끌어들이도록 온 교회에 요구한다.

부록 E
케이프타운 서약

파트2 - 우리가 섬기는 세상을 위하여 : 실천을 향한 케이프타운 소집

C. 다른 신앙을 가진 사람 속에서 그리스도의 사랑으로 살아가는 것
5. 사랑은 흩어진 사람에게 다가 간다.

https://www.lausanne.org/content/ctc/ctcommitment

사람들은 전에 없이 이동하고 있다. 이동은 이 시대의 전 세계적인 현실이다. 2억의 인구가 출생국 밖에서 자발적으로 또는 비자발적으로 사는 것으로 예상된다. '디아스포라'라는 용어는, 어떠한 이유에서든지 출생지 밖으로 이동하여 사는 이들을 지칭한다. 기독교인을 포함한, 많은 종교적 배경에서 비롯된 수많은 사람이 디아스포라 현실에 살고 있다.

여기에는 일을 구하는 경제적 이주민, 전쟁이나 자연적 재해로 인해 내부적으로 추방된 사람, 난민과 망명자, 인종 청소의 피해자, 종교적 폭력과 박해로부터 도망치는 사람, 그것이 가뭄이든, 홍수이든, 전쟁으로 인한 것이든 배고픔의 고통을 겪는 사람, 지방에서 도시로 이동하는 빈곤의 피해자가 있다. 현대의 이주는 하나님의 주권적인 사역 목적 안에서 이루어진다고 믿는다. 물론 그에 따르는 악과 고통을 무시하지 않는다. [창세기 50:20]

1. 우리는 교회와 선교사역 리더가 전 세계적인 이주와 디아스포라 공동체를 선교 기회로 깨닫고, 전략적인 계획과 집중된 훈련 그리고 그들에게 사역하도록 부르심을 받은 자를 지원함으로써 반응하도록 촉구한다.

2. 우리는 교회와 선교 지도자가 세계 이주와 디아스포라 공동체로 인한 기회를 알고 대응하도록 격려하며, 전략적인 계획 아래 디아스포라 중에서 사역할 이들을 훈련하도록 지원한다.

3. 우리는 다른 종교적 배경을 지닌 이민 공동체가 있는 호스트 국가의 기독교인이 그리스도의 사랑을 말과 행동으로써 반문화적으로 증거하고, 이방인을 사랑하라는 엄격한 성경적 율법에 순종하고, 외국인을 변호하며, 갇힌 자들을 방문하고, 환대를 실천하며, 친구를 만들고, 집으로 초대하여 도움과 서비스를 제공한다. [레위기 19:33~34; 신명기 24:17; 룻기 2; 욥기 29:16; 마태복음 25:35~36; 누가복음 10:25~37; 14:12~14; 로마서 12:13; 히브리서 13:2~3; 베드로전서 4:9]

우리는 그들 자신 또한 디아스포라 공동체인 기독교인이 하나님의 역사하심을 분별하도록 격려한다. 그것이 그들 자신이 택하지 않은 상황이라도 하나님이 제공하시는 기회는 그것이 무엇이든, 호스트 공동체에서 그리스도의 열매를 맺고 또 그 공동체의 복지를 지향하는 것이다. 기독교 교회가 있는 호스트 국가에서는 이민자 및 토착민 교회가 협력하여 서로에게 귀를 기울이며, 협력하는 노력을 시작하고, 국가의 각 부분에 그 복음이 이르도록 한다.

부록 F

글로벌 선교 네크워크와 다문화 간 연합

다음은 다문화 간의 연합을 중요한 가치/목표로 강조하는 전 세계에 걸친 그리스도인 특히 복음주의 네트워크의 일부 명단이다.

아시아 복음주의 연맹 Asia Evangelical Alliance (www.asiaevangelicals.org)

1983년에 시작되었으며, 연합된 복음주의 협력과 행동으로 아시아를 변화시키고자 하는 비전을 가지고 뭉친 아시아 16개 복음주의 교회의 연합이다. 아시아 복음주의 연맹의 몇몇 부서는 선교, 교회개척, 신학, 교회 각성, 종교의 자유, 사회적 문제, 여성의 사역, 청소년 사역, 그리고 리더십 훈련 등에 초점을 맞춘다.

아프리카 복음주의 협회 Association of Evangelicals in Africa (www.aeafrica.org)

아프리카 복음주의 협회는 아프리카 36개 복음주의 모임의 연합으로 아프리카 전역 1억 이상의 그리스도인을 대표하는 아프리카 복음주의 연합의 상징이다. 현재 매우 넓은 범위의 학교, 기관, 사역 단체를 도우면서, 아프리카 복음주의 협회는 복음주의 교회와 선교 단체를 일으키고 권한을 부여하여 전도와 효과적인 제자 훈련을 통하여 아프리카의 완전한 변화를 추구한다.

콤비밤COMBIBAM (www.comibam.org)

콤비밤은 이베리아반도(스페인 및 포르투갈을 포함하는 반도)와 라틴 아메리카의 다양한 교파의 교회가 세계 선교에 독특하게 기여할 수 있는 있는 문화를 가지고 있음을 깨달아 미전도 종족을 향한 선교비전을 구축하고, 선교 훈련 및 선교사 동원을 추구한다.

에스닉 아메리카 네트워크 Ethnic America Network (www.ethnicamerica.com)

미국과 캐나다의 80개 이상 선교 단체와 복음주의 교단의 연합으로써 에스닉 아메리카 네트워크는 문화 간의 연합에 중점을 둔다. 북미 지역 그리스도 지체 다양성과 교회 안의 문화 간 연합을 촉진하는 것이 EAN이 네트워크로써 존재하는 가장 중요하고 근본적인 가치와 이유이다.

유럽 복음주의 연맹 European Evangelical Alliance (www.europeanea.org)

세계 복음주의 연맹과 연계된 유럽 복음주의 연맹은 일치와 공통의 정체성을 통하여 유럽의 그리스도인을 '연결, 준비, 대표'한다. 유럽 사회의 그리스도를 중심으로 한 변화와 세계 복음화의 비전을 가지고 유럽 복음주의 연맹은 '세계적으로 생각하고 지역적, 국가적으로 행동하기'를 추구한다.

로잔 운동 The Lausanne Movement (www.lausanne.org)

전 세계 복음화와 세계 기독교 연합을 향한 열정으로 인하여, 1974년 빌리 그래함은 스위스 로잔에서 국제회의를 열었다. 1989년에 필리핀 마닐라에서 있었던 두 번째 로잔 대회에 참석한 복음주의 그리스도인은 '온 교회가 온전한 복음을 온 세계에 전하자'라는 비전을 세웠다. 이런 모임은 그다음의 국제적 행사로 이어졌고 총체적 전 세계 복음주의 협력 운동이 선교 동원, 긍휼 사역과 사회 정의 사역을 향해 가도록 조성하였다.

모자익스 글로벌 네트워크 Mosaix Global Network (www.mosaix.info)

인종적 그리고 민족적 화해를 향한 성경적 확신으로 말미암아 생긴 모자익스 글로벌 네트워크는 전 세계에 건강하며 의도적으로 다민족을 추구하고, 경제적으로 다양성을 가진 교회를 일구는 목회자, 교육가, 연구가, 교회개척자, 사역 리더의 네트워크이다. MGN은 '비전을 전하고, 리더를 연결하고, 콘퍼런스와 코칭'을 통해 이 비전을 촉진한다.

세계 복음주의 연맹 World Evangelical Alliance (www.worldea.org/whoweare/vision-mission)

세계 복음주의 연맹은 약 6억 명이 속한 복음주의 교단과 교회의 국제적 연합이다. 세계 복음주의 연맹의 목적은 전 세계적으로 복음주의의 정체성을 기르고 복음 선포와 기독교 연합을 통해 하나님 나라의 임재와 영향력을 넓히기 위하여 한목소리를 내는 데 있다.

추가 자료

Discipleship Essentials; http://www.discipleshipessentials.org/

Diaspora Research; http://diasporaresearch.com/

Diaspora Research Initiatives; http://www.nextmove.net/

Gospel of John Film; http://www.imdb.com/video/imdb/vi3537764633?ref_=tt_ov_vi

Global Diaspora Network, http://www.global-diaspora.com/

Global Diaspora Links; http://www.linkingglobalvoices.com/diasporas

Institute of Diaspora Studies; http://www.westernseminary.edu/centers/institute-of-diaspora-studies

Jesus Film; http://www.jesusfilm.org/

People Groups; https://www.peoplegroups.info/

The Lausanne Movement; http://conversation.lausanne.org/en/home/home/914/featured

집필진

Adeny, Miriam 미리암 애드니(PhD-인류학, 워싱턴주립대학)는 시애틀 퍼시픽 대학의 세계기독교학과 부교수이자, 아시안 아메리칸 사역 프로그램의 교수자문위원회 의장이다. 크리스천 투데이 인터내셔널 이사회의 회원이며, 세계복음주의 연합선교위원회의 선교 위원이고, 또한 로잔 운동의 디아스포라 대책 위원회의 회원이다. 미국선교사회의 전 회장인 그는 《*Kingdom Without Boders*》를 포함한 기독교 서적의 저자이다.

Adhikari, Lachi 라치 아디카리는 부탄에서 일어난 인종 말살의 생존자이며, 재결합한 가족과 함께 미국으로 망명하기 전까지 UN이 지원하는 네팔의 난민캠프에서 성장했다. 그는 미국에서 비교문화선교와 디아스포라 교회 개척의 경험이 있으며, 또한 그가 살던 난민 캠프에서 총체적 지역 사회 개발에 참여했다.

Aeilts, David 데이비드 에이티스(BS, 노던주립대학)는 40년간 비즈니스 저자로서 활동해왔다. 현재는 IAFR과 협력하는 프리랜서 작가이다. IAFR과 함께 27년간 난민촌에서 살아온 부룬디 남자의 삶을 기록한 책 《*Refugee for Life*》를 출간하였다.

Asamoah-Gyadu, J. Kwabena 콰베나 아사모아-갸두(PhD, 버밍햄 대학)는 가나 아크라의 트리니티 신학대학교의 아프리카 기독교 및 펜테코스트탈/카리스마틱 신학대학교 교수이다. 그는 또한 그곳의 대학원과 아프리카 기독교학 센터의 장을 맡고 있다. 그의 연구 관심사는 아프리카의 오순절주의, 아프리카 이민자의 기독교, 그리고 아프리카의 종교와 미디어의 사용 등이다.

Baker, Ken 켄 베이커(DMiss-문화 간 커뮤니케이션, 트리니티 인터내셔널 대학교)는 24년간 도시와 지방을 포함한 서부 아프리카의 다민족 환경에서 교회를 개척해왔다. 9년 동안 교회의 지역 사회 안에서 교차 문화를 돕는 사역인, Culture ConneXions를 지도해왔다. 그는 또한 SIM International의 국제사역 훈련 조력자이며 부르키나파소의 Institut Missiologique du Sahel의 선교학 비상근 강사로서 활동하고 있다.

Baxter, John 존 벡스터(DMin-문화 간 연구, 리폼드 신학교)는 Converge Worldwide의 디아스포라 사역 디렉터이다. 그는 로잔 운동의 글로벌 디아스포라 네트워크의 국제 촉매자이며 Converge Worldwide와 미국 세계선교센터의 협력기관으로 선교 단체가 디아스포라 선교에 효과적으로 참여할 수 있도록 돕는 NextMove Diaspora 사역의 디렉터이다.

Butcher, Andrew 앤드류 부쳐(PhD, 마쎄이 대학)는 매시대학교 인문사회학부 부총장 사무실의 비상근 연구원이다. 국제 교육과 이주에 관해 광범위하게 출판하였다. 그는 뉴질랜드의 유학생 사역의 회장이기도 하다.

Caldwell, Larry W 래리 W. 칼드웰(국제 간 연구 PhD, 풀러신학교)은 20년간 아시안 신학대학의 선교학 및 해석학 교수로 섬겨왔다. 그중 5년은 학과장으로 섬겼으며 아시아 선교 신문을 편집하기도 했다. 현재 그는 Converge Worldwide의 훈련 및 전략 디렉터로 섬기고 있고 수 폴즈 신학대학의 문화 간 연구 교수이다..

Carroll (Rodas), M. Daniel 다니엘 캐롤-로다스(PhD, 셰필드 대학교)은 덴버신학대학교의 구약학 석좌교수이다. 그는 복음주의 신학협회, 성경연구기관, 성경문화사회, 구약학연구사회(영국), Fraternidad Teológica Latino americana, 그리고 사회 개혁 복음주의자와 같은 단체와 관계 맺고 있다.

Casiño, Cecilia J 세실라 J. 카지뇨(ThD)는 필리핀 바기오의 필리핀 침례교 신학대학과 아시아 침례교 신학대학의 교수였고 앞으로 간더-웹 대학의 신학 학부 목회, 상담, 및 기독교 교육의 비상근 교수로 섬길 것이다. 그녀는 또한 전 세계 50여 국가에서 온 K-12 학생을 수용하는 한국의 서울용산국제학교(전 서울국제기독교학교)에서 가르쳤다. 노스캐롤라이나 등지에서 이동 중에 있는 사람 사이에서 적극적으로 사역하고 있다.

Casiño, Tereso 테레소 카지뇨(ThD, 아시아-침례교 신학대학원; PhD, 아시아 신학 선교 센터)는 간더-웹 대학교의 선교학 교수이다. 그의 관심 연구 분야는 글로벌 디아스포라, 아시아 선교의 이동 역사, 그리고 세계 종교이다. 신학 학부에 합류하기 전에는 대한민국 서울의 횃불트리니티신학대학원대학교의 조직신학 및 문화 간 연구 및 선교 교수로서 섬기었었다.

Castor, Trevor 트래버 카스토르(PhD Cand, 오스트레일리아 신학 대학교)는 콜롬비아 국제 대학교(CIU)의 즈웨마 무슬림 연구 센터의 상무이사로 섬기고 있다. 그는 또한 문화 간 및 무슬림 연구학 교수이다. 그는 오스트레일리아 신학 대학교의 무슬림 연구 석사이며 박사과정 학생이다.

Chang, Steven S.H 스티븐 S.H. 장(PhD, 애버딘 대학교)은 횃불트리니티신학대학원대학교의 신약학 교수이다. 그는 트리니티 신학교에서 학생 조교로서 그리스어를 가르쳤다. 일리노이, 메릴랜드, 그리고 지금은 한국에서 목회하고 있다.

Chinn, Leiton Edward 레이턴 에드워드 친(MA-교차문화연구, 풀러 신학교)는 국제학생선교 및 세계복음주의협회 선교 위원회의 로잔 시니어 어소시에이트로 섬기고 있다. 또한 미션 아메리카 연합과 Ethnic America Network를 섬기고 있다.

Chinn, Lisa Espineli 리사 에스피넬리 친(MA-커뮤니케이션, 위튼대학원)은 미국 대학생 복음주의 기독교 단체(IVCF)/USA의 미국 디렉터로 14년을 섬기었다. 또한 30년이 넘도록 필리핀 IVCF, IVCF/USA 그리고 International Students, Inc.(ISI)의 캠퍼스 직원으로 섬기어 왔다.

Chung, Miyon 정미연(PhD, 사우스웨스턴 침례신학대학원)은 호주의 몰링대학의 강사이자 침례교 세계 연합과 아시아 태평양 침례교 연합을 섬기고 있다.

George, Sam 샘 조지(PhD, 리버풀 호프 대학)는 북미의 동남아시아 커뮤니티를 섬기는 크리스천 가족 사역인 Parivar International의 사무장이다. Parivar은 여러 인도 언어로 가족이라는 뜻이다. 그는 공학, 경영, 그리고 신학 학위를 가지고 있다.

Gornik, Mark R 마크 R. 고르닉(PhD, 에든버러 대학교)은 City Seminary of New York의 디렉터이다. 그는 할렘의 뉴 송 커뮤니티 교회를 개척하는 데 일조하였고 뉴욕시의 아프리칸 기독교를 연구한다.

Harvey, Thomas 토마스 하비(PhD, 듀크 대학교)는 영국 옥스퍼드의 옥스퍼드 선교센터의 학과장이다. 그는 싱가포르와 중국의 신학 교육과 교직 훈련을 위해 일해 왔다. GDN의 자문위원이다.

Hershberger, Susie 수지 허시버거(BA, 시애틀 퍼시픽 대학)은 미리암 애드니의 연구조수이다.

Horn, Katie E 케이티 E. 혼(BA-국제정사, 조지메이슨대학교)은 워싱턴 D.C. 밖의 문화적, 종교적, 그리고 민족적으로 매우 다양한 지역에서 자라났다. 그는 보도, 기금지원서작성Grant-Writing, 사진 찍기 등의 책임을 맡은 행정직원으로 난민 가족의 이야기를 기록하는 'Heart for Lebanon' 프로젝트에 자원하고 있다.

Im, Chandler H 챈들러 H. 임(PhD, 풀러신학교)은 미국 위튼대학원의 빌리 그레이엄 센터의 Ethnic America Network의 디렉터이자 다민족 사역의 디렉터이다. 또한 로잔 운동의 다민족/디아스포라/유학생 사역의 미국 코디네이터로 섬기고 있다.

Jackson, Darell 대럴 잭슨(ThD, 버밍엄대학교)은 호주 뉴사우스웨일스주에 위치한 몰링대학교의 선교학과 선임 강사이다. 세계복음주의연맹의 선교위원회에 속해 있으며 영국 레드클리프 대학의 노바연구소Nova Research Center의 설립이사이다.

John, Stanley 스탠리 존(PhD, 애즈버리 신학교)은 인도 디아스포라의 일원이다. 그는 쿠웨이트에서 태어나 자랐다. 나약 대학교의 얼라이언스 신학대학교에 속한 얼라이언스 선교와 문화 간 연구 대학원의 장으로 섬기고 있다. 세계기독교와 글로벌 이주 그리고 포스트 기독교의 맥락에서 선교 리더를 양육하는데 큰 관심이 있다.

Kemp, Carolyn 캐롤린 캠프(BSc-국제학)는 1993년부터 OMF International을 위해 일해 왔으며. 그 일환으로 다년간 마닐라의 빈민가에서 교회 개척자로서 섬기며 3개 교회 개척에 참여했다. 그는 OMF의 디아스포라 사역을 현장 사역으로 발전하는 데 지대한 역할을 했으며, 현재 필드디렉터로서 섬기고 있다.

Kim, S. Hun 김성훈(PhD Cand)는 영국의 OCMS, 디아스포라, 이주 연구가이자 실천가이다. 위클리프와 함께 아제리Azeri 언어의 성경 번역을 완료한 후에, GDN과 함께 사역하고 있다. 위클리프의 디아스포라 컨설턴트로 섬기고 있으며, 옥스포드 디아스포라 한국연구원 원장이다.

Ko, Lawrence 로렌스 코(MDiv, 트리니티 신학교)는 싱가포르 세계선교센터의 싱가포르 디렉터이자 Asian Journeys Ltd.의 설립이사이다. 또한 아시아 복음주의 연맹의 선교위원회 회장이며 세계 복음 전도를 위한 아시아 로잔위원회의 집행위원회에 속해있다.

Langberg, Diane 다이엔 랭버그(PhD 상담심리학, 템플대학교)는 40년간 트라우마 생존자와 성직자를 전문으로 치료해온 심리학자이다. 비블리칼 신학교의 임상 교수진의 일원이고 학교의 Global Trauma Recovery Institute의 주요 인사진에 속해있다.

Lisbe, Jr., Gerardo Bacos 제랄도 바코스 리스베 주니어(DMin, 인터내셔널 신학교)는 필리핀 만다우에 위치한 침례신학교의 전임이사이자 부학장이다. 또한 같은 도시에 위치한 세부신학대학원의 학과장이다. 그는 필리핀 해외근로자(OFW) 가족이 겪는 역기능의 영향을 현저히 낮추는 필리핀 교회의 구조와 활동에 대해 연구하고 있다.

Lorance, Cody 코디 로란스(MA-국제학, 위튼대학원)은 킹덤 변화를 위한 국경 없는 세상을 위해 장벽을 허물려는 사업, 기관, 및 교회의 연합체인 Borderless의 회장이자 최고경영자이다.

Mack-Lacey, Carol 캐롤 맥레이시(DMin, 미드웨스턴 침례신학대학원)는 15년 이상 디아스포라 사람을 위해 일해 왔다. 2003년에는 미국 풀브라이트 장학금을 통해 한국의 불법 노동자를 연구하였다. 그녀의 연구는, 세계 인구 이동, 편견의 심리학, 교차 문화 경쟁력, 그리고 기업의 사회적 책임을 포함한다.

McClung, Grant 그랜트 맥클렁(DMiss, 풀러신학교)은 미션리소스그룹의 회장이자 펜터코스탈 월드 휄로십의 세계선교위원회의 선교 고문이다. 글로벌 디아스포라 네트워크의 자문위원회, 미국 로잔 위원회, 복음주의 선교계간지 EMQ를 포함한 여러 선교위원회의 일원이다. 그는 현장 선교의 베테랑이자 리더로서 하나님의 교회 세계복음선교협회를 통해 글로벌 선교사 교육에 힘쓰고 있다.

McGrath, Terry 테리 맥그라스(MPhil-발달학, 매시대학교)는 ISM의 전 호주 지역 책임자이자 현 고위 컨설턴트이다. 그는 파머스턴노스 매시대학의 국제 대학원생을 섬기는 교목이기도 하다. 또한 ISM팀의 글로벌 리더십 네트워크 아시아 태평양 지역 촉진자로서 로잔 운동과 함께하고 있기도 하다. 현재 그가 관심을 보이는 연구 주제는 유학생 목회, 학업 이후의 전이, 문화 간 제자도, 그리고 제자 만들기이다.

Medeiros, Elias 엘리아스 메데이로스(PhD, 리폼드 신학교)는 미시시피 잭슨에 위치한 리폼드 신학교의 선교학 교수이다. 글로벌 디아스포라 네트워크의 자문위원인 그는 교회 개척 선구자이자 신학 교육자였던 브라질의 복음주의 디아스포라 운동의 일원이기도 하다.

Melki, Camille E 카밀 E. 멜키(Hon DTh, 워너 퍼시픽 대학)은 레바논에서 태어나 자랐다. 18년간의 내전을 겪으면서 그의 사역 중심은 레바논과 그 지역을 위한 다음 세대의 지도자를 세우는 것이 되었다. 2006년에는 Heart for Lebanon이라는 구호 및 컴패션 사역을 시작하였다. 현재 H4L은 3,000명이 넘는 이라크 및 시리아 난민 가족에게 사역하고 있다.

Monroe, Philip G 필립 G. 먼로(PsyD-임상심리학, 위튼 대학원)은 미국 펜실베이니아 햇필드의 비블리칼 신학교의 상담 및 심리학 교수이다. 그곳에서 그는 Global Trauma Recovery Institute의 상담대학원을 이끌고 있다. 가르치고, 훈련하고, 컨설팅하지 않을 때는 Diane Langberg & Associates에서 개인 영업을 지속하고 있다.

Mordomo, João 주아우 몰도모(PhD, 비전 인터내셔널 대학)는 Crossover Communication International(CCI)의 공동설립자이며 현재는 CCI-Brazil의 회장이다. 그는 BAM에 왕성히 활동 중이며 또한 로잔 운동의 BAM 시니어 어소시에이트로 섬기고 있다. 그는 또한 글로벌 디아스포라 네트워크의 교육자 task force에 속해 있다.

Norton, Allison 앨리슨 노튼(PhD studies, 풀러신학교)은 가나의 판 아프리칸 크리스티안 대학에서 일했으며 The Church of Pentacost의 집사이다. 그의 직업적 관심사는 이주, 초국가적주의, 선교, 그리고 노예 이민자의 어린이들을 포함한다.

Oh, John Jungho 오 존 정호는 1976년 10살의 나이에 부모를 따라 미국으로 이민하였다. 엔지니어로서 일한 후에는 남 캘리포니아에서 신학대학 교육을 수료했다. 선교 단체에서 동원자로서 일한 후, 1998년에는 위클리프의 성경번역가로 들어가 동남아에서 성경 번역가로서의 활동을 시작했다. 그는 현재 미국의 하나님 사역에 참여하고자 하는 한국 디아스포라 교회에 선교 교육과 훈련을 제공하는 Korean Church Engagement의 책임자로 섬기고 있다.

Otto, Martin 마틴 오토(ThM, 휘트필드 선교대학)는 1987년 독일 함부르크에서 선원을 위한 복음 사역을 시작하였다. 2008년도부터는 필리핀 마닐라의 오션스 신학교에 있는 교회의 디렉터로 있다.

Rajendran, P P. 라젠단은 교차 문화 훈련과 사회 정의 변호에 광범위한 경험을 가진 인도의 음악가이자 영화 제작자이다.

Reeve, Warren 워렌 리브(DMin-리더십과 복음주의, 고든콘웰 신학대학)는

2000년도에 Missional International Church Network를 창립했다. 그는 쿠웨이트 라이트하우스 교회의 담임목사로 섬기었고 또한 아랍어를 사용하는 신자, 인도어를 사용하는 신자, 영어를 사용하는 회중을 대표하는 National Evangelical Church of Kuwait의 부회장으로서도 섬기었다.

Remigio, Jr., Amador 아마도르 J. 레미지오(PhD, 임페리얼 대학 과학과 기술 학부)는 지리학, 환경학, 환경 친화적 개발 분야에서 자원 컨설턴트로 활동하였다. 그는 캐나다 브리티시 컬럼비아주에 있는 뱅쿠버 뉴라이프 얼라이언스 교회의 담임목사이다.

Robertson, Brian 브라이언 로버트슨(MDiv, 가드너웹 학교 신학대학원)은 노스캐롤라이나 셸비의 이스트사이드 침례교회(Eastside Baptist Church)의 중고등부 목사로서 섬기고 있다.

Sibley-Bently Victoria 빅토리아 시블리 벤틀리(MATheol, MA-종교와 공적 생활, 리드스 대학)는 팔머스턴노스의 매시대학 교목이며 영국 국교회의 직업 집사이다. 그는 현재 국제 학생 목회, 문화 간 제자도, 그리고 제자 만들기를 연구하고 있다.

Smither, Ed 에드 스미더(PhD-역사신학, 웨일스 대학교; PhD 문화 간 연구, 프리토리아 대학교, 남아공)는 콜롬비아 국제대학의 문화 간 연구학 학과장이다. 그는 14년간 프랑스, 북아프리카, 그리고 미국의 무슬림을 중심으로 한 문화 간 연구 사역을 해왔다.

Soerens, Maria-Jose 마리아 호세 소렌스(MPhil, PhD-신학, 옥스퍼드 선교학 센터, 미들젝스 대학, 런던)는 영국의 옥스퍼드 선교학 센터의 대학원생이다. 그는 그곳에서 밀입국 여성의 종교적 내러티브와 어려움에 대한 연구를 진행하고 있다. 그는 정신 건강상담 자격증이 있다. 또한 워싱턴주의 불법 이민자와 그들의 가족에게 정신 건강서비스를 제공하며, 그들을 변호하는 시애틀 기반 기관인 Puentes: Advocacy, Counseling & Education의 설립이사이다.

Sydnor, Paul N 폴 N. 시드노(PhD studies, 옥스퍼드 선교학 센터, 미들젝스 대학)는 난민을 위한 국제기구International Association for Refugees-www.iafr.org의 EU 및 망명 신청자를 위한 사역 디렉터이다. 그는 1985년부터 유럽 전역의 난민과 망명 신청자를 위한 교회 기반의 사역을 돕고 있다.

Thomas, T.V 토마스(DMin)는 캐나다의 기독교와 선교 연합의 말레이시아 캐나다인 전도자이다. 또한 캐나다 서스캐처원주의 리자이나의 복음주의와 세계선교 센터의 디렉터이다. 그는 GDN의 자문위원이자 대표이다. 동남아시아 디아스포라 리더를 위한 국제 네트워크International Network of South Asian Diaspora Leaders - INSADL의 공동의장직과 Ethnic America Network의 회장직을 겸하고 있기도 하다.

Tira, Sadiri Joy 사디리 조이 티라(DMiss, 웨스턴 신학대학; DMin 리폼드 신학교)는 로잔 운동의 디아스포라에 대한 시니어 어소시에이트이자 Advancing Indigenous Missions의 디아스포라 선교 부회장이다. 또한 캐나다 앨버타주의 캘거리에 위치한 앰브로즈 대학과 선교대학의 Jaffrey Centre for Global Initiatives의 디아스포라 선교 스페셜리스트로 섬기고 있다.

Vijayam, Joseph 조셉 비자얌(MBA-정보시스템, 조지아 주립대학)은 Olive Technology의 최고경영자이자 로잔 운동의 수석기술임원이다. Global Disciples, Partners International, TENT India, BAM Global의 자문위원으로 있고 또한 BusinessasMission.com의 편집위원이다.

Vimalasekaran, Peter 피터 비말라스카란(Dmin-문화 간 연구, 리폼드 신학교)은 1998년부터 독일에 있는 난민과 살며 그들을 위해 사역해 왔다. 벨파스트

퀸스 대학교의 신학학사 학위를 소지하고 있으며 같은 대학에서 철학학사 학위를 수료하고 있다

von Kaehne, Peter 피터 본 카흐너(DCH MRCGP)는 글래스고 근처에서 일하는 가정과 의사이자 애버딘 대학교의 신학대학원생이다. 시간이 날 때, 본 카흐너 박사는 글래스고의 이란인 교회를 돕고 있다.

Wieland, George 조지 비랜드(PhD, 애버딘 대학교)는 뉴질랜드 오클랜드의 캐리 뱁티스트 대학의 선교연구학과 훈련학의 장이다. 현재는 대학에서 선교에 중점을 둔 역할을 맡고 있다. 그전에는 대학에서 여러 해 동안 신약을 가르쳤고 그 이전에는 브라질과 영국에서 목회와 선교를 하였다. 신약성경, 이주, 그리고 선교에 관한 여러 책과 기사를 발행하였다.

Woods, Paul 폴 우즈는 영국 옥스퍼드 선교학 센터에 있으며, 동남아를 전문으로 하는 연구지도 교사이다. 그의 첫 박사 논문은 중국어의 명사 분류사에 대한 인지 언어학에 관련된 것이었고, 둘째 논문은 동아시아의 이주에 관한 신학적 고찰을 개발하는 것이었다. 싱가포르에서 7년간을 가르치고 훈련하였으며, 그전에는 중국, 미국, 그리고 영국에서 영어를 가르쳤다.

Writght, Christopher 크리스토퍼 라이트(PhD, 케임브리지 대학교)는 구약학 학자이다. 2005년에서 2011년 사이에 로잔 신학 조사 위원회의 회장이었으며, 2010년 로잔 대회 제3회의 케이프타운 서약 형성의 주역이었다. 현재는 Langham Partnership International의 국제사역 디렉터이다.

Yamamori, Tetsunao 테츠나오 야마모리(PhD–종교사회학, 듀크 대학)는 서던 캘리포니아대학의 종교와 시민문화 센터의 선임연구원이다. 또한 Food for the Hungry International의 명예회장이다. 2004년에서 2006년 사이에는 세계복음전도를 위한 로잔위원회의 국제 이사장이었으며, 현재도 수석 고문으

로서 왕성히 활동 중이다. 20권이 넘는 책을 쓰고 편집하였다.

Yeh, Allen 앨런 예(DPhil, 옥스퍼드 대학)는 바이올라 대학의 쿡 문화인류학 연구소의 선교학 부교수이자 라틴 아메리카와 중국을 전문으로 하는 선교학자이며 역사학자이다. 그는 또한 동남아 신학 교육 재단 이사회의 일원이다.

Zaretsky, Tuvya 투브야 자렛스키(DMiss-문화 간 연구, 웨스턴 신학대학)는 Jews for Jesus 사역의 설립자 중 일인이며, 사역의 첫 현장 선교사로서 1974년 2월에 파송되었다. 그는 현재 Jews for Jesus의 직원 개발 책임자로서 전 세계를 섬기고 있으며, 유대인 복음 전도 수석임원으로서 로잔 운동을 섬기고 있다.

Zurlo, Gina A 지나 A. 줄로(PhD Cand, 보스턴 대학)는 보스턴 대학의 문화, 종교, 그리고 세계 문제 기관의 연구원이자 고든콘웰신학대학의 세계기독교학 센터의 어시스턴트 디렉터이다. 그는 브릴 세계기독교데이터베이스의 공동 편집인이고 또한 브릴 세계 종교 데이터베이스에도 참여하고 있다.

디아스포라 선교학

2018년 9월 10일 1판 1쇄 인쇄
2018년 9월 20일 1판 1쇄 발행

편저자 | Sadiri Joy Tira / Tetsunao Yamamori
역 자 | Harry Kim / 문창선

펴낸이 | 이병일
펴낸곳 | 더메이커
전 화 | 031-973-8302
팩 스 | 0504-178-8302
이메일 | tmakerpub@hanmail.net
등 록 | 제 2015-000148호(2015년 7월 15일)

ISBN | 979-11- 87809-25-8 (93230)

이 도서의 국립중앙도서관 출판예정도서목록(CIP)은 서지정보유통지원시스템 홈페이지(http://seoji.nl.go.kr)와 국가자료공동목록시스템(http://www.nl.go.kr/kolisnet)에서 이용하실 수 있습니다. (CIP제어번호 : CIP2018028039)

디아스포라 선교학